21 世纪全国高校经济管理类优秀重点精品课程项目建设成果

市场营销管理：理论与实践新发展

郑玉香　范秀成　编著

中国经济出版社
CHINA ECONOMIC PUBLISHING HOUSE
·北京·

图书在版编目（CIP）数据

市场营销管理：理论与实践新发展/郑玉香，范秀成编著．
北京：中国经济出版社，2014.1
ISBN 978-7-5136-1765-9
Ⅰ.①市… Ⅱ.①郑…②范… Ⅲ.①市场营销学 Ⅳ.①F713.50
中国版本图书馆 CIP 数据核字（2013）第 313274 号

责任编辑　崔姜薇
责任审读　霍宏涛
责任印制　马小宾
封面设计　任燕飞装帧设计工作室

出版发行　中国经济出版社
印 刷 者　三河市佳星印装有限公司
经 销 者　各地新华书店
开　　本　787mm×1092mm　1/16
印　　张　23.5
字　　数　710 千字
版　　次　2014 年 1 月第 1 版
印　　次　2014 年 1 月第 1 次
书　　号　ISBN 978-7-5136-1765-9/G·2166
定　　价　49.80 元

中国经济出版社 **网址** www.economyph.com **社址** 北京市西城区百万庄北街 3 号 **邮编** 100037
本版图书如存在印装质量问题，请与本社发行中心联系调换（联系电话：010-68319116）

前言

市场营销管理是一门建立在经济学、行为科学、心理学，以及现代管理科学基础上的交叉性应用学科，最早由西方发达国家引入，并伴随我国改革开放多年以来社会主义市场经济实践而不断发展。进入21世纪，随着社会政治经济和互联网等新技术的不断发展，国内外的市场营销环境发生了巨大的变化。在新形势下，如何运用营销管理知识获取持续竞争优势成为企业新的挑战，这极大地激发了人们对市场营销管理理论学习及应用的热情。

本书正是在上述新的理论和实践需求发展的现实背景下，遵循21世纪我国新的发展规划、高等教育教学改革的具体要求，以系统性、科学性、前沿性、新颖性、创新性和实践性为特色，全面阐释市场营销管理的科学原理、核心思想及理论和实践应用发展的最新成果。

本书由我带领团队，结合21世纪新的市场营销理论和实践的发展新形势和需要，结合多年的教学和学习研究经验，并借鉴参考大量国内外相关资料精心编写而成。主要内容分为四篇：第一篇市场营销管理原理基础、第二篇市场营销STP战略、第三篇市场营销组合策略、第四篇市场营销管理的发展与创新。全书由著名营销学专家、博士后导师范秀成教授百忙之中指导并审校，在此特表示真诚感谢。

本书不仅可以作为经济管理类本科生、研究生的专业课教材，以深化市场营销的理论教学；也可以作为广大企业营销管理者和经营者在实际工作中的阅读和参考资料。其中每章的案例分析与思考，可以使读者从成功的实践中汲取有益的经验；每章的关键词以及知识链接，不仅可以使学习者从宏观掌握知识重点，而且有利于其进行拓展学习。

我在南开大学、上海交通大学、清华大学及欧美留学的多年学习和研究工作经历中，受到很多营销管理领域的专家学者和老师的帮助，如复旦大学的范秀成教授、蒋青云教授、张洁副教授，上海外国语大学的范徵教授、于朝晖教授，上海交通大学的刘益教授、李垣教授、王方华教授，南开大学的李东进教授、刘建华教授，北京大学的符国群教授，华东理工大学的景奉杰教授、郭毅教授，上海财经大学的晁刚令教授，吉林大学的金晓彤教授、李政教授，对外经贸大学的王永贵教授，人民大学的吕一林教授、江林教授等，在此一并表示感谢。

在本书的写作过程中，我还得到了王荣华、张晓雁、甘胜军等很多系里老师的协助，研究生杨梅、孟祥云、郭琳、夏少斌等也参与了很多辅助工作。

本书是由我领衔主持的高校研究生市场营销学重点课程和教材建设项目、高校管理学本科生重点课程群建设项目的重要阶段性成果。

着眼于学科的科学化，体会于授课的适用性，想象着读者的易读性，都是我们编写本书的出发点。我们真诚地期望，本书能得到读者的认可，给大家带来耳目一新的感觉。由于时间和水平所限，书中难免有疏漏之处，敬请广大读者指正。

郑玉香

2013 年秋于上海

目　录

第二篇　市场营销管理STP战略

第三篇　市场营销管理组合策略

第四篇 市场营销管理的发展与创新

第一篇

■ CHAPTER 1 ■

市场营销管理原理基础

第 1 章 绪论

【本章知识要点】

知识要点	掌握程度	相关知识
市场营销原理的基本概念	掌握	市场、市场营销、需要、欲望、需求、产品、供应品、品牌、交换、交易、关系、网络
市场营销的产生与发展	熟悉	市场营销的产生、市场营销的成形期和成熟期、市场营销在中国的发展应用
市场营销观念的演变	了解	传统观念、市场营销观念、社会市场营销观念、市场营销观念新发展
掌握市场营销原理的意义和方法	掌握	产品研究方法、职能研究方法、机构研究方法、管理研究方法

【本章技能要点】

技能要点	掌握程度	应用方向
市场营销原理的方法	掌握	对市场营销原理的方法有相应的掌握，有助于从根本上把握市场营销相应的研究方法，为企业的市场营销战略的制定提供了基础上的依据

【导入案例】

一汽“大换位”带来“大跨越”

一汽经营理念从“以效益为中心”向“以用户为中心”转移后，各项经济指标均创历史最高水平。2011 年在宏观经济增长、固定资产投资力度加大、公路货运总量持续攀升等有利因素拉动下，中重型卡车市场呈现持续增长态势，全年需求总量创历史新高。面对空前激烈的市场竞争，解放营销体系依托“夯基础、改善、提升，抢份额、增效、共赢”的营销工作主线与众多务实高效的营销举措，再一次取得令行业瞩目的市场成功，解放品牌市场份额达到 20.3%，解放中重卡累计销售 26 万辆，销量再创历史新高。同时，56% 的年增长率远超行业增幅，领涨卡车市场，实现了一汽和解放自主事业的全新突破。

一汽各项指标的快速增长与国家宏观经济形势的好转及市场拉动有着密切的关系。但有关人士认为，这种成绩的取得，还源于企业核心体系能力的增强及经营理念的换位。

一汽在年初就提出了“以用户为中心，创建适应‘入世’要求的新一汽”，并把“以用户为中心”作为企业的核心内容。这一经营理念的确定，把一汽前几年在营销战线开展的“用户第一”上升到集团公司经营战略，引入一汽整个经营管理之中，产生了全公司各部门共同应对“入世”挑战的巨大能量。

“我的用户是谁？我的用户需要什么？我为用户做些什么？我还能为用户做什么？”一汽员工视用户为企业的第三管理者，几次把用户请回厂里，为职工上大课，为产品挑毛病，在公司上下形成了以用户需求为导向，以用户满意为标准，指导生产、经营和服务的良好氛围。在产品开发上，一汽坚持以市场为导向，以满足用户需求为己任，致力于适应性产品的开发。他们一方面依靠科技进步，对投放市场的产品不断进行提高动力、满足法律、适应用户需求的各项技术改进；另一方面为适应国情及满足市场个性化需求不断开发新车型，并将其迅速转化为市场优势，使解放、红旗、捷达、奥迪等产品以高技术含量、可靠的质量保持了市场优势。在生产上，一汽通过企业内部的流程再造，强化了企业经营管理运作，使企业的生产体系能力明显增强，适应汽车市场多元、快速的竞争要求。在营销管理上，一汽确定了“支持经销商做强”的基本政策，各大品牌以诚信为宗旨，根据市场实际，调整和实施自己的营销政策，维护企业第一用户——经销商的利益，从而调动了他们的积极性，一汽在与用户共赢中也获得更广阔的支持空间。

例如一汽红旗轿车在日常服务工作上已经形成制度化，坚持每年以“3·15”服务日、五月服务月、“7·15”厂庆服务周、十月服务月等服务活动为主线，以重大节庆、大型会议期间开展优质服务活动为重点，坚持不懈地开展优质服务活动。用户在新车行驶到7500公里时，将得到一汽免费为用户提供的“7500公里免费保养”。用户车辆在2年且4万公里内，可以享受产品质量保用。在保用期间，用户车辆出现因设计、材料、加工装配造成的质量问题，一汽负责为用户免费维修。

营销启示：市场营销对于企业来说是至关重要的，只有产品而没有正确的营销手段对于企业来说是致命的，这样的企业在当今这个竞争激烈的大市场中是不可能取得成功的。因此，正确把握企业的发展方向，配合企业制定出适合的营销策略是每一个企业必须进行的重要环节。

人类的经济活动自从有了除满足自己需要之外的剩余产品开始，就出现了交换，从而也就产生了对于自己所难以控制的交换对象及影响因素进行研究的必要。研究的核心在于如何能按自己的理想实现潜在交换，使自己的劳动价值得到社会的承认，从而使自己的需求也能因此得到满足。市场营销的理论和实践，说到底就是这种研究工作的延续。所不同的是，现代社会的交换活动变得更为复杂，交换的实现变得更为困难。这首先是由于现代化的大生产和专业化分工，使交换的双方——生产者与消费者之间的背离状况十分严重。企业很难立刻找到合适的交换对象；其次是由于现代生产力的高度发展，已使所供应的产品总量超出了消费者的需求总量，激烈的竞争已使相当一部分产品很难实现交换；最后是由于现代的消费需求及影响因素已变得越来越复杂，不认真加以研究和把握，也会影响交换的顺利实现。市场营销学就是站在企业的角度，以实现潜在的交换（或实现企业产品的社会价值）为目的，研究同实现交换有关的需求、市场、环境、战略与策略等方面问题的一门学科。

今天的市场正在以令人难以置信的步伐变化着。在全球化和技术变化以外，我们还可以看到，市场权力从制造商手中转向零售巨人。商业品牌的迅速发展和被普遍接受，零售新形式不断涌现，消费者的价格和价值意识不断增强，大众化营销和广告作用每况愈下，以及品牌忠诚度在日益下降。这些变化使公司在战略上产生了混乱。为了保持利润率，公司不得不降低它们的成本，重组生产过程和裁员。然而，如果公司缺乏营销远见和营销专业知识的话，即便成本降低了，也不能增加其收入。

许多经理认为营销是一个职能部门，它由若干类型的专业人员组成：营销计划人员，营销调研人员，广告和促销专业人员，客户服务人员，新产品经理，产品和品牌经理，市场区域经理和推销人员。他们聚集在一起分析市场，寻找机会，制定营销战略，设计特定的战术和措施，拟定预算和建立控制方法。这些是营销工作，但还不够。营销还应负起使公司的其他人员具有顾客导向和市场驱动的责任。顾客是宝贵的，没有顾客，公司就没有存在的必要。公司的计划必须是如何获得和保持顾客。由于有许多因素影响顾客的满意度，这些并非都是由营销部门所产生的。

1.1 市场营销原理的基本概念

我们在了解市场营销概念之前，首先要了解一下市场及与其相关的概念，因为我们在进行市场营销时，必须得通过市场才能进行，如果没有市场，那么也就没有进行交易的场所，那么也就不可能有市场营销了。市场营销在一般意义上可理解为与市场有关的人类活动。因此，我们首先要了解市场及与其相关的概念。

1.1.1 市场及与其相关的概念

市场（Market）这个词，传统的观念是指买主和卖主聚集在一起进行交换的场所，如集市、商场、商品批发市场等。这是一个时空（时间和空间）的市场概念。

经济学家则从揭示经济实质角度提出市场概念。他们用市场这一术语来泛指一特定产品或某类产品进行交易的卖主和买主的集合，从而产生房屋市场、粮食市场等。市场是为完成商品形态变化，在商品所有者之间进行商品交换的总体表现。这是抽象的市场概念。

在营销者看来，卖主构成行业，买主则构成市场。行业和市场的关系见图 1－1。卖主和买主通过 4 条通路联系起来。卖方把商品、服务以及通过传播（广告、直邮等）传送到市场；反过来，他们收到货币和信息（态度、销售资料等）。内圈表示货币和商品的交换，外圈表示信息的交换。

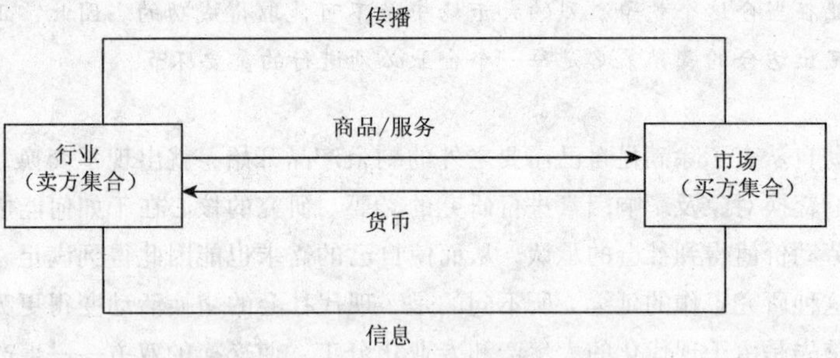

图 1－1　一个简单的市场营销系统

商人口头上用市场这个词来概括各种不同的顾客群体。他们谈及需求市场（如减肥市场）；谈及产品市场（如鞋类市场）；谈及统计市场（如青年市场）；也谈及地区市场（如法国市场）。他们甚至还把这个概念引申到非消费者群体，如选举者市场、劳动力市场和捐赠者市场。

可见，现代经济中充满了不同的市场概念。本书认为：

市场是商品经济中生产者与消费者之间实现产品（服务）价值，满足需求的交换关系、交换条件和交换过程。

首先，市场是建立在社会分工和商品生产，既商品经济上的交换关系。这种交换关系是由一系列交易活动构成，并由商品交换规律（其基本规律是价值规律）所决定的。

其次，现实市场的存在要有若干基本条件。这些条件包括：

1. 存在消费者（用户）一方，他们有某种需要或欲望，并拥有可供交换的资源。

2. 存在生产者（供给者）另一方，他们能提供满足消费者（用户）需求的产品或服务。

3. 要有促成交易双方达成交易的各种条件，如双方接受的价格、时间、空间、信息和服务方式等。

最后，市场的发展是一个由消费者（买方）决定，而由生产者（卖方）推动的动态过程。在组成市场的双方中，起决定作用的是买方需求。

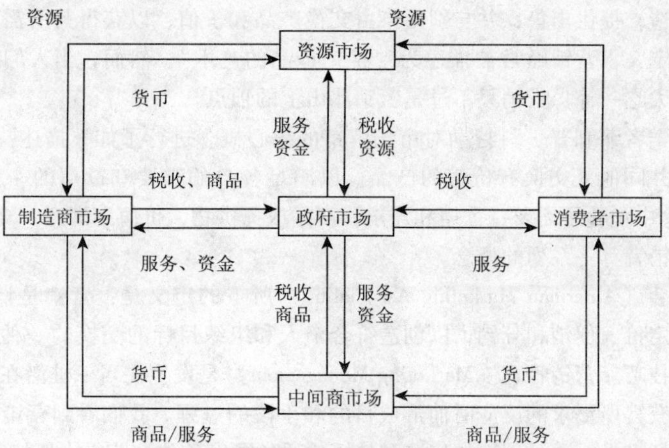

图1-2 现实交换经济中的基本市场流程

在现实经济中，由于有许多类劳动分工，特定商品生产者之间的各类交换活动，使市场形成复杂的相互联结的体系。图1-2显示了5个基本市场以及它们之间的流程。基本流程是：制造商在资源市场（原材料市场、劳动力市场、金融市场等）购买各种资源，然后把它们转变为产品和服务，再将其售给中间商，由中间商把产品转售给消费者。消费者则出售自己的劳力，然后得到货币收入，以此来支付他们所购买的商品和服务的价款。政府从资源制造商和中间商市场那儿购买产品，付钱给他们，政府向他们征税，回过来提供各种必需的公共服务。每一个国家的经济和整个世界的经济都是由各种市场组成的复杂体系，而这些市场之间则由交换过程彼此联结在一起。

1.1.2 市场营销及其相关概念

“市场营销”英文为“Marketing”。我国在引进这门学科的过程中，对其翻译的方法有好几种。而一些翻译恰恰反映了当时人们对市场营销在理解上的偏差与局限。曾经有人将“Marketing”翻译为“销售学”，译者可能认为这门学科主要研究的是企业如何将生产出来的产品更好地销售出去，而我们在以后的分析中会看到这种认识是很不全面的，销售只是营销活动的组成部分之一。后来又有人将“Marketing”翻译为“市场学”，但是这种译法也会使人产生误解，以为“Marketing”只是单纯从客观的角度研究市场的，同企业的经营决策活动关系不大；而“市场营销学”的译法，则比较准确地反映了“Marketing”这门学科是企业以市场为导向，以实现潜在交换为目的，去分析市场，进入市场和占领市场这样一种基本的特征，所以是现有的译法中比较能被接受的一种；此外，在我国台湾地区，比较普遍地将“Marketing”翻译为“行销学”，而在我国香港地区，曾将其翻译为“市务学”，其语义也同“市场营销学”比较类似。讨论这一翻译方法的意义并不仅仅是语义学方面的问题，而是主要反映了对市场营销概念的认识过程。

有不少人将市场营销仅仅理解为销售（Sales），从我国不少企业对营销部的利用中就可以看到这一点，他们往往只要求营销部门通过各种手段设法将企业已经生产的产品销售出去，营销部的活动并不能对企业的全部经营活动发挥主导作用和产生很大影响。然而，事实上，市场营销的含义是比较广泛的。它也重视销售，但它更强调企业应当在对市场进行充分的分析和认识的基础上。以市场的需求为导向，规划从产品设计开始的全部经营活动，以确保企业的产品和服务能够被市场所接受，从而顺利地销售出去，并占领市场。

本书从社会和管理的角度对营销下定义。一个社会角度的定义表示了营销的社会作用。曾有一位营销者认为营销的作用是“传递一种更高标准的生活”。从社会角度来看，我们认为：营销（Marketing）

是个人和集体通过创造，提供出售，并与别人自由交换产品和价值，以获得其所需所欲之物的一种社会过程。从管理的角度定义，营销经常被描述为“推销产品的艺术”。然而，当人们得知营销最重要的内容并非推销时，不免大吃一惊！推销只不过是营销冰山上的顶点。

美国著名的营销学者菲利普·科特勒对市场营销的核心概念进行了如下描述：“市场营销是个人或群体通过创造，提供并同他人交换有价值的产品，以满足各自的需要和欲望的一种社会活动和管理过程。”在这个核心概念中包含了需要、欲望和需求，产品或提供物，价值和满意，交换和交易，关系和网络，市场，营销和营销者等一系列的概念。

美国市场营销协会（American Marketing Association）所下的定义是：营销是计划和执行关于商品、服务和创意的观念、定价、促销和分销，以创造符合个人和组织目标的交换的一种过程。从事交换活动需要相当多的工作和技巧。营销管理（Marketing Management）是发生在当一桩潜在交易中至少有一方正考虑着如何从另一方获得所渴求的反应时而形成目的和手段的过程。我们看到营销管理作为一种艺术和科学，它需要选择目标市场，通过创造、传递和传播优质的顾客价位，获得、保持和发展顾客。

在上面的讲述中，我们了解了不同学者对市场营销的不同定义，下面来了解一下与市场营销有关的相关概念，这会使我们更好地理解市场营销。

（一）营销者和预期顾客

营销者（Marketer）从被称为预期顾客（Prospect）的群体处寻求响应（态度、购买、选票、捐赠）。如果双方都在积极寻求交换，那么，我们把双方都称为营销者。

（二）需要、欲望和需求

营销者必须努力理解目标市场的需要、欲望和需求。需要（Needs）描述了基本的人类要求。人们需要食品、空气、水、衣服和住所赖以生存。人们还强烈需要娱乐、教育和文娱生活。当人们趋向某些特定的目标以获得满足时，需要变成了欲望（Wants）。一个美国人需要食品，欲望是想要得到一个汉堡包、法国烤肉和软饮料。在毛里求斯，人们需要食品，欲望是得到芒果、大米、小扁豆和蚕豆。需要在不同社会中的形式是不同的。需求（Demands）是指对有能力购买的某个具体产品的欲望。许多人都想要一辆梅赛德斯（Mercedes）汽车，但只有极少数人能够并愿意买一辆。公司不仅要估量有多少人想要本公司的产品，更重要的是，应该了解有多少人真正愿意并且有能力购买。

上述区别澄清了对市场营销有非议的人经常提出的责难，如“营销者并不创造需要”或“营销者试图使人们购买不需要的东西”。营销者并不创造需要：需要存在于营销活动之前。营销者，连同社会上的其他因素，只是影响了人们的欲望。营销者可以向消费者建议，一辆梅赛德斯汽车可以满足人们对社会地位的追求。然而，营销者并不创造人们对社会地位的需要。

（三）产品、供应品和品牌

公司需要提出一种价值观（Value Proposition），即一系列用来满足顾客需求的利益。无形的价值观可以表现为一种供应品（Offering），即产品、服务、信息和体验的组合。

品牌（Brand）是一种基于被认可而形成的资产。例如，提到麦当劳这个品牌，人们就会联想到汉堡包、乐趣、孩子、快餐、金色拱门，这些就形成了品牌形象（Brand Image）。所有公司都在为建立自己的实力强大、受消费者喜爱的品牌形象而奋斗。

（四）交换和交易

人们可以通过四种方式获得一个产品。第一种方式是自行生产产品或服务，如打猎、捕鱼或摘水果。第二种方式是强行取得，如抢劫或盗窃。第三种方式是乞讨，如无家可归的饿汉乞讨食物。第四种方式是交换，用某些东西，如货物、服务或金钱交换他或她期望的东西。

交换（Exchange）是营销学的核心概念。它是通过提供某种东西作为回报，从某人那儿取得想要东西的过程。交换的发生，必须符合五个条件：

1. 至少要有两方。
2. 每一方都有被对方认为有价值的东西。
3. 每一方都能沟通信息和传送货物。
4. 每一方都可以自由接受或拒绝对方的供应物品。
5. 每一方都认为与另一方进行交易是适当的或称心如意的。

交换能否真正产生，取决于买卖双方能否找到交换的条件，即交换以后双方都比交换以前好（或至少不比以前差）。这里，交换被描述成一个价值创造过程，即交换通常总使双方变得比交换前更好。

如果双方正在进行谈判（Negotiation），并趋于达成协议，这就意味着他们正在进行交换。一旦达成协议，我们就说发生了交易行为。交易（Transaction）是由双方之间的价值交换所构成的：A 把 X 物给 B 以换得 Y。王红给李强 4000 元钱，从而得到一台电视机，这是一种典型的货币交易。但是，在交易中并不要求把货币作为唯一的用以进行交换的价值。易货（Barter）交易是双方互换产品或服务，如王红律师为李强医生写一份遗嘱，而李强为王红作一次体格检查。

交易与转让不同。在转让（Transfer）过程中，A 把 X 物给 B，但并不接受任何实物作为回报。一件礼物，一份补助金，或者一项慷慨的捐助，我们称它为转让，而不是交易：营销学看起来似乎只限于研究交易，而不研究转让。但是，转让行为也可以用交换的概念来解释，典型的表现是，转让者给予某人一件礼物，必定是出于某种期待，例如，想得到某人的感谢，或者想看到接受者有良好行为。一些以筹措资金为职业的人十分敏锐地意识到构成捐赠行为的这种互惠动机，因此尽量使这些捐赠者受惠，如寄送"谢谢您"卡片，使捐献者在杂志上扬名，特邀参加为捐款而举行的活动等。近年来，营销者拓展了营销概念的内涵，不仅包括研究交易行为，也包括研究转让行为。

从广义上讲，营销者追求的是诱发另一方的行为反应（Behavioral Response）。商业企业需要的反应是购买，政治候选人需要的反应是投票，教堂需要的则是入教，社会组织所需要的就是接受某种观念，营销就是诱发目标受众对某一预期产生反应所采取的种种行为。

（五）关系和网络

交易营销被称为关系营销大观念的一部分。关系营销（Relationship Marketing）是与关键成员（顾客、供应商、分销商）建立长期满意关系的实践，目的是保持他们长期的业绩和业务。营销者通过不断承诺和给予对方高质量的产品、优良的服务和公平的价格来实现关系营销。关系营销使有关各方建立了经济、技术和社会方面的纽带关系。关系营销还可以减少交易成本和时间，在最佳状况下，交易可从每次都要协商变为惯例化。

关系营销的最终结果是建立起公司的独特资产，即一个营销网。营销网（Marketing Network）包括公司及所有与它建立互利业务关系的利益关系方（Stakeholders）（顾客、员工、供应商、分销商、零售商、广告代理人、大学科学家和其他人）。这样，竞争不是在公司之间进行，而是在整个网络之间进行，一个建立了更好关系网的公司将会获胜。该操作原则是简单的：与关键的利益关系方建立良好的关系网后，利润会滚滚而来。

（六）效用、费用、满足

效用（Utility）是消费者对产品满足其需要的整体能力的评价。消费者通常根据这种对产品价值的主观评价和支付的费用来做出购买决定。如某人为解决其每天上班的交通需要，他会对可能满足这种需要的产品选择组合（如自行车、摩托车、公交车、出租车等）和他的需要组合（如速度、安全、方便、舒适、经济等）进行综合评价，以决定哪一种产品能提供最大的总满足（Satisfaction）。假如他主要对速度和舒适感兴趣，也许会考虑买汽车。但是，汽车购买与使用的费用（Expense）要比自行车高许多。若购买汽车，他必须放弃用其有限收入可购置的许多其他产品（服务）。因此，他将全面衡量产品的费用和效用，选择购买能使每一元钱带来最大效用的产品。

1.1.3 顾客价值与顾客满意的新理念

1. 顾客满意理念

谁是顾客？顾客是“接受产品的组织或个人”。依据ISO9000：2000标准有关顾客定义的解释：顾客可以是组织内部的，即内部顾客，也可以是组织外部的，即外部顾客。对于组织内部来说，“下一道工序”就是“上一道工序”的顾客。因此，就一个组织对顾客的理解应是广义的，不能仅仅理解为组织产品的“买主”。同时，依据产品的“供应链”，顾客可以分为中间顾客与最终顾客、现实顾客与潜在顾客，对顾客的细化、分类和研究，有利于我们针对不同的顾客需求进行不同方式的刺激和引导，从而使顾客满意，以实现组织的目标。

满意是指一个人通过对一种产品可感知的效果（或结果）与他的期望值相比较后所形成的愉悦的感觉状态。顾客满意是“顾客对其要求已被满足的程度的感受”，是顾客在接受了产品或服务包括其所携带信息的刺激以后，所做出的一种肯定的心理状态，是顾客对产品的一种主观的综合的评价。这就是说，顾客是否满意取决于其接受的产品及信息对其刺激的方式和程度，当这种刺激满足了顾客的要求（包括明示的或潜在的需求）时，就会对顾客形成正刺激，从而使顾客满意，而且这种刺激的程度越深顾客就越满意，反之，就会对顾客形成负刺激，就会使顾客不满意，而且对顾客刺激的程度越深，顾客就越不满意，就会引起顾客抱怨，甚至投诉。

就像我们购买衣服，衣服的使用价值不言而喻（冬衣的保暖，夏装的透性和凉爽等），如果仅此而已，顾客反应会很平淡，但是，如果对服装配以大方新颖的款式，亮丽的颜色，使我们获得意外的惊喜，那么就会使我们感到一种意想不到的收获，我们就会感到满意。

“顾客满意”作为一种理念，越来越为众多的不同类型的组织所接受。我们可以从以下几个方面来理解：

（1）顾客满意既是企业的出发点又是落脚点。

中国经济已全面进入“过剩经济”时代。据统计，消费者要从290种冰箱中选冰箱，从455种啤酒中选啤酒，从478种化妆品中选化妆品，从575种衬衫中选衬衫。价格、质量、款式都日渐趋同。买方市场买方说了算。顾客决定要什么，什么时候要，怎样要，出多少价，顾客真正成为组织赖以生存的基本条件，顾客满意成为人类社会发展的基本动力。任何组织在提供产品或服务时，其目的在于使其提供的产品或服务得到顾客的认可，并让其乐于接受。这就要求组织了解顾客需要什么样的产品和服务，对产品和服务有什么样的要求——再精美的产品，顾客不需要，也不会得到顾客的认可。因此，组织只有掌握了这个出发点，才能为顾客提供满意的产品或服务。同时，顾客满意的程度决定了组织赚钱的程度，决定了组织发展的思路，按常规算法，一家企业若保住5%的稳定顾客，那该企业的利润至少会增加25%。因此，组织的落脚点也应在于使顾客满意，只有掌握了“顾客满意”这个原动力，组织才能得到长足的发展。

（2）顾客满意是市场经济发展的必然。

顾客满意是市场经济发展的必然结果。随着社会生产力的发展，社会为人们带来了极为丰富的物质资源，从而让市场实现了从卖方市场向买方市场的转换，使得买方即顾客左右了市场发展的方向。在过去，我们往往以“我的产品是合格的，顾客自己使用不当”加以推诿。现在不行了，你认为自己的产品合格，但不能满足我的需要，那就在你的仓库里存着好了！谁考虑了我的需求，我就购买谁的产品！同时，知识经济的发展使组织有能力有条件不仅能满足顾客的生理需要，也能满足顾客的心理需要，使产品更加丰富多彩，使服务更加体贴人微。

（3）顾客满意是以人为本观念普及的必然结果。

顾客满意是以人为出发点和中心的，围绕着调动组织及顾客的积极性、能动性，使组织不断地满足顾客要求，从而实现顾客满意，不断地实现人类对幸福的追求，提高人类的生活质量。同时，以顾客满意为理念将质量标准和判定权从组织一方转到顾客一方，反映了人的地位在不断提高。把握好以人为本这个"新旋律"，坚持按顾客的客观要求。要，就给足给够；不要，一点不给。从而在组织与顾客的互动和互相渗透中共同营造人类的物质和精神文明生活。

（4）顾客满意是企业永恒追求的目标。

顾客满意是人类社会的一种基本愿望，是人类永无止境的自我追求。因此，满足顾客的需求和愿望也是组织永恒追求的目标。进入21世纪，越来越多的组织关注"顾客满意"的战略意义。各国的专家、企业家、管理人员都在探索如何使自己的组织尽快占领21世纪质量的制高点，许多大型组织在制定21世纪的质量战略，并将"顾客满意"作为质量战略的核心，作为其支撑其他内容的"纲"。"满足顾客的要求和期望"将取代追求质量合格或服务达标而成为企业所追求的最高目标。把握趋势才能把握成功，从而把握未来。在这个竞争异常激烈的时代，只有把握住这种趋势和方向，正确确立自己的发展战略目标，才能在竞争中立于不败之地。

那么，我们如何激发顾客的这种满意情绪呢？"我们好好做，顾客就会满意"对吗？首先我们应关注一下影响顾客满意和不满意的因素有哪些。

1）不满意因素。在产品或服务中包含的明示的或预期提供给顾客的用途或服务，是顾客认为不言而喻的特性，其满足顾客需求的程度，是影响顾客满意的因素，一旦有不到位的方面，就会造成顾客的不满，通常将其称为不满意因素。比如，我们买的暖水瓶，它的保温特性（或者说用途）就是一个不满意因素。如果买一个暖水瓶不保温，我们就会很恼火和不满意，即使这些特性都有了，符合我们的要求，也不会促使我们满意，因为我们会认为这是应该的。

2）中性因素。有一种因素，当顾客的需求没有得到满足时，就会感到很失望；如果得到应该得到的满足时，不会有什么强烈的反应；但是，如果组织做得很到位，就会增加顾客满意。我们称这样的因素为中性因素。比如以约定的时间采购物品，如果不能如期到达，就会引起顾客抱怨；如果按时到达，顾客也许不会有什么反应；如果能提前到达，则顾客会很高兴。

3）满意因素。顾客得到的意外收获，往往会使顾客非常满意，然而，组织不提供这些产品特性，也不会引起顾客不满，我们称这样的因素为满意因素。比如我们购买产品所得到的超值服务；享受服务时所得到的意外的礼品馈赠等。这些意外的惊喜往往会使我们感到非常满意。

了解了这些影响顾客满意的因素，我们就会很好地把握如何激发顾客满意。只有规避形成顾客不满意的因素，努力做好中性因素，尽力策划和实施让顾客满意的因素，才能不断地满足顾客要求，增强顾客满意，从而实现顾客满意的质量目标，促进企业的发展。获得意外的惊喜，那么就会使我们感到一种意想不到的收获，我们就会感到满意。

值得一提的是，尽管以顾客为中心的组织应当建立高度的顾客满意，但也未必就追求顾客满意的最大化，因为组织还有很多的利益相关者，如员工、经销商、供应商和股东等。因此，组织一般遵循这样一个理念，在总资源一定的限度内，必须在保证其他利益相关者至少能接受的满意水平下，尽力达到高水平的顾客满意。

2. 顾客价值理念

从顾客角度认识和研究顾客价值，是20世纪90年代以后才开始的。但对于顾客价值究竟是什么，不同的学者有着不同的阐述。从这些阐述上的变化，我们可以看出对顾客价值认识的不断深化。

（1）劳特朋在4C理论中的阐述。

美国市场营销专家劳特朋（Lauterborn）是较早地认识到顾客价值的学者之一。他对顾客价值的阐述主要体现在于1990年提出的4C理论中。针对传统的营销组合4P（产品、价格、分销、促销）理论中只是从企业角度出发来制定营销决策，忽视顾客真正的价值需求这一问题，劳特朋认为，企业在市场营销活动中应该首先注意的是4C，这才是顾客价值的真正体现：①顾客问题（Customer Problem）。4C理论认为，消费者是企业一切经营活动的核心，企业重视顾客要甚于重视产品。企业首先要了解、研究、分析顾客的需求与欲望，而不是先考虑企业能生产什么产品。②成本（Cost）。4C理论将营销价格因素扩展为企业生产经营全过程，这包括两个因素：一是企业生产成本，即企业生产适合消费者需要的产品成本，价格是企业营销中值得重视的，但价格归根到底是由生产成本决定的；二是顾客的购物支出，这不但是指购物的货币支出，还包括购物的时间耗费、精力和体力耗费以及风险承担（因信息不对称导致的顾客所购与所需产生差异而带来的损失）。4C理论认为，消费者可接受的价格是企业制定生产成本的决定因素，企业应首先了解消费者满足需要与欲求愿意付出多少成本，而不是先给产品定价，即向消费者要多少钱。企业要想追求更高的利润，就必须设法降低成本，推动生产技术、营销手段进入一个新的水平。③便利（Convenience）。4C理论强调企业提供给消费者的便利比营销渠道更重要。便利，就是方便顾客，维护顾客利益，为顾客提供全方位的服务。便利原则应贯彻于营销全过程。在产品销售前，企业应及时向消费者提供充分的关于产品性能、质量、使用方法以及使用效果的准确信息；顾客前来购买产品时，企业应给顾客以最大的购物方便；产品售出后企业应重视信息反馈，及时答复和处理顾客意见，对有问题的产品要主动包退包换，对产品的使用故障要积极提供维修方便等。4C理论更重视服务环节，强调企业既出售产品，也出售服务；消费者既购买到产品，也购买到便利。④沟通（Communication）。4C理论用沟通取代促销，强调企业应重视与顾客的双向沟通，以积极的方式适应顾客的情感，建立基于共同利益上的新型企业—顾客关系。双向沟通有利于协调矛盾，融洽感情，培养忠诚的顾客。

总体来看，4C理论注重以顾客需求为导向，注重顾客的价值需求，与站在生产者角度的4P相比，4C有了很大的进步和发展。但从企业的营销实践和市场发展的趋势看，4C依然存在以下不足：一是4C是顾客导向，而市场经济要求的是竞争导向，这就要求企业不仅要看到需求，还要更多地注意竞争对手，冷静分析自身在竞争中的优、劣势并采取相应的策略，企业的市场营销就是要比竞争者以更低的成本、更多的价值的差异化产品来满足目标市场中顾客的需求。营销中不考虑竞争者的存在是错误和危险的。二是4C以顾客需求为导向，但它仅仅关注顾客短期价值需求的满足问题，回避了消费者需要、消费者长远利益和长期社会福利之间隐含的冲突。企业是整个社会大系统中的一个子系统，企业的营销过程必然要与供应商、经销者、同行企业、社会公众、媒介、政府等发生相互关系和相互作用，并且这些相互关系和相互作用对企业营销目标的实现发挥着越来越大的影响力。企业的生存与发展与这些成员息息相关，因此其必须与之建立起事业和命运共同体，发展互助和合作关系，追求共同的利益和目标，为达成彼此之间相互适应、相互顺从、互助互利、和谐一致的状态而采取行动。三是4C总体上虽是4P的转化和发展，但被动适应顾客需求的色彩较浓。根据市场的发展，需要从更高层次以更有效的方式在企业与顾客之间建立起有别于传统的新型主动性关系。如互动关系、双赢关系、关联关系等。四是4C注重以企业内部力量的整合来满足顾客的价值需求，忽视了合作的生产力源泉。在竞争越来越激烈的市场环境中，企业的利润基础逐渐被竞争压力所侵蚀，传统的价值链中可挖掘的潜力（比如削减费用、减少管理层级、重新设计流程、改善信息系统及办公自动化等）越来越少，向组织内部寻找有效的生产力提高的方法越来越困难了，所以组织之间的潜在生产力源泉应该得到重视。组织之间通过团结合作、合力创造价值，可以协助企业获得前所未有的获利能力和竞争优势。

（2）载瑟摩尔的可感知价值理论。

载瑟摩尔（Zaithaml）认为，在企业为顾客设计、创造、提供价值时应该从顾客导向出发，把顾客对价值的感知作为决定因素。顾客价值是由顾客而不是供应企业决定的，顾客价值实际上是顾客感知价值（Customer Perceived Value，CPV）。载瑟摩尔（1988）在一项探索研究中根据顾客调查总结出感知价值的四种含义：①价值就是低廉的价格。一些顾客将价值等同于低廉的价格，表明在其价值感受中所要付出的货币是最重要的。②价值就是顾客想从产品中所获取的东西。与关注付出的金钱不同，一些顾客将把从服务或产品所得到的利益看做重要的价值因素。这实际和经济学中对效用的定义一样，是对从消费产品中获得满意程度的主观衡量。③价值就是顾客付钱买回的质量。有的顾客将价值概念化为“付出的金钱”与获得的“质量”之间的权衡。④价值就是我的全部付出所能得到的全部。一些顾客描述价值时考虑的既有其付出的因素（时间、金钱、努力），还有其得到的利益。

载瑟摩尔将顾客对这四种价值的表达概括为一个全面的定义：顾客感知价值就是顾客所能感知到的利益与其在获取产品或服务时所付出的成本进行权衡后对产品或服务效用的总体评价。这一概念包含着两层含义：首先，价值是个性化的，因人而异，不同的顾客对同一产品或服务所感知到的价值并不相同；其次，价值代表着一种效用（收益）与成本（代价）间的权衡，顾客会根据自己感受到的价值做出购买决定，而绝不是仅仅取决于某单一因素。

总之，顾客感知价值的核心是感知利益（Perceived Benefits）与感知付出（Perceived Sacrifices）之间的权衡，这一点得到了众学者的认同（Ravald and Gronroos，1996；Christopher，1997；Parasuraman，1997）。因此，提升顾客价值可以通过增加顾客感知利益或减少顾客感知付出来实现。

（3）科特勒的顾客让渡价值理论。

科特勒是从顾客让渡价值和顾客满意的角度来阐述顾客价值的。今天的顾客面对如此众多的产品和品牌、价格和供应商，他们将如何进行选择呢？科特勒指出，顾客能够判断哪些供应品将提供最高价值。在一定的搜寻成本和有限的知识、灵活性和收入等因素的限定下，顾客是价值最大化的追求者。他们形成一种价值期望，并根据它行动。他们会了解供应品是否符合他们的期望价值，这将影响他们的满意和再购买的可能性。他认为，我们对顾客研究的前提是，顾客将从那些他们认为能提供最高顾客让渡价值的公司购买商品。

所谓顾客让渡价值（Customer Delivered Value）是指总顾客价值与总顾客成本之差。总顾客价值（Total Customer Value）就是顾客从某一特定产品或服务中获得的一系列利益，它包括产品价值、服务价值、人员价值和形象价值等。顾客总成本（Total Customer Cost）是指顾客为了购买一件产品或服务所耗费的时间、精神、体力以及所支付的货币资金等，顾客总成本包括货币成本、时间成本、精神成本和体力成本（见图1－3）。由于顾客在购买产品时，总希望把有关成本，包括货币、时间、精神和体力等降到最低限度，而同时又希望从中获得更多的实际利益，以使自己的需要得到最大限度的满足。因此顾客在选购产品时，往往从价值与成本两个方面进行比较分析，从中选价值最高、成本最低，即以顾客让渡价值最大的产品作为优先选购的对象。

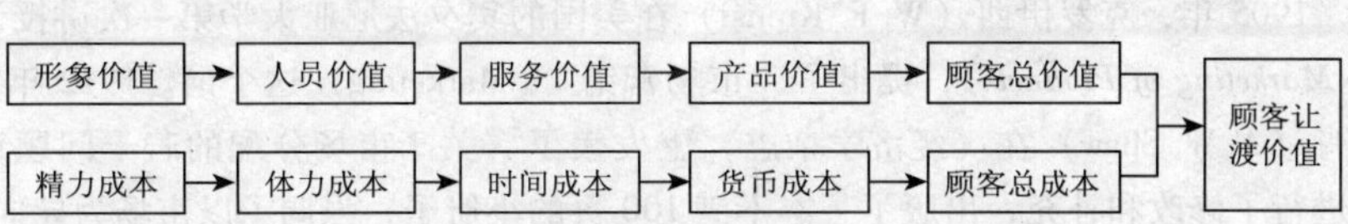

图1－3　顾客让渡价值示意图

科特勒将顾客总价值与顾客总成本进行了具体的细分，因此，企业为了在竞争中战胜竞争对手，吸引更多的潜在顾客，就必须以满足顾客的需要为出发点，或增加顾客的利益，或减少顾客消费的成本，或两者同时进行，从而向顾客提供比竞争对手具有更多顾客让渡价值的产品，这样才能使自己的产品引起顾客的注意，进而购买企业的产品。

1.2　市场营销的产生与发展

市场营销学是一门应用性很强的学科，这是由于市场营销学的产生本身是基于企业经营活动中大量实践经验的提炼和总结。企业经营实践的发展推动了市场营销学理论的发展。同时我们也看到，企业经营实践的发展又是与一定区域内的社会和经济环境条件的变化密切相关的。19 世纪末到 20 世纪初在美国发展起来的市场营销行为和市场营销理论就是以美国社会与经济的发展变化为背景的。

1.2.1 市场营销的产生

德鲁克认为，市场营销最早起源于 17 世纪的日本，而不是西方。他指出，市场营销最早的实践者是日本三井家族的一位成员。17 世纪 50 年代，作为商人，他在东京定居下来，成立了世界上第一家百货商店，并为该商店制定了一些经营原则。250 年之后，美国的西尔斯·罗巴克公司才提出类似原则。该原则的基本内容是：公司充当顾客的采购员；为顾客设计和生产适合需要的产品；保证满意，否则原款奉还；为顾客提供丰富多彩的产品，而不是只着眼于一套工艺、一种类型、一个程序。

在市场营销思想发展进程中，美国的大学教师起了十分重要的作用。尽管当时尚不存在"市场营销"（而更多的采用"分销"）这个术语，然而，判断的功绩，不是根据历史活动家有没有提供现代所要求的东西。正是这些早期的市场营销教师最先洞察到市场营销的未来发展趋势，坚信随着社会经济的不断发展，市场营销必将有着远大的发展前途，从而为市场营销思想的发展做出了历史性的贡献。

人们一般将 19 世纪中叶至 20 世纪 20 年代称为市场营销的萌芽时期。从 19 世纪开始，随着工业革命对生产力的解放，西方的资本主义有了很大的发展。从 1879 年到 1929 年，美国的制造业得到了飞速的发展，制造业的从业人数几乎增加一倍，实际产出则翻了一番。以名义货币价值计算，产值增加近 600%，工资增加 500%，工业增长的速度两倍于人口的增长速度。日益发达的生产力，使社会商品供应日益丰富，导致部分产品出现供过于求。1825 年，西方世界爆发了第一次以"生产过剩"为特征的大规模经济危机，之后约 10 年左右就要出现一次周期性的经济危机，从而使产品销售成为企业所关心的问题。一些企业开始重视对于市场的研究，并着手开展一些以市场为导向的营销活动。如美国国际收割机公司从 19 世纪中叶起，就开始了对于市场的分析和研究，建立了市场定位的观念，确定了企业的定价政策，组织推销队伍，并采取了对售出的产品"包退包换"等售后服务的措施，从而大大提高了其市场竞争能力。随着企业对产品销售活动的重视，广告已成为企业促进产品销售的重要手段之一，1865 年美国工商界的广告费用总额约为 8 万美元，1904 年就已经超过 8 亿美元，至 1920 年更高达 30 亿美元。

企业界在经营观念和经营策略上的变化，引起了学术界的注意。从 19 世纪末开始，就有一些学者开始了对于推销、广告等营销行为的研究。20 世纪初，一些学者已开始比较系统地提出促销和分销方面的有关理论。1905 年，克罗伊西（W. E. Kreusi）在美国的宾夕法尼亚大学第一次讲授了《产品的市场营销》（*The Marketing of Products*），提出了"市场营销"（Marketing）这个词。1912 年，被誉为市场营销学鼻祖的肖（A. W. Shaw）在《经济学杂志》上发表了《关于市场分配的若干问题》。三年之后，肖对这篇文章进行了修改和补充，出版了一本不满 100 页的小册子，强调了以市场为导向的经营观念。1916 年，韦尔德（Weld. L. D. H）编写出版了世界上第一本以市场营销为命题的论著《农产品的市场营销》（*Marketing of Farm Products*）。1920 年，彻林顿（Paul T. Cherington）编写出版了《市场营销基础》，更为系统地详述了市场营销的基本理论，从而使市场营销学的理论体系趋于明朗。

1.2.2 市场营销的发展阶段

（一）市场营销的成形期

20 世纪 20 年代—40 年代是市场营销理论逐渐成形的时期。在此之前，市场营销尽管已经开始受到一些企业的重视，但是由于市场资源短缺，产品总体上供不应求的基本状况没有大的改变，所以大多数企业对于市场营销的理论与实践并不十分关注，企业经营行为的本身尚未为市场营销理论的成形奠定基础。而进入20世纪以后，随着西方垄断资本集团的逐步形成，生产力出现了高度的发展，产品供应越来越丰富，不少产品出现了供过于求的现象。市场供应的迅速增加和有效需求的不足，使社会经济矛盾日趋尖锐，终于在1929年爆发世界性的经济大危机。从1929年到1933年的经济危机造成整个西方世界商品积压、企业倒闭、市场萧条、失业上升。各资本主义国家的工业生产下降了37%，世界贸易额减少了2/3。严酷的现实使越来越多的企业感受到竞争的压力，体会到市场营销活动的重要性，从而使二三十年代成为市场营销活动在西方企业中迅速普及、市场营销理论体系基本确立的时期。

这一时期，作为市场营销活动趋于成形的显著标志是各企业纷纷成立了专门的市场营销研究机构，开始了理性化的市场营销活动。其中最早的是美国的柯蒂斯出版公司，1911年就建立了商业研究部门，对市场营销活动进行了专门的研究。之后，越来越多的企业成立了类似的机构。截至1931年，美国市场营销协会（AMA）成立，市场营销的研究活动趋于社会化。当时的美国总统委员会关于"美国经济新动向"的报告中指出，企业"过去只关心满足需求的数量，而现在则关心产品的销售活动"。

同市场营销活动在企业中得到普遍应用相一致的是，市场营销理论的研究也有新的发展。在这一时期，有关市场营销的文章和论著急剧增加，而且越来越趋向于对市场营销理论的系统研究，注重于市场营销理论框架的塑造，其中比较有代表性的是克拉克（Clark）的《市场营销学原理》（1922），以及梅纳德（Maynard）、贝克曼（Beckman）和韦德勒（Weldler）三人合著的《市场营销学原理》。这一时期的市场营销学著作虽然已基本形成了一定的框架体系，但是就实质内涵来看，并没有真正进入以市场需求为导向的营销观念阶段，大多数仍停留于从企业的角度出发，研究如何对产品进行宣传和推销的层次上。这也是由当时企业的营销观念和营销实践尚不成熟所决定的。

（二）市场营销的成熟期

市场营销的理论与实践在20世纪50年代之后进入成熟阶段。第二次世界大战虽然是人类一次惨绝人寰的浩劫，但是由于战争的需要，一大批新的科技成果也在这次战争中诞生。战争结束以后，一大批新技术、新材料、新能源由军用转向民用，促使社会生产力水平大大提高，新产品不断涌现，市场供应十分丰富；战后的社会相对稳定，使社会消费的质量也不断提高，消费需求的多样化、层次化趋势日益明显；战后世界势力范围的划分基本确定，各国谋求市场进一步扩张的欲望只能通过新的商业竞争来加以实现。这一背景条件决定了企业必须提高自身的经营素质，进一步深化对市场营销的研究，不断加强营销方面的努力，才能提高自身的竞争实力。于是市场营销的理论和实践在第二次世界大战以后有了迅速的发展。

首先，越来越多的企业开始由单纯研究产品的宣传和销售，开始转向对市场潜在需求的发现和研究，并开始研究如何以市场需求为导向，指导企业的生产和经营活动，组织有系统的市场营销活动。美国的可口可乐公司、商用机器公司（IBM）、通用电气公司、沃尔玛零售商业公司等跨国公司和企业集团都在实践中创造出了一整套的市场营销的策略和技术，为理论上的研究奠定了基础。

其次，市场营销学的理论和实践已经开始由美国向全球扩散、传播，成为世界各国企业界和学术界所关注和接受的学说，50年代开始，市场营销学就开始在欧洲广为传播，从60年代开始，进入了苏联和日本，特别是在日本得到了灵活的运用和新的发展。70年代以后，东南亚地区和中国也开始引进和接受市场营销的理论。市场营销学在全世界的广泛传播和应用，使其进一步溶入了世界各国的国情与文化，丰富了其内涵，也增强了其适应性。

最后，市场营销学在此期间也越来越丰富，对市场营销的一些规律性问题的研究日益深入，一些新的概念和原理不断涌现，市场营销的研究领域也逐渐扩大。美国著名营销学者菲利普·科特勒于1981年在美国市场营销协会成立三十周年的大会上指出，从50年代以来，几乎每十年中就会产生五六个营销的新概念，从而使市场营销学的理论体系日趋完善。在此期间，市场营销学发展的主要特征是：①以市场需求为导向的营销观念基本确立，"以需求为中心"成为市场营销的核心理念；②对市场营销的研究已逐渐从产品的研究、功能的研究和机构的研究转向管理的研究，使市场营销理论成为企业经营管理决策的主要依据；③市场营销的观念和策略已不局限于在企业界应用，已经延伸到学校、医院、教会、警察部门、公共机构等非营利组织，成为一种普遍的社会经营理念，即“大营销观念”。

在此期间，出现了一批对于市场营销学说的发展具有重要贡献的营销学者，其中，最值得推崇的是杰罗姆·麦卡锡（Jerome Mecartry）和菲利普·科特勒（Philip Kotler）。1960 年，麦卡锡和普利沃特合著的《基础市场营销》第一次将企业的营销要素归结为四个基本策略的组合，即著名的“4P”理论（Product Price Place Promotion），这一理论取代此前的各种营销组合理论，成为现代市场营销学的基础理论。菲利普·科特勒于1967 年出版了《营销管理——分析、计划与控制》一书，从企业管理和决策的角度，系统地提出了营销环境、市场机会、营销战略计划、购买行为分析、市场细分和目标市场以及营销策略组合等市场营销的完整理论体系，成为当代市场营销学的经典著作，使市场营销学理论趋于成熟。

随着营销实践的不断发展，市场营销学理论的发展也十分迅速。麦卡锡和科特勒的著作都是每隔三年左右就重版一次，在理论上不断创新，如菲利普·科特勒在 1991 年《市场营销学》第 7 版中增加了“营销计划背景分析”、“竞争者分析”和“服务营销”等内容；在 1994 年的第 8 版中讨论了“营销近视”的问题，并提出了“通过质量，服务和价值来建立顾客满意度”；在 1997 年第 9 版中，又讨论了“21 世纪营销”的新内容——“网上营销”（Online Marketing）；而在 2000 年出版的“千禧版”中则对网络营销、电子商务等因高科技的推动而发展起来的新的营销方式作了更为全面深入的分析。正如科特勒本人所提出的，市场营销的概念不是太多而是远远不足，随着市场营销实践的发展，市场营销学的理论将会变得越来越丰富。

具体来说，市场营销学的发展经历了以下阶段：

1. 发现时期（1900—1910）。在此期间，承担大学商科教学的教师们开始注意到交换领域的定价、分销和广告问题的研究，并陆续开设相关课程，但市场营销学的理论体系尚未形成，授课时常借用经济学理论。

2. 概念化时期（1910—1920）。随着批发业和零售业的逐渐壮大，广告术和推销术也得到了进一步发展。学术界开始运用产品研究法、机构研究法和职能研究法研究市场营销问题，陆续提出了一些本学科的新概念，初始的学科体系逐渐形成。

3. 整合时期（1920—1930）。为促进市场营销理论的完善和科学化，学术界开始将各专业学科和各种研究方法的成果加以整合，融合提炼，博采众长，形成了较为系统的市场营销理论。本学科的独立性、系统性和完整性日趋明显。

4. 发展时期（1930—1940）。已出版的各种市场营销学原理论著经过不断修订，在理论体系上有了明显发展。尤其是在消费者分析的有关章节里，加进了社会学、心理学等非经济理论，并逐步向消费者心理研究和市场营销问题的定量化研究发展。

5. 重新评价时期（1940—1950）。这一时期，既是对原有研究成果的重新评价时期，又是强调市场营销学理论体系科学性的时期。其主要特征是：①更加强调市场营销管理；②更加强调从消费者立场出发，把市场营销当做整体来考察；③在原有理论体系基础上，加进了计划、预测和预算等市场营销职能。

6. 重新概念化时期（1950—1960）。这一时期的主要特征是：①市场营销理论的阐述更加准确；②广泛吸收其他学科（包括自然科学和社会科学）的概念、原理，理论体系更加充实；③注重市场营销决策研究和定量研究；④强调市场营销活动必须适应消费者需求的变化；⑤强调目标市场营销、市场营销信息和市场营销系统的重要作用。

7. 差异化时期（1960—1970）。市场营销学从原来的总论性、归纳性和概括性分析研究，转变为区别不同的研究对象、确定具体研究内容的专门性研究，并分化出许多子学科，如服务市场营销学、国际市场营销学、非营利组织市场营销学、房地产市场营销学等。

8. 社会化时期（1970—1980）。市场营销学由原来单纯论述企业或组织的市场营销活动，转变为强调企业市场营销活动所关联的社会责任、社会义务和商业道德，强调借助市场营销学原理和方法来推进社会事业的发展和社会目标的实现。由此而导致的结果，是社会日益认同该学科在经济发展、社会进步以及精神文明等方面的重要作用。

9. 国际化时期（1980—1990）。这一时期，既是市场营销学的分支学科——国际市场营销学的理论化、系统化的大发展时期，也是市场营销学在国际范围内迅速扩散和广为采纳的时期。

10. 科技化时期（1990 年至今）。这一时期，市场营销学界日益重视科学技术对市场营销的影响、渗透。学者们纷纷运用现代科学技术（如 IT 和 Internet 等）开展市场营销教学与研究，分析科学技术给市场营销带来的机会与挑战。总之，寻求科学技术与市场营销的结合，成为这一时期市场营销教学与研究的热门话题。

1.2.3 市场营销在中国的发展应用

从 20 世纪 70 年代末开始，中国发生了巨大的变化。结束了“文化大革命”的中国，开始真正走向理智地面对现实，全方位地改革开放的道路。西方一切对于发展经济有益的思想观点、理论方法和实践经验开始逐步被介绍进来，并随着市场环境的变化和企业意识的增强而被企业所接受。市场营销学的理论就是在这一时期开始进入中国的。

据有关资料表明，中国最早的市场营销学教材，是丁馨伯于 1933 年编译并由复旦大学出版的《市场学》。但是，在商品经济不发达的条件下，市场营销学的研究和应用都受到了限制。

中共十一届三中全会以后，党中央制定了对外开放、对内搞活的总方针，中国发生了巨大的变化，从而为我国重新引进和研究市场营销学创造了有利的环境。1978 年，北京、上海、广州的部分学者和专家开始着手市场营销学的引进研究工作。虽然当时还局限在很小的范围内，而且在名称上还称为“外国商业概论”或“销售学原理”，但毕竟在市场营销学的引进上迈出了第一步。经过 30 多年的时间，我国对于市场营销学的研究、应用和发展已取得了可喜的成绩。从整个发展过程来看，大致经历以下几个时期：

（一）市场营销的导入时期

准确地说，在此之前，中国台湾、香港等地就已经开始对于市场营销的研究和实践，菲利普·科特勒的《营销管理》第二版在 20 世纪 70 年代中期就已被台湾的学者翻译为中文版（当时译为“行销管理”）。而在中国大陆，直至 1978 年，市场营销学才被正式引入。最早开设市场营销学课程的是广州暨南大学，开设的目的主要是针对一批港澳学生以及东南亚地区华侨子弟的需要。之后，北京和上海的一些大学也开设了类似的课程，并对市场营销学进行了较为系统的研究。

1980 年，国家经委、国家科委和国家教委（当时称高教部）同美国政府合作在大连建立了高级管理干部培训中心（即中国工业科技管理大连培训中心），由美国的大学教师前来授课，市场营销学作为一门主要课程在该中心讲授。1981 年 8 月，企业管理出版社将美国教授的市场营销学讲课内容正式出版，取名为《市场学》，这是中国大陆公开出版的第一本市场营销学的教材，为市场营销学在中国大陆的传播和推广发挥了重要作用。与此同时，中国外经贸部与联合国国际贸易中心（ITC）也于 1980 年在北京举办了两期市场营销培训班，聘请美国、加拿大等国外专家授课。同样类型的培训班又在其他地方举办过多期。对于市场营销在中国大陆的推广产生了良好的影响。

截至 1982 年，国内正式公开出版和发行的市场营销学著作已近十种，一部分大专院校开始将“市场营销学”列为正式课程，中国人民大学、上海财经大学等少数院校开始招收“市场营销学”方向的硕士研究生。市场营销理论的研究先于其实践在中国大陆逐渐得到了普及。正由于是理论先于实践，所以在开始这一阶段，对于市场营销学的研究主要是以全面、系统地介绍国外的市场营销理论为主。

在市场营销的实践方面，中国大陆起步较早的是在广东等南方地区，那里毗邻我国香港地区，在贸易等方面同港澳地区的联系很密切，在企业的经营思想上有很大程度受国外和海外企业的影响。所以在企业的经营活动中较早地溶入了一些市场营销的观念和做法。如在20世纪80年代中期中国第五届全运会在广州举行时，广东的一些企业就表现出了强烈的市场竞争意识，出资几百万在全运会上展开广告宣传，对当时中国内地的许多企业来讲，简直是不可想象的。

国家机械工业部是中国较早主动推行市场营销观念的实务部门，由于当时产品统购包销制度的取消。机械工业部下属的一些企业首当其冲地面临困境，开始对市场销售问题给予重视。该部积极举办了各种类型的市场营销培训班，组织力量翻译出版了国外的市场营销著作，向下属各企业推广市场营销的专业知识，对国有企业推广市场营销观念方面树立了典范。

（二）市场营销的普及与发展时期

从1983年开始，中国改革开放的步伐进一步加快。计划经济的管理体制和运行方式发生很大的改变，市场对资源配置所发挥的调节作用越来越明显，企业经营自主性得到增长，市场竞争的压力也逐渐增大。特别是大量外资合资企业开始进入中国，它们的市场营销观念和营销活动所产生的效应不仅给国内的企业形成了压力，也引起了国内企业对市场营销理论和实践的进一步重视，不少国内企业，特别是经营自主权和灵活性较强的乡镇企业和民营企业纷纷仿而效之，自觉不自觉地开始采用各种营销策略来增强自己的竞争实力，并很快显示出明显的效应。一些较早接受市场营销观念的国有企业也开始系统地组织企业的营销活动，有的还专门成立了市场部或营销部，企业对市场营销的认识明显提高。

然而，整个20世纪80年代，市场营销理论在中国只能算是处于导入和启蒙阶段，中国大陆对市场营销理论普遍地接受和应用应当说还是开始于90年代。这一结论并不完全是从应用面的大小上来考虑的，而主要是根据市场营销应用所必须具备的背景条件来考虑的。如前所述，市场营销观念只有在企业面临巨大的市场困境和竞争压力的环境条件下才会被企业真正接受，而中国的大多数企业一直到90年代才真正面临这样的环境。大面积的供大于求和“卖方市场”的局面是到90年代中期才真正形成。这时中国的大多数企业才真正认识到研究市场、研究需求的重要性，市场营销在此时才真正被作为一种经营思想，而不是一种时髦的标签被中国的企业所接受；更为重要的是，在80年代，中国的大多数企业，特别是国有企业，实际上还称不上是真正的“企业”，因为它们并不具备企业经营所必需的法人财产，缺乏独立自主的经营权，无法根据市场的变化去自主地调整自己的经营，因此它们也根本无法成为市场营销活动的主体。在大多数企业还不能成为营销主体的情况下，市场营销理论的普遍应用当然无从谈起，只有当进入90年代，现代企业制度的建立和推广，才使得中国企业能成为真正产权明确、独立自主的营销主体。所以说，只有到20世纪90年代，市场营销理论才在中国进入了应用阶段。到90年代末，在中国已有了一批在市场营销活动中取得显著成效的大型企业，它们富有创新意识的营销实践已经引起了海内外企业界和学术界的重视。例如，中国海尔集团的营销实践已被美国的哈佛大学商学院编成教学案例。这意味着进入21世纪，中国市场营销的发展有可能进入一个更新的阶段——营销理论的本土化及创新阶段，中国的企业界和学术界将会对市场营销理论的发展做出自己独特的贡献。

实际工作部门对于市场营销的重视和普及，必然促进学术界和教育界对市场营销学研究的进一步深入。1982年5月，在湖南长沙市举行了由24所财经类院校参加的市场营销学教材研讨会，在这次会议上首次提出了成立类似美国市场营销协会（AMA）之类的学术研究推广机构的设想。1983年10月在西安召开了市场营销学教学研究会的筹备会议，至1984年1月，中国高等院校市场营销学教学研究会终于在长沙正式成立。这一学术团体的成立，标志着市场营销学的学术地位在中国正式得以确立，对于市场营销学在中国的发展具有里程碑的意义。在此以后，全国各省市也纷纷成立市场营销学的学术团体和研究机构，并同企业界结合起来，共同开展市场营销学的理论研究和实践活动。1991年3月，在全国各地纷纷成立市场营销学会（协会）的基础上，中国市场学会在北京正式成立。中国市场学会的成立，标志着中国市场营销学的发展已开始走理论与实践相结合的道路，并逐渐为各阶层和各方面所接受。

从1985年开始，中国各高等学院和科研机构陆续派出访问学者、留学生、研修生等去美国、日本、加拿大、澳大利亚等在市场营销学术研究方面比较领先的国家去学习和研究，其中一些人首次在国外取得了市场营销学的博士学位。这些出访人员将国外市场营销学的最新理论和发展信息带回国内，进一步推动了市场营销学的理论研究和实践应用向深度和广度发展。

进入20世纪90年代，中国的各高等院校（包括一部分理、工、农、医甚至军事院校）都已普遍开设市场营销的课程，部分院校还设立了市场营销学的专业，到目前为止，在本专科、硕士和博士研究生等各个层次中都已有了市场营销学的研究。在各种类型和层次的经济管理干部培训班中，“市场营销学”也都是一门不可缺少的必修课程。

与此同时，大量国外市场营销学的教材和论著被翻译出版，引进中国。中国的学者也在对市场营销学进行悉心研究的基础上，编著了大量市场营销学方面的教材和专著。据不完全统计，目前中国“市场营销学”方面的教材和专著已达100余种，在促进市场营销学普及和发展上发挥着重要作用。

（三）市场营销的深化创新和快速与国际接轨时期

在此期间，无论是市场营销教学研究队伍，还是市场营销教学、研究和应用的内容，都有了极大的扩展。全国各地的市场营销学学术团体，改变了过去只有学术界、教育界人士参加的状况，开始吸收企业界人士参加。其研究重点也由过去的单纯教学研究，改为结合企业的市场营销实践进行研究。全国高等综合大学、财经院校市场学教学研究会也于1987年8月更名为“中国高等院校市场学研究会”，学者已不满足于仅仅对市场营销一般原理的教学研究，而对其各分支学科的研究日益深入，并取得了一定的研究成果。在此期间16场营销理论的国际研讨活动进一步开展，这极大地开阔了学者的眼界。1992年春，邓小平南方谈话以后，学者还对市场经济体制的市场营销管理，中国市场营销的现状与未来，跨世纪中国市场营销面临的挑战、机遇与对策等重大理论课题展开了研究，这也有力地扩展了市场营销学的研究领域。

1994年6月，由中国人民大学、加拿大麦吉尔大学和康克迪亚大学联合举办的第五届市场营销与社会发展国际会议在北京召开。中国高等院校市场学研究会等学术组织作为协办单位，为会议的召开做出了重要的贡献。来自46个国家和地区的135名外国学者和142名国内学者出席了会议，25名国内学者的论文被收入《第五届市场营销与社会发展国际会议论文集》（英文版），6名中国学者的论文荣获国际优秀论文奖。从2000年开始每年一次的企业营销最高奖“金鼎奖”，不仅吸引了国内众多企业的参与，而且在国际上具有一定影响，2001年，法国市场营销学会副会长、美国市场营销学会会长参加了此会。

从此，中国市场营销学者开始全方位、大团队地登上国际舞台，与国际学术界、企业界的合作进一步加强。

1.3 市场营销观念的演变

市场营销观念是指企业对其营销活动及管理的基本指导思想，它是一种观念，一种态度，一种企业思维方式。任何企业的营销活动都是在特定的指导思想或观念指导下进行的。确立正确的市场营销观念，对企业经营成败具有决定性意义。

市场营销观念的核心是正确处理企业、顾客和社会三者之间的利益关系。在许多情况下，这些利益既相互矛盾也相辅相成。企业必须在全面分析市场营销环境的基础上，正确处理三者关系，确定自己的市场营销观念，并用于指导营销实践，才能有效地实现企业目标，保证企业的成功。随着生产和交换日益向纵深发展，社会、经济与市场营销环境的变迁和企业经营经验的积累发生了深刻变化。这种变化的基本轨迹是由企业利益导向转变为顾客利益导向，再发展到社会利益导向。

关于市场营销观念的演变可以分为5种观念，企业和其他组织都是在其中某一个观念的指导下从事其营销活动的：生产观念，产品观念，推销（销售）观念，市场营销观念和社会市场营销观念。其中前三个阶段的观念一般称为传统观念，是以企业为中心的观念；后两个阶段的观念是新观念。

1.3.1 传统观念

在早期的企业经营活动中，企业经营观念的基本特征是以企业为中心，以资源和利润为导向。这是由于当时产品在市场上主要表现为供不应求，企业在销售方面基本上不成问题，企业间的竞争主要表现以成本为基础的价格竞争。以企业为中心的经营观念按其发展顺序来看主要有以下三种：

（一）生产观念（Production Concept）

生产观念是指导卖者行为最古老的观念之一。生产观念认为，消费者喜爱那些可以随处得到的、价格低廉的产品。生产导向型组织的管理当局总是致力于获得高生产效率和广泛的分销覆盖面。认为消费者主要对产品可以买到和价格低廉感兴趣的假设，至少在两种情况下是合理的。第一种情况是对某个产品的需求大于供应，因而顾客最关心的是能否得到产品，而不是关心产品的细小特征。于是，供应者将要集中力量想方设法扩大生产。第二种情况是产品成本很高，必须提高生产率，降低成本来扩大市场。美国德州仪器公司提供了一个当代生产观念的例子。德州仪器公司是美国率先奉行“扩大生产，降低价格”哲学的典范之一。该哲学是亨利·福特于20世纪初开发汽车市场时首创的。德州仪器公司也尽其全力扩大生产量，改进技术，以降低成本。然后利用它的低成本来降低售价，扩大市场规模。它不断追求市场的领先地位，并且常常如愿以偿。这种经营导向也是许多日本企业的关键战略。有的服务组织也奉行生产观念。许多医学和牙科手术也按装配线原则进行组织，有些政府机构（如失业办公室和许可证签发局）也是如此。这样在一小时内可以处理许多事情，但这种管理导向遭到无视人的性格和服务质量有问题的指责。

（二）产品观念（Product Concept）

另一些销售者是受产品观念指导的。产品观念认为，消费者最喜欢高质量、多功能和具有某些特色的产品，在产品导向型组织里，管理当局总是致力于生产优质产品，并不断地改进产品，使之日臻完善。这些经理认为，买者欣赏精心制作的产品，他们能够鉴别产品的质量和功能，并且愿意出较多的钱买质量上乘的产品。许多经理迷恋上自己的产品，以至于没有意识到其市场可能并不那么迎合时尚，甚至市场正在朝不同的方向发展。营销经理陷入了“更好的捕鼠器”的错误之中，幻想只要选出一个更好的捕鼠器，人们就会踩平你店门前的路。

产品导向的公司在设计产品时经常不让或很少让顾客介入。它们相信自己的工程师知道该怎样设计和改进产品。它们甚至不考察竞争者的产品。美国通用汽车公司的经理在几年前曾说过：“在我们没有发明以前，公众怎么会知道他们需要什么类型的汽车?”通用汽车公司的看法是该公司的设计师和工程师会创造一种款式讲究和耐用的汽车，然后生产部门制造出来，财务部门为其制定价格。最后，要求营销部门和推销员推销它们。难怪通用汽车销售那么困难！值得庆幸的是，通用汽车公司如今在研究顾客需要的价值所在，营销人员在汽车设计以前就介入和发表意见。

产品观念会引发“营销近视症”。火车管理当局认为乘客需要火车而非运输，他们忽略了航空、公共汽车、卡车和轿车等日益增长的挑战。计算尺制造者认为工程师需要的是计算尺本身而不是计算能力，以致忽略了袖珍计算器的挑战。

（三）推销（销售）观念（Selling Concept）

推销观念（或称销售观念）是为许多企业所采用的另一种观念。推销观念认为，如果听其消费者自己的话，他们不会足量购买某一组织的产品。因此，该组织必须主动推销和积极促销。

这一观念认为，消费者通常表现出一种购买惰性或者抗衡心理，故需用好话去劝说他们多买一些。公司可以利用一系列有效的推销和促销工具去刺激他们大量购买。

推销观念被大量地用于推销那些非渴求商品。所谓非渴求商品，就是指购买者一般不会想到要去购买的商品，例如保险、百科全书和坟地。这些行业善于使用各种推销技巧来寻找潜在顾客，并用高压式的方法说服他们接受其产品。

大多数公司在产品过剩时，奉行推销观念。它们的近期目标是销售其能够生产的东西，而不是生产能够出售的新产品。在一个现代化的工业经济中，生产能力已经被提高到这样一个水平，即大多数市场都是买方市场（即买方居于支配地位），卖方不得不拼命地争夺顾客。潜在顾客受到大量电视广告、报纸广告、直接邮寄广告、推销电话的围攻。在每一个回合中，总有人尽力想办法卖掉一批东西。其结果是公众把营销同高压式推销和广告混为一谈了。

因此，当人们得知营销最重要的内容并非推销时，不免大吃一惊。推销只不过是营销冰山上的顶点。著名管理理论家彼得·杜拉克曾经这样说过："可以设想，某些推销工作总是需要的。然而营销的目的就是要使推销成为多余。营销的目的在于深刻地认识和了解顾客，从而使产品或服务完成适合他的需要而形成产品自我销售。理想的营销会产生一个已经准备来购买的顾客。剩下的事就是如何便于顾客得到产品或服务。"

当索尼公司设计了随身听，当任天堂设计出高级电视游戏机，当丰田公司推出凌志轿车时，这些制造商的订货多得应接不暇，因为他们在大量营销工作的基础上设计出了"合适的"产品。

事实上，建立在强化推销基础上的营销有着高度的风险。这种做法乃是假定：听了几句好话就去购买的顾客，会喜欢这种产品，如果不喜欢，他们也不会在朋友面前说产品的坏话，或者向消费者协会抱怨。他们也许会忘记自己对产品不满意，而又去买这个产品。这些假设无疑都是站不住脚的。有一项研究报告指出，上当的顾客会对 10 个或更多的熟人讲该产品的坏话，而坏消息总是传得很快的。

1.3.2 市场营销观念

（一）市场营销观念的含义

市场营销观念是作为对上述诸观念的挑战而出现的一种企业经营哲学。它的核心原则直到 20 世纪 50 年代中期才基本定型。

营销观念认为，实现组织诸目标的关键在于正确确定目标市场的需要和欲望，并且比竞争对手更有效、更有力地传送目标市场所期望满足的东西。

哈佛大学教授西奥多·李维特对推销观念和营销观念作了深刻的比较：

推销观念注重卖方需要，营销观念则注重买方的需要。推销以卖方需要为出发点，考虑如何把产品变成现金；而营销则考虑如何通过产品以及与创造、传送产品和最终消费产品有关的所有事情，来满足顾客的需要。

营销观念基于四个主要支柱，即目标市场、顾客需要、整合营销和盈利能力，如图 1－4 所示，它还与推销观念进行对比。推销观念采用从内向外的顺序，即从工厂出发，以公司现存产品为中心，并要求通过大量推销和促销活动来获得盈利性销售；营销观念采用从外向内的顺序；从明确的市场出发，以顾客需要为中心，协调所有影响顾客的活动，并通过创造性的顾客满足来获利。

顾客导向思想要求公司从顾客观点出发来确定顾客需要。每个购买决策都包含着可相互替换的内容，公司管理当局不调查顾客就不会知道。例如购买者喜欢安全、式样好、性能高的汽车，售价低于 1 万美元，而这些优点是不可能集中在一辆汽车上的，因此，汽车设计者必须艰苦地在了解顾客相互替代内容的基础上做出选择。

总之，公司能够对顾客的要求做出反应，以满足顾客的欲望、需要或真正的需要。每一层次都包含了探索调查，但最终结果是得到顾客更多的赏识，专业营销是满足顾客真正需要并比竞争者做得更出色的关键。

当一个公司认识到一个忠诚的顾客在几年内可使公司增加巨大收益这一事实，就会感到忽视顾客，在小事上使顾客委屈或同顾客争吵，从而得罪甚至失去顾客是愚蠢的。例如，国际商用机器公司（IBM）规定每个销售员对失去的每一顾客，要写一份详细的报告和采取一切办法来使顾客恢复满意。吸引一个旧顾客是一项重要的营销活动，它的成本通常比吸引一个第一次的新顾客要低。

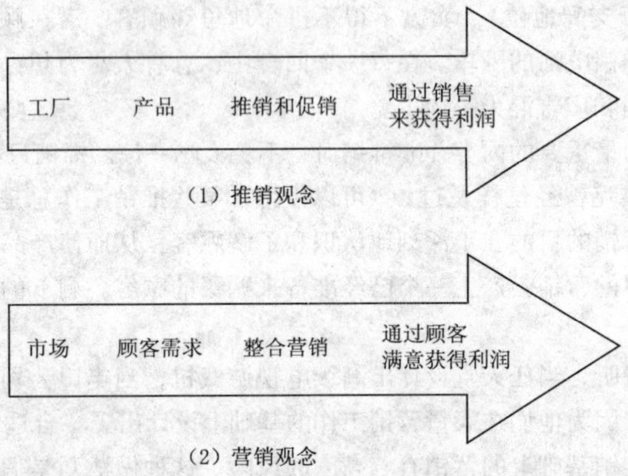

图1-4　推销观念和营销观念的对比

（二）整合营销的含义

当公司所有的部门都能为顾客利益服务时，其结果是整合营销（Integrated Marketing）。然而，令人遗憾的是，并不是所有的公司员工都被训练或被激励来共同努力争取顾客。整合营销包含两方面的含义。

第一，各种营销职能——推销人员、广告、产品管理、营销调研等等必须彼此协调。销售人员对产品经理安排的“价格太高”或“定额太高”，或者广告经理和品牌经理对开展品牌的广告宣传活动达不成一致而不满的事太多了，因此，这些市场营销职能必须从顾客观点出发彼此协调。

第二，营销部门必须与公司其他部门很好协调。当市场营销只有一个部门时，是难以开展工作的，只有当所有员工都重视他们在使顾客满意上所起的影响作用时才能开展工作。正如惠普公司的戴维·柏卡德所指出的：“市场营销太重要了，以至于不能只把它看做营销部门的事！”施乐公司甚至做到，在其现职的各种人员中，使每个人都明白他的工作是如何同服务顾客相关的。一位施乐公司的工厂经理懂得，如果工厂是清洁的和有效的，采用参观工厂这种方式将有助于向潜在顾客推销产品；一位施乐公司的会计师知道顾客对施乐公司的态度，会受到他们处理账单的精确性和回答顾客电话的及时性的影响。

为了激励公司所有部门的团队精神，公司既要进行外部营销，又要进行内部营销。外部营销是对公司以外的人的营销；内部营销是指成功地雇用、训练和尽可能激励员工很好地为顾客服务的工作。事实上，内部营销必须先于外部营销。在公司打算提供优质服务之前促销是没有意义的。

（三）4P到4C的营销观念变革

传统的营销理论强调产品（Product）、价格（Price）、渠道（Place）和促销（Promotion）四要素。这种4P理论认为，企业只要围绕4P制定灵活的营销组合，销售就有了保证。但是，随着经济的发展，市场营销环境发生了很大的变化，消费个性化、人性化、多样化特征日益突出，传统的4P理论已不适应新的情况。为此，美国市场营销专家劳特朋于20世纪90年代提出，用新的4C理论取代4P理论。其主要内容包括：

1. 顾客（Customer）。4C理论认为，消费者是企业一切经营活动的核心，企业重视顾客要甚于重视产品。这体现在两个方面：创造顾客比开发产品更重要；消费者需求和欲望的满足比销售产品更重要。

2. 成本（Cost）。4C理论将营销价格因素延伸为生产经营全过程的成本，包括：①企业生产成本，即企业生产适合消费者需要的产品的成本。价格是企业营销中值得重视的，但价格归根结底由生产成本决定，再低的价格也不可能低于成本。②消费者购物成本。它不单是指购物的货币支出，还包括购物的时间耗费、体力和精神耗费以及风险承担（指消费者可能承担的由于购买到质价不符或假冒伪劣产品而带来的损失）。

3. 便利（Convenience）。4C理论强调企业提供给消费者的便利比营销渠道更重要。便利，就是方便顾客，维护顾客利益，为顾客提供全方位的服务。便利原则应贯穿于营销的全过程：在产品销售前，企业应及时向消费者提供充分的关于产品性能、质量、使用方法及使用效果的准确信息；顾客前来购买商品，企业应给顾客以最大的购物方便，如自由挑选、方便停车、免费送货等；产品售出以后，企业更应重视信息反馈、及时答复、处理顾客意见，对有问题的商品要主动包退包换，对产品使用故障要积极提供维修方便，对大件商品甚至要终身保修。

4. 沟通（Communication）。4C理论用沟通取代促销，强调企业应重视与顾客的双向沟通，以积极的方式适应顾客的情感，建立基于共同利益之上的新型的企业、顾客关系。

1.3.3　社会市场营销观念

社会市场营销观念是对市场营销观念的修改和补充。它产生于20世纪70年代西方资本主义国家出现能源短缺、通货膨胀、失业增加、环境污染严重、消费者保护运动盛行的新形式下。

从20世纪70年代起，在全球环境恶化、资源短缺、人口爆炸、世界性饥荒和贫困、社会服务被忽视的年代里，市场营销观念是不是一个适当的组织目标呢？这个问题意味着，一个在了解、服务和满足个体消费者需要方面干得十分出色的企业，是否必定也能满足广大消费者和社会的长期利益，市场营销观念回避了消费者需要、消费者利益和长期社会福利之间隐含的冲突。这就要求有一种新的观念来修正或取代市场营销观念。在西方，市场营销学界提出了一系列新的观念，如人类观念、理智消费观念及生态准则观念，其共同点是认为企业生产经营不仅要考虑消费者需要，而且要考虑消费者和整个社会的长远利益。这类观念可统称为社会市场营销观念。

社会市场营销观念认为，组织的任务是确定诸目标市场的需要、欲望和利益，并以保护或者提高消费者和社会福利的方式，比竞争者更有效、更有利地向目标市场提供所期待的满足，并要求营销者在营销活动中考虑社会与道德问题，他们必须平衡与评判公司利润、消费者需要满足和公共利益三者的关系。

市场营销观念的中心是满足消费者的需求与愿望，进而实现企业的利润目标。但往往出现这样的现象，即在满足个人需求时，与社会公众的利益发生矛盾，企业的营销努力可能不自觉地造成社会的损失。市场营销观念虽也强调消费者的利益，不过它认为谋求消费者的利益必须符合企业的利润目标，当二者发生冲突时，保障企业的利润要放在第一位。因为利润才是资本主义企业生产的根本目的。社会市场营销观念的基本观点是：以实现消费者满意以及消费者和社会公众的长期福利作为企业的根本目的与责任。理想的市场营销决策应同时考虑到消费者的需求与愿望，消费者和社会的长远利益，企业的营销效益。上述五种营销观念的比较见表1－1。

表 1－1 五种营销观念的比较

市场营销观念	营销出发点	营销目的	基本营销策略	侧重方法
生产观念	产品	通过大批生产产品获利	以增加产量、降低价格竞争	坐店等客
产品观念	产品	通过改善产品获利	以提高产品质量竞争	坐店等客
推销（销售）观念	产品	通过大量推销产品获利	以多种推销方式竞争	派员销售广告宣传
市场营销观念	消费者需求	通过满足需求达到长期获利	以发现和满足需求竞争	实施整体营销方案
社会市场营销观念	消费者需求	通过满足需求达到长期获利	以获取消费者信任、兼顾社会利益影响消费者竞争	与消费者及有关方面建立良好的关系

1.3.4 市场营销观念新发展

现代市场营销观念在经历了生产观念、产品观念、推销（销售）观念、市场营销观念和社会市场营销观念之后，继续随着实践的发展而不断深化、丰富，产生了许多新的观念，这些新的观念相互交融，共同构成了现代营销观念的新特色。

（一）整体营销观念

1992 年美国市场营销学界的权威菲利普·科特勒提出了跨世纪的营销新观念——整体营销，其核心是从长远利益出发，公司的营销活动应囊括构成其内、外部环境的所有重要行为者，它们是供应商、分销商、最终顾客、职员、财务公司、政府、同盟者、竞争者、传媒和一般大众。前四者构成微观环境，后六者体现宏观环境。公司的营销活动，就是要从这 10 个方面进行。

（二）顾客让渡价值观念

菲利普·科特勒在 1994 年出版的《市场营销管理——分析、规划、执行利控制》（第 8 版）中，新增了“通过质量、服务和价值建立顾客满意”一章，提出了“顾客让渡价值”的新概念。这一概念的提出，是对市场营销理论的最新发展。

顾客让渡价值＝顾客总价值－顾客总成本

“顾客让渡价值”是指顾客总价值与顾客总成本之间的差额。顾客总价值是指顾客购买某一产品与服务所期望获得的一组利益，它包括产品价值、服务价值、人员价值和形象价值等。顾客总成本是指顾客为购买某一产品所耗费的时间、精神、体力以及所支付的货币资金等，因此，顾客总成本包括货币成本、时间成本、精神成本和体力成本等。

由于顾客在购买产品时，总希望把包括货币、时间、精神和体力等有关成本降到最低限度，同时又希望从中获得更多的实际利益，以使自己的需要得到最大限度的满足。因此，顾客在选购产品时，往往从价值与成本两个方面进行比较分析，从中选择出价值最高、成本最低，即“顾客让渡价值”最大的产品作为优先选购的对象。

企业为了在竞争中战胜对手，吸引更多的潜在顾客，就必须向顾客提供比竞争对手具有更多“顾客让渡价值”的产品，这样才能使自己的产品为消费者所注意，进而购买本企业的产品。为此，企业可从两个方面改进自己的工作：一是通过改进产品、服务、人员与形象，提高产品的总价值；二是通过降低生产与销售成本，减少顾客购买产品的时间、精神与体力的耗费，从而降低货币与非货币成本。

（三）创造需求观念

现代市场营销观念的核心是以消费者为中心，认为市场需求引起供给，每个企业必须依照消费者的需要与愿望组织商品的生产与销售。几十年来，这种观念已被公认，在实际的营销活动中也备受企业家的青睐。然而，随着消费需求的多元性、多变性和求异性特征的出现，需求表现出了模糊不定的“无主流化”趋势，许多企业对市场需求及走向常感捉摸不准，适应需求难度加大。另外，完全强调按消费者购买欲望与需要组织生产，在一定程度上会压抑产品创新，而创新正是经营成功的关键所在。为此，在当代激烈的商战中，一些企业总结现代市场营销实践经验，提出了创造需求的新观念，其核心是指市场营销活动不仅仅限于适应、刺激需求，还在于能否生产出对产品的需要。例如，日本索尼公司董事长盛田昭夫对此进行了表述：“我们的目标是以新产品领导消费大众，而不是问他们需要什么，要创造需要。”索尼公司的认识起码有三方面是新颖的：其一，生产需要比生产产品更重要，创造需求比创造产品更重要。其二，创造需要比适应需要更重要。现代企业不能只满足于适应需要，更应注重“以新产品领导消费大众”。其三，“创造需求”是营销手段，也是企业经营的指导思想，它是对近几十年来一直强调“适应需求”的市场营销观念的发展。

（四）关系市场营销观念

关系市场营销观念是较之交易市场营销观念而形成的，是市场竞争激化的结果。传统的交易市场营销观念的实质是卖方提供一种商品或服务以向买方换取货币，实现商品价值，是买卖双方价值的交换，双方是一种纯粹的交易关系，交易结束后不再保持其他关系和往来。在这种交易关系中，企业认为卖出商品赚到钱就是胜利，顾客是否满意并不重要。事实上，顾客的满意度直接影响到重复购买率，关系到企业的长远利益。由此，从20世纪80年代起美国理论界开始重视关系市场营销，即为了建立、发展、保持长期的、成功的交易关系而进行的所有市场营销活动。它的着眼点是与和企业发生关系的供货方、购买方、侧面组织等建立良好稳定的伙伴关系，最终建立起一个由这些牢固、可靠的业务关系所组成的“市场营销网”，以追求各方面关系利益最大化。这种从追求每笔交易利润最大化转变为追求同各方面关系利益最大化是关系市场营销的特征，也是当今市场营销发展的新趋势。

关系市场营销观念的基础和关键是“承诺”与“信任”。承诺是指交易一方认为与对方的相处关系非常重要而保证全力以赴去保持这种关系，它是保持某种有价值关系的一种愿望和保证；信任是当一方对其交易伙伴的可靠性和一致性有信心时产生的，它是一种依靠其交易伙伴的愿望。承诺和信任的存在可以鼓励营销企业与伙伴致力于关系投资，抵制一些短期利益的诱惑，选择保持发展与伙伴的关系去获得预期的长远利益。因此，达成“承诺—信任”，然后着手发展双方关系是关系市场营销的核心。

（五）绿色营销观念

绿色营销观念是在当今社会环境遭到破坏、污染加剧、生态失衡、自然灾害威胁人类生存和发展的背景下提出来的新观念。20世纪80年代以来，伴随着各国消费者环保意识的日益增强，世界范围内掀起了一股绿色浪潮，绿色工程、绿色工厂、绿色商店、绿色商品、绿色消费等新概念应运而生。不少专家认为，我们正走向绿色时代，21世纪将是绿色世纪。在这股浪潮冲击下，绿色营销观念也就自然而然地相应产生。

绿色营销观念主要强调把消费者需求与企业利益和环保利益三者有机地统一起来，它最突出的特点，就是充分顾及到资源利用与环境保护问题，要求企业从产品设计、生产、销售到使用，整个营销过程都要考虑到资源的节约利用和环保利益，做到安全、卫生、无公害等，其目标是实现人类的共同愿望和需要——资源的永续利用与保护和改善生态环境。为此，开发绿色产品的生产与销售，发展绿色产业是绿色营销的基础，也是企业在绿色营销观念下从事营销活动成功的关键。

（六）文化营销观念

文化营销观念是指企业成员共同默认并在行动上付诸实施，从而使企业营销活动形成文化氛围的一种营销观念，反映的是现代企业营销活动中，经济与文化的不可分割性。企业的营销活动不可避免地包含着文化因素，企业应善于运用文化因素来实现市场制胜。

在企业的整个营销活动过程中，文化渗透于其始终。一是商品中蕴含着文化。商品不仅仅是有某种使用价值的物品，同时，它还凝聚着审美价值、知识价值、社会价值等文化价值的内容。例如，“孔府家酒”之所以能誉满海外，备受海外华人游子的青睐，不仅在于它的酒味香醇，更在于它满足了海外华人思乡恋祖的文化需要。日本学者本村尚三郎曾说道，“企业不能像过去那样光是生产东西，而是要出售生活的智慧和欢乐”，“现在是通过商品去出售智慧、欢乐和乡土生活方式的时代了”。二是经营中凝聚着文化。日本企业经营的成功得益于其企业内部全体职工共同信奉和遵从的价值观、思维方式和行为准则，即所谓的企业文化。营销活动中尊重人的价值、重视文化建设、重视管理哲学及求新、求变精神，已成为当今企业经营发展的趋势。例如，美国 IBM 公司“尊重个人，顾客至上，追求卓越”三位一体的价值观体系，日本松下公司“造物之前先造人”的理念，瑞士劳力士手表“仁心待人，严格待事”的座右铭等等，充分说明了企业文化的因素是把企业各类人员凝集在一起的精神支柱，是企业在市场竞争中赢得优势的源泉和保证。

1.4 掌握市场营销原理的意义和方法

1.4.1 掌握市场营销原理的意义

（一）迎接21世纪的营销挑战

我们正在面对知识经济时代的来临及其严峻挑战。现代科技的飞速发展，从根本上改变着人们的生活和社会生产方式，带来比以往更为复杂和快速变化的社会经济环境，以及更为剧烈的全球竞争。无论是在国家（地区）综合国力的发展层面，还是在微观企业的经营和发展层面，21 世纪的挑战都是崭新的、全面的。

经济全球化、高新技术特别是信息科技产业的崛起，金融危机和全球企业并购之风的兴起，预示着未来的营销从观念、规划到方式都将发生深刻变化。一些学者将这些变化方向归纳为学习型营销。善于学习、创新和运用新知识的组织将是最大的赢家。新的环境要求经营者洞察消费者的知识及其学习过程，并在买主的学习过程中发挥作用。因此，经营者不仅要向顾客学习，自身（组织内部）要学习，而且要对顾客“半教半学”。这种新的营销观念认为，营销活动的规则随着购买者的不断学习而演变，这种演变在一定程度上取决于营销者教给购买者的内容。

菲利普·科特勒预言，21 世纪初，市场销售领域将出现十大新趋势：

1. 电子商务的发展，使批发和零售之间出现了实质性非居间化。
2. 零售店交易量减少，它们更多是在推销体验而不是产品。
3. 建立客户信息库，根据某客户的特别需要提供“定制商品”，成为公司时尚。
4. 商家在通过富于想象力的方法来超过消费者期望方面做了出色的工作。
5. 公司重视并对个别客户、产品和销售渠道进行利润核算。
6. 许多公司进一步树立忠实于客户的远见。
7. 公司的活动和需要，更多的依赖外部资源和合作。
8. 现场销售人员拥有更多的特许权限。

9. 大量的电视广告、报纸杂志广告消失，“因特网”广告兴起。

10. 公司不可能长久地保持其竞争优势，除非它们具有尽快地学习和尽快跟上形势变化的能力。

可见，学习、研究市场营销学，是经济时代的要求，是迎接新世纪挑战、适应环境变化的必需。

（二）学习发达国家先进的市场运作和管理经验

市场营销的理论产生并成熟于市场经济发达的国家，在我国建立和完善市场经济体制的过程中，我们需要吸收和借鉴西方企业先进的经营管理理论和方法，并加以创新和发展，以解决我国企业市场运作面临的各种问题。

（三）市场营销知识是现代企业经营管理人才必须具备的知识

现代企业经营管理人才必须具备的知识中，市场营销是关键知识之一。只有具备了这一方面的素质和能力，才能胜任企业的经营管理工作，并正确地进行决策。

（四）企业开拓市场、增强竞争能力的迫切需要

加入世界贸易组织后，中国企业面临的竞争形势将更加严峻。企业迫切需要先进的管理理论指导，学习和借鉴发达国家企业市场运作的成功经验，并探索出适合我国国情的市场营销运作模式，以不断开拓国内外市场，具有更强的竞争能力。

1.4.2 市场营销原理的研究方法

市场营销管理理论就其理论和实践的成熟过程而言，研究的角度是在不断发生变化的。大体上有产品研究、职能研究、机构研究和管理研究等几种不同的角度。

（一）产品研究方法

20世纪初，市场营销研究刚刚开始阶段，营销学者主要是通过对各种不同产品在市场交易活动中的特征分析来研究企业的营销行为。如韦尔德（Welder）最早的关于市场营销学的著作是《农产品的市场营销》（1916）；科普兰（Melvin Copeland）在1923年提出了著名的产品分类理论，将所有的消费品分为便利品、选购品和特殊品，并研究了消费者在购买这些不同类别产品时的行为特征；在此之前，帕林（Charles Parlin，1912）已提出对“妇女购买的商品”进行分类的理论，他将这些商品分为便利品、急需品和选购品等不同类型；劳德斯（E. L. Rhoades）在1927年提出根据产品的使用特征、物理特征（易腐性、体积、价值集中）和生产特征（生产规模、生产地点、生产周期、生产方法、生产集中度）来对产品进行分类的理论。这些理论的提出强调了市场营销对各种不同类型的企业和产品的适应性，基于相当实用性的原则。

（二）职能研究方法

从企业营销职能的角度对市场营销学进行研究集中于20世纪30年代之前。肖（Arch Shaw）于1912年在《经济学季刊》中第一次提出了职能研究的思想，当时他将中间商在产品分销活动中的职能归结为五个方面：风险分担；商品运输；资金筹措；沟通与销售；装配、分类与转载。韦尔德在1917年对营销职能也进行了研究，提出了装配、储存、风险承担、重新整理、销售和运输等职能分类。直至1935年，弗兰克林（Franklin Ryan）撰文指出，已有的职能研究已经提出了52种不同的营销职能，但并未对分销过程中两大隐含的问题做出解释：一是哪些职能能使商品实体增加时间、地点、所有权、占有权等效用？二是企业经营者在分销过程中应当主要承担哪些职能？弗兰克林认为：在第一个问题上，主要有装配、储存、标准化、运输和销售五项职能；在第二个问题上，企业经营者主要应履行承担风险和筹集营销资

本两项职能。

从职能角度对市场营销学的研究直接导致了对营销策略组合的研究。尼尔·博登（Neil Borden）在1950年提出的“营销策略组合”将企业营销活动的相关因素归结为12个方面，即产品、品牌、包装、定价、调研分析、分销渠道、人员推销、广告、营业推广、售点展示、售后服务以及物流等；之后，弗利又将这些因素归纳为同提供物有关的“基本因素”和同销售活动有关的“工具因素”；直至1960年杰罗姆·麦卡锡（Jerome McCarthy）提出著名的“4P”组合，实际上都继承了职能研究的分类研究方法。所以说，职能研究方法为以后占主导地位的营销管理学派的产生奠定了基础。

（三）机构研究方法

同职能研究方法不同，机构研究方法主要分析执行营销职能的组织及其相互之间的关系。早期的机构研究主要集中于中间商和分销渠道的组织效率。韦尔德在他的《农产品的市场营销》中指出“要执行营销职能，问题是要发现最经济的职能组合”，他针对一些人对中间商的偏见指出，“用第一手资料不偏不倚地研究营销系统，将发现总体上已发展的营销系统是胜任的，而不是极端臃肿和浪费的，已发展的组织形式有恰当的实际原因”；巴特勒（R. S. Butler）在1923年出版的《营销与经销》中强调了中间商和渠道机构所创造的地点效用和时间效用，从理论上肯定了中间商的地位；20世纪30~40年代，加入营销机构研究的人越来越多，美国宾夕法尼亚大学沃顿商学院的教师拉尔夫·布莱耶（Ralph Brayer）撰写了《营销机构》一书，强调了营销机构的重要性，他指出“完成执行营销职能的相关工作需要建立庞大且高度复杂的商业机构……这个机构的各个部门都涉及与营销有关的各种商业事宜”；之后一些学者又对营销渠道中的“纵向一体化”问题展开了研究，考虑到对生产和分销过程中独立营销机构的总体控制和协调，最后形成了“垂直营销系统”的理论。这实际上已经进入了营销管理研究的领域。所以说从管理角度对市场营销进行研究的营销管理学派，其理论基础仍来源于之前的产品、职能和机构研究学派。

（四）管理研究方法

从20世纪50年代开始，随着国际市场竞争的日益激烈，从企业整体角度进行营销的战略决策变得格外重要。企业要获得营销的成功，绝不能仅依赖于在某一具体部门或个别行为上的努力，而更取决于企业各种营销资源的有效组合和相互支撑，于是市场营销的研究也就自然而然地进入了以管理为导向的阶段。

尼尔·博登在1950年提出了“市场营销组合”的概念，强调了从企业整体营销目标的实现出发，对各种营销要素的统筹和协调，而企业的经理就是“各种要素的组合者”，这是从管理的角度提高营销效率的重要思想。这一思想后来被麦卡锡发展为“4P”营销策略组合的著名理论，80年代后出现的“整合营销”理论也包含了这方面的思想；1956年温德尔·史密斯的“市场细分”理论的提出使企业的市场营销真正上升到战略规划的层次，同其后的“目标市场”和“市场定位”的理论一起，共同构成了“STP”的营销战略思想，为从管理角度研究市场营销做出了重要贡献；1960年，西奥多·莱维特（Theodore Levitt）提出了“市场营销近视症”问题，强调了以顾客需求为导向来制定企业发展战略规划的问题，实际上是进一步明确市场营销观念在企业管理决策中的重要地位；菲利普·科特勒于1967年出版了《营销管理》，之后不断完善，最终形成了对市场营销进行分析、计划、管理与控制的完整理论体系，使从管理角度研究市场营销的方法成为集各种研究方法之大成的基本研究方法，从而在推动市场营销理论和实践的发展方面发挥了重要的作用。

【小结】

市场营销是企业最基本的职能，在企业全部生产经营活动中占据极其重要的地位。市场营销是企业以市场为导向，以满足顾客需求，实现潜在交换为目的，而分析市场、进入市场和占领市场的一系列战略与策略活动。企业经营者经历这个全过程，在任何一个策略上都未出现错误与闪失，那么就能得到"营销的目的使推销成为多余"的最终结果。克服交换障碍，实现潜在交换是市场营销概念的核心内涵。发现市场需要，生产有价值的产品和提供物是为了实现交换，而一定的市场、关系、网络是交换得以实现的重要条件。

市场营销观念是在生产力高度发展，产品供过于求，竞争日益激烈的社会经济背景下形成的，它区别于以企业为中心的生产观念、产品观念和推销观念，具有以顾客需要的满足为中心，注重企业的长期发展战略，以整合营销为手段等基本特征。从本质上讲，市场营销学是一种经营哲学。市场营销哲学随着社会经济环境的不断变化而发展。

人们曾经从产品、职能、机构等不同的角度对市场营销展开过研究，而20世纪40年代以后开始的从管理角度对市场营销的研究，提高了研究的层次，集各种研究方法之大成。市场营销学于20世纪70年代末引入中国。90年代以来，随着中国社会经济环境的变化与发展，得到了普遍的重视和应用。中国的学术界和企业界将积极开展营销本土化的研究，克服各种思想障碍，总结实践经验，为营销学的进一步发展做出贡献。

市场营销思想仍在不断发展中，当今特别关注顾客满意、保持顾客、企业管理职能整合、本土化营销、战略联盟、直销和网络、服务、职业道德等问题。与此同时，关系营销、绿色营销、服务营销、整合营销、网络营销等新观念纷纷出现，并引起人们的关注。

【关键术语】

市场（Market）

市场营销（Marketing）

生产观念（Production Concept）

产品观念（Product Concepts）

推销（销售）观念（Sales concepts）

市场营销观念（Marketing Concept）

社会市场营销观念（Social Marketing Concept）

顾客让渡价值（Customer Delivered Value）

【知识链接】

[1]［美］菲利普·科特勒．市场营销管理［M］．赵平等译．北京：清华大学出版社，2011.

[2] 钱旭潮．市场营销管理［M］．机械工业出版社，2011.

[3] 张雁白．市场营销学概论［M］．经济科学出版社，2010.

[4] 倪自银等．新编市场营销学——理论与实务［M］．电子工业出版社，2011.

[5] 王万华，顾峰．市场营销学［M］．上海人民出版社，2010.

[6] 李飞等．高速成长的神话——基于中国10家成功企业的案例研究［J］．管理世界，2011.

[7] 赵晓飞．我国农产品营销渠道联盟问题研究［D］．华中农业大学，2011.

[8] 吴涛．市场营销管理［M］．北京：中国发展出版社，2009.

【案例分析】

"刮骨疗伤"这里的明天会更好！

保险行业是一种典型的非渴求产品，因此基本上绝大多数保险公司都一直奉行推销观念。近日，《中国青年报》刊发了一篇名为"保险业务员：我骗了朋友　公司骗了我"的署名文章，并被多家媒体转载，内容是一名某保险公司业务员自曝保险管理内幕，此文一出立即在保险业内外引起了不小的轰动，一时间争论之声四起，支持认同者有，口诛笔伐者有，各保险公司和保险监管机构也大力开展危机公关，借助各种途径和媒体进行澄清和说明，力图消除其带来的负面影响，稳定保险销售队伍并争取赢得保户信任。此前平安保险公司福州分公司由于业务人员违规操作，导致大批保户集体退保事件的影响还未消除，而近年来，保险的投诉率明显上升，保险消费者退保、理赔、被保险代理人骗走保费等问题常常出现在各种媒体报端。这些接踵而来的保险业信任危机的表象，其下又隐藏了怎样的矛盾和利益冲突。保险市场的混乱，主要表现在“投保和理赔两张脸”，“变脸”现象时常发生，这也成为顾客投诉的主要热点之一，保户抱怨保险理赔手续烦琐，过程周折，赔付苛刻。由于保险理赔部门的业绩考核与该部门的费用奖金提取、负责人任期目标实行利益挂钩，使得在理赔当中降低赔付标准和找借口拒赔的事件屡有发生。

保险公司在招募新人和员工培训当中的激励方法过于激进。保险是一个高淘汰率的行业，从保险业的实际运作来看，一线业务员平均脱落率在80%以上，也就是说保险业务员当中绝大多数会面临被迫出局的结果。据一些保险业务人员透露，据不完全统计曾经干过保险后又离开的在国内约有500多万人，保险推销是一项艰巨而又十分辛苦的工作，不但要求具备相应的专业知识而且要求从业者具备超于常人的忍耐力和心理承受能力。某些保险公司在员工培训时往往采取“画饼法”给每一个员工描绘出一个实现可能极小的“天堂”般的生活前景，树立典型成功案例，邀请业界“成功人士”和“营销高手”来办讲座或沟通分享成功经验，刺激员工对于荣誉和成功欲望的极度膨胀，有意或无意地诱导员工盲目追求保单数量和保费收入，极端化培训代理人，认为不拒绝的客户是“怪物”，推销员要把客户的抵抗、反对作为对自己的考验和鼓励，作为自己前进的动力。不顾保户实际情况强行推销，一味穷追烂打，而服务意识却被淡化。

保险公司单方制订的保险格式合同过于专业化，而且晦涩难懂，保险条款中时常隐含投保人不易察觉的文字陷阱。中国消费者协会在哈尔滨等六个城市开展的“消费者与保险”调查活动则显示：在不买保险的被访者中，有1/10的人是因为“看不懂合同”。调查还显示：在已购买保险的被访者中，有45.4%不清楚合同中的免除责任。保险合同的条款内容是由保险公司在一厢情愿的前提下“研制”出来的，虽然是报经保监会备案，但对于消费者来说仍然只有两种选择：要么放弃可能的某种保障，要么接受其中的“不平等条约”，例如保险公司大都将一些比较受保户欢迎的险种设置为附加险，而且主险是一个你并不太适用或实用的需要交纳较高保费的险种。

保险代理人素质良莠不齐。部分营销员不注重自身专业形象和客户时间，过于“热心”和“主动”，甚至扰乱居民生活和单位正常工作，大量运用人海战术、拉锯战术展业，动用各种社会关系争抢保户资源，致使保险代理人的社会整体形象和声誉受到严重破坏，并影响到整个保险行业的社会地位。部分展业营销人员由于受到每月销售任务压力和利益驱动机制的影响，在业务开展过程中，有的只偏重保单成交量与保费的收取，而忽视了对被保险人履行如实告知义务和坦诚耐心讲解保险条款的责任，把保险条款中对被保险人的限制性解释得含糊其辞，对保险除外责任和免赔事项实行回避政策，故意放大、渲染保险有益功能和合同预期利益，不谈风险或可能的潜在损失，错误片面地诱导投保人签约，形成不公正交易。事后往往会引起保户与代理人和保险公司之间的矛盾激化，消费者对保险业的不信任情绪越来越浓，保险代理人的展开难度越来越大，最终是自食苦果。

保险业是整个社会长期稳定发展的重要保障，只有依靠优良的服务才能取得保险消费者对于保险行业和保险公司的信任，这也是保险公司之间竞争的有力武器，服务是保险业的核心竞争力。

思考题

1. 该案例中保险业推行哪种营销观念以及为什么奉行该种观念？
2. 你认为我国保险企业应如何规范推销行为，方能提高业绩？

第 2 章 市场营销环境分析

【本章知识要点】

知识要点	掌握程度	相关知识
市场营销环境概述	了解	市场营销环境的含义、特点
微观营销环境因素	掌握	企业、供应商、营销中介、顾客、竞争者、公众
宏观营销环境因素	掌握	人口环境、经济环境、自然环境、技术环境、政治与法律环境、社会与文化环境
市场营销环境分析方法	重点掌握	机会、威胁、优势、劣势、SWOT 方法
市场营销环境变化的新趋势	熟悉	政治、社会和经济环境、市场、消费需求行为、社会人文环境、技术变革

【本章技能要点】

技能要点	掌握程度	应用方向
微观营销环境分析	掌握	对企业所处的微观环境进行因素分析
宏观营销环境分析	掌握	对企业所处的宏观环境进行因素分析
市场营销环境分析方法	重点掌握	进行企业所处环境因素分析时使用

【导入案例】

三个旅行者的启示

三个旅行者同时住进一家旅馆。早上出门时，第一个旅行者带了一把雨伞，第二个旅行者拿了一根拐杖，第三个则两手空空。

晚上归来时，拿着雨伞的人淋湿了衣服，拿着拐杖的人跌得全身是泥，而空手的人却什么事情都没有。前两个人都很奇怪，问第三个人这是为什么。

第三个旅行者没有回答，而是问拿伞的人："你为什么淋湿而没有摔跤呢？"

"下雨的时候，我很高兴有先见之明，撑着雨伞大胆的在雨中走，衣服还是淋湿了不少。泥泞难行的地方，因为没有拐杖，走起来小心翼翼，就没有摔跤。"

再问拿着拐杖的人，他说："下雨时，没有伞我就拣能躲雨的地方走或者是停下来休息。泥泞难行的地方我便用拐杖拄着走，却反而跌了跤。"

空手的旅行者哈哈大笑，说："下雨时我拣能躲雨的地方走，路不好走时我细心走，所以我没有淋着也没有摔着，你们有凭借的优势，就不够仔细小心，以为有优势就没有问题，所以反而有伞的淋湿了，有拐杖的摔了跤。"

营销启示：在营销过程中，优势是相对的，只有凭借客观的营销环境创造优势才能够取胜市场。

任何事物的存在和发展都离不开特定环境的影响，企业的市场营销活动也不例外。它也是在一定的社会、自然环境条件下进行的，是在与其他企业、目标顾客和社会公众的相互联系中开展的。企业市场营销活动既要受其自身条件的限制，也要受外部环境的制约和影响。在企业的市场营销活动中，外部环境既是企业生存和发展的土壤，又是不可控制的因素。企业内部的各种生产要素结合，构成了企业的内部系统条件。然而，企业的一切活动又是从属于外界环境这个更大的社会系统，企业作为外部环境系统的一个子系统，其生存和发展必须以一定的外部环境作为条件。企业必须关注和研究企业内外营销环境的变化，认清环境变化的趋势，识别由于环境变动而造成的机会和威胁，相应制定并不断调整营销策略，自觉地利用市场机会，防范和规避可能出现的威胁，发挥优势，扬长避短，才能确保在竞争中立于不败之地，实现企业的目标。

2.1 市场营销环境概述

企业并不是生存在一个真空内，作为社会经济组织或社会细胞，它总是在一定的外界环境条件下开展市场营销活动。而这些外界环境条件是不断变化的，既给企业创造新的市场机会，又给企业带来某种威胁。因此，市场营销环境对企业的生存和发展具有重要意义。企业必须重视对市场营销环境的分析和研究，并根据市场营销环境的变化制定有效的市场营销战略，扬长避短，趋利避害，适应变化，抓住机会，从而实现自己的市场营销目标。

2.1.1 市场营销环境的含义

美国著名市场学家菲利普·科特勒（Philip kotler）认为，一个企业的营销环境（Marketing Environment）是影响企业的市场和营销活动不可控制的参与者和影响力，具体地说就是："影响企业的市场营销管理能力，使其能否卓有成效地发展和维持与其目标顾客交易及关系的外在参与者和影响力。"因此，市场营销环境是指与企业营销活动有潜在关系的所有外部力量和相关因素的集合，对企业来说，在这些因素里，随时蕴藏着商业机遇和潜在威胁。企业尽管没有能力控制或左右营销环境，但是企业不仅可以选择有利的市场环境因素，而且可以运用适当的营销决策来利用环境中的机遇，躲避环境中的威胁和风险。

企业市场营销环境的内容错综复杂且瞬息万变。一般来说，市场营销环境主要包括两方面的构成要素：一是微观环境要素，即指与企业紧密相联，直接影响其营销能力的各种参与者，这些参与者包括企业的供应商、营销中间商、顾客、竞争者以及社会公众和影响营销管理决策的企业内部各个部门；二是宏观环境要素，即影响企业微观环境的巨大社会力量，包括人口、经济、政治、法律、科学技术、社会文化及自然地理等多方面的因素。可以说，微观环境受宏观环境的制约，而宏观环境也受微观环境的影响。微观环境直接影响和制约企业的市场营销活动，而宏观环境主要以微观营销环境为媒介间接影响和制约企业的市场营销活动（见图2-1）。

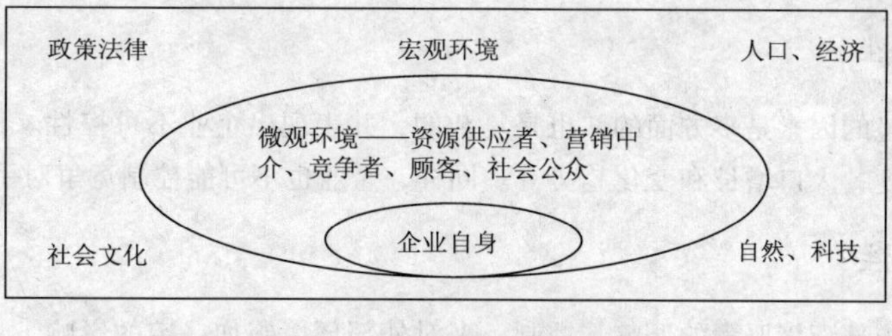

图 2－1 企业市场营销环境

2.1.2 市场营销环境的特点

为了更好地把握和理解市场营销环境，我们首先要了解其特点。其主要特点如下：

（一）客观性

市场营销环境作为一种客观存在，是不以企业的意志为转移的。企业总是在特定的社会经济和其他外界环境条件下生存、发展的。不管你承认不承认，企业只要从事市场营销活动，就不可能不面对这样或那样的环境条件，也不可能不受到各种各样环境因素的影响和制约，包括微观的、宏观的。因此，企业决策者必须清醒地认识到这一点，要及早做好充分的思想准备，随时应付企业面临的各种环境的挑战。

（二）差异性

市场营销环境的差异性不仅表现在不同的企业受不同环境的影响，而且同样一种环境因素的变化对不同企业的影响也不相同。例如，不同的国家、民族、地区之间在人口、经济、社会文化、政治、法律、自然地理等各方面存在着广泛的差异性。这些差异性对企业营销活动的影响显然是很不相同的。这种差异可能来自企业所处的地理环境不同、生产经营性质的差别和政府管理上的差异等。由于外界环境因素的差异性，因而企业必须采取不同的营销策略才能应付和适应这种情况。

（三）相关性

营销环境的各种力量并不是彼此孤立的，而是互相关联的，它们互相影响、互相制约、互为条件、互相渗透。这种相关性表现在两个方面：一是某一因素的变化会引起其他因素的互动变化；二是企业营销活动受多种环境因素的共同制约。如商品的价格不但要受市场供求关系的影响，而且还要受财政税收政策的影响；企业的产品开发，要受国家环保政策、技术标准、消费者需求特点、竞争者产品、替代性等多种因素的制约，如果不考虑这些外在的力量，生产出来的产品要进入市场也是不可能的。

（四）动态性

营销环境是企业营销活动的基础和条件，但这并不意味着营销环境是一成不变的、静止的。以中国所处的间接营销环境来说，今天的环境与十多年前的环境已经有了很大的变化。例如国家产业政策，过去重点放在重工业上，现在已明显向农业、轻工业倾斜，这种产业结构的变化对企业的营销活动带来了决定性的影响。再如我国消费者的消费倾向已从追求物质的数量化向追求物质的质量及个性化转变，也就是说，消费者的消费心理正趋于成熟。这无疑对企业的营销行为产生最直接的影响。当然，市场营销环境的变化是有快慢、大小之分的，有的变化快一些，有的则变化慢一些；有的变化大一些，有的则变化小一些。例如科技、经济等因素的变化相对快而大，因而对企业营销活动的影响相对短且跳跃性大；而人口、社会文化、自然因素等相对变化较慢较小，对企业营销活动的影响相对长而稳定。因此，企业的营销活动必须适应环境的变化，不断地调整和修正自己的营销策略，否则，将会使其丧失市场机会。

（五）不可控性

影响市场营销环境的因素是多方面的，也是复杂的，并表现出企业不可控性。例如一个企业不能控制国家的政治法律制度、人口增长和变化趋势等。同样，企业也不可能控制竞争对手的生产经营情况。

（六）可影响性

企业可以通过对内部环境要素的调整与控制，来对外部环境施加一定的影响，最终促使某些环境要素向预期的方向转化。现代营销学认为，企业经营成败的关键，就在于企业能否适应不断变化着的市场营销环境。“适者生存”既是自然界演化的法则，也是企业营销活动的法则，如果企业不能很好地适应外界环境的变化，则很有可能在竞争中失败，从而被市场淘汰。强调企业对所处环境的反应和适应，并不意味着企业对于环境是无能为力或束手无策的，只能消极地、被动地改变自己以适应环境，而是应从积极主动的角度出发，能动地去适应营销环境。或者说运用自己的经营资源去影响和改变营销环境，为企业创造一个更有利的活动空间，然后再使营销活动与营销环境取得有效的适应。

（七）多变性

营销环境的各种力量时时刻刻都处在不断的运动与变化之中。正因为这一点，所以要求企业实时监控营销环境的变化，才能确保企业的经营活动适应环境变化的要求。营销环境的各要素都处在不断的运动变化之中，有些变化是极快的，如电子行业的变化等；有些变化相对缓慢，如一个国家的人口状况和自然条件等；有些变化是可以预测的，如居民可支配收入及消费结构的变化趋势等；有些变化是难以预测或不可预测的，如美国“9·11”恐怖分子袭击事件和中国2003年初的非典型性肺炎等。

（八）复杂性

营销环境包括影响企业市场营销能力的一切宏观和微观因素，这些因素涉及多方面、多层次，而且彼此相互作用和联系，既蕴涵着机会，也潜伏着威胁，共同作用于企业的营销决策。

2.1.3 市场营销环境分析的重要性

现代营销学认为，企业经营成败的关键，就在于企业能否适应不断变化着的市场营销环境。因此，分析和过滤企业外部的各种错综复杂的环境，就变得非常有意义了。

首先，市场营销环境分析是企业开展市场营销活动的出发点。

企业的生存和发展是以适应环境为前提的，环境是不断变化的，企业的营销活动受周围环境制约，同时它也对周围的环境产生影响。对制约因素和作用对象的分析是企业开展营销活动的首要步骤和前提。社会生产力水平、技术进步变化趋势、社会经济管理体制、国家在一定时期的政治经济任务等，都直接或间接地影响着企业的生产经营活动，左右着企业的发展。环境不断变化，企业应该相应调整战略。成功的企业经营者，都十分重视调查和分析市场营销环境，如果仅仅埋头生产，而忽视了经营环境的变化，结果必然是被市场淘汰出局。

其次，市场环境的分析有助于企业趋利避害，发现营销机会和避免环境威胁。

市场营销环境对企业有两方面影响：发展空间与环境威胁。营销机会是指企业能取得优势和差别利益的市场条件，如世界杯足球赛的举办带动了各种足球体育用品的需求；环境威胁则是营销环境中对企业营销活动不利的因素，比如PPA对人体有害的发现对含PPA的感冒药品的销售产生了致命的威胁。市场营销环境变化按速度分为三类：稳定的环境（食品）；变化缓慢的环境（石英表）；急剧变化的环境（20世纪70年代石油危机）。营销环境的变化不断制造新的机会和新的威胁，现实生活中，机会与威胁往往同时并存。营销的任务就在于善于抓住机会，化解威胁，以有力的措施迎接市场的挑战。所以，分析营销环境的变化，有助于企业制定和适时调整营销策略，有效地利用环境变化带来的机遇，及时预测和防范环境中出现的不利因素。

最后，市场营销环境的分析是企业制定和开展具体营销策略的依据。

企业在具体开展营销活动时，必须保证企业的外部环境、内部条件和经营目标之间的动态平衡。通过对内外部环境的分析，企业的营销资源得到最优的配置，并与外部需求取得最佳结合，从而获得最佳的经营效果。比如，针对不同的经济发展水平、社会文化环境，企业需要对营销组合中的诸多因素做出相应的调整，以期达到预期的营销目标。针对不同的产品，也需要对产品性能、市场需求结构、竞争状况以及替代产品的可能性等因素做出分析，以便制定恰当的营销策略。

菲利普·科特勒正是针对该种情况，提出了“大市场营销”理论。该理论认为，企业为了成功地进入特定市场或者在特定市场经营，应用经济的、心理的、政治的和公共关系技能，赢得若干参与者的合作。科特勒举例说，假设某家百货公司拟在美国某城市开设一家商店，但是当地政府的法律不许你开店，在这种情况下，你必须运用政治力量来改变法律，才能实现企业的目标。“大市场营销”理论提出企业可以运用能控制的方式或手段，影响造成营销障碍的人或组织，争取有关方面的支持，使之改变做法，从而改变营销环境。因此，营销管理者的任务不但在于适当安排营销组合，使之与外部不断变化的营销环境相适应，而且要积极创造性地适应和积极地改变环境，创造或改变目标顾客的需要。只有这样，企业才能发现和抓住市场机会，因势利导，在激烈的市场竞争中立于不败之地。

在总体上了解了市场营销环境的含义、特点和重要性之后，接下来就展开对市场营销环境的具体分析。

2.2 微观营销环境因素

企业的微观营销环境（Micro Marketing Environment）主要由企业的供应商（Suppliers）、营销中介（Marketing Intermediaries）、顾客（Customers）、竞争者（Competitors）、公众（Public）以及企业内部参与营销决策的各部门组成。这些因素对企业的营销活动比宏观环境有更加直接的影响，并经过努力对一些因素可以不同程度的加以控制。如图 2－2 所示。

供应商—企业—营销中介—顾客这一链条构成了企业的核心营销系统。一个企业的成功，还受到另外两个群体的影响，即竞争者和公众。

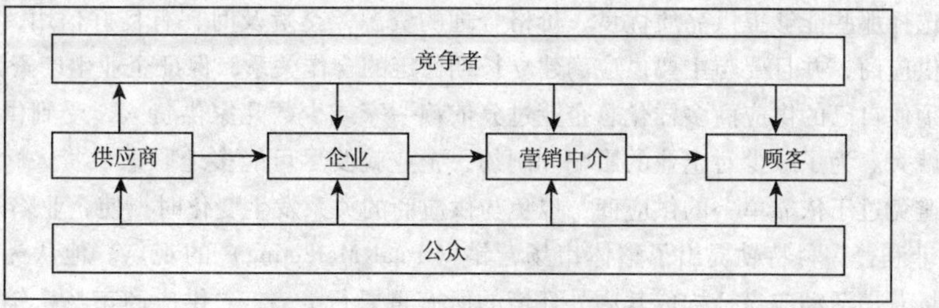

图 2－2 企业的微观环境

2.2.1 企业

一个企业的市场营销部门由品牌经理、营销研究人员、广告及促销专家、销售经理及销售代表等组成，市场营销部门负责制订现有各个产品、各个品牌及新产品、新品牌的研究开发的营销计划。企业内部的其他部门和最高领导层是企业市场营销的环境力量之一，如最高领导层是企业中的领导核心，它规定企业的任务、目标、战略和策略。企业的营销部门必须同其他职能部门发生各种联系，如在营销计划的执行过程中资金的有效运用，资金在制造和营销部门之间的合理分配，可能实现的资金回收率等都同财务管理有关；而新产品的设计和生产方法是研究和发展部门集中考虑的问题；生产所需的原材料能否得到充分的供应，是由采购部门负责的；制造部门负责生产指标的完成；会计部门则是通过对收入和支出的计算，协助营销部门了解它的目标达到何种程度。因此营销管理者在制订营销计划时，必须考虑到与企业其他部门的协调，如与最高管理当局、财务部门、研究开发部门、采购部门、生产部门和会计部门等的协调。只有这些部门同营销部门的计划和活动之间保持协调的关系，才能保证营销活动的顺利开展。

2.2.2 供应商

供应商（Suppliers）是指向企业及其竞争者提供生产产品和服务所需资源的企业或个人。它是影响企业营销的微观环境的重要因素之一。供应商所提供的资源主要包括原材料、设备、能源、劳务、资金等。

供应商对企业营销活动的影响很大，主要表现在：

（一）供货的稳定性与及时性

原材料、零部件、能源及机器设备等货源的保证，是企业营销活动顺利进行的前提。如粮食加工厂需要谷物来进行粮食加工，还需要具备人力、设备、能源等其他生产要素，才能使企业的生产活动正常开展。供应量不足，供应短缺，都可影响企业按期完成交货任务。

（二）供货的价格变动

毫无疑问，供货的价格直接影响企业的成本。如果供应商提高原材料价格，生产企业亦将被迫提高其产品价格，由此可能影响到企业的销售量和利润。

（三）供货的质量水平

供应货物的质量直接影响到企业产品的质量。

从短期来看，企业损失销售额；从长远来看，损害企业在顾客中的声誉。

针对上述影响，企业在寻找和选择供应商时，应特别注意两点：第一，企业必须充分考虑供应商的资信状况。要选择那些能够提供品质优良、价格合理的资源，交货及时，有良好信用，在质量和效率方面都信得过的供应商，并且要与主要供应商建立长期稳定的合作关系，保证企业生产资源供应的稳定性。第二，企业必须使自己的供应商多样化。企业过分依赖一家或少数几家供货人，受到供应变化的影响和打击的可能性就大。为了减少对企业的影响和制约，企业就要尽可能多地联系供货人，向多个供应商采购，尽量注意避免过于依靠单一的供应商，以免与供应商的关系发生变化时，使企业陷入困境。

1992 年，菲利普·科特勒提出了整体市场营销（Total Marketing）的观点。他认为，从长远利益出发，企业的市场营销活动应囊括构成其内外环境的所有重要行为者。“供应商市场营销”就是其中很重要的内容。因这种市场营销活动与产品流动的方向相反，故也称“反向市场营销”。“供应商市场营销”主要包括两个方面：其一，为选择优秀的供应商严格确定资格标准，如技术水平、财务状况、创新能力和质量观念等；其二，积极争取那些业绩卓越的供应商，与他们建立良好的合作关系。

2.2.3 营销中介

营销中介（Marketing Intermediaries）是协助公司推广、销售和分配产品给最终买主的那些企业。它们包括中间商、实体分配公司、营销服务机构及金融机构等。这些都是市场营销不可缺少的中间环节，在大多数企业的营销活动中，都需要有它们的协助才能顺利进行。

（一）中间商

中间商是协助公司寻找顾客或直接与顾客进行交易的商业企业。中间商的出现，对促进商品生产和流通的发展起着重要作用，中间商在分销渠道中发挥重要作用。中间商分两类：代理中间商和经销中间商。代理中间商——代理人、经纪人、制造商代表——专门介绍客户或与客户磋商交易合同，但并不拥有商品持有权。经销中间商——如批发商、零售商和其他再售商——购买产品，拥有商品持有权，再售商品。中间商对企业产品从生产领域流向消费领域具有极其重要的影响。在与中间商建立合作关系后，要随时了解和掌握其经营活动，并可采取一些激励性合作措施，推动其业务活动的开展，而一旦中间商不能履行其职责或市场环境发生变化时，企业应及时解除与中间商的关系。现代营销中间商又出现了一些新的形式，它是由系统化、集团化的大集团组织构成的，它们的代表形有连锁商店、特许经营、购物中心和制造商的销售公司。

（二）实体分配公司

实体分配公司协助公司储存产品和把产品从原产地运往销售目的地。仓储公司是在货物运往下一个目的地前专门储存和保管商品的机构。每个公司都需确定应该有多少仓位自己建造，多少仓位向存储公司租用。运输公司包括从事铁路运输、汽车运输、航空运输、驳船运输以及其他搬运货物的公司，它们负责把货物从一地运往另一地。每个公司都需从成本、运送速度、安全性和交货方便性等因素，进行综合考虑，确定选用那种成本最低、效益更高的运输方式。

（三）市场营销服务机构

市场营销服务机构指市场调研公司、广告公司、各种广告媒介及市场营销咨询公司，它们协助企业选择最恰当的市场，并帮助企业向选定的市场推销产品。有些大公司，如杜邦公司和老人牌麦片公司，它们都有自己的广告代理人和市场调研部门。但是，大多数公司都与专业公司以合同方式委托办理这些事务。但凡一个企业决定委托专业公司办理这些事务时，它就需谨慎地选择哪一家，因为各个公司都各有自己的特色，所提供的服务内容不同，服务质量不同，要价也不同。企业还得定期检查它们的工作，倘若发现某个专业公司不能胜任，则须另找其他专业公司来代替。

（四）金融机构

金融机构包括银行、信贷公司、保险公司以及其他对货物购销提供融资或保险的各种公司。公司的营销活动会因贷款成本的上升或信贷来源的限制而受到严重的影响。为此，企业应与这些金融机构保持良好的关系，以保证融资及信贷业务的稳定和渠道的畅通。

2.2.4 顾客

顾客（Customers），也即目标市场。企业与供应商和中间商保持密切关系的目的，是为了有效地向目标市场提供商品与劳务。没有顾客就没有市场，企业的生命力体现在顾客的高度信任和忠诚上。顾客是企业产品销售的市场或服务的对象，是企业经营活动的出发点和最终归宿，或者说是企业赖以生存和发展的支柱。企业的一切活动都必须以顾客的需求为中心，想顾客所想、供顾客所需，用适销对路的产品把顾客紧紧地吸引住，只有这样才能在市场经济的浪潮中立于不败之地。可以说谁能赢得顾客，谁就能赢得市场。企业的目标市场可以是下列五种顾客市场中的一种或几种：

（一）消费者市场

个人和家庭购买商品及劳务以供个人消费。

（二）生产者市场

组织机构购买产品与劳务，供生产其他产品及劳务所用，以达到盈利或其他的目的。

（三）中间商市场

组织机构购买产品及劳务用以转售，从中盈利。

（四）政府市场

政府机构购买产品及劳务以提供公共服务或把这些产品及劳务转让给其他需要它们的人。

（五）国际市场

买主在国外，这些买主包括外国消费者、生产者、中间商及政府。

企业应该从不同的角度对顾客进行细分，以便掌握不同类型顾客各不相同的需求特点和购买方式，使企业的营销活动能够针对不同类型顾客的需要进行，只有这样企业才有可能取得成功。

2.2.5 竞争者

一个组织很少能单独做出努力为某一顾客市场服务。公司的营销系统总会受到一群竞争对手的包围和影响。市场营销观念表明，企业要想在市场竞争中获得成功，就必须比竞争者更有效地满足消费者的需要与欲望。因此，企业不能仅仅迎合目标顾客的需要，还要通过有效的产品定位，使企业产品与竞争者产品在顾客心目中形成明显差异，从而取得竞争优势，这就要求企业要了解所在市场竞争环境的特点。因此企业就要进行竞争环境的分析，其中主要是对市场上的竞争者进行分析。从市场营销的角度出发来分析竞争对手的情况，可以把竞争者分为以下三种类型：①一般竞争者，即以不同方法来满足消费者某种需求的竞争者。这种竞争者在实力和经营特色上与本企业的差异小，市场潜在威胁小。②产品竞争者，即能够在产品质量和价格上满足消费者某种需求的竞争者。这类对手的实力较强，在经营上也较有特色，是一种比较棘手的对手。一般来说，在同类市场中，能够率先改变产品型号、改进经营方法和提高产品质量的就是这类企业，它们是市场主导者。③品牌竞争者，即能以相同产品的不同品牌来满足消费需求和迎合消费者口味的竞争者。另外，除上述已存在于市场上的竞争者外，还有尚未进入该市场的潜在加入者、与本企业产品具有相似性能的代用品竞争者等。研究这些竞争者的目的是为了加强本企业在市场中的地位，因此切不可迷失方向，只把眼睛盯在对手身上，忘记了研究消费者和从根本上加强企业自身实力。

2.2.6 公众

公众（Public）就是对一个组织完成其目标的能力有着实际或潜在兴趣或影响的群体。公众对企业的态度会对其营销活动产生巨大的影响，公众可能有助于增强一个企业实现自己目标的能力，也可能妨碍这种能力。鉴于公众会对企业的命运产生巨大的影响，精明的企业就会采取具体的措施，成功地处理与主要公众的关系，而不是不采取行动和等待。大多数企业都建立了公共关系部门，专门筹划与各类公众的建设性关系。公共关系部门负责收集与企业有关的公众的意见和态度，发布消息、沟通信息，以建立信誉。如果出现不利于公司的反面宣传，公共关系部门就会成为排解纠纷者。

对一个企业来说，如果把公共关系事务完全交给公共关系部门处理，那将是一种错误。一个企业的全部雇员，从负责接待一般公众的高级职员到向财界发表讲话的财务副总经理，到走访客户的推销代表，都应该参与公共关系的事务。

每个企业的周围有七类公众：

（一）金融界

金融界对企业的融资能力有重要的影响。金融界主要包括银行、投资公司、证券经纪行、股东。

（二）媒介公众

媒介公众指那些刊载、播送新闻、特写和社论的机构，特别是报纸、杂志、电台、电视台。它们掌握传媒工具，有着广泛的社会联系，能直接影响社会舆论对企业的认识和评价。

（三）政府机构

政府公众主要指与企业营销活动有关的各级政府机构部门，它们所制定的方针、政策对企业营销活动或是限制，或是机遇。企业管理当局在制订营销计划时，必须认真研究与考虑政府政策与措施的发展变化。

（四）社团公众

一个企业营销活动可能会受到消费者组织、环境保护组织、少数民族团体等的质询。企业营销活动关系到社会各方面的切身利益，必须密切注意来自社团公众的批评和意见。

（五）社区公众

社区公众主要指企业所在地附近的居民和社区团体。社区是企业的邻里，企业保持与社区的良好关系，为社区的发展做一定的贡献，会受到社区居民的好评，他们的口碑能帮助企业在社会上树立形象。

（六）一般公众

企业需要关注一般公众对企业产品及经营活动的态度。虽然一般公众并不是有组织地对企业采取行动，然而一般公众对企业的印象却影响着消费者对该企业及其产品的看法。

（七）内部公众

企业内部的公众包括蓝领工人、白领工人、经理和董事会。大公司还发行业务通信和采用其他信息沟通方法，向企业内部公众通报信息并激励他们的积极性。当企业雇员对自己的企业感到满意的时候，他们的态度也就会感染企业以外的公众。

2.3 宏观营销环境因素

宏观营销环境（Macro Marketing Environment），通常是指一个国家或地区的社会、经济及其发展变化的状况，包括人口、经济、自然、技术、政治与法律、社会与文化等对企业营销活动具有影响的企业不可控因素。

2.3.1 人口环境

人口是构成市场的最基本因素之一。现代市场营销观念认为，企业必须密切注意自身所处的人的环境的变化，因为市场是由那些想购买商品同时又具有购买力的人构成的。哪里有人，哪里就有衣、食、住、行等各种需求，因此，人口的多少直接决定市场的潜在容量，人口越多，市场规模就越大。而人口的年龄结构、地理分布、婚姻状况、出生率、死亡率、人口密度、人口流动性及其文化教育等人口特性会对市场格局产生深刻影响，并直接影响企业的市场营销活动和企业的经营管理。企业必须重视对人口环境的研究，密切注视人口特性及其发展动向，不失时机抓住市场机会，开展营销活动。

（一）人口总量及增长率

一个国家或地区的总人口数量多少，是衡量市场潜在容量的重要因素。中国现有近13亿人口，超过欧洲和北美洲人口的总和。随着社会主义市场经济的发展，人民收入不断提高，中国已被视作世界最大的潜在市场。人口增长率是预测市场前景的一个重要指标。如果一个国家的人口增长很快，它对食品、服装和住房等消费品的需求会迅速增加，这样的市场就是一个潜在的大市场。

目前，世界人口环境正发生明显的变化，主要趋势是：

1. 全球人口持续增长，1999年10月12日全球总人口已达到60亿，以后每年约增加1亿。人口增长意味着人民生活必需品的需求增加。

2. 美国等发达国家人口出生率下降，而发展中国家出生率上升，90%的新增人口在发展中国家，使得这些国家人均所得的增加以及需求层次的升级受到影响。

世界人口的急剧增长，一方面，对企业来说有积极意义。人口越多，需求就越多，在一定的购买力条件下，意味着市场需求的增加。企业应重视人口增加带来的市场需求潜力，发现各种未来的市场需求和营销机会。另一方面，人口的迅速增长，也会给企业营销带来不利的影响。比如人口增长可能导致人均收入下降，限制经济发展，从而使市场吸引力降低。又如由于房屋紧张引起房价上涨，从而增大企业产品成本。另外，人口增长还会对交通运输产生压力，企业对此应予以关注。

尽管从严格意义上来说，世界上任何一家企业都不可能满足所有人的需求，只能满足部分人的部分需求，而这里的部分人也是人口总量中的一部分。但一般来说，总量越大，则企业的目标顾客群也就越大，企业的规模化才能获得市场的支撑。我国能成为全世界引进外资最多的国家的原因之一就是我国巨大的人口数量。

（二）人口结构

人口结构主要包括人口的年龄结构、性别结构、家庭结构、地理分布结构以及民族结构。

1. 年龄结构

不同年龄的消费者对商品的需求不一样。人口年龄结构变化趋势表现为：一方面许多国家人口老龄化加速。人类寿命延长，死亡率下降，人口老龄化是当今世界发展的必然趋势。我国2000年人口普查数据表明，65岁以上人口占总人口的比重为6.96%，15~64岁人口负担老年系数为9.92%。随着老年人口的绝对数和相对数的增加，银色市场日渐形成并扩大。另一方面出生率下降引起市场需求变化。美国等发达国家人口出生率下降，出生婴儿数和学龄前儿童减少，给儿童食品、童装、玩具等生产经营者带来威胁，但同时也使年轻夫妇有更多的闲暇时间用于旅游、娱乐和在外用餐。

2. 性别结构

不仅不同年龄的消费者对商品的需求不同，而且不同性别的消费者对商品的需求也有很大的差异。反映到市场上就会出现男性用品市场和女性用品市场。一般来说，在一个国家或地区，男、女人口总数相差并不大。但在一个较小的地区，如矿区、林区、较大的工地，往往是男性占较大比重，而在某些女职工占极大比重的行业集中区，则女性人口又可能较多。由于女性多操持家务，大多数日用消费品由女性采购，因此，不仅妇女用品可设专业商店销售，很多家庭用品和儿童用品也都纳入妇女市场。

3. 家庭结构

家庭是购买、消费的基本单位。一个市场拥有家庭单位和家庭平均成员的多少，以及家庭组成状况等，对市场消费需求的潜量和需求结构都有十分重要的影响。随着计划生育、晚婚、晚育的倡导和实施，职业妇女的增多，单亲家庭和独身者的涌现，家庭消费需求的变化甚大。如家庭单位数量直接影响到某些商品的需求数量。家庭数量的剧增必然会引起对炊具、家具、家用电器和住房等需求的迅速增长。

4. 地理分布结构

地理分布指人口在不同地区的密集程度。人口的这种地理分布表现在市场上，就是人口的集中程度不同，则市场大小不同；消费习惯不同，则市场需求特性不同。人口在地区上的分布，关系市场需求的异同。居住不同地区的人群，由于地理环境、气候条件、自然资源、风俗习惯的不同，消费需求的内容和数量也存在差异。这种分布的不同不仅表现在静态上的差异，而且还体现在区间的流动上。随着我国城镇化建设的发展，我国人口的地理分布发生了很大变化。表现为人口的城市化和区域性转移，这些都会引起社会消费结构的变化。我国乡镇城市化的趋势日益加快，农村市场需求将有大的变化。

5. 民族结构

民族不同，其生活习性、文化传统也不相同。因此，企业营销者要注意民族市场的营销，重视开发适合各民族特性、受其欢迎的商品。

2.3.2 经济环境

经济环境指企业营销活动所面临的外部社会条件，其运行状况及发展趋势会直接或间接地对企业营销活动产生影响。所以，企业的最高管理层还必须密切注意经济环境方面的动向。

（一）直接影响营销活动的经济环境因素

一定的购买力水平是市场形成并影响其规模大小的决定因素，也是影响企业营销活动的直接经济环境。主要包括：

1. 消费者收入水平

市场消费需求指人们有支付能力的需求。仅仅有消费欲望，没有消费能力，并不能创造市场；只有既有消费欲望，又有购买力，才具有现实意义。因为，只有既想买，又买得起，才能产生购买行为。消费者的购买力来自消费者的收入，但消费者并不是把全部收入都用来购买商品或劳务，购买力只是收入的一部分。因此，在研究消费收入时，要注意以下几点：

（1）国民生产总值。它是衡量一个国家经济实力与购买力的重要指标。从国民生产总值的增长幅度，可以了解一个国家经济发展的状况和速度。一般来说，工业品的营销与这个指标有关，而消费品的营销则与此关系不大。国民生产总值增长越快，对工业品的需求和购买力就越大；反之，就越小。

（2）人均收入。这是用国民收入总量除以总人口的比值。这个指标大体反映了一个国家人民生活水平的高低，也在一定程度上决定商品需求的构成。一般来说，人均收入增长，对消费品的需求和购买力就大，反之就小。

（3）个人可支配收入。这是在个人收入中扣除税款和非税性负担后所得的余额，它是个人收入中可以用于消费支出或储蓄的部分，它构成实际的购买力。

（4）个人可任意支配收入。这是在个人可支配收入中减去用于维持个人与家庭生存不可缺少的费用（如房租、水电、食物、燃料、衣着等项开支）后剩余的部分。这部分收入是消费需求变化中最活跃的因素，也是企业开展营销活动时所要考虑的主要对象。因为这部分收入主要用于满足人们基本生活需要之外的开支，一般用于购买高档耐用消费品、旅游、储蓄等，它是影响非生活必需品和劳务销售的主要因素。

（5）家庭收入。把家庭作为一个整体单元来考虑具有不同于对个人收入高低进行考虑的特殊意义。家庭收入的高低会影响很多产品的市场需求。一般来讲，家庭收入高，对消费品需求大，购买力也大；反之，需求小，购买力也小。

需要注意的是，企业营销人员在分析消费者收入时，还要区分“货币收入”和“实际收入”。只有“实际收入”才影响“实际购买力”。假设消费者的货币收入不变，如果物价下跌，消费者的实际收入便增加；相反，如果物价上涨，消费者的实际收入便减少。即使消费者的货币收入也随着物价上涨而增长，但是，如果通货膨胀的上升超过了货币的收入增长，消费者的实际收入也会减少。

2. 消费者支出模式和消费结构

随着消费者收入的变化，消费者支出模式会发生相应变化，继而使一个国家或地区的消费结构也发生变化。德国经济学家和统计学家恩斯特·恩格尔在19世纪中期对美国、法国、比利时等国家的许多家庭的收支预算做了大量调查统计之后发现，随着消费者收入的增加，人们用于食物的支出比例会相应地下降；用于衣服、住宅、取暖和照明的支出变动较小；而满足文化等需要的支出则占有越来越大的比重。恩格尔由此得出结论，在其他条件相等的情况下，收入中用于食物支出的部分可以作为该类居民福利水平的参数，这就是著名的恩格尔定律。这一比率称为恩格尔系数。西方一些经济学家常用恩格尔系数来反映这种变化。恩格尔系数的计算公式为：

恩格尔系数 = 食物支出变动百分比 ÷ 收入变动百分比

食物开支占总消费量的比重越大，恩格尔系数越高，生活水平越低；反之，食物开支所占比重越小，恩格尔系数越小，生活水平越高。

这种消费支出模式不仅与消费者收入有关，而且还受到以下两个主要因素的影响：

（1）家庭生命周期的阶段影响。据调查，没有孩子的年轻人家庭，往往把更多的收入用于购买冰箱、电视机、家具、陈设品等耐用消费品上，而有孩子的家庭，则在孩子的娱乐、教育等方面支出较多，用于购买家庭消费品的支出减少。当孩子长大独立生活后，家庭收支预算又会发生变化，用于保健、旅游、储蓄的部分就会增加。

（2）家庭所在地点的影响。如住在农村与住在城市的消费者相比，前者用于交通方面的支出较少，用于住宅方面的支出较多，而后者用于衣食、交通、娱乐方面的支出较多。

这种消费支出模式除受上述两种因素影响外，还受消费品生产、供应状况、城市化水平、商品化水平、劳务社会化水平、食物价格指数与消费品价格指数变动是否一致等因素的影响。

恩格尔系数是衡量一个国家、地区、城市、家庭生活水平高低的重要参数。消费结构指消费过程中人们所消耗的各种消费资料（包括劳务）的构成，即各种消费支出占总支出的比例关系。优化的消费结构是优化的产业结构和产品结构的客观依据，也是企业开展营销活动的基本立足点。第二次世界大战以来，西方发达国家的消费结构发生了很大变化：①恩格尔系数显著下降，目前大都下降到20%以下；②衣着消费比重降低，幅度在20%～30%；③住宅消费支出比重增大；④劳务消费支出比重上升；⑤消费开支占国民生产总值和国民收入的比重上升。

从我国的情况来看，消费结构还不尽合理。随着我国社会主义市场经济的发展，以及国家在住房、医疗等制度方面改革的深入，人们的消费模式和消费结构都会发生明显的变化。企业要重视这些变化，尤其应掌握拟进入的目标市场中支出模式和消费结构的情况，输送适销对路的产品和劳务，以满足消费者不断变化的需求。

3. 消费者储蓄和信贷情况

消费者的购买力还要受储蓄和信贷的直接影响。消费者的个人收入总以一定的形式储存起来，这就是一种推迟了的、潜在的购买力。当收入一定时，储蓄越多，现实消费量就越小，但潜在消费量越大；反之，储蓄越少，现实消费量就越大，但潜在消费量越小。企业营销人员应当全面了解消费者的储蓄情况，尤其是要了解消费者储蓄目的的差异。储蓄目的不同，往往影响到潜在需求量、消费模式、消费内容、消费发展方向的不同。这就要求企业营销人员在调查、了解储蓄动机与目的的基础上，制定不同的营销策略，为消费者提供有效的产品和劳务。

我国居民一直有储蓄的习惯，尤其是近年来，随着收入的增加，我国居民储蓄额和储蓄增长率均较大。我国居民储蓄增加，显然会使企业目前产品价值的实现比较困难，但是，企业若能调动消费者的潜在需求，就可开发新的目标市场。比如1979年，日本电视机厂商发现，尽管中国人可任意支配的收入不多，但中国人有储蓄习惯，且人口众多。于是，他们决定开发中国黑白电视机市场，不久便获得成功。

当时，西欧某国电视机厂商虽然也来中国调查，却认为中国人均收入过低，市场潜力不大，结果错失良机。

西方国家广泛存在的消费者信贷对购买力的影响也很大。所谓消费者信贷，就是消费者凭信用先取得商品使用权，然后按期归还贷款，以购买商品。这实际上就是消费者提前支取未来的收入，提前消费。西方国家盛行的消费者信贷主要有：①短期赊销；②购买住宅分期付款；③购买昂贵的消费品分期付款；④信用卡信贷等。信贷消费允许人们购买超过自己现实购买力的商品，从而创造更多的就业机会、更多的收入以及更多的需求；同时，消费者信贷还是一种经济杠杆，它可以调节积累与消费、供给与需求的矛盾。当市场供大于求时，可以发放消费信贷，刺激需求；当市场供不应求时，必须收缩信贷，适当抑制、减少需求。消费信贷把资金投向需要发展的产业，刺激这些产业的生产，带动相关产业和产品的发展。我国现阶段的信贷消费还主要是公共事业单位提供的服务信贷，如水、电、煤气的交纳，其他方面，如教育、住宅建设以及一些商家的信用卡消费正在逐步兴起。

（二）间接影响营销活动的经济环境因素

除了上述因素直接影响企业的市场营销活动外，还有一些经济环境因素也对企业的营销活动产生或多或少的影响。

1. 经济发展水平

企业的市场营销活动要受到一个国家或地区整体经济发展水平的制约。经济发展阶段不同，居民的收入不同，顾客对产品的需求也不一样，从而会在一定程度上影响企业的营销。例如，以消费者市场来说，经济发展水平比较高的地区，在市场营销方面，强调产品款式、性能及特色，品质竞争多于价格竞争。而在经济发展水平低的地区，则较侧重于产品的功能及实用性，价格因素比产品品质更为重要。在生产者市场方面，经济发展水平高的地区着重投资较大而能节省劳动力的先进、精密、自动化程度高、性能好的生产设备。因此，对于不同经济发展水平的地区，企业应采取不同的市场营销策略。

美国学者罗斯顿（W. W. Rostow）根据他的“经济成长阶段”理论，将世界各国的经济发展归纳为五种类型：①传统经济社会；②经济起飞前的准备阶段；③经济起飞阶段；④迈向经济成熟阶段；⑤大量消费阶段。凡属前三个阶段的国家称为发展中国家，而处于后两个阶段的国家则称为发达国家。不同发展阶段的国家在营销策略上也有所不同。以分销渠道为例，国外学者认为：①经济发展阶段越高的国家，其分销途径越复杂而且广泛；②进口代理商的地位随经济发展而下降；③制造商、批发商与零售商的职能逐渐独立，不再由某一分销路线的成员单独承担；④批发商的其他职能增加，只有财务职能下降；⑤小型商店的数目下降，商店的平均规模在增加；⑥零售商的加成上升。

我国目前正处于经济起飞阶段，市场规模进一步扩大，企业投资机会增多，市场交换成为企业的根本活动，信息竞争将成为市场竞争的焦点。因此，企业应当注意经济起飞阶段市场中的变化，把握时机，主动迎接市场的挑战。

在市场经济条件下，经济发展呈现出周期性波动的特点，当经济发展速度加快时，市场一片繁荣，无论是企业还是消费者都会对未来的预期抱乐观态度，从而促进经济的发展。一旦经济出现衰退，首先就会表现为市场容量的萎缩，企业开始谨慎投资，甚至削减投资，大量裁员，消费者则有意控制消费。实际上，任何一家企业都非常关注国家的经济发展状况，在不同情况下做出不同的决策。

2. 经济体制

世界上存在着多种经济体制，有计划经济体制，有市场经济体制，有计划—市场经济体制，也有市场—计划经济体制等。不同的经济体制对企业营销活动的制约和影响不同。例如，在计划经济体制下，企业是行政机关的附属物，没有生产经营自主权，企业的产、供、销都由国家计划统一安排，企业生产什么，生产多少，如何销售，都不是企业自己的事情。在这种经济体制下，企业不能独立地开展生产经营活动，因而也就谈不上开展市场营销活动。而在市场经济体制下，企业的一切活动都以市场为中心，市场是其价值实现的场所，因而企业必须特别重视营销活动，通过营销，实现自己的利益目标。现阶段，我国虽然已初步建立了社会主义市场经济体制，但市场情况十分复杂。一方面，通过改革，企业正在逐步摆脱行政附属物的地位，具有了一定的生产经营自主权，开始真正走向市场并以市场为目标开展自己的营销活动；另一方面，企业经营机制还没有完全转变过来，政府的直接干预还严重存在，企业的生产经营活动还受到较强的控制，因而企业的营销活动在一定程度上受到制约。另外，市场发育不完善，市场秩序混乱，行业垄断和地方保护主义盛行，极不利于企业开展营销活动。因此，企业要尽量这种局面，注意选择不同的营销策略。

3. 地区与行业发展状况

我国地区经济发展很不平衡，逐步形成了东部、中部、西部三大地带和东高西低的发展格局。同时在各个地区的不同省市，还呈现出多极化发展趋势。这种地区经济发展的不平衡，对企业的投资方向、目标市场以及营销战略的制订等都会带来巨大影响。

我国行业与部门的发展也有差异。现在和今后一段时间，我国将继续重点发展农业、原料和能源等基础产业。这些行业的发展必将带动商业、交通、通信、金融等行业和部门的继续快速发展，这也给市场营销带来一系列影响。因此，企业一方面要处理好与有关部门的关系，加强联系；另一方面则要根据与本企业联系紧密的行业或部门的发展状况，制定切实可行的营销措施。

4. 城市化程度

城市化程度是指城市人口占全国总人口的百分比，它是一个国家或地区经济活动的重要特征之一。城市化是影响营销的环境因素之一。目前我国大多数农村居民消费的自给自足程度仍然较高，而城市居民则主要通过货币交换来满足需求。此外，城市居民一般受教育较多，思想较开放，容易接受新生事物，而农村相对闭塞，农民的消费观念较为保守，因此一些新产品、新技术往往首先被城市所接受。企业在开展营销活动时，要充分注意到这些消费行为方面的城乡差别，相应地调整营销策略。

2.3.3 自然环境

自然环境主要是指企业所依赖的自然资源条件和受营销活动影响的自然变化状况。企业营销活动要受自然环境的制约与影响，但它也会影响自然环境的变化，同时对自然环境的变化负有责任。当前自然环境的变化出现了一些值得企业关注的新趋势，企业的市场机会和环境威胁是同这些趋势紧密相连的。自然环境对企业营销的影响表现在以下几个方面：

（一）日益逼近的某些原料短缺

地球上的资源可分为三类：天然资源，如空气、阳光等；可再生有限资源，如农产品、林产品、水产品、畜产品等；不可再生资源，如石油、煤炭、铂、锌、银等金属、非金属矿产资源。

现在所有这些资源都面临着不同程度的问题。天然的空气资源正在受到越来越严重的工业污染。可再生有限的森林遭到任意的砍伐，带来了土壤的沙化等问题。不可再生的资源面临的问题更加严重。以短缺资源为原料或能源的企业，面临着成本大幅度上升的难题。

面对自然资源日益短缺的威胁，人们对于能够节约资源耗用的产品和方法，以及稀缺原料的有效代用品的需求也更为迫切，这将为从事该方面研究和开发工作的企业形成良好的发展机会。

（二）能源成本的提高

石油这一不可再生的有限资源，已经构成未来经济增长所遇到的最严重的问题。世界上的主要工业国，都对石油有极大的依赖，在成本及效益方面均可取得其他替代能源问世之前，石油将是继续左右世界政治与经济前景的一种力量。能源成本的增加使企业必须采取积极的措施予以应对。

（三）污染程度的增加

现代工业的发展，对自然环境造成了不可避免的破坏。例如，水源、空气、土壤的大量化学污染、废弃包装材料的处理等，已经成为当代社会的一个严重问题。当今世界每年有600余万公顷的土地变成沙漠，1200万公顷的森林消失，250亿吨土壤流失，淡水日益短缺，酸雨污染对森林和水生动物造成严重危害。环境污染造成的公害已引起公众越来越强烈的关注和谴责。这种动向对一切造成污染的行业和企业构成一种“环境威胁”，它们在社会舆论压力和政府干预下，不得不采取措施控制污染。另外，这种动向也为生产控制污染设施或不污染环境的产品的行业和企业提供新的市场机会。

（四）政府对自然资源管理方面有力的干预

各国政府越来越重视对自然资源的管理。在世界经济全球化背景下，为了应对经济发展中资源过度消耗，以及由此引起的资源耗竭和污染问题，各个国家在自然资源管理领域内采取了一系列的改进和改革措施，以提高资源利用效率，在保障经济快速发展的同时，实现生态、环境和经济可持续发展。但是应该看到，政府为了社会利益和长远利益对自然资源管理方面的干预，往往与企业的局部利益和目前利益相矛盾。因此，营销管理人员必须重视物质环境，在获取所需资源时要主动注意物质环境，树立环保意识；对来自政府方面的规定更应积极遵守，不应抱反感和抵触情绪。

企业可通过实行可持续发展战略，既保证企业可获利发展，又保护资源与环境，达成社会与自然的协调。当前社会上的绿色产业、绿色消费、绿色营销以及生态营销的蓬勃发展，就是顺应了这种要求。企业营销人员在面临环境威胁的同时，应努力寻找、创造、把握市场机会。

（五）地理环境的影响

各个国家或地区的地形地貌和气候条件，是企业开展市场营销必须考虑的地理环境因素，这些地理特征对市场营销有一系列影响。例如，气候与地形地貌的特点，都会影响产品和设备的性能和使用。在沿海地区运转良好的设备到了内陆沙漠地区就有可能发生性能的急剧变化。有些国家地域辽阔，南北跨度大，地形地貌复杂，气候多变，企业必须根据各地的自然地理条件生产与之相适应的产品，才能适应市场的需要。如我国东北平原与华南丘陵地带、东北寒冷干燥的天气与南方酷热湿润的气候，都会对产品提出不同的环境适应性要求。如果从经营成本上考虑，地势平坦的地区，公路和铁路的运费都比较低；反之，如果山多、道路不平，运费就高。可见，气候、地形地貌不仅直接影响到经营、运输、通信、分销等活动，而且还会影响到一个地区的经济文化和人口分布等状况。因此，企业开展营销活动，必须考虑当地的气候和地形地貌，使其营销策略能适应当地的地理环境。

2.3.4 技术环境

科学技术是社会生产力新的和最活跃的因素，作为营销环境的一部分，科技环境不仅直接影响企业内部的生产和经营，还同时与其他环境因素互相依赖、相互作用，特别是与经济环境、文化环境的关系更紧密，尤其是新技术革命，给企业市场营销既造就了机会，又带来了威胁。企业的机会在于寻找或利用新的技术，满足新的需求，而它面临的威胁则有两个方面：一方面新技术的突然出现，使企业现有产品变得陈旧；另一方面新技术改变了企业人员原有的价值观。例如，电视机出现后，对收音机制造业是个威胁，对电影院的冲击则更为明显。

（一）新技术的发展和运用促成新的市场机会，产生新的行业

据美国《设计新闻》报道，由于大量启用自动化设备和采用新技术，将出现许多新行业，包括新技术培训、新工具维修、电脑教育、信息处理、光导通信、遗传工程、海洋技术和空间技术等。新技术革

命的蓬勃发展促进了产业革命，而产业革命所包含的主导技术群和技术体系则催化了社会经济的变革，甚至整个社会结构、时代文化和价值观的更新。

与此同时，新技术也使某些行业遭到环境威胁或毁灭性打击。一些旧行业受到冲击甚至被无情地淘汰。新的消费市场不断替代旧的需求，例如，激光唱盘技术夺走了磁带市场；复印机伤害了复写纸行业。

（二）新技术引起的企业市场营销策略的变化

新技术给企业带来巨大的压力，同时也改变了企业生产经营的内部因素和外部环境，引起企业市场营销策略的变化。

1. 产品策略的变化。由于科学技术的迅速发展，新技术应用于新产品开发的周期大大缩短，产品更新换代加快。在世界市场的形成和竞争日趋激烈的今天，开发新产品成了企业开拓新市场和赖以生存发展的根本条件。因此，要求企业营销人员不断寻找新市场，预测新技术，时刻注意新技术在产品开发中的应用，从而开发出给消费者带来更多便利的新产品。

2. 分销策略的变化。由于新技术的不断应用，技术环境的不断变化，使人们的工作及生活方式发生了重大变化。广大消费者的兴趣、思想等差异性扩大，自我意识的观念增强，从而引起分销机构的不断变化，大量的特色商店和自我服务的商店不断出现。例如，20 世纪 30 年代出现的超级市场，40 年代出现的廉价商店，六七十年代出现的快餐服务、自助餐厅、特级商店、左撇子商店等。同时也引起分销实体的变化，运输实体的多样化，提高了运输速度，增加了运输容量及货物储存量，使现代企业的实体分配出发点由工厂变成了市场。

3. 价格策略的变化。科学技术的发展及应用，一方面降低了产品成本使价格下降，另一方面使企业能够通过信息技术，加强信息反馈，正确应用价值规律，供求规律、竞争规律来制订和修改价格策略。

4. 促销策略的变化。科学技术的应用引起促销手段的多样化，尤其是广告媒体的多样化，广告宣传方式的复杂化。如人造卫星成为全球范围内的信息沟通手段。信息沟通的效率、促销组合的效果、促销成本的降低、新的广告手段及方式将成为今后促销研究的主要内容。

（三）新技术的发展和运用赋予了企业改善经营管理的能力

竞争战略学家迈克尔·波特指出，技术概念除了可狭义地定义为一种科技类的东西外，还可定义为极为广泛的含义，包括管理、组织创新或其他，而运用技术的能力是企业获得竞争优势的源泉。技术革命是管理改革或管理革命的动力，它向管理提出了新课题、新要求，又为企业改善经营管理、提高管理效率提供了物质基础。目前发达国家的许多企业在经营管理中使用电脑、传真机等设备，这对于改善企业经营管理，提高企业经营效益起了很大作用。日本神户制钢所和竹中公务店等公司 1984 年 2 月开始租用日本电信电话公司研制成功的“电视会议系统”。现在，凡是大众化的商品，在商品包装上都印有条形码，使得结账作业迅速提高，大大提高了零售商店收款工作效率，缩短了顾客等候收款时间，提高了服务质量。

（四）新技术对零售商业和购物习惯的影响

自动售货机的出现，使销售形式得到改变，这种方式对卖方来说，不需要营业人员，只需少量的工作人员补充商品，回收现金，保养、修理机械；对买方来说，购货不受时间限制，在任何时间都可以买到商品和提供的服务。

随着网络技术的发展，消费者轻轻松松在家购物已经不是梦想。“网上营销”是现代电子技术高度发展带来的营销方式的重大变革，即借助网络、计算机通信和数字交互式媒体的共同作用来实现营销目标，现代电子技术为营销活动创造了一个由计算机和通信交汇的无形空间，消费者可以在这个空间获取信息、自由购物，企业可以在这个空间进行广告宣传、市场营销研究和推销商品等。所以，看似虚拟的空间，但却是开辟了实实在在的竞争新领域。20 世纪 90 年代以来，涵盖广泛的网络商业热闹非凡，商品销售、电子银行、广告、咨询、拍卖、房地产、旅游服务等业务蓬勃开展，预示了一场方兴未艾的全球经济革命。尽管全球经济下滑，但电子商务却迅猛发展，世界各国公司通过互联网购买的商品和服务的贸易额到 2005 年可望达到 4. 3 万亿美元。美国著名信息市场研究公司国际数据公司日前预测，互联网普及的速度并未受到目前全球经济不景气的影响，预计到今年底全球网民人数将超过 6 亿，全球电子商务规模将超过 1 万亿美元。该公司的报告显示，使用互联网的人群越来越多样化，网民的身份已经超越了年龄、教育水平和地理位置的限制。报告发现，在 2000 年和 2001 年，全球电子商务开支增长了 68%，在 2001 年超过了 6000 亿美元。

当前，世界新科技革命正在兴起，生产的增长越来越多地依赖科技进步，产品从进入市场到市场成熟的时间不断缩短，高新技术不断改造传统产业，加速了新兴产业的建立和发展。值得注意的是，高新技术的发展，促进了产业结构趋向尖端化、软性化、服务化，营销管理者必须更多地考虑应用尖端技术，重视软件开发，加强对用户的服务，适应知识经济时代的要求。

2. 3. 5 政治与法律环境

政治与法律是影响企业营销重要的宏观环境因素。政治因素像一只“有形之手”，调节着企业营销活动的方向，法律则为企业规定商贸活动行为准则。任何企业的市场营销活动都不能背离一定时期内国家宏观调控的方向，都要受到政治法律环境的影响和制约，并且当国家在一定时期内、一定条件下调整或改变某项政策法令时，作为社会经济生活组成部分的企业，要相应地调整自己的经营目标和策略，否则将会产生与国家要求相悖的企业行为，给国家或企业带来不必要的损失。政治与法律相互联系，共同对企业的市场营销活动发挥影响和作用。

（一）政治环境因素

政治环境指企业市场营销活动的外部政治形势和状况以及国家方针政策的变化给市场营销活动带来的或可能带来的影响。

1. 政治局势

政治局势是指企业营销所处的国家或地区的政治稳定状况。一个国家的政局稳定与否会给企业营销活动带来重大的影响。如果政局稳定，生产发展，人民安居乐业，就会给企业造成良好的营销环境。相反，政局不稳，社会矛盾尖锐，秩序混乱，这不仅会影响经济发展和人民的购买力，而且对企业的营销心理也有重大影响。战争、暴乱、罢工、政权更替等政治事件都可能对企业营销活动产生不利影响，能迅速改变企业环境。因此，社会是否安定对企业的市场营销关系极大，特别是在对外营销活动中，一定要考虑东道国政局变动和社会稳定情况可能造成的影响。

2. 方针政策

各个国家在不同时期，根据不同需要颁布一些经济政策，制定经济发展方针，这些方针、政策不仅要影响本国企业的营销活动，而且还要影响外国企业在本国市场的营销活动。例如，我国在产业政策方面制定的《关于当前产业政策要点的决定》，明确提出了当前生产领域、基本建设领域、技术改造领域、对外贸易领域各主要产业的发展序列。还有诸如人口政策、能源政策、物价政策、财政政策、金融与货币政策等，都给企业研究经济环境、调整自身的营销目标和产品构成提供了依据。就对本国企业的影响来看，一个国家制定出来的经济与社会发展战略、各种经济政策等，企业都是要执行的，而执行的结果必然要影响市场需求，改变资源的供给，扶持和促进某些行业的发展，同时又限制另一些行业和产品的发展，那么企业就必须按照国家的规定，生产和经营国家允许的行业和产品。国家也可以通过方针、政策对企业营销活动施以间接影响。例如，通过征收个人收入调节税，调节消费者收入，从而影响消费者的购买力来影响消费者需求；国家还可以通过增加产品税来抑制某些商品的需求，如对香烟、酒等课以较重的税收来抑制消费者的消费需求。这些政策必然影响社会购买力，影响市场需求，从而间接影响企业营销活动。从对国外企业的影响来看，市场国的方针、政策是外国企业营销的重要环境因素，要直接和间接影响到外国企业在市场国的营销活动。随着我国改革的进一步深入和对外开放的进一步扩大，特别是对外开放政策的进一步明朗化和外贸、外商投资法律制度的进一步完善，外资看到了在华投资的前景，因而扩大投资规模，延长投资期限（由最初的1～3年延长到5年以上，甚至10年、20年、50年），来华投资的外国企业也越来越多。这说明，市场国的方针、政策对外来投资有非常大的影响作用。

目前，国际上各国政府采取的对企业营销活动有重要影响的政策和干预措施主要有：

（1）进口限制。它包括两类：一类是限制进口数量的各项措施；另一类是限制外国产品在本国市场销售的措施。政府进行进口限制的主要目的在于保护本国工业，确保本国企业在市场上的竞争优势。

（2）税收政策。政府在税收方面的政策措施会对企业经营活动产生影响。比如对某些产品征收特别税或高额税，则会使这些产品的竞争力减弱，给经营这些产品的企业效益带来一定影响。

（3）价格管制。当一个国家发生了经济问题时，如经济危机、通货膨胀等，政府就会对某些重要物资，以至所有产品采取价格管制措施。政府实行价格管制通常是为了保护公众利益，保障公众的基本生活，但这种价格管理直接干预了企业的定价决策，影响企业的营销活动。

（4）外汇管制。指政府对外汇买卖及一切外汇经营业务所实行的管制。外汇管制对企业营销活动特别是国际营销活动产生重要影响。例如，实行外汇管制，使企业生产所需的原料、设备和零部件不能自由地从国外进口，企业的利润和资金也不能随意汇回母国。

（5）国有化政策。指政府由于政治、经济等原因对企业所有权采取的集中措施。例如为了保护本国工业避免外国势力阻碍等原因，将外国企业收归国有。

3. 国际关系

这是国家之间的政治、经济、文化、军事等关系。发展国际间的经济合作和贸易关系是人类社会发展的必然趋势，企业在其生产经营过程中，都可能或多或少地与其他国家发生往来，开展国际营销的企业更是如此。因此，国家间的关系也就必然会影响企业的营销活动。这种国际关系主要包括两个方面的内容：

（1）企业所在国与营销对象国之间的关系。例如，中国在国外经营的企业要受到市场国对中国外交政策的影响。如果该国与我国的关系良好，则对企业在该国经营有利；反之，如果该国对我国政府持敌对态度，那么，中国的企业就会遭到不利的对待，甚至攻击或抵制。比如中美两国之间的贸易关系就经常受到两国外交关系的影响。美国经常攻击中国的人权状况，贸易上也常常采取一些歧视政策，如搞配额限制，所谓“反倾销”等，阻止中国产品进入美国市场。这对中国企业在美国市场上的营销活动是极为不利的。

（2）国际企业的营销对象国与其他国家之间的关系。国际企业对于市场国来说是外来者，但其营销活动要受到市场国与其他国家关系的影响。海湾战争后，由于联合国对伊拉克的经济制裁，使我国企业有很多贸易往来不能进行。这说明国际企业的营销对象国与其他国家之间的关系，也是影响国际企业营销活动的重要因素。

（二）法律环境因素

法律环境是指国家或地方政府颁布的各项法规、法令和条例等。对企业来说，法律是评判企业营销活动的准则，只有依法进行各种营销活动，才能受到国家法律的有效保护。因此，企业开展市场营销活动，必须了解并遵守国家或政府颁布的有关经营、贸易、投资等方面的法律、法规。如果从事国际营销活动，企业就既要遵守本国的法律制度，还要了解和遵守市场国的法律制度和有关的国际法规、国际惯例和准则。这方面因素对国际企业的营销活动有深刻影响。例如，一些国家对外国企业进入本国经营设定各种限制条件。日本政府曾规定，任何外国公司进入日本市场，必须要找一个日本公司同它合伙。也有一些国家利用法律对企业的某些行为作特殊限制。美国《反托拉斯法》规定不允许几个公司共同商定产品价格，一个公司的市场占有率超过20%就不能再合并同类企业。除上述特殊限制外，各国法律对营销组合中的各种要素，往往有不同的规定。例如，产品由于其物理和化学特性事关消费者的安全问题，因此，各国法律对产品的纯度、安全性能有详细甚至苛刻的规定，目的在于保护本国民族的生产者而非消费者。美国曾以安全为由，限制欧洲制造商在美国销售汽车，以致欧洲汽车制造商不得不专门修改其产品，以符合美国法律的要求；英国也曾借口法国牛奶计量单位采用的是公制而非英制，将法国牛奶逐出本国市场；而德国以噪音标准为由，将英国的割草机逐出德国市场。各国法律对商标、广告、标签等都有自己特别的规定。比如加拿大的产品标签要求用英、法两种文字标明；法国却只使用法文产品标签。广告方面，许多国家禁止电视广告，或者对广告播放时间和广告内容进行限制。这些特殊的法律规定，是企业特别是进行国际营销的企业必须了解和遵循的。

许多国家为了保护国内市场，增加国内就业机会，以及更好地与国际惯例接轨，都制定了明确的法律规定，其内容大体包括出口控制、进口控制、外汇管制。各国主要在以下几个方面立法：保护消费者利益的立法，保护生产制造者和销售者的立法，保护公平竞争的立法和调整国际间经济贸易行为的立法。目前世界上对于国际市场营销活动影响较大的国际经济法。

从当前企业营销活动法制环境的情况来看，有两个明显的特点：

(1) 管制企业的立法增多，法律体系越来越完善。西方国家一贯强调以法治国，对企业营销活动的管理和控制也主要通过法律手段。近些年来，我国在发展社会主义市场经济的同时，也加强了市场法制方面的建设，陆续制定、颁布了一系列有关重要法律法规，如《公司法》《广告法》《商标法》《经济合同法》《反不正当竞争法》《消费者权益保护法》《产品质量法》《外商投资企业法》《反垄断法》等，这对规范企业的营销活动起到了重要作用。

(2) 政府机构执法更严。各个国家都根据自己不同的情况，建立了相应的执法机关。例如，在美国，就有联邦贸易委员会、联邦药物委员会、环境保护局、消费者事务局等执法机构，日本有公正交易委员会，德国有联邦卡特尔局，瑞典有消费者行政长官处和市场法院，加拿大有市场保护委员会等。这些官方机构对企业的营销活动有很大的影响力，近年来执法更加积极、严格。我国的市场管理机构比较多，主要有工商行政管理局、技术监督局、物价局、医药管理局、环境保护局、卫生防疫部门等，分别从各个方面对企业的营销活动进行监督和控制，在保护合法经营、取缔非法经营、保护正当交易和公平竞争、维护消费者利益、促进市场有序运行和经济健康发展方面发挥了重要作用。因此，企业必须知法守法，自觉用法律来规范自己的营销行为并自觉接受执法部门的管理和监督。同时，还要善于运用法律武器维护自己的合法权益。

2.3.6 社会与文化环境

每个人都生长在一定的社会文化环境中，并在一定的社会文化环境中生活和工作，他的思想和行为必定要受到这种社会文化的影响和制约。市场营销学中所说的社会文化因素，一般指在一种社会形态下已经形成的信息、价值、观念、宗教信仰、道德规范、审美观念以及世代相传的风俗习惯等被社会所公认的各种行为规范。它主要由两部分组成：一是全体社会成员所共有的基本核心文化或主体文化；二是随时间变化和受外界因素影响而容易改变的社会次文化或亚文化。主体文化是占据支配地位的，起凝聚整个国家和民族的作用，由千百年的历史所形成的文化，包括价值观、人生观等；次级文化是在主体文化支配下所形成的文化分支，包括种族、地域、宗教等。文化对所有营销参与者的影响是多层次、全方位、渗透性的。它不仅影响企业营销组合，而且影响消费心理、消费习惯等，这些影响多半是通过间接的、潜移默化的方式来进行的。因此，企业的市场营销人员应分析、研究和了解社会文化环境，以针对不同的文化环境制定不同的营销策略。

（一）教育水平

教育是按照一定目的要求，对受教育者施以影响的一种有计划的活动，是传授生产经验和生活经验的必要手段，反映并影响着一定的社会生产力、生产关系和经济状况，是影响企业市场营销的重要因素。一个国家的教育水平与经济发展水平往往是一致的。不同的文化修养表现出不同的审美观，购买商品的选择原则和方式也不同。一般来讲，教育水平高的地区，消费者对商品的鉴别力强，容易接受广告宣传和接受新产品，购买的理性程度高。因此，教育水平的高低影响着消费者心理、消费结构，影响着企业营销组织策略的选取，以及销售推广方式方法的差别。例如，在文盲率高的地区，用文字形式做广告，难以收到好效果，而用电视、广播和当场示范表演形式，才容易为人们所接受。又如在教育水平低的地区，适合采用操作使用、维修保养都较简单的产品，而教育水平高的地区，则需要先进、精密、功能多、品质好的产品。因此，在产品设计和制定产品策略时，应考虑当地的教育水平，使产品的复杂程度、技术性能与之相适应。另外，企业的分销机构和分销人员受教育的程度等，也对企业的市场营销产生一定的影响。

教育水平对营销活动的影响，可以从以下几个方面考虑：

1. 对企业选择目标市场的影响。处于不同教育水平的国家或地区，对商品的需求不同。

2. 对企业营销商品的影响。文化不同的国家和地区的消费者，对商品的包装、装潢，附加功能和服务的要求有差异。通常文化素质高的地区或消费者要求商品包装典雅华贵，对附加功能也有一定要求。

3. 对营销调研的影响。企业的营销调研在受教育程度高的国家和地区可在当地雇用调研人员或委托当地的调研公司或机构完成具体项目，而在受教育程度低的国家和地区，企业开展调研要有充分的人员准备和适当的方法。

4. 对经销方式的影响。企业的产品目录、产品说明书的设计要考虑目标市场的受教育状况。如果经营商品的目标市场在文盲率很高的地区，就不仅需要文字说明，更重要的是要配以简明图形，并要派人进行使用、保养的现场演示，以避免消费者和企业的不必要损失。

（二）宗教信仰

不同的宗教信仰有不同的文化倾向和戒律，从而影响人们认识事物的方式、价值观念和行为准则，影响着人们的消费行为，带来特殊的市场需求，与企业的营销活动有密切的关系，特别是在一些信奉宗教的国家和地区，宗教信仰对市场营销的影响力更大。据统计，全世界信奉基督教的大约 10 多亿人，信奉伊斯兰教的大约 8 亿人，印度教徒约 6 亿人，佛教徒约 28 亿人，泛灵论者约 3 亿人。教徒信教不一样，信仰和禁忌也不一样。这些信仰和禁忌限制了教徒的消费行为。某些国家和地区的宗教组织在教徒的购买决策中有重大影响。一种新产品出现，宗教组织有时会提出限制和禁止使用，认为该商品与该宗教信仰相冲突。相反，有的新产品出现，得到宗教组织的赞同和支持，它就会号召教徒购买、使用，起一种特殊的推广作用。因此，企业应充分了解不同地区、不同民族、不同消费者的宗教信仰，提倡适合其要求的产品，制定适合其特点的营销策略。否则，会触犯宗教禁忌，失去市场。这说明，了解和尊重消费者的宗教信仰，对企业营销活动具有重要意义。所以企业可以把影响大的宗教组织作为自己的重要公共关系对象，在经销活动中也要针对宗教组织设计适当方案，以避免由于矛盾和冲突给企业营销活动带来损失。

（三）价值观念

价值观念就是人们对社会生活中各种事物的态度和看法，不同的文化背景下，人们的价值观念相差很大，消费者对商品的需求和购买行为深受价值观念的影响。例如在西方一些发达资本主义国家，大多数人喜欢追求生活上的享受，超前消费突出也是司空见惯的事情。一些人为了生活上的享受，采用分期付款、赊销等形式，甚至大举借债。特别是一些处于上流社会的资产阶级阔佬，过着醉生梦死的糜烂生活，大肆挥霍着社会财富。在我国，勤俭节约是民族的传统美德，借钱买东西这种消费行为往往被看成是不会过日子，人们大多攒钱购买商品，而且大多局限在货币的支付能力范围内，量入为出。当然，也有少数富裕的消费者过分追求西方的生活方式，崇尚享乐主义。这些人动辄摆阔摆富，女人穿金戴银，男人吃喝嫖赌，及时行乐。这种不健康的消费行为严重影响了社会风气。可见，不同的价值观念在很大程度上决定着人们的生活方式，从而也决定着人们的消费行为。对于不同的价值观念，企业的市场营销人员应该采取不同的策略。对于乐于变化、喜欢猎奇、富有冒险精神、较激进的消费者，应重点强调产品的新颖和奇特；而对一些注重传统、喜欢沿袭传统消费习惯的消费者，企业在制定促销策略时应把产品与目标市场的文化传统联系起来。例如，东方人将群体、团结放在首位，所以广告宣传往往突出人们对产品的共性认识；而西方人则注重个体和个人的创造精神，所以其产品包装装潢也显示出醒目或标新立异的特点。我国人民重人情，求同步，消费偏于大众化，这些东方人的传统习俗，也对企业营销产生广泛的影响。

（四）消费习俗

风俗习惯是人们根据自己的生活内容、生活方式和自然环境，在一定的社会物质生产条件下长期形成，并世代相袭而成的一种风尚和由于重复、练习而巩固下来并变成需要的行动方式等的总称。它在饮食、服饰、居住、婚丧、信仰、节日、人际关系等方面，都表现出独特的心理特征、伦理道德、行为方式和生活习惯。不同的国家、不同的民族有不同的风俗习惯，它对消费者的消费嗜好、消费模式、消费行为等具有重要的影响。例如，不同的国家、民族对图案、颜色、数字、动植物等都有不同的喜好和不同的使用习惯，像中东地区严禁带六角形的包装；英国忌用大象、山羊做商品装潢图案就是如此。再如中国、日本、美国等国家对熊猫特别喜爱，但一些阿拉伯人却对熊猫很反感；墨西哥人视黄花为死亡，红花为晦气而喜爱白花，认为可驱邪；德国人忌用核桃，认为核桃是不祥之物；匈牙利人忌“13”单数；日本人忌荷花、梅花图案，也忌用绿色，认为不祥；南亚有一些国家忌用狗作商标；在法国，仙鹤是蠢汉和淫妇的代称，法国人还特别厌恶墨绿色，这是基于对第二次世界大战的痛苦回忆；新加坡华人很多，所以对红、绿、蓝色都比较喜好，但视黑色为不吉利，在商品上不能用如来佛的形态，禁止使用宗教语言；伊拉克人视绿色代表伊斯兰教，但视蓝色为不吉利；日本人在数字上忌用“4”和“9”，因在日语发音中“4”同死相近，“9”同苦相近；我国香港地区和我国台湾地区的商人忌送茉莉花和梅花，因为“茉莉”与“末利”同音，“梅花”与“霉花”同音。我国是一个多民族国家，各民族都有自己的风俗习惯。如蒙古人喜穿蒙袍、住帐篷、饮奶茶、吃牛羊肉、喝烈性酒；朝鲜人喜食狗肉、辣椒，穿色彩鲜艳的衣服，食物上偏重素食，群体感强，男子地位较突出。企业营销者应了解和注意不同国家、民族的消费习惯和爱好，做到“入境随俗”。如果不重视各个国家、各个民族之间的文化和风俗习惯的差异，有可能造成难以挽回的损失。

（五）审美观

审美观通常指人们对事物的好坏、美丑、善恶的评价。不同的国家、民族、宗教、阶层和个人，往往因社会文化背景不同，其审美标准也不尽一致。有的以“胖”为美，有的以“瘦”为美，有的以“高”为美，有的则以“矮”为美，不一而足。例如，缅甸的巴洞人以妇女长脖为美，而非洲的一些民族则以文身为美，等等。因审美观的不同而形成的消费差异更是多种多样。例如，在欧美，妇女结婚时喜欢穿白色的婚礼服，因为她们认为白色象征着纯洁、美丽；在我国，妇女结婚时喜欢穿红色的婚礼服，因为红色象征吉祥如意、幸福美满。又如，中国妇女喜欢把装饰物品佩戴在耳朵、脖子、手指上，而印度妇女却喜欢在鼻子上、脚踝上配以各种饰物。因此，不同的审美观对消费的影响是不同的，企业应针对不同的审美观所引起的不同消费需求，开展自己的营销活动，特别要把握不同文化背景下的消费者审美观念及其变化趋势，制定良好的市场营销策略以适应市场需求的变化。

人们在市场上挑选、购买商品的过程，实际上也就是一次审美活动。近年来，我国人民的审美观念随着物质水平的提高，发生了明显的变化。

1. 追求健康美。体育用品和运动服装的需求量呈上升趋势。

2. 追求形式美。服装市场的异军突起，不仅美化了人们的生活，更重要的是迎合了消费者的求美心愿。在服装样式上，青年人一改过去那种多层次、多线条、重叠反复的造型艺术，追求强烈的时代感和不断更新的美感，由对称转为不对称，由灰暗色调转为鲜艳、明快、富有活力的色调。

3. 追求环境美。消费者对环境的美感体验，在购买活动中表现得最为明显。

因此，企业营销人员应注意以上三方面审美观的变化，把消费者对商品的评价作为重要的反馈信息，使商品的艺术功能与经营场所的美化效果融合为一体，以更好地满足消费者的审美要求。

（六）语言文字

语言文字是人类交流的工具，它是文化的核心组成部分之一。不同国家、不同民族往往都有自己独特的语言文字，即使同一国家，也可能有多种不同的语言文字，即使语言文字相同，也可能表达和交流的方式不同。语言文字的不同对企业的营销活动有巨大的影响。一些企业由于其产品命名与产品销售地区的语言等相悖，给企业带来巨大损失。例如，美国一家汽车公司生产了一种叫“Cricket”（奎克脱）的小型汽车，这种汽车在美国很畅销，但在英国却不受欢迎。其原因就在于语言文字上的差异。“Cricket”一词有蟋蟀、板球的意思，美国人喜欢打板球，所以一提到“Cricket”就想到是蟋蟀，汽车名子叫“Cricket”，意思是个头小，跑得快，所以很受欢迎。但在英国，人们不喜欢玩板球，所以一说“Cricket”就认为是板球。人们不喜欢名子叫板球的汽车。后来，美国公司把其在英国的产品改为“Avengex”，意思是复仇者。因为这个名子不是说明它小，而是说明它很有力量，结果很受欢迎，销量大增。同样，美国汽车公司的“Matador”（马塔多）牌汽车，通常是刚强、有力的象征，但在波多黎各，这个名称意为“杀手”，在交通事故死亡率较高的地区，这种汽车肯定不受欢迎。我国“MaxiPuke”扑克牌，在国内销路很好，但在英语国家不受欢迎。因为“MaxiPuke”译成英语就是“最大限度地呕吐”。国产“白象”牌电视在国内也较畅销，出口到西方国家却无人问津，因为“白象”一词在英语中的含义是：花了心力，耗费了金钱，但又没有多少价值。有些企业由于公司名称在国外的含义有问题而给企业造成损失。如埃及一家私人航空公司叫“Misair”（密斯爱尔），就非常不受法国人青睐，原因在于这一名称在法语中为“悲惨”的意思。此外，语言的差异有时在国内营销中也可能遇到麻烦。例如美国一家销售“PetMilk”（皮特牛奶）的公司，在国内说法语的地区推销就遇到了麻烦，因为“Pet”在法语里有“放屁”的意思，那么“PetMilk”当然也就难以有好的销路。可见，语言文字的差异对企业的营销活动是有很大的影响的。企业在开展市场营销尤其是市场营销时，应尽量了解市场国的文化背景，掌握其语言文字的差异，这样才能使营销活动顺利进行。

在研究社会文化环境时，还要重视亚文化群对消费需求的影响。每一种社会文化的内部都包含若干亚文化群。社会文化的影响深远而广泛，在国际营销活动中尤其如此。国际营销是跨国界、跨文化的活动，不同国家文化差异对其影响很大；在本国市场上成功的营销策略在他国差异文化中可能行不通，甚至招来厌恶、抵制；在本国文化中属于表层文化的因素，在他国文化中可能是必须严肃对待的“禁区”……这所有的一切，都需要营销者仔细分析，并在充分尊重他国文化的基础上，有创新的实现跨文化营销目标。那些有民族特色，又不对他国文化构成利害冲突的营销努力往往会受到欢迎。因此，企业市场营销人员在进行社会和文化环境分析时，可以把每一个亚文化群视为一个细分市场，生产经营适销对路的产品，满足顾客需求。

2.4 市场营销环境分析方法

在上两节中我们了解了市场营销环境的因素，每一种因素会对企业的市场营销活动产生不同程度的影响、而且它们的影响并不是独立发生的，而是相互联系、共同发挥作用的。这些环境因素中既蕴涵着有利于企业发展的因素，又隐伏着不利于企业发展的因素，甚至于可以置企业于死地的环境危险。因此，我们在进行营销活动之前要对企业所面临的环境条件进行分析，分清营销环境的发展变化对企业有利的和不利的影响，并在此基础上争取避开威胁，掌握住机会，化不利为有利。

市场营销环境分析常用的方法为 SWOT 法，它是 Strength（优势）、Weak（劣势）、Opportunity（机会）、Threat（威胁）的缩写。如图 2－3 所示。

图 2－3 SWOT 示意图

2.4.1 外部环境因素

外部环境因素就是指根据企业的目标，那些与企业的生产经营活动发生联系的或可能对企业的生产经营活动发生影响的外部所有的宏观环境和微观环境因素。我们对这些因素进行分析，从而判别出企业面临的机会与威胁。

（一）机会（Opportunity）

环境机会的实质是指市场上存在着尚未满足或未完全满足的需求。它即可能来源于宏观环境也可能来源于微观环境。随着消费者需求不断变化和产品生命周期的缩短，引起旧产品的不断被淘汰、要求开发新产品来满足消费者的需求，从而市场上出现了许多新的机会。市场机会具有公开性和时间性的特征。公开性是指市场机会的客观存在都是公开的，每个企业、各个行业都有可能发现它，并随时去利用它。时间性是指在一定时间内，如果你不采取行动加以利用，则市场机会所具有的机会效益就会减弱，甚至消失。因此，市场一旦发现，就要抓住不放。

环境机会对不同企业是不相等的，同一个环境机会对一些企业可能成为有利的机会，而对另一些企业可能就造成威胁。环境机会能否成为企业的机会，要看此环境机会是否与企业目标、资源及任务相一致，企业利用此环境机会能否比其竞争者带来更大的利益。

市场机会实际上就是市场空隙，也就是消费者对某种商品或劳务的潜在需求，也是企业所要开拓、占领的潜在市场。一般来说，市场机会的形成主要来自市场供求总量不平衡、市场供求时间不平衡和市场供求广度不平衡，等等。

例如，某企业通过环境分析，发现其所处的外部环境变化趋势中可能出现八个市场机会（事件），它们是由某些环境因素的变化而引发的。那么通过考察这些机会的吸引力和成功概率的大小，可得出机会分析矩阵，如图 2－4 所示。

潜在的吸引力 \ 成功的可能性	大	小
大	3　7	4　2
小	6	1　5　8

图 2－4　机会分析矩阵

从图 2－4 可以看出，企业面临的最佳机会就在左上角的方格内，如机会 3 和机会 7，它们的吸引力及成功的可能性很大，企业应当把握战机积极筹划，抓住这些机会，全力发展；处于右下角方格内的机会 1、5、8，不仅吸引力小，成功的概率也小，因而是微不足道的。如果右上角和左下角方格内的机会，如例中的机会 6 和机会 4、2，或者吸引力或者成功可能性提高了，企业就应抓住它们。

（二）威胁（Threat）

环境威胁是指外部环境变化趋势中对本企业的生存与发展不利的、消极的、负向的因素。企业若不能回避或恰当地处理威胁，就会动摇或侵蚀企业的市场地位，损伤企业的竞争优势。这种环境威胁，主要来自两方面：一方面，是环境因素直接威胁着企业的营销活动，如政府颁布某种法律，如《环境保护法》，它对造成环境污染的企业来说，就构成了巨大的威胁；另一方面，企业的目标、任务及资源同环境机会相矛盾，如人们对自行车的需求转为对摩托车的需求，给自行车厂的目标与资源同这一环境机会造成矛盾。自行车厂要将“环境机会”变成“企业机会”，需淘汰原来产品，更换全部设备，必须培训、学习新的生产技术，这对自行车厂无疑是一种威胁。摩托车的需求量增加，自行车的销售量必然减少，给自行车厂又增加一分威胁。威胁可以根据其严重性和发生的概率进行评价。威胁分析矩阵如图 2－5 所示。

严重性 \ 发生概率	高	低
大	3　5	1　6
小	2　4　8	7

图 2－5　威胁分析矩阵

图 2－5 中列出了某公司所面临的几种环境威胁的位置。左上角方格的威胁较大，如威胁 3 和威胁 5，其严重性和发生概率都大，企业必须特别重视，预先准备一份应急方案，说明在威胁到来之前或发生威胁时，企业如何应变。右下角方格内的威胁 7，企业不必过于担心。面对左下角和右上角方格里的威胁，企业虽不需拟定应变计划，但应密切注意，追踪监测，以防事态扩大。

（三）外部环境因素评价及营销对策

在对外部环境因素中的市场机会和环境威胁分析评价的基础上，企业应对所处的外部环境做出一个综合的估计，即综合考虑面临的机会和威胁的程度。这种综合评价可用外部环境分析综合评价矩阵（机会威胁综合矩阵）来表示，即以机会的强弱程度为纵坐标，以威胁的强弱程度为横坐标，这样就把企业

（或战略业务单位）分为四种类型，如图 2－6 所示。

机会程度 \ 威胁程度	低	高
高	理想企业（理想业务）	风险企业（风险业务）
低	成熟企业（成熟业务）	困难企业（困难业务）

图 2－6 环境分析综合评价矩阵

理想企业，即具有很多机会、较少威胁的企业。这类企业营销对策是抓住机遇，迅速行动。

风险企业，即机会和威胁都很多的企业。这类企业面临高利润与高风险，故应全面分析自身优势与劣势，扬长避短，争取突破发展。

成熟企业，即机会和威胁都较少的企业。这类企业应维持目前的正常运转，养精蓄锐，积极寻找市场机会，为成为理想企业或风险企业准备条件。

困难企业，即机会少而威胁多的企业。这类企业要么是积极调整策略，走出困境，要么是立即转移，摆脱无法扭转的困境。

2.4.2 内部环境因素

分析外部环境因素，是为了辨别市场机会和环境威胁。但利用机会和防范威胁，却需要具备一定的内部条件。内部环境因素就是企业内部条件和能力是否能够成功地利用机会和防范威胁的因素。我们对内部环境分析，是将企业所有的能力与利用机会所要求的能力进行比较，判断出企业自身内部的优势和劣势，并制定出增强相应能力的措施，以利于在市场营销中发挥优势，扬长避短，趋利避害，实现企业的经营目标。这里，所谓优势或劣势的判断，就是要判别某项内部能力因素或条件，是否拥有在利用市场机会中成功所必需的竞争能力。如果一项内部能力因素具备了成功地利用机会所需的条件，而且比它的竞争对手还要强，那么这项能力因素就是企业的优势内部条件，反之则为劣势。

（一）优势（Strength）

优势不是指企业具有什么能力，它是指一个企业较其竞争对手在某些方面所具有的不可匹敌、不可模仿的独特能力；一个企业的优势，不仅是指能做什么，更重要的是指企业在哪些方面能比竞争对手做得更好。

波士顿咨询公司的负责人乔治·斯托克提出，能获胜的公司是取得公司内部比较优势的企业，而不仅仅是只抓住公司核心能力的企业。每一个公司必须管好某些基本程序，如新产品开发、原材料采购、对订单的销售引导、对客户订单的现金实现、顾客问题的解决时间等。每一个程序都创造价值和需要内部部门协同工作。虽然每一部门都可以拥有一个核心能力，但如何管理这些能为企业带来优势的能力仍是一个挑战。斯托克把它称为能力基础的竞争。

（二）劣势（Weakness）

劣势是指企业较之竞争对手在某些方面的缺点与不足。比如一个企业可能较其竞争对手在企业规模、产品品种、市场占有率、资金、产品质量等多个方面存在劣势。

很清楚，公司不应去纠正它的所有劣势，也不是对其优势不加利用。主要的问题是公司应研究，它究竟是应只局限在已拥有优势的机会中，还是去获取和发展一些优势以找到更好的机会。有时，企业发展慢并非因为其各部门缺乏优势，而是因为它们不能很好地协调配合。例如有一家大电子公司，工程师轻视销售员，视其为“不懂技术的工程师”；而推销人员则瞧不起服务部门的人员，视其为“不会做生意的推销员”。因此，评估内部各部门的工作关系作为一项内部审计工作是非常重要的。

（三）内部环境因素评价的步骤

1. 明确利用机会和防范威胁所需的能力结构

首先要确定利用机会和防范威胁所需的能力结构，如市场营销、财力、生产和组织能力。然后找出反映各项能力的具体要素。每一要素均按其现有绩效划分为特强、稍强、中等、稍弱、特弱五个等级。最后做出每一要素在利用机会和防范威胁方面的相对重要性的判断，一般分为高、中、低三个等级。

2. 现有能力的实际状况

测定各个要素的现有绩效，依据所需能力的重要性、利用机会成功的可能性，以及与竞争对手相比的相对强弱程度，判断出每个要素现有能力的等级。

3. 做出评价和制定对策

依据现有能力与所需能力提供的数据，在“绩效/重要性”矩阵（见图 2－7）中找到相应位置，便可发现差距。应根据所需能力的要求，分别采取措施，改善现状。如对图 2－7 中的 A 方格中的要素，它们“所需能力的重要性”高而“现有能力的绩效”低，故应倾注全力加以改善。对于方格 B 中的要素，因其既很重要且现有绩效也高，故应保持高绩效。而对 C 方格和 D 方格中的要素，将分别采取一般管理和防止矫枉过正的对策。

所需能力的重要性 \ 现有能力的绩效	低	高
高	A 倾注全力	B 保持高绩效
低	C 不甚重要	D 防止矫枉过正

图 2－7 “绩效/重要性”矩阵

2.4.3 SWOT 系统分析法

（一）SWOT 分析的原理

SWOT 分析法又称为态势分析法，它是由旧金山大学的管理学教授于 20 世纪 80 年代初提出来的，是一种能够较客观而准确地分析和研究一个单位现实情况的方法。SWOT 是 Strength、Weakness、Opportunity 和 Threat 的缩写，即企业本身的竞争优势、竞争劣势、机会和威胁。它是一种企业内部分析方法，即根据企业自身的既定内在条件进行分析，找出企业的优势、劣势及核心竞争力之所在。其中，S、W 是内部因素，O、T 是外部因素。SWOT 分析有其形成的基础。按照企业竞争战略的完整概念，战略应是一个企业“能够做的”（组织的强项和弱项）和“可能做的”（环境的机会和威胁）之间的有机组合。著名的竞争战略专家迈克尔·波特提出的竞争理论从产业结构入手对一个企业“可能做的”方面进行了透彻的分析和说明，而能力学派管理学家则运用价值链解构企业的价值创造过程，注重对公司的资源和能力的分析。SWOT 分析，就是在综合了前面两者的基础上，以资源学派学者为代表，将公司的内部分析（20 世纪 80 年代中期管理学界权威所关注的研究取向，以能力学派为代表）与产业竞争环境的外部分析（更早期战略研究所关注的中心主题，以安德鲁斯与迈克尔·波特为代表）结合起来，形成了自己结构化的平衡系统分析体系。

SWOT 分析实际上是将对企业内部和外部条件各方面内容进行综合与概括，进而分析组织的优劣势、面临的机会和威胁的一种方法。它将公司的战略与公司内部资源、外部环境有机结合起来。其中，优劣势分析主要是着眼于企业自身的实力及其与竞争对手的比较，而机会和威胁分析将注意力放在外部环境的变化及对企业的可能影响上，但是，外部环境的变化可能会给具有不同资源和能力的企业带来完全不同的机会与威胁，因此，两者之间又有紧密的联系。当公司要拓展某一新的业务或进行新的投资前，以及在制定销售计划时，所用的战略分析方法之一便是 SWOT 分析。采用这种决策方法的根本目的是把自己公司和竞争对手公司的优势、劣势、机会和挑战进行比较，然后决定某项新业务或新投资是否可行。做 SWOT 分析有利于自己的公司在做新业务前是否会充分发挥自己的长处而避免自己的短处，以趋利避害，化劣势为优势，化挑战为机遇。同时，也使自己的公司知道该学习什么来面对市场商机。即所谓的知己知彼、百战不殆，从而降低公司的经营和投资风险。可见，清楚的确定公司的资源优势和缺陷，了解公司所面临的机会和挑战，对于制定公司未来的发展战略有着至关重要的意义。

与其他的分析方法相比较，SWOT 分析从一开始就具有显著的结构化和系统性的特征。就结构化而言，首先在形式上，SWOT 分析法表现为构造 SWOT 结构矩阵，并对矩阵的不同区域赋予了不同分析意义；其次在内容上，SWOT 分析法的主要理论基础也强调从结构分析入手对企业的外部环境和内部资源进行分析。另外，早在 SWOT 诞生之前的 20 世纪 60 年代，就已经有人提出 SWOT 分析中涉及的内部优势、弱点，外部机会、威胁这些变化因素，但只是孤立地对它们加以分析。SWOT 方法的重要贡献就在于用系统的思想将这些似乎独立的因素相互匹配起来进行综合分析，使得企业战略计划的制定更加科学全面。

SWOT 方法自形成以来，广泛应用于战略研究与竞争分析，成为战略管理和竞争情报的重要分析工具。分析直观、使用简单是它的重要优点。即使没有精确的数据支持和更专业化的分析工具，也可以得出有说服力的结论。但是，正是这种直观和简单，使得 SWOT 不可避免地带有精度不够的缺陷。例如 SWOT 分析采用定性方法，通过罗列 S、W、O、T 的各种表现，形成一种模糊的企业竞争地位描述。以此为依据做出的判断，不免带有一定程度的主观臆断。所以，在使用 SWOT 方法时要注意方法的局限性，在罗列作为判断依据的事实时，要尽量真实、客观、精确，并提供一定的定量数据弥补 SWOT 定性分析的不足，构造高层定性分析的基础。

（二）SWOT 分析的步骤

好的 SWOT 分析的前提是正确识别出优势、劣势、机会与威胁因素。而评价某种因素优劣与否，该因素又预示着机会或威胁，取决于企业的生存环境，而企业的生存环境主要由行业背景与主要竞争对手构成。

行业背景主要指行业的关键成功因素，即在本行业中要想获得良好的效益、声望和市场表现而必须具备的几项关键的技能与资源，这决定了企业拥有的某项资源的优劣性。同时，行业背景还揭示机会与威胁，即当前和未来一段时间内，行业环境中存在的或可能出现的，将对企业和竞争对手都发生重大影响的外界因素。竞争对手决定了行业的竞争程度激烈与否，直接反映企业的竞争力强弱。因此，一个从企业生存环境出发来考察企业竞争实力的 SWOT 分析步骤如下：

1. 罗列企业的优势和劣势，可能的机会与威胁。

2. 优势、劣势与机会、威胁相组合，形成 SO、ST、WO、WT 策略。

3. 对 SO、ST、WO、WT 策略进行甄别和选择，确定企业目前应该采取的具体战略与策略。

SWOT 矩阵：

内部环境因素 / 外部环境因素	优势（S）	劣势（W）
机会（O）	SO 战略 （增长性战略）	WO 战略 （扭转型战略）
威胁（T）	ST 战略 （多种经营战略）	WT 战略 （防御型战略）

SWOT 矩阵形成了四种可以选择的战略：

SO 战略（增长性战略）：利用企业内部的优势去抓住外部机会。

WO 战略（扭转型战略）：利用外部机会来改进企业内部劣势。

ST 战略（多种经营战略）：利用企业优势去避免或减轻外来的威胁。

WT 战略（防御型战略）：直接克服内部劣势和避免外来的威胁。

2.5 市场营销环境变化的新趋势

任何一个组织都是在不断变化的整体经营环境中运行的，都是在与其他组织、目标顾客和社会公众的相互协作、竞争、服务和监督中开展市场营销活动的。只有全面、正确地认识市场营销环境，监测、把握各种环境力量的变化，组织才能审时度势、趋利避害地开展营销活动。因此，组织需要全面、深入、及时、准确地了解和把握市场营销环境的现状、特点和发展方向，把握好营销环境发展变化的趋势。

彼得·道盖尔等人将营销环境变化归纳为十大趋势，并对企业营销管理产生极其重大的影响。

（一）流行化

除时装外，愈来愈多的产品也呈现出流行化趋势。如手表、摩托车、啤酒、小轿车、药品、影视、音乐、电子产品，甚至服务等。消费者的口味变化极快，忠诚的品牌使用者越来越少，消费者大多追求产品的新颖性。一些新颖性的产品借助某些抽象化的题材迎合人们的心理，可能成为时尚而风行一时，但它们犹如昙花一般，旋即淹没在变化的海洋之中。变化如此迅速，致使预测变得十分困难，企业只有以快制胜，用最快的速度推出新产品、新款式和新服务。唯有对环境变化有着快速反应能力的企业才能永立潮头，按照传统的组织结构，按部就班地进行营销管理将会失去一个又一个的盈利机会。

（二）市场微型化

随着经济的快速发展，人们收入水平和消费水平同步上升，消费需求也向高级阶段发展，消费者已从原有的数量消费、质量消费向个性消费转变。消费个性化不仅使得统一的单一需求的大市场不复存在，无差异化目标市场战略彻底失效，而且也使得一般程度的市场细分战略收效甚微，市场已细化到单个消费者。市场微型化要求企业采用极限市场细分战略，将营销触角直接延伸到每一个具体的消费者，为其提供满足其特殊需要的产品和服务。

（三）预期上升

企业间的竞争使得企业提供的产品质量、服务质量不断提高，消费者对所购产品、服务的期望也随之上升，顾客变得更加挑剔。企业将发现令顾客满意越来越困难，但这往往并非是企业降低了产品和服务的标准，而是跟不上别的企业的标准提高的步伐以及售后服务与消费者的预期差距所致。企业须树立新的质量观念，进行动态质量管理，增强服务特色，并能有效及时地处理顾客预期失落而引发的矛盾，消除顾客的不满。

（四）竞争加剧

随着应用技术能力的提高和市场信息的实时化，市场障碍不断弱化，行业渗透性越来越强，竞争在愈来愈多的企业中变得异常激烈。竞争加剧使得企业利润率降低，企业面临更大的压力，这迫使企业想方设法降低经营成本，提高经营水平，强化其市场竞争能力。因此，在强化主业的基础上与上下游企业形成互惠的伙伴关系成为企业营销的一项基本工作。

（五）商品大众化

由于营利性产品很快被模仿，今日的特殊产品明日就成了大众产品，今日的特殊服务明日就成了标准化的服务。模仿能力强、模仿速度快使得原本想通过新产品开拓市场吸引新顾客的企业感到难度变大，它们会意识到感到满意的老顾客才是企业丰厚利润的稳定来源。企业将把顾客置于组织结构的中心，通过向顾客提升服务价值，与顾客建立中长期的伙伴关系。同时，产品的大众化还使得企业的产品创新侧重于产品微小的变化和延伸，而不倾向于投巨资追求技术上的突破，企业尽量使有新鲜感的产品尽快推向市场。这样产品构思主要依赖于顾客或销售、服务等营销人员，而极少来自实验室。因此，在产品构思阶段，营销部门和研究开发、采购、生产等部门的沟通协调将十分重要。

除了上述五种变化之外，还有技术变化、全球化，以服务获得差异性优势的软性化、因制造商品牌作用的降低而出现的品牌“风化”、政治经济和社会变化带来新的制约等一系列营销环境变化的新趋势也将对企业营销战略和策略产生不可忽视的影响。

进入21世纪，政府又提出了三年完成现代企业制度的改革目标。现代企业制度改革，不仅要明晰资本产权、劳动产权，更要求企业实现管理的现代化和经营观念的现代化。企业管理决策者应站在新的起点，以全新的思想、视野，接受21世纪企业营销环境变化新趋势的挑战，制订与营销环境新趋势相适应的营销战略和组织战略。只有如此，我国的企业经营和管理才不至于又一次落在发达国家的后面，也只有如此，我们的企业才可能成为21世纪国际化潮流企业。我们从中国政治经济形势、市场变化和科技发展应用等实际国情出发，认为我国企业面临的营销环境将发生如下根本性变化。

2.5.1 政治、社会和经济环境变化的新趋势

（一）政府职能的转变

政企职责分开后，联结企业与政府的隶属关系被切断，企业进入法人治理结构阶段。原由政府部门对企业行使的管理职能由谁来替代呢？吴邦国同志曾肯定地说过：“与计划经济体制相适应的工业管理体制是部门管理；与社会主义市场经济体制相适应的工业管理体制则是行业管理。”

（二）法制管理加强

政府对企业的行政干预转变为政策上的宏观调控，为保证宏观调控目标的实现，一个重要手段就是加强各种立法和执法力度，以完善的法制体系规范制约企业行为。

（三）新的制约

21世纪政治、经济和社会将发生各种变化，例如环境保护的强化和社会伦理标准的重构对企业既是一种潜在的制约，又孕育着新的机会，对环境有害的，或被认为不公平的，或非伦理的行业，受到愈来愈多的限制。

2.5.2 市场的变化趋势

（一）买方市场的形成

政府权威部门确认，20世纪90年代末，我国买方市场已逐步形成。各类商品和劳务供求总态势是供大于求，消费需求趋向选择性、个性化、档次化、感性化。21世纪，各类市场进一步发育完善，彻底呈买方市场格局。

（二）市场微型化

统一的单一需求的大市场不复存在，无差异化目标市场战略将彻底失效，不同消费者期望企业为其特殊需求提供相应的产品和服务，同质市场的数量越来越少，容量越来越小，异质市场的数量急骤增加，但规模变小，市场日趋微型化。

（三）市场竞争加剧

垄断市场的状况几乎不复存在，行业渗透加强，竞争在愈来愈多的行业中变得异常残酷。国际贸易中，关税降低、运输成本减少、市场信息的实时化，使市场障碍弱化。竞争的结果是，企业的兼并与被兼并、收购与被收购乃至破产、倒闭，成为经常性事件。各企业利润减少，来自股东的压力增加，这迫使企业不断提高经营水平，强化其市场竞争能力。

（四）市场的全球化

国际经济和投资正日趋全球化。在社会发展、技术进步的进程中，尤其是信息技术革命，偌大个地球将跨越时空的障碍，成为信息共享的“地球村”。电视、旅游和广告信息等使世界各国居民更加相互沟通，对商品和服务的期望和需求趋同化。趋同化需求创造出趋同化的供应机会，每个企业都面临全球化的市场。

2.5.3 消费需求行为的变化趋势

（一）流行化消费

除时装服饰外，消费者对愈来愈多的商品讲究消费的品位，期望将消费品的效用评价与消费者的个性特征融为一体，而消费品位极易模仿而流行，许多产品将显现流行化趋势，如手表、摩托车、小轿车、啤酒、药品、电子产品、影视、音乐甚至大学管理类课程等。变化如此迅速，产品生命周期大大缩短，致使预测变得十分困难，营销难度加大。

（二）商品大众化

流行化消费导致商品大众化。技术的进步和信息的快速传播，使得商品大众化成为可能。产品差异日趋淡化，今日的特殊服务，明天就成了标准化服务；今日还是特殊产品，明天就成了大众化产品。产品知名度的提高因而变得极容易不被企业特别注重，关键是产品的内在品位能否符合商品大众化消费的品位。营利性产品很快被模仿，其市场很快就被模仿品以更低价格入侵。消费者也期望商品的大众化。

（三）消费趋向品牌化

品牌的功能在于减少消费者选择产品时所花费的心力，选择知名的品牌无疑是一种省时、可靠又不冒险的决定。这一功能恰好符合21世纪消费者的消费心理和行为。买方市场的形成，越来越多的消费者的利益已不仅再是一件满足其实用需求的“实物产品”，而是一个既能满足其实用需求，又能满足其精神需求的“品牌商品”。企业的利润只在消费者决定购买，而且会重复购买的情况下才会产生。20世纪八九十年代，世界顶级品牌占据着绝大部分市场。进入21世纪，可口可乐等原先大品牌的市场占有率会减少，同类产品的市场将被众多的品牌占有，无品牌产品将无立足之地。造成这种消费趋向品牌化的原因有：原先同一化市场的分散化、竞争的加剧、产品和技术的创新、消费者面临更多供应品的选择等，这一切导致了大量的新品牌出现。中间商也竞相加入品牌营销的行列，他们已有能力来支撑他们自己的品牌，而且，愈来愈多的制造商从用广告推广自己的品牌，改变为用价格优惠、营业推进等方式支持中间商推进自己的品牌。

（四）消费者推崇感性消费和软性消费

理性消费时代已经过去。除了产品实体外，消费者更看重其附加价值，消费者需求将从物质转向精神。这种新的消费趋势呈现的特点：一是美学性。即要求周围环境和使用的各种物品，具有符合个人性格特征的美感和艺术欣赏性。二是体感性。即通过眼、耳、鼻、舌、身等感觉器官对商品的实际接触，感受到最大的愉悦。三是脑感性。即能获得五大体感以外的第六感觉。四是心因性。即能得到精神、心理和宗教信仰等方面的满足。

2.5.4 社会人文环境的新变化

（一）灰领阶层将成为社会的主力军

在21世纪成为社会主力军的，将是被称为“灰领阶层”的一代新人。所谓灰领阶层，是指在经营决策、研究开发、技术攻关、工程设计或市场开拓等领域，具有高度专门知识和技能的人。他们的最大特征是，以头脑为资源，以脑力劳动为职能，要求具有被称作“无穷经营资源”的脑力，并有开辟新产业领域的创造力。他们可以被称为“脑民”，这些“脑民”构成的社会，也可以叫作“脑业社会”。这是一个以知识产业为核心的社会，知识产业包括各种尖端技术产业、信息产业、文化产业和某些知识型服务产业。

（二）企业文化将成为重要的软性经营资源

21世纪全世界将进入经济全球化的世纪，全球化的市场经济背后，有两只“看不见的手”，一只是经济规律，一只是文化。经济和文化的一体化是时代大趋势，将发展成为经济建设中的历史性潮流。在21世纪，企业文化将步入更高的层次，构成这种高层次企业文化的因素有三个：一是企业伦理；二是企业哲学；三是企业教养。如何建立一种超越时代，适应新时期需要的企业伦理规范，将成为企业文化的核心。在急剧变化的产业社会和企业环境中，决定企业自身存在基础并体现企业个性的“企业哲学”，也是不可缺少的。为了适应消费者需求的变化，还必须建设良好的“企业教养”，它要求企业内无论是经营者还是普通职员，都要具有历史、文化、科技和美学方面的修养，这也是一种新的经营资源。

2.5.5 技术环境的变革

（一）制造技术的进步

高、精、尖技术将以更快的速度被开发运用，知识力将成为继经济力、资本力之后的重要推力。快速的技术变化给不少行业带来巨大冲击。成功的企业不一定是技术先进者，但必须是技术快速跟进者。

竞争和顾客预期缩短了新技术进入市场的周期。

（二）信息技术的发展和运用

数字化信息革命极大地改变了全球政治、经济、文化格局，同时给企业的生产经营活动带来了巨大的冲击。信息分散生成和递减传输的特性使得现代企业更加依赖信息技术的发展。

【小结】

市场营销环境是企业借以寻找市场机会和密切监视可能受到的威胁的场所，它由能影响企业有效地为目标市场服务的能力的外部所有行动者和力量所组成。企业的营销环境可分为宏观环境和微观环境两类。企业与环境是对立统一的关系，能动地适应环境是企业市场营销成功的关键。

企业的微观环境，包括企业本身、供应商、营销中介、顾客、竞争者和各种公众。

企业宏观环境，包括与企业营销活动密切相关的六大社会力量——人口、经济、自然、技术、政治与法律、社会与文化等方面的因素。

分析宏观环境和微观环境的发展变化趋势、可能出现的结果、确定机会与威胁是市场营销环境分析的工作重点。把市场营销环境分析的结果与企业的内部优势与劣势分析相结合，就可以为企业制定出恰当的市场营销战略和策略。

任何一个组织都是在不断变化的整体经营环境中运行的，都是在与其他组织、目标顾客和社会公众的相互协作、竞争、服务和监督中开展市场营销活动的。组织需要全面、深入、及时、准确地了解和把握市场营销环境的现状、特点和发展方向，把握好营销环境发展变化的趋势，才能审时度势、趋利避害地开展营销活动。我国的企业管理决策者应站在新的起点，以全新的思想、视野，接受企业营销环境变化新趋势的挑战，制订与营销环境新趋势相适应的营销战略和组织战略，只有如此，我们的企业才可能成为21世纪国际化潮流企业。

【关键术语】

市场营销环境（Marketing Environment）
微观营销环境（Micro – marketing Environment）
宏观营销环境（Macro – marketing Environment）
恩格尔系数（Engel’s Coefficient）
外部环境因素（External Environmental Factors）
内部环境因素（Internal Environmental Factors）
市场机会（Market Opportunities）
环境威胁（Environmental Threats）

【知识链接】

[1] 张海涛．集群环境下企业营销绩效评价指标体系研究．[D]．长沙理工大学，2011.
[2] 薛长青．树立环境营销理念提升企业绿色竞争力 [J]．生产力研究，2011（6）：2－4.
[3] 于维洋．我国中小企业发展中存在的问题及对策 [J]．中国科技信息，2010.
[4] 吴勇等．市场营销 [M]．北京：高等教育出版社，2011.
[5] 万晓．市场营销（修订本）[M]．北京交通大学出版社，2012.
[6] 顾秀华，吴嘉玲．安利体育营销策略面面观 [J]．中国商贸，2010（12）．
[7] 王万华，顾峰．市场营销学 [M]．上海人民出版社，2010.
[8] 中国经济网：中国经济网：http：//www.ce.cn/.

【案例分析】

安利（中国）：因时而变，谋求长足发展

安利，是美国最大的著名直销企业，总公司位于美国密歇根州大急流市亚达城，是由洁温安洛和理查狄维士在家中的地下室创立的。创立的时候，公司只有5名员工，产品也只有一种——乐新多用途浓缩清洁剂，这款产品是当时市场上率先采用具生物可降解性表面活性剂的洗涤剂。

安利——Amway，根据安利美国官方网站的介绍，是一家生产日用消费品的多层次直销公司（Amway Global is a Multilevel Marking Company That Produces Quality Consumer Products）。主要经营日用消费品，涵盖了纽崔莱营养保健食品、雅姿美容化妆品、个人护理用品、家居护理用品和家居耐用品等系列，安利同时兼任生产及销售商。

安利公司40年来在全球实行以直销为主的市场营销方式，进入中国后，一开始也实行同样的营销模式。但在国务院下令禁止传销后，安利（中国）公司积极配合国家政策进行转型，很短时间内便转型成功，安利（中国）公司以自开店铺兼顾营业代表的方式恢复经营。该经营模式结合传统店铺营销和人员推销，既方便消费者直接前往安利专卖店购货，也为营业代表提供了良好的事业发展空间，使安利（中国）公司的业务得以长足发展。

对一个跨国公司，尤其是以直销这个敏感字眼为营销方式的公司来说，公司的形象是非常重要的。国务院明令禁止传销以前，非法传销企业大量涌现，给安利（中国）公司的业务开展带来很大的不便，在这种情况下安利（中国）公司使自己区别于其他非法传销公司的一个重要理念就是使自己融入当地的社会，成为当地社会生活的一个组成部分。

安利（中国）公司为了塑造公司的形象，推动公司长远健康发展，经常参与资助中国的社会公益事业。2012年11月11日上午，1.5万上海市民齐聚中华艺术馆，参加一年一度的“2012安利纽崔莱健康慈善慢跑”，再次掀起全民健身热潮。这项活动使得“健康+慈善”的理念愈加深入人心，并获得更多市民的关注和参与。2013年1月在北京举行“慈善的力量——2012中国慈善年会”上，安利公司因“安利环保嘉年华”项目的广泛影响和良好效应，与36家企业和公益组织共同荣获“2012年度慈善推动者”称号。2013年4月，安利公司凭借对慈善公益事业的持续投入，安利公益基金会成立近两年来专业化、透明化运作，以及“春苗营养计划”等公益项目的良好社会效应，第六次荣获“2012最具责任感企业”奖项，是唯一获奖的日化快消品企业。正因为安利（中国）公司积极投身于妇儿教育、文化教育、环境保护、救灾扶贫等社会公益活动以及其守法经营、规范发展的方针，使得安利在中国有着上佳的口碑和良好的形象。

安利除了使自己融入当地社会文化外，还主动与当地政府官员进行沟通，与中国政府官员进行互访交流，增进友谊，建立起良好的社会关系，为安利（中国）公司的发展创造最佳的环境。

思考题

1. 通过该案例可以得到哪些启示？
2. 企业面对环境威胁时常用的方法有哪些？

第 3 章 消费者市场购买行为分析

【本章知识要点】

知识要点	掌握程度	相关知识
消费者市场的概念与特点	了解	市场的分类、消费者市场的概念与特点
消费者市场的购买行为	掌握	消费者购买动机、消费者购买行为
影响消费者购买行为的因素	掌握	文化因素、社会因素、个人因素、心理因素
消费者购买决策过程分析	重点掌握	认识需要、收集信息、选择评价、购买决策、购后行为
消费者对新产品的决策过程分析	重点掌握	新产品采用过程的五个阶段、革新性的个体差异、产品特性对消费者采用率的影响

【本章技能要点】

技能要点	掌握程度	应用方向
消费者市场的购买行为分析	掌握	正确把握消费者的购买行为与动机，为企业的产品策略及相应的营销策略服务
消费者购买行为因素分析	掌握	对消费者购买行为进行相应的因素分析，从而找到营销的突破口
消费者购买决策过程分析	重点掌握	把握消费者的购买决策过程有助于企业有效地利用每一个过程进行产品及品牌营销
消费者对新产品的决策过程分析	重点掌握	正确把握消费者对新产品的决策过程有助于企业在新产品进入市场时以此为依据制定新产品的营销战略

【导入案例】

解读90后消费

李伟是某名牌学校的大一新生，开学时父母给他买了一部白色的苹果手机。可是一学期后，父母就发现他的手机变成了红色，手机音乐的铃声从《忐忑》变成了《我的歌声里》——正当家人以为李伟又换了一部新手机时，他得意扬扬的告诉父母，他只不过是将手机的外壳换了，并下载了新的手机音乐、新的待机画面，而这些细节的改变，就使他获得一部新手机的感觉。

90后消费群对于产品新鲜感追求的倾向性比其他年代的消费群更为明显，在这种心理趋势驱动下，许多产品的本身核心功能反倒成了其次要素，而一些额外的附加功能却完全可以成为他们决定购买的关键。90后消费群对于品牌、时尚的追求，对于产品品牌精神与消费感受的注重，使得许多企业赋予产品新的定义。必须为产品注入一种容易打动他们的品牌精神——比如动感地带用周杰伦的“酷”来表现“我的地盘听我的”理念，百事可乐用蔡依林等明星的“时尚”来演绎“年轻一代的选择”的品牌内涵。

营销启示：任何一个消费群体，他们的消费权利、消费意识、消费话语正在深刻影响着许多企业的市场策略。如何深刻地解读他们的消费心理，把握时代潮流的发展趋势，这对于任何一家企业抢占未来市场都具有非常重要的意义。

3.1 消费者市场的概念与特点

市场是企业生产和销售的出发点和归宿，企业一切活动都是围绕市场而展开的。因此，一个企业能不能对市场做出正确分析和判断，对于企业生产经营决策成败至关重要。市场营销的目的是满足顾客的需要，因此首先要了解和分析顾客的需要，为此需对市场做进一步的分类，然后针对不同市场在需求和购买行为上的差异制定不同的营销策略。

3.1.1 市场的分类

市场是一个有机的整体，随着交换关系的发展也越来越复杂。从不同的角度来分析，市场可以分为多种类型：按照市场的国域界线，可以划分为国内市场和国际市场；按照市场的地理位置，可以划分为城市市场和农村市场；按照构成市场的要素，可以划分为商品市场、资金市场、劳动力市场、技术市场、信息市场；按照商品用途或商品满足消费者需求的性质，可以划分为生活资料市场和生产资料市场；按照市场的竞争形态不同，可以划分为完全竞争市场、完全垄断市场、寡头垄断市场和垄断竞争市场。消费者所需要的商品，从供货来源来说，可以划分为工业产品市场与农业产品市场；从商品是否具有实物形态来说，可以划分为物质产品市场和服务产品市场。按不同的购买目的可分为消费者市场、生产者市场、中间商市场、非营利组织市场、政府市场。而生产者市场、中间商市场、非营利组织市场和政府市场统称为组织市场。认真研究不同类型的市场特征，有利于寻找市场机会，确定目标市场，掌握市场运行规律，制定正确的市场营销策略。

从历史发展来看，今天的市场相对过去的市场具有以下特点：

第一，地理范围扩大，以地理变量为边界的顾客群也相应扩大了，市场的多样性增加了。

第二，市场已经具备较大程度的开放性，很少有封闭的市场。企业深谙中国是世界市场的一部分，而世界市场也是中国的市场这一道理。与此相应，从行业竞争的角度看，中国企业的竞争对手已不再局限于中国企业，更具威胁的是那些称为全球企业的跨国公司。联合国跨国公司委员会的报告反映，跨国公司已占全球对外直接投资的90%，全球技术转让的70%，全球贸易量的60%，现在的市场营销应该站在全球化的高度来考察。

第三，交换的内容相对过去有极大的发展，传统的资源、加工品等昔日交换主体已经或正在让位于科技含量高的知识性和智慧性产品，软件开发。

由于市场营销是以消费者需求为中心，按消费主体的身份特点来划分市场，有利于研究不同类型买主的购买动机、购买行为模式等。要真正认识消费者并不是一件轻而易举的事，消费者往往对自己的需要和欲望不能做出准确和圆满的表述，他们不会暴露自己的内心世界，他们对环境的反应在最后一刻会发生变化，因此，将市场分为消费者市场和组织市场（将在第4章介绍）具有重要意义。

3.1.2 消费者市场的概念与特点

（一）消费者市场的概念

市场是商品经济的产物，哪里有社会分工和商品生产，哪里就有市场。如果从经济学的一般概念出发，市场不仅是商品交换的场所，而且是指商品交换关系的总和。而现代市场营销学研究的是买方市场情况下卖方的营销问题，所以从市场营销学角度看市场是指具有特定需要和欲望，而且愿意并能够通过交换来满足这种需要和欲望的全部潜在顾客。在这里，市场专指买方，专指需求。按不同的购买目的和动机可划分为消费者市场和组织市场。

消费者市场是指人们为了满足个人或家庭生活的需要而购买产品和服务的由个人或家庭构成的市场，它是许多企业从事经营活动的主要场所、服务的主要对象。生活消费是产品和服务流通的终点，因此消费者市场也被称为最终产品市场。

组织市场，又称组织机构市场，指向各类组织机构，如公司、社会团体、政府机关等销售商品和服务的市场。虽然组织市场购买数量较大，一般都会超过消费者市场，但最终服务对象还是消费者，仍然要以满足最终消费者的需要为中心。因此，一切企业，无论是生产企业，还是商业、服务企业，也无论其是否直接为消费者服务，都必须研究消费者市场及其购买者，必须深入研究消费者市场需求的特点和消费者行为模式，以消费者的需要为依据来制定营销方案，满足消费者需求，方能在竞争中取胜。

（二）消费者市场的特点

1. 广泛性。生活中的每一个人都会或多或少地发生一些消费行为或消费品购买行为，成为消费者市场的一员。因此，消费者市场人数众多，范围广泛。

2. 分散性。消费者的购买单位是个人或家庭。一般而言，家庭商品储藏地点小、设备少，买大量商品不易存放；家庭人口较少，商品消耗量不大；再者，现代市场商品供应丰富，购买方便，随时需要随时购买，不必大量储存，导致消费者每次购买数量零星，购买次数频繁，易耗的非耐用消费品更是如此。

3. 多样性。由于各个消费者的收入水平、文化程度、职业、性别、年龄、民族和生活所处环境的不同，自然会有各式各样的爱好和兴趣，对商品和服务的需要是千差万别、丰富多彩的。例如，对穿、用商品，每个人在品种、质量、花色、规格上的需要都不尽相同，对食物的需求也存在着习惯上的差异。这种不拘一格的要求，就是消费者需求的多样性。

4. 易变性。消费需求具有求新求异的特性，要求商品的品种、款式不断翻新，有新奇感，不喜欢一成不变的老面孔。许多消费者对某个新品种、新款式的共同偏好就形成了消费风潮，这反映了消费心理的变化。随着市场商品供应的丰富和企业竞争的加剧，消费风潮的变化速度加快，往往令人难以把握。

5. 发展性。随着科学技术的进步和消费者人均收入水平的提高，人们对商品和服务的需要也不断变化，呈现出由少到多、由粗到精、由低级到高级的发展趋势。未曾消费过的高档商品进入消费；过去消费少的高档耐用品现在大量消费；过去质量一般的商品，现在质量有所提高。一种需要满足了，又会产生新的需要。

6. 情感性。消费品有千千万万，消费者对所购买的商品大多缺乏专门的甚至是必要的知识，只能根据个人好恶和感觉做出购买决策，多属非专家购买，受情感因素影响大，因受企业广告宣传和推销活动的影响大。

7. 伸缩性。消费需求受消费者收入、生活方式、商品价格和储蓄利率影响较大，在购买数量和品种选择上表现出较大的需求弹性或伸缩性。收入多则增加购买，收入少则减少购买。商品价格高或储蓄利率高的时候减少消费，商品价格低或储蓄利率低的时候增加消费。

8. 替代性。消费品种类繁多，不同品牌甚至不同品种之间往往可以互相替代。消费者在有限购买力的约束下，对满足哪些需要以及选择哪些品牌来满足需要必然经过慎重地考虑且经常变换，导致购买力在不同产品、品牌和企业之间流动。

9. 可诱导性。消费者需求是可以引导和调节的。通过企业的工作和影响，人们的消费需求可以变化和转移。潜在的欲望可以变为明显的购买行动，未来的消费需求可以成为现实的消费。例如，人们原来并没有准备很快购买某种商品，但由于产品的问世或广告宣传等影响，就会由不准备购买或不准备现在购买，迅速演变为强烈的购买冲动。因此，工商企业不仅应当适应和满足人们的需求，而且还可以启发、诱导人们的消费需求。

10. 季节性。分为三种情况：一是季节性气候变化引起的季节性消费，如冬天穿羽绒衣，夏天穿单衣、夏天买冰箱、冬天买电炉子等；二是季节性生产而引起的季节性消费，如春夏季是蔬菜集中生产、消费的季节；三是风俗习惯和传统节日引起的季节性消费，如端午节吃粽子、中秋节吃月饼等。

（三）消费者的购买对象及企业的营销组合

消费者的购买对象即满足个人和家庭生活需要的产品（包括服务）。消费者在购买不同消费品时，有不同的行为特点，企业对每一种消费品类型，应该有与之相适应的营销组合战略和策略。

消费者的购买对象可以按不同的标准进行分类：

1. 依据人们购买、消费的习惯可分为便利品、选购品和特殊品

（1）便利品。是指顾客经常购买或即刻购买，并几乎不作购买比较和购买努力的商品，比如香烟、肥皂、报纸、食盐等。消费者在购买这类商品时，一般不愿花很多的时间比较价格和质量，愿意接受其他任何代用品。因此，便利品的生产者，应注意分销的广泛性和经销网点的合理分布，以便消费者能及时就近购买。

（2）选购品。是指消费者在选购过程中，对产品的适用性、质量、价格和样式等基本方面要作有针对性比较的产品。比如服装、家具、家用电器等。对于选购品，企业必须备有丰富的花色品种，以满足不同消费者的爱好。同时，要拥有受过良好训练的推销人员，为顾客提供信息和咨询。

（3）特殊品。是指具有独有特征和（或）品牌标记的产品，有相当多的消费者愿意对这些产品作特殊的购买努力。如高级服装、轿车、专业摄影器材等。消费者在购买前对这些商品有了一定的认识，偏爱特定的厂牌和商标，不愿接受代替品。为此，企业应注意争创名牌产品，以赢得消费者的青睐，要加强广告宣传，扩大本企业产品的知名度，同时要切实做好售后服务和维修工作。而且，对特殊品的营销，企业不必太多考虑销售地点是否方便，但是要让可能的顾客知道购买地点。

2. 依据产品的有形与否可分为有形产品（物品）和无形产品（服务）

（1）有形产品。是指使用价值必须借助有形物品才能发挥其效用，且该有形部分必须进入流通和消费过程的产品。企业对有形产品的营销战略是加快产品创新能力，包括技术上的、功能上的、外观上的和包装上的创新，顺应消费者消费心理的变化。

（2）无形产品。服务，也称无形产品，是指一方能向另一方提供的基本上无形，并且不导致任何所有权的产生的活动或利益。服务产品是无形的，不可感觉到的，顾客购买服务的过程就是感知服务的过程，其伸缩性很强。因此，企业必须把顾客感知到的产品同自己所提供的出售物联系起来，从顾客的角度去考虑、分析、管理服务的生产过程。

3. 依据产品耐用性可分为耐用品和非耐用品。耐用品和非耐用品都是有形产品

（1）耐用品。一般是指使用年限较长、价值较高的有形产品，通常有多种用途，例如冰箱、电视机、高档家具等。耐用品一般需要较多地采用人员推销，提供较多的售前售后服务和担保条件。

（2）非耐用品。一般是指有一种或几种消费用途的低质易耗品，如解渴饮料、食盐、肥皂等。这类产品消费快，购买频率高，企业的营销战略应该是：使消费者能在许多地点方便地购买到这类产品；价

格中包含的盈利要低；加强广告宣传以吸引消费者试用并形成偏好 。

（四）消费者市场发展的新趋势

1. 消费水平持续稳步上升，消费需求层次不断提高

随着国民经济的持续健康发展和人均收入的逐步增加，我国消费水平持续稳步上升，消费结构已经发生了较大的变化。恩格尔系数进一步下降，居民消费总支出中用于食物的支出不断减少，用于住房、耐用消费品、化妆品、服饰及教育、通信、旅游、健身、娱乐、休闲、美容、保险、家政等服务性消费的支出快速增长。

与此同时，人们的消费需求层次不断提高，追求和向往高质量的生活，对吃、穿、用等满足最基本的生活需求的商品的质量以及其他各种商品的质量要求提高，品牌意识增强，认牌购买、购买名牌优质商品的消费者数量增加。

社会公众日益重视环境保护问题，逐步做到与自然和谐共存，各种绿色产品的需求增加。愈来愈多的消费者追求个性发展，以个性观念指导生活需求，为自己设计有个性的生活方式，由此带来多元化、差异化、层次化的消费行为。

2. 不同层次消费者的消费档次进一步拉开，各消费层次的特点更加明显

分配制度的改革以及家庭和个人投资观念、投资方式和投资行为的变化，使人们收入水平的差距继续扩大。与此相适应，消费需求的档次进一步拉开，处于同一收入、同一阶层的消费需求趋同化趋势加强，不同收入、不同阶层的消费者的需求差异更为明显。高、中、低档次的需求同时增加，中低档消费需求具有最为广阔的市场。

3. 消费模式由节俭型、温饱型向舒适型、享乐型和发展型转化

我国人民尤其是中老年人有艰苦朴素的优良传统，形成了独特的节俭型消费模式。随着经济的发展，收入水平的提高及发达国家生活方式的示范效应，人们的消费观念发生了较大变化，追求与向往高质量生活。消费模式逐渐由节俭型、温饱型向舒适型、享乐型和发展型转化。

4. 购物方式由少批量、多频率的零星交易向“一站式”购物转化

在生活节奏加快、人们对休闲娱乐等要求提高的推动下，个人和家庭的生活价值观以及购买行为也发生了重大的变革，由传统的小批量、高频率的零星购物逐渐转化为“一站式”购物，购物次数减少，一次性购买数量及购买商品的品种增加，以减少购买时间，提高购买效率。邮购、电话购物、电视购物、网上购物等无店铺销售方式也逐步推广，人们去商店购物将更多的是一种对商店购物环境、购物氛围、购物乐趣的体验，也有的是一种休闲和社交活动。

3.2 消费者市场的购买行为

消费者的购买行为是由其购买动机引起的，动机是驱使人们采取行动的直接内在原因，它决定了消费者购买行为的方向。因此，在讲述购买行为之前，我们先来了解一下消费者的购买动机。

3.2.1 消费者购买动机

（一）消费者购买动机的概念

根据心理学理论，动机是求得个人欲望满足的一种驱使和冲动。这种驱使和冲动产生于紧张状态。它的存在在于人的需求没有得到满足。所以，消费者购买动机，是消费者为满足某种需要而引起的购买行为的驱动力。

动机由两个重要组成部分：一是引起个体内部活动的途径——紧张状态或不满足感；二是推动身体

活力的导向——指向目的或目标。需要是动机产生的基础和根源，只有当人们有一定强度的需要，并具有某种特定目标的时候，需要才能转化为动机。以购买动机为例，消费者产生购买动机，首先要受到自身某一时刻或某一时期一定强度需要的驱使，这是购买动机产生的内在条件，而且只有当客观外界条件成熟，即既有一定目标，购买者又有一定强度需要时，动机才会推动消费者购买行为的发生。所以，对于营销企业来说，应重视诱导消费者形成购买本企业产品的动机，并通过满足消费者的需要使这一动机不断强化，从而为维持企业产品的持续畅销打下坚实的基础。

（二）消费者购买动机的主要特征

1. 动机包括能力和导向两个重要部分

消费者的见识来自他本人的能力，作为消费者，某商品要花多少时间，做出怎样的购买决策和选择是因人而异的。而导向则是该消费者在目的背后决定使用或是不使用所有分类的产品和劳务。他们要根据确切的信息、商店、品牌、模式、爱好程度来决定使用或购买。所以，导向部分构成了所有购买者做出决定的基础：一是对某种产品或劳务的购买；二是对特定的产品或劳务分类的选择。

2. 动机有公开与隐藏之分

在消费者多种动机中，有些是有意识的公开的动机，即完全知道行为者背后的动机的，而有些则是无意识的内在隐藏着的动机。

有意识的公开的动机，可以表现为多种动机和多种行为。有两种典型情况：一种是任何特定的动机通常可由多种类型的行为来满足；另一种是不同的动机也可能导致同样的行为。但所有这些行为，是在有意识的公开的动机推动下产生的。

通常消费购买行为来源于有意义的决策，但也有例外。即一个人的行为经常决定于完全的无意识的动机。无意识动机，指一个人无论如何也不能说清楚某一特定行为的真正动机。因为他本身没有真正意识到这一行为的动机是什么。

3. 由减少紧张的要求所引发的动机

当人非常紧张，体验到心理上、生理上的不舒服时，就会产生减少这种紧张的需求。如饥饿时产生紧张而感觉不舒服时，会刺激其寻找食物来减少紧张状态的需求，从而产生购买食物的动机。

4. 受内外力量所影响引起的动机

人的动机有时是内在因素激发的，如前面所讲的饥饿。有时是外界因素激发的，如广告引导、他人的建议等。一旦激发起来行为所采取的方向，也是部分是内在因素，部分是外部环境的影响。

5. 具有效价的动机

主要是用来推测商品对购买者的吸引程度。效价可能是积极的，也可能是消极的，它主要是根据购买者多大程度上被商品所吸引或对商品反感而划分的。消费者对多种选择，存在着复杂的动机，在许多场合中，多种动机同时起作用，而又互相之间发生冲突，如何分配购买力，就要看商品对其吸引的程度如何了。

6. 消费者购买动机反映购买者个人的差异

每个购买者购买什么、到什么地方买，以及购买方式、方法是不同的。一些行为的差异很明显是外部因素的影响，如经济收入、性别、年龄和社会压力等。一些行为差异是受内部因素的影响，如由购买者的气质、能力、性格、兴趣等引起的。

7. 购买者动机由需要层次指导

马斯洛理论认为，人们购买商品，有一个先后、轻重、缓急之分，一般是先低级需要后高级需要等。当这些基本需要满足后，又产生归属与爱的需要，再后是为了尊重的需要、地位的需要、求知与理解的需要、创造的需要等。

（三）消费者购买动机的种类

人的动机十分复杂多样，因而购买动机也同样千姿百态。根据有些心理学家的分析，驱使人们行动的动机不下600种。而且按照不同方式组合、交织在一起，互相作用，互相制约，构成各种各样的动机体系，指导、激励、推动着人们沿着一定的方向行动，演奏出丰富多彩的人类社会生活交响曲。按照引起动机的需要的差别，可以分为生理动机和心理动机。

1. 生理动机

生理动机，又叫本能动机，是由生理需要引起的购买动机。人们的生理需要因目的不同而存在很大差异，由此引发的生理动机就表现为多种形式：

（1）生存动机

生存动机是为满足维持生命的需要而产生的购买动机。如饥时思食、渴时思饮、寒时思衣等。

（2）安全动机

安全动机是为保护生命安全的需要而产生的购买动机。如为治病而购买药品，为免遭雨淋而买雨具，为防止意外损伤而购买保险等。

（3）繁衍动机

繁衍动机是为组织家庭、繁衍后代、抚育子女而产生的购买动机。如为组织家庭而购买结婚用品，为抚养子女而购买儿童用品等。

生理动机大多表现在引起人们购买吃、穿、用等生活必需品的行动中，因而生理动机在诸多动机中起着主导作用，并成为作用最广的购买动机。同时，生理动机产生的时间短，引起的购买行为具有经常性、习惯性和稳定性的特点。尽管如此，在现代市场上，单纯由生理动机驱使的购买行为并不多见，在购买过程中总是混杂着其他动机。例如，因下雨需购买雨伞，这是安全动机的要求，但要买哪种雨伞，是塑料面的、尼龙面的，还是布面的；是不能折叠的，还是能折叠的；在折叠伞中，是二折的，还是三折的；从色彩来说，是黑色的、黄色的，还是花色的，等等。这些选择，则是由心理动机决定的，因为这里面还包含着人们的享受欲、表现欲、爱美欲等。因此，作为营销企业，即使供应的是生活必需品，也必须注意产品的内在质量、外观质量、花色品种和生产成本等，以保证产品价廉物美。

2. 心理动机

心理动机是由人们的心理活动过程引起的购买动机。消费者对市场有多方面的心理要求，一是希望能在市场上得到称心如意、符合需要的商品；二是希望商品的价格合理，并同自己的购买能力相适应；三是希望商品供应的时间、地点、方式适合自己的购买要求；四是希望得到良好的销售服务。这些要求，既有个人的因素，又有社会条件的影响。反映在购买动机上，就分为个人心理动机和社会心理动机两大类。

（1）个人心理动机

个人心理动机是指由个人心理活动产生的购买动机。具体分为三种类型：

①感情动机。由人们的感情要求引起的购买动机叫作感情动机。包括情绪动机和情感动机两种。情绪动机是由人的喜、怒、哀、乐、欲、爱、恶、惧等情绪影响产生的动机。由于人们的情绪变化是波动的，所以情绪动机引起的购买行为，都具有冲动性、即景性和不稳定性的特点。情感动机是由人的道德感、群体感、美感等人的感情所引起的购买动机。例如人们为了爱美而购买漂亮的衣服和化妆品；为了友谊而购买礼品等。不同修养情操的人，情感是不同的，购买行为也就有所差别，但这类动机引起的购买行为是稳定的。

②理智动机。建立在人们对商品的客观认识之上，经过分析、比较后产生的购买动机。理智动机具有周密性、客观性和控制性的特点。在这种动机驱使下的购买，比较注意商品的品质，讲求实用、可靠、价格合理、设计科学、使用方便、服务周到等。一般说来，性格稳重，具有一定文化修养，深谋远虑的消费者都会具有这种购买动机。

③惠顾动机。亦称偏爱动机，是人们在总结感情和理智经验的基础上，由于对某类商品或某种商品产生特殊的信任和爱好而重复的购买动机。造成消费者产生偏爱而惠顾的原因一般在于服务周到、企业（商店）信誉好、物美价廉、花色品种齐全、购买方便等。

（2）社会心理动机

由社会因素引起的心理动机叫社会心理动机。任何消费者都生活在一定的社会环境中，因此，社会风俗习惯、社会时尚、社会文化、社会群体、经济收入等，都影响消费者的心理，从而引起了多种动机。消费者的社会心理动机可分为如下几种：

①求实动机。即以追求商品的使用价值为主要特征的购买动机。持这种动机的消费者在购买商品时，讲求商品的内在质量和实际效用，做到一分钱买一分货。

②求新动机。即以注重商品的时尚为主要特征的购买动机。持这种动机的消费者在购买商品时，追求商品的时髦、奇特，要求款式新颖、格调清新、社会流行等。

③求美动机。即以重视商品的欣赏价值和艺术价值为主要特征的购买动机。持这种动机的消费者在购买商品时，追求商品的装饰性、色彩的艺术性，要求商品能美化人体、装饰环境、陶冶情操。

④求廉动机。即以追求商品的价格低廉为主要特征的购买动机。持这种动机的消费者在购买商品时，特别注重商品的价格，要求价廉物美。

⑤求名动机。即以追求商品能显示自己的地位和威望为主要特征的购买动机。持这种动机的消费者在购买商品时，为了显示自己特殊的身份、地位，特别注重商品商标的名声、生产和销售企业的声誉、商品的“吉利”名称和高价格等。

⑥求同动机。亦称“仿效心理动机”，即以注重追随社会潮流为主要特征的购买动机。持这种动机的消费者在购买商品时，愿意随大溜儿，适应社会的传统习惯，又不甘落在潮流的后面，因而购买那些周围的人普遍购买的商品。

⑦求异动机。即以追求商品的与众不同为主要特征的购买动机。持这种动机的消费者在购买商品时愿意标新立异，表现出自己与众不同的特点，因而购买那些在花色品种、式样等方面，周围的人从未买过的商品。

综上所述，消费者的购买动机是纷繁复杂的，同一购买行为可由不同的购买动机引起，同一购买动机也可引起不同的购买行为，因而必须认真分析，深入研究，以便确立正确的市场营销策略。

3.2.2 消费者购买行为

（一）消费者购买行为要解决的问题

消费者购买行为是指消费者为满足其个人或家庭生活需要而发生的购买商品的决策或行动。消费者购买行为是与产品或服务的交换过程密切联系在一起的。在现代市场经济条件下，企业研究消费者购买行为是为了与消费者建立、保持和发展长期的交换关系。因此，企业不仅需要了解消费者是如何获取产品和服务的，而且还需要了解消费者如何消费产品和服务，以及他们在完成消费后如何处置产品和服务的。企业在制定营销战略和策略前，必须进行市场分析，了解消费者怎样做出购买决策，又是什么影响着消费者的购买决策，在此基础上进一步考虑我们能够做什么，应该怎么做。其中要解决的根本问题是“消费者是如何进行购买决策的？”假如我们能够掌握消费者的决策过程及其影响因素，就可以设法通过影响和控制这些因素来影响消费者的购买行为，从而达到提高营销绩效的目的。

与消费者行为相关的内容繁多而复杂，从哪里入手进行分析？营销学家归纳出以下七个问题：

· 由谁构成（Whom）　　购买者（Occupants）
· 购买什么（What）　　购买对象（Objects）
· 为何购买（Why）　　购买目的（Objectives）

· 由谁购买（Who）　　　购买组织（Organizations）
· 怎样购买（How）　　　购买方式（Operations）
· 何时购买（When）　　　购买时间（Occasions）
· 何地购买（Where）　　　购买地点（Outlets）

上述七个问题都包括以英文字母 O 开头的关键词，西方市场营销学家将这些决策归纳为研究消费者市场的“7O’S”架构，也称为6W1H 研究方法。企业对市场、对消费者的研究，就是要知道这七个问题的答案。因此，这也就成为我们研究消费者市场和消费者行为的重要分析方法。例如，某皮革厂生产和销售箱包，必须分析研究以下问题：①箱包的市场由哪些人构成？②目前消费者市场需要什么样的箱包？③消费者为什么购买这种箱包？④哪些人会参与箱包购买行为？⑤消费者怎样购买这种箱包？⑥消费者何时购买这种箱包？⑦消费者在何处购买这种箱包？

（二）消费者购买行为模型

由于消费者决策过程是一种思想过程，难以具体观察和测量，因此，专家通常采用行为科学中经常使用的“刺激—反应”分析方法，通过对外部刺激变量与消费者最后的行为（反应）之间的联系来判断消费者的决策过程（黑箱）。如图 3－1 所示。

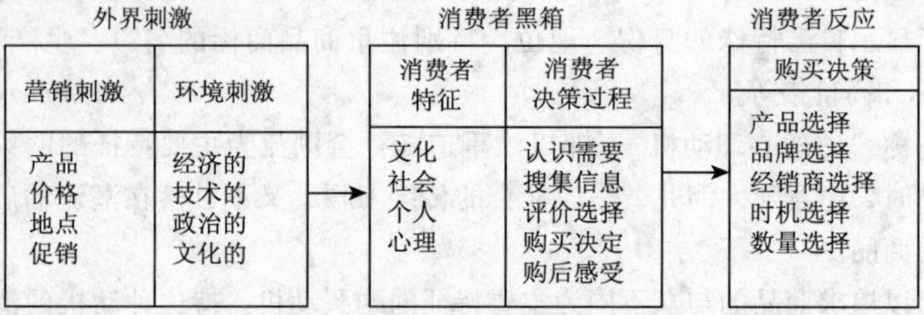

图 3－1　消费者购买行为模型

从图 3－1 可以看出，外界对消费者的刺激有两类：一类是工商企业所安排的市场营销刺激，包括产品、价格、地点和促销；另一类是环境刺激，包括经济、技术、政治和文化等各个方面的刺激。这些外界刺激因素进入“消费者黑箱”（即心理过程），经过一定的心理过程，就产生一系列看得见的消费者反应，如产品选择、品牌选择、经销商选择、时机选择和数量选择等。其中最关键的是要研究和了解“消费者黑箱”中将发生的事情，以便企业采取正确和行之有效的决策。从图 3－1 可以看到，“消费者黑箱”分为两个部分：第一部分是消费者特征，包括消费者的社会文化和个人心理特征等，这会影响消费者对外界刺激的反应；第二部分是消费者决策过程，这会导致消费者的选择。

（三）研究消费者购买行为模型的意义

1. 有助于更好地满足消费者的需求

现代市场营销观念是“以消费者为中心，从满足买主需求中获利”，因而分析消费者的购买动机形成和变化的规律，可以帮助企业有目的的调整产品策略、开发新产品、开拓新市场以促进产需结合。

2. 有助于企业积极主动地影响和指导消费者

现代市场营销虽提倡“以消费者为中心”，但是企业并非只能消极被动地适应消费者的购买行为，而是能够通过营销活动主动地影响消费者的购买。显然，要做到这一点必须以准确地掌握消费者的购买动机和购买行为的变化规律为前提。市场营销人员通过对影响消费者购买行为的心理、个人特性、社会文化等因素的了解，可以使企业识别可能对其产品或劳务最感兴趣的买者，为市场细分和选择目标市场提供必要的线索。同时，还可以通过对消费者购买动机、感知、学习、信念等的了解，帮助企业制定相应的市场营销策略，在一定程度上影响和指导消费者的购买行为。所以，现代企业非常注重研究产品开发、价格确定、网点设置、广告设计、商品陈列、售货员态度等市场营销刺激与消费者反应的关系，以此作为制定有效的营销战略和在市场竞争中取得优势的重要手段。

3. 有助于提高企业的服务质量和经济效益

众所周知，消费者在购买消费品时，营业员或服务员要是能根据消费者的心理特征，热情接待，主动介绍，消费者就会对他们产生信任感，乐意做他们忠实的主顾，并通过口头宣传引来更多的顾客。“满意的顾客是最好的广告”说的就是这个道理。所以，研究消费者的购买行为往往能从一个侧面反映企业经营活动的好坏，使企业及时地从“反馈”的信息中总结经验教训，改善管理与服务，提高服务质量，进而提高企业的经济效益。

（四）消费者的购买角色

消费一般以家庭或个人为单位，从事购买活动的通常是家庭中的一个或几个成员。在购买决策中，人们可能会扮演下列一种角色或几种角色。

1. 发起者：首先提出或有意购买某一产品或服务的人。
2. 影响者：其看法或者建议对最终购买决策具有一定影响的人。
3. 决定者：在是否购买、为何买、哪里买等方面做出部分或全部决定的人。
4. 购买者：实际购买产品或服务的人。
5. 使用者：实际消费或使用产品、服务的人。

一般而言，有些商品的购买决策者容易分辨，比如，在通常情况下，男性是香烟的购买决策者，妇女是化妆品的购买决策者。而有些商品如钢琴、彩电、摩托车等昂贵的日用消费品，其决策者往往包括一个家庭的主要成员甚至所有成员。有时候，从表面上看，购买一件商品的决定者似乎是男人，但实际上是他的妻子或其他家庭成员具有决定性的影响。如一个家庭要购买空调，首先提出建议的也许是女儿，具有影响力的是家中的老人，最终购买决策可能是由父母二人共同商量做出，实际购买者可能由父亲承担，而经常使用者可能是全家。

既然不同的家庭成员对购买商品的实际影响力是有差异的，因此，企业需要研究不同的家庭特点，了解家庭各成员对购买决策影响力的差异。为了了解这种差异，市场营销学家从各个不同的侧面来展开研究，得到了许多不同的观点：

1. “家庭权威中心点”的差异。由于各种家庭的特点不同，购买决策的权威中心点就可能不同。有社会学家把现实社会中的家庭分成四种不同的类型：

（1）“各自做主型”——每个家庭成员都有权相对独立地做出有关自己的决策。

（2）“丈夫支配型”——家庭最终决策权在丈夫手中。

（3）“妻子支配型”——家庭最终决策权在妻子手中。

（4）“调和型”——大部分决策由家庭各成员共同协商做出。

世界上许多国家都同时存在这四种类型的家庭，但是随着社会政治经济情况的变化，“家庭权威中心”也会转移。例如，由于社会教育水平的提高和妇女就业的增加，越来越多的家庭从“丈夫支配型”变为“调和型”，有的甚至变为“妻子支配型”。

2. 文化与社会阶层的差异。一个家庭社会地位或主要成员的职业不同，家庭成员的分工不同，形成的“自我观念”就不同。这也会影响不同家庭成员在购买决策中的作用。

例如，在文化水平比较低的“蓝领”工人家庭，一般日常生活用品的购买决策权由家庭主妇掌握，购买耐用消费品的决策往往以丈夫为主；而在社会地位比较高的科学家、教授家庭里，贵重商品的购买决策往往由家庭主妇做出，而日常生活用品的购买，普通家庭成员就能够决定。

3. 家庭生命周期的差异。家庭生命周期是指一个家庭从产生到消亡的整个过程。根据家庭成员的数量和年龄结构的变化状况，市场营销学者将家庭生命周期大体分为七个阶段：

（1）未婚阶段——年轻、单身。

（2）新婚夫妇——年轻、没有子女。

（3）“满巢”Ⅰ——年轻夫妇，有6岁以下的幼儿。

（4）“满巢”Ⅱ——年轻夫妇，有6岁或6岁以上的小孩子。

（5）“满巢”Ⅲ——年纪较大的夫妇，有未独立的孩子。

（6）“空巢”——年纪较大的夫妇，与子女已分居。

（7）独居的未亡人——老年、单身人士。

在家庭生命周期的不同阶段，家庭对商品的兴趣和需求会有明显的差别。比如，“满巢”Ⅰ阶段需要婴儿食品、洗衣机、干燥器等商品，而“满巢”Ⅱ阶段则需要青少年用的图书杂志、体育用品、服装、摩托车等商品。所以，家庭处于不同的阶段，家庭各成员对购买决策的影响力也有明显的区别。因此，企业有必要认识以上这些角色，因为这些角色对于设计产品、确定信息和安排促销方式和预算是有关联意义的。

（五）消费者的购买行为类型

消费者购买决策随其购买类型的不同而变化。阿萨尔根据消费者在购买过程中参与者的介入程度和品牌间的差异程度，将消费者购买行为划分为四种类型，如表3－1所示。

表3－1　　消费者购买行为类型

参与程度 / 品牌差异	高度参与	低度参与
品牌差异大	复杂型购买行为	多变型购买行为
品牌差异小	和谐型购买行为	习惯型购买行为

第一，复杂型购买行为。

当商品价格很高，购买风险较大，又是不常购买时，这类商品的各种品牌之间存在着明显差异。因为消费者对商品的知识缺乏，购买过程本身就是学习的过程。因此，消费者会高度参与、收集有关的市场信息，详细了解产品的性能、质量、特点及不同品牌之间的差异，最后做出慎重、明确的决定。

对于这种购买行为，营销者必须懂得对消费者收集信息并评估其行为。主要的营销战略是协助消费者学习有关产品的属性、了解品牌的特征和利用一些媒介如广告等宣传产品的优点。同时，谋求商店销售人员和购买者的熟人的支持，以影响购买者最后的品牌选择。

第二，和谐型购买行为。

因为商品价格高，有一定购买风险，不常购买而具有高度参与，但同类产品各品牌之间没有明显差异。所以，消费者一般要比较价格、购买时机、购买方便与否，从而做出购买决策。购买后，消费者可能会发现产品的缺点。此时的消费者一般会积极、主动地了解更多的有关情况，化解不协调，证明自己的购买是正确的。

针对此种购买行为一方面通过调整价格，采用适当的人员推销策略和恰当的销售地点，影响消费者的品牌选择；另一方面及时向消费者提供有关信息及顾客评价，使其购买后相信自己做出的决定是正确的。

第三，习惯型购买行为。

由于价格低廉频繁购买，品牌差异性较小，消费者不需花时间进行选择。对于这些产品消费者比较熟悉，购买出于习惯，并且具有很高的品牌忠诚度，其购买行为最为简单。

这类产品的市场营销可采用价格优惠、电视广告、独特的包装及销售促进方式鼓励其试用、购买进而重复购买。而且电视广告比印刷品广告更为有效，因为电视是一种低度介入的宣传媒介。

第四，多变型购买行为。

品牌之间具有明显差别，但消费者一般不愿花时间去选择，从而不断变换所购产品的品牌。品牌选择的变化常起因于产品的多品种，而不是起因于对产品的不满意。

针对这种购买行为，市场营销者可采用销售促进、占有有利货位、加大促销宣传等方法，保证货源供应，鼓励消费者购买。也可以采用压低价格，提供各种优惠、赠券、免费样品以及以宣传试用新产品为特色的广告活动来刺激顾客进行产品品种选择。

3.3 影响消费者购买行为的因素

受到诸多因素的影响，有来自消费者自身的，也有来自外部环境的。这些因素主要可归纳为四大类，即文化因素、社会因素、个人因素和心理因素。如图3－2所示。

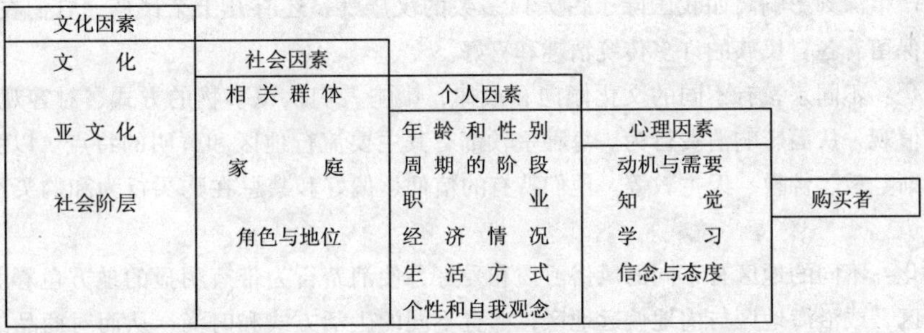

图3－2　影响的因素

这四类因素属于不同层次，对消费者购买行为的影响程度是不同的。其中影响最深的是文化因素，而影响最直接的、决定性的因素，是个人及其心理特征。要透彻地把握消费者的购买行为，有效地开展市场营销活动，必须分析与消费者购买行为有关的因素。下面分别阐述这四类因素的具体内容及其与购买者的关系。

3.3.1 文化因素

文化因素对于消费者的购买行为有着最广泛和最深远的影响。

（一）文化

文化是指人类在社会发展过程中所创造的物质财富和精神财富的总和，是根植于一定的物质、社会、历史传统基础上形成的特定价值观念、信仰、思维方式、宗教、伦理道德和习俗的综合体。每个人都生活在一定的文化氛围中，并深受这一文化所含价值观念、行为准则和风俗习惯的影响，这一影响也延伸到了他们的购买行为。如在中国的传统文化里，老年人受到尊重，逢年过节大量适合老年人用的保健品被年轻人买去赠送长辈，而如果仅考察老年人的收入水平，这些保健品的市场恐怕不会有这么大。

文化常常直接或间接地影响消费者的兴趣、爱好、思想等，进而影响消费者购买行为。生活在不同文化环境的人，其价值观念、行为方式、行为习惯、行为准则等也就不同。社会文化分为地理文化、种族文化、民族文化、宗教文化等，因此不同的地理区域、不同的种族、不同的民族以及有不同宗教信仰及风俗习惯的消费者，他们的消费行为可能是大相径庭的。一个总的趋势是，社会生产力发展水平越高，社会文明的发育程度越高，社会文化对于消费者购买行为的影响的积极、进步因素就越多，社会整体的消费水平和消费质量就越高。

营销人员要想成功地开展市场营销活动，就必须使自己的产品或服务符合社会的文化价值观。

（二）亚文化

每一种文化内部又包含若干亚文化群。所谓亚文化是指存在于一个较大的社会群体中的一些较小的社会群体所具有的特色文化，这种特色表现为语言、信念、价值观、风俗习惯的不同。例如，由于地理位置、气候、出产、经济发展水平、风俗习惯的差异，我国可明显地分出南方、北方，或东部沿海、中部、西部内陆区等亚文化群。不同地区人们的生活习惯有差异，消费自然有别，例如在中国人传统上最隆重的节日——春节，北方人习惯吃饺子，南方人却习惯吃元宵和糯米年糕。年轻人也形成他们独特的亚文化群，追求不同于年长者的音乐、服饰、书籍和娱乐方式。

亚文化主要表现为：

民族亚文化：各个民族在宗教信仰、节日、崇尚爱好、图腾禁忌和生活习惯方面，有其独特之处，并对消费行为产生深刻影响。如我国除了占人口多数的汉族外，还有几十个民族，它们在食品、服饰、娱乐等方面仍保留着各自民族的许多传统情趣和喜好。

宗教亚文化：不同宗教有不同的文化倾向和戒律，影响人们认识事物的方式、对客观生活的态度、行为准则和价值观，从而影响消费行为。每种宗教都有其主要流行地区和鲜明的特点。以我国来说，就同时存在着伊斯兰教、佛教、天主教等。他们特有的信仰、偏好和禁忌在购买行为和购买种类上表现出许多特征。

地理亚文化：不同的地区有不同的风俗习惯和爱好，使消费行为带有明显的地方色彩。如我国华南地区与西北地区，或沿海地区与内地偏远地区，都有不同的生活方式和时尚，从而对商品的购买也有很大不同。

（三）社会阶层

社会阶层是指在一个社会中具有相对同质性和持久性的群体，可依据职业、收入、受教育程度、社会地位以及居住区域等因素的综合来划分。同一阶层的成员具有相似的价值观、兴趣爱好和行为方式，因此，他们的消费行为也大致相似。如在服装、娱乐活动和高档商品的消费中，同一社会阶层往往会显示出相似的产品偏好和品牌偏好。因此，社会阶层不仅是影响消费者购买行为的重要因素，而且被用作细分消费者市场的重要依据。

消费者心理学研究认为，不同社会阶层消费行为在产品的选择和使用上、休闲活动上、广告与营销信息接收和处理上以及购买方式等方面都具有一定的差异性。这一点对营销有重要的启示意义。

一般来说，上层消费者的住宅区环境优雅，室内装修豪华，购买的家具和服装档次和品位都很高。中层消费者一般有很多存款，住宅也相当好，但他们中的很大一部分人对内部装修不是特别讲究，服装、家具不少，但高档的不多。下层消费者住宅周围环境较差，在衣服与家具上的投资较少。再如，马球、壁球和欣赏歌剧是上层社会的活动，桥牌、网球、羽毛球在中层到上层社会的成员中均颇为流行，玩老虎机、拳击、职业摔跤是下层社会的活动等。

3.3.2 社会因素

在社会生活中，人与人形成各种各样的关系，这些关系对人的消费行为产生了很大的影响。影响消费者购买行为的第二组因素是社会因素，主要包括消费者相关群体、家庭、角色与地位等。

（一）相关群体

相关群体是指对人的态度、偏好和行为有直接或间接影响的群体。人们在生活中随时受到各种相关群体的影响，但是，由于关系不同，受到影响的程度也有差别。关系比较密切的相关群体有家庭、亲戚、朋友、邻居和同事等；关系比较一般的群体有各种社会团体、协会、学会、商会和宗教组织等。此外，人们也会受到崇拜性群体的影响，如影视明星、体育明星、社会名流等。相关群体对消费行为的影响程度对不同的产品和品牌是不一样的。在我国，香烟和服装品牌的相关群体影响都比较大，尤其是在年轻人中更为明显。市场营销者应当结合自己的产品特点对消费者的相关群体进行研究并应用到营销策略中去。

相关群体影响消费者购买行为的表现，包括为消费者提供一定的消费行为模式和生活模式；使消费者改变原来的购买方式或产生新的购买行为；影响人们对某种事物或商品的态度，导致消费者价值观和审美观的变化；通过潜移默化影响消费者对商品品种、商标牌号和使用方式的选择，引起人们的仿效和购买行为的一致化等。

（二）家庭

家庭是由彼此有血缘、婚姻或抚养关系的人群组成。家庭对消费者的购买行为影响最大。一个人一生中一般会经历两种家庭：一是父母的家庭，也就是与生俱来的家庭。每个人的价值观、审美观、爱好和习惯大多是在父母的影响下形成的，这一家庭成员会对消费者产生种种倾向性的影响，这种影响力可能伴其一生。二是自己的家庭，也就是个人的衍生家庭。一般来说，由夫妻及其子女组成的家庭是社会上最重要的“消费单位”，在这一家庭中成员间的影响是最直接的，而且影响力也最大。

根据家庭成员对商品购买的参与程度和作用的不同，可分为各自做主型、丈夫支配型、妻子支配型和共同支配型。现在大多数市场营销人员都很注意研究家庭不同成员，如丈夫、妻子、子女在商品购买中所起的作用和影响。一般来说，夫妻购买的参与程度大都因产品的不同而有所区别。家庭主妇通常是一家的采购者，特别是在食物、家常衣着和日用杂品方面的购买，传统上更主要由妻子承担。但随着知识女性事业心的增强，男子参与家庭和家务劳动风气的逐步兴起，现在生产基本生活消费品的企业如果仍然认为妇女是他们产品唯一的或主要的购买者，那将在市场营销决策中造成很大的失误。当然在家庭的购买活动中，其决策并不总是由丈夫或妻子单方面做出的，实际上有些价值昂贵或是不常购买的产品，往往是由夫妻双方包括已长大的孩子共同做出购买决定的。例如，彩电、家庭影院等家用电器的购买以丈夫决策为主；服装、食品及日用品的购买以妻子决策为主；住房、家具的购买和旅游、娱乐活动等的选择，一般以家庭成员共同决策为主。

（三）角色与地位

一个人一生中会加入许多团体，如家庭、单位、协会及各类俱乐部等各种组织。每个人在团体中的位置可用角色和地位来确定。每一个角色都跟随着一种相应的地位，它反映社会对一个人的尊敬程度。一个人所充当的每一个角色都要顾及周围人的要求和在各种场合中所期望的表现。因此，人们在购买商品时，常常会考虑到自己在社会中的角色与地位。不同的角色和地位，会有不同的需求和购买行为。

每一个消费者都在社会生活的大舞台上扮演了一定的角色，消费者自觉不自觉地体现身份、地位的行为，最终都可以在消费中得到凸显。身份是周围的人对你的要求，是你在各种场合承担的角色、应起的作用。每一种身份又附有一种地位，反映社会对他的评价和尊重程度。人们往往结合身份、地位做出购买选择。许多产品、品牌，由此成为一种身份和地位的标志。消费者以何种产品、品牌来显示身份和地位，因社会阶层和地域有所不同。

3.3.3 个人因素

购买决策也深受消费者个人特征的影响。个人因素是消费者购买决策过程中最直接的影响因素，也是最易识别的因素。它包括年龄及所处的生命周期阶段、生活方式与个性、自我形象、职业、性别、经济条件等。

（一）年龄与性别

消费者对产品的需求会随着年龄的增长而变化，在生命周期的不同阶段，相应需要各种不同的商品。如在幼年期，需要婴儿食品、玩具等；而在老年期，则更多需要保健和延年益寿产品。不同性别的消费者，其购买行为也有很大差异。烟酒类产品较多为男性消费者购买，而女性消费者则喜欢购买时装、首饰和化妆品等。同时，消费者的欲望和行为会因年龄不同而发生变化。比如，3 个月、6 个月和 1 岁的婴儿，对玩具的要求会不一样；同一消费者年轻时与步入老年阶段，对食物的胃口、服装的爱好也会不同。

（二）生活方式与个性

生活方式是一个人生活中表现出来的活动、兴趣和看法的整个模式。它影响着消费者对品牌的看法、喜好。营销者往往可以通过生活方式理解消费者不断变化的价值观及其对消费行为的影响。

个性指个人特有的心理特征，通常用刚强或懦弱、热情或孤僻、外向或内向、创意或保守等去描述。不同性格的消费者具有不同的购买行为。刚强的消费者在购买中表现出大胆自信，而懦弱的消费者在挑选商品中往往缩手缩脚。个性大体相同会导致人对所处环境做出相对一致和持续的反应，通过自信、支配、自主、顺从、交际、保守和适应等性格特征表现出来。依据个性因素，可以更好赋予品牌个性，以期与消费者适应。如美国学者发现，购买有活动车篷汽车的买主与无活动车篷汽车的买主之间，存在一些个性差别——前者表现较为主动、急进和喜欢社交。

（三）自我形象、职业和地位

自我形象是一个人怀有的有关自己的“图案”，驱使其寻求与此一致的产品、品牌，采取与自我形象一致的消费行为。为此，营销者要了解消费者自我形象与其拥有物之间的关系。

不同职业的消费者，对于商品的需求与爱好往往不尽一致。一个从事教师职业的消费者，一般会较多地购买书报杂志等文化商品；而对于时装模特儿来说，漂亮的服饰和高雅的化妆品则更为需要。消费者的地位不同也影响着其对商品的购买。身在高位的消费者，将会购买能够显示其身份与地位的较高级的商品。

（四）经济条件

消费者的经济状况，即消费者的收入、存款与资产、借贷能力等会强烈影响消费者的消费水平和消费范围，并决定着消费者的需求层次和购买能力。消费者经济状况较好，就可能产生较高层次的需求，购买较高档次的商品，享受较为高级的消费。相反，消费者经济状况较差，通常只能优先满足衣食住行等基本生活需求。

3.3.4 心理因素

随着经济的发展和消费者收入的增加，市场上商品的日益多样化和消费需求的多样化，心理因素对消费者购买行为的影响越来越大。心理因素主要包括动机与需要、知觉、学习以及信念和态度四个方面。它们对消费者购买决策过程都有较强烈的影响。

（一）动机与需要

心理学认为，人的行为由动机引起，购买行为也不例外。动机是推动一个人实行某种行为的一种愿望或念头，它是由于人的某种需求没有得到满足而产生的紧张状态所引起的。动机是行为的直接原因，促使个人采取某种行动，规定行为的方向。消费者的购买行为，是消费者解决他的需要问题的行为。不同的人有不同的需要，人们在生理上、精神上的需要也就具有广泛性与多样性。

行为科学认为，一般来说，最缺乏的需要常常是行为的主要动机。因此，关于消费者动机的研究主要集中地转为对需要的研究。关于人的需要、动机与激励的研究，已形成非常丰富的学术成果，并得到较为广泛的实践应用，这里主要介绍马斯洛需要层次论（Maslow' s Theory of Motivation）的主要内容。

它的基本论点是：第一，人是有需要和欲望的，随时有待于满足；需要的是什么，要看已满足的是什么，已满足的需要不会形成动机，只有未满足的需要才会形成导致行为的动机。第二，人的需要是从低级到高级具有不同层次的，只有当低一级的需要得到相对满足时，高一级的需要才会起主导作用，成为支配人的行为的动机。一般来说，需要强度的大小和需要层次的高低成反比，即需要层次越低，需要的强度越大。马斯洛依需要强度的顺序，把人的需要分为五个层次：生理需要（衣、食、住、行）、安全需要（人身安全、健康保护）、社会的需要（归属与爱的需要）、尊重的需要（自尊、承认、地位）和自我实现的需要（自我发展的实现）。如图3－3所示。

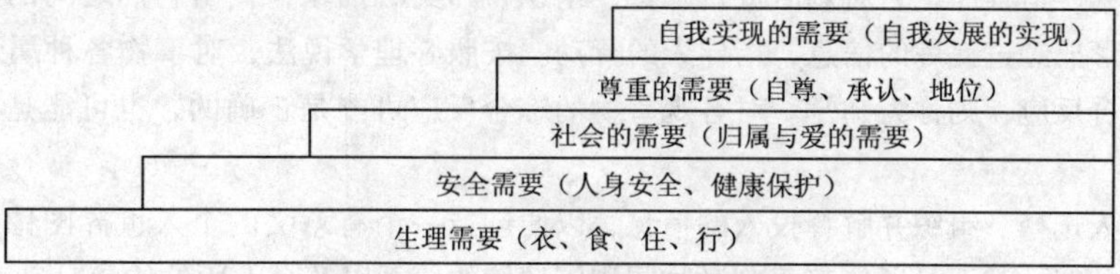

图3－3　马斯洛的需要层次结构

1. 生理需要

这是人类最原始的也是最基本的需要，包括饥、渴、性和其他生理机能的需要，它是推动人们行为最强大的动力。只有在生理需要基本满足之后，高一层次的需要才会相继产生。

2. 安全需要

当一个人生理需要得到满足后，满足安全的需要就会产生。个人寻求生命、财产等个人生活方面免于威胁、孤独、侵犯并得到保障的心理就是安全的需要。

3. 社会的需要（归属与爱的需要）

这是一种社会需要，包括同人往来，进行社会交际，获得伙伴之间、朋友之间的关系融洽或保持友谊和忠诚，人人都希望获得别人的爱，给予别人爱；并希望为团体与社会所接纳，成为其中的一员，得到相互支持与关照。

4. 尊重的需要

尊重的需要包括受人尊重与自我尊重两方面：前者是希求别人的重视，获得名誉、地位；后者希求个人有价值，希望个人的能力、成就得到社会的承认。

5. 自我实现的需要

自我实现的需要是指实现个人理想、抱负，最大限度地发挥个人的能力的需要，即获得精神层面的臻于真、善、美至高于人生境界的需要。马斯洛认为，为满足自我实现的需要所采取的途径是因人而异的。有人希望成为一位理想的母亲，有人可以表现在体育上，还有人表现在绘画或发明创造上……简而言之，自我实现的需要是指最大限度地发挥一个人的潜能的需要。

人类的需要层次，马斯洛是按照三条原则加以安排的。第一，人类基本的需要必先得到满足，然后才会进一步追求较高层次需要的满足。第二，人类需要与个体生长发展密切相关。人出生时，最主要的是满足生理需要，然后逐渐考虑到安全、归属、自尊的需要，最后才追求自我实现的需要，因此，个人的需要结构之发展过程是波浪式的演进，各种需要的优势由一级演进至另一级。第三，人类需要的高低与个体生存有关。马斯洛认为，一个理想的社会，除了应该满足人们基本的生理需要外，还要使人们满足较高层次的需要，并鼓励个人去追求自我实现。我们认为，一个人只有把个人的需要和国家的需要以及社会发展的需要联系起来，才能有永不衰竭的动力，才能充分发挥个人的潜能，达到最大限度的自我实现，每个人的具体情况不同，解决需要问题轻重缓急的顺序自然各异，也就存在一个"需要层次"。急需满足的需要，会激发起强烈的购买动机，需要一旦满足，则失去了对行为的激励作用，即不会有引发行为的动机。

按照这一理论，市场营销人员必须充分了解目标顾客尚未满足的需要是属于哪一层次，在商品设计、销售方式、广告宣传等方面采取针对性的营销手段和策略，更好地适应消费者的需要。

（二）知觉

消费者被激发起动机后，随时准备行动。然而，如何行动则受他对相关情况的知觉程度的影响。

知觉是指人脑通过自己的五官感觉（视觉、听觉、嗅觉、味觉、触觉）对外界刺激形成的反应。知觉是接受刺激的第一道程序，它对刺激进行筛选、组织、归类和抽象，找出它们之间的关系，再赋予一定的意义，然后形成经过提炼的信息，指导人的行动。按照心理学说法，对事物各种属性的各个部分及其相互关系的综合反应，则称为知觉。对客观事物的综合反应可能是正确的，也可能是片面的，甚至错误的（错觉）。

知觉是指个人选择、组织并解释投入的信息，以便创造一个有意义的个人世界图像的过程。知觉不但取决于刺激物的特征，而且还依赖于刺激物同周围环境的关系以及个人所处的状况。

现代社会，人们每天面对大量的刺激，但同样的刺激对不同人却可能引起不同的感觉。例如，两位消费者都想买同一种商品，受到同一个售货员的接待，一个消费者认为售货员介绍商品全面、仔细，对选购商品有帮助，考虑马上购买；另一个消费者认为售货员说话快言快语，言语夸张，不够诚实，决定放弃购买。两个消费者的行为大不一样，原因在于两位消费者对购买过程的感觉不同。

心理学认为，知觉过程是一个有选择性的特殊心理过程。这种过程主要包括三个方面，即选择性注意、选择性曲解和选择性记忆。

1. 选择性注意

人们感觉到的刺激，只有少数引起注意、形成知觉，多数会被有选择地忽略。例如，消费者对自己想购买的商品广告较为注意，对大幅度降价的商品广告也较为注意。一般来说，以下情况容易引起注意并形成知觉：一是与最近的需要有关的事物；二是正在等待的信息；三是大于正常、出乎预料的变动。在激励的市场竞争中，营销人员不仅要分析、了解消费者的需求，而且要采取相应的措施引起消费者对自己产品的注意。

2. 选择性曲解

人们对注意到的事物，往往喜欢按自己的经历、偏好、当时的情绪、情境等因素做出解释。这种解释可能与企业的想法、意图一致，也可能相差很大。能引起人们注意的外界刺激物还不一定都能准确地感知，因为人们往往是按照先入为主的观念或凭自己的价值观来理解。例如，厂商认为很成功的营销创意，有时却起不到好的效果，其原因是消费者在感知过程中发生了选择性理解，甚至发生了选择性扭曲。

3. 选择性记忆

人们对感知到的信息大部分都会很快忘掉，只有少数的信息被记住。一般会去选择记忆一些符合自己信念、态度的信息。例如，消费者往往能记住自己所喜欢品牌商品的特征和优点，而想不起其他品牌商品的优点。企业的信息是否能留存于顾客记忆中，对其购买决策影响甚大。

（三）学习

学习也称“习得”，指人会自觉或不自觉地从很多渠道、经过各种方式获得后天经验。由于经验积累会引起个人行为的改变。消费者购买决策过程本身就是一个学习的过程。人类行为大多数来源于学习，一个人学习过程是通过驱使力、刺激物、提示物（诱因）、反应和强化相互影响而产生的。

1. 驱使力

指驱使人们产生行动的内在推动力，即内在需要。心理学家把驱使力分为原始驱使力和学习驱使力两种。原始驱使力是先天形成的内在推动力，如饥、渴、逃避痛苦等。学习驱使力是指后天形成的内在刺激力，如恐惧、骄傲、贪婪等。

2. 刺激物

指可以满足内在驱使力的物品。比如，人们饥渴时，饮料和食物就是刺激物。如果内在驱使力得不到满足，就会处于“紧张情绪”之中，只有相应刺激物可使之恢复平静。当驱使力发生作用并找到相应的刺激物时，就变成了动机。

3. 提示物

也称为诱因，指刺激物所能具有的能吸引消费者购买的因素，决定着动机的程度和方向。所有营销因素都可能成为诱因，如刺激物的品种、性能、质量等。

4. 反应

指驱使力对具有一定诱因的刺激物所发生的反作用或反射行为，比如是否购买某商品以及如何购买等。

5. 强化

指驱使力对具有一定诱因的刺激物发生反应后的效果。若效果良好，则反应被增强，以后遇到相同诱因的刺激物时就更容易发生相同的反应。若效果欠佳，则反应会被削弱，以后即使遇到诱因相同的刺激物也不会发生反应。

（四）信念与态度

信念与态度是同价值观念紧密相关的概念。

1. 信念

信念是人们关于周围事物的知识的有效性的组织模式。它是被一个人所认定的可以确信的看法。信念可以建立在不同的基础上。如“吸烟有害健康”，以“知识”为基础的信念；“汽车越小越省油”，可能是建立在“见解”之上；某种偏好，很可能由于“信任”而来。消费者易于依据“见解”和“信任”行事。

2. 态度

态度由知识和对目标的积极和消极的情感构成，是一种评价性的、较为稳定的内部心理倾向。人们会在认知的基础上对人和各种事物产生一定的态度，而这种态度会影响个体如何去对待事物。我们有时说一个人有“积极的态度”，但这种表述不完整。只有知道了与这种态度相联系的目标或对象时，这种表述才具有意义。人们所持态度针对的目标可能是有形的或无形的，有生命的或无生命的。例如，我们有针对性别、信仰、政治等事物的态度；也有对花和啤酒的态度。然而，个体的态度基本上是保持稳定的，同时某种情况下也不会表露在外。所以，任何时候，个体的态度对其购买决策产生的影响都是不同的，这取决于个体怎么去对事物对自己的意义或重要性进行价值估量和评价，而这种评价会对个体是否采取行动产生作用，有的强、有的弱。

消费者对公司和产品的态度，对公司营销战略的成功或失败都是至关重要的。当消费者对公司营销实践的一个或几个方面持否定的态度时，不仅他们自己会停止使用公司的产品，还会要求亲戚和朋友也这样。营销者应该估计消费者对价格、包装设计、品牌名称、广告、推销人员、维修服务、商店布局、现存和未来产品的特点等各方面所持的态度。有几种办法来估量消费者的态度，最简单的一种就是直接向人们提问题，动机调查中的推测，也可以用来估计态度。所以在促使消费者购买决策时，要采取多种形式对消费者的态度进行一定影响，促使个体对产品和公司产生积极的态度，有效地影响消费者购买决策。

3.4 消费者购买决策过程分析

在购买时，消费者要经过一个决策过程，包括认识需求、收集信息、选择评价、购买决策和购后行为。营销者应该了解每一个阶段中的消费者行为，以及哪些因素在起影响作用。这样就可以制定针对目标市场的行之有效的营销方案。如图 3－4 所示。

图 3－4　消费者的购买决策过程

3.4.1 认识需要（Need Recognition）

消费者有需求，才可能有购买行为。需求可能由内部刺激引起，也可能由外部刺激引起。这时消费者可能会察觉到他目前的实际状况与理想状况的差异，会认识到需求。当人们看到冰箱里空了，就会去买蔬菜、水果、饮料等来补充它，甚至空了的酱油瓶和醋瓶也会引起人们认识到需要一瓶新的酱油和一瓶醋。正是因为许多因素都可以激发人们认识需要，因此进行市场营销的企业可以通过广告来激发人们对新产品的需要，从而使他们放弃那些老的产品或者是在市场上已经没有竞争力的产品。如图3－5所示。

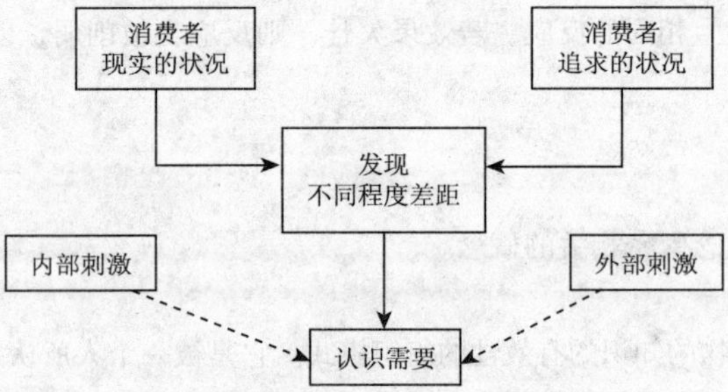

图 3－5　消费者认识需要的过程

市场营销人员应注意识别引起消费者某种需要和兴趣的环境，并充分注意到两方面的问题：一是注意了解那些与本企业的产品实际上或潜在的有关联的驱使力；二是消费者对某种产品的需求强度，会随着时间的推移而变动，并且被一些诱因所触发。在此基础上，企业还要善于安排诱因，促使消费者对企业产品产生强烈的需求，并立即采取购买行动。

3.4.2 收集信息（Information Search）

消费者形成了购买某种产品的动机后，就会收集相关信息。当然，对于反复购买的商品，消费者会越过信息搜索阶段，因为所需信息已被消费者通过过去的搜索而掌握，这是不言而喻的。另外，对于一个消费者来说，越贵的商品越能使消费者重视信息搜索。我们需要了解消费者收集信息的问题。

（一）消费者如何收集信息

消费者最终的购买行为一般需要相关信息的支持。认识到需要的消费者，如果目标清晰、动机强烈，购买对象符合要求，购买条件允许，又能买到，消费者一般会立即采取购买行动。在许多场合，认识到的需要不能马上满足，只能留存记忆当中。随后，消费者对这种需要或者不再收集进一步的信息，或者进一步收集信息，或者积极主动收集信息。

（二）消费者搜集信息的积极性

一般说来，需要十分迫切的消费者，会主动寻找信息。需要强度较低的消费者，不一定积极、主动寻找信息，但对有关的信息保持高度警觉、反应灵敏——处于“放大的注意”的状态。比如，一个人想在不久以后购买电脑。他会对有关的广告、商店里的电脑品牌、熟人或不相识者关于电脑的议论，比平时更加留心。需要强度继续增加到一定程度，就会像需要一开始就很强烈的消费者，进入积极主动寻求信息的状态。

（三）消费者收集信息的程度

消费者收集信息的范围和数量取决于两个因素：购买类型和风险感。

1. 购买类型。初次购买所需的信息要多，范围较广；重复购买所需信息较少，内容也不一样。

2. 风险感。消费者对风险的认识，一方面受产品、价格影响：价格越高，使用时间越长，风险感越大，就会努力搜寻更多的信息；另一方面受个人因素影响：同样的购买，谨小慎微的人风险感就大，办事马虎的人风险感则小。消费者容易感受到的购买风险主要有：效用风险——所购产品是否适用；经济风险——花钱是否值得；名誉风险——被评头论足，人们会怎么看待等。

（四）消费者信息的来源

消费者的信息来源主要有：

1. 个人来源：这些来源包括家庭、朋友、同事、邻居、其他熟人等，其中，亲戚和朋友是典型的外部信息来源，在与亲朋好友的谈话中，人们会获得关于商品的知识和信息，并且有相当一部分的消费者喜欢接受别人的建议及购物指南，尽管介绍商品的人的认识或消息来源有时也不十分准确。

2. 公共来源：公共来源的范围较广，可以是政府或其他组织的评奖，也可以是报纸或杂志中关于产品的评论与介绍，还可以是广播电台或电视台组织的有关商品的节目。

3. 商业来源：商业来源包括产品广告、推销员的介绍、商店的陈列或产品包装上的说明等，不过这些途径的信息对消费者来讲有时会有先天性的偏差，消费者可以同意或相信，也可以提出问题或根据自己的经验作其他评论。

4. 经验来源：这些来源包括消费者个人的现场触摸、进行试验和实际使用等。

这些信息来源的相对影响力因产品和消费者的不同而变化。总的说来，信息主要来自商业来源，而最有影响力的是个人来源，公共来源的信息可信度较高。企业营销人员应对消费者使用的信息来源认真分析，采取适当措施，向目标市场传递有效的信息。

3.4.3 选择评价（Evaluation of Alternatives）

通过收集信息，消费者熟悉了市场上的竞争品牌，如何利用这些信息来评价确定最后可选择的品牌？其过程一般是：某消费者只能熟悉市场上全部品牌的一部分，而在熟悉的品牌中，又只有某些品牌符合该消费者最初的购买标准，在有目的地收集了这些品牌的大量信息后，只有个别品牌被作为该消费者重点选择的对象。如图3-6所示。

在消费者评价与选择的标准中，通常会有一项是促成消费者决策的主要因素，这项因素被称为决定性因素。决定性因素依商品的种类和消费者的感觉、生活方式、态度、需要等诸多方面的因素而变化。例如当一位公司高级职员要买一块与他的地位相称的手表，一般会选择欧米茄牌（OMEGA）的，这时的品牌就是他评价与选择的决定性因素。假如一位爱吃辣椒的消费者买零食，那么带辣味儿的食品就是他的首选食品，于是他会买带辣味儿的锅巴或虾条，至于说品牌，则不是他关注的要点。有时决定性因素并不止一个，可以是两个同样重要的因素。

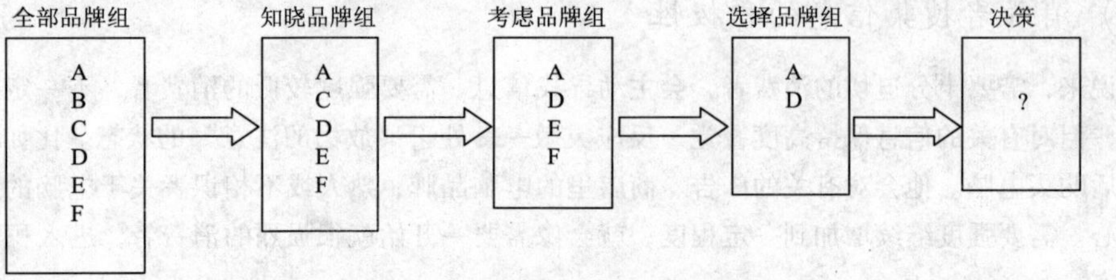

图3-6　消费者的选择评价过程

在此阶段，消费者根据掌握的信息，对商品进行比较评估。消费者对收集到的信息中的各种产品的评价主要从以下几个方面进行：

（一）分析产品属性

产品属性即产品能够满足消费者需要的特性。消费者一般将某一种产品看成是一系列属性的集合，对一些熟知的产品，他们关心的属性一般是：

照相机：照片清晰度、速度、体积大小、价格。

电脑：信息存储量、图像显示能力、软件适用性。

牙膏：洁齿、防治牙病、香型。

计算机：储存能力、图像显示能力、软件的适用性。

轮胎：安全性、胎面弹性、行驶质量。

手表：准确性、式样、耐用性。

这些都是消费者感兴趣的产品属性，但消费者不一定对产品的所有属性都视为同等重要。市场营销人员应分析本企业产品应具备哪些属性，以及不同类型的消费者分别对哪些属性感兴趣，以便进行市场细分，对不同需求的消费者提供具有不同属性的产品，既满足顾客的需求，又最大限度地减少因生产不必要的属性所造成的资金、劳动力和时间的耗费。

（二）建立属性等级

即消费者对产品有关属性所赋予的不同的重要性权数。在非特色属性中，有些可能被消费者遗忘，而一旦被提及，消费者就会认识到它的重要性。市场营销人员应更多地关心属性权重，而不是属性特色。

（三）确定品牌信念

消费者会根据各品牌的属性及各属性的参数，建立起对各个品牌的不同信念，比如确认哪种品牌在哪一属性上占优势，哪一属性相对较差。

（四）形成“理想产品”

消费者的需求只有通过购买才能得以满足，而他们所期望的从产品中得到的满足，是随产品每一种属性的不同而变化的，这种满足程度与产品属性的关系，可用效用函数描述。效用函数，即描述消费者所期望的产品满足感随产品属性的不同而有所变化的函数关系。它与品牌信念的联系是，品牌信念指消费者对某品牌的某一属性已达到何种水平的评价，而效用函数则表明消费者要求该属性达到何种水平他才会接受。每一消费者对不同产品属性的满足程度不同，形成不同的效用函数。比如，某一消费者欲购买一台摄像机的满足，会随着功能的齐全、图像的清晰、操作的方便等而得以实现，但也会因价格的上升而使满足感减少。把效用的各最高点连接起来，便成为消费者最理想的摄像机效用函数。

（五）做出最后评价

消费者从众多可供选择的品牌中，通过一定的评价方法，对各种品牌进行评价，从而形成对它们的态度和对某种品牌的偏好。在这一评价过程中，大多数的消费者总是将实际产品与自己的理想产品进行比较。也就是说，偏好和购买意图并不总是导致实际购买，尽管二者对购买行为有直接影响。表明了一项特别具有典型意义的最终购买行为。

对企业来说，使某种商品具有独一无二的特色并不是工作的全部，要紧的是这个特色必须与消费者眼里的决定性因素结合起来，这样才能吸引消费者并满足消费者的迫切需要。实际上这种思想已经被许多企业所利用，并在广告中不断地宣传产品迎合消费者决定性因素的功能。洗涤剂的去污能力、卫生巾的防侧漏、电视录像一体机的便利、抗过敏药的无嗜睡性等，都是这方面的例子。

3.4.4 购买决策（Purchase Decision）

经过比较评估，消费者形成了某种品牌的偏好和购买意向，但是要受到别人的态度和意外情况以及预期风险大小的影响。这些因素若对购买意图有强化作用，则购买决策会顺利实现，反之，则购买决策受阻。企业营销人员一方面要向消费者提供更多更详细的有关产品情报，消除消费者风险感觉；另一方面要通过各种销售服务形成方便顾客的条件，诱导消费者坚定购买意向。如图 3－7 所示。

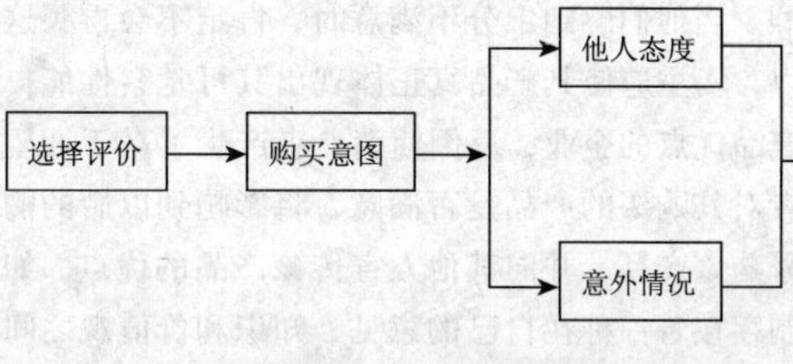

图 3－7　消费者购买决策过程

在对 100 名声称年内要购买 A 牌家用电器的消费者进行追踪研究以后发现，只有 44 名消费者实际购买了该种产品，而真正购买 A 牌家用电器的消费者只有 30 名。因此，只让消费者对某一品牌产生好感和购买意向是不够的，真正将购买意向转为购买行动 ，其间还会受到两个方面的影响。

（一）他人的态度

消费者的购买意图，会因他人的态度而增强或减弱。他人态度对消费意图影响力的强度，取决于他人态度的强弱及他与消费者的关系。一般说来，他人的态度越强、他与消费者的关系越密切，其影响就越大。例如丈夫想买一台大屏幕的彩色电视机，而妻子坚决反对，丈夫就极有可能改变或放弃购买意图。

（二）意外的情况

消费者购买意向的形成，总是与预期收入、预期价格和期望从产品中得到的好处等因素密切相关的。

但是当他欲采取购买行动时，发生了一些意外的情况，诸如因失业而减少收入，因产品涨价而无力购买，或者有其他更需要购买的东西等，这一切都将会使他改变或放弃原有的购买意图。

3.4.5 购后行为（Post Purchase Behavior ）

消费者购买以后，往往通过使用或消费购买所得，检验自己的购买决策：重新衡量购买是否正确；确认满意程度；作为今后购买的决策参考。

预测、衡量消费者的购后感受，有两种理论：

（一）“预期满意”理论

该理论认为，消费者购买产品以后的满意程度取决于购买前期望得到实现的程度。如果感受到的产品效用达到或超过购前期望，就会感到满意，超出越多，满意感越大；如果感受到的产品效用未达到购前期望，就会感到不满意，差距越大，不满意感越大。

（二）“认识差距”理论

这种理论认为，消费者在购买和使用产品之后对商品的主观评价和商品的客观实际之间总会存在一定的差距，可分为正差距和负差距。正差距指消费者对产品的评价高于产品实际和生产者原先的预期，产生超常的满意感。负差距指消费者对产品的评价低于产品实际和生产者原先的预期，产生不满意感。

消费者购买商品后，通过自己的使用和他人的评价，会对自己购买的商品产生某种程度的满意或不满意。购买者对其购买活动的满意感（S）是其产品期望（E）和该产品可觉察性能（P）的函数，即 $S=f(E, P)$。若 $E=P$，则消费者会满意；若 $E>P$，则消费者不满意；若 $E<P$，则消费者会非常满意。消费者根据自己从卖主、朋友以及其他来源所获得的信息来形成产品期望。如果卖主夸大其产品的优点，消费者将会感受到不能证实的期望。这种不能证实的期望会导致消费者的不满意感。E 与 P 之间的差距越大，消费者的不满意感也就越强烈。当他们感到十分不满意时，肯定不会再买这种产品，甚至有可能退货、劝阻他人购买这种产品。所以，卖主应使其产品真正体现出其可觉察性能，以便使购买者感到满意。事实上，那些有保留地宣传其产品优点的企业，反倒使消费者产生了高于期望的满意感，并树立起良好的产品形象和企业形象。消费者对其购买的产品是否满意，将影响到以后的购买行为。如果对产品满意，则在下一次购买中可能继续采购该产品，并向其他人宣传该产品的优点。如果对产品不满意，则会尽量减少不和谐感，因为人的机制存在着一种在自己的意见、知识和价值观之间建立协调性、一致性或和谐性的驱使力。具有不和谐感的消费者可以通过放弃或退货来减少不和谐，也可以通过寻求证实产品价值比其价格高的有关信息来减少不和谐感。市场营销人员应采取有效措施尽量减少购买者买后不满意的程度，并通过加强售后服务、保持与顾客联系、提供使他们从积极方面认识产品的特性等方式，以增加消费者的满意感。

消费者的期望与消费者所购产品间的差异被称为双向差异。双向差异的校正主要由进行营销的企业方面来执行，例如检查产品说明有无对消费者给予正确的指导，广告内容有无超现实的方面，产品制造方面是否尚存在缺陷等。另外，对技术要求较高的产品，企业对消费者进行专门指导和培训是十分重要的，这一做法已被许多计算机公司和软件公司所采用。所以，企业应采取措施，实事求是地进行广告宣传，还应经常征求顾客意见，加强售后服务，以便迅速安排补救措施。

研究和了解消费者的需要及其购买过程，是市场营销成功的基础。市场营销人员通过了解购买者如何经历引起需要、寻找信息、评价行为、决定购买和买后行为的全过程，就可以获得许多有助于满足消费者需要的有用线索；通过了解购买过程的各种参与者及其对购买行为的影响，就可以为其目标市场设计有效的市场营销划。

3.5 消费者对新产品的决策过程分析

我们已经探讨了购买者为满足需要而要经历的步骤。购买者进行这些步骤时有快有慢，有些步骤甚至被颠倒次序。这些主要取决于购买者、产品及购买情况的性质。

我们现在来看一下购买者是如何选购新产品的。新产品是指被某些潜在的顾客认知为新颖的商品、服务或构思。这种产品可能早已存在，但我们感兴趣的是消费者如何第一次了解到该产品并如何决定是否采用。我们将采用过程定义为“消费者个人由接受创新产品到成为重复购买者的各个心理阶段”。

3.5.1 新产品采用过程的五个阶段

美国著名学者埃弗雷特·罗杰斯（Everett M. Rogers）把采用过程看做创新决策过程。他认为，创新决策过程包括认识阶段、说服阶段、决策阶段、实施阶段和证实阶段，这五个阶段又受到一系列外界因素的影响，从而不同程度地促进或延续了创新决策过程。下面我们具体地阐述这五个阶段的特点及相应可采取的营销措施。

（一）认识阶段

消费者初步接触到新产品，意识到某种需要，他们开始广泛收集有关的商品信息，力求了解这个商品的特点。在认识阶段，消费者要受个人因素（如个人的性别、年龄、文化水平、性格特征、社会地位、经济收入等）、社会因素（如政治、经济、科技、文化、习俗等）和沟通因素的影响。研究表明，较早意识到创新的消费者同较晚意识到创新的消费者有着明显的区别，一般地，前者较后者有着较高的文化水平和社会地位，他们广泛地参与社交活动，能更及时、迅速、完整地收集到有关新产品的信息资料，且思想开放，勇于接受新事物。

（二）说服阶段

消费者找出各种理由来说服自己，然后逐步形成对新产品的态度。有时，消费者尽管已知道了创新产品的存在，但却没有产生喜爱或占有该种产品的愿望。只有产生这种愿望，决策过程才算是进入了说服阶段。在认识阶段，消费者的心理活动尚停留在感性认识上，而在说服阶段消费者会想到去亲自尝试操作新产品，以避免购买风险。不过即使如此也并不能促使消费者立即购买，除非营销部门能让消费者充分认识到新产品的特性。所以，在说服阶段，企业的广告和人员推销格外重要，它可提高消费者对产品的认知程度。

（三）决策阶段

通过对产品特性的分析和认识，消费者开始决策，即决定接受还是拒绝该种新产品。如果他决定拒绝采用，此时有两种可能：一是以后改变了态度，接受了这种创新产品；二是继续拒绝采用这种产品。如果他决定采用创新产品，也有两种可能：一是在使用该产品之后觉得效果不错，继续使用下去；二是使用后发现令人失望，中断使用或改用别的品牌，也可能干脆从此不再使用这类产品。据此，对营销者来说，应注重营销活动的持之以恒，只有长期不懈的努力，才可能改变消费者的态度。

（四）实施阶段

当消费者开始使用创新产品时，就进入了实施阶段。在决策阶段，消费者只是在心里盘算究竟是否使用该产品，而到了实施阶段，消费者考虑的是“我怎样使用该产品”和“我如何学会操作”等具体问题。这时，企业营销人员就要不厌其烦地向消费者进行介绍和示范，帮助他们解决具体问题。

（五）证实阶段

人在做出某项重要决策之后，总是要设法寻找各种信息来证明自己的决策是正确的，消费者购买决策也不例外。在创新决策过程中会存在一种不和谐，称为决策后不和谐。顾名思义，它是指消费者制定决策后所产生的不适感。由于消费者曾面临多种备选方案，而每一种方案都有其利弊，所以只要消费者选择了其中的一个方案后，不和谐也就随之发生。患得患失是人的普遍心态，在决策后的最初一段时间内，消费者常常会觉得有些后悔，会发现所选方案存在很多缺陷，未选方案也有不少优点。不过，后悔阶段持续时间不长，便会被不和谐减弱阶段所代替。此时，消费者认为已选方案仍然较为适宜。在整个创新决策过程中，证实阶段包括了决策后不和谐、后悔和不和谐减弱三种情况。消费者事后往往会告诉家人和朋友，自己采用创新产品是明智之举，倘若消费者找不到理由说明采用决策是正确的，那么就可能中断采用。此时，推销人员就要加强推销攻势。如强调该产品虽有不尽如人意之处，但毕竟价格便宜，且增加了某一新功能，从性价比来说还是比较合算等，以鼓励消费者继续使用并推广这一产品。

3.5.2 新产品创新度对不同消费者购买行为的影响

人们接受新事物的愿望差异很大。在每一个产品领域都有“消费先锋”和早期接受者。其他人接受新产品较晚。人们可以按图 3-8 所示的接受者类别进行划分。在新产品接受过程中，开始速度较慢，后来速度会变快。接受者的人数在达到顶峰后又会下降，因为所剩的未接受者不多了。革新者被定义为首先接受一个新概念的 2.5% 的购买者（超出平均接受时间两个标准差的那部分人）；早期接受者为下一个 13.5%（在一个及两个标准差之间）；依次类推。

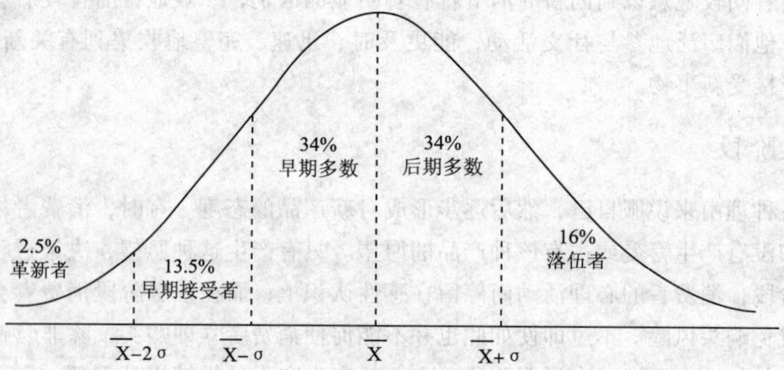

图 3-8 基于对革新的相对接受时间而划分的消费者类别

五种接受者有不同的价值观。革新者具有冒险精神——他们在承担一定程度风险的前提下试用产品。早期接受者受声望的引导——他们是自身所处社会的观念领导者，较早地但小心地接受新概念。早期大众是深思熟虑的——尽管他们很少是领先者，但他们在大部分人接受新概念之前做出行动。后期大众是多疑的——他们只有在绝大多数人试过了之后才会接受一项创新。最后是落伍者，他们受传统束缚——他们对变化不放心，只有一项革新已慢慢变成了传统之后才会接受它。

根据这种接受者分类，新创产品公司应调查革新者和早期接受者的特征，并把主要营销活动对准他们。总体来说，革新者一般要比后接受者和不接受者的年龄要轻、收入要高、教育程度要好。他们更易感知新事物，更依靠自己的价值观和判断力，更愿意大冒险。他们的品牌忠诚度要低并更愿意从特别促销活动如折扣、优惠券和样品等中获益。

3.5.3 新产品特性对消费者购买行为的影响

一般消费者在决定是否采用新产品时，通常会考虑以下因素：

（一）优越性

它是指新产品优于原有竞争产品，如在产品的功能性、可靠性、便利性、新颖性等方面具备更多优势，产品的促销力度也比现有产品大。新产品若能在消费者使用后让人得利越多，被采用的可能性就越大，散播速度也越快。

（二）适用性

即创新产品与消费者习惯行为及观念的吻合程度。当创新产品与消费者的需求价值观、生活方式、习惯和经验等相适应或较为接近时，就较容易被迅速采用。

（三）兼容性

它指新产品与经验一致的程度，即新产品与消费者先前采用产品及过去操作经验兼容的程度，产品兼容性与其扩散速度成正比。

（四）复杂性

它指了解及使用新产品的相对困难程度。产品的复杂性与其扩散的速度成反比。创新产品越是难以理解和使用，其采用率就越低。这就要求企业在新产品设计、整体结构、使用维修和保养方法等方面与目标市场的认识程度相接近，尽可能设计出简单易懂、方便使用的产品。

（五）可试性

即创新产品在一定条件下可以被试用，试验范围与新产品的扩散程度成正比。如除了购买之外，如果也能利用租赁的方式，有助于提升采用率。

（六）可观察性

它指新产品有形或无形的利益易被人观察或描述的程度。较易将自身优点展示出来的新产品，在社会体系中传播速度也较快。所以产品可观察性与其传播也成正比。

综上所述，新产品本身的特性直接关系到新产品的采用率，作为营销人员应通过研究消费者在接受新产品过程中的各种心理活动及其规律，来掌握消费者对新产品的需求心理，注重新产品设计的心理策略，从而为消费者提供更多更好的创新产品。

【小结】

市场按不同的购买目的可划分为消费者市场和组织市场。

消费者市场是消费者为了满足个人或家庭生活的需要，购买产品、服务的市场，它是许多企业从事经营活动的主要场所、服务的主要对象。与生产者市场相比，消费者市场具有以下特征：人多面广，包括了生活中的每一个人；需求复杂，经常变化；零星购买和经常购买，购买次数频繁；产品专用性不强；需求弹性较大，受价格影响明显；非专家购买，易受促销影响产生购买冲动；购买力经常流动，这种流动主要在不同地区间进行等。消费者的购买对象依据消费者购买、消费的习惯分类，可分为便利品、选购品和特殊品；依据产品的有形与否分类，可分为有形产品（物品）、无形产品（服务）；依据产品耐用性分类，可分为耐用品、非耐用品。耐用品和非耐用品都是有形产品。

消费者购买行为的理论中最有代表性的是刺激—反应模式。该模式表明，可控的市场营销因素和不可控的环境因素刺激消费者，他们根据自己的特性处理这些信息，经过一定的决策过程产生一系列购买决定，即消费者对刺激因素的反应。在购买决策中，消费者可能会扮演五种角色中的一种或者多种，即发起者、影响者、决定者、购买者和使用者。消费者购买决策随其购买类型的不同而变化。阿萨尔根据消费者在购买过程中参与者的介入程度和品牌间的差异程度，将消费者购买行为划分为四种类型，即复杂型购买行为、多变型购买行为、习惯型购买行为以及和谐型购买行为。

消费者的购买行为是由其购买动机引起的，动机是驱使消费者采取行动的直接内在原因，它决定了消费者购买行为的方向。

消费者的行为受到诸多因素的影响，这些因素主要可归纳为四大类，即：文化因素、社会因素、个人因素和心理因素。这四类因素属于不同层次，对消费行为的影响程度是不同的。

在购买时，消费者要经过一个决策过程，包括认识需求、收集信息、选择评价、购买决策和购后感受。营销者应该了解每一个阶段中的消费者行为，以及哪些因素在起影响作用。这样就可以制定针对目标市场行之有效的营销方案。

【关键术语】

消费者市场（Consumer Market）
消费者购买动机（Consumer Purchase Motives）
消费者购买行为模型（Consumer Purchase Behavior Model）
消费者购买决策过程（Consumer Purchase Decision – making Process）
相关群体（Related Groups）
文化（Culture）
亚文化（Sub – culture）
动机（Motivation）
信念（Faith）
态度（Attitudes）

【知识链接】

[1] 杨宗棉．明星广告代言危机［J］．商业经济，2011（3）：18 –20.
[2] 中国经济网：中国经济网：http：//www. ce. cn/.
[3] 巩少伟等．市场营销理论与实务［M］．北京：高等教育出版社，2011.
[4] 罗建兴，李涛．明星代言的法律责任探析［J］．中国商界，2010（6）．
[5] 顾秀华，吴嘉玲．安利体育营销策略面面观［J］．中国商贸，2010（12）．
[6] 李和才．色彩在营销中的应用研究［J］．中国商贸，2011（20）．
[7] 郝向华，张理．顾客价值理论研究综述［J］．经济研究导刊，2010.
[8] 中国营销传播网，http：//www. emkt. com. cn/.

【案例分析】

“营销”体育明星新赛季开赛哨响

尽管每个时令更替的9月，旧人哭新人笑的事情都在发生，但逢世界杯年，又有球王齐达内告别足坛、贝克汉姆摘下队长袖章。随着体育营销的盛行，企业该怎样练就一双伯乐的眼睛，寻找、甄别、发现并投资、包装哪些类型的明星，打好体育营销牌？

选人、用人：贴身跟进。

在代言了12个项目后，姚明最近就直接拒绝了丰田开出的1.6亿元广告代言，而他拒绝的原因则出奇的直接："没有理由。"企业与体育明星最佳的合作效果是以最合适的价格，在品牌上相互促进，各得其所，这也是一个互相挑选的过程。

"相马"不过是第一步，企业如何充分使用签约代言人、将其营销价值最大化，才是困扰我国企业的根本难题。

大刀阔斧国际化的联想集团同样谨小慎微，自联想晋身北京奥运会顶级赞助商之日起，各界对联想体育营销的能力就颇多质疑。联想团队曾经成功地实现了都灵冬奥会的设备支持和预演，却并未获得同样成功的广泛传播口碑。世界杯期间联想同样签约小罗，被外界一致看做联想试水北京奥运营销的铺垫，但因为小罗发挥欠佳，联想的相关营销再次偃旗息鼓。

比较而言，李宁对于体育明星的选择和运用相对成熟。李宁认为，把活动主题同形象代言人良好的结合起来，将显著提高产品的销售效果。自推出跑步系列以来，销售效果并不理想，为此李宁改变战略，把每年的第二季度定为李宁跑步项目的推广季，并提出了"轻快跑，痛快玩"的主题。在2011年5月8日，开展了李宁FUN RUN"超级晚"活动，并结合该主题邀请了大批时尚潮人和朴树、曾轶可、张杰、林宥嘉等演艺明星加盟。

一般而言，企业签约球员有三个门槛：产品的专业性能和舒适程度，公司对球员运动高峰以及低谷期的服务，一定程度的资金需求。在代言人服务方面，李宁公司CEO张志勇告诉记者："在选择品牌代言人之前，一定要清楚地知道自己产品和品牌的核心价值是什么。品牌代言人是表达品牌核心价值，支持品牌形象并与目标消费者进行沟通的工具，是代言人为品牌服务，而非品牌为代言人服务，不可让品牌核心价值跟着代言人的形象走。只有明确了这一点，企业的传播才能达到预期的效果，而不至于误导消费者。"

"选择球星重要，实现球星的优化组合更重要。组合得好，层次清晰，成功系数大，风险小，企业获得的代言回报就高。"孙立平称，"如果选到了代言人却不能好好组合、使用，就如同企业成为了奥运赞助商，却将其权益束之高阁，浪费资源让人心疼。所以，企业必须量力而行，制定长远规划；押宝式的赌博，成本其实最高。"

策略：量体裁衣。

企业到底该如何去用好体育明星做好营销？

一动体育总裁张庆指出，企业首先要从战略层面上确认自己的行销策略是否需要球星代言人。一般而言，快速消费品企业因为与消费者沟通关联度更紧密，消费者倾向于感性消费，所以该类企业往往会聘请号召力和形象俱佳的体育明星代言；通过代言人为品牌做传播，将代言人的感性价值注入产品或品牌中，很好地使用感性路线营销，促进消费者购买使用。

当然，随着体验经济的兴起，一些定位于年轻时尚消费人群的"理性"非快速消费品企业也瞄准了体育明星代言的营销利器，弃理性而走感性，以期获得良好的营销回报。如前文所提丰田欲聘请姚明做代言人的计划，便是此理。

如今，许多企业在进行企业营销和品牌推广的时候，最先想到的就是运用明星做代言。不过，企业邀请明星代言产品只是企业市场营销的其中一个环节，最根本的营销策略还是企业"消费者至上"的理念来通过相互协调一致的产品策略、价格策略、渠道策略和促销策略，为顾客提供满意的商品和服务，从而实现企业的预期目标。

思考题

1. 什么是相关群体？相关群体主要分为哪些类型？
2. 相关群体对消费者购买行为的影响主要表现在哪些方面？
3. 企业在营销过程中如何通过明星效应来影响消费者？

第 4 章 组织市场购买行为分析

【本章知识要点】

知识要点	掌握程度	相关知识
组织市场的概念、类型与特点	了解	组织市场的概念、类型与特点
生产者市场购买行为	重点掌握	生产者市场的含义和特点、生产者购买行为的类型与决策
中间商市场购买行为	掌握	中间商市场的含义与特点、中间商购买的类型与影响因素、中间商的购买决策分析
非营利组织与政府市场购买行为	掌握	非营利组织市场购买、政府市场采购

【本章技能要点】

技能要点	掌握程度	应用方向
组织市场购买行为分析	掌握	正确把握生产者市场、中间商市场以及非营利组织与政府市场的购买行为，有助于那些以组织市场作为销售对象的企业有目的的制定出针对组织市场的营销策略

【导入案例】

爱普生缘何“另择新欢”？

日本的爱普生公司是主要生产电脑打印机的一家大型企业。它们的理念是成为令人信赖的优良企业，坚持顾客至上，尊重个人，发挥集体力量。经营期间，在公司准备扩大产品线时，公司经理杰克·沃伦对现有的中间商不满意，同时对他们向零售商店销售其新产品的能力也有一定的怀疑，因此他准备秘密招聘新的中间商以取代现有的中间商。

由于招募是暗中进行的，因此原有中间商对此一无所知。当杰克·沃伦通知他们须在90天内完成交接工作时，中间商感到非常震惊，他们觉得与爱普生公司已共事多年。但是，沃伦的坚决态度让他们感到没有挽留的余地。沃伦认为必须更换中间商，虽然现在的中间商干了很多年，但是缺少经营爱普生新产品和拓展新渠道的能力。他们总是按部就班的去完成一些任务，这对中间商来说明显是不思进取的表现，没有与爱普生公司的经营理念结合起来。尤其是对于爱普生这样庞大的企业来说，在今天这样一个竞争激烈的国际市场大环境中，选择一个优秀的中间商对其产品的销售、公司自身的发展是至关重要的。

营销启示：对于面向组织市场的生产企业来说只有正确把握组织市场的购买行为才能够在竞争激烈

的市场中取得胜利。

购买产品和服务的不仅有消费者，还有各种社会组织。有些产品是原材料、生产设备或办公设备，购买者是有关企业和部门；有些企业虽然生产最终消费品，但是并不直接卖给消费者，而是经由商业部门转卖，直接购买者是商业部门。因此，组织市场也是企业所面临的市场的重要组成部分，组织市场的购买者是企业的重要营销对象，企业应当充分了解他们的特点和购买行为。

4.1 组织市场的概念、类型与特点

4.1.1 组织市场的概念

组织市场指工商企业为从事生产、转售等业务活动以及政府部门和非营利组织为履行职责而购买产品和服务所构成的市场。简而言之，组织市场是以某种组织为购买单位的购买者所构成的市场。组织市场是消费者市场的对称，和消费者市场的主要区别在于：购买者主要是企业或政府部门和非营利组织而不是个人或家庭消费者；目的是为了用于生产或转售以获取利润，以及其他非生活性消费，而不是为了满足个人或家庭的生活需要。

4.1.2 组织市场的类型

组织市场，其主要划分基础是对购买者的区分，即看产品的买主是谁，仅从产品本身特性是难以区别消费者市场和组织市场的，必须看产品出售的对象。例如同一产品，当购买者是制造业、农业、矿业、建筑业、医院、机关等时，就认为这种商品是在组织市场上出售，而当这种产品用于个人消费时，就认为是在消费者市场上出售。

组织市场按其内容可以分为生产者市场（也称产业市场）、中间商市场（也称转卖者市场）、政府市场及非营利组织市场等。这种划分是基于对购买者的分析基础上的分类，其中最重要的是生产者市场。如图4－1所示。

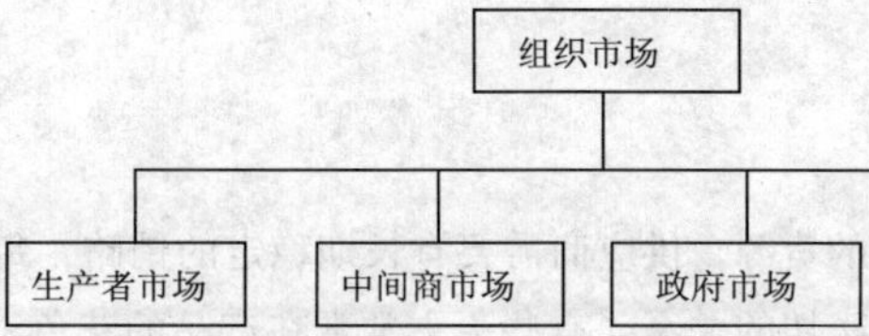

图4－1 组织市场的构成

生产者市场，主要由各种营利性的工业、农业和服务业买主构成，它们购买产品和服务用于制造其他产品或向社会提供其他服务。中间商市场由各种批发和零售商组成，它们购买产品是为了将其再转卖出去。政府市场包括各级政府及所属机构和政府给予一定财政补贴的各事业单位等。非营利组织市场，主要是指各种非营利性的协会组织、基金会等。

从组织市场的构成可以看出，组织市场是一个综合性的市场。作为生产者市场，它属于中间市场范畴，因为它所购买的商品主要是一些中间产品——生产资料，这些产品要重新投放到生产过程中去，转化成其他产品再重新出售。作为转卖者市场，虽然从其购买的产品来说主要是生产消费品，但其购买目的是为了销售，处于生产与消费的中间环节，因而也属于中间市场的范畴。作为社会集团市场，则属于终极市场的范畴，因为它所购买的商品主要是一些最终产品——生活消费品和服务性生产，这些产品不再进入生产过程，而是从事一些与人民生活直接相关的社会活动和公共消费。组织市场这一特点决定了

组织市场中的各类购买者具有不同的消费行为，并受到不同因素的影响和制约。总体上看，组织市场是个非常庞大的市场。它们不仅购买与消费者市场相同的大量产品，如家具、文具、服装、汽车，而且购买许多消费者市场不需要的产品，如钢铁、纺织机械、发电机组等。

组织市场既要向生产企业提供生产资料以满足生产消费需要，又要向商业企业提供消费品以满足消费者需要，还要向社会机构提供各类满足社会活动和公共消费需要的产品。这就决定了组织市场在整个国民经济中居于重要地位并对整个社会的发展起着重要的作用，它的销售状况直接影响着消费品市场的发展规模与速度。不仅如此，组织市场在整个商品市场中也居于主导地位。从数量上说，它超出消费者市场多倍，而且品种多，规格杂。因此，开展对组织市场行为的研究，对于企业来说，具有特别重要的意义。

4.1.3 组织市场的特点

组织市场与消费者市场相比，具有一些鲜明的特点。

（一）购买者少，购买规模大

组织市场上的购买者比消费者市场上的购买者要少得多。例如，美国固特异轮胎公司的订单主要来自通用、福特、克莱斯勒三大汽车制造商，但当固特异公司出售更新的轮胎给消费者时，它就要面对由美国 1.71 亿汽车用户组成的巨大市场了。组织市场不仅买主人数少，而且其购买次数也少。一家生产企业的主要设备要若干年才购买一次，原材料与零配件也大都只签订长期合同，而文具纸张等日用品也常常是几个月集中购买一次。购买次数少就决定了每次采购量将十分巨大。特别在生产比较集中的行业里更为明显，通常少数几家大企业的采购量就占该产品总销售量的大部分。

（二）购买者在地域上相对集中

组织市场的购买者往往集中在某些区域，以至于这些区域的业务用品购买占全国市场很大的比重。例如，我国的北京、上海、天津、广州、沈阳、哈尔滨、武汉等城市和苏南、浙江等地的业务用品购买量就比较集中。

（三）供需双方关系密切

组织市场的购买者需要有源源不断的货源，供应商需要有长期稳定的销路，每一方对另一方都具有重要的意义，因此供需双方互相保持着密切的关系。有些买主常常在产品的花色、品种、技术规格、质量、交货期、服务项目等方面提出特殊要求，供应商应经常与买方沟通、详细了解其需求并尽最大努力予以满足。

（四）着重人员销售

由于仅存在少数大批量购买的客户，企业营销部门往往倾向于通过人员销售而不是通过广告宣传其优惠政策。一个好的销售代理可以演示并说明不同产品的特性、用途以吸引买方的注意力。根据及时得到的反馈，立即调整原有的政策。当然，这种快速反馈是不可能通过广告获得的。

（五）进行直接销售

消费品的销售通常都经过中间商，但组织市场的购买者大多直接向生产者购买。首先，这是因为购买者数量有限，而且大多属于大规模购买，直接购买的成本显然低得多。其次，组织市场的购买活动在售前售后都需要由生产者提供技术服务。因此，直接销售是组织市场常见的销售方式。

（六）实行专业购买

相应地，组织机构通常比个人消费者更加系统地购买所需要的商品，其采购过程往往是由具有专门知识的专业人员负责，如采购代理商。这些代理商将其一生的工作时间都花在学习如何更好地采购方面。他们的专业方法和对技术信息的评估能力导致了他们的购买建立在对商品价格质量比、售后服务及交货期的逻辑分析基础之上。这意味着组织营销者必须具有完备的技术知识，并能提供大量的有关自身及竞争者的数据。

（七）派生需求，需求波动大

对组织市场上的购买需求最终来源于对消费者的需求，企业需要购买生产资料，归根到底是为了用来作为劳动对象和劳动资料以生产出消费资料。例如，由于消费者购买皮包、皮鞋，才导致生产企业需要购买皮革、钉子、切割工具、缝纫机等生产资料。因此，消费者市场需求的变化将直接影响组织市场的需求。有时消费者需求仅上升 10%，就可导致生产这些消费品的企业对有关生产资料的需求增长 200%；若需求下降 10%，则可导致有关生产资料需求全面暴跌。这种现象在经济学上被称为“加速原理”，这导致许多企业营销人员促使其产品线和市场多样化，以便在商业波动周期中实现某种平衡。

（八）需求缺乏弹性

组织市场的需求受价格变化的影响不大。皮鞋制造商在皮革价格下降时，不会打算采购大量皮革；同样，皮革价格上升时，他们也不会因此而大量减少对皮革的采购，除非他们发现了某些稳定的皮革替代品。需求在短期内特别无弹性，因为厂商不能对其生产方式做许多变动。对占项目总成本比例很小的业务用品来说，其需求也是无弹性的。例如，皮鞋上的金属鞋孔的价格上涨，几乎不会影响其需求水平。

（九）互惠购买

组织市场的购买者往往这样选择供应商：你买我的产品，我就买你的产品。即买卖双方经常互换角色，互为买方和卖方。更通俗地讲，叫互相帮忙。由于生产资料的购买者本身总是某种产品的出售者，因此，当企业在采购时就会考虑为其自身产品的销售创造条件。但这种互惠购买的适用范围是比较狭窄的，一旦出现甲企业需要乙企业的产品，而乙企业并不想购买甲企业的产品时，就无法实现互惠购买了，这样，互惠购买会演进为三角互惠或多角互惠。例如，甲企业向乙企业提出，如果乙企业购买丙企业的产品，则甲企业就购买乙企业的产品，因为丙企业以甲企业推销其产品作为购买甲企业产品的条件。这就是三角互惠。虽然这类现象极为常见，但大多数经营者和代理商却反对互惠购买，并视其为不良习俗。

（十）租赁现象

一些组织购买者乐于租借大型设备，并不愿意全盘购买。租借对于承租方和出租方有诸多好处。对于出租方，当客户不能支付购买其产品的费用时，他们的优惠出租制度为其产品找到了用武之地；对于承租方，租借为他们省下了大量资金，又获得了最新型的设备。租期满后可以购买折价的设备。这种方式目前在工业发达的国家有日益扩大的趋势，特别适用于计算机、包装设备、重型工程机械、运货卡车、机械工具等价格昂贵、磨损迅速或并不经常使用的设备。在美国，租赁方式已扩大到小型次要设备，甚至连办公室家具、设备也都可以租赁。

（十一）谈判和投标

组织机构在购买或出售商品时，往往会在价格和技术性能指标上斤斤计较，如果营销人员能预先获知客户正在研究之中的新产品的有关信息，他们就可在谈判开始之前修改某些技术参数；卖方得知买方愿意接受耐用性较差和服务亦一般的商品时，就会提出一个较低的价格。当双方在价格上都有较大的回旋余地时，而且此次交易对双方都是至关重要的，谈判就成为双方交涉中最重要的部分，谈判的风格或对抗或合作，但绝大多数买方倾向于后者。

有远见的买方通常在诸多投标卖方间进行精挑细选。美国联邦政府将它所有买卖的40%建立在投标的基础上。在公开投标的基础上，可以参阅其他投标商的标书。然而在保密投标的情况下，标书的条款是不公开的。所以供方会尽量提供好的设备和较低的价格。政府购买设备往往用保密投标的方式。

在研究组织市场特点的基础上，在具体的营销活动中还应当注意对特定时点特定购买者的研究和分析。这是由于相对数量众多的个人消费者而言，数量有限的组织购买者的个性更为明显。

4.2 生产者市场购买行为

在组织市场中，生产者市场的购买行为有典型意义，它与消费者市场的购买行为有相似性，又有较大差异性，特别是在市场结构与需求、购买单位性质、购买行为类型与购买决策过程等方面。

4.2.1 生产者市场的含义和特点

（一）生产者市场的含义

生产者市场又称作产业市场或工业市场，它是指购买产品或服务并用于生产其他产品或服务，以供销售、出租或供应给他人的个人和组织。这部分市场是组织市场的重要组成部分。它通常由以下产品构成：农业、林业、牧业、渔业；采矿业、制造业；建筑业；运输业；通信业；公用事业；银行、金融、保险业；服务业等。

生产者市场按其性质可分为直接生产者市场和间接生产者市场。直接生产者市场是指购买能够直接形成产品的那些生产资料的生产者市场。这种市场提供的是原材料、零部件、包装用品等。间接生产者市场是指购买在加工产品过程中能起“催化剂”作用的生产资料的生产者市场，如燃料、能源、机器设备、厂房、技术服务等。

（二）生产者市场的特点

生产者的购买动机、购买程序与消费者的购买行为有某些相同之处，然而生产者购买商品的目的主要是为了满足生产过程中物化劳动和活劳动消耗的需要，并通过发展生产、扩大经营，满足顾客需要并取得一定的盈利，这种区别就构成了生产者市场的主要特点。

1. 生产者市场上的购买者数目少、规模大，购买批量也很大

在消费者市场上，购买者和消费单位是消费者个人或家庭，购买的目的是为了满足日常消费生活的需要，因而购买者的数目众多、规模很小，购买的批量也很小。而在生产者市场上，购买者和消费单位多是企业，购买的目的是为了满足其一定规模的生产经营活动的需要，因而购买者的数目少、规模大，购买批量常常也很大。但是，在生产者市场内部购买者的规模和购买批量的分布是很不均衡的。

2. 生产者市场中的购买者往往集中在少数地区

由于国家的产业政策、自然资源、地理环境、交通运输、社会分工与协作、销售市场的位置等因素对生产力空间布局的影响，许多行业的企业往往在分布上相对集中，不像消费者那样分散在各个地方。

3. 生产者市场的需求是派生的、波动性较大的需求

生产者市场为非最终用户市场，是直接或间接地为最终市场服务的，其需求归根结底是由消费者市场对最终产品和劳务的需求派生出来的。因此，没有消费者市场的需求也就不会有生产者市场的需求。此外，生产者市场的需求趋向于比消费者市场的需求波动性更大。这是因为，生产者市场内部的各种需

求之间具有很强的连带性和相关性，而且消费者市场需求的结构性变化会引起生产者市场需求的一系列连锁反应；受经济规律的影响，消费者市场需求的少量增加与减少，常会导致生产者市场需求发生较大幅度的增加与减少；生产者市场的需求更易于受到各种环境因素（特别是宏观环境因素）的影响，从而产生较大的波动。

4. 生产者市场的需求是缺乏弹性的需求

这一特点是说，生产者市场对价格变动的敏感性低，短期需求尤其如此。这是由于生产者市场的需求具有派生性，只要消费者市场的需求未发生变化，生产者便不会因价格的变化而大幅度地降低或提高对货物和劳务的需求量与购买量；生产者也不可能像消费者改变需求偏好那样经常地变动他们的生产工艺及生产条件；一件产品通常是由若干种原材料、零部件加工组装而成，某些原材料和零部件价格上涨对最终制成品价格的影响较小，而社会对最终制成品的需求往往也不会因此受到较大的影响；产业用品通常具有较高的技术性要求，不易替代等。以上这些可以说是造成产业用品和生产者市场需求价格弹性不充分的主要原因。

5. 生产者的购买要求较为严格

形成这一特点的原因是生产者所购买的产品将用于生产经营活动，不易替代，且单位产品价值高，购买的数量大，其质量不好、适应性差、经济性低、供应不及时等将给企业的生产经营过程、满足市场需求、应变能力、竞争能力及盈利能力等方面造成较大的损害，导致严重的后果。所以，生产者对所购产品多在技术经济性等方面有着严格的要求，购买行为的理性强、购买程序复杂，这与消费者市场存在着明显的区别。

6. 生产者市场上多为专业人员购买

由于生产者在市场上购买的产品种类繁多、技术性强，对采购工作要求严格，所以需要采购人员具备相当的专业知识。企业通常都雇有经过训练、内行的专业人员负责采购工作；在采购重要设备和物资时，往往由若干技术专家、财务人员和高层管理人员组成采购委员会，对采购工作实施领导。

7. 生产者的购买一般愿意直接购买

生产者市场上的购买者通常直接向制造商购买其所需要的产品，而不通过中间商。在购买技术比较复杂，或需要较多售后服务的产品特别是那些单价高、技术含量高的机器设备时尤其如此。这是由许多产品的购买批量大或专业性和技术性强，且供应厂商少而集中的特点所决定的。

8. 生产者的购买往往采取直接购买、互惠购买、多头购买、租赁购买和招标购买等形式进行

生产者对许多产业用品通常采取向其生产厂家直接进货的方式进行，而不通过中间商进行采购；只要有可能，生产者往往选择那些也购买本企业产品的生产厂家的产品；为了防止单一渠道购买可能产生的某些弊病，确保货源和采购品质量，争取到较好的交易条件，生产者经常选择两个以上的同一产品的生产企业为供货方；在有些设备的购买上，生产者市场的购买者正日益转向以租赁购买代替完全购买，从而节省一次性投入的资金量，及时得到最新的技术经济性好的产品。

（三）制定生产者市场营销策略应坚持的原则

从生产者市场的特点中，我们必然会意识到生产者市场营销与消费者市场营销之间有很大差别。生产者市场营销是一个相当复杂的过程，能否制定正确有效的策略，是市场营销成败的关键。要制定一项正确有效的生产者市场营销策略，应坚持以下原则：

1. 以用户为中心

工业用品的专用性比消费品的专用性强得多。在企业营销方针上，如果过分强调以技术为中心，忽视适应用户需求的必要的灵活性，企图使用户来适合产品，将会带来产品方向上的错误，其危害要比消费者市场更为严重。因此，生产者市场营销策略的制定必须坚持以用户为中心。所有好的生产者市场营销计划都是从用户开始到用户结束，以用户为出发点和归宿点，选择用户和市场是企业最重要的决策，

是确定一个企业经营特点的决定性因素。

2. 充分了解用户需求

生产者市场营销的基本条件是了解用户及其需求。制定生产者市场营销策略要从分析变化着的市场开始，也就是要分析用户（包括潜在用户）的需求以及用户行业中的竞争情况。为此，鉴别用户的需求，了解他们所属的行业部门的结构以及他们是怎样进行竞争的，对市场的细分选择，特别是选择重点用户在行业营销中具有十分重要意义。要设计全套产品和服务，把产品看成变量，经常改进产品，并提供相应的服务，有许多相应的服务往往要比产品的本身更为重要。

3. 分析企业的优势和弱点，制定整体最优的市场策略

在制定市场营销策略之前，要恰当估计企业的优势和弱点，并使企业的优势与用户需求相一致。一项有效的生产者市场营销策略一般是由选择目标市场策略、产品策略、定价策略、分销策略和促销策略等组成。它是一个系统，各个组成策略必须彼此协调，并且应当是最佳的协调——即整体的最优大于各个部分最优的总和。例如，选择目标市场策略应严格适合用户需求。

4. 形成特色竞争优势

对生产者市场营销策略的最终检验就是看它是否能够帮助工业用品销售者形成突出的特色，在竞争中占有独特的优势，使现实和潜在用户有坚定的信心，愿意与企业往来，从而排除其他竞争者。这个特色的形成来自市场营销的各项因素——选择目标市场策略、产品策略、定价策略、分销策略和促销策略等。选择目标市场策略通常是策略差异的关键因素。没有某些突出的特色，没有赖以生存的本领，工业用品销售者要想在竞争的市场中获得重大成就是不可能的。

4.2.2 生产者购买行为的类型与决策

（一）生产者购买行为的类型

1. 生产者购买行为的类型

生产者和消费者一样，在购买过程中，须做一系列的购买决策。而购买决策的多少和决策的复杂程度，取决于生产者和购买状况的复杂性。按生产者购买决策的复杂程度，可分为以下三种类型：

（1）直接重购（连续的再购买）

直接重购是指企业的采购部门根据过去和许多供应商打交道的经验，从供应商名单中选择供货企业，并直接重新订购过去采购过的同类产业用品。直接重购的产品主要是原材料、零配件和劳保用品等，当库存量低于规定水平时，就要续购。这种情况下，被选中的供应商将尽最大努力维护其商品和服务的质量，并采取其他有效措施来提高采购者的满意程度。未列入名单的供应商要试图提供新产品或开展某种满意的服务，以便使采购者考虑从他们那里购买一定数量的产品，然后再逐步争取更多的订货份额。

（2）修正重购（变更的再购买）

修正重购是指企业的采购经理为了更好地完成采购任务，适当改变要采购的某些产业用品的规格、价格等条件或供应商。在进行修正重购时，通常买卖双方都会有更多的人员参加。原来被认可的供应商会产生危机感并将全力保护自己的份额，原落选的供应商则认为这是跻身其中的最佳时机。因此，修正重购给“门外的供货企业”提供了市场机会，并给“已入门的供货企业”造成了威胁，这些供货企业要设法巩固其现有顾客，保护其既得市场。

（3）新购（企业购买以前从未购买过的产品）

新购是指购买者首次购买某种产品或劳务的情况。新购产品大多是不常购买的项目，如大型生产设备，建造新的厂房或办公大楼，安装办公设备或计算机系统等。采购者要在一系列问题上做出决策，如产品的规格、购买数量、价格范围。新购的成本费用越高、风险越大，那么决策参与者的数目就越多，需收集的信息也越多，完成决策所需的时间也就越长。这种行为最为复杂，对营销人员来说是最大的挑

战，同时也是最好的机遇。营销者都力图尽量多地接触那些对采购决策起关键作用的人们，并为他们提供有用的信息和帮助。由于全新采购中涉及的推销问题非常复杂，许多公司都派出由最好的推销员组成的推销使团来执行任务。

在以上三种购买类型中，直接重购和新购属于两种极端情况。在直接重购情况下，生产者要做出的购买决策最少，基本上属惯例化决策；而在新购情况下，生产者要做出的决策最多，故需要做大量的调查研究；二者之间是修正重购，也需要做一定的调查研究。

2. 生产者的购买动机

生产者的购买动机从企业的角度来看，就是为了获取利润，属于理智动机。具体来说，有以下几个方面：

（1）购买必须达到营利的目的

生产者购买原材料的目的，是要生产出能够满足消费者需求的产品，因此，所购原材料必须要能充分满足使用要求，并能有助于最后制成品的销售。采购部门要配合生产技术部门，为开发新产品，改进老产品，提高产品质量而提供新型材料、新型工具，使企业能生产出更多适销对路的产品，满足消费者需要，取得更多的利润。

（2）必须降低成本

在保证所购原材料能够满足质量要求的前提下，采购时应尽量选择价格低廉、路途较近、交通便利的供货商，以节约运输费用。同时，要尽可能减少储备量，降低原材料的购买成本，从而为降低产品成本创造条件。

（3）能够合乎法律要求，提高社会效益

企业生产，不仅要考虑企业的利益，更要满足社会需求，提高社会效益。因此，任何企业的生产经营活动都必须遵纪守法，有利于社会成员的身心健康、保护环境。

因此，生产者在购买商品时，要在商品成本和质量之间选择，对于同一商品，有的购买者往往注重商品质量，而有的则注重价格，因此，营销人员就必须针对不同用户的特点，采取不同的营销策略，以满足他们各自的需求。

3. 生产者的购买对象

生产者的购买对象，即生产者想要购买的商品，用来做进一步加工或用做企业经营。通常可以分为以下六大类：

（1）重要的生产设备

这类产业用品主要包括重型机械、大型设备、厂房建筑、大中型电子计算机等。这些设备，大多价格昂贵、体积庞大、结构复杂、技术性能要求高，是企业重要的物质技术基础，对企业的生产能力、产品质量、经济效益等方面有着至关重要的影响。企业购置这类产业用品所需要的资金，常常是通过融资的形式取得，要偿还贷款和利息；设备的投资，需要分期折旧收回。对用户来说，重要的生产设备购置是一项重大的决策；对供货企业来说，向用户提供直接、专门的推销和良好的服务，甚至专门的设计和制造，往往比定价重要得多。

（2）轻型设备

这类产业用品是指价值较低、使用寿命期较短的小型设备、附属设备以及某些较为重要的工具、器具等。生产者购买这类产业用品的开支通常可以用企业的经营资金予以支付，全价计入当年的经营管理费用项目内，也可以计提折旧按使用年限分期摊销。这类产业用品通常有统一的规格和外形要求，比较容易从几家相互竞争的供应商中选择购买，购买决策的程序也较为简单。

（3）零部件

零部件是购买者产品的组成部分。生产者所需要的零部件有相当部分是从生产厂家直接订货购买的，也有一部分是通过经销商购买的。对供货企业来说，能否获得订货主要取决于其生产经营的产品在规格、质量、价格、供货时间等方面能否满足用户的要求。在这方面，已经建立了企业声誉的零部件供应商通常能够取得一定的竞争优势。

（4）原材料

原材料包括原料、材料，是生产者生产活动的起点和基础，最终将构成其产品实体的一部分。生产者对这类产业用品的质量、规格和供货时间等常有严格的要求，价格也是影响其选择的一个重要因素。

（5）消耗品

消耗品指的是维持生产者生产经营活动正常进行所需要的低值易耗品，不构成其产品的实体。这类物品多是标准品，可以从较多的渠道获得。由于用量有限、品种较杂、价值较低，因此生产者对其中的有些物品是按年需要量与有关的供应商签订合同，按规定期限依次进货，有些则是按季、半年或全年需要量一次购进。生产者对这类物品的购买决策通常较为简单。在这类物品的促销上，价格优惠、数量折扣、按期交货等均起一定的作用。

（6）劳务服务

劳务服务是一种无形产品，在生产者的整个生产经营活动中，所需要的劳务服务项目是多种多样的。有些劳务服务项目可以随产品一起购买，如购买设备时连带的技术服务；有些劳务服务项目可以根据需要单独购买，如金融服务、财产保险、建筑设计、维修服务、广告、运输、人员培训、市场调研、审计、咨询服务等。根据用户的需要适时地提供良好的劳务服务，是劳务服务经营企业进行竞争的一个重要手段。

营销者要了解用户的不同需求，研究不同的销售服务策略。

4. 系统购买与销售

生产者通过一次性购买而获得某项目所需全部产品的采购方法称为系统购买。供应商所采用的与系统购买相应的销售方法称为系统销售。系统购买最初产生于政府采购。政府采购重要武器和通信系统时，不是从不同供应商处分别购买各种部件然后汇总，而是从符合条件的供应商中选择最合适的一个，向它购买该项目所需的全部产品，由它负责招标和组装零部件，最后交付可立即投入使用的成品。这种购买方法也称为“交钥匙解决法”，因为购买者只要转动一下钥匙就可以进入工作。

系统销售有不同的形式。一种是供应商销售一组连锁产品。例如，汽车零部件供应商出售汽车中的某个系统，有座椅系统、刹车系统或车门系统等。二是系统承包，即一个单独的供应商给购买者提供维护、修理、操作所需的全部物料。从采购方看，将存货的任务转嫁给销售方，可以降低成本；减少了挑选供应商的时间，可以降低费用；有合同条款的规定，可以降低价格。从销售方看，有固定需求，降低了经营风险；减少了单证工作，使得经营成本降低。在水坝、钢铁厂、水利系统、卫生系统、油气管道、公共设备、新城镇建设中，越来越多的购买者采用系统购买的方式；供应商也认识了这种趋势，把与之相应的系统销售作为一种重要的营销手段，在价格、质量、信誉和其他各方面进行竞争以期中标。

（二）生产者购买行为的决策

1. 生产者购买行为决策的参与者

购买类型不同，购买行为决策的参与者也有所不同。比如，直接重购时，采购部门负责人起决定作用；新购时，企业高层领导起决定作用。在确定产品的性能、质量、规格、服务等标准时，技术人员起决定作用；而在供应商选择方面，采购人员起决定作用。这说明在新购的情况下，供应商应当把产品信息传递给买方的技术人员和高层领导，在买方选择供应商的阶段，应当把产品信息传递给采购部门负责人。多数情况下，买方的采购决策受到许多人直接或间接的影响，这些人分别扮演着以下七种角色中的一种或几种。如图 4 – 2 所示。

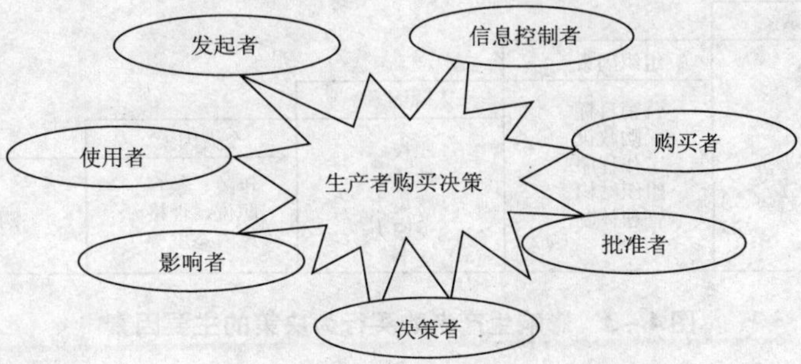

图4-2 生产者购买行为决策的参与者

(1) 发起者

指提出购买要求的人。

(2) 使用者

是指组织机构内将要使用所购产品或服务的人。在多数情况下，使用者会首先提出购买建议，并协助决定产品价格。

(3) 影响者

是指那些直接或间接地影响购买决策的人员。他们可协助决定产品品种、规格和购买条件等。技术人员是特别重要的影响者。

(4) 决策者

是指那些有权决定买与不买，决定产品规格、购买数量和供应商的人员。有些购买活动的决策者很明显，有些却不明显，供应商应当弄清谁是决策者，以便有效地促成交易。

(5) 批准者

是指那些有权批准决策者或购买者所提行动方案的人员。

(6) 购买者

购买者是指有正式的权力来选择供应商并商定购买条件的人。购买者对产品规格的决定有一定辅助作用，但他们最主要的职能是选择供应商和进行谈判。在许多复杂的购买活动中，甚至有高层次的经理充当购买者参与谈判的情况。

(7) 信息控制者

是指机构中那些可控制信息流传的决策单位的人员。例如，采购代理人或技术人员可以拒绝或终止某些供应商和产品的信息，接待员、电话接线员、秘书、门卫等可以阻止推销者与使用者或决策者接触。

当然，并不是任何企业采购任何产品都必须有以上七种人员参加购买决策过程，但较正规的、较重要的采购会涉及以上各种人员。分析企业采购中心成员状况，有助于供应企业营销人员了解用户企业的采购权限、分工及评价标准，以便有针对性地开展工作。

2. 影响生产者购买行为决策的主要因素

生产市场购买者在作购买决策时受到很多因素的影响。有些营销人员认为经济因素是最重要的，而有些人却认为采购者对偏好、注意力、避免风险等个人因素反应敏感。实际上，在生产者市场的购买决策中，经济因素和个人因素对采购人员的影响是同样重要的。一般来说，如果所采购的商品效用和价格差异较大，经济因素就会成为采购人员所考虑的主要因素；而如果效用和价格差异较小，个人因素的影响就可能增大。一些采购人员会根据个人所得利益大小以及个人的偏好来选择供应商。

我们可以把影响生产者购买决策的因素归为四类：环境因素、组织因素、人际因素和个人因素。如图4-3所示。

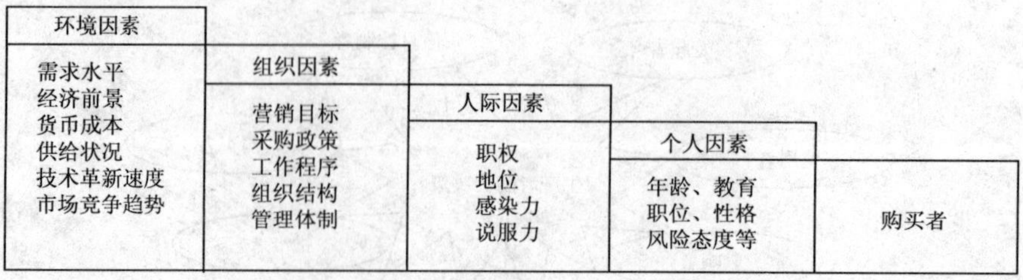

图4－3　影响生产者购买行为决策的主要因素

（1）环境因素

环境因素是指一个企业外部周围环境的因素，诸如一个国家的经济前景、市场需求、技术发展变化、市场竞争、政治法律等情况。经济前景不佳，市场需求不振，产业购买者就不会增加投资，甚至会减少投资，减少原材料的采购量和库存量。在这种环境下，营销者很难刺激总需求，他们只能争取增加或维持需求的份额。当前，一个越来越重要的环境因素就是重要原料的短缺，因此现在许多公司都愿意购买和掌握大量稀缺原料的存货，而与供应商签订长期供货合同，以保证充分的供应。文化和习俗也会极大影响产业购买者对营销者行为和策略的反应，特别是在国际营销环境中这种情况更为明显。技术的进步将导致企业购买需求的改变，彩电、手机、计算机等产品的升级换代，导致生产企业所需原材料和机械设备有了很大变化。总之，营销者必须注意上述这些因素，研究他们如何影响购买者，并努力把这些挑战转变为机遇。

（2）组织因素

组织因素是指企业本身有关的因素，诸如企业的目标、政策、程序、组织结构和制度等。企业营销人员应尽可能多地掌握这类情况。以采购目标来说，通常生产部门购买产品和服务都是为了通过降低成本和提高收入来增加利润。某些大的连锁公司购买自动存货系统，就是为了增加旗下各连锁店适销对路的产品和数量及其鲜活性；某个汽车公司更换其广告代理，就是希望新选的广告公司能为其策划更多有效的广告活动，以便能推销更多的汽车并增加收入；为了改善行政部门的决策，许多公司购买先进的计算机系统来处理数据。总之，在增加利润这个相同的目标下，各个生产部门的具体采购目标是互不相同的。了解生产部门的采购目标是对生产部门营销工作的首要步骤。另外，其他几个组织因素所引起的问题，营销人员必须尽量了解和注意。诸如：多少人参与购买决策？他们是谁？其评价标准是什么？公司对采购人员实行哪些政策与限制？等等。

企业营销人员应当注意到采购领域中的下列变化：

①采购部门升格。一般企业占销售额60%的成本是用于采购商品和服务，但采购部门的地位却较低。近年来，竞争的压力和采购部门人员素质的提高，使得许多企业把采购部门升格为副总裁级别，新的采购部门把原先单纯追求低成本的导向转变为寻求能提供最佳价值的供应商。有的跨国公司将采购部门升格为“战略材料部”，使之有条件、有责任在全世界范围内寻找战略伙伴。有的公司将采购、存货控制、生产计划、运输等多个职能部门合并为一个部门。供应商也应当提高销售部门的规格，派出级别较高的销售人员以便同买方的采购人员相称。

②交叉职能角色。采购部门及其人员比以往更多地参与新产品的设计与开发过程，参与具有多项职能的团队，比以往更加富有战略性、技术性和团队精神，责任更大。

③集中采购。设有多个事业部的公司，其大部分采购往往由各事业部分别完成。近年来，有的公司实行集中采购制度，设立统一的采购部门，将原先由各事业部分别进行的采购工作集中起来，以保证产品质量、扩大采购批量和降低采购成本。对供应商来说，这种改变意味着将与人数更少但素质更高的采购人员打交道，可以考虑用全国性重点客户销售队伍代替按照独立厂址设立的区域性销售队伍，以便更

好地与采购客户打交道。这是一项挑战，要求有更优良的销售队伍和营销计划。

④小额项目权力下放。许多公司在集中采购的同时将某些不重要的采购权力下放，如日常办公用品、年节发放礼品等。通常的形式是将一定金额的采购信用卡发放给员工，在指定的商店购物。这种做法方便了员工，也节省了采购部门的时间和精力。

⑤网上购物。网络技术的飞速发展，使得网上采购高速发展。例如，美国福里斯特研究公司认为，以往对美国企业间电子商务规模的预测数字太低，如今这一数字已高达2.4万亿美元。①

⑥长期合同。越来越多的企业采购者趋向于向供应商订立长期购买合同。企业通过电子订货系统将订单直接传送给供应商，以稳定、及时地获得所需物资。

⑦采购业绩评价和买方专业化发展。有的公司建立采购激励制度，奖励工作突出的采购人员，导致采购人员为争取最佳交易条件而对卖方增加压力。

⑧精益生产。许多制造商建立了精益生产系统，包括以下内容：准点，即生产过程中的每一阶段能够准时收到所需的全部原材料和零部件，目标是质量100%合格和零库存；严格的质量控制；频繁和准时的交货；供应商靠近重要客户；计算机订货系统；向供应商提供稳定的生产计划；单一供货来源和与供应商的长期合作。精益生产和准点存货系统对购买者公司的采购方式产生了显著的影响，要求原材料送达用户工厂的时间与该用户需要这种原材料的时间正好衔接。

(3) 人际因素

人际因素，指的是生产用品购买企业内部的人际关系因素。生产用品的购买决策过程较为复杂，进入采购中心和购买决策过程的人员较多，通常包括发起者、使用者、影响者、采购者、批准者、购买者和信息控制者。他们在企业中的地位、职权、具体任务、说服力、自身的经历以及他们的相互关系等不相同，因而在他们之间形成了复杂的人际关系，并且他们总是在这种纷繁复杂的人际关系的交互影响下在购买决策过程中发挥各自的作用。生产用品的生产经营企业在制定营销策略与开展营销活动时，应注意上述人际关系因素对生产用品购买者购买决策与购买行为的影响，特别要注意弄清生产用品购买企业的决策中心之所在、对决策发生影响的主要力量之所在等问题。

(4) 个人因素

个人因素，指的是每个参与生产用品购买企业购买决策的人，在决策过程中都会掺入个人的情感，而这些个人情感又受个人年龄、收入、教育程度、职位、性格以及对风险的态度等具体因素的影响。上述这些因素会使决策参与者对要采购的产品及供应商形成不同的看法，并最终影响到生产者的购买行为和购买决策。由于生产用品的生产经营企业在营销工作中要施加影响的主要是生产用品购买企业的各个决策者，而不是抽象的企业，因此对个人因素问题是不能忽视的。

在个人因素中，文化因素比较重要。不同国家与地区的文化差别很大，在外地或外国做业务时，要了解当地的社会和业务文化标准。例如，我国各民族比较注重人与人之间的交流沟通，交易过程中供需双方业务人员建立相互间良好情感和牢固的个人关系非常重要。我国北方人性格豪爽，在交易过程中表达意见比较直率；南方人性格细腻，在交易过程中表达意见比较委婉。法国人对自己的语言非常自豪，在商务洽谈过程中，如果你不会说法语，则要为此而道歉。德国人重视头衔，商务洽谈相互介绍时，要使用全称和准确的头衔，见面和会谈结束后要握双手表示问候和告别。日本商人在参加会议前都会知道会议的主题、对生意的影响以及自己在这次会议中的责任，与他们会谈之前必须提供一份详细的会议日程。在拉丁美洲，第一次正式的商务见面需要通过某位与顾客关系较好的第三方做介绍，等等。

图4-4显示采购中心和购买决策过程所受的影响来自环境、组织、人际关系和个人因素。当环境刺激进入组织后，会转换成购买者反应：产品和服务的选择，订购数量，交货期、服务和付款条件。营销人员必须理解企业内部是如何将刺激转换为购买反应的。

① 电子商务惊喜再现．美国：商业周刊，2003—05—12。

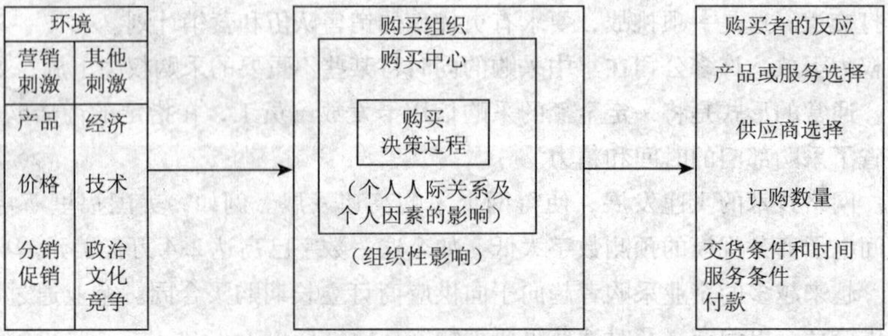

图 4－4　生产者购买行为模式

3. 生产者购买行为的决策过程

（1）生产者的交易导向

生产者采购的基本原则是用相对较低的成本获得最高价值的利益（经济、技术、服务和社会效益等）。营销人员的任务是给目标顾客提供尽可能高的消费价值。围绕着采购的基本原则，生产者有三种交易导向：购买导向、采购导向和供应管理导向。

①购买导向。指购买者与供应商之间的交易行为是不连续的，关系是不友好甚至敌对的。购买者注重短期交易和强硬的战术，认为买卖双方通过交易而获得的利益是一个固定大小的馅饼，自己必须尽量获得最大的馅饼份额，因此在商品性能和质量既定的情况下，会拼命地讨价还价，并且不断地寻找新的供应商，试图获得更低价格的商品。他们通常采取两种策略：一是标准化采购，即商品本身是标准化的，他们关心的只是价格；二是多来源采购，即寻找很多的供应商，并使其相互竞争。为了降低风险，购买者会根据过去的经验选择那些可靠的供应商。

②采购导向。指购买者建立了一套与更多的小型供应商保持良好合作关系的制度与方法，通过更好的管理询价、转换及成本控制来寻求节约，不是单纯压低供应商的价格以降低成本，而是分享节约的利益。他们与供应商在原材料供应的早期阶段（如库存水平、及时管理及产品设计阶段）就开始密切配合，更加关注订立长期合同以保证原材料的不间断供应。采购目标是使自己和供应商都能在交易中获利。在公司内部，采购人员与制造人员紧密配合共同执行材料需求计划。

③供应管理导向。指购买者把采购工作视为从原材料开始到用户结束整个价值链中的重要环节，制定精益计划，与供应商建立更加紧密的关系，让供应商参与产品设计与成本节约过程，通过拉动需求而不是推动供应来增进价值。美国的先锋哈波特公司是一家销售玉米种子和其他农产品的供应商，它的专利产品杂交玉米种子比竞争对手的产量要高 10% 以上，售价也较高。但是该公司发现种子只占农民整个价值链中的 21%。为了获得价值链上更多的份额，公司从三个方面入手：一是增强种子的抗病能力，在提高售价的同时减少农民在农药上的支出；二是随同种子一同出售化肥和农药；三是为农民提供附加服务，通过提高农民的利益而增加本公司的利益。公司为销售代表配备了笔记本电脑，为农民提供信息，将农民所购种子的价格、种植面积和生产特点记录下来，帮助农民选择合适的种植方式。作为先锋哈波特公司这些投资的回报，该公司在种子市场所占份额有了大幅度提高。

（2）生产者购买行为的决策过程

供货企业的最高管理层和市场营销人员还要了解其顾客购买过程的各个阶段的情况，并采取适当措施，满足顾客在各个阶段的需要，才能成为现实的卖主。购买者购买过程分几个阶段，取决于购买者行为类型的复杂程度。

在直接重购这种最简单的行为类型下，购买者购买过程的阶段最少；在修正重购情况下，购买过程的阶段多一些；而在新购这种最复杂的情况下，购买过程的阶段最多，要经过八个阶段。如表 4－1 所示。

表 4-1　　生产者购买行为的决策过程

购买阶段	购买类型		
	新购	修正重购	直接重购
认识需要	是	可能	否
确定需要	是	可能	否
说明需要	是	是	是
物色供应商	是	可能	否
征求供应建议书	是	可能	否
选择供应商	是	可能	否
签订合同	是	可能	否
绩效评价	是	是	是

①认识需要

当企业中有人认识到了某个问题或某种需要可以通过得到某产品或服务解决时，便开始了采购过程。认识需要由两种刺激引起：

内部刺激。如企业决定推出一种新产品，于是需要购置新设备或原材料来生产这种新产品；企业原有的设备发生故障，需要更新或购买新的零部件；或者已采购的原材料不能令人满意，企业正在物色新的供应商关系。

外部刺激。主要指采购人员在某个商品展销会引起新的采购注意，或者接受了广告宣传中的推荐，或者接受了某些推销员提出的可以供应质量更好、价格更低的产品的建议。可见，组织市场的供应商应主动推销，经常开展广告宣传，派人访问用户、以发掘潜在需求。

②确定需要

认识到一项需要之后，购买者要进一步明确所需产品的数量和各项性能。对于标准化的产品来说，这不是什么大问题，但如果产品复杂，采购者就必须与技术人员、使用者等来共同研究确定产品的一般特征。他们将对产品的可靠性、耐用性、价格及其他属性按重要程度的先后加以排列。在此阶段，产品营销者可通过向购买者描述产品特性的方式向他们提供某种帮助，协助他们确定其所属公司的需求。

③说明需要

说明需要是指所购产品的品种、性能、特征、数量和服务，写出详细的技术说明书，作为采购人员的采购依据。买方会委派一个专家小组从事这项工作，卖方也应通过价值分析向潜在顾客说明自己的产品和价格比其他品牌更理想。未列入买方选择范围的供应商可通过展示新工艺、新产品把直接重购转变为新购，争取打入市场的机会。

④物色供应商

物色供应商是指采购者根据产品技术说明书的要求寻找最佳供应商。为此，他们会从多处着手，可以咨询商业指导机构，查询电脑信息，打电话给其他公司要求推荐好的供应商，或者观看商业广告，参加展览会。供应商此时应大做广告，并在各种商业指导指南或宣传机构中登记自己的公司名字，争取在市场上树立起良好的信誉。生产企业购买者通常会拒绝那些生产能力不足、声誉不好的供应商，而对合格的供应商则会登门拜访，查看他们的生产设备，了解其人员配置。最后，采购者会归纳出一份合格供应商的名单。

⑤征求供应建议书

征求供应建议书是指企业的采购经理邀请合格的供应商提出建议。如果采购复杂的、价值高的品种，采购经理应要求每个潜在的供应商都提交详细的书面建议。采购经理还要从合格的供应商中挑选最合适的，要求他们提出正式的建议书。因此，卖方企业的市场营销人员必须善于提出与众不同的建议书，使本公司在竞争中脱颖而出，争取成交。

⑥选择供应商

选择供应商是指生产者用户对建议书要加以分析和评价，以确定供应商。评价内容包括供应商的产品质量、性能、产量、技术、价格、信誉、服务、交货能力等。表4－2的分析范例说明了选择供应商的评价方法。

生产者用户在做出决定前，还可能与较为中意的供应商谈判，以争取较低的价格和较好的供应条件，供应商的营销人员要制定应对策略以防止对方压价和提出过高要求。生产者用户会同时保持几条供应渠道，以免受制于人，并促使卖方展开竞争。供应商要及时了解竞争的动向，制定竞争策略。

表4－2　分析范例

得分排列					
属性	权数	①	②	③	④
		差	一般	好	优越
价格	0.30				*
供应商要求	0.20			*	
产品可靠性	0.30				*
服务可靠性	0.10		*		
供应商灵活性	0.10			*	
总分：0.30×4+0.20×3+0.30×4+0.10×2+0.10×3=3.5					

⑦签订合同

签订合同是指采购人员就产品技术说明书、需要量、交货时间、退货政策、担保事宜等与选定的供应商签订最后的订单。采购员越来越多地由签订定期购买订单转向长期有效采购合同。在一定时间内，供应商答应按协议价格持续供货，存货由卖方保持，需要时发一份订单给供货商取货。这使得供货双方联系密切，给其他供应商的进入造成困难。

⑧绩效评价

在此阶段，采购者对各供应商的绩效进行评估。他们可以通过三种途径：直接接触最终用户，征求他们的意见；应用不同的标准加权计算来评价供应商；把绩效不理想的开支加总，以修正包括价格在内的采购成本。通过绩效评价，采购者将决定延续、修正或停止向该供应商采购。供应商则应该密切关注采购者使用的相同变量，以便确信为买主提供了预期的满足。

以上各个环节，对于不同的购买类型是不同的，“新购”情况下要经历全部的购买过程，而直接重购和修正重购则可能只需要某些阶段，购买类型不同，购买过程是不同的。因此，企业营销人员就必须根据不同时期、不同购买类型，确定购买者的阶段，从而采取有效的营销策略，达到营销目的。

4.3　中间商市场购买行为

中间商具有生产者和最终消费者所不能代替的特殊作用。在现代市场中，生产者生产的产品的确还有一部分是自产自销，直接卖给最终消费者和用户，如一些笨重复杂的机器，用户订购及预约加工的产品，邮购商品、上门推销商品等，但绝大部分产品还得通过或多或少的批发商或零售商转卖给最终消费者和用户，转卖者由此在市场中发挥沟通产销的媒介作用。因此，中间商市场也是组织市场的一个重要组成部分。

4.3.1 中间商市场的含义与特点

（一）中间商市场的含义

中间商市场又称转卖者市场，是由那些以获取利润为目的来购买商品进行转卖或出租的个人和机构。中间商在市场上购买货物，主要是用于转卖，此外他们也购买一些货物和劳务用于维持自身经营的需要，但这也是为转卖服务的。因此，本节只分析前一种情况。

从转卖者市场的具体构成来看，它包括多种类型的批发商和各式各样的零售商。批发商是指以非最终消费者为销售对象的产品转卖者。批发商购买产品并把其转卖给零售商和其他商人以及产业消费者、机关用户、事业单位和商业用户等，而不是直接把产品转卖给最终消费者。按所在的地区可以分为生产地批发商、接收地批发商、中转地批发商和销售地批发商；按业务范围主要分为一级批发、二级批发、三级批发。在经济发达国家，批发商可分为两大类：取得商品所有权的叫作独立批发商或商人批发商；不能取得商品所有权的叫代理批发商。零售商是指以最终消费者为转卖对象的转卖者。

中间商在整体市场中的分布状态居中，较生产者分散，但比最终消费者集中，中间商市场也是一个相当大的不容忽视的市场。

（二）中间商市场的特点

中间商介于生产者和消费者之间，这就决定了中间商市场的特点有许多与生产者市场相似，也有某些与消费者市场相似。概括起来，中间商市场具有如下特点：

1. 从社会整体市场的角度看，中间商市场的空间分布状态居中，较生产者分散，较消费者集中。

2. 中间商之间在规模上的差异，较生产者之间的差异更为明显。

3. 中间商的购买批量，因市场需求、自身的经营规模、资金能力、储存条件等的不同而存在着很大的差别。

4. 中间商市场的需求也是一种派生的需求，但对社会需求变化做出的反应一般较生产者快得多，因此中间商市场的供应商更应注意从社会需求的角度来了解和把握中间商市场的需求内容、需求水平及变化趋势。

5. 中间商是从购销差价中获取利润的，通常要承担货主风险，这决定了他们的购买行为理性度很高。

6. 生产者市场的购买者通常是在产品具有适用性的基础上考虑有关的交易条件的，而中间商市场的购买者则一般是在产品适销对路的基础上考虑有关的交易条件的，他们对产品的技术性要求通常只强调其符合有关的技术标准。

7. 中间商市场较生产者市场对价格的敏感性强，而且通常需要供货企业在广告宣传、商业信用、退货保障及有关的服务等方面给予支持和协助。

8. 中间商市场的购买者较生产者市场的购买者在供货来源的选择方面有更大的自由度，因而具有经常变换供应商的倾向，以获取更有利的交易条件，寻求更适销对路的产品，这进一步激化了中间商市场的供应商之间的竞争。

9. 中间商市场较生产者市场的挑选性强，中间商进货时讲究商品组合配置，需要品种齐全、花色丰富，以满足消费者的多样化需求，提高他们的购买效益。

10. 中间商市场普遍要求交货迅速，一旦发现市场机会，就会提出订单，要求立即交货以满足消费者的需要，赚取利润。因此，中间商市场近期购买比远期订货量大。

掌握中间商市场的购买特点，供应商就能够采用适当的策略，在竞争中居于有利地位。

4.3.2 中间商购买的类型与影响因素

（一）中间商购买的类型

1. 中间商购买的类型

在采购业务中，中间商要根据不同的购买类型作相应的决策。中间商的购买类型可分为以下四种：

（1）直接重购

直接重购是指中间商的采购部门按照过去的订货目录和交易条件继续向原先的供应商购买产品。中间商会对以往的供应商进行评估，选择感到满意的作为直接重购的供应商，在商品库存低于规定水平时就按照常规续购。在这种情况下，中间商的购买决策过程及具体的购买业务是非常简单的。

（2）选择最佳供应商

选择最佳供应商是指中间商已经确定需要购进的产品，再寻找最合适的供应商。这种购买类型的发生往往与以下情况有关：第一，当直接重购的产品难以买到时，转卖者便有必要重新寻找货源，选择最合适的供应商。第二，各种品牌货源充裕，但是中间商缺乏足够的经营场地，只能选择经营某些品牌。第三，中间商打算用自创的品牌销售产品，选择愿意为自己制造定牌产品的生产企业。国内外许多大型零售商场都有自己的品牌。

（3）改善交易条件的采购

改善交易条件的采购，是指中间商希望现有供应商在原交易条件上再作些让步，使自己得到更多的利益。如果同类产品的供应增多或其他供应商提出了更有诱惑力的价格和供货条件，中间商就会要求现有供应商加大折扣、增加服务、给予信贷优惠等。他们并不想更换供应商，但是会把这作为一种施加压力的手段。

（4）新品种购买

新品种购买是第一次购买某种从未采购过的新品种。在这种购买行为情况下，中间商就要对该品种产品的销售市场进行调查研究以决定是否经营，同时要了解供货来源并选择供应商，此外还要考虑和决定交易条件等方面的一系列问题，因此中间商的购买决策过程与具体的采购业务最为复杂。

2. 中间商的购买对象

一般来说，零售商的购买对象主要是各类消费资料，批发商的购买对象既包括各类消费资料也包括各类生产资料。但是，就每一个具体的中间商来说，在上述范围内他们的购买对象也存在着很大的差别，如有的零售商只专门购买某一类甚至某一种消费品，有的则购买多种类的消费品；有的批发商专门购买消费资料或生产资料，有的则兼而有之。

3. 中间商采购的进货方式

中间商的进货方式，批发商与零售商有所不同。批发商在进货批量、进货途径等方面与生产者采购差别不大，都要求向“一揽子合同”（无库存采购）和合作广告等方面转化，而零售商的进货方式一般有三种。

（1）集中进货。这是指零售商设置专门采购人员统一进货，然后分配到各商品组（柜台）销售。这种方式一般适用于人员少、资金少、经营品种少的小型零售店和专卖店。

（2）分散进货。这是指由零售商各商品部在核定的资金范围内自行采购。一般适用于大型零售商。

（3）联购分销。它是指由若干个零售商统一从送配中心进货，然后再分别销售。它的优点是可以降低进货成本，节约交易和运输费用，缺点是在组织工作上有一定的难度。联购分销是伴随着物流革命，现代化的大规模送配中心的兴起，而发展起来的连锁业普遍采用的一种进货方式。

（二）中间商购买行为的影响因素

中间商的购买行为同生产者市场一样，也受到环境因素、组织因素、人际因素和个人因素的影响。此外，采购者个人的购买风格也具有不可忽视的影响。狄克森（Roger A. Dickinson）把采购者个人的购买风格分为7类：

1. 忠实的采购者

这是指长期忠实地从某一供应商处进货的采购者。这种采购者对供应商是最有利的，供应商应当分析能够使采购者保持“忠实”的原因，采取有效的措施使现有的忠实采购者保持忠实，将其他采购者转变为忠实的采购者。采购者忠实于某一渠道的原因有多种：首先是利益因素，对供应商的产品质量、价格、服务和交易条件感到满意或未发现更理想的替代者；其次是情感因素，长期合作，感情深厚，有过在困难时期互相帮助的经历，即使对方偶有不周之处也不计较，即使其他供应商的产品质量和交易条件与之相同或略优，也不愿轻易更换；最后是个性因素，该采购者认识稳定，习惯于同自己熟悉的供应商打交道，习惯于购买自己熟悉的产品。

2. 随机型采购者

这类采购者事先选择若干符合采购要求、满足自己长期利益的供应商，然后随机地确定交易对象并经常更换。他们喜爱变换和不断地尝试，对任一供应商都没有长期的合作关系和感情基础，也不认为某一供应商的产品和交易条件优于他人。对于这类采购者，供应商应在保证产品质量的前提下提供理想的交易条件，同时增进交流，帮助解决业务的和个人的困难，加强感情投资，使之成为忠实的采购者。

3. 最佳交易采购者

最佳交易采购者指力图在一定时间和场合中实现最佳交易条件的采购者。这类采购者在与某一供应商保持业务关系的同时，还会不断地收集其他供应商的信息，一旦发现产品或交易条件更佳的供应商，就立刻转换购买。他们一般不会成为某一供应商的长期顾客，除非该供应商始终保持着其他竞争者无法比拟的交易条件。这类采购者的购买行为理智性强，不太受情感因素支配，关注的焦点是交易所带来的实际利益，供应商若单纯依靠感情投资来强化联系则难以奏效，最重要的是密切关注竞争者的动向和市场需求的变化，随时调整营销策略和交易条件，提供比竞争者更多的利益。

4. 创造性的采购者

创造性采购者指经常对交易条件提出一些创造性的想法并要求供应商接受的采购者。这类采购者有思想，爱动脑，喜创新，常常提出一些新的尝试性的交易办法，在执行决策部门制定采购方案时，最大限度地运用自己的权限，按照自己的想法去做。对于交易中的矛盾分歧能提出多种解决方案以便双方接受，如果实在无法调和，则更换供应商。对于这类采购者，供应商要给予充分尊重，好的想法给予鼓励和配合，不成熟的想法也不能讥笑，在不损害自己根本利益的前提下，尽可能地接受他们的意见和想法。

5. 追求广告支持的采购者

这类采购者是指把获得广告补贴作为每笔交易的一个组成部分，甚至是首要目标的采购者。这类采购者重视产品购进后的销售状况，希望供应商给予广告支持，以扩大影响，刺激需求。这种要求符合买卖双方的利益，在力所能及或合理的限度内，供应商可考虑给予满足。

6. 斤斤计较的采购者

这是指每笔交易都反复地讨价还价，力图得到最大折扣的采购者。这类采购者自认为非常精明，每笔交易都要求对方做出特别的让步，一些蝇头小利也不放过，只选择价格最低或折扣最大的供应商。与这类采购者打交道是比较困难的，让步太多则无利可图，让步太少则丢了生意。供应商在谈判中要有耐心和忍让的态度，以大量的事实和数据说明自己已经做出了最大限度的让步，争取达成交易。

7. 琐碎的采购者

这类采购者每次购买的总量不大，但品种繁多，重视不同品种的搭配，力图实现最佳产品组合。供应商与这类采购者打交道会增加许多工作量，如算账、开单、包装和送货等，应当提供细致周到的服务，不能有丝毫厌烦之意。

中间商在采购时特别重视价格谈判，这也是营销人员必须引起高度注意的。尤其是当中间商的经营成本上升或消费者需求下降导致边际利润减少时，更注意进货价格。因为许多商品的商业利润本来就很低，一旦经营费用上升或需求下降，就可能出现亏损。因此，中间商在决定是否采购某种新产品或选择某家供应商时，通常要考虑的因素主要有：商品价格和利润率；商品的独特性和商品的销路；供应商对该产品的市场定位、营销策略及对该产品提供的广告宣传和促销补贴；供应商的声誉或形象等。

4.3.3 中间商的购买决策分析

（一）中间商的购买行为决策

一般来说，中间商在做出购买行为决策时，主要考虑以下因素。

1. 选择购买的货色

一般地说转卖者会根据其货色战略确定的经营范围来选择经营的产品种类，但在产品的具体规格、式样、质量等方面仍要根据市场需求等有关情况做出具体分析和决定。

2. 选择购买的时间和数量

中间商本身的“转手买卖”的特点，决定了他们对选择购买时间的苛刻程度，这与最终消费者是无法比较的，他们常常把提出订货单的时间延迟到最后一刻，这样就可以较有把握地知道最终消费者和其他买主的需要，使商品适销对路，从而避免承担库存过多的风险。但他们一旦提出订货单，就又要求能尽快提到货，转手卖给买主，以免占用资金。由于中间商赚取的单位产品利润极其微小，因此他们的购买数量都比较大，通过多购和薄利多销来牟取较大的利润。但多购的程度还要依据中间商现有的存货水平和预期的需求水平加以选择。这种选择往往会受到以下两种影响：或者偶然地大量订购，这样可以降低订购成本，并且从供应商手中获得可观的折扣；或者经常性地较少量订购，这样可以减少商品库存成本。中间商会据此进行成本比较，然后做出有利于自己的购买决策。供应商必须确知中间商的订购意图，以便采取相应的推销策略。

3. 选择供应商

中间商的市场购买活动，都是以营利为目的，且购买的数量比较多。因此，他们与最终消费者有很大的区别。最终消费者多属即兴购买、冲动性购买，对供应者的选择比较随意。而中间商的购买行为却相反，他们多属理性购买，对供应商及其产品的选择比较慎重。面对众多上门乞求推销产品的供应商，他们总是要根据交易的优惠条件、合作的诚意以及当时所处的市场营销环境、产品的销路、经营的能力、本身的经营风格等各方面来加以甄选。谁能投中间商之所好，谁能够满足中间商不断变化的特殊需求，谁就能幸运地成为中间商的卖主。

4. 选择购买条件

购买条件的优劣直接影响中间商的经营效益，因为中间商和制造商一样都是致力于盈利的事业者，巨大的经营风险迫使他们力争在制造商身上得到尽量多的优厚购买条件。他们会向制造商寻求价格协商，价格折扣和广告津贴；要求交货及时迅速；要求卖方有充分的信用保证，以应付商品不受欢迎、有缺陷破损而需要进行处理的情况；在顾客购买了商品后又提出抗议、投诉或需要修理时，要求制造商能无条件地承担责任等。其中，价格是一个极其重要的条件。这是因为，中间商的需求与工业用品购买者的需求一样，都属于派生需求，都会受最后消费者需求的影响，而且中间商在价格问题上更为敏感，中间商与最后消费者的关系更为直接，最终消费者对商品价格的要求能迅速地为中间商所觉察，中间商就会据此向制造商提出合理的价格条件。

中间商在一项购买行动之前所要做出的一系列购买决策，就形成了中间商的购买决策结构。中间商购买决策结构的复杂性程度，与中间商的购买对象有关，但主要还是与中间商面对的购买问题的性状以及中间商购买行为的类型有关。

（二）中间商购买行为决策的参与人员和组织形式

中间商购买过程参与者的多少与商店的规模和类型有关。在小型方便商店中，店主亲自进行商品选择和采购工作。在大公司里，有专人或专门的组织从事采购工作，重要的项目有更高层次和更多的人员参与。这些人和组织分别扮演着六种角色中的一种或几种，像生产者用户那样形成一个事实上的“采购中心”。虽然不同类型中间商如百货公司、超级市场、杂货批发商等采购方式不同，同类中间商的采购方式也有差别，但是其中也有许多共性。以连锁超市为例，参与购买过程的人员和组织主要有：

1. 商品经理

他们是连锁超级市场公司总部的专职采购人员，分别负责各类商品的采购任务，收集同类商品不同品牌的信息，选择适当的品种和品牌。有些商品经理被赋予较大的权力，可以自行决定接受或拒绝某种新产品或新品牌。有些商品经理权力较小，只是负责审查和甄别，然后向公司的采购委员会提出接受或拒绝的建议。

2. 采购委员会

通常由公司总部的各部门正副经理和商品经理组成，负责审查商品经理提出的新产品采购建议，做出购买与否的决策。由于商品经理控制信息和提出建议，事实上具有决定性作用。采购委员会只是起着平衡各种意见的作用，在新产品评估和购买决策方面产生重要影响，并代替商品经理向供应商提出拒绝购买的理由，充当二者之间的调解人。

3. 分店经理

分店经理是连锁超市下属各分店的负责人，掌握着分店一级的采购权。在美国连锁超级市场各个分店的货源有2/3是由分店自行决定采购的，只有1/3是由公司从上而下强行分配下来的。即使某种产品被连锁公司总部的采购委员会接受，也不一定被各个分店接受。因此，这大大增加了制造商的推销新产品的难度。尽管制造商每周能推出150～250种新产品交由超级市场推销，但商店店容只允许其中10%的新产品送上货架。那么，分店经理是根据什么来采纳这10%的新产品呢？据美国尼尔逊公司的研究，主要取决于以下三个因素：

（1）消费者是否愿意购买这种新产品，即这种新产品是否适销对路。

（2）供应商的广告宣传和促销手段能否打动分店经理的心。

（3）供应商将给各分店怎样的折扣等优惠交易条件。

供应商的销售人员可以根据上述特点寻求自已最好的推销机会。

（三）中间商的购买决策过程

中间商与生产者的购买过程基本相同，如新品种的购买都须完整地经历八个阶段，而其他类型的采购则可能跳过某一个或某几个阶段。

1. 认识需要

认识需要是指中间商认识自己的需要，明确所要解决的问题。它可以由内在刺激和外在刺激引起。内在刺激是中间商通过销售业绩分析，认为目前经营的品种陈旧落伍，不适应市场需求潮流，从而主动寻求购进新产品，改善产品结构；外在刺激是指中间商的采购人员通过广告、展销会、供应商的推销人员或消费者等途径，了解到有更加适销对路的新产品，产生购买欲望。

2. 确定需要

中间商根据产品组合策略确定购进产品的品牌、规格和数量。可供选择的产品组合策略有四种：

（1）独家产品。即中间商只经营某一家制造商的产品。比如某电器商店专门经营 TCL 牌电视机。这类产品往往是专利产品、具有技术诀窍的产品、特殊产品、联营企业的产品以及中间商所处地区市场上不易买到的某家企业的产品等。

（2）专深产品。即中间商经营许多家制造商生产的同类产品的各种型号、规格和样式。比如，某电器商店经营多个品牌的电视机。

（3）广度产品。即中间商经营种类繁多、范围广泛但属同一行业的有一定关联性的多系列、多品种产品。如某电器商店经营空调、冰箱、电视机、洗衣机等。

（4）混合产品。即中间商不加选择、不受限制地经营多种行业许多制造商生产的有关联和没有关联的种类繁多的产品。如某电器商店经营空调、冰箱、食品、服装、化妆品等。

3. 说明需要

即说明所购产品的品种、规格、质量、价格、数量和购进时间，写出详细的采购说明书，作为采购人员的采购依据。中间商为了减少"买进卖出"带来的风险，对产品购进时间的要求极其严格，或者要求立即购进以赶上消费潮流，或者把购进时间一拖再拖以看清消费倾向。中间商决定购买数量的主要依据是现有的存货水平、预期的需求水平和成本—效益的比较。供应商了解中间商的购买意图，采取相应的营销策略。

4. 物色供应商

购买人员根据要求通过多种途径收集信息，以寻求最佳供货商。这时一般有四种情况：一是继续购买老产品，且原来的供应商有充足货源，没有明确信息表明其他供应商会提出更优惠的条件，这时购买者会继续与原供应商交易。二是继续购买老产品，但原供应商的货源不足，或企业获知其他供应商愿意提供更优惠的条件，购买者就会寻找其他供应商。在销售旺季，我们经常看到商店采购员到外地去采购季节性的传统紧俏商品，多半就是这种情况。三是打算购买新产品，这时如果供应商"独此一家"，购买者就可能只好与其交易。四是继续购买老产品或打算购买新产品，且各供应商或各品牌的货源都很充足，但购买者自身的资金、仓容、货架有限，只好寻找和选择少数供应商或少数品牌。

5. 征求供应建议书

这一阶段的情况与生产者的情况基本相同。邀请合格的供应商提交供应建议书，筛选后留下少数选择对象。

6. 选择供应商

采购部门和决策部门在筛选后的供应商中确定所购产品的最终供应商。这也与生产者购买决策过程的基本情况相同，区别在于：中间商的购买多属于专家购买、理性购买，希望从供应商那里得到更多的优惠条件。如要求供应商给予广告补贴或直接帮助做广告，要求供应商提供产品维修补贴或直接帮助维修，允许退换有缺陷破损的商品，遇到顾客投诉或产品质量事故等纠纷无条件地承担责任等。

7. 签订合同

这一阶段中间商主要是根据采购说明书和有关交易条件与供应商签订订单。同生产者、购买者一样，中间商也倾向于签订长期的有效合同，以保证货源稳定、供货及时，减少库存成本。

8. 绩效评价

与生产者、购买者一样，订购之后要对各个供应商的绩效、信誉、合作诚意等进行评价，如果绩效评价是不满意的，原因也不在中间商自己的经营管理，那么，中间商就会考虑改变产品或购买数量，改变供应商，或在以后的交易中向供应商提出更高的要求。

4.4 非营利组织与政府市场购买行为

4.4.1 非营利组织市场购买

（一）非营利组织市场的含义

非营利组织，泛指具有稳定的组织形式和固定的成员，不属于政府机构和私人企业而独立运作，发挥特定社会功能，不以获取利润为目的，而以推进社会公益为宗旨的事业单位与民间团体。非营利组织市场是指为了维持正常运作和履行职能而购买产品和服务的各类非营利组织所构成的市场。非营利组织市场的购买者主要包括学校、医院、群众团体等非营利组织，它们是不以获得利润为目的，而以推进社会公益为宗旨的事业单位与民间团体。

（二）非营利组织的类型

按照不同的职能，非营利组织可分为三大类：

1. 履行国家职能的非营利组织

履行国家职能的非营利组织，是指服务于国家和社会，以实现社会整体利益为目标的有关组织。包括各级政府和下属部门、保卫国家安全的军队、保障社会公共安全的警察和消防队、管制和改造罪犯的监狱等。

2. 促进群体交流的非营利组织

促进群体交流的非营利组织，是指促进某群体内成员之间的交流，沟通思想和感情、宣传普及某种知识和观念，推动某项事业的发展，维护群体利益的各种组织，包括各种职业团体、业余团体、宗教组织、专业学会和行业协会等。

3. 提供社会服务的非营利组织

提供社会服务的非营利组织，是指为某些公众的特定需要提供服务的非营利组织。包括学校、医院、红十字会、卫生保健组织、新闻机构、图书馆、博物馆、文艺团体、基金会、福利和慈善机构等。

（三）非营利组织的购买特点和方式

1. 非营利组织的购买特点

总的来说，非营利组织购买的特点主要表现在五个方面：

（1）限定总额。非营利组织的采购经费总额是既定的，不能随意突破。比如，政府采购经费的来源主要是财政拨款，拨款不增加，采购经费就不可能增加。

（2）价格低廉。非营利组织大多数不具有宽裕的经费，在采购中要求商品价格低廉。政府采购用的是纳税人的钱，要求仔细计算，用较少的钱办较多的事。

（3）保证质量。非营利组织购买商品不是为了转售，也不是使成本最小化，而是维持组织运行和履行组织职能，所购商品的质量和性能必须保证实现这一目的。比如，医院以劣质食品供应病人就会损害声誉，采购人员必须购买价格低廉且质量符合要求的食品。

（4）受到控制。为了使有限的资金发挥更大的效用，非营利组织采购人员受到较多的控制，只能按照规定的条件购买，缺乏自主性。

（5）程序复杂。非营利组织购买过程的参与者多，程序也较为复杂。比如，政府采购要经过许多部门签字盖章，受许多规章制度约束，准备大量的文件，填写大量的表格，遭遇官僚气息严重的人则更加难办。

2. 非营利组织的购买方式

（1）公开招标选购。即非营利组织的采购部门通过传播媒体发布广告或发出信函，说明拟采购商品的名称、规格、数量和有关要求，邀请供应商在规定的期限内投标。有意争取这笔业务的企业要在规定时间内填写标书，密封后送交非营利组织的采购部门。招标单位在规定的日期开标，选择报价最低且其他方面符合要求的供应商作为中标单位。

采用这种方法，非营利组织处于主动地位，供应商之间却会产生激烈竞争。供应商在投标时应注意以下问题：①自己产品的品种、规格是否符合招标单位的要求。非标准化产品的规格不统一，往往成为投标的障碍。②能否满足招标单位的特殊要求。许多非营利组织在招标中经常附带提出一些特殊要求，比如提供较长时期的维修服务，承担维修费用等。③中标欲望的强弱。如果企业的市场机会很少，迫切地需要赢得这笔生意以维持经营，就要降低标价；如果还有其他更好的机会，只是来尝试一下，则可以提高标价。

（2）议价合约选购。即非营利组织的采购部门同时和若干供应商就某一采购项目的价格和有关交易条件展开谈判，最后与符合要求的供应商签订合同，达成交易。这种方式适用于复杂的工程项目，因为它们涉及重大的研究开发费用和风险。

（3）日常性采购。指非营利组织为了维护日常办公和组织运行的需要而进行采购。这类采购金额较少，一般是即期付款，即期交货，如购买办公桌椅、纸张文具、小型办公设备等。类似于生产者市场的“直接重购”或中间商市场的“最佳供应商选择”等类型。

4.4.2 政府市场采购

（一）政府市场的含义和特点

1. 政府市场的含义

政府市场又称政府机构市场，它是由那些为执行政府主要职能而采购或租用货物的各级政府机构和下属各部门组成。也就是说，在一个国家的政府机构市场上的购买者是这个国家各级政府结构的采购部门。由于各国政府通过税收、财政预算等掌握了相当大一部分国民收入，这些收入往往要通过预算支出，用来购买政府机关运转及实现其职能所需的各种产品和劳务，或者用于建立为国民服务的各种设施，因而形成了一个很大的市场。政府单位和事业单位购买的产品包罗万象，如武器、电脑、家具、电器、被服、办公用品、卫生设施、通信设备、交通工具、能源等。如此规模巨大而且需求多样化的政府市场，任何企业都不应忽视，在市场营销学中，应当重视对政府市场的研究。

2. 政府市场的特点

政府市场在一些方面与生产者市场有相似之处，如购买者数量较少、每次购买量大，同是理智性购买、直接购买等。但是政府市场作为一个特殊的需求者，在许多方面又有着自身的特殊性。

（1）政府采购主要是为了行使一定的国家或社会职能，不是谋求盈利，因而其采购什么及采购多少要更多地考虑到全社会利益。

（2）政府需求同个人需求一样，基本上是一种最终需求，其支出对一个社会来讲主要是一种耗费，不是再为市场提供一些中间商品。这使政府可以通过政府支出的变化达到调节经济的目的。

（3）政府市场采购程序比较复杂。政府市场需求品种繁多，并在公众的监督下，涉及较多的环节和部门，其采购往往比生产者或中间商更为慎重，因而购买程序复杂。

（4）政府采购往往带有指令性计划性质，尤其体现在对一些关系国家安全的商品与劳务，如国防用品、基础类产品等的采购方式中。当然，对于公务用品，政府更多是采用招标或合同的方式来完成采购任务。

（5）政府市场的需求相对缺乏弹性。各级政府的需求由于要受预算的约束，在预算期内具有较强的刚性，因而在总量上需求弹性相对较小，即随着政府欲购商品价格的上升或下降，政府部门的货币支出量不会有大的变动。这一点与生产企业完全相反，后者在短期内的实际需求量是缺乏弹性的，但是其货币需求总量却是富有弹性的。

（6）政府采购往往关照本国公司。因此，许多跨国公司经常采用与东道国供应商联合投标的迂回方式。

生产企业或供应商只要了解和掌握政府市场的购买特点，增强预见性，使自己的产品或劳务符合政府市场的采购需要，并且在履约中建立起信誉，就完全可以获得满意的效果。

（二）政府市场的购买决策过程

1. 政府市场的购买目的

政府采购的范围极其广泛，按照用途可分为军事装备、通信设备、交通运输工具、办公用品、日用消费品、劳保福利用品和其他劳务需求等。政府采购的目的不像工商企业那样是为了营利，也不像消费者那样是为了满足生活需要，而是为了维护国家安全和社会公众的利益。具体的购买目的有：加强国防与军事力量；维持政府的正常运转；稳定市场，政府有调控经济、调节供求、稳定物价的职能，常常支付大量的财政补贴以合理价格购买和储存商品；对外国的商业性、政治性或人道性的援助等。

2. 政府市场购买的基本原则

政府市场购买应遵循如下基本原则：

（1）公平、公开、公正和效益。政府市场购买应遵循公开、公平、公正和效益的原则，维护社会公共利益，促进和保障国家有关法律、法规和社会经济政策的贯彻执行。

（2）勤俭节约。政府市场购买应遵循勤俭节约的原则，制定采购物资和服务的标准，并严格执行标准，不得超标采购。

（3）计划。政府市场购买应遵循计划原则，按计划进行。采购主管部门应当根据经批准的预算和其他财政性资金的使用计划编制和公布采购计划。

3. 政府购买的方式和程序

政府机构采购商品是为了有效地履行其维护社会安全、保护社会公众利益、建设与维护公共设施等职能，购买的商品种类繁多，数量巨大，采购行为受社会密切关注，采购方式也较为特殊。政府采购基本上采用公开招标、邀请招标、竞争性谈判、单一来源采购、询价采购等方式。其中公开招标是政府采购的主要方式。

（1）公开招标。公开招标就是不限定投标企业，按照一般的招标程序所进行的采购方式。这种采购方式对所有的投标者是一视同仁的，主要看其是否能更加符合招标项目的规定要求。但由于整个招标、评标过程会耗费大量的费用，所以公开招标一般要求采购项目的价值比较大。

（2）邀请招标。邀请招标是指将投标企业限定在一定的范围内（一般必须三家以上），主动邀请它们进行投标。邀请招标的原因一方面是由于所采购货物、工程或服务具有一定的特殊性，只能向有限范围内的供应商进行采购；另一方面是由于进行公开招标所需要的费用占采购项目总价值的比例过大，即招标成本过高。所以对于采购规模较小的政府采购项目一般会采用邀请招标的方式。

（3）竞争性谈判。竞争性谈判是指政府单位采用同多家供应商同时进行谈判，并从中确定最优供应商的采购方式。一般适用于在需求紧急情况下，不可能有充裕的时间进行常规性的招标；或招标后没有合适的投标者；项目技术复杂、性质特殊无法明确招标规格等情况下，可以不采用招标方式，而采用竞争性谈判方式。

（4）单一来源采购。单一来源采购即定向采购，虽然所采购的项目金额已达到必须进行政府采购的标准，但由于供应来源因资源专利、合同追加或后续维修扩充等原因只能是唯一的，而适合采取单一来源的方式。

（5）询价采购。询价采购主要是指政府单位向国内外的供应商（通常不少于三家）发出询价单，让其报价，然后进行比较选择，确定供应商的采购方式。询价采购一般适用于货物规格标准统一，现货货源充足且价格变化幅度较小的政府采购项目。对于某些急需采购的项目，或招标谈判成本过高的项目也可采用询价采购的方式。

以上采购方式主要是指列入政府采购管理范围之内的采购项目的采购。所谓列入管理范围主要是指两方面，一是在法定的“集中采购目录”内的采购项目，二是达到所规定的采购金额标准的采购项目。规定的采购金额标准（通常也称作“门槛价”），是由政府有关部门（一般由财政部门参与）根据实际情况所规定的。在采购金额标准以下的采购项目，一般不受政府采购有关程序的约束，但也要求采用比价择优的方式。

政府采购的程序因采购方式的不同而不同：

（1）公开招标的采购程序。第一步进行招标前的准备，如上报购买计划，确定招标机构，制作招标文件等；第二步发布招标通告，让所有潜在投标人知道招标信息；第三步进行资格预审，即对于供应商的资格和能力进行事先的了解和审定；然后是发售招标文件、接受投标；在规定时间内接受了投标之后，进行公开统一开标、评标，确定供应商；最后同所有确定的供应商签订采购合同。

（2）邀请招标的基本程序。与公开招标差不多，只是其对于投标的供应商有一定的限制，不是采用发布招标通告，而是采取发出招标邀请书的方式进行招标的。

（3）竞争性谈判的程序。与一般商务采购程序差不多，通常包括四个基本环节：首先是询盘，即向供应方提出关于采购项目的价格及其他交易条件的询问。然后是发盘，即由接到询盘的供应方发出价格或交易条件的信息，也称“报价”（但有时也可由采购方首先发盘，供应方若无条件接受，交易合同就可成立），接着是还盘，即采购方对供应方的发盘（报价）提出一些修改意见，供应方修改后再向购买方还盘。此过程可反复进行，直至达成交易或拒绝交易。最后是接受，即采购方或供应方对于对方提出的价格和交易条件表示同意，从而双方的交易合同即可成立。竞争性谈判的这一程序是同时对各供应商开展的，由供应商进行公平竞争，采购方在同各供应商的发盘和还盘中去选择最合适的供应商。

（4）询价采购程序。一般也分为四步。第一步是选择供应商，一般应在三家以上；第二步是发出询价单，询价单除询问价格之外还应包括其他交易条件；第三步是评价和比较，由采购方对供应商报出的条件进行比较，然后做出选择；第四步是签订合同、履行购买。

（5）单一来源采购程序。由于没有竞争，所以不需要进行广泛的招标和竞价，但一般也要经过：提出采购要求，进行交易谈判和签订、履行交易合同的过程。实际上各种政府采购方式的基本程序还是相类似的，无非为五个基本步骤（见图4－5），即确定采购项目、发出采购信息、接受供应信息、评价选择供应者和签订履行合同。所不同的只是在发出信息和接受信息的方式和对象上有所不同。

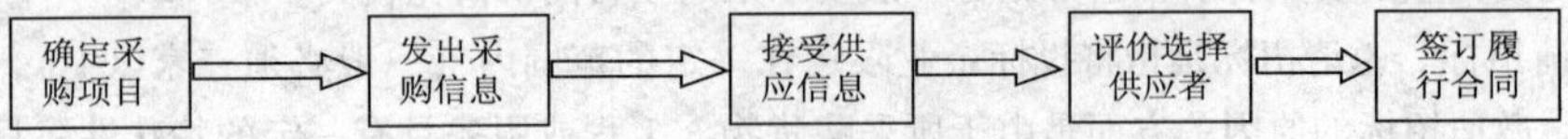

图4－5　政府采购方式的基本程序

4. 影响政府购买行为的主要因素

政府市场与生产者市场和中间商市场一样，也受到环境因素、组织因素、人际因素和个人因素的影响，但是在以下方面有所不同。

（1）受到社会公众的监督。虽然各国的政治经济制度不同，但是政府采购工作都受到各方面的监督。主要的监督者有：

①国家权力机关和政治协商会议。即国会、议会或人民代表大会、政治协商会议。政府的重要预算项目必须提交国家权力机关审议通过，经费使用情况要接受监督。

②行政管理和预算办公室。有的国家成立专门的行政管理和预算办公室，审核政府的各项支出并试图提高使用的效率。

③传播媒体。报刊、杂志、广播、电视等传播媒体密切关注政府经费的使用情况，对不合理之处予以披露，起到了有效的舆论监督作用。

④公民和社会团体。国家公民和各种社会团体对于自己缴纳的税赋是否切实地用之于民也非常关注，通过多种途径表达自己的意见。

（2）受到国际国内政治形势的影响。比如，在国家安全受到威胁或出于某种原因发动对外战争时，军备开支和军需品需求就大；和平时期用于建设和社会福利的支出就大。

（3）受到国际国内经济形势的影响。经济疲软时期，政府会缩减支出，经济高涨时期则增加支出。国家经济形势不同，政府用于调控经济的支出也会随之增减。我国出现“卖粮难”现象时，政府按照最低保护价收购粮食，增加了政府采购支出。美国前总统罗斯福在经济衰退时期实行“新政”，由国家投资大搞基础设施建设，刺激了经济增长。

（4）受到自然因素的影响。各类自然灾害会使政府用于救灾的资金和物资大量增加。

5. 政府市场购买过程的参与者

政府购买主要涉及五个方面的机构和人员：

（1）采购人。即货物、工程或服务的需要机构，由他们使用财政性资金进行采购并使用。

（2）采购代理机构。即专门设立的政府采购机构，在集中采购的情况下，由他们负责代理采购人履行采购业务。

（3）供应商。即参与政府采购的投标、谈判并在中标后向采购方提供货物、工程或服务的企业。

（4）采购相关人员。即在政府采购过程中进行中介、参与评标或谈判的有关人员，也包括提供有关信息的机构和人员。

（5）政府采购监督管理部门。属于政府的职能部门，负责对政府采购活动依法实施监督和管理。

这五方面机构和人员的关系大体上如图4－6所示。即由采购人提出采购申请；由专门的政府采购代理机构向有关供应商进行采购；采购相关人员参与采购的有关活动；政府采购监督管理部门对采购全过程实施监督。

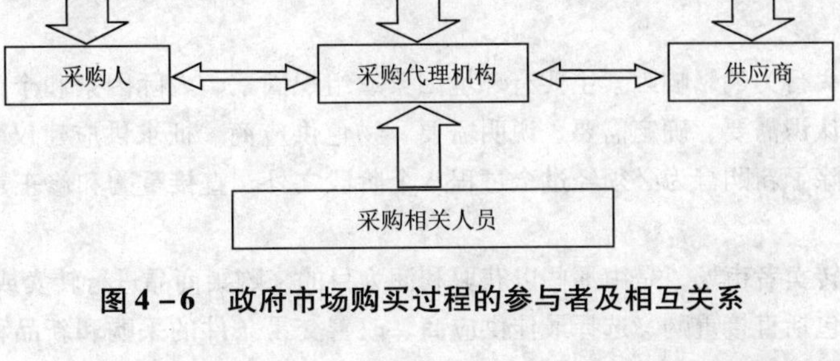

图4－6　政府市场购买过程的参与者及相互关系

6. 政府市场购买的决策过程

政府采购的决策过程根据购买情况的不同各异，这一点与生产者市场的采购决策过程基本一致。通常是相当复杂和障碍重重的，除了太多的文书档案工作外，还面临官僚主义、不必要的规则、强调低价、拖延决策，变换采购人员以及多变的政策等障碍。所以，决策的内容并不复杂，但审批手续非常烦琐，拖延的时间很长。各国政府广泛使用公开招标和谈判签约的方式。公开招标是政府机构邀请有资格的供应商参加投标，按物美价廉原则与中标者签约成交的采购方式。谈判签约是当政府机构采购复杂项目时，与供应商重新议定合同，最终以最低的价格买到理想设备的采购方式。在目前的复杂项目的购买中，政府采购者一般先通过公开招标选择供应商，然后与签约供应商再进行新一轮的谈判签约。

根据政府采购者决策程序的特点，政府市场的营销者应做到两点：第一，对于政府的常规性采购，在进行大力促销工作的同时，要有较强的耐心和自制力，以图保持长期的供货关系；第二，对于新购，特别是投资巨大的复杂项目，企业要给予高度的重视，要召集技术专家、财务专家和公关专家组成专家小组进行行之有效的促销工作，在竞争中充分显示公司的实力，方能一举成功。世界各大公司为获得政府订单而专门建立营销部门，如柯达公司和英特尔公司等，已经证明了这两点。

【小结】

作为消费者市场的对称，组织市场指工商企业为从事生产、转售等业务活动以及政府部门和非营利组织为履行职责而购买产品和服务所构成的市场。组织市场一般由生产者、中间商、非营利性组织和政府市场等构成。

组织市场的特点是：购买者少，购买规模大；购买者在地域上相对集中；供需双方关系密切；着重人员销售；进行直接销售；实行专业购买；派生需求，需求波动大；需求缺乏弹性；互惠购买；租赁现象；谈判和投标。

生产者市场又称作产业市场或工业市场，它是指购买产品或服务并用于生产其他产品或服务，以供销售、出租或供应给其他的个人和组织。这部分市场是组织市场的重要组成部分。

生产者市场的特点：生产者市场上的购买者数目少、规模大，购买批量也很大；生产者市场中的购买者往往集中在少数地区；生产者市场的需求是派生的、波动性较大的需求；生产者市场的需求是缺乏弹性的需求；生产者的购买要求较为严格；生产者市场上多为专业人员购买；生产者的购买一般愿意直接购买；生产者的购买往往采取直接购买、互惠购买、多头购买、租赁购买和招标购买等形式进行。

生产者市场的购买类型有直接重购、修正重购和新购。在三种购买类型中，直接重购和新购属于两种极端情况。在直接重购情况下，生产者要做出的购买决策最少，基本上属惯例化决策；而在新购情况下，生产者要做出的决策最多，故需要做大量的调查研究；两者之间是修正重购，也需要做一定的调查研究。

生产者购买行为决策的参与者：发起者、使用者、影响者、决策者、批准者、购买者、信息控制者。并不是任何企业采购任何产品都必须有以上七种人员参加购买决策过程。但较正规的、较重要的采购会涉及以上各种人员。

对生产者市场购买行为的影响因素主要有环境因素、组织因素、人际因素和个人因素。生产者市场的购买决策一般经过认识需要、确定需要、说明需要、物色供应商、征求供应建议书、选择供应商、签订合同、绩效评价，除了新购行为必须经过全过程八个阶段之外，直接重购和修正重购一般无须经过全部八个阶段。

中间商市场又称转卖者市场，是由那些以获取利润为目的来购买商品进行转卖或出租的。

中间商市场购买包括直接重购、选择最佳供应商、改善交易条件的采购和新品种购买四种类型。其购买决策过程与生产者市场购买决策过程有类似的地方。

非营利组织，泛指具有稳定的组织形式和固定的成员，不属于政府机构和私人企业而独立运作，发挥特定社会功能，不以获取利润为目的，而以推进社会公益为宗旨的事业单位与民间团体。

非营利组织市场的类型：履行国家职能的非营利组织；促进群体交流的非营利组织；提供社会服务的非营利组织。

政府市场又称政府机构市场，它是由那些为执行政府主要职能而采购或租用货物的各级政府机构和下属各部门组成。也就是说，在一个国家的政府机构市场上的购买者是这个国家各级政府结构的采购部门。

影响政府购买行为的主要因素：受到社会公众的监督；受到国际国内政治形势的影响；受到国际国内经济形势的影响；受到自然因素的影响。

【关键术语】

组织市场（Organize Market）
生产者市场（Producer Market）
直接重购（Direct Repurchase）
修正重购（Amendment to Repurchase）
新购（Newly Purchased）
中间商市场（Broker Market）
非营利组织市场（Non - profit Organization Market）
政府市场（Government Market）

【知识链接】

[1] 李叔宁．市场营销实训［M］．北京：高等教育出版社，2011.
[2] 陆克斌．市场营销［M］．上海：上海财经大学出版社，2012.
[3] 欧亚．市场营销［M］．北京：机械工业出版社，2012.
[4] 吴勇等．市场营销［M］．北京：高等教育出版社，2011.
[5] 王万华，顾峰．市场营销学［M］．上海人民出版社，2010.
[6] 杨立钒．互联网环境下企业网络营销渠道选择研究［D］．上海：复旦大学出版社，2012.
[7]［美］菲利普·科特勒等．营销管理［M］．王永贵等译．上海：格致出版社，2012.
[8] 孟亮．市场营销策划［M］．北京：人民邮电出版社，2012.

【案例分析】

一个推销员的困惑

推销员李宾销售一种安装在发电设备上的仪表，工作非常努力，不辞劳苦地四处奔波，但是收效甚微。您能从他的推销过程中找出原因吗？

1. 李宾得悉某发电厂需要仪表，就找到该厂的采购部人员详细介绍产品，经常请他们共同进餐和娱乐，双方关系相当融洽，采购人员也答应购买，却总是一拖再拖，始终不见付诸行动。李宾很灰心，却不知原因何在。

2. 在一次推销中，李宾向发电厂的技术人员介绍说，这是一种新发明的先进仪表。技术人员请他提供详细技术资料并与现有同类产品作一个对比。可是他所带资料不全，只是根据记忆大致作了介绍，对现有同类产品和竞争者的情况也不太清楚。

3. 李宾向发电厂的采购部经理介绍现有的各种仪表，采购部经理认为都不太适合本厂使用，说如果能在性能方面做些小的改进就有可能购买。但是李宾反复强调本厂的仪表性能优异，认为对方提出的问题无关紧要，劝说对方立刻购买。

4. 某发电厂是李宾所在公司的长期客户，需购仪表时就直接发传真通知送货。该电厂原先由别的推销员负责销售业务，后来转由李宾负责。李宾接手后采用许多办法与该公司的采购人员和技术人员建立了密切关系。一次，发电厂的技术人员反映有一台新购的仪表有质量问题，要求给予调换。李宾当时正在忙于同另一个重要的客户洽谈业务，拖了几天才处理这件事情，认为凭着双方的密切关系，发电厂的技术人员不会介意。可是那家发电厂以后购买仪表时，又转向了其他供应商。

5. 李宾去一家小型发电厂推销一种受较多用户欢迎的优质高价仪表，可是说破了嘴皮，对方依然不为所动。

6. 某发电厂同时购买了李宾公司的仪表和另一品牌的仪表，技术人员、采购人员和使用人员在使用两年以后对两种品牌进行绩效评价，列举事实说明李宾公司的仪表耐用性不如那个竞争性品牌。李宾听后认为事实如此，无话可说，听凭该电厂终止了同本公司的生意关系而转向竞争者购买。

思考题

1. 分析李宾推销失败的原因是什么?
2. 在对生产者市场进行推销的过程中需要注意哪些问题?
3. 简要说明一下，如果是你，你将如何向生产者市场销售这款仪表?

第5章 市场调研、预测与营销信息系统

【本章知识要点】

知识要点	掌握程度	相关知识
市场调研的内容、步骤与方法	掌握	市场调研的内容、步骤、方法
市场预测的内容、步骤与方法	掌握	市场预测的内容、步骤与方法
营销信息系统的内容、构成与建立	掌握	营销信息系统的内容、构成与建立

【本章技能要点】

技能要点	掌握程度	应用方向
市场调研与预测的步骤及方法	掌握	通过正确的市场调研与预测的步骤及方法，有助于企业搜集消费者的相关信息，从而分析消费者的相关情况，帮助企业了解消费者的购买行为及心理
营销信息系统的内容、构成与建立	掌握	构成建立好的营销信息系统，有助于企业准确、及时地对与营销决策有关的重要信息进行搜集、分析、评估和分发，供营销决策者运用，以便使他们的计划、执行和控制具有更高的科学性和准确性

【导入案例】

华经纵横如何调研?

据相关统计数据显示，到2011年我国电动自行车的产能已经超过3000万辆。面对如此庞大的数字，如何将电动自行车成功销售出去，成为生产电动自行车企业必须认真对待的难题之一。

华经纵横是我国一家生产电动自行车的中小型企业，在中国，类似这种企业多达上百家。因此如何在竞争激烈的电动自行车市场占有一席之地，首先对消费者的偏好需求必须有一定的了解。同时公司需提高品牌意识，建立适合自己的销售渠道模式。

为此华经纵横项目组制定了一系列实地市场调研计划。

第一，调查电动自行车的主要存在区域，因为电动车主要集中在普通的街道或者居民区（目前市区也有相当一部分）。个人摊点是专卖店的一大竞争对手，但它们具有区域性和局限性，无法构成品牌，同时目前数量也比较少；另一个则是大商场或者繁华地带的门店，如今电动自行车品牌专营店也不少。

第二，了解消费者对电动自行车的需求情况。调查内容大概有不同年龄段的顾客需求调查、顾客资金调查、购买习惯调查、调查顾客流量和产品分类以及产品顾客关注度分析等。

第三，调查电动自行车的主要进货商和供应商，以求在价格上尽量获得优势。

第四，调查电动自行车的渠道运行方式，可针对某个企业调查。

第五，可展开针对同行业竞争品牌的调研活动：①不同区域的竞争品牌构成比例和市场占有率。②不同竞争品牌的顾客购买喜好程度和信赖度。③竞争品牌的特色和主打产品的顾客购买率和购买原因等。

同时，在大的方面可了解电动自行车全球销售市场发展概况及未来几年中国电动自行车产品销售市场规模预测等。

营销启示：对于企业来说市场调研有利于企业正确地了解市场，了解自己的产品在市场中的地位，消费者对自己产品的感知等，这些将有利于为企业制定下一步的营销策略提供有力的依据。

市场信息是商品经济的产物，是企业经营管理的一项重要资源，是企业在市场上取得竞争优势举足轻重的砝码。商品经济越发展，市场营销信息越重要，及时、准确、可靠的掌握市场信息并对信息进行科学有效的处理和运用，是现代企业的一项重要任务。所以，现代市场营销理论把市场信息、市场调研、市场预测作为企业掌握经营环境、分析市场动向及供求发展趋势和相关联系的三大支柱。市场信息是营销决策的基础，而市场信息离不开营销调研和预测的支持，需要运用科学营销调研与预测方法进行市场分析，把握市场趋势。企业为了寻求市场机会和避开市场风险，使自己的内部因素与条件适应不断变化的外部环境，经营者必须经常收集全面而又可靠的市场信息，进行市场调研及市场预测。

5.1 市场调研概述

在现代市场营销活动中，重视市场调研，认识和掌握市场信息，是管理现代化的重要标志。市场调查是认识市场、取得市场信息的最基本方法，也是市场预测和营销决策的前提和基础。

市场调研是指运用科学的方法，有目的有计划地收集、整理、分析和研究有关市场营销方面的信息，发现机会和问题，得出合乎客观事实发展规律的结论、提出建议，为市场预测和营销决策提供依据。如图 5－1 所示。

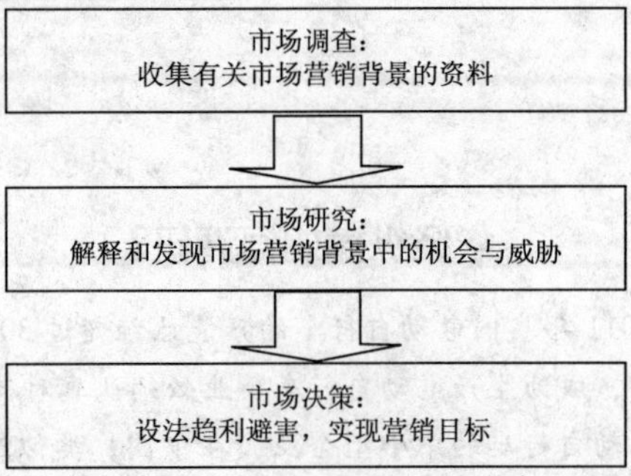

图 5－1　市场调研与决策过程

理解这一概念的内涵，必须注意其以下几个方面的特征。

1. 营销调研是企业一种有目的的活动

它是指各类企业为解决市场营销问题，为营销决策提供信息而开展的活动。这一特征说明，营销调研本身不是目的，它是服从于企业的市场营销活动，并且是营销活动不可缺少的一个有机组成部分。

2. 营销调研是一个系统的过程

它不是单个资料记录、整理或分析活动，而是一个经过周密策划、精心组织、科学实施的，由一系列工作环节、步骤、活动和成果组成的过程。这一特征充分说明，营销调研是一项比较复杂的工作，需要有科学的理论和方法对其进行指导，同时也需要进行科学的组织和管理。

3. 营销调研活动包含对市场信息的判断、收集、记录、整理、分析、研究和传播等多项活动

这些活动对企业的营销调研策划工作都是必不可少的，它们互相联系、互相依存，共同组成营销调研的完整过程。

4. 营销调研是一项市场信息搜集和处理的工作

它运用一定的技术、方法、手段，遵循一定的程序收集加工市场营销信息，为决策提供依据。它应包含信息工作中的确定信息需求、信息处理、信息管理和信息提供的全部职能。

企业营销调研工作是企业市场营销活动的基础，认真做好这一工作，对于企业把握消费者需求，制定正确的产品、价格、营销渠道和促销策略，选择目标市场，保持和扩大市场占有率，达到企业的营销目标等具有十分重要的意义。

5.1.1 市场调研的内容

市场调研的内容比较广泛，一般来说，主要涉及以下几个方面。

（一）市场环境调研

1. 政治法律环境调研。包括政治形势和状况（战争、瘟疫等），国家政策、进口限制、外汇控制、方针、法令、法规、条例，贸易惯例，社会发展规划，国家重大活动事件等。

2. 经济环境调研。包括国民生产总值、人均国民收入、产业发展状况、个人可支配收入、个人可任意支配收入、社会购买力水平、消费收入状况、消费支出状况、消费储蓄和信贷、通货膨胀、就业率、税收、关税、利率等。

3. 人口环境调研。包括人口数量及增长速度、人口的年龄构成、人口的性别构成、家庭结构状况、种族结构状况、职业、出生率、死亡率、结婚率、地理结构状况。

4. 技术环境调研。包括科学技术的发明，新技术、新工艺、新材料的发展趋势和速度，技术引进和技术改造，国家有关科研技术发展的方针政策及计划等。

5. 地理环境调研。包括目标市场的地理位置、气候及自然环境条件、运输条件、仓储条件、自然资源状况、生态条件、环境保护等。

6. 社会文化环境调研。包括人们的教育水平、价值观、宗教信仰和风俗习惯，现实购买者与潜在购买者、消费群体构成、购买动机、行为、心理等。

（二）市场竞争因素调研

1. 同行竞争对手调研。包括竞争对手的数量、经营规模和人员组成、营销机构的情况、商场占有率、供货渠道是否稳定、策略和手段、竞争能力、消费者反应如何、潜在竞争对手出现的可能性、主要竞争者的产品与品牌优劣势、主要竞争者的营销方式与营销策略、主要竞争者市场概况、主要竞争公司对工厂的管理模式、主要竞争对手的促销形式和内容（了解成功的经验和失败的教训）等。

2. 同行竞争产品调研。包括竞争产品的设计能力、工艺能力，产品的质量、数量、品种、特色、规格、花色、商标、成本、价格、包装、服务、费用水平和盈利能力等。

（三）市场需求及营销组合策略调研

1. 消费者调研。包括消费心理、消费动机、消费决策及行为特性、消费观念；消费者的媒介喜好状

态；消费者（尤其是本产品消费者）分布及特性（地域、年龄、收入、职业）。

2. 产品调研。包括消费者对产品的性能、设计、质量（性能标准、安全标准、卫生程度、耐用性）、外观、包装、商标、价格、实用方便性和安全性等的评价，本产品及主要竞争者的知名度，本产品及主要竞争者的美誉度和忠诚度，本产品及主要竞争者的品质形象、技术形象与未来形象，本产品的品牌联想形象，对企业改变老产品的反应状况、产品生命周期及开发新产品的可能性和途径。

3. 价格调研。包括价格的供给和需求弹性，是否受国家价格政策影响，定价策略和方法（高价、满意价、渗透价），产品改变后消费者的反应情况、替代品的价格、新产品价格的确定、老产品价格的调整、产品价格的稳定性等。

4. 促销调研。包括：

（1）推销调研。包括人员素质、力量、分工、技巧、销售方式与业绩、销售机构和网点的销售效果。

（2）营业推广调研。包括营业推广策略调查、营业推广效果调查（营业推广对用户产生影响）、营业推广辅助策略的调查、营业推广失败与成功的调查等。

（3）公关活动调研。包括公关活动的主要内容与策略、企业关系网络调查、公关活动和宣传措施对产品销量和企业形象的影响等。

（4）广告活动调研。包括广告效果调查（广告内容之意见、广告内容之反应、广告内容之信任程度、广告文案之记忆、广告标题、商标之记忆、广告图案之记忆等）、媒体接触率（各媒体之接触率分析、各媒体之接触动机分析、各媒体之接触时间分析、媒体之接触阶层分析、各媒体之内容反应分析、各媒体之信任程度分析等）、收视率调查（家庭收入、成员开机率分析；籍贯及地区开机率分析；各台各节目收视率分析；性别、年龄之收视率分析；职业、教育之收视率分析等）、报纸杂志阅读率（阅读之注意率分析、阅读之联想率分析、阅读之精读率分析，产品、厂牌了解程度，标题、引句了解程度，文句、图案了解程度等）、媒体调查（相关栏目播放内容、时间、相应费用；媒体覆盖范围、消费对象；收视率等效果测试等）。

5. 分销调研。包括：

（1）分销管理调研。包括销售渠道现状的检查与分析，销售渠道选择是否合理、储存和运输安排是否妥当、是否能够降低物流成本，分销渠道的结构和类型，分销渠道的覆盖范围和销售效率，各类中间商（批发商、零售商等）的销售状况，中间商资信与能力调查等。

（2）经销商调研。包括经销商对本产品行业及几大主要品牌的看法；经销商对本产品、品牌、营销方式、营销策略的看法、意见建议；本产品的经销网络状态；本产品主要竞争者的经销网络状态。

（3）零售店调研。包括各品牌的销售对象、成绩；各品牌的进货渠道、方式；各品牌的广告认知和态度；各品牌的促销认知和态度。

（四）企业内部环境调研

包括企业凝聚力调研、员工满意度调研、员工积极性调研、员工素质调研、员工企业认知调研（企业认同感、归属感和责任感等）、企业团队精神调研、企业公共关系和公共形象调研、企业管理者形象调研、企业人际关系状况调研、企业知识共享情况调研、企业文化建设调研、企业部门协调性调研、企业管理者能力调研、企业外部联络能力调研、企业客户满意度调研、企业产业链调研、企业服务能力调研等。

5.1.2 市场调研的步骤

市场调研既可以由自身进行，也可以委托外部的专业调研部门进行。无论是自身组织调研，还是外部组织调研，都要求营销人员与调研人员密切配合，有计划、有步骤地开展调研工作。

市场调研一般可分为3个阶段，11个步骤。如图5－2所示。

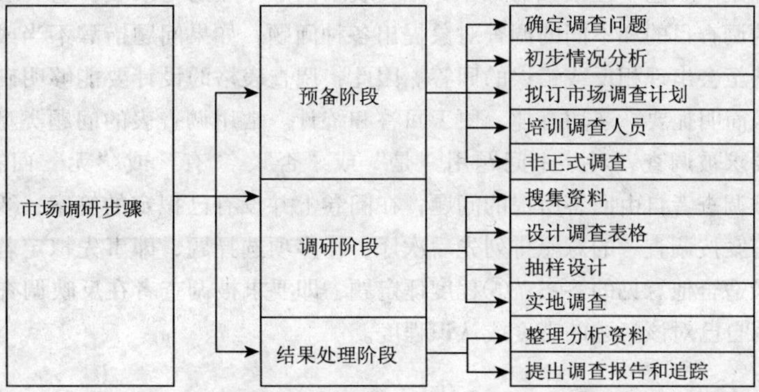

图5－2　市场调研步骤

（一）预备阶段

这是调研工作的开始，这一阶段着重解决调研目的问题，主要包括以下步骤。

1. 确定调查问题。明确调查问题是进行市场调查的起点。市场调查人员在确定调查问题前要从企业活动的实际出发，对生产经营活动的现状进行全面分析研究，找出所需解决的问题。

2. 初步情况分析。问题明确后，还不宜进行大范围的正式调查。为了使调查具有针对性，调查人员对企业内外部情况进行一次初步摸底。为此，应尽可能地利用本企业内部的现有资料，包括各种报表、记录、统计资料、用户来函、财务决算、综合及专题报告，并应查阅有关贸易及专业刊物资料、政府公布的统计资料等，以便掌握足够的背景资料，使正式调查范围缩小。

3. 拟订市场调查计划。计划要具体、明确。调查计划包括：①明确调查的目的；②确定调查对象；③选择调查和收集资料的方法；④明确调查日期，特别是完成时间；⑤做出调查经费预算及规定作业进度安排。这些内容要以“调查项目建议书”的形式报主管领导批准后实施。

4. 培训调查人员。调查人员的素质对调查质量关系重大，必须确定合适的人选并采取有效的办法进行培训。

5. 非正式调查（或称试探调查）。调查人员在企业内部举行座谈会，或访问专家、用户及相关营销人员，听取他们对这些问题的意见，进行归类和分析，使问题逐步明朗化。

（二）调研阶段

市场调研阶段分以下几个步骤：

1. 搜集资料

调查搜集的资料一般分为两种：一种是经别人搜集、整理过的资料，通常是已经发表的，称为第二手资料；另一种则是调查人员通过发放问卷、面谈、抽样调查等方式搜集到的第一手资料，或称原始资料。

调查人员在开始一项调查之初，一般先收集第二手资料，这就是案头调研。二手资料主要有两个来源：一是内部资料，二是外部资料。内部资料包括企业营销信息系统中贮存的各种数据，如企业历年销售额、利润状况，主要竞争对手的销售额、利润状况，有关市场的各种数据等。外部资料主要是政府的各类出版物，公开出版的各种报刊、书籍，各类咨询公司与信息中心提供的各种有关数据。一般来说，调查人员可以通过直接查阅、购买、交换索取以及通过情报网络搜集和复制等方式获得第二手资料。而第一手资料则可采取访问调查、观察实验等方法获得。

2. 设计调查表格

调查表格的设计是一项艺术性很强的工作，调查表不同于一般的记录表，它要求凭着调查人员丰富的经验，根据不同的调查目的和不同的调查对象提出各种问题，如果问题措辞不当或意思含糊不清，回答结果就不可靠，甚至会出现相反或错误的回答。因此，调查表格的设计要能够明确反映调查目的，问题具体，突出主题，简明扼要，亲切有趣，便于回答和统计。常用调查表的问题类型有：①是非题，又叫二项选择题，即要求被调查者对某个问题用“是”或“否”、“有”或“无”回答；②自由回答题，也称问答题，即让被调查者自由回答所提的问题，在问卷上并没有已拟定的答案；③品等题，又叫顺位题，即将几种可能答案按调查者的意愿排列先后次序；④多项选择题，即事先拟定若干个答案，让被调查者自由选择其中最适合他意见的答案；⑤程度评定题，即要求被调查者在反映调查问题的答案的程度上进行选择，以表明自已对该问题的态度或认识程度。

3. 抽样设计

在市场调查中，往往采取抽样调查，即从调查对象中抽取一部分子样本进行调查，然后推算总体状况。抽样调查较普遍，调查省钱、省力、省时间，又可把调查对象集中在少数样本上，并获得与总体调查相符合的结果，所以在市场调查中应用较为广泛。

按照采用什么方式组织抽样调查以取得样本，抽样调查可分为随机抽样和非随机抽样两大类，每类又各有多种方法。随机抽样常用的方法有：①纯随机抽样法，亦称单纯随机抽样法，抽样者不作任何有目的的选择，用纯粹偶然的方法从全体样本中抽取若干个个体为样本；②分层随机抽样法，亦称分类抽样法，它是将总体中所有单位，按其属性、特征分为若干类型（组、层），然后在各类型（组、层）中再用纯随机抽取样本单位，而不是从总体中直接抽取样本单位；③机械随机抽样法，亦称等距抽样法，在总体单位中，先按一定标志顺序排列，并根据总体单位总数和样本单位数，计算出抽样距离（即同等的间隔），然后按相等的距离或间隔抽取样本单位；④分群随机抽样法，亦称整群抽样法，它不同于其他抽样法，不是从总体中抽取个别单位，而是整群或整组地抽取样本，对被选中的群或组所包含的所有单位，均无例外地作为样本进行调查。非随机抽样的常用方法有配额抽样法、任意抽样法、判断抽样法等。

4. 实地调查

就是到现场去收集资料。实地调查工作的好坏和调查人员素质的高低，直接影响调查结果的正确性。因此，进行实地调查应注意抓好两个方面的工作：首先，要提高调查人员的素质，要求调查人员工作态度热忱、勤劳、善于和陌生人相处；有克服困难的信心和勇气，工作作风稳重、踏实、细致；在调查过程中，善于运用各方面的知识，仪表大方、平易近人。其次，要讲究思想方法和工作方法，要求在调查中保持客观，不能用主观臆想去代替客观事实；发现问题要追根究源，把调查深入下去；要边调查边分析，随时“梳辫子”，及时将调查资料与调查目的和要求进行对照，进一步明确调查方向。

（三）结果处理阶段

这是调研全过程的最后阶段，这一过程可以分为以下步骤：

1. 整理分析资料

将调查收集到的资料采用科学的方法，进行整理、分类、编号，以便查找归档，统计分析。然后进行编校，对资料中的错误和不准确的因素，严加筛选，去粗取精，去伪存真，以保证资料的完整和真实可靠，统计计算并得出结论，最后用统计图表的形式把结果表达出来。

2. 提出调查报告和追踪

市场调查结果必须写成调查报告，供有关预测决策部门应用或参考，才有价值。调查报告一般有概括性报告和正式调研报告两种。概括性报告是供企业高层决策者审阅的，必须简明概括。调查报告内容包括调查目的、资料收集的方法、调查分析的问题、调查结论和建议。调查报告力求客观、重点突出、文字简练、图表形象易理解。最后还要通过追踪了解报告是否已被采纳及采纳程度、采纳后的实际效果，以便积累经验，改进调查方法，提高调查质量。

5.1.3 市场调研的方法

市场调查的方法很多，选用的方法是否得当，对调查结果的功效影响极大。一般有以下几种方法：

（一）观察法

即在不向当事人提问的条件下，通过各种方式对调查对象作直接观察，在被调查者不知不觉中，观察和记录其行为、反应或感受。常用的方法有以下几种。

1. 直接观察法

派人直接对调查对象进行观察。例如，调查消费者对品牌、商标的爱好与反应，可派人到零售商店柜台前观察购买者的选购行为。调查销售人员的工作表现，可派人员对调查对象的服务态度、方法、效率进行直接观察。

2. 亲自经历法

调查人员亲自参与某种活动来搜集有关的资料。如果一家工厂要了解它的代理商或经销商服务态度的好坏，就可以派人到它们那里去买东西。通过亲身经历搜集的资料，一般是非常真实的，但应注意不要暴露自己的身份。

3. 痕迹观察法

这种方法不直接观察被调查对象的行为，而是观察被调查对象留下的实际痕迹。例如，美国的汽车经销商都同时经营汽车修理业务。他们为了了解在哪一个广播电台做广告的效果最好，对开回来修理的汽车要做的第一件事情，就是派人看一看汽车里收音机的指针对准哪一个电台，从这里它们就可以了解到哪一个电台的听众最多，下一次就可以选择这个电台做广告。

4. 行为记录法

在调查现场安装收录、摄像及其他监听、监视仪器设备，调查人员不必亲临现场，即可对被调查者的行为和态度进行观察、记录和统计。在取得被调查者的同意时，也可用一定的装置记录调查对象的某一行为。

观察法的优点是可以比较客观地搜集资料，直接记录调查的事实和被调查者在现场的行为，调查结果更接近实际；缺点是不易观察到内在因素，只能报告事实的发生，不能说明其原因，调查的花费较大，时间较长。

调研人员在运用观察法进行调查时，应注意以下事项。

1. 为使观察结果具有代表性，能反映某类事物的一般情况，应设计好抽样方案，以使观察的对象和时段具有代表性。

2. 实际观察时，最好不让被调查者有所察觉，否则，就无法了解到被调查者的自然反应、行为以及感受。

3. 在实际观察时，必须实事求是、客观公正，不得带有主观偏见，更不能歪曲事实真相。因此，要对调查人员进行有效的培训，提高调查人员的业务素质。要求调查人员遵守有关法律和道德准则，不能对涉及国家机密和个人隐私的内容进行观察，除非得到了允许。

4. 调查人员的记录用纸和观察项目最好有一定的格式，以便尽可能详细记录调查内容。

5. 为了观察客观事物的发展变化过程，进行动态对比研究就需要做长期反复的观察。

（二）询问法

询问法是以询问的方式了解情况、搜集资料，并将所要调查的问题，以面谈、电话、会议、书面等形式向被调查者提出询问，从而获得所需的各种情况和资料。按调查者与被调查者的接触方式和询问表的传递方式不同，询问法可分为访问调查、电话调查、会议调查、通信调查和网上调查五种形式。

1. 访问调查法

这种方法是调查者与被调查者面对面地进行交谈，由调查者根据事先拟好的调查提纲提出问题，被调查者回答。也可结合产品销售进行随访、征求意见，了解情况。访问调查主要靠“走出去”的方式，但也可以“请进来”，如采用召开用户座谈会的方式。两者相比，后者具有时间省、费用少的优点。访问调查法由于是调查者与被调查者面对面的交谈，其优点是能互相启发，具体生动，富于伸缩性，便于控制，资料面广，真实性较大；缺点是费用较高，调查结果易受调查人员水平高低的影响。

2. 电话调查法

这是由调查人员根据抽样要求，用电话向被调查者了解情况和询问意见的一种方法。这种方法的优点是简便迅速，了解及时，费用低，不因调查人员在场而产生心理压力，使调查对象能畅言无忌；缺点是询问时间短，调查仅限于电话用户，调查面受到影响，不易取得调查对象的配合，问题不能深入。

3. 会议调查法

会议调查是利用企业参加各种外协会议和订货会议的机会进行调查。这些会议往往集中各类人员，能收集到内容广泛的信息。会议调查的优点是能节省时间和费用，资料丰富；缺点是受到开会时间和内容限制。

4. 通信调查法

由调查人员将设计好的调查表、信函、征订单、订货单等寄给被调查者，请其填写后寄回。通信调查法的优点是调查面广泛，费用较低，调查对象有充裕时间进行回答，避免了调查人员偏见的影响；缺点是回收率较低，调查花费时间较长，了解的情况不易完整和准确，一般限于调查较简单的问题，不易探测用户的购买动机。通信调查的效果，决定于回收率的高低。影响回收率的因素通常有：市场调查机构的声誉；调查机构与被调查者间的关系；调查表所附说明函件能否引起被调查者的合作；被调查者对问卷是否感兴趣；询问问题是否涉及被调查者的秘密；完成答卷所需的时间。

5. 网上调查法

随着计算机信息技术的不断发展，网络已经成为社会生活的重要组成部分，各种类型的网站纷纷开通，网络已经扮演着传输信息、加快信息沟通交流的重要工具，这无疑会促动人们对信息搜集渠道及其质量的重视，给市场调研带来许多机会。伴随着网络技术的到来，出现一项新的调查方法——网络调查。除了可以把调查的问题设计成问卷，通过 E-mail 发给被调查者，在线小组讨论也是一种较好的网上访问方式。这种方式由调查者充当“主持人”，小组成员在网上平等地“讨论”、自由地“沟通”以及推心置腹地“交流”。网上调查法具有不受时空限制、声图文并茂的友好的交互界面、成本较低、降低传统调查“入户难”的难度、客观性较强、处理程序简化等特点。但是，网上访问在我国一方面受到上网人口的限制，另一方面缺乏一套现实可行的“准入法则”，无法避免一些人出于好奇或“恶作剧”心理的捣乱行为。

（三）实验法

实验法在搜集市场研究资料中应用很广，特别是在因果性调查中，实验法是一种非常重要的工具。例如，将某一种产品改变设计、改变质量、改变包装、改变价格、改变广告、改变陈设、改变销售渠道以后，对销售量会产生什么样的影响，都可以先在一个小规模的市场范围内进行实验，观察顾客的反应和市场变化的结果，然后再决定是否推广。常用的实验法有：

1. 实验室实验调查法

这在研究广告效果和选择广告媒体时常常被使用。例如，某工厂为了了解什么样的广告信息最吸引人，可以找一些人到一个地方去，给每人发一本杂志，让他们从头到尾翻一翻，问他们每一本杂志里，哪几个广告对他们吸引力最大，以便为本厂设计广告提供一些有用的参考资料。

2. 销售区域实验调查法

就是把少量产品先拿到几个有代表性的市场试销，看一看在那里的销售情况如何，得到一些实际资料，然后再分析把这种产品拿到全国去推销可能有多大的市场占有率、需要多少时间、多少费用，值不值得在全国推销等。这种试验方法在消费品生产企业是常用的。

3. 模拟实验

这种实验的基础就是计算机模型。模拟实验必须建立在对市场情况充分了解的基础上，它所建立的假设和模型，必须以市场的客观实际为前提，否则就失去了实验的意义。模拟实验的好处是，它可以自动地进行各种方案的对比，这是其他实验难以做到的。

4. 消费者购买动机的实验

这是通过各种心理实验来进行的。实验法较为科学，资料的客观价值较高，对于了解因果关系能提供其他调查法所不能供给的资料，应用范围也相当广泛。实验法的优点还在于：通过少量产品的试销，获得比较正确、实用的试验资料；通过少量产品的试销，推测产品的未来销售趋势；通过对少数用户的调查，了解广大用户对企业营销活动的评价。实验法的主要缺点是时间长、费用高，选择的调查对象不一定有代表性，市场上各种因素的变化难以掌握，调查的结果也不易比较。

（四）集体访谈法

集体访谈法是访问调查法的延伸和扩展，是调查者邀请若干被调查者，通过集体座谈的方式了解有关情况或研究市场有关问题的方法。

集体访谈法的特点在于，它所访问的不是一个一个的被调查者，而是同时访问若干个被调查者；它不是通过与个别被调查者的个别交谈来了解有关情况，而是通过与若干个被调查者集体访谈来了解有关情况。因此，集体访谈过程，不仅是调查者与被调查者之间互相影响、互相作用的过程，而且是若干个被调查者之间互相影响、互相作用的过程。在集体访谈中，对调查者素质的要求较高，调查者不但要具备熟练的访谈技巧，还要有驾驭调查成功的能力。

目前在市场营销学方面，集体访谈法受到的重视程度越来越高，一般用以了解产品特性、产品促销、产品质量、广告效果评价，新产品的开发上市、对市场进行预测等方面。集体访谈法有许多种，在市场调研中，应用较广、影响较大的是头脑风暴法和德尔菲法。

（五）心理调查法

心理调查主要是调查消费者心理状态，可分为动机调查和投射调查两种。

动机调查是调查消费者的购买动机，如为什么购买这种商品？为什么要选购这家企业生产的商品？了解购买动机，有助于企业掌握消费者的爱好特点，生产适销对路的产品。

投射调查是采用心理学方法，并不直接就某一问题提问，而是采用看图发表意见等间接方式，从中发现被调查者的真实心理，目的在于消除被调查者由于种种原因而不愿说出真心话的情况。

5.2 市场预测概述

所谓市场预测，就是在市场调查的基础上，利用各种信息资料，运用科学的方法，对影响市场供求变化的各种因素进行调查研究，分析和预见其发展趋势，掌握市场供求变化的规律，为市场营销决策提供可靠的依据。市场预测是市场调研的发展与延续，是市场分析研究的结果。

市场预测是为了掌握现实及潜在市场需求量的发展变化。企业为使自己的产品最大限度地适应市场的需要，不仅要运用市场营销原理对市场需求进行各种定性分析，进行市场营销环境分析，消费者市场、组织市场及其购买行为分析等，而且必须运用科学的方法，从量的角度去分析研究市场，估计目前和未来市场需求、企业需求规模的大小。

5.2.1 市场预测的内容

市场预测的内容相当广泛，从不同的方面、不同的角度进行预测，包含的内容会有所不同。站在销售预测这个角度，市场预测的主要内容有以下几个方面。

（一）市场需求预测

市场需求预测是消费者在一定时期，一定的市场范围内，有货币支付能力的消费者对某种商品的需求，同时也包括对这种需求的趋势分析和预测。主要包含消费者需求与生产者需求这两方面。具体内容为：

1. 需求总量预测。如对购买力增长速度与总量、购买力投向及消费构成变化等进行预测。

2. 需求影响因素变化预测。即对引起需求变化的各种影响因素的变化趋势、变化时间、变化程度进行预测，以便寻求变化的深层原因。

3. 需求变化特征预测。即对未来消费者需求变化的特点做出预测。

（二）市场占有率预测

主要预测企业市场占有率的发展趋势及其影响因素，充分估计竞争对手的变化，并对各种影响本企业市场占有率的因素采取适当的策略加以控制。市场占有率预测可以从三个方面进行：

1. 本企业产品市场地位的预测。如预测产品质量水平、市场占有率的变化等。

2. 竞争对手情况的预测。如预测竞争对手的数量，各自的实力变化，竞争对手可能采取的经营策略，以及竞争对手对企业竞争策略的反应及影响程度等。

3. 对潜在竞争者的预测。如分析预测是否会有潜在竞争者进入，他们可能采取什么样的经营策略进入市场等。

（三）产品发展预测

产品发展预测是企业制定产品、经营计划的重要依据，是企业市场预测的重点。它包括：

1. 现有产品生命周期的预测。主要是对与企业产品有关方面的科学技术的发展进行预测，如有关的新材料、新设备、新工艺的发展，新的替代品的出现等，以判断企业产品所处的生命周期阶段。

2. 新产品发展前景的预测。如预测新产品的开发方向，顾客对新产品的结构、规格、质量、售价方面有什么要求，新产品上市后的销售量和市场需求潜力有多大等。

3. 产品资源变动趋势预测。如预测该产品现有社会生产能力、产品总量、进出口量、储备状况的变化，影响产品生产总量及质量和性能的人力资源、物力、财力资源，以及原材料辅料、能源动力、基础设施等因素的变化等。

（四）产品价格变动趋势预测

主要是对产品价格涨落及其发展趋势进行预测。一般可以通过两种途径来进行。

1. 根据产品成本构成因素及其变化趋势，预测价格的变化趋势。

2. 根据供求关系对价格的影响，预测价格的变动趋势。

（五）对外贸易变化预测

国内市场和国际市场是相互联系、相互促进、相互制约的，对外贸易的发展变化直接影响国内市场的供求状况。因此，必须广泛收集有关信息资料对国际市场行情及发展趋势进行分析预测，及时调整出口产品的结构、价格、品种和数量。同时相应调节国内市场的供求关系以广泛开拓国际和国内市场。

5.2.2 市场预测的步骤

市场预测的全过程是调查研究、综合分析和计算推断的过程。一个完整的市场预测，一般都经过以下几个步骤，如图5-3所示。

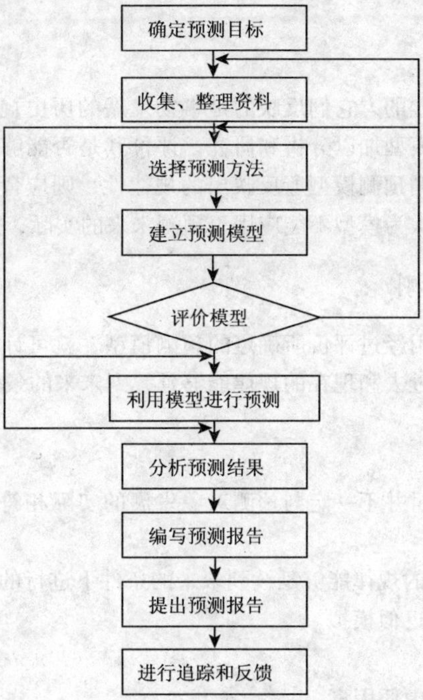

图5-3 市场预测步骤

(一) 确定预测目标

进行一项预测，首先必须明确预测的内容或项目，预测的目标关系到预测的一系列问题，收集什么资料、怎样收集资料，采用什么预测方法等。只有目标明确，才能使预测结论符合决策要求。

(二) 收集、整理资料

正确资料是搞好预测的依据，所以营销人员应根据预测目标的具体要求收集进行预测所需要用到的各种资料，并且对所收集到的资料进行加工、整理和分析，辨别资料的真实性、完整性、可比性和可用性，对不完整和不可比的资料要进行必要的补充和推算，去掉那些不真实的、对预测无用的资料。

(三) 选择预测方法

市场预测的方法很多，各种方法都有自己的适用范围和局限性。实际工作中，主要是根据决策对预测结果的要求、占有资料的多少及完整程度、资料所呈现的数据之间的关系及其变化规律等，并结合开展预测工作的环境和条件，按照经济、方便、有效原则，选择合适的预测方法。

（四）建立预测模型

预测模型是对预测对象发展规律的近似模拟。因此，在资料的收集和整理阶段，应对收集到的资料采用一定方法加以整理，尽量使它们能够反映预测对象未来发展的规律性，然后利用选定的预测技术确定或建立可用于预测的模型。如用数学模型法，则需要确定模型的形式并求出模型的参数；如用趋势外推法，则要确定反映发展趋势的公式；如用概率分析法，则要确定预测对象发展的各种可能结果的概率分布；如用类推法，则要找到与预测对象的发展类似的事物在历史上所呈现的发展规律等。

（五）评价模型

由于模型是利用历史资料建立的，它们反映的是事物发展的历史规律，因此，应根据搜集到的有关未来情况的资料，对建立的预测模型加以分析和研究，评价其是否能够应用于对未来实际的预测。如果认为事物在未来的发展将不再遵循预测模型所反映出的规律性，则应舍弃该模型，重新建立可用于进行未来预测的模型。如果没有理由认为模型不能应用于预测未来的实际，这才可以利用它进行预测。

（六）利用模型进行预测

根据收集到的有关资料，利用经过评价所确定的预测模型，就可计算或推测出预测对象发展的未来结果。这种计算或推测是在假设过去和现在的规律能够延续到未来的条件下进行的。

（七）分析预测结果

利用模型得到的预测结果有时并不一定与预测对象发展的实际相符，因此，要分析预测误差产生的原因。主要有以下几种：

1. 预测是在假设过去和现在的规律能够延续到未来的条件下进行的，但实际已发生了变化。
2. 预测模型是对实际情况的近似模拟。
3. 预测方法选择不当。
4. 预测所用资料不完整或有虚假因素。
5. 预测环境或影响预测对象的主要因素发生了重大变化。
6. 预测人员的经验、分析判断能力的局限性。

（八）编写预测报告

预测报告是对预测工作的总结。内容包括：资料收集与处理过程、选用的预测方法、建立的预测模型及对模型的评价与检验、对未来条件的分析、预测结果及其分析与评价以及其他需要说明的问题等。

（九）提出预测报告

在上述各步骤的基础上提出全面的预测结果报告。报告中除了反映预测的内容、过程、结果和对预测结果的评价外，更主要的是介绍几种不同的决策方案，以及决策方案的根据和利弊得失，供决策人员进行比较和优选，为制定市场决策提供科学依据。

（十）进行追踪和反馈

提出预测报告后，还要通过实践对预测结果进行最终的检验。检验预测的效益如何，准确程度怎样，有多大偏差，原因是什么，还存在什么问题，怎样采取措施补救等。

5.2.3 市场预测的方法

开展市场预测，必须运用科学的方法。目前经济发达国家已经应用的各种预测方法数以百计，其中广泛使用的也有几十种。归纳起来，这些方法可以划分为定性预测方法和定量预测方法两类。

（一）定性预测方法

定性预测方法是根据预测者的知识、经验和对各种资料的综合分析，判断对预测对象的发展变化趋势和状态，进行预测的方法。其特点是，主要靠经验判断未来，有时也做一些量化分析作为判断的辅助手段。这种方法适用范围广、成本低、费时少，但受预测者的主观因素影响大，较难提供准确数据为依据的预测值。在数据资料较少或不准的情况下，多采用此法。下面对常用的几种定性预测方法作一介绍。

1. 个人经验判断法

它是指预测者依据个人的经验和知识，通过对影响市场变化的各种因素进行分析、判断和推理来预测市场的发展趋势。在预测者经验丰富、占有资料详尽和准确的前提下，采用这一方法，往往能做出准确的预测。

2. 集体判断法

这种方法就是由企业经理集合有关人员进行分析讨论，对未来市场形势做出预测判断。具体方式有两种：一是集中企业高、中层的管理人员进行讨论预测；二是集中企业有经验的销售人员进行讨论预测。

这种方法的优点是：预测速度快，成本低，易于组织进行；能够集思广益，相互启发，避免个人判断的局限性。缺点是：预测结果易受讨论气氛、权威人士和当时市场形势的影响，对问题的分析缺乏系统的数据。

3. 德尔菲法

又称专家调查法。德尔菲法是美国兰德公司在20世纪40年代末期开始使用的一种预测方法，现在已成为应用很广泛的一种预测方法。德尔菲法是通过发函询问的方式进行预测的，其具体做法是向选择的预测专家分别发函或调查表，提出问题，并提供进行预测的各种有关资料，要求专家背靠背地按照自己的想法提出预测意见，由预测组织把专家们的意见汇集、整理后，再将不同的意见及其理由反馈给每位专家，这样多次反复征询，逐步缩小各种不同意见的差距，得到基本上趋于一致的预测结果。

德尔菲法有三个特点：

（1）匿名性。参加预测的各方面专家，在整个预测过程中并不直接见面，而是以背靠背的方式接受征询的，预测是以匿名的方式进行的，这样就可以使专家的个人意见得到充分发表，避免了集体讨论的各种心理因素对专家的影响。

（2）反馈性。德尔菲法的函询征集过程往往是经过几轮反复后才能完成。大量的信息反馈，使专家的意见得到沟通，并使其有机会反复思考，对问题做出新的判断。

（3）收敛性。采用德尔菲法进行预测，一般经过几轮反馈后，多数情况下专家的意见会逐渐趋于一致，论据充分的意见会得到大多数专家的接受，呈现出收敛的趋势。

4. 销售人员意见法

销售人员直接接触顾客，对市场有比较深入的了解，通过征询销售人员的意见进行预测，是企业经常使用的预测方法。这种方法的缺点是企业销售人员往往对总的形势和发展趋势把握不够，此外销售人员也可能有意低估预测值，以减少下一年度的销售定额。虽然这种方法有些缺陷，但在实际中还是经常被企业采用，特别适用于直接销售的产品预测。

5. 顾客意见法

顾客意见法，是直接向潜在顾客征询购买倾向及购买意见后再经判断进行预测的方法。这种方法认为只有顾客最了解自己的需求，最有权决定自己货币的投向。只要全面询问顾客的意见，就可以得出准确的预测。这种方法多用于需求较稳定的生产者市场的预测。

（二）定量预测方法

定量预测方法是根据历史和现状的统计资料，应用数学方法对预测对象的发展变化趋势进行预测的方法。在占有若干统计资料、预测对象的未来受突发性因素影响较小的情况下，选用适当的数学模型进行定量预测，可以得到比较满意的预测结果。但是，所选择和建立的数学模型不可能把所有因素都考虑进去，因此定量预测的结果出现误差也在所难免。定量预测方法很多，各种能够反映预测对象变化规律的数学模型都可作为定量预测方法使用。定量预测法主要包括时间序列法和回归分析法两大类，在这两大类方法下各自有几种具体方法，如图 5－4 所示。

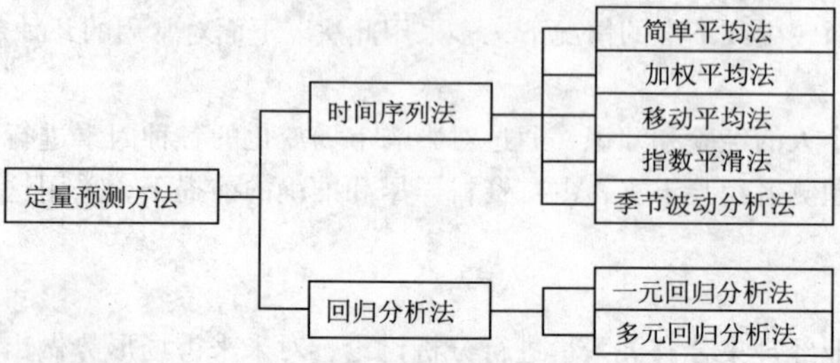

图 5－4　定量预测方法种类

1. 时间序列法

时间序列分析法的主要特点是，以时间推移研究和预测市场需求趋势，不受其他外界因素的影响。不过，在遇到外界发生较大变化，如国家政策发生变化时，根据过去已发生的数据进行预测往往会有比较大的偏差。

常用的时间序列法有简单平均法、加权平均法、移动平均法、指数平滑法、季节波动分析法。

（1）简单平均法

简单平均法又叫算术平均法，是指使用预测对象过去时期的算术平均值预测未来变化趋势的一种方法。其计算公式如下：

$$y_t = \bar{x} = x_1 + x_2 + \cdots + x_n / n = \sum_{i=1}^{n} x_i / n$$

式中：y_t 表示第 t 期预测值；x_i 表示第 1 期实际值；n 表示资料期数；$\bar{x}$ 表示算术平均值。

例：某企业本年 1～8 月销售额如表 5－1 所示，求该企业本年 9 月的销售额预测值。

表 5－1　　某企业本年 1 月—8 月销售额

时间（月）	1	2	3	4	5	6	7	8
销售额（万元）	586	596	560	565	580	570	578	582

$$y_9 = (586 + 596 + 560 + 565 + 580 + 570 + 578 + 582) \div 8 = 577 (\text{万元})$$

该企业本年 9 月的预测销售额是 577 万元。

（2）加权平均法

根据不同时期的实际值对预测值影响程度的差异，分别给予不同的权数。一般地，近期实际数据的权数大些、远期实际数据的权数小些。再进行加权平均，所得的加权平均数作为下一期的预测值。加权平均法计算方法如下：

$$y_t = \bar{x} = (x_1 f_1 + x_2 f_2 + \cdots + x_n f_n) / (f_1 + f_2 + \cdots + f_n) = \sum_{i=1}^{n} x_i f_i / \sum_{i=1}^{n} f_i$$

式中：y_t 表示第 t 期预测值；$\bar{x}$ 表示加权平均值；x_i 表示第 i 期实际值；f_i 表示与 x_i 相对应的权数。

例：某企业 1998 年 1 月—6 月的实际销售某产品的资料如表 5－2 所示，如果观察 3 月至 6 月的销售量，并令3月至6月各月份的权数分别为0.20、0.25、0.25、0.30，求该企业1998年7月的产品销售量。

表5-2　　某企业1998年1月~6月的实际销售某产品的资料

月份	1	2	3	4	5	6
销售量（公斤）	200	150	210	150	180	190

因为 $\sum_{i=3}^{6} = 0.20 + 0.25 + 0.25 + 0.30 = 1$

所以 $y_7 = \sum_{i=3}^{6} x_i f_i = 0.20 \times 210 + 0.25 \times 150 + 0.25 \times 180 + 0.30 \times 190 = 181.5$

预计该企业1998年7月将销售该产品181.5公斤。

（3）移动平均法

简单平均法将数据同等对待，但实际各数据对预测值的影响却是不同的。移动平均法考虑数据的近期性，采取逐步推移，逐段平均的方法，以提高预测的精确度。

①一次移动平均法。这是最简单的移动平均法，是在求平均数的基础上，通过移动求得下期预测值。其计算公式为：

$$f_{t+1}^{(1)} = x_t + x_{t-1} + \cdots + x_{t-n+1} / n = m_t^{(1)}$$

式中：$f_{t+1}^{(1)}$ 表示一次移动平均下第 $t+1$ 期的预测值；x_t 表示第 t 期的实际值；n 表示分段长度（即每段包括的期数）；m_t 表示一次移动平均第 t 期的平均数。

例：某企业采用一次移动平均法进行的销售量预测，如表5-3所示。

表5-3　　某企业采用一次移动平均法进行的销售量预测

月份	实际销量 x_t	3个月（n=3）移动平均值 $m_t^{(1)}$	5个月（n=5）移动平均值 $m_t^{(1)}$
1	106		
2	116		
3	85	102.33	
4	127	109.33	
5	102	104.67	107.20
6	99	109.33	105.80
7	139	113.33	110.40
8	94	109.33	112.20
9	105	110.66	107.80
10	125	106	112.40

由表5-3可知，实际数值的波动很大，经移动平均后，则随机波动明显减小了。此外，还可看到，取平均值的期数越多（n越大），抑制随机波动的作用愈大，波动也愈小，但对预测值的真实变化趋势反映愈迟钝。反之，n愈小，则反映实际需求量变化的趋势就愈灵敏，但抑制波动的作用愈差。对n值的选取一定要慎重，要根据产品特点和市场变化的具体情况决定。一般来说，如果市场变化激烈，n应取

小些，以反映市场变化情况；如果市场比较稳定，n 取值可大一些．以反映市场的发展趋势。

②二次移动平均法。就是在一次移动平均的基础上，对所得数据再做一次移动平均。此处不再赘述，其计算公式为：

$$f_{t+1}^{(2)}=m_t^2=m_t^{(1)}+m_{t-1}^{(1)}+\cdots+m_{t-n+1}^{(1)}\big/ n$$

若经过一次或二次移动平均后，得到的数据点呈现明显的线性趋势，可用下式预测：

$$x_{t+T}=a_t+b_tT$$

式中：x_{t+T}表示 x 在第 $t+T$ 期的预测值；T 为预测程，预测期离已知最后一期实际数值在时间上的距离；a_t 表示截距，即为预测的起始数据，$a_t=2m_t^{(1)}-m_t^{(2)}$；b_t 表示斜率，即为直线的变动趋势，$b_t=2/n-1\ (m_t^{(1)}-m_t^{(2)})$。

(4) 指数平滑法

指数平滑法是在加权移动平均法的基础上发展起来的，是用指数加权的办法来进行移动平均的预测方法。指数平滑法包括一次指数平滑法、二次指数平滑法等。

①一次指数平滑法是对本期实际发生值和本期预测值分别给予不同的权数，计算出指数平滑值，以此作为下期的预测值的预测方法。其预测模型是：

$$\hat{y}_{t+1}=s_t^{(1)}=ax_t+(1-a)\ s_{t-1}^{(1)}$$

式中：$\hat{y}_{t+1}$表示一次指数平滑下第 $t+1$ 期预测值；$s_t^{(1)}$ 表示第 t 期一次指数平滑值；a 表示平滑系数 $(0<a<1)$；x_t 表示第 t 期实际发生值；$s_{t-1}^{(1)}$表示第 $t-1$ 期的一次指数平滑值或第 t 期预测值。

从上式可知，只要有本期实际发生值和预测值，就可求出下期预测值。若 $a=1$，下期预测值就等于本期实际发生值；若 $a=0$，下期预测值就等于本期预测值。因此运用指数平滑法的第一个关键是 a 值的确定。a 值是根据本期预测值和本期实际值的偏差大小确定的。若偏差大，a 值取大一些，一般取 0.6～0.9；若偏差小，说明预测值比较准确，a 值取小一些，一般取 0.1～0.4；较稳定时，a 取中间值，一般取 0.4～0.6。

运用指数平滑法进行预测，还需要估计初始值，即第一个预测值。比较简便的办法是，选前面若干个实际值求出平均值作为初始值，或用第一个实际值直接作为初始值。

②运用一次指数平滑法进行预测，当时间序列变化趋势存在明显的线性趋势时，其预测值总是滞后或超前于实际值，并且这种方法只能用于近期预测。二次指数平滑法可弥补这一不足。

二次指数平滑法同二次移动平均法相仿，是先对一次指数平滑后的序列数据再作一次指数平滑，然后利用两次的指数平滑值求出预测参数，再建立预测模型进行预测。

二次指数平滑值的计算公式是：

$$s_t^{(2)}=as_t^{(1)}+(1-a)\ s_{t-1}^{(2)}$$

二次指数平滑法的预测模型是：

$$\hat{y}_{t+T}=a_t+b_tT$$

$$a_t=2s_t^{(1)}-s_t^{(2)}$$

$$b_t=a/1-a\ [s_t^{(1)}-s_t^{(2)}]$$

式中：$s_t^{(1)}$、$s_t^{(2)}$ 表示第 t 期一次、二次指数平滑值；$s_{t-1}^{(2)}$表示第 $t-1$ 期二次指数平滑值；a 表示平滑系数 $(0<a<1)$；$\hat{y}_{t+T}$表示 $t+T$ 期预测值；a_t、b_t 表示预测参数；T 表示本期到预测期的时期数。

例：某企业 1999—2003 年历年销售量如表 5－4 所示，运用指数平滑法预测 2004 年、2005 年的销售量。

表 5－4　　某企业采用指数平滑法进行的销售量预测

年份	实际销量	$s_t^{(1)}$ （$a=0.6$）	$s_t^{(2)}$ （$a=0.6$）
1999	194	194	194
2000	198	196.4	195.4
2001	205	201.6	199.1
2002	210	206.6	203.6
2003	218	213.4	209.5

根据一次指数平滑法预测：

$\hat{y}_{04} = ax_{03} + (1-a)\ s_{02}^{(1)} = 0.6 \times 218 + (1-0.6) \times 206.6 = 213.4$

根据二次指数平滑法预测：

$a_{03} = 2s_{03}^{t} - s_{03}^{(2)} = 2 \times 213.4 - 209.5 = 217.3$

$b_{03} = \alpha/1-\alpha\ (s_{03}^{(1)} - s_{03}^{(2)}) = 0.6/0.4 \times (213.4 - 209.5) = 5.85$

$\hat{y}_{03+1} = a_{03} + b_{03}T = 217.3 + 5.85 \times 1 = 223.2$

$\hat{y}_{03+2} = a_{03} + b_{03}T = 217.3 + 5.85 \times 2 = 229$

（5）季节波动分析法

当产品的市场需求呈明显的季节性波动时，用平均法进行销售预测就不能正确地反映销售量的波动。要用计算季节指数的办法来预测季节性的波动，季节指数法的具体做法是，先求出历年各季度（或月份）的平均销售额，再求出各季度（或月份）平均值占平均年销售额的百分比，即为季节指数。然后根据下一年度销售额预测值和季节指数，即可求得各季度或各月的预测值。

例：根据某产品近三年销售情况求得季节指数，如表 5－5 所示。

表 5－5　　某产品近三年销售情况求得的季节指数

季度	1997 年①	1998 年②	1999 年③	平均销售额 ④＝（①＋②＋③）/3	季节指数 ⑤＝④/154（%）
一	40	44	48	44	28.57
二	20	18	22	20	12.99
三	30	32	28	30	19.48
四	54	62	64	60	38.96
全年合计	144	156	162	154	100

若按趋势外延法对 2000 年年度销售额预测，预测值为 192 万元，根据计算公式某季预测销售额＝全年预测销售额季节指数，预测一至四季度销售额分别为 49.04 万元、22.34 万元、33.50 万元和 67.02 万元。

2. 回归分析法

回归分析法是在市场需求预测中使用比较普遍的一类方法。回归分析法是找出预测对象和影响预测对象的各种因素之间的线性或非线性关系，并建立相应的回归方程进行预测的方法。所以，回归分析法可以是线性回归，也可以是非线性回归；可以是一元回归，也可以是多元回归。这里只介绍一元回归分析法和多元回归分析法。

（1）一元回归分析法

一元线性回归分析法是解决两个具有线性变化关系的变量之间关系的一种方法。所以，影响预测对象的因素只有一个，并且这个因素对预测对象的影响为线性关系时，就可以用这种方法进行预测。

如果我们用 y 表示预测对象，x 表示影响因素，则 y 与 x 之间关系的线性预测模型为：

$$\hat{y}_i = a + bx_i$$

式中：$\hat{y}_i$ 为第 i 期的预测值，x_i 为影响因素在第 i 期的值，a、b 为回归系数。

根据最小二乘法，a 和 b 可由下式求得：

$$b = \sum_{i=1}^{n} x_i y_i - \bar{x}\sum_{i=1}^{n} y_i / \sum_{i=1}^{n} x_i^2 - \bar{x}\sum_{i=1}^{n} x_i$$

$$a = \bar{y} - b\bar{x}$$

式中：y_i 为第 i 期的实际值，$\bar{y} = \sum_{i=1}^{n} y_i / n, \bar{x} = \sum_{i=1}^{n} x_i = / n$。

根据历史数据建立一元回归预测模型后，还需对所建立的模型进行检验，看两个变量之间是否真正具有线性相关关系。检验方法常用相关性检验，即求出相关系数 R。R 的计算公式为：

$$R = \sum_{i=1}^{n} (x_i - \bar{x})(y_i - \bar{y}) / \sqrt{\sum_{i=1}^{n} (x_i - \bar{x})^2 (y_i - \bar{y})^2} \mid R \mid \leqslant 1$$

如果 $|R| = 1$，表示 x 与 y 完全相关；如果 $0 < |R| < 1$，表示 x 与 y 相关。在实际应用中，如果 $|R| > 0.7$，就认为 x 与 y 有较强的相关关系，就可以应用所建立的一元回归预测模型进行预测。否则，这种预测方法就不能使用。

（2）多元回归分析法

两个自变量或两个以上自变量的多元回归方法，是一元回归理论与技术的重要延伸，也是数据处理与预测的迫切需要。这里以二元回归分析法为例。

二元回归分析法，是一元回归基础上的扩展，可以同时研究两个影响因素（x_1，x_2）对预测值（y）的影响。计算方法复杂，但可用公式。二元回归的预测模型为：

$$\hat{y} = b_0 + b_1 x_1 + b_2 x_2 \quad (i = 1,\ 2)$$

二元回归系数的计算公式为：

$$b_0 = \bar{y} - b_1\bar{x}_1 - b_2\bar{x}_2$$

$$b_1 = \sum_{i=1}^{n} x_{1i} y_i \sum_{i=1}^{n} x_{2i}^2 - \sum_{i=1}^{n} x_{2i} y_i \sum_{i=1}^{n} x_{1x} x_{2i} / \sum_{i=1}^{n} x_{1i}^2 \sum_{i=1}^{n} x_{2i}^2 - (\sum_{i=1}^{n} x_{1i} x_{2i})^2$$

$$b_2 = \sum_{i=1}^{n} x_{2i} y_i \sum_{i=1}^{n} x_{1i}^2 - \sum_{i=1}^{n} x_{1i} y_i \sum_{i=1}^{n} x_{1x} x_{2i} / \sum_{i=1}^{n} x_{1i}^2 \sum_{i=1}^{n} x_{2i}^2 - (\sum_{i=1}^{n} x_{1i} x_{2i})^2$$

多元线性回归预测模型请参见有关经济统计预测书，在此不再详述。

5.3 营销信息系统的建立

企业营销决策和计划的制定，必须以掌握充分而准确的信息为基础，这需要一套科学的信息管理方法，建立系统、规范的程序来搜集、整理和解释信息，使其成为制定和修正市场营销方案的依据。这一程序可以通过营销信息系统来完成。

所谓市场营销信息系统是指由人、设备和程序组成的一个持续的、彼此关联的结构，其任务是准确、及时地对与营销决策有关的重要信息进行搜集、分析、评估和分发，供营销决策者运用，以便使他们的计划、执行和控制具有更高的科学性和准确性。

5.3.1 营销信息的内容

企业需要的营销信息涉及面极广，有来自企业内部的，也有来自企业外部的。

（一）企业内部的营销信息

1. 物资供应信息

一般包括原材料、辅助材料、能源、标准件和协作件等的供应者及其供应地点、时间、质量、品种规格、数量、价格、服务或附加利益等方面的信息。

2. 企业营销信息

包括企业市场营销战略、方针、目标、市场营销思想、观念、市场营销策略及营销策略组合方面的信息；市场营销计划、组织以及销售合同的签收、修改、执行方面的有关信息；市场营销分销渠道方面的信息；目标市场营销信息反馈；企业产品、服务、产品市场生命周期、产品开发、产品管理、产品评价、产品策略、产品包装装潢、外观造型及厂牌商标等信息；企业产品和劳务定价及价格策略等有关信息；企业广告、宣传、人员推销、营业推广及公共关系等方面的信息；国际市场及国际贸易方面的有关信息等。

（二）企业外部的营销信息

1. 政治政策法规制度信息

其内容涉及一定时期国内外政治形势，国家的政治局势和政治制度，政府的有关方针、产业政策、财政政策、货币政策、贸易政策、消费政策、经济法令条例和规章制度等。

2. 经济市场信息

包括宏观经济运行信息，如国民经济发展规划及战略决策，国民经济增长的速度、水平及态势，经济周期循环状况，国家财政、金融、税收情况、国内外重大经济事件；市场供求信息，如行业及相关产业发展情况，劳动力、原材料和能源供应情况，居民收入水平、消费水平、消费结构、购买动机和行为特征；市场竞争信息，如竞争者数量与规模、优势与劣势，竞争手段变化趋势，相关产业前向发展和后向发展动态等。

3. 科技信息

包括国际国内有关科学技术的发展状况，科学研究的新动向，新兴科学的产生及应用领域，新技术开发和新产品研制的动态，管理理论和方法的发展，以及所有这些因素对市场营销的影响等。

4. 人口信息

主要涉及人口总量，家庭户数和家庭规模，人口性别、年龄、文化水平、职业、收入、生活方式及爱好、地理分布等。

5. 社会信息

主要涉及社会的价值取向、思想观念、风俗风尚、宗教信仰、民族分布、社会阶层、相关群体及其消费特征等。

6. 文化信息

诸如物质文明、精神文明、道德观念、审美情趣、文化修养、教育程度、文娱体育及医疗卫生水平等。

7. 心理信息

诸如新产品设计与销售心理、购买动机及行为特征、购买者心理等。

8. 自然信息

包括与企业营销活动有关的地理位置、地形地貌、交通运输、气候条件、再生资源情况等。

5.3.2 营销信息系统的构成

不同行业和规模的企业，信息系统的具体构成会有所差异，但基本的框架大致相同。一般由确定信息需求、内部报告系统、营销情报系统、营销调研系统、营销分析系统及传送营销信息构成。市场营销信息系统如图 5－5 所示。

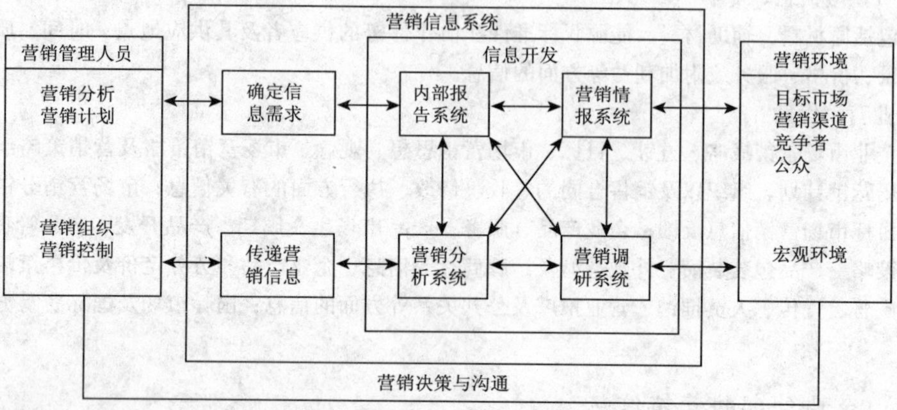

图 5－5 营销信息系统的构成

（一）确定信息需求

在营销信息系统运作中，首先要注意的是“确定信息需求”。在实际中，许多企业缺少这一环节或对这一环节认识不足，从而导致信息工作的有效性降低。这是因为：

1. 一些管理人员往往不假思索地让信息人员提供所有可获得的信息，而不考虑真正需要的是哪些信息。

2. 有些营销管理人员忽视营销信息的重要性或根本不知道应该获取哪些信息。

3. 想获得的某些信息可能是无法获得的。例如，竞争对手下一年的预算等。

4. 有些信息有可能获得，但成本太高等。确定信息需求的作用在于确定究竟哪些信息是营销人员真正需要的，并及时向管理者提供必要的信息，以供决策时采用。

（二）内部报告系统

企业的内部报告系统是以内部会计系统为主，辅之以销售信息系统而组成。它的作用在于报告订货、库存、销售、费用、现金流量、应收款、应付款等方面的数据资料。通过分析这些信息，能发现重要的机会和问题。企业内部报告系统的核心是订单—发货—账务处理循环。即接到客户订单之后，将订单副本分送到各有关部门，仓储部门迅速组织发货，财务部门进行结算，得到付款通知后，做出收款账务，然后定期向主管部门递交报告。这类信息应能及时提供给有关经营者使用，以便帮助经营者制定各种营销政策、加强对营销活动的控制。内部报告系统还包括及时、全面、准确的销售报告，从而帮助决策人员及时决策，提高企业的竞争优势。目前，许多企业都建立了及时全面的销售报告系统，如电脑、电传、电报机、电视显示终端机、打印机等，使主管能在几分钟内了解分散在各处的关联企业过去和现在的销售及库存数字。

然而在现实工作中，营销主管部门常常因接到过多的或无用的报告而降低工作效率。因此会计系统的改进方向应集中于两个方面：一是改进销售报告的时效性；二是使销售报告符合主管部门需要。

（三）营销情报系统

所谓营销情报系统，是指向营销决策人员提供营销环境中各种因素发展变化情报的一整套信息来源和程序。经营决策者大多数自行收集情报，但这种方法带有相当的偶然性，一些有价值的信息可能没有抓住或抓得太迟。为了改进营销情报的质量和数量，经营决策人员一般需要采取以下措施：

1. 训练和鼓励销售人员去发现和报告营销环境发展变化的新情况。
2. 鼓励分销商、零售商和其他伙伴把重要的情报报告公司。
3. 向外界的情报供应商购买信息。
4. 建立信息中心以收集和传送营销情报。

（四）营销调研系统

除了收集内部会计信息和营销情报以外，经营决策者还需要经常对特定的问题和机会进行集中的研究，需要做一个市场调查，一个产品偏好试验，一个地区的销售预测或一个广告效益研究。经营者自己往往没有技能或时间去获得这些信息，需要委托别人来进行正式的营销调研。如企业可以委托有关院校、科研机构设计和执行一个调研计划、聘请专门的营销调研公司为自己服务或者设立自己的市场营销调研部门。所谓营销调研是指系统地设计、收集、分析和提出数据资料以及提出跟公司所面临的特定的营销状况有关的调查研究结果。因此，营销调研系统是指对与公司所面临的特定的营销状况有关的信息进行调查、收集、整理，加以分析研究、写成报告供最高管理层参考的系统。

（五）营销分析系统

所谓营销分析系统，是软件与硬件支持下的数据、系统、工具和技术等协调的组合。其任务是从改善经营或取得最佳经营效益的目的出发，通过分析各种模型，帮助市场营销管理人员分析复杂的市场营销问题。它包括一些先进的统计程序和模型，借助这些程序和模型，可以从信息中发掘出更精确的调查结果。如图 5 -6 所示。

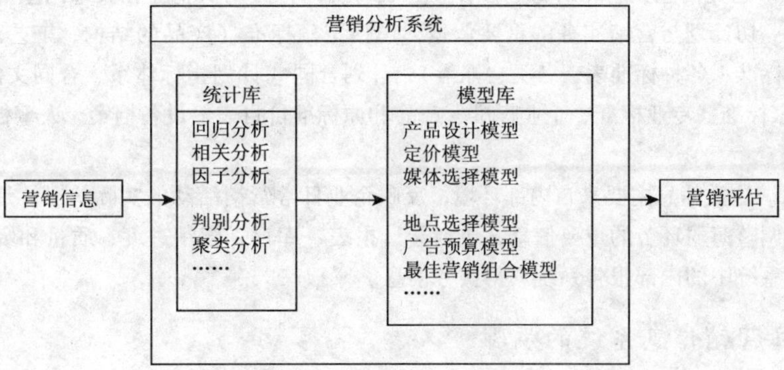

图 5 -6 营销分析系统

（六）传送营销信息

通过营销情报系统和营销调研获得的信息，必须在合适的时间提供给营销管理者。只有信息被其采纳，并制定出营销战略决策时，其价值才得以实现。随着信息技术的迅猛发展，依靠先进的微机网络系统、软件和文字处理系统，管理者们不仅可以从信息系统中获得所需要的数据，而且可以利用计算机终端与整个公司的信息系统联系起来，既可以从公司内部的数据库，也可以从外部的各种信息服务机构获得必要信息，从而大大提高信息传递的速度。

5.3.3 营销信息系统的建立

（一）营销信息系统建立的原则

随着商品经济的发展和企业管理的现代化水平的提高，建立以计算机为中心的信息系统势在必行。企业建立以计算机为中心的营销信息系统必须遵循以下原则：

1. 统一性、整体性原则

企业营销信息系统必须将企业的营销活动作为一个整体来看待，疏通企业内部的纵横关系，兼顾企业的现实运转和将来的发展。同时，企业信息要做到内外统一，微观与宏观统一，当前需要与长远需要相统一，信息交流的形式与传递语言相统一。

2. 简明性、适当性原则

企业所加工和传递的信息应尽量简短明了，信息的处理过程应尽可能避免繁杂的手续，信息的筛选优化应以适当为标准。这样才能加快信息的流通，缩短信息流通时间，提高有效性。

3. 有效性原则

企业营销信息必须反映和满足企业营销活动的需要，适应企业营销决策和管理的要求。因此，营销信息系统要通过鉴别剔除无效或不适用的信息，选取有效、适用的信息。

（二）营销信息系统建立的分类

对企业具体的营销活动而言，只有形成有自身特色的营销信息系统，才能提高整体营销效率。企业的营销信息系统，可以从以下几个方面建立：

1. 计划信息。这类信息主要来自外部环境，与企业一定时期的目标确定、战略和规划制定、资源合理分配等有关，包括政府的方针、政策、法令、计划与相关文件，市场竞争情况，市场需求状况，科技发展水平等。一般可以通过营销信息系统中的营销情报系统、营销调研系统获得计划信息。

2. 常规信息。这类信息具有相对稳定性，在一段时间内，可以供企业相关部门重复使用而不发生质的变化，是企业一切计划与营销实务的重要依据，包括定额标准（产品的结构、工艺流程、劳动定额、物耗定额、工时标准、各种标准表、各类台账等），计划合同（计划指标体系、合同文件等），查询信息（国际标准、国家标准、专业标准、企业标准、产品和原标准价目表、设备档案、人事档案、固定资产档案等）。

3. 实务信息。这类信息主要来自内部环境，反映企业日常营销活动的实际状况。是控制和评价企业营销业绩，及时调整薄弱环节的重要信息，包括会计报表、库存、营销进度、质量和废品率等。一般可以通过营销信息系统中的内部报告系统获得实务信息。

（三）建立营销信息系统的步骤

企业的市场营销信息系统的发展经历了由低级向高级发展的三个阶段。

1. 简单程序应用阶段

此阶段主要是用于一些简单账目的结算，其数据和程序不可分割，数据作为程序的一个组成部分。

2. 文件系统阶段

主要用于会计、订货、采购、库存控制、工资、成本控制等方面。

3. 数据库阶段

此阶段有完整的数据结构组织，在数据库中，数据类型和数量都可以无限扩大，其应用领域不仅适用于文件系统的应用范围，而且还扩展到预测、营销进度的安排、统计分析等。

建立企业营销信息系统，一般分为三个步骤。

第一，分析。根据系统目标，进行调查、分析，提出系统的模型。

第二，设计。根据以上分析，确定系统结构，确定子系统和系统模块。设计代码、输入和输出文件格式、信息的分类和储存方式、系统流程图等。

第三，实施。包括程序设计，程序和系统的调试，编写技术文件，系统转换及系统评价等内容。

【小结】

市场信息是商品经济的产物，是企业经营管理的一项重要资源，是企业在市场上取得竞争优势举足轻重的砝码。商品经济越发展，市场营销信息越重要，及时、准确、可靠地掌握市场信息并对信息进行科学有效的处理和运用，是现代企业的一项重要任务。所以，现代市场营销理论把市场信息、市场调研、市场预测作为企业掌握经营环境、分析市场动向及供求发展趋势和相关联系的三大支柱。市场信息是营销决策的基础，而市场信息离不开营销调研和预测的支持，需要运用科学营销调研与预测方法进行市场分析，把握市场趋势。

市场调研是指运用科学的方法，有目的有计划地收集、整理、分析和研究有关市场营销方面的信息，发现机会和问题，得出合乎客观事实发展规律的结论、提出建议，为市场预测和营销决策提供依据。

市场调研的内容包括市场环境调研、市场竞争因素调研、市场需求及营销组合策略调研、企业内部环境调研。

市场调研一般可分为3个阶段，11个步骤。预备阶段包括确定调查问题、初步情况分析、拟订市场调查计划、培训调查人员、非正式调查。调研阶段包括搜集资料、设计调查表格、抽样设计、实地调查。结果处理阶段包括整理分析资料、提出调查报告和追踪。

市场调研的方法包括观察法、询问法、实验法、集体访谈法、心理调查法。

市场预测，就是在市场调查的基础上，利用各种信息资料，运用科学的方法，对影响市场供求变化的各种因素进行调查研究，分析和预见其发展趋势，掌握市场供求变化的规律，为市场营销决策提供可靠的依据。市场预测是市场调研的发展与延续，是市场分析研究的结果。

市场预测的内容从销售预测这个角度包括市场需求预测、市场占有率预测、产品发展预测、产品价格变动趋势预测、对外贸易变化预测。

市场预测的步骤包括确定预测目标、收集整理资料、选择预测方法、建立预测模型、评价模型、利用模型进行预测、分析预测结果、编写预测报告、提出预测报告、进行追踪和反馈。

市场预测的方法有定性预测方法、定量预测方法。

市场营销信息系统是指由人、设备和程序组成的一个持续的、彼此关联的结构，其任务是准确、及时地对与营销决策有关的重要信息进行搜集、分析、评估和分发，供营销决策者运用，以便使他们的计划、执行和控制具有更高的科学性和准确性。

营销信息的内容包括企业内部的营销信息、企业外部的营销信息。

营销信息系统的构成包括确定信息需求、内部报告系统、营销情报系统、营销调研系统、营销分析系统、传送营销信息。

建立营销信息系统的步骤有分析、设计、实施。

【关键术语】

市场调研（Market Research）

观察法（Observation Method）

实验法（Experimental Method）

集体访谈法（Collective Interview）

心理调查法（Psychological Investigation）
市场预测（Market Forecast）
德尔菲法（Delphi Method）
时间序列法（Time Series Analysis）
简单平均法（Simple Average Method）
加权平均法（Weighted Average Method）
移动平均法（Moving Average Method）
指数平滑法（Exponential Smoothing Method）
季节波动分析法（Seasonal Fluctuation Analysis）
回归分析法（Regression Analysis）
一元回归分析法（First Regression Analysis）
二元回归分析法（Binary Regression Analysis）
营销信息系统（Marketing Information System）

【知识链接】

[1] 向才亮等．现代市场营销学 [M]．北京：化学工业出版社，2009.

[2] 欧亚．市场营销 [M]．北京：机械工业出版社，2012.

[3] 欧阳卓飞．市场营销调研 [M]．北京：清华大学出版社，2012.

[4] 胡介埙等．市场营销调研 [M]．大连：东北财经大学出版社，2011.

[5] [美] 小约瑟夫·F. 海尔等．市场营销调研精要 [M]．白雪梅译．浙江：浙江大学出版社，2008.

[6] 杨立钒．互联网环境下企业网络营销渠道选择研究 [D]．上海：复旦大学出版社，2012.

[7] [美] 菲利普·科特勒等．营销管理．王永贵等译 [M]．上海：格致出版社，2012.

[8] 孟亮．市场营销策划 [M]．北京：人民邮电出版社，2012.

[9] 中国营销传播网，http：//www. emkt. com. cn/.

【案例分析】

“新”意从何而来?

日本三重县人三井高利是一位立志要做布商的人，他赤手空拳前往东京闯天下，可是很长时间一直没有起色。正当他想关起店门回到故乡的时候，一天，在洗澡堂里听到几个手艺人在高声谈论，准备穿一条新丁字裤（兜裆布）去参加庙会，可是却凑不齐人数合伙去买，为此烦恼不已。

凑齐人数合伙去买新的丁字裤，这是怎么回事？三井高利一边冲洗着一边在想。

“啊，对了，原来是这样。”他拍了一下大腿。原来，在当时的商业习惯上，布料是凑集几个伙伴去买一匹漂白布，可是人数却不易凑齐。

用现在的话来说，当时布料只以匹为单位出售，是“不符合顾客需求的”。于是第二天，三井高利便在店门口贴上了这样一张纸条：“布匹不论多少都可以剪下来卖。”

昨天在澡堂里遇到的手艺人看了这张纸条飞奔进来：“买够做一条丁字裤的漂白布。”

三井高利看准了在接近庙会的这段日子里，有相同需求的人一定非常多。于是，店里所有的漂白布，在那一天销售一空。

许许多多的女孩子和附近的太太们都涌到店里来买零头布。三井高利的店门口连日来热闹非凡。

三井高利领悟到做生意倾听顾客心声的好处，简直乐不可支，他把吃饭的时间都节省下来站在店门口接待顾客，由此又获得很多启示。

布店主要的顾客是女性，但女性买东西买得最多的时候，是女儿将出嫁的时候。可是出嫁时所需要的东西，不仅是衣服，还要备齐放衣服的衣橱、包、绸缎及和服的纸、梳子、簪子、鞋箱、餐具等种种东西。由此，新娘和她的母亲必须东一家西一家地去选购。但是，如果那些东西可以在一个地方一次买齐，对顾客来说该是多方便呀。于是三井高利马上将其付诸实施，这就是日本的第一家百货公司——“三越”。

百货公司之所以能以压倒竞争对手的优势成为零售业的王者，乃是由于苦心谋求如何才能方便顾客，于是，有能力的布店有很多都学“三越”的做法，扩充店面，引来了许多买东西的顾客。

思考题

1. 三井高利为什么能够成功?
2. 怎样才能树立正确的市场营销观念?

第二篇

■ CHAPTER 2 ■

市场营销管理STP战略

第 6 章 市场营销管理战略规划

【本章知识要点】

知识要点	掌握程度	相关知识
企业战略计划内涵、构成与过程	了解	企业战略计划的内涵、构成、过程
营销管理战略规划的内容与重要作用	了解	营销管理战略规划的内容、重要作用
营销管理战略规划的基本选择	掌握	稳定发展战略、新业务发展战略、紧缩战略、抽资战略
市场营销战略管理过程	重点掌握	营销计划、营销组织、营销执行、营销控制

【本章技能要点】

技能要点	掌握程度	应用方向
营销管理战略规划的基本选择	掌握	企业根据其所处的内外部环境及企业的总结性发展规划而进行的基本选择，它为企业在竞争环境中的生存态势和发展方向服务
营销战略管理的计划组织执行与控制	重点掌握	为企业营销管理战略的制定服务

【导入案例】

谁成就了戴尔模式?

戴尔公司于1984年由迈克尔·戴尔创立。经过短短几十年的发展，如今已成为计算机领域中的佼佼者。戴尔的战略理念非常简单——按照客户要求制造计算机，并向客户直接发货，这使得戴尔公司能够最有效和明确地了解客户需求，继而迅速做出回应。这个直接的商业模式消除了中间商，这样就减少了不必要的成本和时间，让戴尔公司更好地理解客户的需要。这种直接模式允许戴尔公司能以富有竞争性的价位，为每一位消费者定制并提供具有丰富配置的强大系统。通过平均四天一次的库存更新，戴尔公司能够把最新相关技术带给消费者，而且远远快于那些运转缓慢、采取分销模式的公司。可见，戴尔公司的成功与其制定的有效的市场战略是分不开的。

首先，针对顾客需求，全力打造顾客满意度。

戴尔公司最广为传播的一点，就是与顾客的亲密关系。公司初创时，这种紧密连接让戴尔不但在众多竞争者中鹤立鸡群，还使得戴尔有效分配资源，以提供最高科技、最新产品与最大价值。

戴尔发现，要抓住顾客需求及维持他们满意度的最好方法，是建立一种互惠的对话关系。这样你不但能知道哪些事行得通，也能明白为什么行得通，如此一来，那些耗资千万、费用无数的新创意，便可以在这些顾客中试销，还能通过他们的回馈来了解整个运作是不是方向正确。针对顾客需求来设计产品或服务方式，不只是找到顾客要什么，也不只是提供合理价格与高性能产品而已。更重要的是，要比顾客自己更早知道他们的需求。

其次，戴尔公司在选择供应商方面有自己独特的见解。

与较少供应商建立较紧密的关系，是降低成本和更进一步加速产品问市速度的绝佳办法。戴尔想到"培养亲近关系，必获利"这句话，把投资资本回报（ROIC）这套衡量标准应用到每一零部件和每一供应商。一旦能计算出向不同供应商购买某零部件能为股东带来的实际回报，就会很明白，工厂距离戴尔较近的供应商为戴尔带来的ROIC高于工厂距离较远的厂商。很显然，如果供应商离戴尔比较近，运输成本便较低。但由于零部件价值平均每星期降低0.5到1个百分点，与供应商保持亲近关系，不但代表戴尔可以尽快拿到所需的产品，也可以充分运用零部件成本降低的好处。

戴尔向地区性供应商说明："戴尔有全球性的业务，也希望你们能成为全球性的供应商，供货给戴尔全世界的工厂。但要做到这样，你们必须能发展出足以服务全球戴尔公司的产能。"果然有效，有家厂商一开始在爱尔兰和戴尔合作，后来知道戴尔要到马来西亚建立一个制造中心，便在戴尔位于槟榔屿的工厂旁也设立了一个工厂，接着又在戴尔在中国的工厂附近开厂。

因此我们可以把戴尔公司的市场营销策略简要概括为：致力于制造出低成本、高质量的计算机，不断提高顾客满意度，以扩大市场份额。

营销启示：企业的市场营销管理战略规划是否正确是企业在竞争激烈的市场中能否取得胜利的关键。

"战略"一词原为军事用语。最初含义是"指导战争全局的谋划"。随着社会的进步和科学技术的发展，"战略"一词被逐渐地用于政治、科技、管理等各个领域，泛指任何一个有关全局性的、长远的、重大的谋划。可以说，对于企业来讲，每一种经营都是根据某种战略来进行的。战略是企业前进的方向，是企业经营的蓝图。企业将依此建立其对客户的忠诚度，赢得持续的竞争优势，战略的目的在于建立企业在市场中的地位，成功地同对手进行竞争，满足客户的需求，获得卓越的经营业绩。

6.1 企业战略计划内涵、构成与过程

企业战略是着眼于长远，适应企业内外形势而做的总结性发展规划，它指明了在竞争环境中企业的生存态势和发展方向，进而决定了最重要的工作内容和方式。为了实现战略目标，还必须有具体经营方针的支持。可以说企业战略以维持企业长期成长、发展为己任，从20世纪70年代起，营销管理战略逐渐在现代市场营销学中占据了中心位置。企业如果只对它们所遭遇的情景做简单的反应，那么企业的生命将是不会长久的。缺乏市场营销战略思考将会导致行动和经费开支上的混乱，它会使企业组织易受有战略准备的竞争者的攻击。

6.1.1 企业战略计划的内涵

计划是一种事先的安排，用于正确地指导企业实现自己的目标。企业战略计划（Strategic Plan）是企业对未来发展的目标和如何实现目标的方案的总计划。它描述企业在一个选定的环境中所追求的总体方向，是企业进行资源和力量分配的指南。它根据企业所拥有的资源和企业所处的外部环境，制定企业长期的发展目标，通过确定和选择合适的战略类型，对企业产品和业务的发展方向和发展方式做出原则性的规定和规划，使企业与外部环境之间能保持一种协调的动态适应过程。

6.1.2 企业战略计划的构成

企业战略是指企业发展过程中，在一定时期内，各个层次、各个部门战略规划和战略计划的统称。

营销管理战略与企业战略的关系如图 6 - 1 所示。

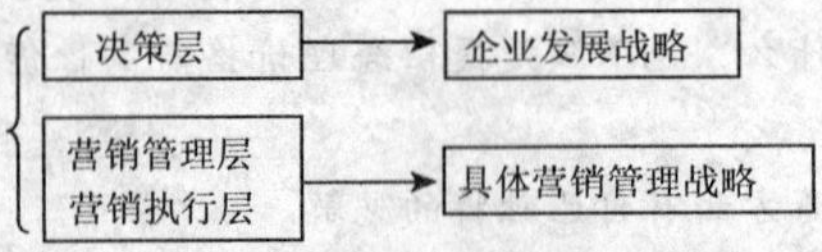

图 6 - 1　营销管理战略与企业战略的关系

一般来说，一个企业的战略可以划分为三个层次，即决策层战略（公司战略）、管理层战略（经营战略）和执行层战略（职能战略）。

（一）决策层战略

这是企业总体的、最高层次的战略。决策层战略的侧重点在两个方面：一是从企业的全局出发，根据外部环境的变化及企业的内部条件，选择企业所从事的经营范围和领域，即要回答这样的问题：我们的业务是什么？我们应当在什么业务上经营？二是确定所从事的业务后，要在各事业部门之间进行资源分配，以实现企业整体的战略意图。决策层的战略如资本营运战略、企业业务发展战略等。

（二）管理层战略

管理层战略有时也叫经营战略或竞争战略，它处于战略结构中的第二层次。这种战略所涉及的决策问题是在选定的业务范围内或在选定的市场——产品区域内，事业部门应在什么样的基础上来进行竞争，以取得超过竞争对手的优势。为此，事业部门的管理者需要努力鉴别最有营利性和最有发展前途的市场，发挥其竞争优势。

（三）执行层战略

执行层战略也叫职能战略，它是在职能部门中，如生产、市场营销、财务、人力资源管理等，由企业职能管理人员所制定的短期目标和规划，其目的是实现决策层和管理层的战略计划。职能战略通常包括各类产品、各个市场、各种营销职能战略。如果说决策层战略和管理层战略强调"做正确的事情"（Do the Right Things）的话，执行层战略则强调"将事情做好"（Do the Things Right）。它直接处理如生产及营销系统的效率、顾客服务的质量及程度、如何提高特定产品或服务的市场占有率等问题。

决策层战略、管理层战略和执行层战略构成了一个企业的战略层次，它们之间相互作用，紧密联系。如果企业经营发展要想获得成功，必须将三者有机结合起来。如图 6 - 2 所示。企业中每一个层次的战略构成了下一战略的战略环境。同时，低一级别的战略为上一层次的战略目标的实现提供保障和支持。

企业战略计划实际上是由企业任务说明、企业目标描述、企业业务组合、业务战略计划的制定等一系列工作及其指导性文件所构成的。

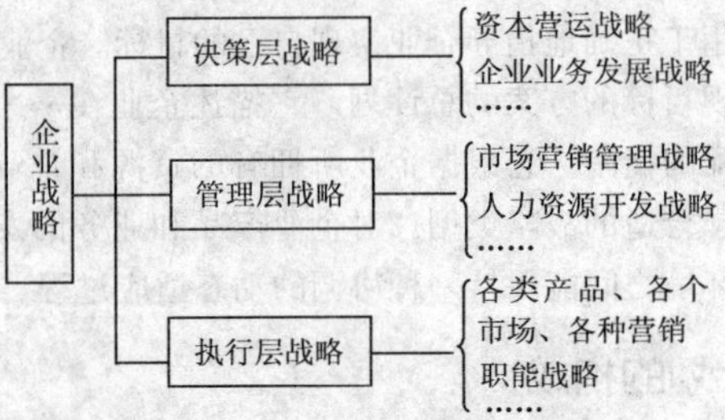

图 6 - 2　企业中的战略层次

（一）企业任务说明

任何企业的存在都是为了完成一定的生产和经营任务，离开了这些任务，企业也就失去了存在的意义，企业任务的形成可从社会和企业两个角度予以认识。

从社会的角度讲，企业的任务是由社会分工所形成的。社会的发展依赖于众多各种类型企业的生产和经营活动所提供的物质财富和精神财富。而每个企业具体所执行的生产和经营任务则是根据社会发展总的需求，在企业利益机制的驱动之下，通过市场竞争，对社会生产的总任务加以具体分工而形成的。每一个企业所执行的生产和经营任务，通常应当与其所追求的利益相一致。如果企业能找到对其利益实现更为有利的生产和经营任务，它就会放弃眼前的任务而去执行更为有利的新任务。市场机制作为一种“无形的手”就是在不断地通过对企业利益的调整，使各类企业趋向于执行与其特征或优势相适应的生产和经营任务，从而使社会的分工日趋合理，使整个社会能稳定协调地向前发展。

从企业的角度讲，企业任务的确定应当考虑以下五个基本要素。

1. 企业历史。企业的发展历史可在很大程度上影响企业任务的确定，这是因为企业生产和经营的历史状况会使企业在某一领域形成自己的特征和优势，如生产、技术方面的优势，市场声誉方面的优势或是营销渠道方面的优势等。企业自然应当根据自身特定的优势来选择企业的任务，因此必须同时尊重自己的历史。

2. 管理者偏好。企业任务的选择在一定程度上还取决于管理者的偏好。个人心理状况会影响对各种各样市场机会的评价，如好高骛远的管理者往往会选择期望利润高而风险较大的生产和经营任务；谨小慎微的管理者则往往可能选择风险较小的生产和经营任务。

3. 市场环境。市场环境的变化会在不同程度上导致企业市场机会的变化，各种政治、经济、社会、自然因素的变化都可能导致社会总需求在数量和结构上发生变异，从而使某些需求减退，某些需求增长，使企业执行某种生产和经营任务的利益和风险也会发生相应的变化。所以企业必须根据市场环境因素的变化来调整自己的生产或经营任务。

4. 企业资源。企业选择其生产或经营任务时必须充分考虑在资源上的可能性，考虑企业的人力、财力、物力是否能同所选择的任务相适应。因为一定的人、财、物力是实现生产和经营任务的必要条件，超越了这一基本条件是什么事情也办不成的。从现代企业的角度来看，人财物的资源中还包括了技术资源的因素，因为先进技术的应用可使同样的资源产生出成倍的效益。

5. 企业核心能力。企业任务的选择应当建立在自己核心能力的基础之上，这样才有利于发挥自身的特长。尽管企业的现有资源和能力有可能使企业执行多种生产和经营任务，但是只要这种经营能力并非企业独有，就可能带来强大的竞争压力；如果这种能力不如他人，甚至可能在竞争中失败。所以企业应当寻找出其具有相对优势的某种核心能力（在资本、技术、成本、资源或环境方面的独特优势），扬长避短，选择那些自己具有独特经营能力或相对优势的生产和经营任务。

确定和调整企业的生产和经营任务是企业开展经营活动的首要前提。企业必须时刻明确自己是做什么的？自己的服务对象是谁？自己的社会价值何在？自己的业务范围应当包括哪些？尤其是当企业经营发展不利之时，更应当重新考虑这样的问题，对企业的任务及时进行调整，以使企业积极稳步地向前发展。

不少企业还将自己的任务明确地表现在“任务说明书”上，以向目标市场、社会公众和企业成员说明企业的业务范围和奋斗目标。“任务说明书”不仅可以使公众对企业有清晰的了解，而且可以使企业的广大员工明确自身的工作价值和工作目标。在明确企业总任务的前提下，同心协力地为实现企业的总目标而努力。

好的“任务说明书”应符合两方面的要求：一是任务的目标指向性应当十分明确，不应当是空洞或模棱两可的。一般应明确地说明以下几点：

1. 企业经营的行业范围。如果企业实际上投入多种行业的经营，也必须明确其主营业务的行业范围是什么。

2. 应说明其主要产品及其应用领域。

3. 应说明企业在该领域可能投入的资源能力以及可实现的市场满足程度，还应当明确企业主要面对的市场群体和地域范围。

4. 有时还必须说明企业在相关业务经营中的地位和角色。如有些公司可实现从原材料基地建设到最终产品生产的垂直一体化经营，而有些公司可能就只是依靠联络产品的供应方和需求方的中介公司。

二是要强调公司的主要政策和价值观，明确公司如何处理同股东、雇员、顾客、供应商、分销商的关系以及公司对内对外行为的基本准则，以使企业员工的行为目标能趋于一致。

（二）企业目标描述

在明确企业任务的基础上，企业应当进一步确定生产和经营的总目标。因为对于某项任务的执行，确立的目标可以是不同的。如目标方向的不同，企业的目标可以是销售额的增长，盈利水平的提高，市场份额的扩大，竞争地位的改变或是技术水平的更新等；目标层次的不同，根据企业进取性的不同，其目标可以是高层次的，中层次的，或是低层次的；目标跨度的不同，企业的目标可以是全面的，也可以是某一方面或某几方面的。

在通常的情况下，企业的生产和经营目标不可能是唯一的，如一个企业以摩托车的生产和经营为其基本任务，它可能以市场占有率的提高为其主要目标，而同时它必须以具体实现在几个目标市场销售额的增长为前提，并且应当考虑到最终能使企业的经营利润得以上升。因此，企业目标往往表现为一个以多种目标而构成的目标体系。该目标体系的形成应当贯彻层次化、数量化、现实性和协调性的原则。

1. 层次化。企业目标体系的层次化，首先表现为构成目标体系的各个目标中应当有主有次，突出重点。如前面所提到的摩托车企业若将提高市场占有率作为主要目标时，其他目标就应当服从这一主要目标，并为这一主要目标的实现而服务。如在不同目标市场销售额的增长速度就必须有利于从总体上提高企业的市场占有率。具体来说，是应当更重视新市场的开发和新市场的销售增长速度；同时只要有利于市场占有率的提高，企业的利润增长程度可以暂时放慢一些等。企业目标体系的层次化还表现为企业的总目标应当进行分解，可将其层层分解为能被各个职能部门和企业员工具体执行的分目标或子目标。

2. 数量化。企业的目标反映了企业执行其生产或经营任务的期望水平和期望效果，应当是可以被衡量的，所以企业的目标应当数量化。如上述例子中，摩托车市场占有率的提高若笼统表述为“使市场占有率在较大的提高”将使人感到不得要领，而若明确表述为“两年内使市场占有率提高20%”就会使目标变得清晰可辨了。与此同时，对于各目标市场销售额的增长和企业利润的实现也应当有相应的期望指标，这样就能根据企业目标制定出生产和经营计划，并对计划执行的全过程加以有效地控制。

3. 现实性。企业选择的生产或经营目标必须切实可行，必须经过努力能够实现。这就要求目标的确定不能只从主观意愿出发，而必须充分考虑客观环境的各种约束条件；同时还应当从企业的现实基础出发，如目前企业的市场地位是处于第四位。企业将自己的目标确定为经过一段时间的努力，使企业的市场地位跃居为第二位，甚至第一位，可能并不为过；但是如果企业目前的市场地位还进不了前十名，在短期内就想使企业的市场地位跃居榜首，恐怕就不太现实了。但是现实的目标，并不等于保守的目标，应当是经过一定的努力才可能达到的，这样才能使企业得以不断地发展和前进。

4. 协调性。在一个目标体系中，诸目标间应当保持协调一致，应当追求最佳的综合效益，而不是某一单个目标的最优化。如企业若企图以“最低的销售费用获得最高的销售增长率”，或在“实现最高利润的同时，占据最大的市场份额”，实际上是完全做不到的。根据系统管理的原理，在系统综合效益最优的情况下，各部分的个别效益只能是“次优”的，所以在确立企业生产和经营的目标体系时，必须考虑各具体目标之间的协调。特别是一些可能相互矛盾的目标，如短期效益和长期效益、稳定和发展、挖掘老市场和开发新市场、增加盈利和扩大市场份额等。企业在确定目标体系时都必须权衡抉择，有取有舍，这样才能保证企业综合效益的最优化。

6.1.3 企业战略计划的过程

企业战略计划的过程，大致经过八个阶段，如图 6-3 所示。

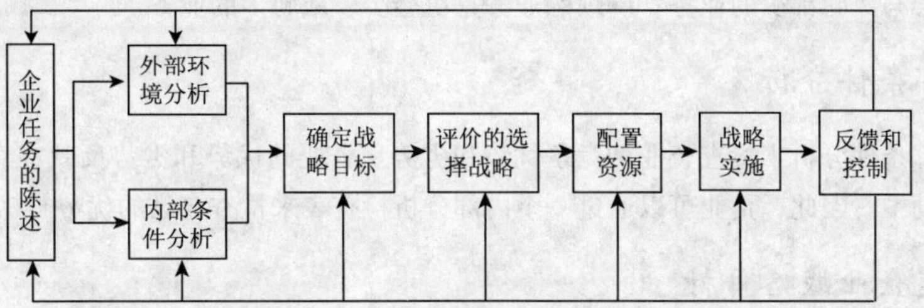

图 6-3 企业战略计划的过程

（一）企业任务的陈述

企业任务的陈述又称为企业宗旨的陈述，它揭示了企业要想成为什么样的组织和要服务于哪些顾客这样的远景内容。任务陈述是企业制定战略计划和分配企业资源的起点和基础。一般认为，企业任务的陈述要包括九种特征或九种要素。这九种特征回答相应的九个问题：

第一，用户（Customers）：公司的用户是谁？

第二，产品或服务（Products or Services）：公司的主要产品或服务项目是什么？

第三，市场（Markets）：公司有哪些市场竞争？

第四，技术（Technology）：公司的技术水平如何？

第五，对生存、增长和盈利的关切（Concern for Survival, Growth, and Profitability）：公司是否努力实现业务的增长和良好的财务状况？

第六，观念（Philosophy）：公司的基本信念、价值观和道德倾向是什么？

第七，自我认识（Self-concept）：公司最独特的能力或最主要的竞争优势是什么？

第八，对公众形象的关切（Concern for Public Image）：公司是否对社会和环境负责？

第九，对雇员的关心（Concern for Employees）：公司是否视雇员为宝贵的资源？

企业任务的陈述要考虑以下五个关键因素：第一，企业过去的历史，对企业未来发展的描述必须要尊重企业过去取得的成就和特点；第二，所有者或管理当局的偏好，因为这会影响到企业目标的确定和实现；第三，企业的环境状况，环境状况构成了企业发展的机会和威胁；第四，企业的资源，它是企业实现未来发展目标的条件；第五，企业所特有的能力。企业在未来的发展过程中，必须形成自己的核心竞争能力。

（二）外部环境分析

外部环境分析主要是通过对企业所处的外部环境进行分析后，找出企业发展有利的市场机会及存在的竞争威胁。再结合对内部优势与劣势的分析及企业的发展战略，企业可对各项战略业务单位是建立、保留、收获还是放弃做出战略决策。

企业的外部环境包括宏观环境（一般环境）和微观环境（任务环境）。宏观环境因素如经济的、政治的、法律的、社会的、文化的因素等；微观环境如顾客、竞争者、销售渠道、供应商等因素。企业可利用外部因素评价矩阵［External Factor Evaluation（EFE）Matrix］对外部环境进行分析，其做法是从机会和威胁两个方面找出影响企业未来发展的关键因素，根据各个因素影响程度的大小确定权数，再按企业对各关键因素的有效反应程度对各关键因素进行评分，最后算出企业的总加权分数。

通过 EFE，企业就可以把自己所面临的机会与威胁汇总，来刻画出企业的全部吸引力。这样就可能有四种结果：理想的业务是机会很多，很少有严重威胁的业务；风险的业务是机会与威胁都多的业务；成熟的业务是机会与威胁都少的业务；麻烦的业务是机会少、威胁多的业务。

（三）内部条件分析

企业通过内部条件分析来检查企业的竞争优势和劣势。企业的优势和劣势反映在企业各个部门的工作和各项职能活动中。因此，企业可以通过一个内部分析检查表来检查自己的优势与劣势。

（四）确定企业战略目标

在确定企业的发展战略类型之前，企业必须先确定自己的战略目标。战略目标是企业实施特定战略而希望得到的结果，而战略则是企业为实现战略目标而制定的计划和采取的行动。

好的战略目标应有如下特征：数量化、可度量、可行性、有挑战性、分层次及能协调企业各单位和部门的关系。描述目标的指标通常有：资产增长、销售增长、盈利、市场占有率、多元经营的程度和性质、纵向一体化的程度和性质、每股收益、企业的社会责任等。

（五）评价和选择战略方案

在以上分析的基础上，企业应运用各种评价和分析方法对各种可行的战略方案或战略类型进行比较和评价，然后确定企业所选择的战略类型。

经常用来进行战略分析与评价的战略分析方法有波士顿咨询集团矩阵（Boston Consulting Group，BCG 矩阵）、通用电气公司矩阵（General Electric Matrix，GE 矩阵）、内部—外部矩阵（Internal-External Matrix，IE 矩阵）、优势—劣势—机会—威胁矩阵（Strengths-Weaknesses-Opportunities-Threats，SWOT 矩阵）等。

（六）配置资源

在确定战略方案之后，要为企业战略配置相应的资源，包括人力资源、财力资源和物力资源，以保证战略的实施。

（七）战略实施

战略的制定是指明确企业基本的发展方向与发展思路，战略规划确定后，就要组织对战略规划的实施。即根据实现战略规划的要求，规定企业内部各个部门的具体任务，并对完成任务的时间及有关资源的分配与使用进行具体的安排与分配。

（八）反馈和控制

在企业战略的贯彻执行过程中，企业要对执行的结果进行跟踪和反馈，并监督环境的变化，以及时地调整战略计划。

6.2 营销管理战略规划的内容与重要作用

6.2.1 营销管理战略规划的内容

每个企业都必须根据自己在行业中的市场地位及其市场目标、市场机会和可利用资源确定一个最有意义的营销管理战略。近年来，市场营销理论中提出了企业战略性营销的概念，并明确它是制定战术性营销策略组合的基础和先决条件。战略营销可分为三个阶段：营销管理战略规划、营销计划制定和营销管理，其中营销管理战略规划和营销计划制定是整个企业总体战略规划的核心所在。企业营销管理战略规划的内容包括：

（一）企业的战略任务

任何一个机构的出现总是为了实现某一任务。开始时，企业的任务往往是明确的，但随着时间的推移和市场条件的变化，往往变得模糊不清。当管理部门意识到自身正在盲目前进时，就应该重新审视和搜寻新的任务，也就是说应明确自己的业务领域和经营范围是什么。对于每一个企业来讲，它都不可避免地要回答下列问题：本企业是干什么的？谁是企业的顾客？他们的需求是什么？企业如何去满足他们的需求？消费者的价值是什么？这些问题可以归结为以下几个方面：一是企业的服务方向，即企业为哪些消费者服务？二是相应的产品定位，即企业拿什么产品去满足它的顾客及如何满足顾客不断发展的、新的、潜在的需求？三是市场范围，即企业所要服务的市场有多大？综上所述，企业的战略任务一般包括两方面的内容，即企业观念和企业宗旨。企业观念指出了企业在进行经营活动时所遵循的价值观和行为准则；企业宗旨则表明了企业的类型和企业的经营活动范围。所以，企业的战略任务一般是指在一定的时期内，企业的市场营销工作所要服务的对象、项目，所要达到的预期目标以及在这个过程中企业所应遵循的行为准则。

（二）企业的战略目标

企业的战略目标是企业战略的核心，是企业战略任务的具体化，是指企业在分析企业内、外诸因素的基础上所做出的较长时期的生产经营活动所预期达到的目标成果。企业的战略目标应该是企业战略思想的结晶，应该是企业战略方案制定的依据，因此，企业战略目标的正确制定具有重要意义。同时，企业的战略目标是一个目标体系，它不是单一的，是复杂的而非简单的。企业战略目标大致包括以下五个方面：

1. 市场竞争地位目标。是对企业在一定时期内其竞争地位提高程度的一种描述，具体表现为企业对传统市场的渗透和新市场的开发、销售增长率的提高、市场占有率的扩大、企业形象的提升等。现代营销观念认为，企业的市场占有率应当成为企业营销活动的主要目标。这是因为：一方面，从长远的角度考虑，企业的市场占有率的提高比销售增长率的提高更为重要。这是由于市场占有率的提高主要依赖于消费者的品牌忠诚度和企业的营销渠道。另一方面，由于市场环境的变化，企业销售增长的状况有时并不能反映企业真实的经营状况。

2. 企业盈利能力目标。是对企业预期所要取得的经济利益的一种描述，具体表现为资金利润率的提高程度、利润总额的增加幅度、职工收入和福利的增加及其心理满足程度的提升等。

3. 生产效率目标。是对企业生产能力提高程度的一种描述，具体表现在企业的生产技术水平、经营管理水平、专业化协作、横向联合等方面。

4. 产品结构与产品形象目标。对于企业而言，产品结构和产品形象非常重要，可以说，产品是企业立足于市场的基石，产品是企业满足消费者需求的基本手段，产品结构则决定了企业对消费者的满足程度；而产品形象是企业形象的基础，只有具有了良好的产品形象，才可能具有良好的企业形象。企业的产品结构与产品形象目标具体表现在产品的创新能力、产品给予消费者的心理满足程度，以及产品结构的合理性等方面。

5. 企业贡献目标。主要指企业的营销活动给国家和社会所做的贡献情况。具体表现为上缴国家税金的数量、自然资源的利用和保护情况、环境保护状况、提供给社会的产品的质量和数量等。

（三）战略重点

战略重点是指对企业战略目标的实现具有决定意义的环节、工作或措施。这些环节就像关键的枢纽一样，一旦被企业所认识并采取一定的措施，就能够起到扭转局势、打开局面的作用，推动整个企业的营销工作向前迈进。一般而言，企业的战略重点存在于以下几个环节当中：

1. 在实现企业战略目标过程中占有重要地位的薄弱环节。例如，在企业的营销工作中，促销策略的制定和实施与产品策略、营销渠道策略、价格策略的制定和实施都处于几乎同样重要的地位，但对于某企业而言，促销策略的制定和实施是一个薄弱环节，那么促销策略的制定和实施就成为该时期企业的战略重点。

2. 企业的优势。企业在竞争过程中，要发挥自身的优势，可以说，企业的制胜法宝，一是抓住竞争对手的劣势，二是要使自身的优势永远是优势。这样，企业通过发展自身优势，可以提高自身竞争力，实现企业战略目标。

3. 关系全局的关键点。企业通过解决这些关键问题，可以实现全局优化，及早实现企业战略目标。

4. 能够促进企业发展的关键因素。把握这些关键因素对于转行的企业或由弱变强的企业来讲尤其重要。例如，某个企业要发展，资金、技术等都不成问题，目前的关键是需要转换经营观念，那么解决观念问题就可以作为企业的战略重点。

企业的战略重点因企业的经营状况、市场条件、竞争地位的不同而不同，企业应该根据自身的内部条件和外部条件，制定适当的战略重点。

（四）战略措施

战略措施是指为实现企业战略目标而采取的长期的、重要的策略。企业在实现其战略目标的过程中，必须分析环境形势、竞争形势和企业形势，及时把握市场机会，规避环境威胁和减少风险。要实现上述目的，企业必须采取必要的、适当的战略措施。企业的战略措施因企业情况而异，其基本内容如下：

1. 营销因素方面的战略措施。例如，企业的技术革新、资金的引进、横向联合、新产品开发等。

2. 营销管理方面的战略措施。例如，企业营销组织建设的合理化、营销管理制度的科学化、管理人员的知识化等。

3. 营销策略方面的战略措施。例如，企业各种营销策略的协调与配合，即在每个特殊的阶段，如何实现营销策略的最佳组合。

6.2.2 营销管理战略规划的重要作用

（一）营销管理战略规划是关系到企业兴衰成败的关键性措施

企业作为一个社会组织，是社会分工和专业化发展的产物。企业作为一个子系统，它的运行必然受到社会大系统中的其他因素，即有关环境的制约。

环境大多数是不断变化的，其中有些更是瞬息万变，企业必须在自成系统的基础上，提高和强化自己对环境的适应性，即应变能力。它关系到企业前途和命运，制订战略计划，实施战略管理，透过战略的窗口把握时机，避开或消除不利影响，保证企业的目标与资源始终动态地、有效地与环境变化相适应，使企业的应变能力在明晰、正确的战略方向指引下全力发挥。

实践也证明，有了正确的战略计划，即使计划执行得不好，管理不善，效率不高，企业或许还能盈利；战略计划错了，计划执行得越好，效率越高，亏损得越多，甚至破产倒闭。

（二）营销管理战略规划是企业进行市场营销管理的基础框架

从企业计划的不同层次或类型来看，一个企业的内部结构及其计划、战略存在三个层次：一是企业总部级，企业最高层负责制定整个企业战略计划，即企业总体战略，它决定整个企业的战略方向，并决定相应的资源分配战略和新增业务战略。二是经营单位级，一个企业内部通常会有若干个战略经营单位，分别从事不同的业务。各个经营单位要在总体战略指导下，制定自己的战略计划，即经营战略，以保证本单位的经营活动能够始终指向企业总体战略规定的目标。三是产品级，较大的企业里，一个经营单位往往拥有若干条产品线、产品系列及品牌、项目，每一种产品都要分别制定市场营销计划，实施市场营销管理。市场营销活动及其规划，必须在战略计划的框架内进行。

从市场营销部门与战略计划部门来看，市场营销部门与战略计划部门的关系密切。市场营销部门向战略计划部门提供信息和意见，以便于战略计划部门对环境做出分析和评价，然后战略计划部门与各经营单位商谈目标，在这个基础上各经营单位的市场营销部门制定市场营销管理战略。

6.3 营销管理战略规划的基本选择

6.3.1 稳定发展战略

（一）特点

1. 企业满足于它过去的效益，决定继续追求与过去基本相同或相似的营销目标。
2. 每年所希望取得的成果按大体相同的比例增长。如利润每年增长2%。
3. 继续用大体相同的产品为自己的顾客服务。

（二）方式

一般来说，企业奉行稳定发展战略，都集中生产单一的产品和劳务，它们的发展是靠在稳定增长的市场上保持它们的市场占有率，或依靠比较缓慢地提高它们的市场占有率，或依靠稳定增加新的产品和劳务。

（三）应用条件

稳定发展战略的风险比较小，对于那些处于正在上升的产业和稳定环境中的成功的企业来说是很有效的。在环境比较稳定、企业创新能力不高、顾客需求偏好长期保持不变的情况下比较适用。在公用事业、运输、银行和保险等行业内，许多企业都奉行稳定发展战略，因为这对它们来说是最为适宜的战略。但是，在环境变化较大时，顾客需求偏好经常变化时，采用这种战略则有很大风险。

（四）企业采用这一战略的原因

1. 企业的决策考虑可能有保守倾向。一是不愿意承担改变现行战略而带来的风险。二是比较成功的企业决策者常常认为，过去行之有效的战略，在将来也会继续有效。

2. 改变资源分配模式很困难。采用稳定发展战略资源分配模式可以不变，如果改变战略，则需要改变资源的分配。要改变已成定局的资源分配模式有很大困难。另外，改变战略企业缺少发展的资源和资金。

3. 发展太快可能导致企业的经营规模超出企业的能力，超过企业的管理水平和技术条件，因而会降低效率，导致管理混乱。

4. 信息传递受阻使企业不能进行有效的市场调查，不了解影响其产品市场和竞争对手的变化。

6.3.2 新业务发展战略

奉行发展战略的企业，主要特征为产品销售量和利润的增长超过市场平均速度；经常开发新产品、新市场和老产品的新用途，不断扩大企业规模，并且不是消极被动地适应外界环境的变化，而是通过提供新产品或新的服务项目培植消费者需求，改变企业环境。

值得注意的是，采用新业务发展战略的企业必须具备以下几个基本条件：第一，有比较充裕的资金；第二，即使企业在短期内终止这一策略，仍能维持其竞争地位；第三，企业的外部环境尤其是政府支持的方向与企业发展战略一致。可供企业选择的发展战略有以下三种：

（一）密集型发展战略

密集型发展战略是指企业以快于过去的增长速度来增加某个战略业务单位的现有产品或劳务的销售额、利润率及市场占有率，常在企业现有产品和现有市场还有发展潜力下采用。实行这种策略有三条途径：

1. 市场渗透。市场渗透战略就是企业在原有产品和市场的基础上，通过改善产品、服务等营销手段方法，逐步扩大销售，以占领更大的市场的战略，市场渗透的基本方法有三种：通过增加产品新的用途、在某些地区增设商业网点，借助多渠道将同一产品送达同一市场等方式来增加顾客的购买量；通过创名牌、提高品牌知名度、树立良好企业形象的方法，吸引购买竞争者产品的顾客，转而购买本企业的产品；企业通过改进广告、宣传、展销、赠送样品、加强推销工作等方式来刺激潜在顾客购买，也可采取短期削价等措施，在现有市场上扩大现有产品的销售。

2. 市场开发。即企业为原有产品或改进产品寻找新的市场，争取新的顾客增加销售量的一种战略。这种战略的中心是为现有产品寻找新用途、新用户、新市场。市场开发战略的主要形式和途径有：一是拓展市场区域，即从一个区域市场扩展到另一个区域市场，或从地区市场扩展到全国市场，从全国市场扩展到全球市场；二是进入新的细分市场，即根据新的目标市场需求，改进现有产品的设计，利用新的销售渠道和其他营销组合策略满足新市场尚未满足的需求。

3. 产品开发。即企业在现有市场领域以开发推广新产品或改进产品满足顾客的需求，从而提高销售额的发展战略。不断开发新产品是提高企业经济效益的重要保证。产品开发战略的形式和途径主要有：一是发展新产品或改进产品满足现有市场的需要。二是发展产品边缘化，即企业生产或提供同时具有两个以上行业特点的产品，也就是在两个行业的交叉地区开发产品。三是发展产品差异化，即发展同质产品在款式、规格、包装等方面有差别的产品，主要是要求对产品略作改动，与竞争对手的同类产品稍有区别，更好地吸引顾客。

产品开发一要符合顾客的需要，二要根据企业的资金、技术力量、设备、原材料等条件，三要考虑新产品开发和产品改进的经济效益，只有这样，企业的市场发展目的才能实现。

以上三种密集型发展战略的基本特征，可以用图6－4所示的产品—市场方格图表示。

	现有产品	新产品
现有市场	市场渗透	产品开发
新市场	市场开发	（多样化）

图6－4 产品—市场方格图

以上三种密集型发展战略，从对企业资源投入的要求看，市场渗透战略要求的资源投入最少，其次为市场开发、产品开发。因此，企业在选择密集型发展战略时，应以市场渗透市场开发产品开发这一顺序进行。

（二）一体化发展战略

一体化发展战略是指企业利用自己在产品、技术、市场上的优势，向企业外部扩展的战略。这是一种利用现有能力向生产的深度和广度扩展的战略。采用这一战略有利于稳定企业的产销，从而使企业在竞争中获胜；也有利于企业扩大生产规模，提高经济效益。因而，它是那些有广阔发展前途的企业，或者拥有名牌产品的企业，发展自身以扩大其市场占有率的一种增长战略。

根据商品从生产到销售的物资流向，形成了一个从后向前的营销系统，据此，一体化发展战略可分为三种类型：增加与物流方向相反的产品生产经营叫做后向一体化；增加与物流方向相同的产品生产经营叫前向一体化；增加处在同一阶段的产品生产经营为水平一体化。如图6－5所示。

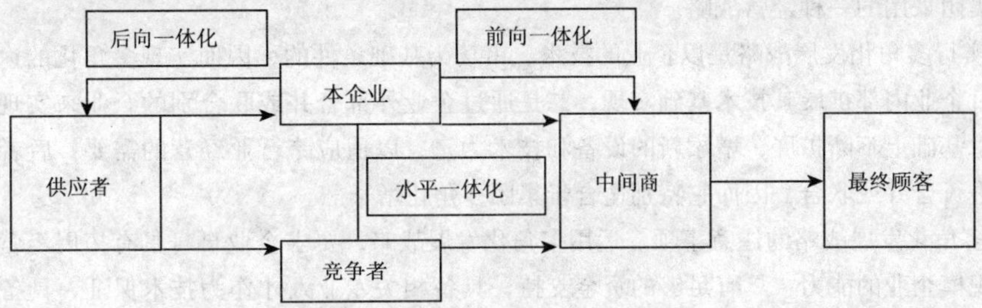

图6－5　一体化发展模式图

1. 后向一体化。生产企业通过建立、购买、联合那些原材料或初级产品的供应企业，向后控制供应商，使供应和生产一体化，实现供产结合。

2. 前向一体化。指生产企业通过建立、购买、联合那些使用或销售本企业产品的企业，向前控制分销系统，实行产销结合。一般来说，这是生产原材料或初级产品的企业实行深加工时采用的战略。如汽车制造商自设分销系统，或制造商通过一定形式控制批发商、代理商或零售商；或自己经营加工业，如木材公司附设家具厂自己生产家具等。采用这一战略，有利于企业扩大生产，增加销售。

3. 水平一体化。指生产企业通过建立、收买、合并或联合同行业的竞争者以扩大生产规模。

一体化发展战略在实际应用中有三条途径：第一条是企业利用自己的力量，在生产经营中把自己的产品扩大到前向或后向生产的产品中去。这条途径的优点是企业能够掌握扩大再生产的主动权，可以按本企业的要求发展新产品。第二条是兼并或购买其他企业，采用这种途径需要企业有畅销的产品和充足的资金。第三条是与其他相关的企业联合，共同开发新产品和扩大营销。这条途径的最大好处是可以冲破资金和技术的限制，不用增加投资，可以在较短的时间内形成更大的生产能力，或者生产出单个企业不能完成的产品项目。

在高度发达的市场经济的条件下，上述一体化战略都是在市场竞争中自然实现的。竞争具有一种择优机制，可实现资源的优化组合，达到产业结构的合理化，从而有利于整个社会经济效率的提高。因此，企业在运用一体化战略时，应注意以下几点：要讲求经济效益。讲求经济效益是企业一切经济工作的核心，也是企业选择市场发展战略的核心问题；否则，再好的战略也是无用的。要重视产品质量，在企业进行联合时，一定要注意保持产品质量。忽视产品质量，片面追求上规模，不仅不会使企业发展，反而有可能降低企业声誉，造成更大损失。要避免造成垄断。在实行水平一体化的过程中，不要联合的企业过多，过多就会出现独家垄断的现象。

（三）多角化发展战略

多角化也称“多样化”或“多元化”。多角化发展就是企业通过增加产品种类，跨行业生产经营多种产品和业务，扩大企业的生产范围和市场范围，使企业的特长充分发挥，使企业的人力、物力、财力等资源得到充分利用，从而扩大企业规模，提高经营效益。

1. 企业实现多角化发展的必要性：第一，原有产品或劳务需求规模与经营规模的有限性。第二，外界环境与市场需求的变化性。第三，单一经营的风险性与多种经营的安全性。

2. 多角化发展的主要方式：同心多角化。即企业利用原有的技术、特长、经验等发展新产品，增加产品种类，从同一圆心向外扩大业务经营范围。水平多角化。即企业利用原有市场，采用不同的技术来发展新产品，增加产品种类。集团多角化。即大企业收购、兼并其他行业的企业，或者在其他行业投资，把业务扩展到其他行业中去，新产品、新业务与企业的现有产品、技术、市场毫无关系。也就是说，企业既不以原有技术也不以原有市场为依托，向技术和市场完全不同的产品或劳务项目发展。它是实力雄厚的大企业集团采用的一种经营战略。

3. 企业实行多角化发展战略是以企业的技术、市场为基础条件的，因而实现多角化的途径主要有两条：一是通过企业内部扩展其技术基础实现，二是通过企业外部合并或联合别的企业来实现。前者是企业在原有技术基础上不断扩展，增添新的设备和技术力量，以适应跨行业经营的需要；后者则是把不同行业的企业进行合并或联合，因而它特别适合于集团多角化增长。

4. 运用多角化发展战略的注意事项。运用多角化发展战略，要求企业自身具有拓展经营项目的实力和管理更大规模企业的能力：具有足够的资金支持，具备相关专业人才作为技术保证，具备关系密切的分销渠道作为后盾或拥有迅速组建分销渠道的能力，企业的知名度高，企业综合管理能力强等。显然，并不是所有具备一定规模的企业都拥有上述优势。若企业运用多角化发展战略的条件还不成熟，不如稳扎稳打。具备足够实力和条件的企业在运用多角化发展战略时，也不可盲目追求经营范围的全面与经营规模的宏大。规模和收益的关系既对立又统一，没有规模固然没有好的收益，但也不是规模越大，收益就一定越大。随着规模的扩大，收益的变化一般有三个阶段：①规模扩大，收益增加，收益增加的幅度大于规模扩大的幅度，这是规模收益递增的阶段；②收益增加的幅度与规模扩大的幅度相等，这是一个短暂的过渡阶段；③收益增加的幅度小于规模扩大的幅度，甚至收益绝对减少，这是规模收益递减阶段。因此盲目追求规模是不可取的。

6.3.3 紧缩战略

企业常常在经济衰退期间或企业财务困难期间使用。紧缩的目的是度过危机，然后转而采用其他战略方案，因此常常是短期的过渡方案，这一方案包含三种方式。

（一）转向战略

转向企业全面或大部分暂停生产和销售，只采取维持性措施来渡过难关。如暂时性停业停顿，有计划地全面停产以扭转财务状况不妙的局面，提高经营效率。

当然，转向战略的目的是渡过难关，希望形势好转后能用新战略。

（二）放弃战略

当抽资战略或转向战略失效时，往往用放弃战略。放弃战略往往涉及企业一个或几个领域，而不是全部，它是指企业卖掉某个主要部门，这可以是一个事业部、一条产品线或一项产品。清理、变卖某些领域，目的是把有限的资源用于经营效益高、有发展前途的领域。

（三）清算战略

清算是通过拍卖资产或停止全部经营业务来结束组织的生命，显而易见。对任何组织的管理者来说，清算是最无吸引力的战略，通常只有在其他战略全部失灵时才采用。然而，及时进行清算较之固执地坚持无法挽回的事业，可能是最适宜的战略。坚持无法挽回的事业，其结局只能是不可避免地破产。但到这时可清算的东西就更少了。

6.3.4 抽资战略

企业为削减费用或改善资金的使用状况，减少在某一特定的产品线、产品组合的投资，把资金投入另外的新的或发展中的领域。企业抽资的对象往往是费用高、利润少、发展前途不乐观或企业产品组合中的次要部分。

（一）含义和目的

抽资战略属于转移阵地性质，它是指减少企业在某个特定的投资领域内的资金。这个特定的投资领域可能是一个战略单位、一个事业部、一条产品线、一个产品项目或一个品牌。目的是把这个特定投资领域里的资金抽出来，转移到企业更需要扶持或注入的投资领域，或为执行一个新的发展战略做准备。

（二）运用条件

在下列情况下，企业可能要考虑采取抽资战略。

1. 企业在某经营领域的市场处于不断衰退，产销很快从成熟期进入衰退期。

2. 保证某一领域的市场占有率越来越困难，除非企业要增加更多的资金才能维持。而这样使用资金，又导致企业总的资金使用效益明显下降。

3. 企业对某一领域里获得的利润不满意，增加资金注入，情况也难改变。

4. 企业已决定改变原来的生产经营方向，但为了使经营转移平稳，而不是突发的和灾难性的。

5. 受某些环境力量压力的驱使。如环境保护法迫使企业改变原对环境污染严重的产品生产。再如国家限制高耗能产品的生产。

抽资战略在实行过程中，企业必须考虑对其他领域的影响，以及对短期收益和利润的不利影响，尽可能减少不利因素。

（三）具体方式

适当减少研究与开发投资、降低产品质量、减少服务广告和推销人员开支、提高价格（如此就会减少需求）等，从这类产品和业务领域获取更多的资金收入。

6.4 市场营销战略管理过程

市场营销计划、组织、执行与控制是市场营销管理战略过程的一个重要步骤。市场营销计划需要借助一定的组织系统来实施，需要执行部门将企业资源投入市场营销活动中，需要控制系统考察计划执行情况，诊断产生问题的原因，进而采取改正措施，或改善执行过程，或调整计划本身使之更切合实际。因此，在现代市场经济条件下，企业必须高度重视市场营销的计划、组织、执行与控制。

6.4.1 营销计划

营销计划是企业营销管理战略工作中的重要职能之一，也是企业战略的最终体现。营销计划体现的是企业为实现营销管理战略目标，适应环境变化，优化营销活动，自觉和超前地规定企业未来营销目标、阶段、指标及手段的一套科学、现代的管理方法，它具有很强的现代化、系统化、数字化的特征。因此，可以说，营销计划是关于一项业务、产品或品牌在营销方面的具体安排和规划。涉及两个基本问题：一是企业的营销目标是什么？二是如何实现营销目标？也就是说，在企业的营销活动开始以前，首先要明确营销活动的目的以及达到这种目的的手段，而这正是营销计划所要解决的问题。没有营销计划，营销战略管理就是一种盲目活动，就会导致营销活动的混乱和效率低下。正是市场营销计划的特殊地位，决定了它在营销管理中的特殊作用。首先，营销计划使企业内部各部门、各层次、各方面之间保持协调一致，使众人的努力形成一种合力，从而促使营销目标的实现。其次，营销计划使企业在利用机会的同时，最大限度地减少风险。再次，营销计划使营销活动变得经济合理。最后，营销计划有利于企业实现对营销活动的有效控制。

（一）营销计划的内容和体系

1. 营销计划的内容

不同企业的市场营销计划详略程度不同，但多数市场营销计划包含以下八个方面的内容，如图6－6所示。

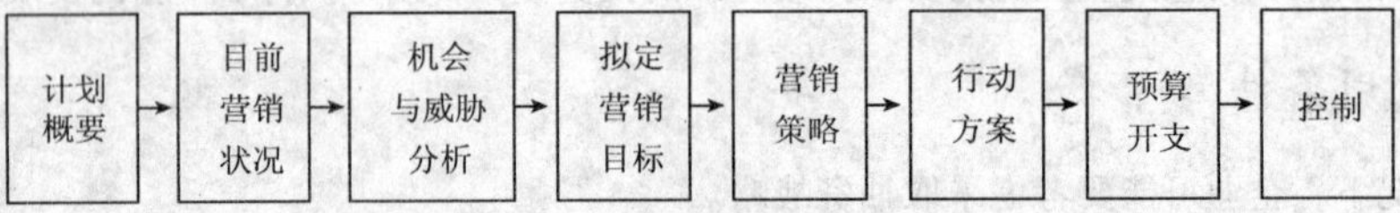

图6－6　市场营销计划的内容

（1）计划概要。营销计划要形成正式的文字。在计划书的开头便要对本计划的主要营销目标和措施作简要概括。计划概要的目的是使高层主管很快掌握计划的核心内容。

（2）目前营销状况。这部分是提供与市场、竞争、产品、分销和宏观环境因素有关的背景材料。例如，市场情况，应说明市场的规模，过去几年的增长情况，顾客需求和购买行为方面的趋势；产品情况，应说明近年来各主要产品品种的销量、价格、获利水平等；竞争形势，应说明谁是主要的竞争对手，每个竞争对手在产品品质、特色、定价、促销、分销等方面都采取了哪些策略，它们各自的市场占有率及变化趋势；分销情况，应说明各主要经销商近年在销售额、经营能力和市场地位方面的变化。

（3）机会与威胁分析。机会，指营销环境中对企业有利的因素；威胁，指营销环境中对企业营销不利的因素。找出这些因素，并分出轻重缓急，以便使其中较重要的因素能受到特别关注。评估环境机会可从两方面进行：一是看吸引力，即潜在的获利能力；二是看成功的可能性。同样，对环境威胁也可从两方面进行评估：一是可能带来损失的大小；二是威胁发生的概率。

除了机会和威胁分析外，计划书中还有必要对企业的优势和劣势做出分析。与环境机会和威胁相反，优势和劣势是内在因素，反映企业在竞争中与对手相比的长处和短处。优势指企业可以利用的要素，如高质量的产品；劣势指企业应加以改进的部分，如公关宣传不得力。

（4）拟定营销目标。营销目标是营销计划的核心部分，将指导随后的营销策略和行动方案的拟定。

营销计划目标分为两类：财务目标和市场营销目标。财务目标主要由即期利润指标和长期投资收益率目标组成。财务目标必须转换成市场营销目标，如销售额、市场占有率、分销网覆盖面、单价水平等。所有目标都应以定量的形式表达，并具有可行性和一致性。

（5）营销策略。每一目标都可通过多种途径去实现，营销经理必须从各种可供选择的策略中做出选择，并在计划书中陈述，包括目标市场、产品定位、市场营销组合策略及新产品开发和营销调查方面的计划。

(6) 行动方案。有了营销策略，还要转化为具体的行动方案，如何具体着手做？何时开始？何时完成？由谁做？将花费多少？这些都要按时间顺序列成一个详细且可供实施的行动方案。

(7) 预算开支。根据行动方案编制预算方案，收入方列出预计销售量及单价，支出方列出生产、实体分销及市场营销费用，收支差即为预计利润。上级主管部门负责该预算的审查、批准或修改。一旦批准，此预算即成为购买原料、安排生产、支出营销费用的依据。

(8) 控制。规定如何对计划执行过程进行控制。基本做法是将计划规定的目标和预算按季度、月份或更小的时间单位进行分解，以便于主管部门能对计划执行情况随时监督检查。

2. 营销计划的体系

营销计划是一个完整的、复杂的体系，它既涉及一定的时间、空间，又包括计划的类别、指标、核算、保证和信息的搜集与反馈等问题。如图 6－7 所示。

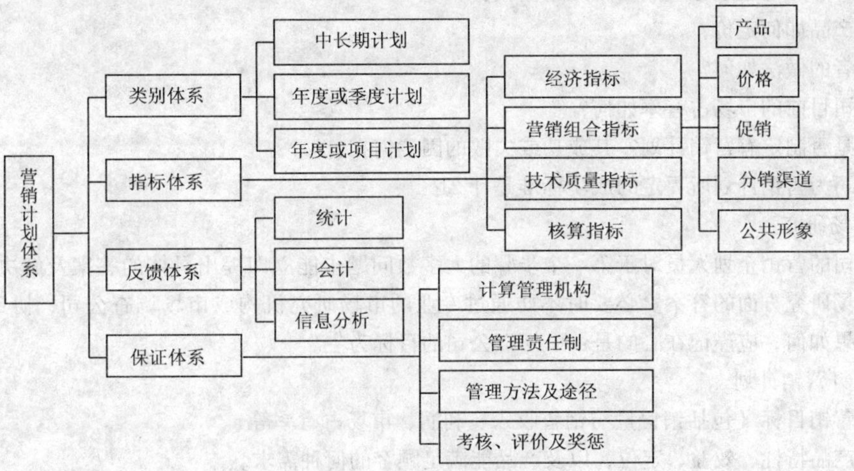

图 6－7 营销计划体系

（二）营销计划的制定

1. 制定营销计划的原则

(1) 系统性原则。企业是一个由营销、生产、财务、人事等众多子系统构成的大系统。这些子系统相互联系、相互影响，对营销目标的实现起着促进和制约作用。在制定营销计划时，不能孤立考虑问题，就事论事，而应全面、综合地考虑问题，使营销计划与其他部门的计划协调一致。此外，企业作为一个系统，还具有开放性的特点，它与外部环境有着密切的联系，环境的变化会直接或间接地影响企业的营销活动。因此，在制定营销计划时，应充分考虑到环境对企业营销活动的影响和制约作用，在环境许可的范围内，最大限度地发挥自身的主观能动性。

(2) 灵活性原则。营销计划是关于未来营销活动的行动方案，而未来充满着事先难以预料的不确定因素。因此，在编制营销计划时，一定要留有余地，保持一定的灵活性。在营销计划执行过程中，更应适应环境的变化和不确定因素的出现，对原定计划加以修订或调整。要尽量制定几套计划方案，做好多手准备，做到有备无患，以应付意外事件的发生。

(3) 连续性原则。所谓连续性，是指市场营销计划要前后衔接，成龙配套。为了保持计划的连续性，中期计划的制定必须以长期计划为指导，与长期计划相衔接；短期计划的制定必须以中、长期计划为指导，与中、长期计划相衔接。现在一些企业常采用滚动计划法来解决短期计划、中期计划和长期计划彼此之间互相衔接的问题。具体做法是：第一，按照近细远粗、远近结合的原则，制定一个五年计划，其中，第一年的计划即具体的年度计划，第二年、第三年的计划比较细，第四年、第五年的计划比较粗；第二，每年根据变化了的情况，对上一个五年计划进行一次检查、分析、修改或调整，采取连续滚动的方法，编制新的五年计划。

2. 营销计划制定的过程

拟订营销计划的整体步骤如下：

（1）思考下列问题

①本企业开发市场的目标在哪里？

②本企业想开发及营销何种产品？

③谁是本企业的潜在顾客？顾客在哪里（细分市场）？顾客的收入及购买力如何（所得状况）？

④目前产品的分销过程如何？

⑤目前产品是通过业务代表还是经销商销售？

⑥目前产品如何定价？

⑦竞争者的做法如何？

⑧本公司目前的市场占有率如何？

⑨原先是否制定有营销计划？其成功或失败的因素何在？

⑩本公司为营销计划所界定的成功标准是什么？

（2）市场研究

如果公司的营销企划人员对于第一个步骤的大多数问题未能立即提出具体的答案及解决方案，则必须先找到市场研究方面的答案。必要时不妨通过专业的市场研究机构或市场调查公司，协助寻找答案。无论研究结果如何，应谨记在心的是：一切以公司的目标为主。

（3）拟订营销计划

①确立营销目标（包括销售量与销售收入、利润、市场占有率等）。

②阐述产品特性、效益、定位，以及产品能满足顾客的何种需求。

③描述顾客的区域分布、顾客的基本特征与顾客形态。

④规划产品的分销过程，即货物流通的实体分配。

⑤说明目前的定价过程及依据，提出价格保持不变或建议有所变动的原因。

⑥拟订分销通路。

⑦拟订产品促销的整体组合策略。

⑧指出竞争因素对本项营销计划的影响。

⑨说明目标市场的同行竞争态势，并拟订战略竞争对手的具体方案。

⑩设计整体营销管理战略系统与竞争性营销策略企划。

3. 营销计划的实施和问题

（1）营销计划的实施

在市场营销过程中，把市场营销计划转化为市场营销业绩的“中介”因素，是市场营销计划的实施。不能实施，再好的计划也只是“纸上谈兵”。

市场营销计划的实施，涉及相互联系的四项内容：

①制定行动方案。为了有效实施市场营销计划，市场营销部门以及有关人员需要制定详细的行动方案。方案必须明确市场营销计划中的关键性环境、措施和任务，并将任务和责任分配到个人或小组。方案还应包含具体的时间表，即每一项行动的确切时间。

②调整组织结构。在市场营销计划的实施过程中，组织结构起着决定性的作用。它把计划实施的任务分配给具体的部门和人员，规定明确的职权界限和信息沟通路线，协调企业内部的各项决策和行动。

组织结构应当与计划的任务相一致，同企业自身的特点、环境相适应。也就是说，必须根据企业战略、市场营销计划的需要，适时改变、完善组织结构。

③形成规章制度。为了保证计划能够落在实处，必须设计相应的规章制度。在这些规章制度中，必须明确与计划有关的各个环节、岗位，人员的责、权、利，各种要求以及衡量、奖惩条件。

④协调各种关系。为了有效实施市场营销战略和计划，行动方案、组织结构、规章制度等因素必须协调一致，相互配合。

（2）计划实施中的问题与原因

在市场营销计划的实施过程中，会出现一些这样那样的问题，以至于好的市场营销管理战略、策略、战术并不能带来同样好的业绩。据分析，主要在于以下原因：

①计划脱离实际。市场营销计划通常由上层的专业计划人员制定，实施则主要靠基层的操作人员——管理人员和销售人员。专业计划人员更多考虑的是总体方案和原则性要求，容易忽视过程和实施中的细节，使计划过于笼统和流于形式；专业计划人员不了解实施中的具体问题，计划难免脱离实际；专业计划人员与基层操作人员之间缺乏交流和沟通，基层操作人员不能完全理解需要他们贯彻的计划内涵，在实施中经常遇到困难……最终，由于计划脱离实际，导致专业计划人员和基层操作人员对立和互不信任。因此，不能仅仅依靠专业计划人员制定计划。可行的做法之一，是专业计划人员协助有关市场营销人员共同制定计划。基层人员可能比专业计划人员更了解实际，将他们纳入计划管理过程，更有利于市场营销计划的实施。

②长期目标和短期目标相矛盾。计划常常涉及企业的长期目标，企业对于具体实施计划的市场营销人员，通常又是根据他们短期的工作绩效，如销售量、市场占有率或利润率等指标进行评估和奖励。因此，市场营销人员常常不得不选择短期行为。例如，一家企业新产品开发之所以半途夭折，原因很可能就是市场营销人员追求眼前效益与个人奖金，将资源主要投放到现有的成熟产品中去了。克服这种长期目标和短期目标之间的矛盾，设法求得两者之间的协调，是十分重要而且十分艰难的任务。

③因循守旧的惰性。一般来说，企业当前的经营活动往往是为了实现既定的目标，新的战略、新的计划如果不符合传统和习惯，就容易遭受抵制。新旧战略、计划之间的差异越大，实施中可能遇到的阻力也就越大。要想实施与旧战略截然不同的新计划，常常需要打破传统的组织结构和运行流程。例如，为了实施老产品开辟新市场的计划，企业就可能需要重新组建一个新的机构。

④缺乏具体、明确的行动方案。有些计划之所以失败，是因为没有制定明确、具体的行动方案，缺乏一个能使企业内部各有关部门、环节协调一致、共同努力的依据。

6.4.2 营销组织

企业的各项市场营销活动是由企业中的营销人员来完成的，没有有效组织起来的营销人员是不能协同为同一目标奋斗的，而合理的市场营销组织可以有效地促进营销人员的协调与合作，因此，企业必须建立一套有效的营销部门体系，为完成企业的各项营销工作提供有力的保证。

（一）营销组织的概念和特征

1. 营销组织的概念

营销组织是指企业内部涉及营销活动的各个职位及其结构。每个企业都应根据市场竞争的特点和自身的实际情况，建立起富有效率的营销部门体系，使之面向市场担负起组织和实施企业各项营销活动的任务，成为连接企业内部其他职能部门实现整个企业经营一体化的核心。

正确理解这一概念，必须注意以下四个方面：

（1）职位是与营销活动紧密相关的。对不同的企业来说，其营销活动并非是完全相同的，而有什么样的营销活动就会有什么样的职位，特别值得指出的是，并不是所有的营销活动都发生在同一组织岗位上，不同的岗位可以为同一营销活动而共同努力。

（2）职位是通过结构协同起来的。相同的职位在不同的结构下的作用发挥是很不相同的。建立起符合企业自身特点的组织结构是非常重要的，甚至可以说，结构的不同会导致效率的不同。

（3）营销活动不是孤立存在的。企业的所有营销活动并不是全部由营销部门来独立完成的，而是需要其他部门的协作与配合，所以市场营销组织的工作范围是没有十分明确的界线的，营销部门应努力成为企业经营一体化的核心。

（4）职位与结构的效能与人的素质密切相关。市场营销组织可以理解为各个营销职位中人的集合。企业的各项营销活动都是由人来承担的，因此对人的管理比组织结构的设计更为重要。有的组织貌似完美无缺，但运作效果却很差，其主要原因在于人的因素。当然，完善的组织结构是企业具有效率的必要条件。

此外，任何组织必定有自己的工作目标，对企业的营销组织来说，则具有以下三大目标：

（1）把握市场动态。企业的营销组织应积极适应外部环境，对市场需求做出快速反应，包括及时、准确地了解市场信息，并将信息快速地反馈到各项营销活动中，如对产品开发、价格制定、渠道开拓和促销政策等的调整。

（2）提高营销效率。企业内的各种职能部门往往站在各自的立场上思考问题。为避免这些部门的矛盾与冲突，营销组织应发挥其协调和控制的功能，确定它们各自的权利与责任。

（3）维护顾客利益。营销组织的工作应体现以顾客为中心的营销指导思想，要把消费者的利益放在第一位，虽然有些企业利用营销研究人员的民意测验等来反映顾客的呼声，但这是远远不够的，而应在组织上做出保障。

2. 营销组织的特征

有效的营销组织应具有系统性和适应性的特征。

所谓系统性，是指从整体的角度来看待企业的全部组织和活动，用系统理论来管理营销组织。具体到企业内部，就是根据企业的每一组成部分和各个活动之间的相互关系，以及这些关系对企业整体目标的影响，设计企业营销行为。现代企业的系统性要求企业营销各部门必须密切配合，协调一致，不得各自为政；要求每一部门的职能活动必须从全局出发，以充分保障企业总体利益的取得；要求企业每一行为必须是符合企业总目标要求的行为，每一职能部分的活动必须是企业总行为的有机组成部分。如美国通用电器公司，在“以消费者为中心”的营销思想指导下，用系统方法管理企业活动的全过程，从而使企业全部机构和这些机构的职能行为形成了一个整体系统，成为当今世界上著名的成功企业。

适应性是指企业的营销组织机构必须适应外界环境的变化，能对瞬息万变的市场环境做出迅速反应和决策，否则，企业将可能错失良机。

（二）营销组织的演进过程

1. 单纯的推销部门

20 世纪 30 年代以前，西方企业是以“生产观念”为指导。企业一般设立了财务、生产、推销和会计这四个基本职能部门，分别负责资金的筹措、产品制造、产品销售和记账，其中生产部门是企业的核心，其他职能部门都要服从或服务于生产部门。生产什么、生产多少、如何生产等问题完全由生产部门决定，推销部门对产品的种类、规格、数量等问题，几乎没有任何发言权，只负责将生产出来的产品推销出去。推销部门通常由一位副总经理来负责，招募与管理企业的推销人员，并兼管若干市场调查、市场研究和广告宣传等方面的工作，如图 6－8 所示。

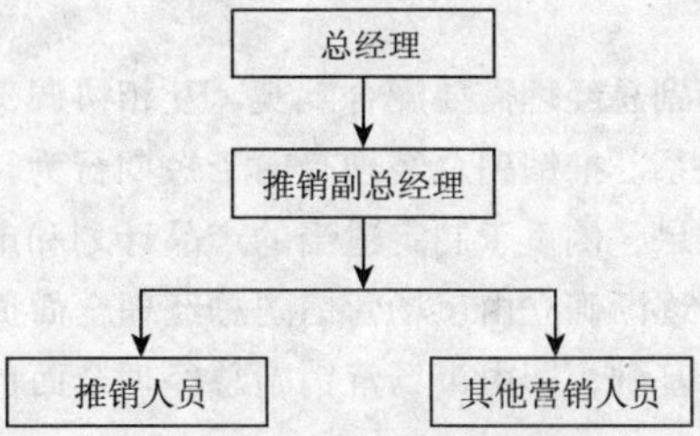

图6－8　单纯的推销部门

2. 兼有其他职能的推销部门

经过20世纪30年代经济大萧条以后，西方国家的企业所生产的产品出现严重过剩，导致市场竞争日趋激烈，越来越多的企业认识到产品推销工作的重要性，开始从以“生产观念”为指导转变为以“推销观念”为指导，经常性地开展市场营销调研与预测、广告宣传以及其他促销活动。这些工作逐渐变成为专门的职能，当工作量达到一定程度时，便设立一名市场营销主任负责这方面的工作，但在此时，企业对非人员推销仍不重视，营销主任受推销副总经理领导，营销部门也没有独立，如图6－9所示。

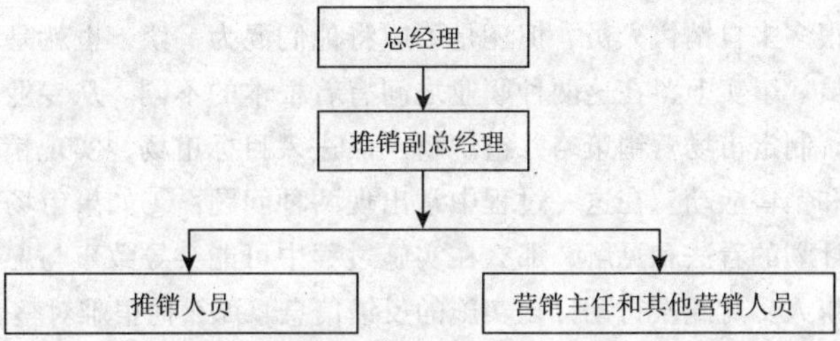

图6－9　兼有其他职能的推销部门

3. 独立的营销部门

随着企业规模和业务范围的进一步扩大，原来作为辅助性工作的市场调研、新产品开发、广告促销和公共关系等市场营销职能的重要性日益增强。于是，负责非人员推销的营销部门逐渐扩张，发展成为独立于推销副总经理以外的一个专门部门。作为市场营销部门负责人的市场营销副总经理同推销副总经理一样直接受总经理的领导，这样人员推销和非人员推销就成为两个独立而相互平行的职能部门，如图6－10所示。

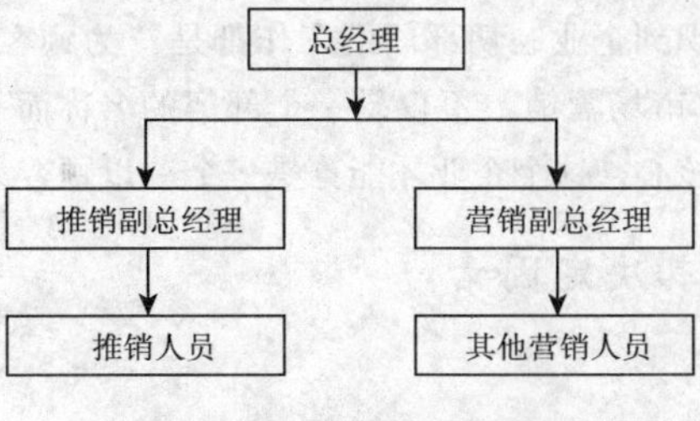

图6－10　独立的营销部门

但在具体工作上，这两个部门是需要密切配合的。这种安排常常使用在许多工业企业中，它向企业总经理提供了一个全面而多角度分析企业面临的机遇与挑战的渠道。

4. 现代营销部门

尽管推销副总经理和市场营销副总经理需要配合默契、互相协调，但是他们之间实际形成的关系往往是一种彼此敌对、互相制约的关系。推销副总经理趋向于短期行为，侧重于取得眼前的销售量；而市场营销副总经理则多着眼于长期效果，侧重于制定适当的产品计划和市场营销管理战略，以满足市场的长期需要。为解决这一矛盾，企业逐渐确立由市场营销副总经理全面负责和管理推销人员及其他营销人员的制度，形成了现代营销部门的基础，即由市场营销副总经理全面负责，下辖所有市场营销职能部门和推销部门，如图 6－11 所示。

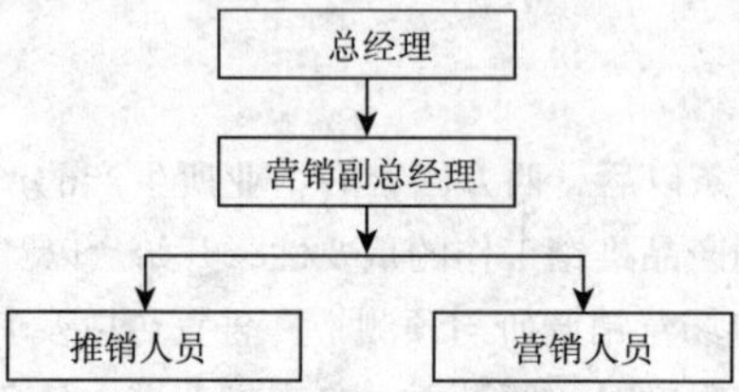

图 6－11　现代营销部门

尽管市场营销人员很多来自销售人员，但还是不应将他们混为一谈，也就是说并不是所有的销售人员都能成为市场营销人员。事实上，在这两种职业之间有着根本的不同。从专业性而言，市场营销人员的任务是确定市场机会，制定市场营销策略并组织新产品进入目标市场，实现销售目标，而销售人员则是负责实施新产品进入和销售活动。在这一过程中常出现两种问题：①如果市场营销人员没有征求销售人员对市场机会和整个计划的看法和见解，那么在实施过程中可能会导致事与愿违；②如果在实施后市场营销人员没有收集销售人员对此次行动计划实施的反馈信息，那么他很难对整个计划进行有效控制。

不少公司忽略了这两类群体的差别而提升一个销售经理为高级市场营销经理，但很多销售经理对于每天面对市场营销研究、计划等工作感到枯燥，宁愿不辞辛苦地去会见客户。对这两类群体而言，解决问题的关键是让他们之间能达到最大的理解和尊重。事实也表明，市场营销人员、推销人员之间缺乏理解和尊重的公司肯定是一团糟，而如果市场营销人员、推销人员相互欣赏对方才能的话，那么常常会给公司带来意想不到的收益。

5. 现代营销企业

现代营销企业的组织体系也如图 6－11 所示，但一个企业有了这样的现代市场营销部门，还不等于是现代市场营销企业，因为具有现代市场营销部门的组织体系并不能保证提高营销水平。判定现代市场营销企业的关键在于企业是否确立了“营销观念”，即企业内部各种管理人员对待市场营销职能的态度。只有在企业的所有管理人员都认识到企业一切部门的工作都是“为顾客服务”，各个职能部门的工作都以满足和适应顾客需要为导向，“市场营销”不仅是一个部门的名称而是一个企业的经营哲学，市场营销部门真正成为各个职能部门的核心，这个企业才能算是一个“以顾客为中心”的现代市场营销企业。

（三）营销组织形式及其决定因素

1. 营销组织形式

随着市场情况的变化及企业战略的不同要求，营销部门本身的组织方式也在演化。所有的营销组织都必须适应四个基本的市场营销活动：职能、地理区域、产品、消费者市场。因此，出现了四种基本的市场营销部门组织形式：职能型组织、产品型组织、市场型组织与地理型组织。

（1）职能型组织

这是最古老也最常见的市场营销组织形式。它强调市场营销各种职能如销售、广告和研究等的重要性。从图6－12可以看出，该组织把销售职能当成市场营销的重点，而广告、产品管理和研究职能则处于次要地位。当企业只有一种或很少几种产品，或者企业产品的市场营销方式大体相同时，按照市场营销职能设置组织结构比较有效。但是，随着产品品种的增多和市场的扩大，这种组织形式就暴露出发展不平衡和难以协调的问题。既然没有一个部门能对某产品的整个市场营销活动负全部责任，那么，各部门就强调各自的重要性，以便争取到更多的预算和决策权力，致使营销副总经理无法进行协调。

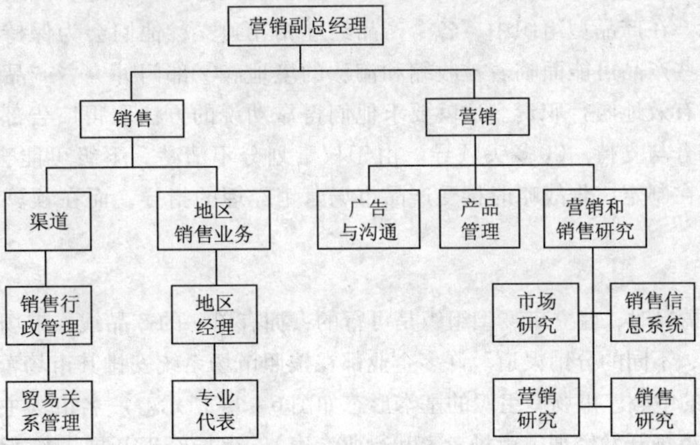

图6－12 职能型组织

职能型组织的优点是较易管理，权力较为集中，尤其在较小的企业中或生产力水平较低时期，容易提高管理效率。缺点：一是由于职能分工，每一职能部门各司其责，对于一些很难划分的职责或必须多方合作才能解决的问题，往往因职责不清，容易出现相互推诿或扯皮的现象：二是当业务量增大时，容易忽视那些目前较小但很有潜力的市场。

（2）产品型组织

产品型组织是指在企业内部建立产品经理组织制度，以协调职能型组织中的部门冲突。在企业所生产的各产品差异很大，产品品种太多，以致按职能设置的市场营销组织无法处理的情况下，建立产品经理组织制度是适宜的。其基本做法是，由一名产品市场营销副总经理负责，下设几个产品线经理，产品线经理之下再设几个具体产品经理去负责各具体的产品，如图6－13所示。

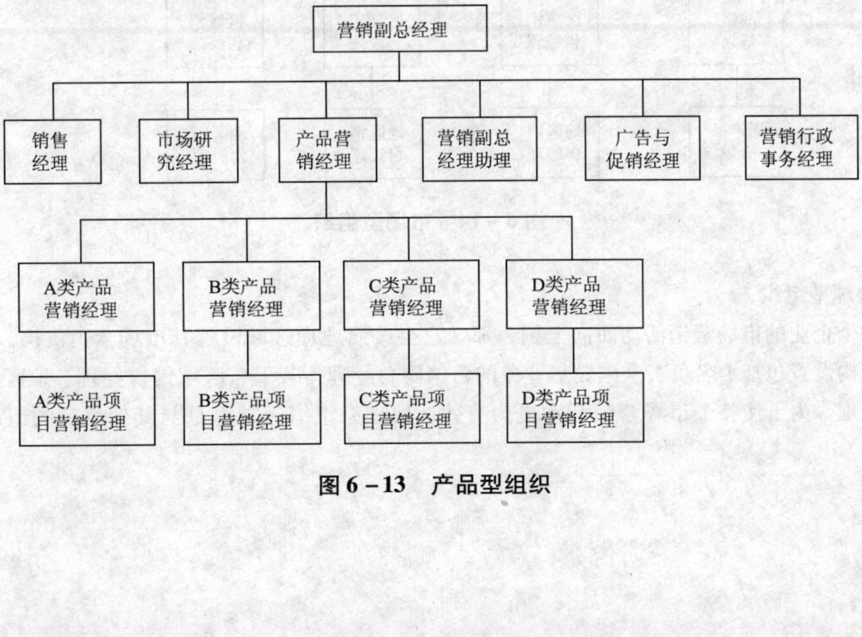

图6－13 产品型组织

产品市场营销经理的职责是制定产品开发计划，并付诸执行，监测其结果和采取改进措施。具体地可分为六个方面：①发展产品的长期经营和竞争战略。②编制年度市场营销计划和进行销售预测。③与广告代理商和经销代理商一起研究广告的文稿设计、节目方案和宣传活动。④激励推销人员和经销商经营该产品的兴趣。⑤搜集产品、市场情报，进行统计分析。⑥倡导新产品开发。产品型组织形式的优点在于产品市场营销经理能够有效地协调各种市场营销职能，并对市场变化做出积极反应。同时，由于有专门的产品经理，那些较小品牌产品可能不会受到忽视。不过，该组织形式也存在不少缺陷：①缺乏整体观念。在产品型组织中，各个产品经理相互独立，他们会为保持各自产品的利益而发生摩擦。事实上，有些产品可能面临着被收缩和淘汰的境地。②部门冲突。产品经理未必能获得足够的权威，以保证他们有效地履行职责。这就要求他们得靠劝说的方法取得广告部门、销售部门、生产部门和其他部门的配合与支持。③多头领导。由于权责划分不清楚，下级可能会得到多方面的指令。例如，产品广告经理在制定广告战略时接受产品市场营销经理的指导，而在预算和媒体选择上则受制于广告协调者。

（3）市场型组织

当企业面临以下情况时，建立市场型组织是可行的：拥有单一的产品线，市场各种各样（不同偏好和消费群体）顾客群，不同的分销渠道。许多企业都在按照市场系统安排其市场营销机构，使市场成为企业各部门为之服务的中心。市场型组织的基本形态如图6－14所示。一名市场主管经理管理几名市场经理（市场经理又称市场开发经理、市场专家和行业专家）。市场经理开展工作所需要的职能性服务由其他职能性组织提供并保证。其职责是负责制定所辖市场的长期计划和年度计划，分析市场动向及企业应该为市场提供什么新产品等。他们的工作成绩常用市场占有率的增加状况来判断，而不是看其市场现有盈利状况。市场型组织的优点在于，企业的市场营销活动是按照满足各类不同顾客的需求来组织和安排的，这有利于企业加强销售和市场开拓。其缺点是，存在权责不清和多头领导的矛盾，这和产品型组织类似。

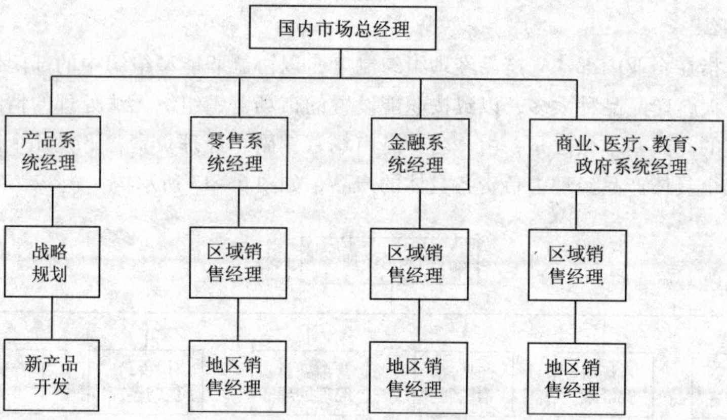

图6－14　市场型组织

（4）地理型组织

如果一个企业的市场营销活动面向全国，那么它会按照地理区域设置其市场营销机构，如图6－15所示。该机构设置包括1名负责全国销售业务的营销副总经理，若干名区域销售经理、地区销售经理和地方销售经理。为了使整个市场营销活动更为有效，地理型组织通常都是与其他类型的组织结合起来使用。

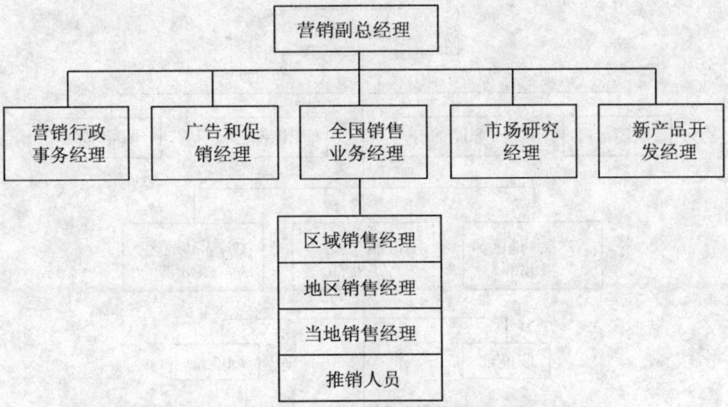

图 6－15 地理型组织

2. 营销组织形式的创新

随着企业规模的扩大，多角化经营的实行，必将生产越来越多的产品品种，拥有越来越多的产品品牌，产品也将销往更多的市场，因而企业的营销组织形式又有了新的发展。

（1）产品/市场经理组织形式

生产多种产品向多个市场销售的企业，常常会遇到如何设置营销组织的难题。如果采用产品经理组织制度，那就需要产品经理熟悉广为分散的各种不同的市场；如果采用市场经理组织制度，那就需要市场经理熟悉销往各自市场的各种各样的产品。因此，企业便发展了一种新的营销组织模式，即同时设置产品经理和市场经理，形成了一种矩阵式结构。

在矩阵式营销组织内，产品经理负责产品销售和盈利计划，寻找如何增加产品的新用途。市场经理负责市场的培育和开发，注重从市场需求的长远观点出发。更多地培植适应自己主观市场需要的恰当产品，而不只是负责推销某种具体产品，如图 6－16 所示。

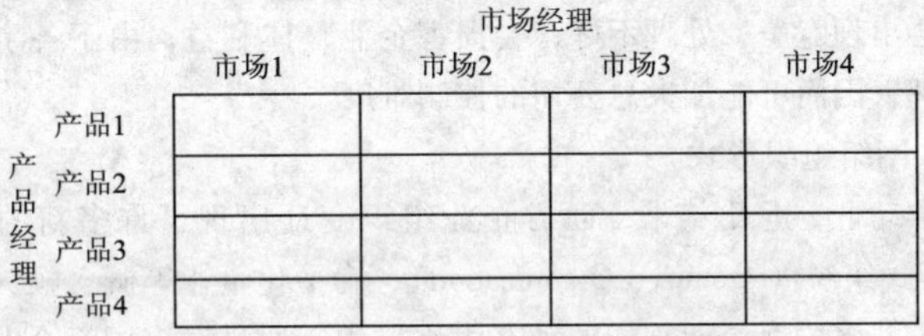

图 6－16 产品/市场经理组织形式

产品/市场经理组织制度对那些多品种、多市场的企业来说是符合需要的。但这种模式也有其不足之处，即费用大且容易产生矛盾与冲突，还有责权不明等问题，如销售人员应该如何组织，由谁负责制定各个产品在各个市场上的价格等。

（2）事业部组织形式

随着多产品企业经营规模的扩大，企业常把各大产品部门升级为独立的事业部。事业部下再设自己的职能部门和服务部门，包括市场营销部门，如图 6－17 所示。这样就产生了另一个问题，那就是企业总部应当保留哪些营销活动和营销服务。这时，实行了事业部门化的企业可以在以下四种选择中做出决策：

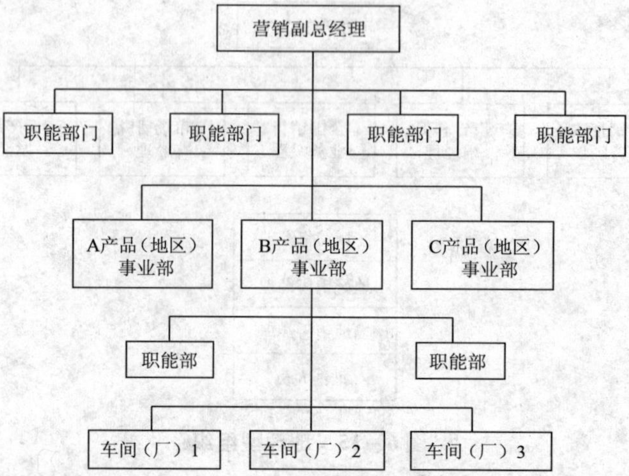

图 6-17　事业部组织形式

①企业一级不设营销部门。

②企业一级保持最小必要规模的营销部门。

③企业一级保持适当的营销部门。

④企业一级拥有强大的营销部门。

事业部是一种分权组织模式。一般都是按产品或服务领域使每一事业部成为利润中心。其优点是：

①把每类产品或服务作为一个利润中心进行管理，由于每个事业部享有较大自主权，因此，可以使其得以自主扩展。

②由于企业中每个人与特定的产品或服务相联系，可以培养和发挥团队精神，形成内部合力。

③使事业部经理能经历广泛的职能活动，为培养高层管理者提供了机会。

产品或服务事业部的主要缺点是：

各事业部之间可能会出现竞争，处理不好，会损害企业整体利益；由于各事业部经理相当于一定单一产品或服务公司的经理，因而可能加大总公司的控制难度。

（3）“供—产—销”网络组织形式

在信息通信技术的推动下，近几年来，西方企业组织变迁出现了许多新的趋向，例如：公司再造（Re-engineering）、原子式组织（Atomized Organization）、扁平化企业等概念颇为风行，其中，日本学者山田荣作在《全球方略——多国籍企业结构的动态优化》中，通过对多国籍企业结构的研究，发现一种新的企业组织形式——网络制组织。他认为，在知识经济时代，由于资讯的发展，多层次的传统组织机构正朝着减少层次方向发展，尤其是中间的管理层次。组织中原来的大单位划分成多个有决策权的小单位，形成互相联结的网络制组织，具有决策分散化、结构扁平化和信息交互化的特点，这种组织对外部环境变化反应快，应变能力强，管理柔性大。“供—产—销”网络制组织就是这类组织的典型代表。如图 6-18 所示。

“供—产—销”网络制组织具有两个功能：

①决策主体接近现场和顾客，信息流程短，反馈较快，从而使决策更及时有效；

②将市场机制引入企业内部，使单位之间产生竞争和制约，不需要经过高层，仅在网络层面上就能出现自动创新和改进的效果。

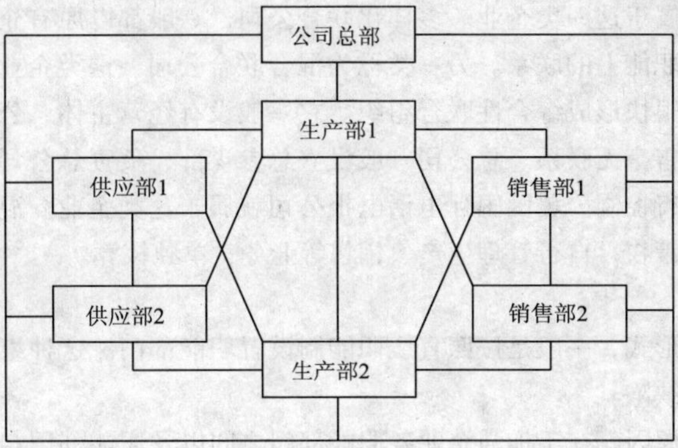

图6－18 “供—产—销”网络组织形式

采用这种组织形式，应注意以下两个问题：

①是否具备上述单位经理人员决策能力很强，自觉性、理性很高的条件。

②是否具备较强的专业技术和管理经验。

必须重视“权—利”的机制效应。要使拥有决策权的人发挥创造性，还需要赋之以动力，即集体、个人利益的激励。

（4）超事业部组织形式

超事业部组织形式也称集团部组织形式，是事业部组织形式的进一步发展。超事业部是在企业规模不断扩大、经营产品种类日益多样化的形势下出现的企业组织形式。一些多部门的大型企业，按照产品（或服务）类别设立事业部。在事业部内，包括一至几个事业单位或分公司。各事业单位或公司规模大小不尽相同，一般独立核算，并对总公司负责，这类以分权为特征的组织在营销上相对独立。这是由各个事业单位和公司在对细分市场的占有率上各个相同决定的。

20世纪60年代以来，由于大型公司的事业部数目过多，分权过多，管理比较困难，因此在总公司之下，各事业部之上，建立若干统管事业部的超事业部，以更有效地协调各事业部的经营管理。如图6－19所示。

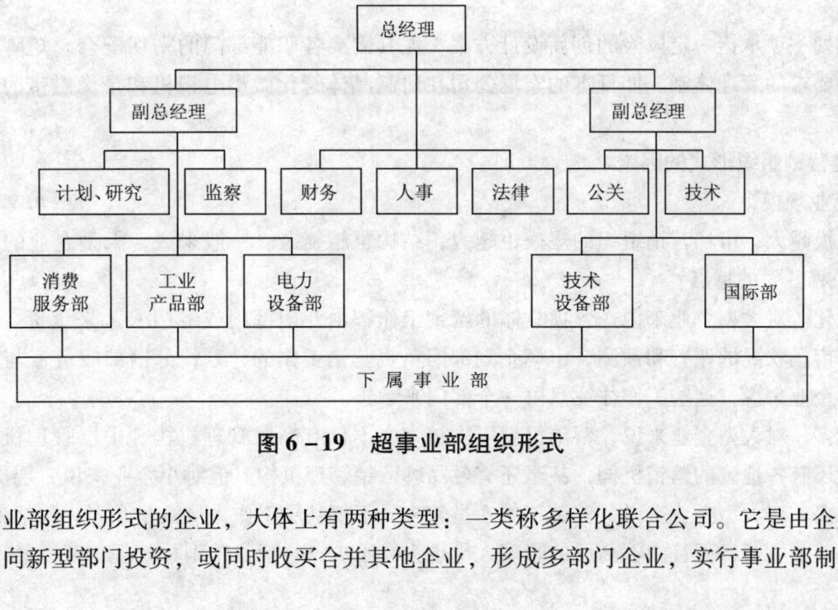

图6－19 超事业部组织形式

采用超事业部组织形式的企业，大体上有两种类型：一类称多样化联合公司。它是由企业所属各部门创建新厂，向新型部门投资，或同时收买合并其他企业，形成多部门企业，实行事业部制。如美国杜邦公司、通用电器公司就属于这一类企业。多样化联合公司，一般都以原有企业作为经营主体，各事业部之间仍有一定的生产或职能上的联系。另一类称为混合联合公司。这类企业大规模收买、兼并与公司原业务毫无联系的企业，很快形成综合性联合组织。它一般没有经营主体，公司内部各事业部之间只有财务上的往来，生产与销售毫无联系。总公司一般设立总参谋部，负责总公司的长远发展规划，对各事业部主要运用利润指标进行控制。美国国际电话电报公司就属于这类企业。混合联合公司的各个事业部都拥有业务经营的自主决策权，自行管理生产、销售等业务，单独核算。

（5）矩阵式组织形式

企业传统的组织机构形式，一般是按照直线职能制设置职能部门。这种组织模式具有纵向和横向职责不清和不易调节的固有缺陷。

矩阵式组织的出现，原因就在于加强企业各职能部门之间以及职能部门与规划部门之间的协作，把管理中的纵向与横向联系、集权与分权关系更好地结合起来，形成一种新的、有效的管理体制。如图 6－20所示。

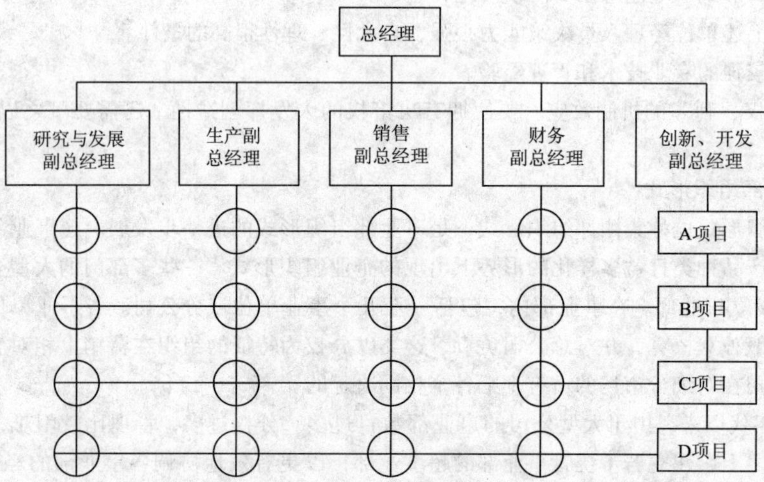

图 6－20　矩阵式组织形式

企业规划一项承担一定风险的创新设计方案，尤其需要各职能部门的密切配合。矩阵式组织形式正是符合这种要求的管理体制。如日本的索尼公司在研制晶体管化微型电视机和录像磁带时，就是采用这种组织形式。

3. 决定营销组织形式的因素

（1）企业规模

企业规模越大，市场营销组织的规模也越大，结构也越复杂。一般来说，大型企业的营销组织具有以下“一化两多”的特点：

①专业化。对大型企业来说，各项具体的营销工作都由专门部门或专门人才来负责。比如，市场调研部门负责市场状况的调查和预测，市场企划部门负责营销工作的计划，分销部门负责与中间商的接洽等。但对小企业来说，这些工作往往只由一个部门来承担。

②层次多。对大型企业来说，营销组织层次较多，不仅有高层管理机构、中层管理机构、基层管理机构，而且还有各地区的营销机构，甚至还有各品牌营销管理机构。但对小企业来说，层次就要少得多。

③人员多。对大型企业来说，营销工作人员较多，不仅基层工作人员数量众多，包括各种推销人员、营销人员、业务主管，而且中、高层的管理人员也为数不少，包括营销副总经理、营销经理、地区经理、

品牌经理等。但对小企业来说，人员上就要精简得多。

（2）市场特征

①市场的地理位置。企业应在购买者较为集中的地区建立企业的地区性销售组织。

②市场的细分程度。市场细分程度越高，企业相应的营销部门就越多，因为在大型企业中每个细分市场都应设立专门的营销部门来负责。

③市场的规模大小。市场规模用顾客数量和产品销售量来衡量。市场规模越大，企业相应的营销工作量也越大，需要设立的营销部门也应有适当的规模。

（3）产品类型

一般的说，生产或销售日用消费品的企业需要规模较大的营销组织队伍，因为日用消费品的顾客是社会公众，这类消费者数量众多、分布较散、购买力流动性大，消费具有较强的差异性和多变性，营销工作复杂且工作量很大。对生产或销售工业品的企业来说，则需要规模相对较小的营销组织队伍，因为工业品的顾客是其他企业，这类客户交易次数少、每次交易的数量大，属于专家购买类型，所以企业的营销组织中人员素质要高、人员数量要精，推销部门的比重要大，广告等非人员推销部门的比重要小。

4. 营销组织设置的一般原则

企业种类很多，不可能也不应该都按一种模式设置市场营销机构。但是，既然都是企业，建立营销组织总会有一些相同的要求，可以作为一般原则。

（1）整体协调和主导性原则

协调是管理的主要职能之一。设置市场营销机构需要遵循的整体协调和主导性原则，可从以下方面加以认识：

①设置的市场营销机构，能够对企业与外部环境，尤其是与市场、顾客之间关系的协调，发挥积极作用。企业的目的是创造市场、创造顾客。失去了市场、顾客，企业也就失去了存在的资格和生存的条件。满足市场的需要，创造满意的顾客，是企业最为基本的宗旨和责任。比竞争者更好地完成这一任务，是组建营销部门的基本目的。

②设置的市场营销机构，能够与企业内部的其他机构相互协调，并能协调各个部门之间的关系。一般来说，在经营中，营销部门依据市场需求引导企业活动，重点解决营销费用与目标顾客相适应、产品顺利通过市场交换的问题。市场营销机构通过识别、确认和评估市场上存在的需要和欲望，选择和决定企业能够最好地为之服务的市场或顾客群体，进行目标市场决策，从而为整个企业明确努力的方向。例如，进行市场调查、需求预测，分析市场营销环境和研究消费动向等，是企业经营的起点；同时，引导生产和研究与开发职能，使之根据目标市场的要求，有针对性地设计、研制和发展适销对路的产品。市场营销部门还担负着向市场和潜在顾客推荐产品、引导购买，以及分销产品，如建立销售渠道、组织产品运输与仓储的任务。生产职能的一般任务，是负责设备、原材料的采购、供应，形成和发展生产能力，管理作业流程，控制质量水准，按照企业经营的要求完成生产任务；研究与开发职能则为企业经营提供“后劲”，进行产品、工艺和技术的开发、改造、更新和设计；财务职能解决企业经营所需的资金来源，在各个职能部门、各个业务项目、各个流程环节之间进行资金分配，对资金的使用进行监督、管理，核算成本、收益；人力资源管理通过对“人”这一资源的开发、使用，帮助实现企业目标。没有了顾客，企业就会失去存在的价值。因此，无论是生产管理、研究与开发管理还是财务管理、人力资源管理，都应当服从于市场营销，成为市场营销的支持性职能；市场营销则是企业管理和经营中的主导性职能，所以不能简单地作为一般的职能部门看待。它不仅是企业“直线式”管理层次中的一环，而且还是一种“横向式”的关联——要与其他部门一道，构成企业管理的一项系统工程。市场营销部门本身，则是其中最为重要的、协调和维系企业这个大系统顺利运行的一个子系统。

③市场营销部门内部的人员机构以及层次设置，也要相互协调，以充分发挥市场营销机构自身的整体效应。只有做到从自身内部到企业内部，再到企业外部的协调一致，市场营销机构的设置才能说是成功的。

总之，市场营销部门应当做到在面对市场、顾客时，能够代表企业以及企业内部各个部门、全体员工时，又能代表市场、代表顾客。同时，自身内部又具有相互适应的弹性结构，是一个有机的系统。

（2）精简以及适当的管理跨度与层次原则

“精简”用于组织建设，就是要“精兵简政”，切忌机构臃肿。因为最佳的机构，是既能完成工作任务、组织形式又最为简单的机构。这就涉及管理跨度与层次的问题。

“精简”或者“精兵简政”包含两方面意思：一是因事设职、因职设人，人员精干，不搞“小而全”。二是内部层次不宜太多。内部层次少，可以促使信息流通加快，减少阻碍；还能密切员工之间的关系，利于交流思想、沟通情感，提高积极性和效率。实践证明，在建立机构时能否把握好市场营销工作的性质和职能范围，是真正做到精简十分重要的前提。

管理跨度，又称管理宽度或管理幅度，指领导者能够有效地直接指挥的部门或员工的数量，这是一个“横向”的概念；管理层次又称管理梯度，是一个“纵向”的概念，指一个组织属下不同等级的数目。管理职能、范围不变，一般来说，管理跨度与管理层次是互为反比关系的：管理的跨度越大，层次越少；反之，跨度越小，则管理层次越多。通常情况下如果管理层次过多，容易造成信息失真与传递速度过慢，可能影响决策的及时性和正确性；如果管理跨度过大，超出领导者能够管辖的限度，又会造成整个机构内部的不协调、不平衡。因此，必须选择合适的管理跨度和管理层次。应当指出的是，营销组织管理跨度及管理层次的设置，不是一成不变的，机构本身应当具有一定的弹性。企业需要根据变化着的内部外部情况，及时调整营销部门的组织结构，以适应发展的需要。应当记住，组织形式和管理机构只是手段，不是目的。

（3）有效性原则

效率是衡量一个组织水平的重要标准。一个组织的效率高，说明它内部结构合理、完善，它就能够顺利地生存和发展。直观地讲，“效率”是指一个组织在一定时间内可以完成的工作量。在企业内部，各个部门的效率表现在：能否在必要的时间里，完成规定的各项任务；能否以最少的工作量换取最大的成果；能否很好地吸取过去的经验教训，并且业务上不断有所创新；能否维持机构内部的协调，而且及时适应外部环境、条件的变化。

达到有效性，实现工作的高效率，必须具备一些基本条件：

①营销部门要有与完成自身任务相一致的权力，包括人权、物权、财权和发言权、处理事务权。不能责、权、利相结合，就无法工作，更谈不上效率。

②营销组织要有畅通的内部沟通和外部信息渠道。有人说，如果信息等于零，管理就等于死亡。没有信息的通畅，市场营销管理也就难有任何真正的效率。

③善于用人，各司其职。市场营销管理任务繁杂、牵涉面广，对人员素质、要求也是多样的。各级市场营销管理人员，应当善于发现下属优点，发挥每一个人的专长。善于用人还包括善于发挥领导者自己的作用，也就是能够牢记职责，不把精力消耗在不应干预的领域。就一个部门而言，领导者精力的浪费是最大的浪费。

为了保证效率，要制定规章制度，包括奖惩条例。通过建章立制，明确每个员工的职责，各司其职，奖勤罚懒，充分调动积极性。

6.4.3 营销执行

营销执行是指将营销计划转化为行动方案的过程，并保证这种任务的完成，以实现计划的既定目标。分析市场营销环境、制定市场营销战略和营销计划是解决企业市场营销活动应该“做什么”和“为什么要这样做”的问题，而营销执行则是要解决“由谁去做”、“在什么时候做”和“怎样做”的问题。

营销执行是一个艰巨而复杂的过程。美国的一项研究表明，90%的计划人员认为，他们制定的战略和战术之所以没有成功，是因为没有得到有效的执行。管理人员常常难以判断市场营销工作执行中的问题，市场营销失败的原因可能是由于战略战术本身有问题，也可能是由于正确的战略战术没有得到有效的执行。

（一）影响营销计划有效执行的主要因素

美国学者托马斯·波诺马在研究了若干个营销组织的营销执行情况后，认为影响营销计划有效执行的主要因素来自四个方面。

1. 营销诊断

美国一项营销研究表明，企业营销管理战略、战术之所以没有获得成功，是因为没有得到有效的执行。企业营销管理人员常常难以成功地把握或诊断营销管理战略、战术执行中可能出现的问题。例如，低销售增长率是由什么原因造成的，对此需要诊断的问题是由于战略欠佳造成的，还是执行不当的结果？此外，还要具体分析确定出了哪些问题，如何修正解决等，可以设计不同方案和行动路线，即有多种不同的组合，从中选出最优化的方案或组合。

2. 对问题存在的层次做出评估

企业营销工作执行中的问题可能发生在不同的营销管理层次上。因此，准确无误地判断问题产生于什么环节、哪一层次是营销执行的另一项重要任务。一般来说，企业营销执行往往在三个层次上出现失误或问题。一是在行使营销功能方面，如推销、广告、分销渠道的选择及营业推广方式的选择等。例如，在竞争者产品具有较高知名度的市场上，企业应如何选择产品定位以及确定最佳的营销组合？二是在营销规划方面，在这一层次上，营销组织执行者需要把各种重要的营销功能与要素协调一致地组合在一起，构成企业最佳整体营销活动状态。三是在执行营销政策方面，企业营销决策部门应使全体员工了解和正确认识组织的营销观念、营销政策导向及具体的分配、招聘、鼓励销售的政策等。

3. 营销执行的技能

为了使营销管理战略和营销计划有效地贯彻执行，上述营销管理的三个层次——功能、规划、政策，必须具有一套完整的营销执行技能。这些技能在营销执行中主要体现在配置、调控、组织和互动方面。

（1）配置技能

是指市场营销经理在职能、政策和方案三个层次上配置时间、资金和人员的能力。例如确定究竟花多少钱用于展销会（职能层次），或对“边际”产品应怎样保证工作（政策层次），这些都是需要配置技能的问题。

（2）调控技能

包括建立和管理一个对市场营销活动效果进行追踪的控制系统，控制有四种类型：年度计划控制、利润控制、效率控制和战略控制。

（3）组织技能

常用于发展有效工作的组织中，理解正式和非正式的市场营销组织对于开展有效的市场营销执行活动是非常重要的。

（4）互动技能

指经理影响他人把事情办好的能力。市场营销人员不仅必须有能力推动本企业的人员有效地执行理想的战略，还必须推动企业外的人或企业（如市场调查公司、广告公司、经销商、批发商、代理商等）来实施理想的战略，即使他们的目标与本企业的目标有所不同。

4. 评价执行的结果

评价营销执行的结果，不能仅从销售额和利润指标来衡量。一个卓有成效的营销执行活动，应能对下述问题做出回答：营销活动是否具有明确的目标和主题；各项营销功能的整体协调性即企业营销规划作为一个整体，在执行中各部门及营销人员的整体协调状况如何；市场营销经理与有关营销人员、顾客及商界的关系处理得是否恰当；企业营销监测、控制、搜集顾客及市场反映的工作效率如何等。

在企业营销管理中，要把营销管理战略和营销执行对营销效果产生的影响区分开来，是一个非常棘手的问题，又是一个十分重要的问题。因为对二者的划分与评估将更有效地提高全盘营销绩效。

（二）营销执行过程

营销执行过程包括如下主要步骤：

1. 制定行动方案

为了有效地实施市场营销管理战略，必须制定详细的行动方案。这个方案应该明确市场营销战略实施的关键性决策和任务，并将执行这些决策和任务的责任落实到个人或小组。另外，还应包含具体的时间表，定出行动的确切时间。

2. 建立组织结构

适宜的组织形式在市场营销执行过程中具有决定性的作用，合理的组织可将战略实施的任务分配给具体的部门和人员，规定明确的职权界限和信息沟通渠道，协调企业内部的各项决策和行动。具有不同战略的企业，需要建立不同的组织结构。也就是说，组织结构必须同企业战略相一致，必须同企业本身的特点和环境相适应。组织结构具有两大职能：第一，提供明确的分工，将全部工作分解成几个部分，再将它们分配给各有关部门和人员；第二，发挥协调作用，通过正式的组织联系沟通网络，协调各部门和人员的行动。

3. 设计决策和报酬制度

为实施市场营销管理战略，还必须设计相应的决策和报酬制度。这些制度直接关系到战略实施的成败。就企业对管理人员工作的评估和报酬制度而言，如果以短期的经营利润为标准，则管理人员的行为必定趋于短期化，他们就不会有为实现长期战略目标而努力的积极性。

4. 开发人力资源

市场营销管理战略最终是由企业内部的工作人员来执行的，所以人力资源的开发至关重要。这涉及人员的选拔、安置、考核、培训、激励等问题。在考核选拔管理人员时，要注意将适当的工作分配给适当的人，做到人尽其才。为了激励员工的积极性，必须建立完善的工资、福利等奖惩制度。此外，企业还必须决定行政管理人员、财务管理人员和一线工人之间的比例。许多美国企业已经削减了公司一级的行政管理人员，目的是减少管理费用和提高工作效率。

应当指出的是，不同的战略要求具有不同性格和能力的管理者。“拓展型”战略要求具有创新和冒险精神的、有魄力的人员去完成；“维持型”战略要求管理人员具备组织和管理方面的才能；“紧缩型”战略则需要寻找精打细算的管理者来执行。

5. 建设企业文化

企业文化是指一个企业内部全体人员共同持有和遵循的价值标准、基本观念和行为准则。企业文化对企业经营思想和领导风格，对职工的工作态度和作风，均起着决定性的作用。企业文化包括企业环境、价值观念、模范人物、仪式、文化网五个要点。企业环境是形成企业文化的外界条件，它包括一个国家、民族的传统文化，也包括政府的经济政策以及资源、运输、竞争等环境因素。价值观念是指企业员工共同的行为准则和基本信念，是企业文化的核心和灵魂。仪式是指为树立和强化共同价值观，有计划地进行的各种例行活动。如各种纪念、庆祝活动等。文化网则是传播共同价值观和宣传介绍模范人物形象的各种非正式的渠道。

总之，企业文化主要是指企业在其所处的一定环境中，逐渐形成的共同价值标准和基本信念。这些标准和信念是通过模范人物塑造和体现，通过正式和非正式组织加以树立，并加以强化和传播的。由于企业文化体现了集体责任感和集体荣誉感，它甚至关系到企业员工的人生观和他们所追求的最高目标，它能够起到把全体员工团结在一起的“黏合剂”的作用。因此，塑造和强化企业文化是执行企业战略不容忽视的一环。

与企业文化相关联的，是企业的管理风格。有些管理者的管理风格属于“专权型”，他们发号施令，独揽大权，严格控制，坚持采用正式的信息沟通，不容忍非正式的组织活动。另一种管理风格称为“参与型”，他们主张授权，协调各部门的工作，鼓励下属的主动精神和非正式的交流与沟通。这两种对立的管理风格各有利弊。不同的战略要求不同的管理风格，具体需要什么样的管理风格取决于企业的战略任务、组织结构、人员和环境。

企业文化的管理风格一旦形成，就具有相对稳定性和连续性，不易改变。因此，企业战略通常是适应企业文化和管理风格的要求来制定的，而不宜轻易改变企业原有的文化和风格。

6. 市场营销管理战略执行系统各要素间的关系

为了有效地执行市场营销管理战略，企业的行动方案、组织结构、决策和报酬制度、人力资源、企业文化和管理风格这五大要素必须协调一致，相互配合。

6.4.4 营销控制

每一个企业都是处在动态的营销环境之中，任何完美无缺的营销计划都有可能在实施过程中因环境的变化而降低其效力，而且执行人员的素质差别和对计划理解上的差异也有可能使计划的执行产生偏差，正是由于营销计划在执行过程中总会发生这样或那样的意外事件，所以营销部门必须对营销活动进行控制，否则，前期的市场调查、营销策划等大量工作成效就无法真正得到体现。特别是随着市场竞争的加剧，市场营销控制已显得越来越重要，市场营销控制是企业进行有效经营的基本保证。

营销控制是指通过测量和评价营销策略和计划执行的情况，提出改进措施和建议，促进营销目标有效实现的过程。营销经理应经常检查营销计划的执行情况，检阅实际绩效是否与营销计划一致，如果不一致或没有完成计划，则要找出原因所在，并采取适当的整改措施和行动，以确保营销计划的完成。

（一）营销控制的作用

1. 调整差距，保证计划顺利执行

这是营销控制最基本的作用，也是实行营销控制最主要的原因。在企业营销计划的执行过程中，经常出现计划与现实不一致的情况。因为，企业计划通常是在对未来进行预测的基础上制定的，而未来环境多数是未知的，所以，计划本身难免出现一些偏差。另外，在计划的执行中，往往会出现意料不到的变化，加上计划与环境因素的相互作用，使得现实与计划产生距离。这就需要通过营销控制来解决。首先查明产生问题的原因，然后对症下药，对脱离实际的计划进行必要的修正或者采取必要的措施，改进工作，提高效率，保证计划的顺利执行。

2. 发现问题，避免事故

营销控制作为企业管理的一个过程应贯穿于企业市场营销活动的始终，并跟踪营销活动的每一个环节，这样有助于及早发现问题，采取有效措施，避免可能的事故。例如，实行新产品开发控制，进行严格筛选，层层把关，可以提高新产品开发的成功率，以免把巨额资金浪费在失败的产品项目上；实行获利性控制，可以把有限的资金投入能产生最大效益的产品或市场，使企业保持较高的盈利水平，获得更多的经济效益；实行质量控制，可确保产品质量合格，性能可靠，最大限度地满足消费者需要，提高企业声誉。

3. 监督激励，提高效率

营销控制还对企业各部门和全体员工的工作效率起监督作用。通过营销控制可以发现哪些部门工作完成得好，哪些员工的工作效率比较高。如果企业能建立相应的奖惩制度，就可以极大地调动员工的积极性，激励他们更加努力地去实现企业的营销目标。

尽管营销控制有着重要作用，但在实际中，很多企业并没有建立完善的营销控制制度。有的企业只偶尔实行控制；有的企业甚至没有明确的营销目标，营销控制更无从谈起；还有的企业没有掌握营销控制的方法，无法对营销活动的效益进行分析和评价。

（二）营销控制的步骤

营销控制一般可分为六个步骤，如图 6－21 所示。

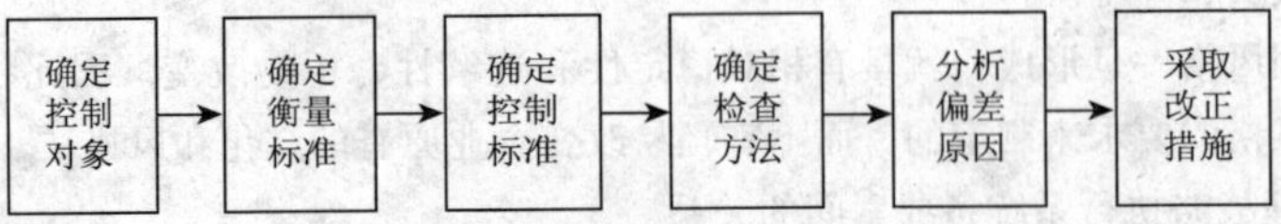

图 6－21　营销控制的步骤

1. 确定控制对象

确定控制对象，即确定对哪些营销活动进行控制。如果企业实行控制的范围广，可获得更多的信息，有利于营销管理。但任何控制活动都需要一些费用，所以，在决定控制对象时，应当权衡利弊，使控制成本小于控制活动所带来的效益。

最常见的营销控制的对象包括销售收入、销售成本和销售利润三个方面。其他如市场调查的效果、新产品开发、销售人员的工作效率、广告效果等营销活动也应通过控制加以评价。所以企业可以根据实际情况对控制对象加以选择。

在确定控制对象的同时还应确定控制的量，即控制频率。因为不同的控制对象对企业营销成功的重要作用不同，应该有不同的控制频率。一般来说，对于影响重大的、容易脱离控制、容易出现问题的对象应加大控制频率。

2. 确定衡量标准

一般情况下，企业的营销目标就可以作为营销控制的衡量标准，如销售额指标、销售增长率、利润率、市场占有率等。当进行营销过程控制时，问题就比较复杂，需要建立一套相关的标准，例如将一个长期目标转化为各个时期的阶段目标，将战略目标分解为各个战术目标等。由于各企业的具体情况不同，营销目标不同，营销控制的衡量标准也各不相同。

3. 确定控制标准

所谓控制标准是对衡量标准定量化，即以某种衡量尺度表示控制对象的预期活动范围或可接受的活动范围。例如，规定每个推销员每年必须增加 30 名新客户，规定推销员每次访问顾客的费用标准等。企业制定的控制标准一般应允许有一定的浮动范围，不可绝对化。同时应注意因地制宜、因时制宜、因人而异。以建立推销员的绩效标准为例，要充分考虑到个人之间的差别。这里既有主观因素，也有客观原因，主要包括：各个推销员的具体产品；各个推销员所负责区域的市场条件和发展潜力；各个推销员所在区域的竞争状况及本企业产品在该市场的地位；推销员所推销产品的广告强度。

由于以上因素的差异，不可能要求每个推销员都创造相同的销售额和利润，必须对不同的推销员制定相应的、切合实际的标准。为了激励推销员的工作热情，可实行两个标准：一是基本标准，是必须完成的；二是奖励标准，达到这个标准必须付出较大的努力，因此能获得相应的奖励。

应该指出的是，任何标准都不是一成不变的。随着营销环境及企业内部条件的变化，各类标准也应不断修正，以适应新的情况。

4. 确定检查方法

确立了控制标准后，就要把控制标准与实际结果进行比较。检查的方法有很多种，如直接观察法、统计法、访问法、问卷调查法等，可根据实际需要选择。企业营销信息系统提供的各种信息也可以用来作为检查对照的依据。

任何检查都是在一定的频率和范围前提下进行的。频率是指检查的时间间隔有多长，这主要取决于控制对象是否经常变动。范围取决于是将全面情况同计划进行对照比较，还是进行局部的、单项的检查，这要根据需要进行抉择。

5. 分析偏差原因

执行结果与计划发生偏差的情况是经常出现的，原因不外乎两种：一种是实施过程中的问题，这种偏差较容易分析；另一种是计划本身的问题。这两种原因通常是交织在一起的，加大了问题的复杂性，致使分析偏差原因成为营销控制的一个难点。

要想确定产生偏差的原因，就必须深入了解情况，占有尽可能多的相关资料，从中找出问题的症结。如某部门没有完成计划，可能只是某种产品的亏损影响了整个部门的盈利；推销效率不高，可能是推销员的组织结构不尽合理；如果是由于定额太高，则应适当降低。

6. 采取改正措施

针对存在的问题，应提出相应的改进措施，提高工作效率是营销控制的最后一个步骤。采取改正措施宜抓紧时间。有的企业在制定计划的同时还提出了应急措施，这在实施过程中，一旦发生偏差可以及时补救。很多企业事先没有预定措施，这就必须根据实际情况，迅速制定补救措施加以改进，以保证计划目标能顺利实现。

（三）营销控制的类型

营销控制的类型有多种，最常见的有四种，如表 6－1 所示。

表 6－1　　营销控制的基本类型

控制类型	负责人	控制目的	控制方法
年度计划控制	最高主管、中级管理人员	检查计划目标是否完成	销售情况分析 市场占有率分析 营销费用率分析 财务分析 顾客态度追踪分析
盈利能力控制	营销主管人员	检查企业盈亏原因	各产品、地区、细分市场、分销渠道等的盈利能力分析
效率控制	管理人员、营销控制人员	评估与提高经费开支的效率及效果	人员推销效率 广告效率 促销效率 分销效率
战略控制	最高主管、市场营销审计人员	检查企业是否最大限度地利用了市场营销机会	市场营销审计

1. 年度计划控制

年度计划控制是指企业在本年度内采取的控制步骤，以检查实际绩效与计划之间是否有偏差，有偏差时就要采取改进措施，确保市场营销计划的实现与完成。其主要任务是检查企业营销活动是否达到年度计划的要求，并在必要时采取调整和纠正措施。在现实经济生活中，许多企业每年都制定了相当周密的计划，但执行的结果却往往与之有一定的差距，原因在于计划的结果不仅取决于计划制定得是否正确，还有赖于计划执行与控制的效果如何。可见，年度计划制定并付诸执行，是搞好营销工作的一项极其重要的任务。

年度计划控制的主要目的在于：

（1）促使年度计划中所确定的销售、利润和其他目标的实现。

（2）控制的结果可以作为年终绩效评估的依据。

（3）发现企业潜在问题并及时予以妥善解决。

（4）高层管理人员可借此有效地监督各部门的工作。

年度计划控制包括四个步骤（见图 6-22）：

（1）制定标准。即确定本年度各个季度（或月）的目标，如销售目标、利润目标等。

（2）测量绩效。即将实际成果与预期成果相比较。

（3）因果分析。即研究发生偏差的原因。

（4）改正行动。即采取最佳的改正措施，努力使成果与计划目标一致。

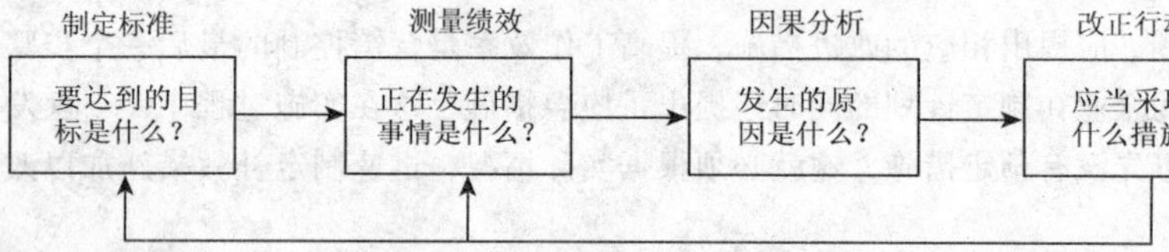

图 6-22　年度计划控制过程

企业市场营销人员可运用五种绩效工具以核对年度计划目标的实现程度，即销售情况分析、市场占有率分析、营销费用率分析、财务分析、顾客态度追踪分析。

（1）销售情况分析

销售情况分析主要用于分析销售额指标的完成情况，具体做法有两种。

①销售差异分析法。这种方法可以分析实际销售额与计划指标产生差异的原因，反映不同因素对销售额的影响。假设年度计划要求第一季度以单价 10 元销售某产品 4000 个，即完成 40000 元销售额。而实际只以 9 元的价格销售该产品 3200 个，实现销售额 28800 元，完成计划的 72%，差距为 11200 元。那么没完成销售额指标的主要原因是什么？用销售差异法分析如下：

由于降价的影响：（10－9）×3200＝3200 元，占 28.57%

由于销量减少的影响：（4000－3200）×10＝8000 元，占 71.43%

通过以上分析，可以得出这样的结论，销售额没完成指标的主要原因是销量下降。要进一步分析原因，找出问题，及时解决。

②个别销售分析。这种方法常用来分析个别地区或个别产品的销售状况。如上例中该企业的目标市场包括甲、乙、丙三个地区，第一季度三地销售量指标分别为 1500、500、2000，而实际完成情况分别是 1400、525、1275。也就是说，三个地区分别完成计划的 93%、105%、63.8%。由此看来，丙地区销量差距最大，是企业未完成计划指标的主要原因，市场经理应检查丙地区的销售状况、找出具体症结。

（2）市场占有率分析

企业的销售绩效并未反映出相对于其竞争者的企业经营状况。如果企业销售额增加了，可能是由于企业所处的整个经济环境改善，也可能是因为其市场营销工作的努力较之其竞争者有相对的提高。

市场占有率正是剔除了一般的环境影响来考察企业本身的经营工作状况。如果企业的市场占有率升高，则表明它较其竞争者的情况更好；如果下降，则说明它相对于竞争者的绩效较差。衡量市场占有率的第一个步骤是清楚地定义使用何种度量方法。一般说，有四种不同的度量方法：

①全部市场占有率。以企业的销售额占全行业销售额的百分比来表示。使用这种测量方法必须做两项决策：第一，要以单位销售量或以销售额来表示市场占有率；第二，正确认定行业的范围，即明确本行业应包括的产品、市场等。

②可达市场占有率。以企业的销售额占企业所服务市场的百分比来表示。所谓可达市场一是指企业

产品适合的市场；二是指企业市场营销努力所及的市场。企业可能有近100%的可达市场占有率，却只有相对较小百分比的全部市场占有率。

③相对市场占有率（相对于三个最大竞争者）。以企业销售额对最大的三个竞争者的销售额总和的百分比来表示。如某企业有30%的市场占有率，其最大的三个竞争者的市场占有率分别为20%、10%、10%，则该企业的相对市场占有率是30%/（20%+10%+10%）=75%。一般来说，企业的相对市场占有率高于33%即被认为是强势的。

④相对市场占有率（相对于市场领导者）。以企业销售额相对市场领导者的销售额的百分比来表示。相对市场占有率超过100%，表明该企业是市场领导者；相对市场占有率等于100%，表明企业与市场领导者同为市场领导者；当相对市场占有率小于100%且增加时，表明企业正接近市场领导者。

在明确市场占有率之后，企业还需要对市场占有率变动（上升或下降）的原因进行正确分析，以便能够采取针对性的措施。企业可从产品大类、顾客类型、地区以及其他方面来考察市场占有率的变动情况。一种有效的分析方法是从顾客渗透率A、顾客忠诚度B、顾客选择性C以及价格选择性D四个因素去分析，我们简称为ABCD分析法。其中，顾客渗透率是指从本企业购买某产品的顾客占该产品所有顾客的百分比；顾客忠诚度是指顾客从本企业所购产品与其所购同种产品总量的百分比；顾客选择性是指本企业一般顾客的购买量相对于其他企业一般顾客的购买量的百分比；价格选择性是指本企业平均价格同所有其他企业平均价格的百分比。这样，全部市场占有率V就可表述为：

$$V = A \times B \times C \times D$$

（3）营销费用率分析

年度计划控制要确保在达到销售计划指标时营销费用无超支。例如，某公司营销费用占销售额的比率为30%，其中所包含的五项费用占销售额的比率分别为：人员推销费15%，广告费5%，促销费6%，营销调研费1%，营销行政管理费3%。管理者应该对各项费用率加以分析，并将其控制在一定限度内（见图6-23）。如果费用率变化不大，处于安全范围内，则不必采取措施；如果变化幅度过大，或是上升速度过快，以至接近或超过控制上限，则必须采取有效措施，如图6-23中时间15的费用率已超过控制上限，应该立即采取措施。有时即使费用率落在安全控制范围之内也应加以注意，如图6-23中从时间9起费用率就逐步上升，如能及时采取措施则不至于升到超过控制上限的地步。

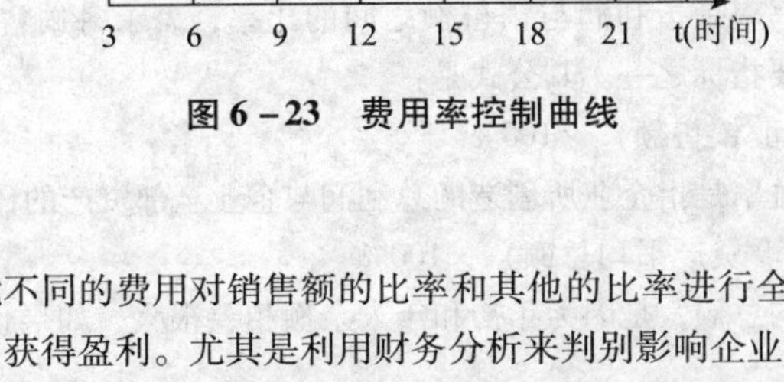

图6-23 费用率控制曲线

（4）财务分析

市场营销管理人员应就不同的费用对销售额的比率和其他的比率进行全面的财务分析，以决定企业如何以及在何处展开活动，获得盈利。尤其是利用财务分析来判别影响企业资本净值收益率的各种因素。

（5）顾客态度追踪分析

年度计划控制所采用的衡量标准大多是以财务分析和数量分析为特征的，即基本上是定量分析。定量分析虽然重要但并不充分，因为它们没有对市场营销的发展变化进行定性分析和描述。为此，企业需要建立一套系统来追踪其顾客、经销商以及其他市场营销系统参与者的态度。如果发现顾客对本企业和产品的态度发生了变化，市场营销管理人员就能较早地采取行动，争取主动。企业一般主要利用以下系统来追踪顾客的态度：

①抱怨和建议系统。企业对顾客书面的或口头的抱怨应进行记录、分析，并做出适当的反应。对不同的抱怨应该分别归类做成卡片。较严重的和经常发生的抱怨应及早予以注意，企业应该鼓励顾客提出批评和建议，使顾客经常有机会发表意见，才有可能收集到顾客对其产品和服务反映的完整资料。

②固定顾客样本。有些企业建立由有一定代表性的顾客组成的固定顾客样本，定期地由企业通过电话访问或邮寄问卷了解其态度。这种做法有时比抱怨和建议系统更能代表顾客态度的变化及其分布范围。

③顾客调查。企业定期让一组随机顾客回答一组标准化的调查问卷，其中问题包括职员态度、服务质量等。通过对这些问卷的分析，企业可及时发现问题，并及时予以纠正。

通过上述分析，企业在发现实际绩效与年度计划发生较大偏差时，则必须采取调整措施：或是调整营销计划指标，使之更切合实际；或是调整营销策略，以利于实现计划指标。如果营销指标和策略中都没有发现问题，则应在计划实施过程中查找原因，并加以纠正。

2. 盈利能力控制

盈利能力控制是用来测定不同产品、不同销售区域、不同顾客群体、不同渠道以及不同订货规模盈利能力的方法。由盈利能力控制所获取的信息，有助于管理人员决定各种产品或市场营销活动是扩展、减少还是取消。

（1）市场营销成本分析

市场营销成本是指与市场营销活动有关的各项费用支出。市场营销成本直接影响企业利润，因此，企业不仅要控制销售额和市场占有率，亦要控制营销成本。市场营销成本由以下项目构成：

①直接推销费用，包括直销人员的工资、奖金、差旅费、培训费、交际费等。

②促销费用，包括广告媒体成本、产品说明书印刷费用、赠奖费用、展览会费用、促销人员工资等。

③仓储费用，包括租金、维护费、折旧、保险、包装费、存货成本等。

④运输费用，包括托运费用等，如果是自有运输工具，则要计算折旧、维护费、燃料费、牌照税、保险费、司机工资等。

⑤其他市场营销费用，包括市场营销人员的工资、办公费用等。

营销成本和生产成本构成了企业的总成本，直接影响到企业经济效益。其中有些与销售额直接相关，称为直接费用；有些与销售额并无直接关系，称为间接费用；有时二者也很难划分。

（2）盈利能力分析

获取利润是企业最重要的目标之一。企业盈利能力历来为市场营销管理人员高度重视，因而盈利能力控制在市场营销管理中占有十分重要的地位。在对市场营销成本进行分析之后，就应考查如下盈利能力指标。

①销售利润率。销售利润率是指利润与销售额之间的比率，表示每销售 100 元使企业获得的利润，它是评估企业获利能力的主要指标之一。其公式是：

销售利润率 =（本期利润/销售额）×100%

②资产收益率。资产收益率是指企业所创造的总利润与企业全部资产的比率，其计算公式是：

资产收益率 =（本期利润/资产平均总额）×100%

其分母之所以用资产平均总额，是因为年初和年末余额相差很大，如果仅用年末余额作为总额显然不合理。

③净资产收益率。净资产收益率是指税后利润与净资产所得的比率。净资产是指总资产减去负债总额后的净值。其计算公式是：

净资产收益率 =（税后利润/净资产平均余额）×100%

④资产管理效率。可通过以下比率来分析：

第一，资产周转率。资产周转率是指一个企业以资产平均总额去除产品销售收入净额而得出的比率，其计算公式如下：

资产周转率 = 产品销售收入净额/资产平均总额

资产周转率可以衡量企业全部投资的利用效率，资产周转率高说明投资的利用效率高。

第二，存货周转率。存货周转率是指产品销售成本与产品存货平均余额之比，其计算公式如下：

存货周转率 = 产品销售成本/产品存货平均余额

存货周转率是说明某一时期内存货周转的次数，从而考核存货的流动性。存货平均余额一般取年初和年末余额的平均数。一般来说，存货周转率次数越高越好，说明存货水准较低，周转快，资金使用效率较高。

资产管理效率与获利能力密切相关。资产管理效率高，获利能力相应也较高。这可以从资产收益率与资产周转率及销售利润率的关系上表现出来。资产收益率实际上是资产周转率和销售利润率的乘积：

资产收益率 = （产品销售收入净额/资产平均总额） × （税后息前利润/产品销售收入净额） = 资产周转率 × 销售利润率

3. 效率控制

效率控制的目的是监督和检查企业多项营销活动的进度与效果。假定企业的某些产品或某个地区市场的盈利状况不好，就有必要进行效率控制，发现问题，加以改进，从而提高企业的营销效率和经济效益。

（1）人员推销效率

各地区的销售经理需要对管辖范围内的人员推销状况作详细记录，并定期进行分析，主要内容包括下列指标：

①每个推销员每天平均访问客户的次数。

②每次访问平均使用时间。

③每次访问的平均收益。

④每次访问的平均成本。

⑤每次访问的招待成本。

⑥每百次访问的成功率。

⑦每个期间新增客户数。

⑧每个期间失去的顾客数。

⑨人员推销费用占总销售额的百分比。

通过对上述资料的分析，可以发现推销效率方面存在的问题。例如，推销员完成的访问次数太少；每百次访问获得的订单没有达到预期的数额；在开拓市场方面不利，不能吸引更多的新顾客；没能有效地留住老顾客；等等。针对这些问题，可以同推销员一起研究提高推销效率的措施。例如，缩短每次访问的时间；提高访问频率；节约访问费用；降低推销费用占总销售额的比例；采用灵活的推销技巧，提高推销的成功率；等等。

（2）广告效率

广告效率最终要通过顾客的态度和销售额的变化反映出来。然而顾客的态度和销售额的变化是多种因素综合作用的结果，所以衡量广告的效果是一件非常复杂的工作。

企业市场营销人员至少应做好如下统计：

①每一媒体类型、每一媒体工具接触每千名购买者所花费的广告成本。

②顾客对每一媒体工具注意、联想和阅读的百分比。

③顾客对广告内容和效果的意见。

④广告前后顾客对产品态度的衡量。

⑤受广告刺激而引起的询问次数。

企业市场营销管理人员可以采取若干步骤来改进广告效率，包括进行更加有效的产品定位；确定广告目标；选择广告媒体；进行广告后效果测定等。

（3）促销效率

为了提高销售促进的效率，企业市场营销管理人员应该对每一销售促进的成本对销售的影响做记录，注意做好如下统计：

①由于优惠而销售的百分比。

②每一销售额的陈列成本。

③赠券收回的百分比。

④因示范而引起询问的次数。

企业还应观察不同销售促进手段的效果，并使用最有效果的促销手段。

（4）分销效率

分销效率是指对企业存货水准、仓库位置及运输方式进行分析和改进，以达到最佳配置并寻找最佳运输方式和途径。例如，面包批发商遭到了来自连锁面包店的激烈竞争，他们在面包的物流方面尤其处境不妙，面包批发商必须作多次停留，而每停留一次只送少量面包。不仅如此，卡车司机一般还要将面包送到每家商店的货架上，而连锁面包商则将面包放在连锁店的卸货平台上，然后由商店工作人员将面包陈列到货架上。这种物流方式促使美国面包商协会提出是否可以开发更有效的面包处理程序。该协会进行了一次系统工程研究，他们以分钟为单位具体计算面包装上卡车到陈列在货架上所需要的时间。通过跟随司机送货和观察送货过程，这些管理人员提出了若干改进措施，使经济效益的获得来自更科学的作业程序。不久，他们在卡车上设置特定面包陈列架，只需司机按动电钮，面包陈列架就会在车子后部自动开卸。这种改进措施受到进货商店的欢迎，又提高了工作效率。不过，人们通常要等到竞争压力增强到非改不可的时候才开始行动。

效率控制的目的在于提高人员推销、广告、促销和分销等市场营销活动的效率，市场营销经理必须重视若干关键比率，这些比率表明上述市场营销组合因素的有效性以及应该如何引进某些资料以改进执行情况。

4. 战略控制

（1）战略控制

市场营销管理战略是指企业根据自己的市场营销目标，在特定的环境中，按照总体策划过程所拟定的可能采用的一连串的行动方案。但是市场营销环境变化很快，往往会使企业制定的目标、策略、方案失去作用。因此，在企业市场营销管理战略实施过程中必然会出现战略失控问题。战略控制是指市场营销经理采取一系列行动，使实际市场营销工作与原规划尽可能一致，在控制中通过不断评审和信息反馈，对战略进行不断的修正。其目的是确保企业目标、政策、战略和措施与市场营销环境相适应。

市场营销管理战略的控制既重要又难以准确。因为企业战略的成功是总体的和全局性的，战略控制注意的是控制未来，是还没有发生的事件。战略控制必须根据最新的情况重新估价计划和进展，因而难度也就比较大。企业在进行战略控制时，可以运用市场营销审计这一重要工具。各个企业都有财务会计审核，在一定期间客观地对审核的财务会计资料或事项进行考察、询问、检查、分析，最后根据所获得的数据按照专业标准进行判断，做出结论，并提出报告。这种财务会计的控制制度有一套标准的理论、做法，但市场营销审计尚未建立一套规范的控制系统，有些企业往往只是在遇到危急情况时才进行，其目的是为了解决一些临时性的问题。目前，国外越来越多的企业运用市场营销审计进行战略控制。

（2）市场营销审计

市场营销审计是指对一个企业市场营销环境、目标、战略、组织、方法、程序和业务等做综合的、系统的、独立的和定期性的核查，以便确认可能的威胁和各项可能的机会，并提出行动计划的建议，改进市场营销效果。市场营销审计实际上是在一定时期对企业全部市场营销活动进行总的效果评价，其主要特点是不限于评价某些问题，而是对全部活动进行评价。

第二次世界大战以后，发达国家经济缓慢地增长，产品翻新加快，需求趋向个性化、多样化，市场竞争日益激烈，企业市场营销呈现危机。工业企业为提高经济效益，对市场营销活动加强核查、分析和控制，逐步展开市场营销审计。进入20世纪70年代，美国许多工商企业，尤其是一些跨国公司，日益从单纯地关注利润和效率发展到全面核查经营战略、年度计划和市场营销组织，高瞻远瞩地改善企业经营管理和更有效地扩大经济效果。他们对市场营销活动的核查范围逐步扩大，包括用户导向、市场营销组织、市场营销信息、战略控制以及作业效率等，同时制定了核查的具体要求，确立了核查标准并采用计分办法加以评估。从那时起，市场营销审计开始成熟，并逐步发展。工商企业把它当做加强市场营销管理的一个有效工具，从而为市场营销理论增添了新的篇章。

①营销审计的特征。

第一，全面性。市场营销审计不同于职能审计，它涉及企业市场营销的主要方面和主要过程，因此能够有效地确定营销中存在的问题。

第二，系统性。营销审计有一套科学的程序，涉及企业营销环境、营销因素及营销活动，并针对实际问题，提出改进措施，以提高企业的整体营销效果。

第三，客观性。营销审计主要聘请企业以外的有丰富经验的专家顾问和专门管理咨询机构进行，这不仅保证了营销审计的客观性，还可以借助他们的经验改进企业工作。

第四，定期性。营销审计应定期进行，不论企业营销状况如何，定期审计都是必要的，可以及时发现问题，防患于未然。如果等到问题成堆，或企业遇到危机时再进行营销审计，会使企业蒙受更大的损失。定期进行营销审计不仅能使那些陷入困境的企业出现转机，而且能为经营卓有成效的企业增加效益。

②营销审计的步骤。

第一，营销审计首先应由公司人员和外部审计人员会面，介绍情况，拟定协议，确定审计目标、范围、资料来源、报告形式及所需时间。

第二，检查企业各项目标的实现情况，如检查各项目标的实施进度以及各种营销资源的配置是否合理。

第三，确定执行计划时是否付出了足够的努力，如营销管理战略的执行是否受到足够重视、营销人员是否全力以赴、市场营销活动能否得到全力支持等。

第四，检查企业营销组织状况，如内部信息沟通如何、责权分配是否合理。

第五，对审计结果进行汇总，提出改进意见，写成书面报告，提交主管人员。

应试指出，以上第二、第三、第四项都是搜集资料、进行评价的过程，需要慎重地确定调查访问对象，而且不能只局限于企业内部人员，还应包括顾客、经销商及有业务关系的其他企业，以便掌握更加全面、具体的信息，得出正确结论。在整个审计过程中要注意提高效率、节约时间、降低费用。

③营销审计的内容。营销审计的内容主要有十个方面：

第一，营销环境审计。它主要分析宏观环境（人口环境、经济环境、社会与文化环境、法律环境、科学技术环境）和企业微观环境（市场、顾客、竞争者、分销商和经销商、供应商和辅助机构）中关键组成部分的发展变化趋势。

第二，营销管理战略审计。它主要审计企业的各种营销目标和战略，评价它们对当前和预测的营销环境的适应程度，它主要包括对制定营销管理战略的基础审查、选择营销管理战略类型审查、选择目标市场审查以及拓展海外市场战略与行动策略审查。

第三，营销组织审计。要求评价营销组织在实施对预测的环境战略方面必要的能力。主要包括营销组织的审计准则、审计标准以及市场营销部门的内部组织审查、国际营销组织结构审查和国际营销组织的弹性策略审查。

第四，营销绩效审计。主要包括销售收入绩效评核审查、销售费用绩效审查、实施与计划的比较分析、推销活动绩效的审查、货款回收与成品库存绩效评核分析。

第五，营销计划系统审计。主要包括营销计划范围的审查、市场营销计划应具备的要素审查、市场营销计划的特性审查、市场营销计划制定程序审查、营销计划方案审查。

第六，营销效率控制系统审计。主要包括销售效率审查、市场占有率审查、比率的分析运用审查。

第七，获利能力控制系统审计。主要包括营销成本审查和盈利能力审查。

第八，营销信息系统审计。主要包括设计营销信息系统的审查、使用营销系统的审查、构成营销信息系统以及建立营销信息系统的条件审查。

第九，新产品开发系统审计。包括检查企业开发新产品的观念、对研制新产品的重视程度、企业选择新产品的标准、新产品的开发计划和实施步骤以及新产品管理程序等内容。

第十，营销管理职能审计。包括管理的总体审计、销售管理审计、市场管理审计、广告管理的审计、实体管理审计。

【小结】

企业战略计划是企业对未来发展的目标和如何实现目标的方案的总计划。它描述企业在一个选定的环境中所追求的总体方向，是企业进行资源和力量分配的指南。它根据企业所拥有的资源和企业所处的外部环境，制定企业长期的发展目标，通过确定和选择合适的战略类型，对企业产品和业务的发展方向和发展方式做出原则性的规定和规划，使企业与外部环境之间能保持一种协调的动态适应过程。它是由决策层战略计划、管理层战略计划、执行层战略计划构成。

企业战略包括决策层战略（公司战略）、管理层战略（经营战略）和执行层战略（职能战略）。

企业战略计划实际上是由企业任务说明、企业目标描述、企业业务组合、业务战略计划的制定等一系列工作及其指导性文件所构成的。

企业战略计划的过程包括企业任务的陈述、外部环境分析、内部条件分析、确定企业战略目标、评价和选择战略方案、配置资源、战略实施、反馈和控制。

营销管理战略规划的内容包括企业的战略任务、企业的战略目标、战略重点和战略措施。

营销管理战略规划的重要作用关系到企业兴衰成败；进行市场营销管理的基础框架。

营销管理战略规划的基本选择包括稳定发展战略、新业务发展战略、紧缩战略方案和抽资战略。

营销计划是企业营销管理战略工作中的重要职能之一，也是企业战略的最终体现。营销计划体现的是企业为实现营销管理战略目标，适应环境变化，优化营销活动，自觉和超前地规定企业未来营销目标、阶段、指标及手段的一套科学、现代的管理方法，它具有很强的现代化、系统化、数字化的特征。

营销计划的内容包括计划概要、目前营销状况、机会与威胁分析、拟定营销目标、营销策略、行动方案、预算开支和控制。

营销组织是指企业内部涉及营销活动的各个职位及其结构。每个企业都应根据市场竞争的特点和自身的实际情况，建立起富有效率的营销部门体系，使之面向市场担负起组织和实施企业各项营销活动的任务，成为连接企业内部其他职能部门实现整个企业经营一体化的核心。

营销组织的演进过程包括单纯的推销部门、兼有其他职能的推销部门、独立的营销部门、现代营销部门和现代营销企业。

营销组织形式包括职能型组织、地理区域型组织、产品管理型组织及市场管理型组织。营销组织的创新形式有产品/市场经理组织形式、事业部组织形式、“供—产—销”网络组织形式、超事业部组织形式和矩阵式组织形式。

决定营销组织形式的因素包括企业规模、市场特征和产品类型。

营销组织设置的一般原则：整体协调和主导性原则、精简以及适当的管理跨度与层次原则和有效性原则。

营销执行是指将营销计划转化为行动方案的过程，并保证这种任务的完成，以实现计划的既定目标。

影响营销计划有效执行的主要因素：营销诊断、对问题存在的层次做出评估、营销执行的技能和评价执行的结果。

营销执行过程包括六个主要步骤：制定行动方案、建立组织结构、设计决策和报酬制度、开发人力资源、建设企业文化和市场营销管理战略执行系统各要素间的关系。

营销控制是指通过测量和评价营销策略和计划执行的情况，提出改进措施和建议，促进营销目标有效实现的过程。

营销控制的作用：调整差距，保证计划顺利执行、发现问题，避免事故和监督激励，提高效率。

营销控制一般可分为六个步骤：确定控制对象、确定衡量标准、确定控制标准、确定检查方法、分析偏差原因和采取改正措施。

营销控制的类型主要包括四种：年度计划控制、盈利能力控制、效率控制和战略控制。

【关键术语】

企业战略计划（Enterprise Strategic Plan）

企业战略（Corporate Strategy）

营销管理战略规划（Marketing Strategic Planning）

营销计划（Marketing Plan）

营销组织（Marketing Organizations）

现代营销企业（Modern Marketing Enterprises）

产品/市场经理组织（Product / Marketing Manager Organize）

事业部组织（Division Organization）

超事业部组织（Ultra – Division Organization）

营销执行（Marketing Executive）

营销控制（Marketing Control）

【知识链接】

[1] 尹元元．市场营销管理战略［M］．福建：厦门大学出版社，2012.

[2]［美］罗杰·A. 凯林．市场营销［M］．董伊人等译．世界图书出版公司，2012.

[3] 万晓．市场营销［M］．北京：北京交通大学出版社，2012.

[4] 陆克斌．市场营销［M］．上海：上海财经大学出版社，2012.

[5] 李尔华．国际营销实务［M］．北京：中国人民大学出版社，2010.

[6] 钱旭潮．市场营销管理：需求的创造与传递［M］．南京：河海大学出版社，2012.

[7] 祝海波等．市场营销管理战略与管理［M］．北京：中国经济出版社，2011.

[8]［美］菲利普·科特勒等．王永贵等译．营销管理［M］．上海：格致出版社，2012.

【案例分析】

“天天低价”何以成真？

沃尔玛是一家美国的世界性连锁企业，主要涉足零售业，是世界上雇员最多的企业，连续多次在美国《财富》杂志全球500强企业中居首。

几乎每个人都知道沃尔玛是凭借着“天天低价”经营的如火如荼的。那么如何做到“天天低价、薄利多销”呢？

首先沃尔玛要求，供应商的报价必须是给其他商家的最低价，否则免谈。在此基础上，沃尔玛以进货量巨大、帮助供应商进入世界市场、现金结算三个理由，要求供应商降价25%。巨大的规模和雄厚的资金实力使沃尔玛在谈判桌上取得了绝对的优势。巨大的规模也使沃尔玛的各项费用和成本，在极大程度上被分摊。进货量巨大、现金结算、帮助供应商进入世界市场都表现出沃尔玛以购买者身份强大的议价能力。正所谓“财大气粗”，巨大的规模和雄厚的资金实力使沃尔玛在谈判桌上拥有绝对的优势，也给沃尔玛带来重要竞争优势的积极因素和独特能力。由于在固定成本一定的情况下，生产量越大，单位成本也就越低。巨大的规模分摊了沃尔玛的各项成本和费用，使其单位成本降低，从而为其“天天低价”提供了强有力的后盾。这就是所谓的规模经济。

其次控制成本，厉行节约。在沃尔玛中国总部，大家看到的是狭窄的过道和没有任何装修、素面朝天的办公大厅。而沃尔玛国际公司总经理约翰·门泽尔和他的下属至今还挤在一起办公，他的那间办公室小得可怜。同时，对商品优胜劣汰。每家店都要根据不同的地区和人文环境，根据顾客需求的变化，选择销售不同的产品。这项工作的目的在于让货架上的商品永远都是适销的商品。

最后是降低仓储成本。沃尔玛还有一个非常有意思的降低成本的办法，就是它的分店总是一个镇一个镇、一个县一个县地渐次建立，这样可降低运输成本和广告费用，因为新店总是在上一个沃尔玛店附近建立，往往并不需要再进行大规模的宣传。无论是总部的装修还是降低仓储成本，沃尔玛的战略是对成本不断地缩减缩减再缩减，这样能够为其带来商品在价格上的竞争优势，进行“天天平价，薄利多销”，进而达到最大的利润。这就反映出波特的价值链理论：企业应该按照成本最小化或者产品差异化的战略来分配资源。

对于每家店根据不同的地区和人文环境顾客需求销售不同的商品，反映出沃尔玛的营销策略。对不同市场销售不同的产品，使沃尔玛的商品永远都是适销的。

在价格低廉的同时，沃尔玛更看重服务质量。因为平价的精髓在于为顾客提供了超值服务，具体表现在提高服务质量。当天的事必须在当天做完，日清日结，不能拖延。沃尔玛要求它的员工向每一位顾客提供让顾客感到惊喜的服务，这种服务必须超过顾客原来的期望值。同时经营方式多样。沃尔玛多业态并举，有折扣商店、购物广场、大卖场、山姆会员店、家居店、社区店等形式，由总公司控股，直营连锁。这些业态分别适合不同层次的消费者。

对于服务水平的要求、产品质量的要求和分销渠道的选择都体现出沃尔玛实现最佳营销策略的途径。从而让顾客得到了更多实惠，同时也使自己的利益达到最大化。

思考题

1. 沃尔玛从哪些方面实现天天低价的？
2. 简述沃尔玛营销策略的成功之处。

第 7 章　市场细分、目标市场与市场定位

【本章知识要点】

知识要点	掌握程度	相关知识
市场细分战略	了解	市场细分的含义与作用、市场细分的依据与步骤、有效市场细分的特征标准
目标市场的选择战略	掌握	目标市场的评估与选择、无差异市场营销策略、差异化市场营销策略、集中市场营销策略
市场定位战略	重点掌握	市场定位的概念与依据、市场定位战略的选择和执行

【本章技能要点】

技能要点	掌握程度	应用方向
市场细分	掌握	依据一定的标准对市场进行细分，是目标市场选择及市场定位的基础，也是市场营销战略制定的基础
目标市场的选择	掌握	在市场细分的基础上进行相应的选择，选择出符合企业的目标市场
市场定位	重点掌握	在目标市场选择的基础上进行市场定位，是市场营销战略必不可少的组成部分

【导入案例】

爱马仕：每年在中国只开一家新店

这个源自1837年的法国品牌以经典橙色以及马车标志，成为奢华品的代表，亦是奢华品市场调查经常使用的指标之一。根据普华永道日前发布的《2012年亚洲零售及消费品行业前景展望》，今年中国奢侈品市场销售额预计增至155亿美元，大中华区奢侈品销售额很可能首次超过日本，成为全球第一。而爱马仕去年在华销售业绩上升22%左右。

中国市场的销售业绩为爱马仕的财报增光添彩。“在过去5年里，越来越多的中国客户成为了爱马仕家庭里的新成员，在金融危机的阴影下，欧美国家的业务受到了比较大的冲击，目前来说最好的发展机会就在亚洲市场或者说是中国市场，来自新兴市场的增长会多于成熟经济体。”爱马仕北亚区董事总经理柯睿涵（Florian Craen）先生对中国市场寄望甚多。但他同时表示，作为一个全球性奢侈品品牌，爱马仕并不会只着眼于某个地区或是某个特定的客户群体，战略投资不会过多受到经济大环境的影响，品牌

推广和营销的驱动力也不会因暂时的地域经济差异而改变。“我们在全球各个市场里都有共同的激情和梦想，希望把我们优质、美丽的产品带到全球不同的市场，我们希望在不同市场都能得到比较均衡的发展。”

虽然爱马仕在全球各地的战略并不会有很大的改变，但其实施战略的节奏会有所调整，其在中国的整体发展思路是在主要城市打造高品质旗舰店网络，致力于为本土客户提供多元化的服务。“对于任何对高品质产品感兴趣或者是希望拥有经典产品的顾客，我们都非常愿意与他们进行沟通，即使他们可能暂时不会购买我们的产品。因此我们很少做过多市场细分和推广调查，我们侧重于做自己的高品质产品，产品本身就能吸引懂得欣赏它的顾客。”很显然，对于品牌的认知和欣赏依然是爱马仕市场策略最为重要的部分。

营销启示：市场细分、目标市场与市场定位在市场营销战略中处于举足轻重的作用，因此在制定相应的营销战略之前都要对市场进行正确的细分、选择与定位。

在市场经济条件下，企业要求得生存，必须与不断变化的市场环境相适应。增强企业的应变力，及时把握机会，制定市场战略计划，利用自身优势去满足目标市场的需求，完成企业的既定目标，不断提高经济效益。但在通常的情况下，由于受到自身实力的限制，任何一个企业，作为无数市场供应者中的一员，无论其规模有多大，实力多么雄厚，都不能满足所有消费者的全部需要。因此，每个企业都必须为自己选定一定的市场范围，满足一部分消费者的某种需要。正确选择目标市场，明确企业特定的服务对象和服务内容，是制定企业营销战略的首要内容和基本出发点。

有效地实行目标市场营销的三个重要步骤是：①市场细分，即将整个市场区分为几个不同的购买者群体，他们各需不同的产品或者需要采用不同的市场营销手段。②目标市场选择，即选择一个或几个细分的市场，作为企业进军的目标。③市场定位，即为本企业的产品确定一个有利的竞争位置和制定一套详细的市场营销策略。其中的市场细分是企业选择目标市场的基础与前提。

7.1 市场细分战略

市场细分是企业战略营销活动中一个最重要的环节，是企业根据消费者需求的不同，把整个市场划分成不同的消费者群的过程，其客观基础是消费者需求的异质性。经过市场细分，在同类产品市场上，就某一细分市场而言，顾客需求具有较多共同性，不同细分市场之间的需求具有较多差异性。企业应明确有多少细分市场及各细分市场的主要特征。

市场细分既是企业了解市场及其竞争结构的基础，也是企业市场决策的基础。如果企业不能正确地细分其市场，它也无法制定有效的市场决策。

7.1.1 市场细分的含义与作用

（一）市场细分的含义

市场细分的概念是由美国市场学家温德尔·史密斯（Wendell R. Smith）在总结企业根据顾客的不同需求组织生产的经验的基础上，于1956年发表的《市场营销策略中的产品差异化与市场细分》中首先提出来的，它是企业确定目标市场的必要前提。

所谓市场细分，就是企业通过市场调研，根据消费者明显的不同特性，把整体市场分割为两个或更多的子市场。每个子市场都是由需要与欲望大致相同的消费者群组成，即按照购买者的需要和欲望、购买态度、购买实践等不同变量，把一个市场分为若干个不同的购买者群体的行为，从而确定目标市场。其中每一个有着相似需求倾向的购买者群，就是一个细分市场。

将整体市场划分成若干个细分市场，首先，是由消费者需求的差异性所决定的。在市场上，每个消费者由于各自条件不同，所处客观环境的差异，他们在购买商品时，在动机、欲望和需求上存在着一定的差异。比如，消费者购买服装，不同的消费者，对服装的质料、款式、颜色等的需求是不同的。这种差异性的存在，使得企业只能把需求大体相似的消费者划归同一群体，从而以相应的商品和服务来满足该群体消费者的需求。

其次，市场细分，还是由消费者需求的相似性所决定的。每一个细分市场，之所以成为相对独立且又比较稳定的市场，是因为在该群体的消费者中，有着相似的购买行为和购买习惯。例如，在同一社会环境、同一民族文化传统熏陶下，人民在生活习惯、社会风俗、节日礼仪等方面又总会表现出一定的相似性。这种相似性又使不同消费者需求再次聚集，形成相类似的消费群体，从而构成了具有一定个性特征的细分市场。

最后，市场细分，还由于各企业的营销能力的限制。任何企业，其经营范围、经营能力总有一定限度，它不可能为市场提供所有消费者需要的全部商品，而只能使自己的营销活动限定在力所能及的范围内。只能去生产和经营某一方面或几方面的商品，去满足某一部分消费者的一个或几个方面的需要，这就要求企业必须将复杂、多变的整体市场进行细分，同中求异、异中求同，发挥企业的优势，更好地满足消费者的需要。

市场细分的客观基础是消费者需求的多样性，也即购买者的需要和欲望的“异质性”。从需求角度考察，各种产品市场可为两个基本大类：一类是同质市场，即购买者对它的需要以及对企业的营销策略的反应等具有一致性，如食盐、食糖等产品；另一类是异质市场，即购买者对产品的各项属性，如质量、款式、价格、规格等的要求各不相同，或者在购买态度或购买习惯等方面存在差异性，如软饮料，就其口味这一属性而言，有人喜欢甜一些，有人喜欢淡一些，而有人则喜欢甜中带苦，有人则喜欢甜中带酸等等。正是这些差异，使市场细分成为可能。而市场细分，也就是把一个异质市场划分为若干相对来说是同质的细分市场。

这里应该注意的是，市场细分并非只是将一个市场加以分解而已，实际上，细分化常常是一个聚集而不是分解的过程。所谓聚集的过程，就是把对某种产品特性有一致反应的人或购买者集合成群。聚集的过程可以依据多种变量连续进行，直到鉴别出其规模足以实现企业盈利目标的某一个顾客群。因此，我们下面要讨论的一个问题就是市场细分的作用。

（二）市场细分的作用

许多企业成功的经验证明，企业进行市场细分有如下作用：

1. 有利于发掘市场机会，开拓新市场

通过市场细分，企业可以对每一个细分市场的购买潜力、满足程度、竞争情况等进行分析对比，探索出有利于本企业的市场机会，使企业及时做出投产、移地销售决策或根据本企业的生产技术条件编制新产品开拓计划，进行必要的产品技术储备，掌握产品更新换代的主动权，开拓新市场，以更好适应市场的需要。

2. 有助于掌握目标市场的特点

不进行市场细分，企业选择目标市场必定是盲目的。不认真鉴别各个细分市场的需求特点，就不能进行有针对性的市场营销。20 世纪 80 年代中期中国粮油公司出口日本市场冻鸡的销售起伏，是一个很有说服力的启示。

3. 有利于企业制定和调整市场营销组合策略

市场细分后，每个市场变得小而具体，细分市场的规模、特点显而易见。消费者的需要清晰明了，企业就可以根据不同的商品制定出不同的市场营销策略。离开了市场细分，就无法选择目标市场，所制定的营销组合策略必然是无的放矢。同时，在细分市场上，信息反馈灵敏，一旦消费者需要发生变化，企业可根据反馈信息迅速改变原来的营销组合策略，制定出相应的对策，使营销组合策略适应消费者变化了的需求。

4. 有利于企业提高经济效益

在市场细分的条件下，各细分市场的空间与整体市场相比相对较小，而且各细分市场的消费需求旺盛程度也是有差异的。有的细分市场在一定的时期会突然需求增大，有的细分市场可能一直处于稳定不变的购销状态。企业认真观察和收集各个市场的变化信息，根据市场的变化及时调整市场开发策略，就能够总是跟着需求旺盛的细分市场走，以企业有限的人力、物力和财力获取最大的经济效益。

7.1.2 市场细分的依据与步骤

（一）市场细分的依据

1. 消费者市场细分的依据

市场细分可以根据单一变量，如年龄段；也可以根据多个变量，如年龄段、性别以及教育程度。营销人员在进行市场细分时通常使用一个或多个特征：地理、人口、心理和行为，下面详细阐述这些特征。

（1）地理细分

即按照消费者所处的地理位置、自然环境来细分市场。例如，根据地理区域、城市规模、气候、人口密度等方面的差异将整体市场分为不同的小市场。地理变数之所以可作为市场细分的依据，是因为处在不同地理环境下的消费者对于同一类产品往往有不同的需求与偏好，他们对企业采取的营销策略与措施会有不同的反应。

①地理区域。不同地区消费者的消费习惯和购买行为，由于长期受不同的自然条件和社会经济条件等的影响，往往有着较为明显的差异。如我国的饮食习惯，素有南甜北咸、东辣西酸之说；我国南方人喜欢吃大米，北方人喜欢吃面食等。

②气候。气候的差异也会引起人们需求的差异。如气温的高低对人们的衣着以及部分日用品的消费就有很大的影响。北方人多需暖气设施，南方人多需降温设施等；气候的干湿对人们的消费需求也有很大的影响，气候干燥的地区多需抗旱的设施，气候湿润的地区多需雨具及防涝设施等。

③人口密度。城市、郊区及乡村的情况是不一样的。例如，由于生活空间条件的差异，我国城市消费者喜欢小巧玲珑、较为轻便的自行车，农村顾客则喜欢结实耐用的载重型自行车。

④城镇规模。如特大型城市、大城市、中型城市及小城市、县城与乡镇。

按照地理因素细分市场，对于分析研究不同地区消费者的需求特点、需求总量及其发展变化趋势是有一定价值的。地理变量容易识别和分析，常常是营销人员细分市场首先考虑的因素。但是，地理因素是一种静态因素，而人口则是始终处于流动之中。而且，即使是处于同一地理位置的消费者仍然会存在很大的需求差异。因此，企业在细分市场时，还必须进一步考虑其他因素。

（2）人口细分

人口细分是指根据各种变量，如年龄、性别、家庭人口、家庭生命周期、收入、职业、教育、宗教、种族、国籍等，把市场分割成群体。人口因素历来是细分市场常用的重要因素。因为消费者的欲望、需求偏好和使用频率往往和人口因素有着直接的因果关系，而且人口因素较其他因素更易测量。一般地，人口因素主要包括以下几个方面：

①年龄。可分为婴幼儿、幼年、少年、青年、中年和老年等阶段。一些公司运用年龄细分法，为不同年龄的消费者群提供不同的产品，或采取不同的营销方法。

②家庭生命周期。家庭生命周期也称生活阶段，它是根据一个家庭的发展过程来划分的。西方学者将家庭生命周期划分为九个阶段：单身期：离开父母独居的青年；新婚期：新婚的年轻夫妻，无子女；“满巢”Ⅰ期：子女在六岁以下，即学龄前儿童；“满巢”Ⅱ期：子女大于六岁，已入学；“满巢”Ⅲ期：结

婚已久，子女已长大，但仍需抚养；“空巢”Ⅰ期：结婚已很久，子女已成人分居，夫妻仍有劳动能力；“空巢”Ⅱ期：已退休的老年夫妻，子女早已离开分居；鳏寡就业期：独居老人，尚有劳动能力；鳏寡退休期：独居老人，已退休养老。处于生命周期不同阶段的家庭，在生活中有不同的侧重点，表现出不同的爱好和需求。如没有孩子的新婚夫妇，对小家庭建设、文化娱乐、旅游等方面需求较大，而有子女在校学习的年轻夫妇则在子女的教育投资方面表现出较大的需求。

③性别。诸如服饰、化妆品、个人保健品、杂志、珠宝、鞋类等商品的营销人员通常根据性别进行市场细分，因为对这些商品和服务的需求，由于性别不同而产生的差异是很大的。

④收入。不同收入的消费者对商品的需求有明显差异，因为收入水平是购买力形成的重要因素。汽车、旅游、房地产、服饰等行业一般按照收入来细分市场。

⑤民族与国籍。我国是个多民族国家，有56个民族，少数民族人口约占全国总人口的6.7%。由于各民族有自己的生活习惯与风俗，因而对一些商品的需求有明显差异。不同国籍的消费者，生活习惯与购买力也有较大的区别，也会呈现出各种各样的需求特征。

⑥职业与教育程度。不同职业、不同教育程度的消费者，对商品的消费需求偏好和购买行为等区别很大，这主要是因为消费需求的取向差异。如美国某企业，在市场细分中就专门划分一个“学院市场”，这就是以职业与教育程度进行划分的，在这个市场上，人们消费在书报杂志上的开销明显高过其他类型市场。

上述各种人口变量在细分市场时常常有各自的侧重点。如年龄变量常用于食品、服饰市场；个性变量一直用于服饰、化妆品、理发等领域；收入变量则长期用于诸如汽车、服饰、旅游等行业。但在实际使用时，并不是一成不变的。例如，人们通常认为，一些高档的名牌服饰的购买者一定是收入很高的人士，但是事实上，许多名牌时装却是为那些踏上工作岗位没几年、收入并不很高的男女青年所购。此外，大多数公司都同时采用两个或两个以上组合的人口变量来细分市场。例如，一个家具公司可能使用两个人口变量——户口年龄和收入水平来细分它的市场。

（3）心理细分

所谓心理细分，就是企业根据消费者所处的社会阶层、生活方式、个性特点等心理因素细分市场。按照上述地理和人口等标准划分的处于同一群体中的消费者对同类产品的需求仍会显示出差异性，这可能是消费心理因素在发挥作用。心理因素包括个性、动机、生活方式等变量。

①个性。个性反映一个人的特点、态度、习惯。消费者的个性不同，对商品的爱好和需求有很大差异。企业可以把具有同类个性的消费者集合成群，有针对性地制定营销策略。本田为它的低座小摩托车做的市场营销广告就是一个很好的个性市场细分例子。本田的狂欢、精英和航空牌低座小摩托车针对的是爱赶新潮的、14至22岁年龄阶段的人。

②偏好。偏好是指消费者偏向于某一方面的喜好，比如有的爱抽烟，有的爱喝酒，有的爱吃辣，有的爱吃甜。在市场上，消费者对不同品牌的喜爱程度是不同的，有的消费者有特殊偏好，有的消费者有中等程度的偏好，有的消费者没有什么偏好。因此，企业为了维持和扩大经营，就要了解消费者的各种偏好，掌握其需求特征，以便从产品、服务等方面满足他们的需要。

③生活方式。1963年，威廉莱泽提出“生活方式”这一市场学的新概念后，人们逐渐认识到，生活方式生动地揭示了消费者的消费方式。因此，越来越多的企业都按照生活方式这个变量来细分消费者市场，并按照有不同生活方式的消费者群的需求和爱好来设计产品和安排市场营销组合。

④社会阶层。在一个社会中，社会阶层是具有相对的同质性和持久性的群体。它们按等级排列，每一阶层的成员具有类似的价值观、兴趣爱好和行为方式。一个人所处的社会阶层，通常是职业、收入、教育和价值观等多种因素作用的结果。同一社会阶层的人，要比来自两个社会阶层的人行为更加相似。因此，社会阶层是市场细分的重要心理因素。

（4）行为细分

所谓行为细分，是指按照消费者对产品的使用率、对品牌的忠诚度以及对利益的追求等变量对市场进行细分。

①时机。企业可以根据消费者产生需要、购买或使用产品的时机，进行市场细分。如航空公司、旅行社在学校的寒暑假期间，大做广告，吸引师生乘坐飞机外出旅游；商家在酷热的夏天大作空调广告，能有效地增加空调的销量。在西方国家，圣诞节前一个月商品的销量是平均的3~4倍；在我国，双休日商店的营业额也是平时的两倍，而在春节期间的营业额则更大。因此，企业进行时机细分，在适当的时候加大促销力度，可以促进产品的销售。

②利益。根据顾客从产品中追求的不同利益分类，是一种很有效的细分方法。利益细分是指根据顾客从产品中寻求的利益而将他们分成不同的市场部分的过程。进行利益细分市场时，必须确定人们在产品种类中寻找的主要利益，有谁在寻求这些利益，哪些品牌可以提供这些利益。

③使用率。使用率细分根据消费者购买或消费的产品数量进行市场细分。细分类型因产品的不同而变化，但它们很可能包括以下几种：少量或不经常使用者、中等使用者、大量使用者。根据使用率进行市场细分使营销人员能够将精力集中在大量使用者身上，或者针对不同的细分市场制定多种营销组合。因为大量使用者占有全部产品销售的很大比重，一些营销人员将精力集中在这些大量使用者上。

④使用者情况。企业按照“使用者情况”可将市场细分为未使用者、曾经使用者、潜在使用者、初次使用者、经常使用者等市场部分。企业要针对不同的使用者，采取不同的营销策略。市场占有率高的企业特别重视将潜在使用者转变为实际使用者，而小企业则努力将使用竞争者品牌的顾客转向使用本企业的品牌。企业应注意吸引初次使用者，使其转为经常使用者，还应注重产品的改进、创新，以吸引非使用者和曾经使用者。

⑤忠诚程度。企业也可以根据消费者对品牌的忠诚程度或对商店的信任程度来细分市场。例如，根据对品牌的忠诚度，可将消费者群细分为以下四个部分：

第一，坚定的品牌忠诚者。他们只忠诚于同类产品的某一品牌，在任何时候也只购买这一品牌。

第二，多品牌的忠诚者。他们忠诚于同类产品的几种品牌。

第三，转移的忠诚者。他们从对某一品牌的忠诚转移为对另一品牌的忠诚。

第四，非忠诚者。他们不忠诚于任何品牌，购买时任何品牌都是其选择对象。

企业应牢固地吸引住本企业产品的品牌忠诚者，注重吸引多品牌的忠诚者，使之转化为企业品牌的坚定忠诚者。针对企业品牌的转移忠诚者和非忠诚者，企业应采取适当的营销措施，如提高产品质量、增加产品的品种及规格、加强促销宣传等，使他们对企业的产品产生兴趣，购买和使用企业的产品并成为企业品牌的忠诚者。

⑥态度。在市场中，可以根据顾客对产品的热情程度分为五种不同态度的群体：热情、肯定、无所谓、否定和敌视。针对持有这五种不同态度的消费者，企业应当酌情运用不同的营销措施。例如，逐家推销保险的人可以根据居民的态度来进行营销活动，在此类行业中，消费者的态度是最有效的细分因素。对持否定、敌视态度的顾客，应仔细分析原因何在，通过恰当的手段改变其态度，但不要强行推销；而对那些持热情、肯定态度的顾客，则要不断鼓励与巩固，同时要尽量争取那些无所谓的顾客。

（5）受益细分。这是指根据消费者期求的利益不同来细分市场。由于消费者各自追求的具体利益不同，可能会被某种产品的具有不同特性或特征的变异产品所吸引，因而可以细分为不同的消费者群。这里的一个个细分市场不是根据消费者的各种特点划分的，而是在一种产品能够提供某种特殊效用、给购买者带来特定利益的基础上开发出来的。例如企业在促销牙膏这种产品时，可根据受益性将牙膏市场划分为四个主要的细分市场。即存在特别关心味道可口、格外关注防止坏牙、强调保持牙齿光洁、注重经济实惠这四个消费者群。然后，还要使生产的产品相应地突出紧密联系着某种（组）利益的某一特性，并且借助于适当的广告宣传手段，反复宣传这些特性，最大限度地吸引某一消费者群或几个不同的消费者群。

2. 生产者市场细分的依据

消费者市场与生产者市场的营销者使用许多相同的变量来细分他们的市场。生产者市场的购买者也可用地理变量、追求的利益、使用状况、使用率、忠诚状态和态度等来区分为不同的细分市场。但由于生产者市场有其自身的特点，企业还应采用其他一些变量来细分市场，最常用的是“最终用户”和“客户规模”两个变量。

在生产者市场，不同的最终用户对同一种产品的市场营销组合通常会有不同的要求。例如，建筑大坝、桥梁、高层建筑等所用的水泥质量标准比修建一般民用住宅所用水泥的质量标准高得多；飞机制造公司对所需要的轮胎的安全性能的要求也比一般汽车生产厂商高得多。因此，企业应针对不同的最终用户设计不同的市场营销组合策略，以满足用户的要求，促进产品的销售。生产者市场细分的依据主要有以下几点。

（1）行业类别

工业用品是满足各行各业生产需要的，企业可根据行业不同对工业用品生产进行细分。有些企业生产的产品可满足许多行业生产的需要，这样的企业以行业为依据细分市场很有价值。铝制品企业、轴承制品企业、木材企业等都属于这一类。如铝制品企业，可以将铝制品大市场按行业宏观细分为建材市场、机械市场、文教用品市场等，每个分市场内部还可以按行业进一步进行微观细分，这样就细分出许多分市场供企业选择。

（2）用户地点

每个国家和地区都会因为资源、交通、社会环境、历史继承等原因形成有特色的工业布局。企业可以以此作为市场细分依据，将产品市场按地域分布状况细分。一般来说，企业会选择用户较集中的地区和目标市场，这样有很多优点：联系方便，节省运费，充分利用销售力量等。不过，如果这个分市场竞争很激烈，致使广告成本上升，价格降低，利润微薄，不如选择用户较分散但其他企业不太注意的分市场作为目标市场。采用补缺定位，避开下面竞争，也是一种正确的策略。

（3）用户规模

生产者市场相对于消费品市场来说，具有用户购买产品次数少数量大，用户之间购买数量差别大等特点。以用户规模为依据细分市场很有必要。有些产品几个大用户的需求量就等于几百个中小用户，有时几个大用户会占到营销者总销售额的30%到50%，有的甚至达到80%以上。

企业要选择几个大用户作为目标市场当然很好，但也有风险，一旦用户不需要产品，企业会马上陷入困境。如果企业实力较强，可以同时选择与大小不同的用户打交道，采用不同的营销组合策略，这样既可充分发挥企业潜能，又减少了经营风险。

（4）用户的要求

这是指产品最终用户的要求，是生产者市场细分的基本标准。企业要了解哪些用户可能具有哪些不同的要求。因为，不同的最终用户对产品的规格、功能、价格、型号等会有不同的要求。比如尼龙，美国杜邦公司在第二次世界大战中主要用户是军队，要求以结实、颜色单调为主；而战后转入民用袜子与服装市场，要求轻薄透气、色彩鲜艳；随后又进入包装材料、轮胎、轴承材料市场。由于该公司紧随市场的用户要求，销量一直很好。

上面我们介绍了消费者市场细分和生产者市场细分的几种基本变量。当然，在实际的营销活动中，企业用于细分市场的变量并不止这些。一个企业究竟选用哪些变量作为细分市场的依据，应当仔细分析，匠心独具，视具体情况而定，切忌生搬硬套，搞形式主义。

（二）市场细分的步骤

无论是消费者市场还是产业市场，细分的目的都是识别营销机会。市场细分是一个连续的过程，具体要经过划分细分范围、选择市场细分的依据、筛选细分变量、实施市场调查、评估细分市场、选择目标市场、设计营销策略等步骤。

1. 划分细分范围，就是用定性的方式根据企业的营销目标对市场进行初步细分。应该注意，在此阶段，主要市场的特征应该是显而易见的。企业必须考虑多种因素，其中包括企业的人力、物力、财力，营销活动的目标与任务，当前的行业状况以及今后的发展趋势。

2. 选择市场细分的依据。这个步骤要求管理者具有洞察力、创造力以及营销知识。虽然没有选择细分变量的科学程序，可是成功的细分方案必须符合人口因素（包括性别、年龄、收入等）、心理因素、地理因素、行为因素等。

3. 筛选细分变量。就是对各种细分依据的作用进行分析比较，找出最符合企业营销目标的细分标准。用来定义组群的变量必须是必要的，也就是说，变量一定要能够区分出市场之间的差异。细分变量对市场细分起着重要的作用，如果使用不当，有可能使细分结果与市场的实际情况相差甚远，从而导致营销决策的失误。因此，必须科学合理地权衡比较各种细分变量。

4. 进行市场调查。在进行市场调查之前，企业应该已对市场的基本状况进行初步的数据收集、整理和分析。为了进一步了解细分市场，也为了检测调查的效率，可以安排小规模的市场调查，但是要适度把握投入的费用和时间要求。

5. 评估细分市场，就是根据市场调查的结果，企业对各个子市场进行评价、分析。

6. 选择目标市场。选择目标市场不是细分过程的一部分，却是细分过程的必然结果。它是一个影响甚至经常是决定公司营销组合的主要决策。这个问题将在后面进行详细阐述。

7. 设计营销策略。目标市场确定之后，企业就需要及时制定相应的价格策略、产品策略、渠道策略、促销组合策略。

在以上七个步骤中，不一定每个步骤都要进行，但是，根据市场要求对影响消费者群体的因素加以调查研究。通过市场细分衡量每一个细分市场的经济性及其对企业的价值，继而针对目标市场制定可行的营销策略，是每个企业都忽略不了的。

（三）市场细分方法

市场细分化的标准确定之后，即可按一定的方法进行细分。市场细分的方法很多，现在主要介绍以下几种：

1. 单一因素法。即按影响消费需求的某一个因素来细分市场。如按收入水平的高低来划分服装市场、以年龄来划分儿童用品市场等，这种划分比较简单易行。例如，美同亨氏公司按年龄这一因素把婴儿食品市场划分为：0~3 个月、4~8 个月、9 个月以上等不同的细分市场。

2. 主导因素排列法。当一个细分市场的选择存在多因素时，可以从消费者的特征中寻找和确定主导因素，然后与其他因素有机结合，确定细分目标市场，这种方法叫作主导因素排列法。例如，就青年女性服装市场而言，职业与收入通常是影响服装选择的主导因素。文化、婚姻、气候则居于从属地位，因此，应以职业、收入作为细分青年女性服装市场的主要依据。

3. 综合因素法。即按影响消费需求的两种或两种以上因素进行综合划分。因为顾客实际的需求差别常常极为复杂。消费者的需求很少只受到单一因素的影响，而往往是多种因素共同左右着某种需求。因此，为使细分出的市场更有效，更切合实际，往往需要利用并列多因素的组合作为标准来进行市场细分。只有从多方面去分析、认识才能更准确地把它们细分为不同特点的消费群体。例如，某家具生产企业依据户主年龄、家庭规模及收入水平 3 个因素将家具市场细分为 36（4×3×3）个明显的分市场。如图 7-1所示。

4. 系列因素法。当细分市场所涉及的因素是多项的，但各项因素之间先后有顺序时，可由粗到细、由浅入深、由简至繁、由少到多的顺序逐次进行细分下一阶段的细分，在上一阶段选定的市场中进行。例如，鞋类的市场细分就可以利用系列因素法进行细分。如图 7-2 所示。

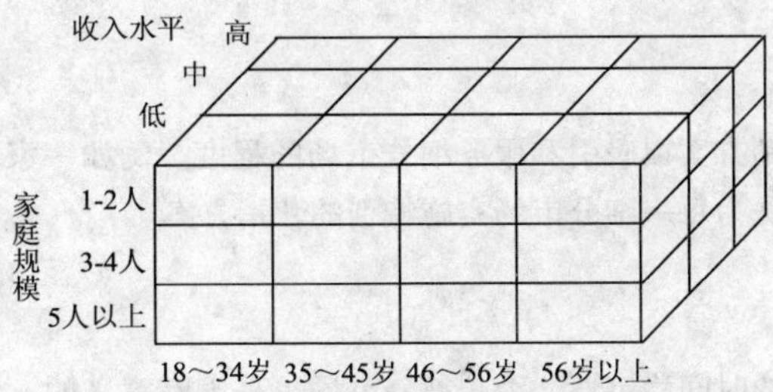

图 7－1　综合因素法细分市场

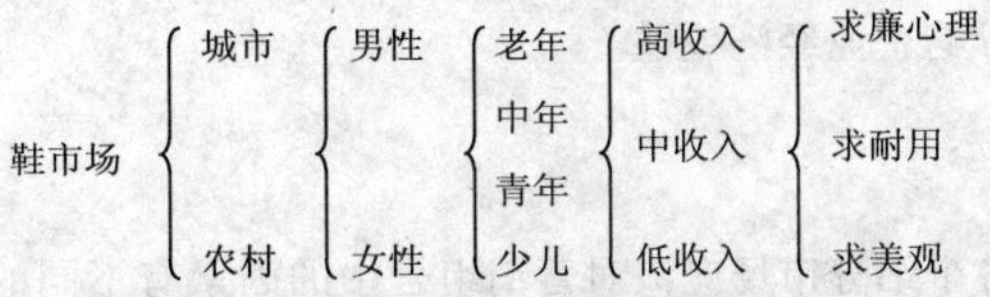

图 7－2　系列因素法细分市场

7.1.3　有效市场细分的特征标准

显然细分市场有许多方法，但是并非所有细分方法都能行之有效。例如，食盐的购买者可分为金发的和浅黑发的。但是，头发的颜色与购买食盐毫不相关。而且，如果所有的食盐购买者每月购买等量的食盐，认为所有盐的质量相同，并愿意付相同的价格，那么企业就不能从细分这个市场中获利。

因此，要想使细分市场充分发挥作用，必须具备如下特点：

（一）可衡量性

它是指用以细分市场的变量必须是可以衡量的，或者说为了将购买者分门别类，划为不同的群体，公司必须能对购买者的特点和需求予以衡量。如果某些细分变量或购买者的特点和需求很难衡量，这个细分市场的大小就很难测定。一些带客观性的变量，如年龄、性别、收入、教育、地理位置、民族和种族等，这些都是易于确定，并且有关它们的信息和统计数字，通过各级统计部门是比较容易获得的。相反，一些带主观性的变量，如心理和性格方面的变量，就比较难以断定。

（二）可进入性

企业的市场营销活动，会受到一定的能力与条件的制约，所以，细分后的市场必须是企业的营销活动可达到的。这主要表现在两个方面：一方面，对细分后的市场，企业能够对消费者施加影响，能够传递产品的信息，进行产品的销售和产品的竞争；另一方面，企业的资源实力确实与细分市场相适应，这才是可以接受的市场。否则，吸引力再大，也只能放弃。

（三）需求足量性（也叫殷实性）

对于企业来说，细分市场的范围应大致可以实行一整套营销方案，使企业可以实现自己的利润目标。这就取决于这个市场是否有足够的、有货币支付能力的潜在购买者，是否存在可以拓展的可能，使企业能够一方面补偿成本，一方面获得利润，获得理想的经济与社会效益。反之，细分市场如果规模过小，范围过窄，需求量不大，进行产品差异化必然导致生产成本与推销费用相应地增长，企业难以取得规模效益，造成市场细分所得的收益不足以补偿所增加的成本与费用，这种细分市场对企业没有实用价值。

（四）可行动性

它是指可以拟订有效营销方案以吸引和服务细分市场的程度。例如一家小航空公司找出七个细分市场，但是因为人手不足，无法为每一细分市场实施特别的营销方案。

（五）相对稳定性

细分后的市场应有相对的时间稳定性，否则细分市场也是没有意义的。细分后的市场能否在一定时间内保持相对稳定，直接关系到企业生产营销的稳定。如果细分后的市场需求变化过快，就会影响企业生产结构、产品组合的稳定，增加企业的经营风险。特别是对大中型企业，由于投资周期长、转产慢，更容易造成经营困难，严重影响企业经济效益。

（六）反应差异性

在比较理想的情况下，各个细分市场应该对营销组合中的因素有不同的反应。如果所有细分后的市场反应均一样，那么就无法采取特殊设计的营销组合，市场细分也就不必要了。例如，有些顾客对价格敏感，但是对商品的外包装则无所谓；有些顾客对产品结实与否要求高，对外观则无所谓。对产品属性变化的反应度是确定市场细分的有效工具，它为企业有针对性地制定营销组合提供可能性。

企业实施市场细分化策略必须具备以上条件，才有可能达到成功而有效的细分。

7.2 目标市场的选择战略

市场细分的目的是为了实行目标市场销售。所谓目标市场，是企业决定要进入或占领的市场。目标市场是市场营销活动中的一个重要概念，为什么要选择目标市场？第一，因为现代企业的一切活动是围绕消费者的需求进行的，必须充分满足消费者的需求，企业才能生存和发展。然而消费者的需求是千差万别的，没有任何一个企业可以满足所有消费者的所有需求，而只能满足市场中一部分特定消费者的需求。企业选定市场中适合企业资源的特定消费者，开发产品为其服务，这样才有助于打开产品的销路，实现经营目标。第二，企业必须根据自身的人、财、物、产、供、销的条件，即根据本企业的市场相对优势选择目标市场，因为并非所有的细分市场对本企业都具有吸引力。第三，各个细分市场之间和各个目标之间互相存在着矛盾，企业必须从经济价值角度对细分市场进行评价，以决定取舍，否则将会造成效率的下降和人力、物力等资源的浪费。由此可知，市场细分并不是企业的最终目的，它显示了企业所面临的市场机会，目标市场选择则是企业通过评价各种市场机会，决定为多少个细分市场服务的重要营销策略。

7.2.1 目标市场的评估与选择

（一）目标市场的评估

目标市场决策的第一步是对各细分市场进行分析评估。企业在市场细分后根据目标市场选取的原则，从众多细分市场中挑选出作为其营销服务对象的子市场群即为目标市场。目标市场的形成必须具备以下几个条件：

1. 有一定的规模和较好的发展前景

第一，有充足的购买力，能够达到企业预计的销售额。理想的目标市场应具有适当的规模与之匹配。这里所谓的适当规模是一个相对的概念。大企业实力强，可以在规模大的市场上营销自如，小企业资源有限，无法在大市场中有效营销，故与之最匹配的是一些中、小规模的市场。

第二，有较高的市场增长率，即有充足的发展潜力。

2. 有足够的结构性吸引力

仅有一定的规模和发展潜力，还不能成为理想的目标市场，理想的目标市场必须具备长期盈利性。市场的长期盈利性取决于它的结构性吸引力。影响市场结构性吸引力的因素包括：行业竞争者、潜在进入者、替代者、购买者和供应者。如果一个细分市场上已有很多实力雄厚的竞争者，则该子市场的吸引力下降；如果该市场的进入障碍很低，潜在进入者的入门费用不高，那么，该子市场的吸引力下降；替代品的价格越有吸引力，企业在该市场增加盈利的可能性被限制得越紧，从而使该子市场的吸引力下降。购买者和供应者对细分市场吸引力的影响体现在溢价能力上，对企业价格的上调造成强大的压力，使企业无法取得高盈利。购买者的压价能力越强，或者现有供应者有能力降低所供产品和服务成本，而维持原有价格水平不动，那么该细分市场的吸引力也会降低。在企业选择目标市场时，对每一细分市场的结构性吸引力都要认真的估算，当子市场的结构性吸引力足够大时，才能入围目标市场，否则，企业很难达到预计的长期盈利水平。

3. 符合企业的目标和能力

理想的目标市场，还必须符合企业的长期目标，以及与企业的能力相匹配。某些子市场或许有较大吸引力，但与企业的目标不一致，因而，只有放弃。同时，企业还必须考虑自身是否拥有在该市场成功所需的技术和资源。另外，与竞争者相比还要拥有相对竞争优势，并在营销中使之得以巩固和发展。

一个细分市场只有同时具备以上三个条件，才能变成企业的目标市场。

（二）目标市场的选择

1. 目标市场的选择标准

市场细分向企业展示了许多细分市场的机会，使企业可以对众多的细分市场进行评估，从中选择一个或数个作为自己的目标市场，评估选择不同的细分市场可以从以下三个方面进行。

（1）市场规模与增长率

第一个企业要回答的问题是潜在细分市场的合理规模与增长特征。细分市场的合理规模是相对而言的：大企业选择具有较大销售量的细分市场，避免进入小的细分市场；而小企业则可能避免进入大市场，因为这需要大量的经营资源。一个细分市场的规模决定了一个特定企业是否值得进入。

也许某个细分市场目前规模较小，但是可能随着某些因素的变化，有着较大的高速增长的可能，这种市场也许是值得进入的。这影响因素有产业发展、经济的健康高速发展、消费观念的变化、收入的增加、政策的变化等。另外，细分市场规模的扩大也符合企业不断增加销售量与利润的要求。当然，竞争对手也会跻入增长率高的市场，争夺一分利润。

（2）市场竞争特性

一个规模大、增长潜力高的细分市场也许对企业来说缺乏盈利的潜力。美国哈佛大学教授波特认为，一个市场的长期盈利前景取决于市场中五种竞争势力的相互运动。这五种竞争势力是细分市场中的竞争对手、替代产品、潜在的进入竞争者、供应者和购买者。市场中竞争对手直接对抗的激烈程度表明了该市场竞争的强度状况。一般来说，成熟市场的竞争必然非常激烈，因为市场这块蛋糕已难以做大，各竞争企业为了保持已经占有的市场份额，或不至于被逐出市场而全力竞争，竞争手段层出不穷，高昂的竞争成本使行业平均利润下降。规模大、吸引力强的市场一定是竞争比较激烈的市场，企业选择这样的市场要充分考虑自身的实力。

如果一个市场新的涉入者带着新的生产能力和竞争要素很容易进入竞争，那么这种市场的吸引力不被看好。一般企业进入一个难以筑起进入障碍的市场是危险的，因为这容易招致竞争者进入而使竞争加剧，收益下降。这些进入障碍主要有规模经济、经验曲线、产品差异性、资本需求、营销投入强度和买方转换成本等。一个企业抢先进入一个市场，树立起良好的品牌美誉度，与最好的中间商和零售商建立起直接的销售渠道关系，这就形成了有利的市场竞争地位，对其他企业来说就是一个非常高的进入障碍。像格兰仕微波炉，以规模化生产的经济性、压低的微波炉市场销售价格，使一大批企业被迫退出市场，也使有意进入市场的企业打消了念头。企业退出障碍也是一个方面，退出障碍主要指企业离开市场的代价与风险。一个进入障碍高而退出障碍低的市场是最具吸引力的，因为一则能阻挡竞争对手的涉入，二则在企业经营不理想时可以容易地离开。如图 7－3 所示。

进入障碍 \ 退出障碍	低	高
低	稳定但收益低	高风险、低收益
高	稳定且高收益	高风险、高收益

图 7－3　障碍与收益

就一个市场来说，实际的和潜在的替代产品的存在将是一个有力的竞争势力。例如，在软饮料市场经营方面，企业会受到果汁、牛奶、咖啡、茶等产品生产企业的替代竞争。替代品将限定企业所生产销售产品的潜在价格与利润，引起产品市场销售额的下降。企业如果在这样的市场竞争，就必须考虑如何提高不同产品间的转换成本，从而减少替代品的攻击力。

在一个细分市场中，如果产品购买方拥有较高的讨价还价能力，那么这种细分市场就缺乏吸引力。例如，当购买方少但每家购买量大；产品标准化，不同生产企业的产品之间无明显差异；购买方选用替代品转换成本低；购买方分散购买比只从一家购买更有利更经济时，企业将处在极为不利的地位，选择这样的细分市场作为目标市场在经营上是比较困难的，企业必须寻找降低购买方讨价还价能力的途径来提高市场稳定性和利润性。例如，形成一定程度的短缺以降低购买方对产品质量、价格、售后服务或其他方面的敏感性，消除不利影响。

同样，在一个细分市场中，如果产品供应方拥有较高的讨价还价能力，那么这种细分市场也是缺乏吸引力的。例如，当产品供应由几家企业提供、无合适替代产品的存在、购买方不是供应方的主要客户或购买方转换成本很高时，供应方就会在产品价格、质量、交货期等方面主动性很强，这会给企业带来压力。如果企业进入这样的市场经营则应该注意与多家供应商建立关系，或者与供应商建立互赢互惠的关系。

（3）与企业目标和资源的相容性

一个细分市场尽管可能是规模足够大、增长潜力好、竞争结构具有吸引力，但也不一定就是企业必须选定的目标市场。企业还应该考虑自身的目标在这细分市场中能否有效地实现，自身的资源与能力是否具备进入这一细分市场的条件。目前吸引力大的市场也许并不符合企业的长远目标的实现，而与企业目标相符的细分市场也许与企业现有资源相容性不好。例如，企业进入一个细分市场，需要新建原材料的供应渠道，机器设备需要重新装备或更新，工人需要培训，技术人员需学习，原有的销售渠道不能很好地利用，也没有可利用的品牌资产。显然，这样的细分市场企业是不值得进入的，除非有其他战略目的。企业应该选择自己具备竞争优势，能为消费者提供超值产品的细分市场。

很少有各方向的标准均满足的目标市场。选择目标市场的过程常常是一个各方利益的权衡过程。企业应该从上述标准出发，结合企业目标与营销战略，以及长远发展的方向，从中选择。在目标市场的选择权衡中，下面一些方面是值得考虑的：

（1）目标市场的选择能对企业现在和未来产品的适销对路有利。对未来发展有利，至少不是一个包袱。

（2）能充分发挥企业自己特有的竞争优势。

（3）对企业其他市场有积极的正面影响。

（4）具有良好的区位优势。

（5）有助于强化企业形象与声誉，如日本某公司在产品目录中最前面是汽轮机产品，但该产品是不赚钱的，企业主要是出于形象与技术能力方面的考虑。因为，汽轮机制造技术要求很高，能够生产表明企业具备了较高的技术能力。

2. 目标市场的选择方式

通过评估不同的细分市场，企业可以从中选择为之服务的目标市场。然而，选择多少细分市场作为目标市场是企业所要做出决定的。企业可以考虑五种不同的选择方式，如图7－4所示。

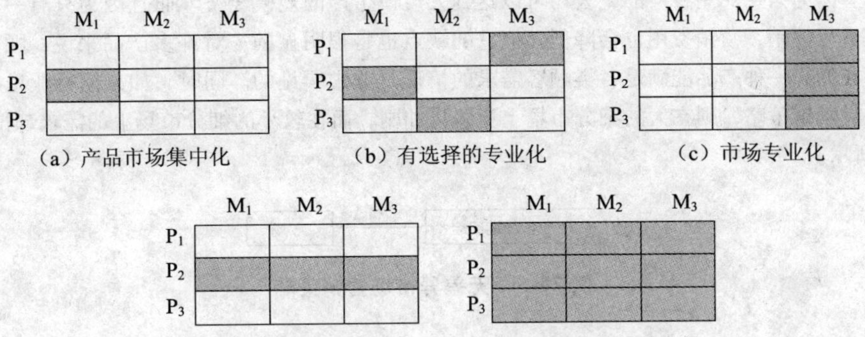

图7－4 五种目标市场选择方式

（1）产品市场集中化

企业选择单一细分市场作为目标市场，如某服装专卖店集中于高档西服的销售，儿童美术出版社集中于儿童美术方面的书籍出版。这种选择通过集中市场营销可以比较深入地了解该市场的欲望与要求，提供专业化的产品与服务，赢得较高的形象与商誉。这种营销做法比较适合中小企业，对他们来说，与其把有限的资源与能力投向不同的细分市场广种薄收，还不如集中于一个最有利的细分市场精耕细作以获高产。但是，集中于单一市场的做法有着较高的市场风险。一旦出现消费倾向或消费观念的变化，企业将面临销售下降的风险，甚至招致经营失败。因此，不少企业出于市场风险的考虑，选择多个细分市场，以分散市场风险。

（2）有选择的专业化

采用此法选择若干个细分市场，其中每个细分市场在客观上都有吸引力，并且符合公司的目标和资源。但在各细分市场之间很少有或者根本没有任何联系，然而每个细分市场都有可能盈利。这种多细分市场目标优于单细分市场目标，因为这样可以分散公司的风险，即使某个细分市场失去吸引力，公司仍可继续在其他细分市场获取利润。

（3）市场专业化

这里企业努力满足特定消费者群体的许多不同的需求，为他们提供不同的产品，例如，化学试剂经销商向大学和科研实验室提供各种试剂。这种专门化的经营可以赢得较高的声誉。

（4）产品专业化

即向不同的细分市场提供特定的产品。例如，ATS向不同的顾客提供不同型号个人计算机，但不生产其他计算机产品。这种策略也可以使公司享有很高的声誉。

（5）选择全部细分市场

即企业选择所有的细分市场，为不同的市场提供不同的产品。这只有大企业才有能力采取覆盖全部细分市场的营销策略。例如，可口可乐公司对饮料市场，通用汽车公司对汽车市场。

7.2.2 三种基本目标市场策略

根据企业选择目标市场的方法，可以将企业的目标市场营销策略分为三类，即无差异市场营销策略、差异化市场营销策略和集中市场营销策略。

（一）无差异市场营销策略

即企业把可能需要某一类产品的客户看做一个统一的目标市场，制定标准化的营销组合方案，它只考虑市场需求的共性，而不考虑任何单一细分市场需求的特殊性。这种策略的优点是可以节省很多生产和营销成本。因为只生产一种产品，公司可以达到大规模生产的规模经济。而且因为只有一种产品通过单一的渠道进行促销，营销费用也会降低。但它的缺点也是很明显的。对许多产品来说，顾客的需求差异是客观存在的，一种产品能满足各类顾客需求的情形是非常罕见的。同时，如果同行业里有多家企业都采取无差异营销策略，则在大的细分市场上竞争将加剧，而在较小的细分市场上的需求却得不到满足。如图 7-5 所示。

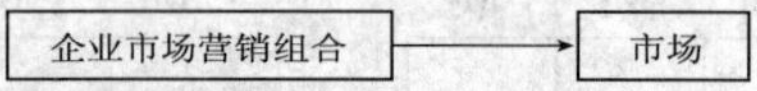

图 7-5　无差异市场营销策略

（二）差异化市场营销策略

即企业把一类产品的整体市场划分为若干细分市场，并为选定的若干细分市场制定和实施不同的营销组合方案。实行差异营销，经由多样化的生产线来进行生产、通过多样化的渠道来进行销售，能够更好地满足各个细分市场的不同需求，因而通常都能使总销售额增加，这是差异营销的优点。它的缺点是会增加成本，主要增加产品改进成本、生产成本、管理成本、存货成本和促销成本。实行差异营销在使销售额上升的同时也使成本增加，这说明企业在进行市场细分时应注意掌握规模性的原则，而不能过度细分。如果企业在营销过程中发现对市场进行了过度细分，就应该进行“反细分”即将有的细分市场予以合并，以扩大有关细分市场的容量，以较少的产品品种来满足更多的顾客群的需求。如图 7-6 所示。

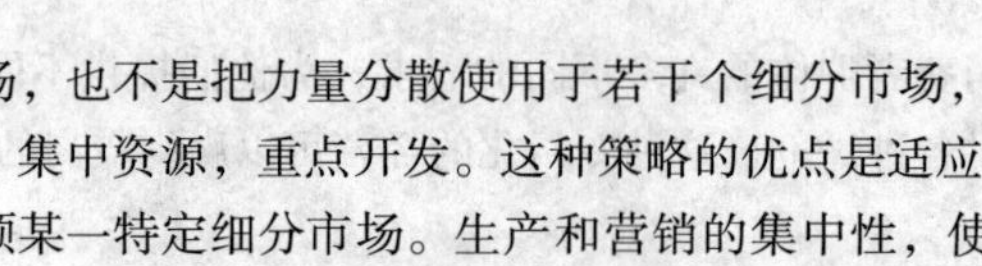

图 7-6　差异化市场营销策略

（三）集中市场营销策略

即企业不是面向整体市场，也不是把力量分散使用于若干个细分市场，而只精心选择一个或极少数几个细分市场作为目标市场，集中资源，重点开发。这种策略的优点是适应了本企业资源有限这一特点，可以集中力量迅速进入和占领某一特定细分市场。生产和营销的集中性，使企业经营成本降低。但是由于企业经营的市场范围很小，当这些细分市场的营销环境发生重大变化，如有强大的竞争者进入该细分市场或顾客需求发生变化时，会给企业的经营活动造成不利影响，甚至可能使企业无法继续经营下去。因此，实行集中营销时，企业要密切关注营销环境的变化，加强风险意识，并在具有一定实力时扩大市场范围，以分散经营风险。如图 7-7 所示。

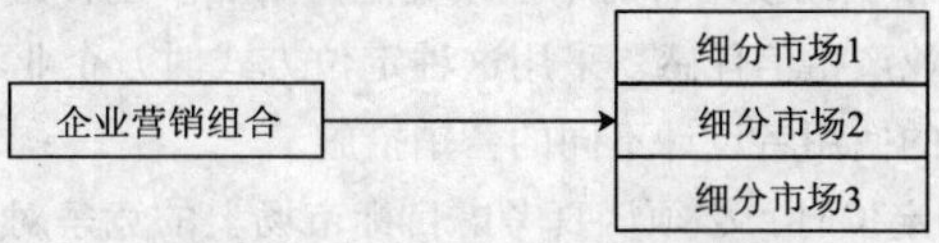

图7－7 集中市场营销策略

7.3 市场定位战略

在企业选定目标市场之后，就要在该市场进行企业与产品的市场定位。但是，通常的情况是市场已经有竞争者占领，企业为了能在市场上战胜竞争者，必须了解竞争者，使自己的战略计划与众不同，以优质的产品与服务作为进入目标市场的市场定位。这是企业市场营销战略体系中的重要组成部分，关系到企业与产品在消费者心目中的地位。

7.3.1 市场定位的概念与依据

（一）市场定位的概念

市场定位一词最早可以追溯到莱斯和晁特于1972年在《广告年代》杂志刊登的系列文章《定位的纪元》，两位作者在1981年出版的经典著作《定位：争宠的战役》中又对此概念进行了更精辟的论述。他们指出："定位是在拥挤的市场上与目标客户进行沟通的工具。" 近年来，市场定位的概念受到了企业界的高度重视，各种市场定位的策略应运而生。

所谓市场定位，就是企业根据竞争者现有产品在市场上所处的位置，针对顾客对该类产品某些特征或属性的重视程度，为本企业产品塑造与众不同的，给人印象鲜明的形象，并将这种形象生动地传递给顾客，从而使该产品在市场上确定适当的位置。

（二）市场定位的依据

实施市场定位关键是要选定本企业商品的特色和独立形象。商品的特色和独立形象，可以从商品实体上表现出来，如形状、成分、构造、性能等；也可以从消费者心理上反映出来，如豪华、朴素、时髦、典雅等；还可以从价格水平、质量水准等上体现。因此在具体实施市场定位时，企业可使用很多依据进行定位，如下所述：

1. 属性定位。产品属性包括制造该产品时采用的技术、设备、生产流程及产品的功能等，也包括与该产品有关的原料、产地、历史等因素。当企业的某种或几种属性是竞争对手的产品所没有的或是竞争对手无暇顾及而没有予以强调的，企业就应强调产品的这些特性，这时采用按产品属性定性的策略往往容易奏效。

2. 利益定位。这里的利益包括顾客购买产品时追求的利益和购买企业产品时能获得的附加利益。如可止血脱敏牙膏，就是根据为顾客提供利益来进行产品定位的。

3. 质量—价格定位。按产品的质量—价格定位有几种情况：第一种情况是强调质量—价格相符。在企业产品价格与同类产品相比更高的情况下，企业总是强调产品具有高质量，一分钱一分货，以此说服顾客支付更多的钱来购买企业的产品。对质量较低的产品，销售人员又会向顾客指出用如此低的价格能买到这种产品是值得的。第二种情况是质高价低。作为一种竞争手段，一些企业采用质高价低的定位方式，以加速市场渗透，提高市场占有率。

4. 使用场合及用途定位。如在夏天防晒霜被定位于防止紫外线将皮肤晒黑晒伤；而在冬天，保持和补充水分的润肤霜则被定位为防止皮肤干燥。

5. 使用者定位。这种定位依据以使用者的个性或类型为中心。这种定位方式能在一定程度上满足顾客的心理需求，促进顾客对企业产生信任感。采用这种定位方式时，企业不但要推出适应不同使用者需求的不同产品，还要针对不同的使用者设计不同的营销措施。

6. 竞争对手定位。在市场定位时，必须认真考虑目标市场上的竞争对手，要针对竞争对手的定位来进行定位。根据实力的对比，企业不一定要针锋相对，避实就虚也是一条生产发展的途径。

7. 竞争战略定位。按照企业在目标市场上可以采取的竞争策略进行定位。

事实上，许多企业进行市场定位的依据，往往不是一个，而是多个结合使用。因为作为市场定位体现的企业及其产品形象，必须是多维的，应当是一个多侧面的主体。

7.3.2 市场定位战略的选择和执行

（一）市场定位战略的选择

企业实行市场定位战略可以有多方面选择。概括起来，以下四方面的定位战略尤为重要。

1. 产品差别化战略

这一战略主要是从产品特征、产品质量及其产品款式、产品设计等方面实现差别化战略。

寻求产品特征是产品差别化战略经常使用的手段。在全球通信产品市场上，摩托罗拉、诺基亚、西门子、飞利浦等全球化竞争对手通过实行强有力的技术领先战略，在手机、IP 电话等产品领域不断地为自己的产品注入新的特性，走在市场的前列，以此吸引顾客，赢得竞争优势。实践证明，某些产业特别是高新技术产业，产品的创新特征就是十分有效的竞争优势。

产品质量是指产品的有效性、耐用性和可靠程度等。譬如，A 品牌的止痛片比 B 品牌疗效更好，副作用更小。顾客通常会选择 A 品牌。但是，这里又带来新的问题，是否质量、价格、利润三者完全呈正比例关系呢？一项研究表明，产品质量与投资报酬间存在着高度相关性，即高质量产品的盈利率高于低质量和一般质量的产品。但质量超过一定的限度，顾客需求开始递减。显然，顾客认为过高的质量，需要支付超出其质量需求的额外的价值（即使在没有让顾客付出相应价格的情况下可能也是如此）。

产品款式是产品差别化的一个有效工具。产品款式，即产品特有的式样，在汽车、服装、房屋等产品形式上尤为重要。如日本本田汽车公司在汽车款式上每年都有所改变，特别赢得了年轻人的青睐。正如日本汽车行业中流传的这样一句话："丰田的安装，本田的外形，日产的价格，三菱的发动机。"这句话道破了日本四家主要汽车公司的核心专长。"本田"外形设计优美时尚，颇受年轻消费者的喜欢；"日产"汽车出售时经常打折优惠，而且有时折扣高达 20%；"三菱"发动机马力强劲，不由使人联想起"三菱重工"。

产品设计是一个综合性的因素。上述几种差异化战略很大程度上都取决于设计。产品设计者应尽可能将企业核心竞争力体现在产品设计中。如前所述，日本的丰田、本田、日产、三菱四大汽车公司正是通过全方位的产品设计体现其核心竞争优势的。

2. 服务差别化战略

这种战略的核心是如何把服务融入产品中。需要强调的一点是，开展各种服务有助于改善企业与顾客关系。一方面，企业的竞争力越能体现在为顾客服务水平上，服务能力越强，市场差别化就越容易实现。如果企业把服务要素融入产品的支撑体系，那就可以在许多领域建立"进入障碍"。因为，服务差别化战略不仅能使制造商实现差别化，增加产品上顾客的价值，而且还可以击败竞争对手，保持牢固的与顾客的关系。另一方面，服务差别战略能够成为企业进入市场削弱其他服务供应者的有力工具。服务战略在各种市场状况下都有驰骋的天地，尤其在产品饱和的市场更为奏效。其中对于技术精密的产品，如汽车、计算机等产品效果更为明显。

强调服务战略并没有贬低技术质量战略的重要作用。这种战略在工业品的制造商中曾被广泛地采用。

如果产品或服务中的技术占据了价值的主要部分，这种战略是行之有效的。但是，如果竞争者之间技术差别较小，这种战略作用的空间也较小。一旦众多厂商掌握了相似技术，技术领先就难在市场上有所作为。凯瑟（1998）对顾客更换供应商的原因做了研究，发现68%的顾客是由于销售人员态度冷漠而更换供应商，对产品质量的不满意更换供应商的顾客只占14%。克莱斯勒公司董事长李·艾科卡在《幸福》杂志的一则广告中做出以下结论："只有拥有最先进的分销系统和最优良服务的公司才能尝到胜利的滋味——因为你在其他方面无法长时期地占据领先地位。"CIGNA财团总裁卡莱伯·L. 福雷也讲道："我们依靠生产服务质量取胜。"由此可见，技术质量确实有一定的重要性，但是技术领先战略实施难度较大，费用昂贵。因此，高技术质量虽仍是制胜之道，但不是成功的唯一要素。

运用服务差别战略只不过是把战略的思考和管理决策的重心放在服务上。换句话说，企业的核心能力就是服务。竞争优势是依靠各种服务和与顾客关系的各种要素而确立的。

3. 人员差别化战略

企业可以通过聘用和培训比竞争者更为优秀的人员，以获取人员差别的竞争优势。实践早已证明，市场竞争归根到底是人才的竞争。日本航空公司多年来一直在"北京—东京—夏威夷"这条航线上，与美国最大的航空公司"联航"以及韩国的"韩航"展开激烈的竞争。美国"联航"的规模实力与硬件设备几乎无与伦比，韩航的价格比"联航"低30%，而日航则以整合的优良服务，从入关、空中服务到出关，赢得了各国旅客的赞美，凡乘坐过此航线班机的旅客，很难再选择其他航空公司。日航优良服务的根基在于它们有一支训练有素的从机长到空中小姐的航空员工队伍。又如美国宝洁公司在中国年销售额已达14亿元人民币，它们的销售业绩与公司世界第一流的人才培训不能说没有直接的关系。

一个受过良好训练的员工应具有以下基本的素质和能力：

（1）能力。员工应具有有关产品的知识和技能。

（2）礼貌。友好对待顾客，尊重和善于体谅他人。

（3）诚实。使人感到坦诚和可以信赖。

（4）可靠。强烈的责任心，并准确无误地完成工作。

（5）反应敏锐。对顾客的要求和困难能迅速做出反应。

（6）善于交流。员工应尽力去了解顾客，并将有关信息准确地传达给顾客。

4. 形象差别化战略

即使产品的核心部分与竞争者类同，购买者依然可以根据产品的形象做出选择。众所周知，在香烟市场上，形象广告占主导地位，"万宝路"在世界烟草市场获取了约30%的市场份额，广告设计的"西部牛仔"形象起了很大的作用。

为企业或产品成功地塑造形象，需要具有创造性的思维和设计。任何品牌，都不可能在一夜之间便在公众头脑中树立起形象，也不能仅靠一种媒体进行传播，形象的建立必须利用企业所能利用的所有传播工具，而且要持续不断。一些著名的全球化公司为在国际市场上赢得持久的竞争力，将公司所追求的目标与形象设计成言简意赅、易于记忆的口号。如美国IBM公司的口号："IBM就是服务。"

具有创意的标志与融入某一文化的气氛，也是实现形象差别化的重要途径。"麦当劳"的金色模型"M"标志，与其独特的文化气氛相融合，使人们无论在美国纽约，还是日本东京或中国北京，只要一见到这个金色模型"M"，马上会联想到麦当劳舒适宽敞的店堂、优质的服务和新鲜可口的汉堡、薯条。

（二）市场定位战略的执行

市场定位战略的执行可以分为以下五个步骤：

1. 选择竞争优势

企业通过与竞争者在产品、促销、成本、服务等方面的对比分析，了解自己产品的长处和短处，从而认定自己的竞争优势；通过了解竞争产品的特色，确认本企业可以提供的产品、服务、个性化差异及消费者对产品各种属性的重视程度，分析本企业的竞争优势所在，以便进行恰当的市场定位。

例如，某冰箱制造商通过市场调查，了解到顾客对此产品最关注的是价格和质量。而市场上已出现四个厂家提供的产品，它们的市场定位各不相同。竞争者A生产高质量高价格的200升电冰箱；B生产的是中质量和中价格的200升电冰箱；C生产低质量低价格的200升电冰箱；D生产低质量高价格的200升电冰箱。可见市场还有很大的空白。

2. 初步确定定位方案

根据市场状况，该企业有两种选择：第一种选择是定位于A附近。与A争夺顾客，这需具备以下四个条件：①企业可以生产出比竞争对手A更好的产品。②市场容量大，可以容纳两个以上的竞争者。③本企业拥有比A更多的资源。④这样定位与本企业的信誉和特长相适应。

第二种选择是把本企业产品定位于左上角空白处（见图7－8），即高质量低价格。这样定位必须具备以下三个条件：①企业有生产高质量冰箱的技术。②以低价格出售产品仍能盈利。③能使顾客相信本企业的产品确实能与竞争者A的产品相媲美。

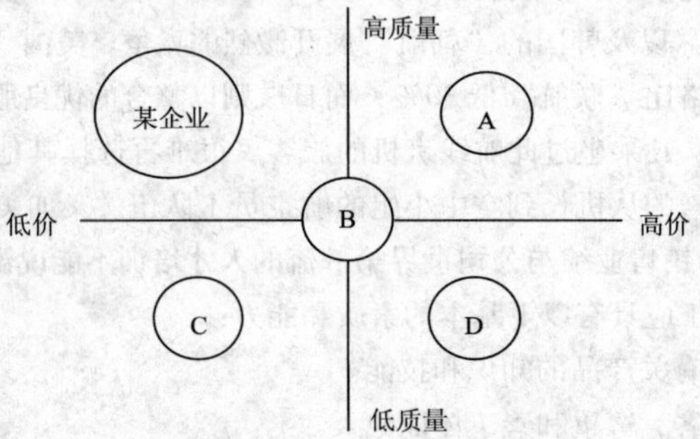

图7－8　企业产品的市场定位

3. 修正定位方案

初步定位完成后，企业应在定位市场上再次进行调查和试销活动，如果发现偏差应立即纠正。这样做主要是确保企业的市场定位得到消费者的认可。

4. 再定位

如果初步定位正确，在市场上销售的同时，要注意市场环境的动态变化，随时准备对产品进行再定位，即重新定位。

5. 准确传播企业的市场定位观念

企业在做出定位决策后，还必须大力开展广告宣传，把企业的定位观念准确地传播给潜在的顾客。

另外，企业在产品定位过程中还应避免出现以下四种错误：第一种是定位过低，人们没有认识到企业的独特之处；第二是定位过高，这也使人们不能正确了解企业；第三是定位混乱，这与企业推出的定位差异过多或定位变化频繁有关；第四是定位的真实性存在问题，导致人们对企业的定位产生怀疑。

由上可见，定位并不是管理者主观的意愿所能决定的，而是要通过研究竞争形势、市场环境、自身状况等因素。根据消费者对定位的认识与反映，结合自己的优势，体现自己产品的特色，最后把自身优势与市场需求结合起来，完成定位。

【小结】

市场细分，就是企业通过市场调研，根据消费者明显的不同特性，把整体市场分割为两个或更多的子市场，每个子市场都是由需要与欲望大致相同的消费者群组成，即按照购买者的需要和欲望、购买态度、购买实践等不同变量，把一个市场分为若干个不同的购买者群体的行为，从而确定目标市场。其中每一个有着相似的需求倾向的购买者群，就是一个细分市场。

市场细分的作用：发现最好的市场机会；掌握目标市场的特点；制订和调整市场营销组合策略；提高企业经济效益。

市场细分的依据分为：消费者市场细分的依据和生产者市场细分的依据。

市场细分要经过明确细分方向、选择市场细分的依据、筛选细分变量、实施市场调查、评估细分市场、选择目标市场、设计营销策略等步骤。

市场细分方法包括：单一因素法、主导因素排列法、综合因素法和系列因素法。

市场细分的特征标准：可衡量性、可进入性、需求足量性、可行动性、相对稳定性和反应差异性。

目标市场的形成必须具备的条件：有一定的规模和较好的发展前景；有足够的结构性吸引力；符合企业的目标和能力。

目标市场的选择标准可以从以下三个方面进行：市场规模与增长率、市场竞争特性和与企业目标和资源的相容性。

目标市场的选择方式有：集中于单一细分市场、选择不同的多个细分市场、市场专业化、产品专业化和选择全部细分市场。

目标市场营销策略分为三类，即无差异市场营销策略、差异化市场营销策略和集中市场营销策略。

市场定位，就是根据目标市场上消费者的实际期望、竞争状况，结合企业自身条件，运用适当的营销组合确定企业、产品和品牌在目标市场上的地位，目的是以最有效的方式利用内外资源，达到收益的最大化。

市场定位的依据包括：属性定位、利益定位、质量—价格定位、使用场合及用途定位、使用者定位、竞争对手定位和竞争战略定位。

市场定位战略的选择：产品差别化战略、服务差别化战略、人员差别化战略和形象差别化战略。

市场定位战略的执行可以分为五个步骤：选择竞争优势、初步确定定位方案、修正定位方案、再定位和准确传播企业的市场定位观念。

【关键术语】

市场细分（Market Segmentation）
目标市场（Aim Market）
集中于单一细分市场（Concentrated in a Single Segment）
选择不同的多个细分市场（Choose a Number of Different Market Segments）
无差异市场营销策略（No difference in Marketing Strategy）
差异化市场营销策略（Differentiated Marketing Strategy）
集中市场营销策略（Concentrated Marketing Strategy）
市场定位（Market Positioning）
产品差别化战略（Product Differentiation Strategy）
服务差别化战略（Service Differentiation Strategies）
人员差别化战略（Personnel Differentiation Strategy）
形象差别化战略（The image of a Differentiated Strategy）

【知识链接】

[1] 高家宝. 大地新材料股份有限公司市场营销策略研究 [D]. 大连理工大学，2010.
[2] 孟亮. 市场营销策划 [M]. 北京：人民邮电出版社，2012.
[3] [美] 菲利普·科特勒等. 营销管理 [M]. 王永贵等译. 上海：格致出版社，2012.

[4] 欧亚. 市场营销 [M]. 北京：机械工业出版社，2012.

[5] 史有春，耿修林，张永健. 市场细分新范式：基于两类不同产品的实证研究 [J]. 南开管理评论，2010 (03).

[6] 李春波. 如何运用市场细分发现有效市场机会 [J]. 现代经济信息，2010 (13).

[7] 应晓惠. 关系营销下的市场细分研究 [J]. 现代商业，2010 (21).

[8] 舒萍. 企业目标市场的选择 [J]. 新疆有色金属，2011 (03).

[9] 胡金. 从细分市场里找商机 [J]. 现代家电，2012 (15).

[10] 唐细语. 刍议中小企业市场细分策略研究 [J]. 生产力研究，2010 (6).

[11] 甘文斌，李健. 浅论营销过程中的市场细分 [J]. 现代营销（学苑版），2012 (9).

[12] 高应军. 浅析旅游市场的细分问题 [J]. 湖北广播电视大学学报，2012 (8).

【案例分析】

资生堂细分“岁月”

日本的化妆品，首推资生堂。近年来，它连续名列日本各化妆品公司榜首。资生堂之所以长盛不衰，与其独具特色的营销策略密不可分。

独创品牌分生策略

与一般化妆品公司不同，资生堂对其公司品牌的管理采取所谓品牌分生策略。该公司以主要品牌为准，对每一品牌设立一个独立的子公司。这样，每个子公司可以针对这一品牌目标顾客的不同情况，制定独立的产品价格、促销策略；同时，公司内部品牌与品牌之间、子公司与子公司之间也要进行激烈竞争。例如，20 世纪 90 年代初，该公司推出了以年龄在二十岁左右、购买能力较低、对知名品牌敬而远之，对默默无闻的品牌能自主选择的女性为目标顾客，推出“ettusais”系列化妆品。该品牌的营销管理就比较特别。他们在东京银座一楼专卖“ettusais”系列品的商店中，陈列的品种达 30 多种，顾客可以当场试用，且价格也较低。考虑到目标顾客的思想行为特点，他们在“ettusais”系列化妆品包装上一律不写资生堂的名字，让人不易觉察这是大名鼎鼎的资生堂产品。通常，一般店铺中，顾客一上门，售货员就会做一大串说明，而资生堂 ettusais 店则规定，除非顾客主动询问，售货员绝不能对其进行干扰，应为这些年轻女性创造一种能完全独立自主挑选的购物气氛。

体贴不同岁月的脸

20 世纪 80 年代以前，资生堂实行的是一种不对顾客进行细分的大众营销策略，即希望自己的每种化妆品对所有的顾客都适用。80 年代中期，资生堂因此遭到重大挫折，市场占有率下降。1987 年，公司经过认真反省以后，决定由原来的无差异的大众营销转向个别营销，即对不同顾客采取不同营销策略，资生堂提出的口号便是“体贴不同岁月的脸”。他们对不同年龄阶段的顾客提供不同品牌的化妆品。为十几岁少女提供的是 RECIENTE 系列，二十岁左右的是 ettusais，四五十岁的中年妇女则有长生不老 ELIXIR，五十岁以上的妇女则可以用防止肌肤老化的资生堂返老还童 RIVITAL 系列。

资生堂不像一般的化妆品公司那样，对零售商有较大的依赖，它有自己独立的销售渠道，旗下专卖店（柜）达 25000 多家。为配合产品销售，资生堂又推行了“品牌店铺”策略，即结合各品牌的具体情况，在每一专卖店（柜）中只集中销售一种或几种品牌。例如在学校、游乐场、电影院附近年轻人较多的地方，设立 RECIEN 系列专卖店，在老年人出入较多的地方则设立 RIVITAL 专卖店。为使其对市场的细分达到最彻底的程度，资生堂制订的战略是，未来旗下的每一家店铺只出售一种品牌的资生堂产品。

CL 店构想

资生堂还对化妆品市场进行了调查和研究，发现一般消费者不仅需要化妆品公司提供高质量的产品，更需要他们提供高水平的美容咨询服务，于是提出了 CL 店构想。资生堂强调其旗下各专卖店（柜）的销售人员必须有较强的咨询能力（couseling 即 CL），能把化妆品店变成美容咨询室，为入店顾客提供各种咨询服务。为此，资生堂积极对其员工进行培训，目标是使每个销售人员都成为“美容专家”。每年资生堂要举行六期美容 CL 的研讨会，以传授商店美容咨询的秘诀。

战略营销管理

资生堂是日本最早进行战略营销管理的企业之一，内部有专门的战略营销研究机构——资生堂营销战略室。这个研究室的主要任务便是对资生堂的外部营销环境、行业竞争态势做出判断，制订中长期的企业营销策略，并负责实施这些战略。此外，资生堂还在日本全国各地聘请了35位高级营销顾问，每年在资生堂总部集中几次，研讨国内外化妆品市场动向，检讨资生堂在战略管理中的问题。技高一筹的战略营销管理使资生堂在激烈的市场竞争中始终能领先一步。

（摘自《销售与市场》）

思考题

1. 资生堂是如何进行市场细分的？其品牌分生策略其实是属于哪种目标市场营销战略？
2. 资生堂的目标市场战略有何独特之处？
3. 企业在营销的过程中要如何更有效更正确地选择企业的目标市场？

第三篇

CHAPTER 3

市场营销管理组合策略

第 8 章 产品策略

【本章知识要点】

知识要点	掌握程度	相关知识
市场营销组合策略	了解	市场营销组合概念、基本决策构架、特点、实践意义
产品与产品生命周期	熟悉	产品分类与产品整体概念、产品生命周期相关知识
产品组合策略	掌握	产品组合的基本概念、策略类型、评价方法
品牌与包装策略	掌握	品牌基本概念、品牌策略、产品包装的含义、作用、包装策略
新产品开发与推广策略	掌握	新产品概念与类型、新产品开发的原则与程序、新产品的市场推广

【本章技能要点】

技能要点	掌握程度	应用方向
产品与产品生命周期	熟悉	熟悉产品与产品的生命周期，可以有效地把握企业产品正处于哪一阶段，从而制定出相应的产品策略
产品组合策略	掌握	从产品生命周期可以看到，每一种产品都有走向衰退的可能，因此，企业不能仅仅经营一种产品，要同时经营多种产品才有可能在竞争中立于不败之地。产品组合策略就是为企业多种产品组合服务的
品牌与包装策略	掌握	企业有了产品，如何能够将产品以一个完整的、深入人心的形象展现到消费者面前，就要靠品牌与包装策略
新产品开发与推广策略	掌握	为了给消费者带来新的利益以及满足消费者新的需求，企业需要不断地进行产品的创新，推出新产品，而这就需要对新产品开发与推广策略熟练的掌握

【导入案例】

金龙鱼："1:1:1"

金龙鱼的广告词"1:1:1"，曾经被一些浅薄的广告人认为是本年度最失败的广告语之一。但如同"今年过节不收礼，收礼只收脑白金"一样，这是一个成功的营销案例。

金龙鱼第二代调和油主要是为了应对鲁花花生油的进攻。它把鲁花主打的健康概念向前推进了一大步。金龙鱼认为人体饮食中饱和脂肪酸、单不饱和脂肪酸和多不饱和脂肪酸达到1∶1∶1的比例时，最有益于健康。尽管有广告人认为这个概念普通消费者很难看懂，其科学性值得怀疑。但通过推广“1∶1∶1”，金龙鱼大大减轻了“鲁花”的压力。金龙鱼的成功反映了在消费品推广中，“健康”牌越来越重要。同时也表明，在同质化的激烈竞争中，中国市场仍然存在大量机会，只是需要企业提供更好的概念和升级产品推广技巧。

金龙鱼的入选是为了褒扬它面对市场挑战时快速的反应能力，以及在食品油市场中，第一个和消费者讲道理，深度传播自己产品有益于“健康”的创新行为——从此以后，再不是只有保健品才和消费者讲道理了。

营销启示：良好的产品策略所推出的产品能够成功地吸引消费者的眼球，获得消费者的青睐，从而达到从产品上战胜竞争对手。

产品是企业市场营销组合中的一个重要因素。产品策略直接影响和决定着其他市场营销组合因素的管理，对企业市场经营的成败关系重大。在现代市场经济条件下，每一个企业都应致力于产品质量的提高和组合结构的优化，并随着产品生命周期的发展变化，灵活调整市场营销方案，以更好地满足市场需要，提高企业产品竞争力，取得更好的经济效益。

8.1 市场营销组合策略概述

市场营销组合策略是市场营销研究的重要内容之一，是系统工程理论在企业市场营销活动中的具体运用。“营销组合”是美国哈佛大学教授尼尔·恩·鲍敦于1964年首先提出的概念，同年，美国伊·杰罗姆·麦卡锡教授概括简化出易于记忆的4P理论，被后人广泛应用。此理论认为，市场营销组合策略可视为一个大系统，它是由相互联系的产品策略、定价策略、销售渠道策略以及促销策略四个子系统组成，每个子系统又有其独立的结构。企业在分析市场，选择自己的目标市场以后，就要针对目标市场的需求，有效地利用本身的人力、物力资源，趋利避害，扬长避短，设计企业的营销战略，制定最佳的综合营销方案，以便达到企业的预期目标。这时候，企业经营的成败，在很大程度上就取决于营销因素的选择和运用。

8.1.1 市场营销组合概念

市场营销组合是企业市场营销战略的一个重要组成部分，是指将企业可控的基本营销措施组成一个整体性活动。一个企业运用系统方法进行营销管理，管理人员应针对不同的内外环境，把各种市场手段，包括产品设计、定价、分销路线、人员推销、广告和其他促进销售的手段，进行最佳的组合，使它们互相配合论，综合地发生作用。由于市场手段和营销因素多种多样，细分起来十分复杂，人们为了便于分析利用，曾经提出各种分类方法，其中以美国市场学家迈克塞教授的分类法最为流行，他最早提出了营销因素的4P组合。

市场营销组合理论是营销学理论体系的主要内容之一。它使市场营销学有了强烈的“管理导向”，成为市场营销学面向企业管理、研究企业市场营销管理工作中的各项战略和决策任务的导向。随着市场营销理论的发展，4P理论的研究格局日益为企业所重视，决策研究法已定型为研究市场营销问题的主要方法。目前，虽然在许多论述中提出6P等其他理论，但都不能改变4P的基本决策构架，它们只是扩大了这种决策构架的覆盖范围。

8.1.2 营销组合基本决策构架

（一）产品策略（Product Strategy）

指企业制定经营战略时，首先要明确企业能提供什么样的产品和服务去满足消费者的要求，也就是要解决产品策略问题。一个企业向市场提供什么产品，不能从企业本身的角度出发，而应该站在顾客的立场，了解在顾客的心目中本企业的产品是什么？本企业如何满足目标市场对企业提供的商品和各种相关服务？产品与服务是营销因素组合中至关重要的因素，它包括产品种类、产品规格、质量标准、产品包装、产品特色、产品外观式样、产品商标、产品的维修、安装、指导、担保、承诺等连带服务措施。

（二）价格策略（Pricing Strategy）

指企业通过对顾客需求的估量和成本分析，选择一种能吸引顾客、实现市场营销组合的策略。定价必须考虑企业目标市场的竞争情况以及消费者对此定价的可能反应，同时，产品的价格也要满足企业盈利的要求。价格的市场反应是消费者关于产品质量与品牌定位的重要信息，价格如果得不到消费者的认可，营销组合的其他努力就会失效，因为价格是消费者对企业的市场营销组合感到满意时愿意支付的贷款。价格策略主要是考虑与定价有关的内容，包括价格水平、折扣价格、折让、支付期限、商业信用条件等相关问题。

（三）分销渠道策略（Placing Strategy）

指企业为了使其产品进入目标市场所进行的路径选择活动。它关系到企业在什么地点、什么时间、由什么组织向消费者提供商品和劳务。如何合理选择营销渠道和组织商品实体流通来实现其营销目标日益受到企业的普遍重视。因为大量的市场营销职能是在营销渠道中完成的，甚至在某些情况下，除了产品本身之外，营销渠道成为企业品牌能否成功的决定性因素。分销渠道策略其中包括区域分布、中间商选择、营业场所、网点设置、运输储存及配送中心等因素的组合运用。

（四）促销策略（Promotion Strategy）

指企业利用信息传播手段传递“合适的产品在适当的时候以适当的价格出售”的信息。它的作用有三个方面：一是传递企业何时何地以何种方式何种价格销售何种商品的信息；二是引起消费者注意，激发购买兴趣；三是增强企业品牌的知名度。因此，它包含了企业与市场沟通的所有方法，其中包括人员推销、广告、营业推广、公共关系等因素的组合运用。

在动态的市场营销环境中，上述四个基本因素互相依存，处于同等地位。在企业的实践活动中，只有它们的互相结合形成一个统一的整体才是有意义的。这四个变量是围绕目标市场的消费者需求而协调成一个整体的，脱离了顾客需要，也是没有意义的。

8.1.3 市场营销组合的特点

（一）可控制性

企业生产和销售产品，除了顾客的需求以外，要受到各种因素的影响，其中产品、分销渠道、促销、定价是企业本身可以控制的因素，另外还有企业不能控制的因素，如社会人口、宏观经济、政治法律、文化与风俗习惯等市场环境因素。市场营销组合作为市场营销手段，企业有自己选择的余地。

（二）动态性

市场营销组合是一个动态的组合，是一个变数。这是因为 4P 中的产品、分销、促销、价格四大因素，每一个因素中又包括许多因素，企业根据内外环境制定营销组合时，只要其中两个因素发生变化，就会出现一个新的组合。

（三）整体性

企业营销组合策略是围绕企业营销目标进行的统一的整体策略，是在调查总结的基础上，把各种各样的策略、方法、手段归结为一个统一系统内的多层次子系统。根据目标市场的外部环境各因素的情况，力图使各个子系统在动态、复杂的过程中相互协调，求得总体策略的优化。因此，当产品策略、价格策略、分销策略、促销策略分别运用时，必须与其他策略相互协调、相互配合形成一个较强合力的整体，企业各职能部门在采取部门策略时一定要从整体出发，考虑到可能对其他营销策略的效应所带来的影响。

（四）复合性

营销组合是一个复合系统，具有复合结构。四大因素（即4P）中又各自包含若干小的因素，形成各个“P”的亚组合。因此，营销组合是至少包含两个层次的复合系统。企业在确定营销组合时，不但应求得四个大因素之间的最佳搭配，而且要安排好每个大因素内部的搭配，使所有这些因素达到灵活运用和有效组合。

8.1.4 市场营销组合的实践意义

对于企业来说，营销组合在企业实际工作中的实践意义表现在以下几个方面。

（一）制定营销战略的基础

对于贯彻营销观念的企业，营销战略本质上就是企业经营管理的战略，而营销战略主要是由企业目标和营销因素协调组成。由于制定市场营销战略的出发点是完成企业的任务与目标，以投资收益率、市场占有率或其他目标为比较选择的依据来进行营销组合是比较符合实际的。

（二）应付竞争的有力手段

在市场竞争中，一家企业具有全面的优势是很难得的。一般情况是，竞争对手之间都各有自己的优势和劣势。因此，企业在运用营销组合时，必须分析自己的优势和劣势是什么，以便扬长避短，在竞争中取胜。

在使用营销组合作为竞争手段时，要特别注意两个问题：第一，不同行业、不同产品，侧重使用的营销因素应当不同。如老百姓家庭日常生活必需品，可以用价格因素作为竞争的主要手段；而家用电器、家用汽车产品，则应以产品因素作为第一考虑手段进行竞争。第二，企业在重点使用某一营销因素时，要重视其他因素的配合作用，才能取得理想的效果。

（三）为企业提供系统管理思路

贯彻营销观念的企业，其内部各部门工作要统一协调为一个整体系统，彼此互相分工协作，共同满足目标市场的需求，达到企业既定目标。在市场上，买主对一种商品的需求是整体需求，企业必须以适当的产品、适当的价格，在适当的时间和适当的地点，进行整体销售。但是在传统的企业内部，企业的管理工作划分成计划、生产、供销、财务等几个部门。各个部门都从各自的职能出发提出经营目标和工作安排，它们或多或少地都与顾客发生着联系，但又各自为政，极易抵消营销效率，使企业不能最大限度地开发和满足目标市场需求。在实践中，人们认识到，如果以市场营销组合为核心进行企业的战略计划和工作安排，可以形成一种比较系统的、从点到面、简明扼要的经营管理思路。

8.2　产品与产品生命周期

我们这里所说的产品就是通常讲的商品。产品是从生产者的角度来讲的，凡是生产出来的非自然物品就是产品。但在商品经济条件下，产品就成了商品。从市场学角度来看，消费者购买一种商品时，不仅要求这种产品具有满足消费者某种需要的功能，而且还会对产品的式样、色泽和品牌以及修理服务等提出不同要求。如果消费者的这些要求得不到满足，这些产品就不受消费者欢迎，就可能卖不出去。

8.2.1　产品分类与产品整体概念

（一）产品的分类

在市场营销中要根据不同的产品制定不同的营销策略。要制定科学有效的营销策略，就必须对产品进行分类。

1. 按产品的有形性分类

（1）物品。物品属于有形产品，看得见，摸得着。如文具、化妆品、汽车、电冰箱等。

（2）服务。服务属于无形产品，是为出售而提供的活动、利益和满足。服务具有无形的、不可分离的、可变的和易消失等特点。如教育和医疗等。

2. 按产品的用途分类

产品按用途可分为消费品和工业品。消费品是直接用于满足最终消费者生活需要的产品；工业品则由企业或组织购买后用于生产其他产品。

（1）消费品的分类

①便利品。包括日用品、急用品和临用品等，是消费者常用、急用和临时冲动性购买的产品，如香烟、报纸等。

②选购品。是指消费者购买前感到有必要花费一些时间和精力，从几个不同的商店进行比较和挑选的产品。如服装、家用电器等。

③特殊品。具有独有特征或品牌标记的产品，对这些独特性的产品，有相当多的购买者一般都愿意为此付出特别的购买努力。如家庭影院、私人轿车等。

④非渴求品。消费者未曾听说过或即便听说过一般也不想购买的利他性产品。如人寿保险、墓地等。

（2）工业品的分类

①主要设备。是指已经制造完成的工业品，供用户企业长期使用的资产项目之一，往往要经过多年折旧才“报废”。如厂房、机车、机床等。

②附属设备。是指企业完成生产任务所需要的使用期限较短的资产项目。如生产工具、办公设备等。

③原材料。是指未加工过的产品。如木材、矿石等。

④零部件与半成品。是已经经过部分加工（零部件通常不需要再加工，半成品还需要再加工）供生产使用的产品。如车胎、铸件棉纱和金属线等。

⑤供应品和服务。是指用户企业日常购买的用品和商业服务，其本身完全不进入生产过程的产品。如打印纸、油漆、钉子、灯泡和修理打字机、管型咨询等。

3. 按产品之间的销售关系分类

（1）独立产品。即产品的销售不受其他产品销售的影响。如钢笔与手表、电视机与电冰箱等都互为独立产品。

（2）互补产品。即产品与相关产品的销售相互依存、相互补充。一种产品销售的增加（或减少）就会引起相关产品销售的增加（或减少）。如汽车与汽油，墨盒与打印机等是互补产品。

（3）替代产品。即两种产品之间的销售存在着竞争关系，也就是说，一种产品销售量的增加（或减少）就会引起相关产品销售的减少（或增加）。如猪肉与牛肉、钢笔与签字笔等是替代产品。

4. 按产品的耐久性分类

（1）耐用品。这类产品的主要特征就是使用时间较长，一般价格昂贵，体积巨大。

（2）非耐用品。这类产品使用时间较短，易损耗，需要经常进行维修和更换。

（二）产品的整体概念

现在学术界用五个层次来表述产品整体概念，即核心产品、有形产品、附加产品、期望产品和潜在产品。

1. 核心产品。是指能满足消费者基本需求的一类产品，它体现了产品的基本作用。

2. 有形产品。是指核心产品在市场上所表现出来的具体形式。

3. 附加产品。也叫延伸产品，是指消费者购买产品后除满足基本需求外所得到的各种额外利益的总和。

4. 期望产品。是指消费者在购买产品时期望得到的与产品密切相关的属性和条件。

5. 潜在产品。是指对现有产品的延伸和演进可以满足消费者未来的需求，并形成未来的产品。

产品整体概念的五个层次十分清晰地体现了以顾客为中心的产品设计和营销的理念。它强调企业在制造和生产核心产品的同时，也不要忽视其他四个层次的研究与开发，更好地满足消费者的需求，增加企业产品在市场的竞争力。

8.2.2 产品生命周期

（一）产品生命周期的含义

任何一个事物都会经历从产生到消亡的过程，产品也不例外，它也会经历从产生到消亡这一过程，因此我们定义；一种产品从其进入市场到退出市场所经历的各个阶段就叫产品生命周期，产品的生命周期包括四个阶段：导入期，成长期，成熟期和衰退期。产品生命周期产生的主要原因是消费者需求。企业根据消费者需求来推出新的产品，这种产品随之进入市场。当消费者需求转变或者竞争对手生产出更新的产品转移消费者需求时，这种产品也就随之退出市场，因此，产品的生命周期是与消费者的需求紧密相连的。每一次消费者需求的变化都会对产品的生命周期产生影响。实际上，除了消费者需求，产品在市场上还要受到诸多因素的影响。不同产品的生命周期是不同的，如有的产品刚进入市场就消失了；有的产品进入市场很长时间后才慢慢进入成长期；有的产品会重复出现几个生命周期。

（二）产品生命周期的各个阶段

如图8－1所示，产品在刚进入市场时，也就是产品在导入期，销量不大，在成长期有一个明显的增长，到了成熟期，销量增长速度减缓，到了饱和期基本不再增长，随之产品进入衰退期，销量急剧下降。下面我们看看产品在其生命周期的各个阶段都具有哪些特点。

1. 导入期

是指新产品刚刚进入市场，但还没有被大众消费者认可的一段时期。这一时期，新产品的主要消费人群是一些喜欢追求时尚，对价格关注度不高的人，如一些追求时尚的青年或一些企业的白领阶层。这些消费者能够引领时代潮流，产品一旦能吸引住这类消费者，就能够迅速地进入大众消费者市场。这一时期的企业主要是些资金雄厚的大型企业，有强大的科研力量，能对消费者需求变化迅速做出反应，而且有能力承担产品失败的风险。

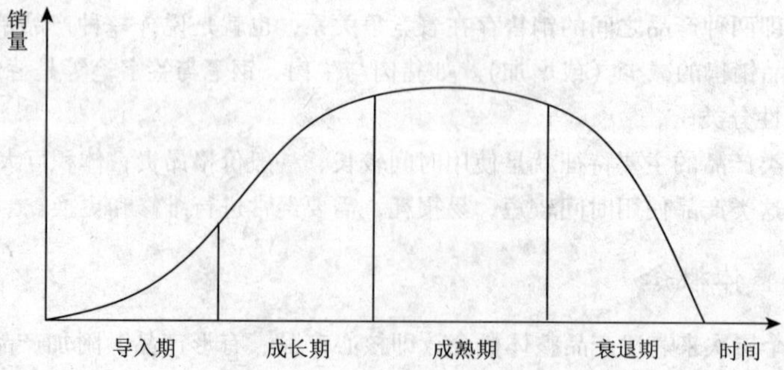

图 8-1　产品生命周期

产品导入期的基本特征是：

（1）生产规模小，各种成本和费用都较高。因为新产品技术不够成熟，不能批量生产，因此制造成本较高。由于消费者认可度不高，因此要花大量的费用在宣传和促销上。

（2）销售量小。新产品刚投入市场，对于消费者来说，这个产品是全新的，产品的质量，性能还需要进一步证明，购买有一定的风险性，因此购买的消费者较少。

（3）利润低，风险大。由于销售额低，成本高，因此新产品的利润很小，导致新产品有很大的风险性。

（4）产品价格偏高。新产品刚刚进入市场其价格往往较高，一是因为企业在开发研制新产品时要投入大量的人力、物力和财力，致使新产品成本较高；二是有些企业为了使自身产品进入高端市场也会使新产品定价较高。

（5）还未建立完善的营销渠道。

（6）市场竞争者较少。

这一时期企业的营销重点应围绕在价格和促销两个方面，根据两者的不同组合可以制定四种不同的策略：

（1）快速掠取策略。即以高价格高促销水平使新产品迅速进入市场，高价格是为了从单位产品中获得最大利润，高促销水平是为了快速进入市场，取得较高市场占有率。这种策略的目的是尽快赚回成本，减少损失，迅速占领市场。但这一策略也需要一定的市场条件：①市场潜在需求很大；②在新产品进入市场后，目标消费人群能立刻购买；③潜在竞争者较多，企业需及早树立品牌。

（2）缓慢掠取策略。即以高价格低促销水平推出新产品，高价格是为了从单位产品中获得最大利润，低促销水平又可以减少成本。采用这一策略也有一定的市场条件：①市场规模不大；②消费者已了解这种产品并愿意支付高价；③市场竞争威胁不大。

（3）快速渗透策略。用低价格高促销费用的策略使新产品进入市场，类似于低成本战略，可以以最快的速度进入并占领市场，以获取最大的市场份额。这一策略的市场条件是：①市场规模较大；②消费者对该产品了解不多并对新产品价格十分敏感；③市场竞争激烈。

（4）缓慢渗透策略。用低价格低促销水平来降低成本，并可有效地形成进入壁垒，阻止竞争对手进入市场。采取这一策略的市场条件是：①市场规模很大；②消费者对新产品的价格比较敏感；③有相当多的竞争对手。

2. 成长期

此时，新产品已被大多数的消费者所熟悉，销售量增长很快。随着其他竞争者的加入，市场竞争加剧。

成长期的主要特征有：

（1）产品的生产技术已经成熟。

（2）建立了比较理想的营销渠道。

（3）市场价格稳中有降。

（4）产品的生产成本开始下降，企业利润有了明显的提高。

这一时期要采取的营销策略主要有：

（1）不断改进产品的质量，发展产品的新性能、新用途、新款式。在成长期，针对竞争的不断加剧，企业要在产品的性能、用途、款式等方面多下工夫，以提高产品的竞争力。

（2）开辟新的细分市场。开辟新的细分市场，在巩固原有销售渠道的同时，在新的市场寻找新的销售渠道，扩大产品的销售规模，满足更多消费者的需求。

（3）改变广告内容的宣传重点。由于市场上已有众多的同类产品，因此，企业广告的宣传重点就应该由对产品的宣传转到对品牌的宣传上来，加强自身品牌的宣传力度，使不断提高的市场需求都集中到企业自身的品牌上来。

（4）适当降价。随着产品销量的扩大，规模经济的作用已显现出来，产品的单位成本不断下降，这时企业可以选择恰当的时机降低价格，以吸引更多的大众消费者。

3. 成熟期

产品经过成长期的快速增长以后，销售量的增长速度会减缓，单位产品的利润率开始下降，这表明产品已进入成熟期。成熟期持续时间较长，是产品生命周期中最繁荣的时期，也是一个由顶峰转入低谷的转折时期。

成熟期的主要特征是：

（1）产品的生产技术和工艺基本成熟。产品在性能及质量方面已不再可能有质的飞跃。

（2）产品的销售数量很大，但产品的增长速度下降，在成熟期的后期甚至开始出现负增长。主要原因是由于产品已被大众消费者所接受，只有少数消费者还在陆续进入市场，消费者数量的减少使得市场需求基本趋于饱和。

（3）竞争最为激烈，产品的利润开始下降。同类产品在性能和质量方面已无差别，产品的销售主要依靠的是消费者的品牌忠诚度。

成熟期应采取的主要营销策略是：

（1）市场开发。在现有的市场之外，开发出新的市场，寻求新的消费人群。有以下三种方法：在不改变产品质量和性能的同时，开发产品的新用途，寻找新的细分市场；增加对现有顾客的宣传，刺激现有消费者重复购买；对产品重新进行品牌定位，寻找新的消费人群。

（2）产品改进。即通过对产品的某些性能进行改进，来满足不同消费者的需求，从而吸引更多的消费者，提高销售额，主要可分为：①性能改进：为产品增加某些新的功能。②外观改进：使产品的外观更符合目标消费者的审美标准。③服务改进：提供更为优秀的产品售后服务。

（3）营销组合改革。是指在对产品进行改进的同时，把产品策略与其他三个因素（定价、渠道及促销）结合，对4P进行综合的调整、组合，以刺激销售量。这种组合策略的变化，往往能吸引更多的消费者。

4. 衰退期

当产品的销量急剧下降，利润水平趋近于零时，就可以认为产品已进入了衰退期。如果说成熟期是一个由盛转衰的转折时期，那么衰退期就是一个产品的全面溃退时期。

这个阶段的主要特点是：

（1）产品的需求量、销售量急剧下降。由于产品过时、老化，更先进的替代产品开始进入市场，并逐渐代替这些过时产品，消费者对新产品的需求开始显现出来，需求的急剧减少导致销售量的严重下降。

（2）利润水平明显下滑，部分企业出现亏损。在经过成熟期的激烈竞争后，此时产品的价格已降到了最低水平，单位产品的利润十分微小，再加上销售量的急剧下降，企业几乎从产品中不能获得任何利润，甚至出现亏损。

(3) 大量企业退出市场，留守企业开始减少附加服务。除少数企业在某些细分市场可获得少额利润外，大部分企业由于无利可图，已开始退出当前市场，迅速转入新产品的开发和研究。留在当前市场的企业也已开始减少产品的附加服务，以争取把产品成本降到最低。

这一时期应采取的主要策略有：

(1) 集中策略。把企业能力和资源集中在最有利的细分市场和分销渠道上，从中获取利润。这样有利于缩短产品退出市场的时间，同时又能为企业创造更多的利润。

(2) 收缩策略。大幅度降低销售和促销费用，把资源都集中在可获利的细分市场上，以获取尽可能多的利润。换句话说，就是缩短战线，以最小的代价获得最多的利润。待时机成熟便停止该产品的经营，退出市场。通常这种策略都是为退出市场做准备，是退出市场前的过渡策略。这是因为再继续经营已无生命力的产品，会使企业失去开发新产品的时机，无法顺利转入新的市场，削弱企业的竞争力。

(3) 维持策略。即企业不主动放弃该产品，不改变营销策略，继续保持原有的定价及促销方式，把销售额维持在一个较低的水平上，直到产品完全退出市场为止。

(4) 放弃策略。一旦产品进入衰退期，不做任何补救措施，当机立断，放弃经营，退出当前市场。这种策略可以使企业迅速进入新的产品市场，获得有利的市场地位，但也会使企业在原有的市场损失一些利益。

(三) 延长产品市场生命周期的方法

现今，产品生命周期理论越来越受到当今企业的重视，因为产品生命周期的变化可以反映出消费者需求的变化，企业可以根据某一产品生命周期的变化推断出消费者需求的转变，从而调整自己的营销计划，做出相应的对策，推出不同的产品组合，保持自身产品的竞争力。

现在随着科学技术的不断进步，产品的生命周期有逐渐变短的趋势，有的产品生命周期甚至只有几年或几个月，如何延长现有产品的生命周期，就成了企业不得不考虑的一个重要问题，要想延长产品的生命周期，可以考虑以下方法：

(1) 降低价格，加大促销和宣传力度，提供良好的附加服务，以增加消费者使用频率，刺激消费者重复购买。

(2) 对产品的性能进行改进，开发出产品的新功能或发现原有产品的新用途。

(3) 设计改良。即改善原有产品的设计，这是提高处于成熟期产品的竞争能力，增加其魅力，使产品再生的首要环节，产品其他方面的改进都要以设计改良为前提。

(4) 开辟新的细分市场，扩展消费人群。由于世界各国、各地区经济发展的不平衡，企业可以把一些在经济发达地区处于衰退期的产品转移到经济不发达的地区，不仅扩大了企业的销售规模，也延长了产品的生命周期。

8.3 产品组合策略

8.2 节所讲到的产品生命周期是针对单一产品而言，从产品生命周期理论我们可以看到产品同人一样，都有类似从出生到衰老的过程，因此，企业不能仅仅经营一种产品，要同时生产多个品种的产品。世界上很多企业经营的产品种类繁多，这就要涉及多个产品在市场中的营销问题。当然，并不是经营的产品越多越好，那么企业究竟应该生产和经营哪些产品才是有利的？这些产品之间应该有些什么配合关系？这就是产品组合问题，这一节我们就要着重介绍一下关于产品组合的一些基本概念和营销策略。

8.3.1 产品组合的基本概念

（一）产品组合

是指一个企业在一定时期内生产经营的各种不同产品的全部产品、产品项目的组合。如果各种产品组合不恰当就可能造成产品积压，减少企业利润，严重的甚至还能引起企业亏损。

（二）产品线

是指产品组合中相关性很强的某一产品大类，是一组在某方面密切相连的产品，也就是具有相类似的使用功能而规格外形不同的一组产品项目。它们要么以类似的方式起作用，要么通过相同的销售网点销售，或者满足消费者相同的需要。比如不同尺寸型号的电视机；不同功能的电脑软件等。企业可根据不同的标准来划分具体的产品线。一个企业可以生产经营一条或几条不同的产品线。

（三）产品项目

是指一个企业所生产的各种不同质量、型号、规格和品种的每一个具体产品，换句话说，企业生产的每一个产品就是一个产品项目。

（四）产品组合的宽度

也被称为产品组合广度是指一个企业产品组合中所拥有的产品线个数。产品组合的宽度表明了企业经营产品的种类和经营的范围。

（五）产品组合的长度

是指一个企业的产品组合中所包含的产品项目的总数。企业生产经营的产品种类越多，经营范围越广，其产品组合的长度就越长。

（六）产品组合的深度

是指一个企业每条产品线中所含产品项目的多少，通常用平均数进行分析，用产品项目总数除以产品线的个数就可以得到产品组合的平均深度。

（七）产品组合的关联性

是指一个企业产品组合中的各个产品项目在最终用途、生产条件、目标市场、销售方式以及其他方面相互联系的程度。一般来讲，实行多元化经营的企业，其各类产品线间的关联性较小。

（八）产品组合优化分析

企业在生产多个产品的同时，要经常对产品组合进行分析、评估和调整，以求尽量保持产品组合的最优化。优化产品组合的过程，通常是分析、评价和调整现行产品组合的过程。优化的具体方面有两个：一是对产品项目销售额和利润进行分析，即分析、评价现有产品线上不同产品项目的销售额和利润水平。二是对产品项目在市场中所处的地位进行分析，即将产品线中各产品项目与竞争者的同类产品作横向的对比分析，全面衡量各产品项目的市场地位。

一般情况下，企业如果增加产品组合宽度，会有利于自身扩大经营范围，提高企业效益，分散经营风险；如果增加产品组合的深度，可占领更多的细分市场；如果增加产品组合的长度，可以满足消费者不同的需求，增加企业利润；而如果增加产品组合的关联性，则可以提高企业在某一特定领域内的竞争力。

8.3.2 产品组合策略类型

（一）产品组合策略应遵循的基本原则

企业在进行产品组合时，要从两个方面来考虑：一是能否促进销售，二是能否增加利润。产品组合的四个因素（宽度，长度，深度和关联度）和促进销售、增加利润都有密切的关系。因此产品组合策略应遵循以下几个原则：

1. 满足消费者需求。企业是根据消费者的需求来设计和生产产品，产品组合中的每一项目都应能满足一定的市场需要，并且还要具备一定的市场规模。

2. 提高企业利润。利润是企业进行生产经营活动的最终目的。无论采取何种产品组合策略，其目的都是提高企业的利润水平。

3. 提高企业竞争力。制定产品组合策略时，不仅要从利润的角度出发，还要从竞争的角度出发，针对不同的竞争者提供不同的产品组合策略，以提高企业产品的市场竞争力。

4. 合理利用资源。在制定和调整产品组合策略时，还要考虑企业自身的能力和资源。如果企业自身的能力和资源有限，就尽量不要对现有策略进行大的改动。

（二）产品组合策略的几种基本类型

1. 扩张多样化策略

扩张多样化策略主要是指企业增加产品组合的宽度和深度。增加产品组合的宽度是在原产品组合中加入新的产品线，以此来扩大企业的经营领域；增加产品组合的深度是指在不增加产品线的条件下，在原有产品线内增加新的产品项目，发展性的系列产品。当产品的销售额和利润率的增长速度开始减缓时，应扩大产品组合的宽度，增加产品线的数目；当企业打算突出其产品特色，为更多的细分市场提供产品时，则应该加深产品组合的深度，以增加产品项目。产品扩张策略可以使企业充分利用其自身的人力、物力和财力等各项资源，扩展经营领域，分散风险，占领更多的市场，增强市场竞争力。另外，扩展策略也会分散企业高层管理者的精力，增加管理困难，有时由于新产品的质量、性能等问题，会影响企业的品牌声誉。

产品的扩张策略从新产品与原有产品的关联性方面可以分为两种：

（1）相关多样化：根据产品组合的相关性原则，企业新增加的产品项目与原有产品相关性较强，相关多样化在技术方面无太大困难，因此风险较小。如联想集团在生产台式电脑的同时，还生产笔记本电脑。这样做的目的是扩大细分市场，满足顾客的不同需求，以争取更大的利润。

（2）无关多样化：企业在增加新的产品项目时，忽略产品相关性原则，增加与企业原有产品项目无关的产品，以开阔新的经营领域，寻找新的消费者。如海尔集团在生产大型家用电器的同时，还生产手机等小件产品。这样做在技术方面有一定困难，因此风险较大。

2. 收缩专业化策略

收缩专业化策略，即削减企业现有的产品线或产品项目，把所有的资源全部集中在一个或几个系列的产品或少数产品项目上，实行高度专业化。产品收缩策略主要用在产品的成熟期，较多的产品组合在市场繁荣时会给企业带来很多的盈利机会，但在产品成熟期，市场开始不景气，无论是产品的销售额还是利润率都开始下滑，并已再无上升的可能，这时缩减产品线使企业的全部精力都集中在对少数获利较多产品的改进，降低成本上，这样做反而可能使利润上升。但由于产品种类的减少，一旦现有产品市场也出现不景气，企业就会遭受重大打击，因此这种策略也增加了企业的市场风险。具体方法有：

（1）系列产品专业化策略，即企业全部精力集中在生产经营几种有限产品上，以满足市场上有限的消费者需求。如日本索尼公司只生产几种高档的家用电器，满足对质量要求较高而不太关注价格的顾客的需要。

（2）单一产品专业化策略，即只生产单一的一种或一类产品，这样做可以使生产过程简化，有利于采用高科技的技术装备和工艺方法，提高自动化程度，能够批量生产，提高劳动生产率，在技术上也有利于精益求精，提高产品质量，降低成本，节省销售费用，如早期的通用公司在生产汽车时就是采用的这种方式。但是生产经营单一品种，企业对单一产品的依赖性太大，适应性弱，风险大，并且现在的消费者越来越追求个性化，成批量的类似产品已不再是消费者的购买重点，因此现今这种策略的使用企业也越来越少。

（3）市场专业化策略，即企业在进行市场细分后专门向某个细分市场提供所需的相关商品。如孕妇装，婴儿护肤品等。

（4）特殊产品专业化策略，即企业生产经营某些并不常见，市场上所需不多，只对某一类特殊消费者生产的特殊产品项目。如为残疾人生产的轮椅等。由于产品特殊，市场范围不大，竞争少，有助于企业长期占领市场，获取竞争优势。

3. 产品延伸策略

任何一个企业的产品都有其独特的市场定位，以此来吸引不同细分市场的消费者，如在世界汽车市场中，“劳斯莱斯”、“宾利”属于高档车，“宝马”、“别克”属于中偏高档车，“夏利”、“奥拓”等则定位于低档市场。产品延伸策略就是要使企业根据市场的需要，对全部或部分原有产品进行重新的市场定位，对原有产品线内的产品项目进行延伸。企业原来定位于低档产品市场，在原产品线内增加高档产品项目进入高档市场，以使企业获得较高的利润；企业原来定位于高档品市场，在原产品线内增加低档产品项目，进入低档品市场，弥补高档品市场需求有限、风险较大的缺点，还可以通过高档品市场树立的企业的品牌形象。在现代的市场经济条件下，企业的产品线具有不断延伸的趋势。但是，产品线并不是越长越好，一家企业的产品线所能达到的最大长度并不一定是最佳长度。

根据延伸方向的不同，可以分为三种：向下延伸，向上延伸和双向延伸。

（1）向下延伸是企业原来生产高档产品，以后增加低档产品的生产，以便进入低档品市场。企业由高档品市场进入低档品市场主要有两方面原因：一是高档品市场需求有限，企业高档产品的销售增长缓慢，企业已无法在高档品市场提高自身的市场占有率，企业为了赢得更多顾客，将产品线向下延伸；二是企业进入高档品市场的目的是确立自身的高端地位，树立品牌的良好形象，然后再进入中低档市场，以扩大市场占有率，提高利润。在实行向下延伸策略时有两种办法：一是用原有的高档品牌进入中低档市场，不再创建新的品牌。这样做可以利用高档品牌已树立的良好形象，节约营销费用，缺点是一旦新产品不成功，或某方面出现问题，则可能影响原有品牌的声誉。二是在中低档市场重新创立一个全新的品牌，这样做虽然不能影响原有的品牌，但推广起来比较困难，促销费用较高，风险较大。

（2）向上延伸是指企业原来生产低档产品，一段时期后决定在原有的产品线内增加高档产品，进军高档市场。主要原因是：高档产品市场利润较高；生产高档产品会抬高自身的中低档品牌形象。但采用向上延伸策略也有一定的风险性：一是高档品市场进入壁垒较高，要求有一定的技术支持，因此会加大企业的生产成本。二是可能引起高档产品市场的生产者采取反击措施，即采取向下延伸策略，从而增加自己在中低档市场的竞争压力。三是消费者一开始可能对该企业生产的高档产品缺乏信任。四是企业既缺少生产高档产品的硬件设施，又缺少相应的技术和经验。

（3）双向延伸即企业原先只生产中档产品，在中档市场取得了较大优势后，就向产品线的上下两个方向延伸，向上增加高档产品，向下增加低档产品，以尽可能的满足消费者的需求，扩大市场，获取更多的利润。

4. 产品淘汰策略

当在企业的产品组合中有些产品已进入衰退期或企业想退出某个产品市场时，就会采取这一策略。

因为这些产品已不能满足市场需要，又不能为企业带来经济效益，因此应当放弃这些产品，以免造成更大的损失。根据淘汰的时间长短可分为三种策略：

（1）即刻淘汰策略：企业一旦发现某种产品已进入衰退期，就马上应采取果断措施，立即予以淘汰，以减少损失。

（2）逐步淘汰策略：对于某些已进入衰退期的产品，企业若立即汰淘相关产品反而会造成更大损失，并给顾客造成被突然抛弃的印象，这时就应采取逐步放弃策略，有计划地逐步减少这类产品的生产直到选择一个适当的时机把这种产品淘汰，这样企业的资源也能有计划地转移到新产品的开发中去，在生产和财务管理上也能平稳过渡。

（3）自然淘汰策略：企业不主动放弃已衰退的产品，而是将这种产品继续留在市场上，任其自然发展，直到产品销售完全衰竭被市场淘汰为止的策略。采取这种策略，是因为虽然这种产品已处于衰退期，但在某些细分市场上企业仍能获得一定的销售量和利润。

8.3.3 产品组合的评价方法

产品组合不是静态的而是动态的组合，企业的内外部条件在不断变化，产品组合也应随之进行调整，增删一部分产品线及产品项目，使产品组合达到合理化、最佳化的状态。为此，必须借助一定的分析方法。这里介绍两种在企业广泛应用的方法。

（一）通用电气公司法

由美国通用电气公司创立，它利用行业吸引力和本企业实力两个综合性因素构成一个坐标。行业吸引力包括的因素有市场大小、市场年增长率、历史的利润率、竞争强度、技术要求、由通货膨胀所引起的脆弱性、能源要求、环境影响以及社会、政治、法律的因素等。企业实力包括的因素有市场占有率、市场占有率增长、产品质量、品牌信誉、商业网、促销力、生产能力、生产效率、单位成本、原料供应、研究与开发成绩以及管理人员等。每个轴分为高中低三个档次，并形成九个象限。圆圈代表现有产品的位置，其大小表示其市场的大小。如图 8－2 所示。

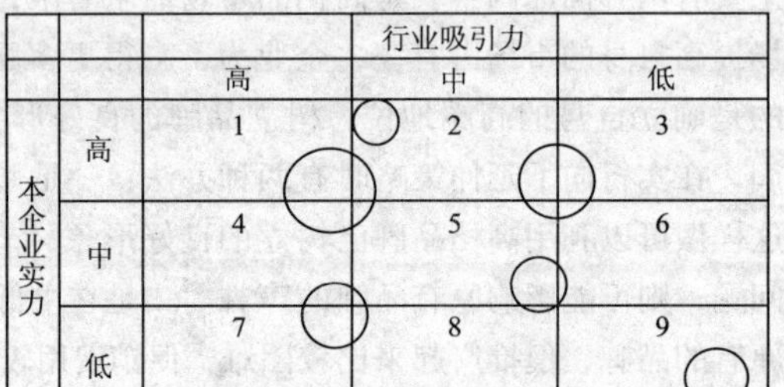

图 8－2 通用电气公司法

1. 象限 1、2、4 为绿灯类。表示进入这些象限的产品具有较高的吸引力与实力，应作为投资与发展的对象。

2. 象限 3、5、7 为黄灯类。属于中间状态的产品，它们可能转变为绿灯或红灯类产品，因此应保持现状，并注意其发展方向。

3. 象限 6、8、9 为红灯类。是处于低迷状态的产品，应掌握时机及时淘汰这类产品。

（二）波士顿咨询集团法

企业也可以用由美国波士顿公司创立的矩阵图分析法来分析决策。

这种方法仅依据年销售增长率及相对市场占有率两个因素对产品组合进行分析。年销售增长率以10%为界分高、低两档。相对市场占有率，是指本公司某一产品的市场占有率与同行业中最大的竞争者的同一产品的市场占有率之比。相对占有率以1为界分为高、低两档，这样可把企业的全部产品所处的市场地位分为四种类型。圆圈代表现有产品的位置，其大小表示销量的大小。如图8－3所示。

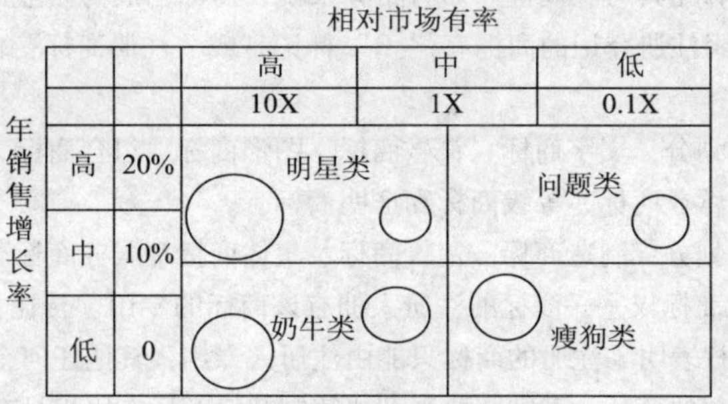

图8－3　波士顿咨询集团法

从图8－3可以看出，矩阵把产品分为四种类型：

1. 明星产品：是指增长率高，市场占有率也高的产品。这类产品由于市场增长迅速，企业必须投入巨资以支持其发展。

2. 奶牛产品：是指增长率低，市场占有率高的产品。这类产品能为企业提供较多现金，可用来支持其他产品的生存和发展。

3. 问题产品：是指销售增长率高，市场占有率低的产品。这类产品的前景并不明朗，对这类产品是大量投资使之转为明星类，还是精简合并以致淘汰，应慎重考虑并及时做出决策。

4. 瘦狗产品：是指增长率和市场占有率都低的产品。这类产品通常都已进入衰退期，应被淘汰。

我们可以利用波士顿矩阵对企业的产品组合进行评价。如果一个企业的大多数产品项目或产品线处于明星类、奶牛类和问题类产品的位置上，就可以认为该企业的产品组合已达到较为良好状态。因为任何一个企业的产品项目或产品线的增长率和占有率都有一个由低到高的变化过程，不可能所有的产品项目同时达到最好的状态。因此企业一段时期所能达到的最佳产品组合，必然包括：目前虽不能获利但有良好发展前途、预期成为未来主要产品的问题产品；目前已达到高成长率和高占有率的明星产品；目前虽仍有较高市场占有率但销售成长率已趋降低的奶牛产品；已决定淘汰、逐步收缩其投资以减少企业损失的瘦狗产品。根据以上分析，企业应适当地调整现有产品结构，从而寻求和保持产品结构最优化。

8.4　品牌与包装策略

8.4.1　品牌策略

（一）关于品牌的一些基本概念

1. 品牌。俗称牌子，是人们对一个企业及其产品、售后服务、文化价值的一种评价和认知，是一种信任，是加在产品上的标志，通常由文字、标记、符号、图案和色彩等要素或这些要素的组合构成，是用来区分本企业的产品与同行业其他企业的同类产品。品牌是一个集合概念，它包括品牌名称、品牌标志和商标等。

2. 品牌名称。是指品牌中可以用语言来表达的部分，如联想、TCL等。

3. 品牌标志。是指品牌中不能用语言来表达，但能被消费者识别的形象、声音、色彩、文字等，如奥迪的四环标志等。

4. 商标。是一个法律术语，指企业在政府有关部门注册登记以后，就获得了享有使用某个品牌名称和品牌标志的权利，这种使用权是受到法律保护的，其他任何企业都不得仿效使用。商标现在已成为企业最重要的无形资产之一，尤其对一些世界知名品牌来说，商标已成为企业的巨大财富，知名品牌的商标甚至可以值上亿美元。经注册登记的商标有“ R”标记，或“注册商标”的字样。商标根据不同的标准可划分为如下几个种类：

（1）根据商标的构成划分：文字商标、符号商标、图形商标、组合商标、立体商标与非形象商标。

（2）根据用途划分：营业商标、等级商标和证明商标。

（3）根据使用者不同划分：制造商标、销售商标、集体商标和服务商标。

5. 商标专用权。是指商标权——商标的注册人拥有该商标的专用、转让、继承和使用许可等权利中最重要的一项。商标专用权表明了注册的商标只能由注册人专用，其他任何企业和个人不得使用、仿制、伪造或使用与之相同或近似的商标，否则就要受到法律制裁。商标专用权具有四个特点：

（1）由于它是经批准注册而取得的特殊权利，因此具有独占性和排他性。

（2）专用权具有时间性。

（3）商标专用权又是一种财产权。

（4）商标专用权有严格的地域限制，在某国取得商标专用权，就受到该国的法律保护。

6. 商标与品牌的联系与区别。两者的联系：商标的实质就是品牌，是品牌的法律形式，两者都是产品的一种标记。两者的区别：不是所有的品牌都是商标，商标必须办理注册登记，品牌则无须办理，只有办理了注册登记的品牌才可以称为商标。商标是受法律保护的品牌，具有专门的使用权。

（二）品牌的价值与作用

品牌是企业的一种无形资产，在当代企业中，品牌的地位越来越突出，已成为企业核心竞争力的重要组成部分。一个有影响力的品牌甚至比企业本身的意义都要深远。品牌的价值与消费者的忠诚度、品牌所代表的产品的质量、性能、信誉、售后服务和其他无形资产等有关。

一个良好的品牌通常具有以下作用：

1. 有利于树立企业及产品的良好形象和广告宣传。品牌是消费者区别本企业和其他企业产品的特定标志，它代表了本企业产品的质量和信誉，因而便于企业进行推销和广告宣传，以吸引顾客购买，提高市场占有率。

2. 有助于企业自身的发展。优秀的品牌对企业本身也会起到一种激励和监督的作用。一个优秀的品牌会在消费者中享有很高的知名度和忠诚度。因此企业为了保持这种知名度和忠诚度，必须长期不懈的努力，自始至终保证产品具有与自身品牌相适应的良好质量和性能，提高企业信誉，树立良好的企业形象。

3. 为顾客购物提供了方便。品牌是消费者区别本企业和其他企业产品的特定标志，消费者在面对名目繁多的同类产品时，只能通过熟悉的品牌识别和选择商品。享有声誉的品牌有助于消费者建立品牌偏好，培养消费者的品牌忠诚度。

4. 维护企业和消费者的利益。注册品牌即商标是受法律保护的，任何企业都不能模仿和使用，一旦有违规使用者，企业都可以通过法律程序提起诉讼，以维护自身利益；同时，注册品牌也受到法律的约束，以便监督生产者，防止危害消费者权利的事情出现。

（三）品牌策略

品牌策略是指企业怎样合理地使用品牌这一无形资产，提高产品和企业在市场的地位问题。品牌策略是企业增强自身及其产品在市场竞争力的重要策略之一。选择正确的品牌策略是市场营销的重要目标之一。品牌策略的首先问题就是要明确是否设立品牌的问题。在怎样的情况下，产品不需要设立品牌；如果产品要设立品牌，则应进一步选择采取什么样的品牌策略。下面我们就具体来看看品牌策略究竟有哪几种。

1. 有无品牌策略。大多数情况下，为产品设立一个品牌都会起到积极的作用，但有些时候设立品牌的费用要大于这种产品的收益，这时就不应为该类产品设立品牌。

（1）无品牌策略，即企业不为其起生产的某些产品设定品牌，以节省费用，降低价格，扩大销售。这类产品主要是一些廉价或一次性用品：未经加工的原料产品、农产品；生产简单，选择性不大，价格低廉，消费者在购买习惯上不认品牌购买的小商品；临时性或一次性生产的商品。

（2）设定品牌策略，即企业为其产品设立品牌。虽然设立品牌会增加企业的某些成本，但也可以使企业得到许多好处：有助于树立良好的企业形象；有利于吸引更多的消费者；使用品牌策略可以为消费者带来利益，如购买者可以通过品牌获取产品信息，了解各种产品的质量好坏，同时也有利于消费者提高购物效率。

2. 品牌归属策略。当企业决定为自己的产品设立品牌后，下一个要解决的问题就是使用什么样的品牌，是用自己的品牌，还是用经销商的品牌，还是把两者混合使用。当消费者对所要选购的产品并不十分了解的时候，消费者除了要认真分析产品本身的特性外，还要依据经销者的品牌，即在什么地方购买才最可靠、最有保证。在这种情况下，企业就要考虑品牌在市场上的声誉，在采用谁的品牌上做出选择。一般情况下如果企业在一个新的细分市场上出售商品，本企业的信誉不及其经销者的信誉，则适宜采用经销者的品牌，或者同时使用经销者品牌和制造者品牌。

（1）企业品牌策略：企业品牌策略是最常使用的一种品牌策略。大部分企业在进入市场销售自己的产品时，为树立自身的声誉，都会建立自己的品牌。此外，企业的产品、零部件等全部使用本企业品牌，也有利于和消费者建立密切的关系。

（2）经销商品牌策略：是指企业在将产品投放到市场的时候采用的是经销商的品牌。企业决定使用经销商的品牌主要是由于：企业要进入的市场对自身来说是全新的；本企业产品的收益，无法弥补设立品牌的费用；企业自身的知名度不及经销商的品牌知名度。

（3）混合使用策略：第一种形式是一部分产品使用自己的品牌，另外的部分使用经销商品牌，这样既可保持本企业品牌的特色又能扩大产品销路；第二种形式是先使用具有较高知名度的经销商品牌打入目标市场，待有一定的市场占有率后再使用本企业的品牌。

3. 品牌统分策略。如果当一个企业拥有很多种产品项目且决定都使用自己的品牌时，那么就要考虑这些产品是分别使用不同的品牌，还是统一使用一个或几个品牌。

（1）统一品牌策略：是指企业所有的产品都使用一个统一的品牌。这样做的好处是：可以节省品牌设计的费用；有利于在企业推出新产品时消除消费者疑虑，壮大企业声势。但还须注意以下几点：原有品牌必须在市场上已有很好的声誉；企业必须对所有产品的质量严格控制，使各种产品都应具有相同的质量水平，否则任何一种产品的失败都会使整个品牌蒙受巨大损失。

（2）个别品牌策略：是指企业对不同的产品分别使用不同的品牌，一般当企业的产品类型较多，产品线之间的关联程度较小时，多采用个别品牌策略。其好处主要是：使每个细分市场都有企业不同品牌的产品，易被消费者接受；各种产品经营的好坏不会影响到其他产品。这种策略的缺点是：品牌较多不利于消费者记忆，同时也使得品牌的设计费用较高，增加了企业的成本。

（3）分类品牌策略：主要是根据企业的产品线来使用品牌，一个产品线使用一个品牌。企业采取这种策略的主要原因：一是同一个生产线生产的产品相关性较强，使用同一个品牌，有利于树立这类产品统一的形象；二是有些企业同时生产高、中、低档的产品，为了区别这些产品的质量，也会使用这种策略。

4. 新品牌策略。当企业生产出一个新的产品种类时，如果企业现有品牌中没有适合这个新产品的，则企业可以创建一个新的品牌。不过创立过多的新品牌也会导致企业成本太高，分散企业有限的资源。因此，现今一些大的企业都将精力放在主打品牌上面，尽量削减一些处于弱势的品牌，以加强强势品牌的市场竞争力。

5. 品牌重新定位策略。由于市场环境瞬息万变，当企业的某个品牌已不再适应市场的发展变化时，就要考虑对这个品牌进行重新定位。促使品牌重新定位的市场因素主要有：激烈的市场竞争使得企业品牌的竞争力减弱，市场占有率下降；原有品牌产品已不能满足目标市场消费者的需求偏好，某些新型偏好的消费者人群正在形成，市场充满了巨大的机遇。企业采用这种策略时，要考虑两个方面的因素：一是品牌重新定位后所产生的收益；二是企业采取品牌重新定位策略时所要花费的成本和费用。

8.4.2 包装策略

（一）产品包装的含义

一般地说就是给生产的产品装箱、装盒、装袋、包裹、捆扎的事。产品包装对于生产者是最普通的事，现在很多人已经把它看成一种营销手段、名牌战略，在营销谋略中也占一席之地。产品包装有两层含义：一是名词，指盛放产品的容器或器材；二是动词，指把产品放进容器或器材的操作过程。我们这里所说的包装主要指前者，既盛放产品的容器或器材。现今，包装在产品策略中的地位越来越重要，一般分为三个层次：

1. 内层包装：指盛放产品的直接容器。

2. 中层包装：增加外观的美感或用来保护内层包装。

3. 外层包装：也称运输包装，主要是为了方便产品的储存和运输。

（二）产品包装的作用

1. 保护产品，使产品便于运输和携带。这是产品包装最基本也是最原始的作用。当产品从企业转移到经销商的过程中，不可避免地会发生一些碰撞、震动、挤压等情况，有了包装就会保证商品的完好无缺。同时有些产品本身还是易燃、易爆、有毒的物质，因此为了不危及他人也要对产品进行包装。

2. 美化商品，增加利润。消费者在选购产品时，首先映入消费者眼帘的是产品的包装而不是产品本身，因此漂亮的产品包装会第一时间吸引消费者的眼球，刺激消费者的购买欲望，增加产品的销售额，提高企业利润。

3. 易于消费者识别。现在每种产品市场上都充满了大量相类似的产品，增加了消费者购买时的选择难度，独特的产品包装可以展示企业产品与众不同的个性，便于消费者的识别。

（三）产品包装策略

1. 相似包装策略。相似包装策略是指企业对于所生产的全部产品，在外观上都采用相同或相似的包装，使消费者易于辨认。其好处是可以节省大量的包装成本，有利于树立产品的整体形象，消除消费者对新产品的疑虑。但这个策略只适用于同质产品，不同种类和型号的产品一般不宜采用这种包装策略。

2. 分级包装策略。首先按质量或价值等标准对产品进行分级，不同等级的产品使用不同的包装。这样有利于消费者辨别产品质量的好坏和价值的高低，然后按自己的需要来购买所需的产品，扩大产品的销售量。但这样做也会增加产品的包装成本。

3. 组合包装策略。是指把相关性较强的一些产品放入同一个容器内，捆绑销售。这种策略可以节约交易时间，省去消费者另行购买的麻烦，有利于产品的销售。

4. 重复使用包装策略。是指产品的包装除了盛放产品外，还可以有其他用途。消费者如果要购买这类产品就会获得额外的价值，这就可以刺激消费者的购买欲望；同时产品包装的反复使用，还可以为企业起到宣传的作用。

5. 附赠品包装策略。是指在产品的包装内附带一些小的礼物或可兑现的奖券，以刺激消费者的购买欲望。这种做法对儿童和老年人尤为有效。

6. 更换包装策略。是指原有产品的包装已不适应现今时代的审美观点或产品的销售不太成功，企业要急于改变产品形象，重新投入市场时，都可以采用这一策略，以提高产品的市场占有率。但对于已成功树立品牌形象的企业来说，最好不要使用这一策略。

7. 分类包装策略。是指根据消费者购买的目的不同，对同一种产品采用不同的包装方法。如烟、酒等，若顾客想自己消费，则可简单包装；如顾客想把它们作为礼物送给亲朋好友，则包装就要美观一些。

8.5 新产品开发与推广策略

8.5.1 新产品概念与类型

（一）新产品概念

新产品的概念应从消费者的角度来理解，指采用新技术原理、新设计构思研制、生产的全新产品，或在结构、材质、工艺等某一方面比原有产品有明显改进，从而显著提高了产品性能或扩大了使用功能的产品。只要是能给消费者带来新的利益，满足消费者新的需求，我们都可以称为新产品。

（二）新产品的类型

新产品是一个十分广泛的概念，根据新产品与原有产品关联性的大小，我们可以把新产品分为以下几种类型：

1. 全新产品。完全运用新的科学技术、新的原理、新的材料制造的与市场上现有的任何一种产品都完全不相关的产品。这类产品的功能都是全新的，因此可申请专利，能受到法律保护。全新产品的研制与开发通常需要大量的资金和先进的技术水平，风险性较大，一般都是实力雄厚的大型企业才能推出这类产品。

2. 换代新产品。以原有产品为基础，部分采用新材料、新技术、新结构而研制出来的产品，与原有产品相比，在性能上有了重大改进。如手机由原先的黑白屏到彩屏再到现在的可照相、可摄像等多功能手机，就是典型的换代型产品。

3. 改进新产品。是在不改变现有产品性能的基础上，对产品的设计、包装、质量、型号等方面进行改进，以赋予产品不同的价值，满足不同消费者的需求。如不同型号的彩电，同一型号但不同外形的手机等。

4. 模仿新产品。是指企业对市场上已经出现的新产品进行模仿，研制出属于自己的新产品。模仿新产品又分为两种：一种是全部模仿，不做任何的改变；另一种是根据不同的需要或为了突出自身产品的特性，而对新产品进行局部的改进。开发这种产品不需要大量的资金，风险较小，因此市场上采用跟随战略的企业，大多用这种方法。

5. 再定位新产品。市场上已有的产品进入一个新的市场，对于这个市场的消费者来说，这个产品也属于新产品。

8.5.2 新产品开发的原则与程序

（一）新产品开发的原则

1. 要根据消费者需求开发新产品。这是新产品成功与否的关键，也是现代营销学所应遵循的基本原则，只有新产品能够满足消费者的需求才能成功地进入市场。

2. 要考虑企业自身的能力。开发新产品的过程需要消耗企业大量的人力、物力和财力，这就要求企业有雄厚的经济实力和先进的技术水平，这不是一般中小企业所能做到的。

3. 注意新产品开发的动向。主要是指对于新产品是否有大量的潜在需求，只有当消费者对新产品的需求成规模时，新产品才可能取得成功。当消费者的需求量非常小时就把新产品投入市场，会延长产品的导入期，让企业蒙受较大的损失。

（二）新产品开发的程序

企业要想使新产品获得成功，除了上面应遵循的几条原则外，还应建立一套科学的新产品开发和研制的程序，一般新产品开发的程序包括八个步骤。

1. 产生创意

所谓创意，就是关于新产品的设想。虽然不是所有的创意都能变为新产品，但大量的创意却可为新产品的产生提供较多的机会。因此，应尽可能多地从企业内部和外部寻找关于新产品的创意。寻找创意的方法主要有以下四种：

（1）咨询调查法。即向企业内部职工或外面的专家、消费者进行咨询调研，然后将得到的意见和建议进行整理，转化为创意。

（2）属性列举法。既将现有产品的各种属性一一列举出来，然后寻求可能改进某种属性的方法，形成新的产品。

（3）强行联系法。先把企业现有的产品都列举出来，然后考虑它们之间的联系，以便从中获得启发。

（4）头脑风暴法。即把专家集中到一起，集思广益，寻找创意。

2. 筛选创意

当收集到足够多的创意后，就要对所有的创意进行评估和选择，因为不是所有的创意都能形成产品，对于一些可行性较低或根本不可行的创意要立即淘汰掉，以便把精力放到成功机会较大的创意上。在选择创意上，有两个方面的因素要考虑：一是创意是否与企业的目标相适应；二是企业是否有能力将这个创意变为产品。

3. 形成新产品概念

经过筛选后保留下来的产品创意还只是一些模糊的理念，要把这些模糊的理念具体化，形成消费者能够理解的具体产品概念。从顾客的角度对这些创意进行描述，以说明产品的具体性能、用途、外观、价格等，然后企业可以把这些描绘出来的具体概念让一些消费者进行评价，听取并收集他们的意见，以便于日后对新产品概念的改进。

4. 制定新产品的市场营销计划

新产品的市场营销计划应包括以下几个方面：

（1）选定新产品的目标市场，并确定新产品在目标市场上的定位。

（2）制定在目标市场中本企业现有产品的产品组合策略。

（3）拟订新产品的销售价格，短时期内的销售额、利润、市场占有率等具体目标。

5. 商业分析

商业分析就是对营销计划中拟定的销售额、利润、市场占有率等指标进行财务可行性分析，判断这些目标是否与企业的既定目标相符，如果相符，就可以进行新产品开发。

6. 新产品的试制

在经过商业分析后，企业的生产部门就可以把新产品的概念转化为实际的产品。这一时期是把产品由原先的概念、数据、图表、文字等模糊的描述变为实体的重要过程，主要考察的是新产品概念在技术上的可行性，如果技术上不可行，则前面的一切设想和努力都会付诸东流。

7. 新产品的试销

这是新产品第一次与消费者接触，也是消费者对新产品的一个检验过程，企业可以从试用消费者的反馈当中，收集意见和建议，以决定新产品的命运。新产品试销的规模主要取决于两个方面：一是试销的费用和试销时间，试销的费用和时间越长，规模越小；二是投资费用和风险，投资费用和风险越高，规模越大。

试销后，企业应从试用率和回购率两个方面对试销结果进行分析：如果试用率和回购率都较高，新产品就可以继续发展下去；如果试用率较低而回购率较高，说明新产品很有前途；如果试用率较高和回购率较低，表明新产品要进行改进；两者都很低，则应放弃这种新产品。

8. 新产品商品化

在试销成功后，就可以批量生产新产品，按照先前制定的营销计划，尽快将新产品投放到市场上。在将新产品推向市场时，还要考虑以下几个问题：

（1）什么时候推出新产品。主要需要考虑消费者和市场中的竞争者两个方面。

（2）在什么地方推出新产品。这就涉及选定目标市场的地理区域问题。

（3）向谁推出新产品。也就是企业新产品的目标人群。

（4）如何推出新产品。就是前面提到的营销方案。

8.5.3 新产品的市场推广

新产品能否迅速地进入市场，并扩大销路，与两个因素有关：一个是产品自身的特性；另一个是消费者的特性。

（一）新产品特征与市场推广

新产品自身特性越优良，就越容易被消费者所接受。影响新产品推广的自身特性具体有以下几点：

1. 新产品的实用性。如果这种新产品确实能满足消费者的需求，那么就会迅速被推广。

2. 新产品的相对优越性。新产品的性能如果明显的优于市场所出售的同类产品，那么就会有更多的消费者来购买。

3. 新产品的易操作性。如果新产品使用方便，易于消费者的使用和操作，购买者就会很多。

4. 使用效果的明显性。新产品的使用效果如果很明显，就会被使用的消费者广泛宣传和推荐，引起更多消费者的购买。

（二）消费者购买行为与市场推广

由于消费者所受的教育、所处的环境、价值观等自身背景不同，导致了消费者购买特点的千差万别，但其中也存在着一定的规律性，消费者由了解一个产品到他最终决定购买一个产品一般要经历以下四个阶段：了解—熟悉—评价—正式购买。

1. 了解。消费者对新产品有个初步的认识，有可能是亲朋好友的宣传，也有可能是从广告上得知，但消费者对产品的具体性能、质量、价格等方面还不是了解太多。

2. 熟悉。出于某种兴趣，消费者有意进一步了解该产品，对产品各方面的特性都有了系统的认识。

3. 评价。通过对新产品的进一步了解，消费者给出了自己对于该产品的评估。

4. 正式购买。如果消费者对这个产品的评价极好，且能够满足消费者的需求，那么消费者就会决定购买新产品。

（三）消费者类型与市场推广

前面讲到的是消费者的购买行为与市场推广的关系，这一部分我们要介绍的是不同类型的消费群体与市场推广的关系。由于不同类型的消费人群对新产品接受的快慢程度不同，我们可以把消费者划分为四种类型。

1. 勇于创新者。他们占购买者的一小部分，其特点是：喜欢冒险，收入较高，爱展示自身的与众不同，在大众消费者中能起到榜样作用。他们往往是新产品导入期的目标人群。

2. 早期使用者。一般是年轻人，富于探索，对新事物比较敏感并有较强的适应性，经济状况良好，对早期采用新产品有自豪感。

3. 大众使用者。占了消费人群的绝大多数，虽不甘落后潮流，但经济能力有限，在购买新产品时，大多持谨慎的态度，不愿承担风险。但这部分人群却是企业新产品推广的主要目标人群。

4. 落后购买者。这部分消费者占的比例不是很大，往往是一些思想守旧者和经济实力较差的群体。只有当产品进入生命周期的后期才开始购买。

（四）新产品的推广策略

1. 市场导向策略。这种策略注重的是促销手段，在新产品进入市场时，加大对新产品的宣传力度，以引导消费者进行购买。

2. 低价格策略。这么做是为了迅速占领市场，吸引大众消费者。

3. 技术领先型策略。新产品进入市场后，利用新产品强大的技术含量来打动消费者。

4. 模仿策略。通过模仿其他企业成功的营销手段，产品包装等，使自身的产品进入市场。

这几种策略，也可以结合起来使用，以增强新产品推广的速度。

【小结】

市场营销组合是指企业针对目标市场综合运用各种可能的市场营销策略和手段，组合成一个系统化的整体策略，以达到企业的经营目标，并取得最佳的经济效益。

营销组合基本决策构架包括：产品策略、价格策略、分销渠道策略和促销策略。

市场营销组合的特点：可控制性、动态性、整体性和复合性。

产品的分类：按有形性分为有形产品和无形产品；按用途分为消费品和工业品；按销售关系分为独立产品、互补产品和替代产品；按耐久性分为耐用品和非耐用品。

产品的生命周期包括四个阶段：导入期、成长期、成熟期和衰退期。

产品组合策略的几种基本类型：扩张多样化策略、收缩专业化策略、产品延伸策略和产品淘汰策略。

产品组合的评价方法：通用电气公司法和波士顿咨询集团法。

品牌策略：无品牌策略、品牌归属策略、品牌统分策略、新品牌策略和品牌重新定位策略。

产品包装策略：相似包装策略、分级包装策略、组合包装策略、重复使用包装策略、附赠品包装策略、更换包装策略和分类包装策略。

新产品的概念应从消费者的角度来理解，无论是产品在技术方面的全部创新，还是某个功能的改进，或者是产品从原有的市场进入一个全新的市场，只要是能给消费者带来新的利益，满足消费者新的需求，我们都可以称为新产品。

新产品的类型包括全新产品、换代新产品、改进新产品、模仿新产品和再定位新产品。

新产品开发的程序分为产生创意、筛选创意、形成新产品概念、制定新产品的市场营销计划、商业分析、新产品的试制、新产品的试销和新产品商品化。新产品的推广策略包括市场导向策略、低价格策略、技术领先型策略和模仿策略。

【关键术语】

市场营销组合策略（Marketing Mix Strategy）
产品整体（Products Overall）
产品生命周期（Product Life Cycle）
产品组合（Product Portfolio）
产品组合的宽度（The Width of Product Portfolio）
产品组合的长度（The Length of Product Portfolio）
新产品开发（New Product Development）
市场推广（Market Promotion）
产品组合的深度（The Depth of Product Portfolio）
产品组合的关联性（The Relevance of Product Portfolio）
通用电气公司法（General Electric Company Law）
波士顿咨询集团法（Boston Consulting Group Law）
品牌策略（Brand Strategy）
包装策略（Packaging Strategies）

【知识链接】

［1］林秋．产品创新过程中知识管理初探［D］．复旦大学，2009.

［2］施文亮．企业能力与产品创新的关系研究［D］．苏州大学，2011.

［3］孟兆晨．经济复苏环境下市场营销策略的调整途径［J］．当代经济，2010（7）．

［4］［美］菲利普·科特勒等．营销管理［M］．王永贵等译．上海：格致出版社，2012.

［5］李兰珍．浅析体验营销在企业的实施策略［J］．时代金融，2011（17）．

［6］郭晴，张径伟．基于SWOT分析视角下的富安娜家纺的营销策略［J］．中国商贸，2012（17）．

［7］魏晓丹．论企业市场营销的良性发展［J］．现代营销（学苑版），2011（05）．

［8］祝海波等．市场营销战略与管理．北京：中国经济出版社，2011.

［9］［美］罗杰·A. 凯林．市场营销［M］．董伊人等译．世界图书出版公司，2012.

［10］中国营销传播网 http：//www. emkt. com. cn/.

【案例分析】

华龙面产品组合策略分析

2003年，在中国大陆市场上，位于河北省邢台市隆尧县的华龙集团以超过60亿包的方便面产销量排在方便面行业第二位，仅次于康师傅。同时与“康师傅”、“统一”形成了三足鼎立的市场格局。“华龙”真正地由一个地方方便面品牌转变为全国性品牌。

作为一个地方性品牌，华龙方便面为什么能够在“康师傅”和“统一”这两个巨头面前取得全国产销量第二的成绩，从而成为中国国内方便面行业又一股强大的势力呢？

从市场角度而言，华龙的成功与它的市场定位、通路策略、产品策略、品牌战略、广告策略等不无关系，而其中产品策略中的产品市场定位和产品组合的作用更是居功至伟。下面我们就来分析华龙是如何运用产品组合策略的。

一、发展初期的产品市场定位：针对农村市场的高中低产品组合

在20世纪90年代初期，大的方便面厂家将其目标市场大多定位于中国的城市市场。如“康师傅”和“统一”的销售主要依靠城市市场的消费来实现。而广大的农村市场，则仅仅属于一些质量不稳定、无品牌可言的地方小型方便面生产厂家，并且销量极小。中国的农村方便面市场仍然蕴藏巨大的市场潜力。

1994年，华龙在创业之初便把产品准确定位在8亿农民和3亿工薪阶层的消费群上。同时，华龙依托当地优质的小麦和廉价的劳动力资源，将一袋方便面的零售价定在0.6元以下，比一般名牌低0.8元左右，售价低廉。

2000年以前，主推的大众面如“108”、“甲一麦”、“华龙小仔”；中档面有“小康家庭”、“大众三代”；高档面有“红红红”、“煮着吃”。

凭借此正确的目标市场定位策略，华龙一下在北方广大的农村打开市场。

2002年，从销量上看，华龙地市级以上经销商（含地市级）销售量只占总销售量的27%，县城乡镇占73%，农村市场支撑了华龙的发展。

二、发展中期的区域产品策略：针对不同区域市场高中低的产品组合

作为一个后起挑战者，华龙推行区域营销策略。它创建了一条研究区域市场、了解区域文化、推行区域营销、运作区域品牌、创作区域广告的思路，在当地市场不断获得消费者的青睐。从2001年开始推行区域品牌战略，针对不同地域的消费者推出不同口味和不同品牌的系列新品。

另外，华龙还有如下系列产品：

- 定位在小康家庭的最高档产品“小康130”系列；
- 面饼为圆形的“以圆面”系列；
- 适合少年儿童的A－干脆面系列；
- 为感谢消费者推出的“甲一麦”系列；
- 为尊重少数民族推出的“清真”系列；
- 回报农民兄弟的“农家兄弟”系列；
- 适合中老年人的“煮着吃”系列；

以上系列产品都有三个以上的口味和6种以上的规格。

三、华龙方便面组合策略分析

华龙目前拥有方便面、调味品、饼业、面粉、彩页、纸品六大产品线，也就是其产品组合的长度为6。方便面是华龙的主要产品线，在这里，我们也主要研究方便面的产品组合。

1. 华龙的方便面产品组合非常丰富，其产品线的长度、深度和密度都达到了比较合理的水平。它共有17种产品系列，十几种产品口味，上百种产品规格。其合理的产品组合，使企业充分利用了现有资源，发掘现有生产潜力，更广泛地满足了市场的各种需求，占有了更宽的市场面。华龙丰富的产品组合有力地推动了其产品的销售，有力地促进了华龙成为方便面行业老二的地位的形成。

2. 华龙面在产品组合上的成功经验：

——阶段产品策略。

根据企业不同的发展阶段，适时地推出适合市场的产品。

①在发展初期将目标市场定位于河北省及周边几个省的农村市场。由于农村市场本身受经济发展水平的制约，不可能接受高价位的产品，华龙非常清楚这一点，一开始就推出适合农村市场的“大众面”系列，该系列产品由于其超低的价位，一下子为华龙打开了进入农村市场的门槛，随后“大众面”系列

红遍大江南北，抢占了大部分低端市场。

②在企业发展几年后，华龙积聚了更大的资本和更足的市场经验，又推出了面向全国其他市场的大众面的中高档系列，如中档的“小康家庭”、“大众三代”，高档的“红红红”等。华龙由此打开了巨大的北方农村市场。1999年，华龙产值达到9亿元人民币。

这是华龙根据市场发展需要和企业自身状况而推出的又一阶段性产品策略，同样取得了成功。

③从2000年开始，华龙的发展更为迅速，它也开始逐渐丰富自己的产品系列，面向全国不同市场又开发出了十几个产品品种，几十种产品规格。2001年，华龙的销售额猛增到19亿元。这个时候，华龙主要抢占的仍然是中低档面市场。

④2002年起，华龙开始走高档面路线，开发出第一个高档面品牌——“今麦郎”。华龙开始大力开发城市市场中的中高价位市场，此举在如北京、上海等大城市大获成功。

——区域产品策略。

华龙从2001年开始推行区域品牌战略，针对不同地域的消费者推出不同口味和不同品牌的系列新品。

①华龙的产品策略和品牌战略是：不同区域推广不同产品；少做全国品牌，多做区域品牌。

②作为一个后起挑战者，华龙在开始时选择了在中低端大众市场，考虑到中国市场营销环境的差异性很大，地域不同，则市场不同、文化不同、价值观不同，生活形态也大不同。

因此，华龙想最大限度挖掘区域市场，制定了区域产品策略，因地制宜，各个击破，最大限度地分割当地市场。如华龙针对中原河南大省开发出“六丁目”，针对东三省有“东三福”，针对山东大省有“金华龙”等，与此同时还创做出区域广告诉求。

③华龙推行区域产品策略——实际上创建了一条研究区域市场、了解区域文化、推行区域营销、运作区域品牌、创作区域广告的思路。

④之后它又开始推行区域品牌战略，针对不同地域的消费者推出不同口味和不同品牌的系列新品。如针对回族的“清真”系列、针对东三省的“可劲造”系列等产品。

——市场细分的产品策略。

市场细分是企业常用的一种市场方法。通过市场细分，企业可确定顾客群对产品差异或对市场营销组合变量的不同反应，其最终目的是确定为企业提供最大潜在利润的消费群体，从而推出相应的产品。华龙就是进行市场细分的高手，并且取得了巨大成功。

①华龙根据行政区划推出不同产品，如在河南推出“六丁目”，在山东推出“金华龙”，在东北推出“可劲造”。

②华龙根据地理属性推出不同档次的产品，如在城市和农村推出的产品有别。

③华龙根据经济发达程度推出不同产品。如在经济发达的北京推广目前最高档的“今麦郎”桶面、碗面。

④华龙根据年龄因素推出适合少年儿童的A－干脆面系列；适合中老年人的“煮着吃”系列。

⑤华龙为感谢消费者推出的“甲一麦”系列；为回报农民兄弟推出的“农家兄弟”系列。

华龙十分注重市场细分，且不仅是依靠一种模式。它尝试各种不同的细分变量或变量组合，找到了同对手竞争、扩大消费群体、促进销售的新渠道。

——高中低的产品组合策略。

华龙面的产品组合是一个高中低相结合的产品组合形式，而低档面仍占据着其市场销量的大部分份额。

①全国市场整体上的高中低档产品组合策略，既有低档的大众系列，又有中档的甲一麦，也有高档的今麦郎。

②不同区域的高中低档产品策略。

如在方便面竞争非常激烈的河南市场一直主推的就是超低价位的六丁目系列。“六丁目”主打口号就是“不跪（贵）”。这是华龙为了和河南市场众多方便面竞争而开发出来的一种产品，它的零售价只有0.4元/包（给经销商0.24元/包）。同时，华龙将工厂设在河南许昌，因此让河南很多方便面品牌日子非常难过。

而在全国其他市场如东北在继“东三福”之后投放中档的“可劲造”系列，在大城市投放“今麦郎”系列。

③同一区域的高中低档面组合，开发不同消费层次的市场。

如在东北、山东等地都推出高、中、低三个不同档次、三种不同价位的产品，以满足不同消费者对产品的需要。

——创新产品策略。

每一个产品都有其生命发展的周期。华龙是一个新产品开发的专家。它十分注意开发新的产品和发展新的产品系列，从而来满足市场不断变化发展的需要。

①华龙在产品规格和口味上不断进行创新。从50g一直到130g，华龙在10年的时间里总共开发了几十种产品规格。开发出了如翡翠鲜虾、香辣牛肉、烤肉味道等十余种新型口味。

②华龙在产品形状和包装上进行大胆创新。如推出面饼为圆行的“以圆面”系列；“弹得好，弹得妙。弹得味道呱呱叫”弹面系列。封面上体现新潮、时尚、酷的“A小孩”系列等。

③产品概念上的创新。如华龙创造出适合中老年人的“煮着吃”的概念，煮着吃就是非油炸方便面，只能煮着吃，非常适合中老年的需要。

——产品延伸策略。

①产品延伸策略是华龙重要的产品策略。每一个系列产品都有其跟进的“后代”产品。

如在推出六丁目之后，又推出六丁目108，六丁目120，超级六丁目；在推出金华龙之后，又推出金华龙108，金华龙120；在推出东三福之后，又推出东三福120，东三福130。

②不仅有产品本身的延伸，而且有同一市场也注意对产品品牌进行的延伸。在东北三省推出“东三福”系列之后，又推出“可劲造”系列。

总之，华龙面的产品组合策略是比较成功的，值得我们认真分析和思考，有些方面也许还可以值得借鉴，值得推广和运用。

（资料来源：http：//www. scopen. net/.）

思考题

1. 什么是产品组合？本案例中华龙集团的产品组合有哪些？
2. 华龙集团的产品组合策略有哪些？你如何看待这些策略？
3. 你认为哪些方面还可以改进？

第 9 章 价格策略

【本章知识要点】

知识要点	掌握程度	相关知识
价格策略	了解	价格的概念、价格策略的重要性、价格策略在营销组合中的地位、影响定价的主要因素
企业定价目标与程序	了解	企业定价的目标、产品价格的构成、产品定价的程序
定价的基本方法	掌握	成本导向定价法、需求导向定价法、竞争导向定价法
定价的基本策略	掌握	新产品定价策略、产品组合定价策略、折扣定价策略、差别定价策略、心理定价策略

【本章技能要点】

技能要点	掌握程度	应用方向
定价的基本方法	掌握	为企业的现有产品或新推出的产品等进行定价，以吸引消费者的购买
定价的基本策略	掌握	定价的基本策略是解决企业在为不同产品及不同时期的产品进行定价时为了吸引消费者的注意应当采取的何种定价策略的问题

【导入案例】

沃尔玛低价策略

沃尔玛能够迅速发展，除了正确的战略定位以外，也得益于其首创的折价销售策略。每家沃尔玛商店都贴有天天廉价的大标语。同一种商品在沃尔玛比其他商店要便宜。沃尔玛提倡的是低成本、低费用结构、低价格的经营思想，主张把更多的利益让给消费者，为顾客节省每一美元是他们的目标。沃尔玛的利润通常在30%左右，而其他零售商如凯马特的利润率都在45%左右。公司每星期六早上举行经理人员会议，如果有分店报告某商品在其他商店比沃尔玛低，可立即决定降价。低廉的价格、可靠的质量是沃尔玛的一大竞争优势，吸引了一批又一批的顾客。

营销启示：价格往往是主导消费者能否购买企业产品的关键，因此能否用价格吸引住消费者的心对于像沃尔玛这样的零售商十分关键。

价格是市场营销组合中最重要的因素之一，它直接关系到产品能否为消费者接受，市场占有率的高低，需求量的变化和利润的多少。传统观念视价格为市场竞争最重要的手段。进入20世纪50年代，非价格竞争在市场营销中居于愈来愈重要的地位，但这并不否定价格因素在市场营销中的重要地位。价格依然是营销组合因素中最活泼的因素，与其他各因素存在相互依存、相互制约的关系。研究价格策略，既要考虑其他因素对价格的影响，还要考虑价格对其他因素的影响。企业营销管理人员，不仅需要充分了解价格策略在市场营销组合中的地位和作用，更有必要掌握市场营销中定价的理论依据，深刻认识制约价格的各种因素，合理制定企业的定价目标，在日益剧烈的市场竞争中，灵活运用基本的价格策略和方法。

9.1 价格策略概述

9.1.1 价格的概念

价格的本质是一种从属于价值并由价值决定的货币价值形式。价值的变动是价格变动的内在的、支配性的因素，是价格形成的基础。但是，由于商品的价格既是由商品本身的价值决定的，也是由货币本身的价值决定的，因而商品价格的变动不一定反映商品价值的变动。

（一）从经济学的观点看

经济学认为价格是严肃的，是产品价值的货币表现形式，是不可随意变动的。价格总是与实现利润紧密联系在一起的。因此，从经济学角度来说，价格和定价是一门科学。

（二）从市场营销学的观点看

市场营销学认为价格是活泼的，是可以随时随地根据需要变动的，价格对整个市场的变化应当可以做出灵敏的反应，可变也可不变。价格必须依据消费者能否接受为出发点。价格是决定企业盈利的因素，但绝不是唯一的决定性因素。因此，从市场营销学角度说，价格和定价是一门艺术。

需要指出的是，尽管营销定价要求对产品价格的确定采取轻松活泼的态度，但是价格的确定也还是必须遵循客观经济规律的要求，即使是完全的市场经济社会，产品价格的确定也只能在客观经济规律允许的有限范围内自由变动。即必须按照经济学的原理原则，遵循客观的经济规律来对价格做出决策和调节。

9.1.2 价格策略的重要性

价格策略研究是市场营销理论的基础部分，即4P理论之一。然而在市场营销观念发展的不同阶段，对价格策略的重要性以及价格策略在市场营销组合中的地位的认识，有一个发展变化的过程。在人类社会进入商品经济的早朝，生产力发展的水平和消费水平较低，生产者向市场提供的商品主要是原料、食品和生活必需品。这些商品在质量、性能、外观等方面，具有较多的相似性，差异性较小，加之当时的消费者购买力水平十分有限，购买力的投向主要放在生活必需品上，价格变动对消费者的购买行为影响较大，所以市场竞争主要倾向于价格竞争。而且鉴于当时的技术水平，价格具有同质的可比性，较商品的性能、式样等特征更具可识别性和比较性，因此，价格作为经济利益的调节者，必然成为买卖双方都可接受的理性行为指标。第二次世界大战后，市场规模扩大，新科技革命推动了生产力的高速发展，产品可以较多地从性能、式样、品牌等方面进行个性化生产；同时，随着经济的发展，消费水平逐步提高，选购品和奢侈品的需求增长迅速，这些商品的价格可比性降低。因此，20世纪50年代至70年代初期，市场竞争较多地重视非价格因素。但在这一时期中，价格仍然是市场营销活动中最重要的营销因素之一。

进入70年代，随着市场营销理论研究的深入和竞争的实践，特别是价格的心理含义和行为理论为人们认识以后，价格策略在市场营销中又重新居于核心位置，并重新为企业家再认识。价格策略之所以在市场营销及经济活动中居于十分重要的地位，主要在于下面几方面：

（一）价格直接影响企业盈利目标实现

在市场经济条件下，企业作为独立的商品生产者和经营者，具有独立的经济利益。企业的直接目的是追求利润的最大化，而利润又与企业的销售收入密切相关，销售收入的多寡又受价格的高低和变化的影响，价格在企业的经营活动中作为一个可控变量决定着企业的盈或亏。

（二）价格是市场竞争的重要手段

首先，价格是购买行为能够发生最具影响力的因素之一。购买作为一种经济行为，其执行者必须首先考虑价格的高低，行为发生后对自己是否有利，利大还是利小。价廉物美，消费者就能够获得较大的利益；物美价高，消费者就可能获利较少。其次，价格是同行业内最常用、最易仿效的竞争手段。在现代市场经济条件下，任何一个企业都不可能长期保持对某一产品的市场独占，新产品进入市场之初，企业的决策者必须做出正确的价格决策，是实行厚利精销的高价策略，迅速收回投资成本，还是薄利多销的廉价策略，以获取规模经济效益。高价厚利的定价策略必然招徕同行业众多的竞争者，市场竞争激烈，迫使价格下降。而薄利多销的定价策略，则可能拒绝新的竞争者加入同类产品市场的角逐，获得较高的市场占有率和规模经济效益。因此，以廉取胜是同行业内的重要竞争策略之一。

（三）当代企业市场营销环境急剧变化，迫使市场经济条件下的企业日益重视定价策略

1. 科学技术发展的步伐日益加快，产品生命周期迅速缩短，使得企业没有充分的机会来修正营销价格策略的错误，而致使产品在市场营销过程中失败。

2. 经济全球化发展迅速，国际竞争者的压力增大，使企业在定价过程中注入更多的国际同类产品的相关因素。

3. 在经济发展和通货膨胀过程中，消费者的需求变化迅速，要求企业快速调整价格策略，以适应变化了的消费者需求。

4. 能源短缺，新型原材料不断问世和劳动力收入水平上升。产品的生产成本增加，使企业制定适宜价格的难度增大。

美国著名的营销学者托马斯·克尼尔指出：近年来迅速变化的市场营销环境的特性，不断增强了市场营销中价格决策的重要性。研究表明，20年前，经理们把价格策略放在市场营销决策中的第三位因素，居于产品策略和促销策略之后，然而现在许多人都觉得价格策略应居于市场营销决策最重要的位置。

9.1.3 价格策略在营销组合中的地位

价格是营销组合中最关键、最活跃的因素，它随市场变化而上下波动，协调着买卖双方的利益关系。在市场经济条件下，如果能在价格决策过程中正确制定价格变动的幅度、时间和地区，就能在瞬息万变的市场竞争格局中居于十分有利的地位。价格的灵活性还表现在，通过价格的变动和在市场营销活动中采用不同的价格策略，可以弥补市场营销诸因素的缺陷。

（一）产品策略与价格策略的关系

由于产品的性能、生命周期、品牌与商标、包装、新旧等特殊性，需要制定不同的产品策略，而不同的产品策略必然需要相应的价格策略给予支持。

1. 产品性能与价格的内在联系。如商品根据其耐久性分为非耐用品、耐用品，经营者必须根据其不同的特性采用不同的产品策略进入市场。非耐用品具有消费周期短、多次重复购买的特点，开拓市场就需要低价策略的支持；而耐用品进入市场之初则可能需要高价策略的支持。又如，商品根据消费者的购买特性，分为便利品、选购品、特殊品和非渴求品等，其需求价格弹性的差异，也要求在市场营销中采用不同的价格策略。

2. 新、老产品及产品生命周期与价格的内在联系。新产品的经营规模小，成本较高，价格是一个十分关键的因素。价高则难以进入市场，价低则不能弥补成本。在产品生命周期的不同阶段，需要不同的价格策略支持，如成熟期的产品需要稳定的价格支持，而进入衰退期的产品就不得不以低价策略来寻求最大边际收益。

3. 价格与其他产品策略的关系。在产品组合中，如果其中一种产品的价格策略变动，必然会影响同一产品组合中的其他产品。不同的商标和品牌需要不同的价格策略支持，如名牌需要高价策略支持，非名牌需要低价策略的支持。包装策略的变化也要求不同的价格策略相配合，精致的包装增加了成本，价格相对要提高，反之则降低。

4. 价格与产品质量的内在联系。产品的质量不同，投入的人力和物力也不同，生产成本的差异必然反映到市场上来，不同质量的产品有着不同的价格，优质高价，低档廉价，时髦商品高价，大路货价廉，等等。价格的灵活性和可调整性，可以弥补产品质量市场的不可控性和多变性。

（二）价格与渠道策略的关系

在市场营销中由于采用不同的渠道策略，必然会形成分销渠道的长短和宽窄及分销环节的多少。不同渠道的策略要求相应的价格策略支持。长渠道策略要求较低的出厂价格，让利于各类中间商、代理商、批发商，刺激他们积极去为产品开拓更广阔的市场；短渠道策略则由于生产者自己承担着开拓市场的任务，必然产生相应的费用，于是要求价格相应提高。不同的渠道环节又要求具有各自不同特点的定价策略。生产者在制定出厂价时，较多地以产品的生产成本和预期投资回报率为依据；而批发商和零售商则主要以消费者愿意接受的价格为出发点，来确定产品的进价和销售价。如果某一产品直接和间接渠道并存，生产者应以让中间商都能取得合理的利润为原则，采用差异性的价格策略。差价大，中间商的积极性就高，分销渠道就会增长；差价较小，就只能采用直接分销渠道，减少不必要的中间商环节。

（三）价格与促销策略的关系

开展广告、人员推销、公共关系及营业推广等促销活动，都需要支付相应的费用。不同的商品在不同的市场条件下，促销费用高低不一。如选购品就必须花费较高的促销费用才可能顺利地进入市场，故而成本上升，价格必然要提高一些；生活必需品促销费用低，价格相应就定得低一些，让利于民。因此，促销策略的选择既要适应市场拓展的需要，也要考虑能否有相应的价格策略支持，以及消费者对价格的心理和经济的接受能力。

由于价格策略在营销过程中与其他各因素存在着相互依存、相互制约的联系，在选择价格策略时，既要考虑其他营销组合因素对价格的影响，也要考虑价格对其他因素的制约。

9.1.4 影响定价的主要因素

消费者对商品价格的接受程度是由多方面因素决定的。企业为使自己的产品为消费者所接受，实现其经营目标，需要制定适当的价格。由此，在定价时必须充分考虑影响和制约价格策略选择的各种因素。影响定价的主要因素有七个：产品的市场需求状况、产品成本、竞争状况、政府对价格的干预、货币价值与货币流通量、社会经济状况和心理因素。

（一）产品的市场需求状况

市场需求量是影响产品定价最为明显的因素之一。当市场对产品的需求量大于供给量时，价格就会出现上升趋势；相反则会出现下降的趋势。这里我们要借助经济学的一些概念来分析需求状况与产品价格的关系。

1. 需求的价格弹性。指需求变动率与价格变动率的比值，反映需求变动对价格变动的敏感程度，用 EP 表示。计算公式为：

EP = 需求量变动百分比/价格变动百分比

当 EP = 1 时，需求量是与价格等比例变化。

这时，价格的上升（下降）会引起需求量等比例的减少（增加）。因此，价格变化对销售收入影响不大。定价时，可选择通行的市场价格，提高盈利的主要手段应放在对产品的促销上。

当 EP > 1 时，反映需求量的相应变化大于价格自身的变化。

这时，价格的上升（下降）会引起需求量较大幅度的减少（增加），称为需求弹性大或富于弹性的需求，定价时应通过降低价格、薄利多销达到增加盈利的目的，否则会影响企业收入。

当 EP < 1 时，反映需求量的相应变化小于价格自身的变化。

这类商品，价格的上升（下降）会引起需求量较小幅度的减少（增加），称为需求弹性小或缺乏弹性的需求；定价时，较高水平的价格往往会增加盈利，低价对需求量刺激不够，反而会降低收入水平。

2. 需求收入弹性。指因收入变动而引起的需求量的相应变动率，反映需求量的变动对收入变动的敏感程度。用 EY 表示，需求量与收入二者一般成正比关系。计算公式为：

EY = 需求量的变动百分比/收入变动百分比

定价时，考虑收入弹性有重要意义，因为需求收入弹性反映的是消费者的需求与消费者收入之间的关系。例如，几年前，我国高档相机刚刚上市，当时收入水平普遍偏低，相机销售不畅。后经价格下调，需求量陡然上升。而目前，居民购买力水平增长较快，尽管高档相机价格不断上调，畅销势头不减，需求依然旺盛。从这一实例可清楚认识到定价与收入弹性的相互关系，企业可以通过研究和分析需求收入弹性获得利润与销量的双丰收。

3. 需求交叉弹性。指因一种商品价格变动而引起的其他相关商品需求量的相应变动率，用 EBPA 表示。也就是说，某一种商品价格变动使另一种商品需求量相应变动的比率。多见于替代商品或互补商品的价格与需求变化。公式如下：

EBPA = B 商品需求量变动的百分比/A 商品价格变动的百分比

替代商品同向变化：毛料服装价格的上升使化纤服装需求量增加，交叉弹性为正。如果企业生产的是毛料服装，当市场上化纤服装需求量增加时，说明消费者对毛料的需求量会减少，因此企业为了增加销售量在对自身生产的毛料产品进行定价时，就要相应的低一些。

互补商品反方向变化：照相机价格下降使胶卷需求量增加，交叉弹性为负。如果企业是生产胶卷的厂商，当市场上对传统照相机的需求量增加时，说明消费者对胶卷的需求量也会相应的增加，因此，生产胶卷的企业对胶卷的定价就应该高一些。

（二）产品成本

产品的成本是企业对产品定价的基本标准和参考，如果产品价格低于产品的成本和费用，企业就会得不偿失，如果等于成本和费用，企业只能维持自身基本的生产活动，只有在产品的价格大于成本和费用的情况下，企业才能不断的发展壮大。因此，在一般情况下，产品的价格都应高于其成本和费用。企业在对产品定价时要考虑的主要成本和费用有：

1. 固定成本。是指在既定生产经营规模范围内，不随产品种类及数量的变化而变化的成本费用。包括照明空调、产品设计、市场调研、管理人员工资等项目的支出。

2. 变动成本。是指随产品种类及数量的变化而相应变动的成本费用。包括原材料、原料、运输、储存支出及生产工人工资、部分市场营销费用。

3. 总成本。是指全部固定与变动成本费用之和。当产量为零时总成本等于固定成本。

4. 平均固定成本。即单位产品的固定成本。由于固定成本不随产量的变动而变动，但平均固定成本却随产量的增加而减少，这里就有一个规模效益的潜在因素。

5. 平均变动成本。即单位产品的变动成本。从理论上讲，不论产量是多少，单位产品的变动成本是不变的。但在实际中当生产发展到一定规模，工人熟练程度提高，批量采购材料价格的优惠，都会使平均变动成本减少。

6. 平均总成本。即单位产品的总成本，它等于平均固定成本与平均变动成本之和。随着生产率的提高，规模经济效益的形成，平均总成本呈递减趋势。

7. 边际成本。是指企业每增加或减少一个单位产量而引起的总成本变动的数值。边际成本的变动与固定成本无关，在产量增加初期，边际成本呈下降趋势，低于平均成本，导致平均成本下降；但超过一定限度，则高于平均成本，又导致平均成本上升。

8. 机会成本。这是企业从事某一项经营活动而放弃另一项经营活动的机会，另一项经营活动所应取得的收益即为某项经营活动的机会成本。企业在经营活动中，具有各种可能的经营途径，慎重分析每一个方案的机会成本，以便使有限的资源得到最合理的利用。

（三）竞争状况

市场价格是在市场竞争中形成的。产品市场竞争的激烈程度不同，对定价的影响也不同，市场竞争越激烈，对价格的影响也越大。按照市场竞争的程度，可将市场竞争分为完全竞争、完全垄断、垄断竞争和寡头竞争四种情况。

1. 完全竞争。是指没有任何垄断因素的市场状况。同种商品有多个卖主和买主，生产要素可以自由流动，产品同质。卖主和买主对市场信息尤其是市场价格变动的信息完全了解，买主和卖主都不能操纵市场价格，卖主既不可能按高于现行市场价格的价格出售商品（由于对信息完全了解，买主会买其他卖主的商品），也没必要减价出售（因为按现行价格就能卖掉其全部商品）。价格完全由供求关系决定，各个卖主都是价格的接受者，而不是价格的决定者。

在完全竞争的市场上，生产企业不可能采用提价的办法得到更多的利润，只能靠提高自己产品的生产效率，降低各种消耗从而降低各种成本的办法取得更多的利润。同样，由于产品完全同质，卖者也无需花很多精力去搞市场营销研究、产品开发、定价广告、销售促进等市场营销工作，这些活动只会增加商品的成本，因而都是不必要的。

在现实生活中，完全竞争市场是不存在的。

2. 完全垄断。又称纯粹垄断市场或独占市场。是指某一种产品完全被一个厂商垄断和控制，而这种产品在市场上没有一个现成的代替品的市场。完全垄断市场在实际生活中极为少见，一般只有在特定的条件下才能形成，如一些与居民生活密切相关的产业（通信、电力、自来水等）。对某种产品拥有专利或拥有独家原料开采权的企业，就可能处于垄断地位。

从理论上讲垄断企业完全有自由定价的权利。但是，实际上，独占企业的产品价格也要受其他情况的限制，如容易引起消费者的反对和政府的干预，减少消费或采用代用品等。完全垄断与市场经济提倡自由经济是相矛盾的。它使企业缺乏降低成本的外在压力，导致较高的销售价格、较低的产量和垄断超额利润，其结果是生产效率低下，社会资源配置不佳。

3. 垄断竞争。在现代经济中，完全竞争或完全垄断的情况都很少见，而比较接近现实的形态是垄断竞争，既有垄断倾向，又具有竞争成分，因此是一种不完全竞争。

在垄断竞争的市场上有许多卖主和买主，但不同卖主所提供的同类产品有差异性。有些是产品实质上的差异，如质量、花色、式样和产品服务的差异；有些是产品心理上的差异，如购买者由于受广告、宣传、商品包装的影响，在主观上或心理上认为其有差异，而有所偏好，愿意花不同的钱去购买。因此各个卖主对其产品都有相当的垄断性，能控制其产品的价格。在这种情况下，企业已不是一个消极的价格接受者，而是一个对价格有影响力的决定者。在不完全竞争条件下，卖主定价时广泛地利用心理因素。产品差异是控制其产品价格的一种主要策略，企业往往通过强调本企业产品的与众不同而使消费者接受其价格。

4. 寡头竞争。寡头竞争是竞争和垄断的混合物，也是一种不完全竞争。它是指某种商品的绝大部分由少数几家大企业生产或销售，每个企业在该行业中都占有相当大的份额，其中任何一家厂商的产量或价格变动都会影响该种产品的价格和其他厂商的销售量，每个寡头都有能力影响和控制市场价格。

寡头竞争又可分为完全寡头竞争和不完全寡头竞争。各个寡头企业生产的产品为同质的，称为完全寡头竞争，各个寡头企业生产的产品具有差异性，称为不完全寡头竞争。

在寡头竞争条件下，商品的价格不是通过市场供求决定的，而是由寡头们通过协议或默契决定的，这称为操纵价格（或联盟价格）。操纵价格一旦决定，一般在相当长的时间内不会改变。因为某一个厂商降低了价格，会立刻遭到对手更猛烈的降价报复，结果是使得大家的收入都降低了；而如果某一个企业单独提高价格，其竞争对手绝不会随之提价，同时会乘机夺取提价企业的市场。但各个寡头在广告宣传、促销方面竞争较激烈。

在现实的经济中，寡头竞争比完全垄断更为普遍。西方国家的许多行业如汽车、飞机制造、钢铁等都是寡头竞争。

（四）政府对价格的干预

为了维护国家与消费者利益，维护正常的市场秩序，政府往往通过行政的、法律的、经济的手段对企业定价及社会整体物价水平进行调节和控制。因而，企业在定价时也必须考虑政府的影响。

1. 行政手段。主要在某些特殊时期，对某些特殊产品采取限价措施，这包括在物资严重匮乏时期实行的最高限价和为保护生产利益而对某些产品实行的最低限价。限价措施在一定时期内对于保护消费者和生产者利益具有积极作用。但从长期来看，不利于供求规律调节作用的发挥，随着时间的推移，商品短缺和过剩会变得更为严重，因而限价措施不适于长期使用。

与最低限价相比，政府补贴具有更大的灵活性，因而为许多国家所广泛使用，尤其是对农副产品的财政补贴。

2. 立法手段。用法律法规管理价格，主要是为了保护竞争，限制垄断。

3. 经济手段。它是国家抑制通货膨胀的重要措施，对企业定价的影响主要表现为：为抑制需求、减少投资而采取的提高利率或增加营业税措施，会影响企业的成本，减少企业利润，结果是推动价格上升；而为了限制工资的增长速度，以征税为基础的收入政策对于制止成本推动的价格上升也有一定的效果。如美国1936年通过的《罗宾逊·彼德曼法案》。需要指出的是，对于处于向市场经济过渡中的中国经济，企业定价的政府影响因素，更多地来自政府的行政干预。从长远来看，法律手段应当成为政府管理价格的主要手段。

（五）货币价值与货币流通量

货币是衡量价值的尺度，商品价格一方面取决于商品价值的高低，另一方面取决于单位纸币所代表的价值量的大小。市场上纸币流通量与商品流通保持一定比例时，市场商品价格才能保持稳定。纸币流通量过多时会导致通货膨胀，货币贬值，价格上涨。反之，纸币流通量不足时会导致货币紧缩，致使市场疲软，商品积压，价格下跌。

（六）社会经济状况

一个国家或地区的经济发展水平及发展速度高，人们收入水平增长快，购买力强，价格敏感性弱，有利于企业较自由地为商品定价。反之，一个国家或地区的经济发展水平及发展速度低，人们收入水平低，购买力低，价格敏感性强，就会对商品定价有一定限制。

（七）心理因素

消费者的心理行为是营销者制定价格时最不易考察的一个因素，但又是企业定价必须考虑的重要因素之一。消费者一般根据某种商品能为自己提供的效用大小来判定该商品的价格，他们对商品一般都有客观的估价。期望值一般不是一个固定的具体金额，而是一个价格范围。如果企业定价高于消费者心理期望值，就很难被消费者接受；反之，低于期望值，又会使消费者对商品的品质产生误解，甚至拒绝购买。

随着社会主义市场经济的发展，收入结构的多层次化，使购买心理行为日趋复杂，如低收入阶层的求实、求廉心理，中等收入阶层的求美、求安全心理，高收入阶层的求新、求名心理，暴发户的炫耀性消费心理，等等。这些错综复杂的心理因素，对商品定价的影响将越来越大。

9.2 企业定价目标与程序

9.2.1 企业定价的目标

价格策略是企业营销策略的一个重要组成部分，企业在为产品制定价格时，其首要的原则就是要符合企业的战略经营目标。我们根据企业自身战略目标的不同把影响定价的目标分为三大类：

（一）利润目标

利润是每一个企业都在追求的最终目标，而产品的价格又是企业获得利润的重要途径。因此，企业为产品的定价也应该以实现企业的利润目标为准。利润目标具体来说可分为三类：一是利润最大化目标。是指在生产经营的过程中，企业对获得利润的多少并没有一个明确的指标，利润越大越好。追求最大化的利润并不一定意味着提高产品的价格，如果企业能通过薄利多销的方式达到利润最大化的目标，也是可行的。二是目标利润。是指企业采取比较稳妥的价格策略，先制定一个合理的目标利润，产品价格的制定就以目标利润为基准，设定的产品价格只要能完成企业既定的目标利润即可。三是以获取投资收益。是指使企业实现在一定时期内能够收回投资并能获取预期的投资报酬的一种定价目标。采用这种定价目标的企业，一般是根据投资额规定的收益率，计算出单位产品的利润额，加上产品成本作为销售价格。

（二）市场占有率目标

市场占有率目标是指企业希望通过定价来达到某种水平的市场占有率或获得预期的产品销量。市场占有率是企业在市场上地位的直接体现，对于企业今后的生存和发展，对于企业对目标市场的控制能力都有十分重要的意义，有些企业甚至通过降低产品价格的方式来提高产品的市场占有率。但是企业要以市场占有率作为制定产品价格的目标是需要一定条件的：

1. 消费者对这种产品的价格敏感度较大，企业可以通过制定较低的价格来获得较高的市场占有率。

2. 企业能够实现规模经济的效益。即企业可以通过提高产品的产量来降低单位产品的生产成本，从而降低单位产品的价格。

3. 低价能够形成进入壁垒，阻止企业潜在的竞争对手进入市场。

4. 企业有足够雄厚的实力来承受低价在利润方面所造成的损失。

只有满足了以上这些条件企业才可以把市场占有率作为制定产品价格的目标，毕竟为了提高市场占有率而在利润方面造成的损失不是每个企业都能承受得起的。但企业也不应为了一味地追求市场占有率而过分降低产品价格。

（三）竞争目标

竞争目标是指企业以竞争对手的产品价格为参考来制定自己产品的价格。竞争是市场的基本特征之一，现今市场上的竞争有愈演愈烈之势，而价格竞争是市场竞争的基本形式，因此企业对竞争对手制定的产品价格及其价格变化都十分敏感。企业在使用这个目标为产品定价前，一定要广泛的收集竞争对手的资料，把自己产品的特性、企业自身的实力与竞争者进行比较，然后再制定产品的价格。通常情况下，当企业是市场上的领导者时，可以依靠自身雄厚的资金实力将新产品的价格定得低些，以此来扩大市场占有率。如果企业采取的是跟随策略，那么在对自身的新产品定价时，一定要与市场上领导者的定价相同，避免市场领导者为企业设置障碍，引起价格大战。如果企业拥有独特的技术优势，生产的新产品在质量或特性等方面明显强于竞争对手，并且自身实力雄厚，能够承担失败的风险，那么企业在对新产品定价时，可高于竞争对手。

9.2.2 产品价格的构成

根据我们在9.1节介绍到的影响产品定价的因素可知，在产品价格的组成方面除了产品的成本，还应包括国家征收的税款和企业制定的目标利润等要素。因此，构成产品价格的主要要素有以下四个：

（一）产品成本

产品成本应包括生产产品的原材料费用，人工费用以及在生产过程中所发生的其他费用，由此可知产品成本在产品价格的构成中所占的比重最大。产品成本是产品价格的基本参考标准，产品的价格只有高于产品成本时企业才可能会获得利润。因此，产品成本也是价格中最重要的组成部分。

（二）流通费用

这里所指的费用与在产品生产过程中所发生的费用不同，是指产品从生产领域进入流通领域以及在流通过程中所发生的运输、保管、人工、推销等费用。流通费用也是产品价格的重要组成部分，是必须计入产品价格的。一般来讲，这一部分大都是由销售商来负担，而不是由生产商来负担，因此这一部分的费用大多都计入产品的零售价格，而不是计入产品的出厂价格。

（三）目标利润

利润是企业进行生产活动的主要动机，也是企业扩大再生产的重要资金来源。企业目标利润的高低，决定了价格在成本和费用基础上的浮动程度。这一组成部分比较灵活，但企业也不应把目标利润定得过高，一般来说，企业在制定目标利润时都会参考消费者的承受能力和竞争对手的利润水平。

（四）应缴纳的税款

国家是对企业的销售收入和总利润来进行征税的，但企业一般都会把国家征收的税款分摊到单位产品中去，这就使得税款成为产品价格的一个组成部分。影响税款多少的最主要因素就是国家对产品所定的税率高低，根据生产的产品和所处的经营领域不同，国家所定的税率也各有不同。国家通过法律的形式强制规定并征收各种税款，因此可以说税款是国家进行宏观调控的重要手段之一。

9.2.3 产品定价的程序

不仅是影响产品定价的因素，产品定价的程序对于企业来讲也是十分重要的，只有在掌握了合理的定价程序后才能制定出合理的价格。产品定价的程序通常分为以下几个步骤。

（一）对市场进行细分，然后确定目标市场

这是定价的第一步，由于全球经济一体化进程的不断深化，对于企业来讲其所面对的市场规模也越来越大，企业不可能为所有的市场提供产品，所以企业首先必须对目标市场进行细分，明确产品的目标市场，只有这样做企业才可以确定自己的目标消费人群和竞争对手，从而对产品的需求强度和竞争对手的价格进行分析，为自己产品的定价提供参考。

（二）对影响产品定价的因素进行分析

在9.1节我们介绍过，除了消费者需求和竞争对手的价格外，产品自身的生产成本和政府的相关政策都会对产品的定价产生影响。这些因素对产品价格的影响程度不同，一般来说产品的成本费用和国家的政策法规相对来说是比较固定的，而消费者的需求和竞争对手的价格随机性较大，分析起来也比较复杂，因此在分析的过程中应着重分析需求和竞争对产品价格的影响。

（三）确定定价的目标

产品的定价目标就是我们前面提到的利润、市场占有率、竞争三个方面的目标。在不同的时期，不同的地区，企业所采用的定价目标不同，因此企业对产品的定价也就不同。

（四）选择定价方法

企业在完成了上述一些步骤后，就应该选择具体的定价方法了，我们会在下一节介绍几种基本的定价方法，其中包括成本导向定价法、需求导向定价法和竞争导向定价法。

（五）确定最后的价格

企业在选择完定价方法后，就应该根据选定的方法为产品制定一个合理的价格。

9.3 定价的基本方法

9.3.1 成本导向定价法

所谓成本导向定价法是指以生产产品时的成本和费用作为定价的基本依据来制定产品的价格，特点是简便、易用，能够保证企业不亏损。成本导向定价法又分为两种：一种是成本加成定价法；另一种是目标利润定价法。

1. 成本加成定价法是指按照单位成本加上一定百分比的加成来设定产品的销售价格。公式为：

$P = C \times (1 + R)$

式中：P为单位产品售价；C为单位产品成本；R为成本加成率（%）。

不同行业的成本加成率是不同的，同一行业内的不同企业其成本加成率也不一定相同。而且成本加成率也应随着市场需求及竞争情况的变化而不断地进行调整。西方国家的零售业，大都采用成本导向定价法。下面我们就以零售企业为例，看看西方的零售企业是怎样利用成本导向定价法进行产品定价的。

西方的零售企业往往以售价为基础进行加成定价。其成本加成率的衡量方法有两种：

（1）用零售价格来衡量，即加成（毛利）率＝毛利（加成）÷售价。

（2）用进货成本来衡量，即加成率＝毛利（加成）÷进货成本。

假设一双皮鞋的单价成本是10美元，加上20%的利润，那么售价（P）＝10×（1＋20%）＝12美元。

西方零售企业所使用的成本加成率大多是通过市场调研和长期从事某个行业所积累的经验得出的，比如，百货商店一般对烟类加成20%，照相机28%，书籍34%，衣物41%，珠宝饰品46%，女帽类50%，等等。

2. 目标利润定价法是指根据企业的总成本和所预期的目标利润来制定产品的价格。公式为：

目标价格＝（总成本＋目标利润）÷年预计销量

（1）假设企业的生产能力为100万单位产品。

（2）如果生产100万单位产品的总成本是1000万美元。

（3）假设企业想得到20%的成本收益率，那么目标利润就是200万美元，总收益要达到1200万美元。

可以用计算得知：

目标价格＝（总成本＋目标利润）÷产量＝1200万÷100万＝12美元/单位产品

美国通用汽车公司就是采用这种方法来进行定价的，它以总投资额15%～20%作为每年的目标收益率，摊入汽车售价中。西方国家的许多大型公用事业也这样定价。因为它们投资大，业务垄断性强，又和公众利益息息相关，所以政府对它们的定价有一定的限制。只能依据一定的投资额确定一定的百分比，计算收费标准。

9.3.2 需求导向定价法

所谓需求导向定价法是一种以市场需求强度和消费者感受作为主要依据来进行定价的方法。包括认知价值定价法和反向定价法两种。

1. 认知价值定价法是企业根据购买者对产品的认知价值来制定产品价格的一种方法。认知价值定价法的关键在于要准确地计算产品所提供的全部市场认知价值。

例如：假设有甲、乙、丙三家企业均生产同一种产品，现在随机抽取一组这种产品的消费者，要求它们对三个企业所生产的产品分别进行评比，有三种方法可供使用。

（1）直接价格评比法就是让消费者给出能代表三家企业产品价值的价格。

消费者可能认为，甲、乙、丙三家产品值分别为10元、7.5元和5元。

（2）直接认知价值评比法让消费者把它们的看法以100分为总分，分配给三家企业的产品。

假设结果为50、30、20。如果这种产品的平均市场价格为7.5元，则我们可得到三个反映这三家企业产品的认知价格：10元、7.5元、5元。

（3）诊断法，这种方法比较复杂，就是让消费者就这类产品的不同属性，把100分按每一属性分配给三家企业的产品，同时还按各种属性的重要程度给予权数，然后把各个企业的产品属性得分，分别与权数相乘加总。我们从结果中可以发现，甲企业产品的认知价值约高于平均分；乙企业产品的认知价值约等于平均分；丙企业产品的认知价值则低于平均分。显然在顾客眼里，甲企业的产品可定价较高，为10元；乙企业的产品只能定个平均价格，约为7.5元；而丙企业的产品在消费者眼中的认知价值最少，因此只能定个最低的价格，为5元。

2. 反向定价法是企业根据消费者能够接受的最终销售价格，计算自己从事经营的成本和利润后，逆向推算出产品的批发价和零售价。当企业决定采用反向定价法为其产品进行定价时，要从两个方面进行考虑：一是在市场需求强度小时，定价可适当低些，在市场需求强度大时，定价可适当高些；二是需求强度小的商品价格可定得高些，需求强度大的商品价格可定得低些。

9.3.3 竞争导向定价法

所谓竞争导向定价法就是指以市场上相互竞争的同类产品价格为定价的基本依据，随着竞争状况的变化来确定和调整价格水平的一种定价方法。竞争导向定价法分为两种：一是随行就市定价法；另一种是密封投标定价法。

1. 随行就市定价法是指企业按照行业的现行价格水平来定价。这种定价法一般能为企业带来合理、适度的盈利。随行就市定价常常是同质产品市场的惯用定价方法。而在异质产品市场上，企业有较大的自由度决定其价格，因为产品差异化使购买者对产品价格的差异不甚敏感。企业采用随行就市定价法的目的主要有三个：

（1）使本企业产品的价格与竞争对手产品的平均价格保持一致。

（2）平均价格水平常被认为是“合理的价格”而被消费者接受。

（3）试图与竞争者和平相处，避免激烈竞争产生的风险。

2. 密封投标定价法是指采购机构在报刊上登出广告或发出函件，给出拟采购商品的品种、规格、数量等具体要求，邀请供应商在规定的期限内投标，采购机构从中选择报价最低、最有利的供应商成交。这种方法一般都是政府部门在对大型项目进行招商时采用，例如：土地、承包工程、公路投标等。这种定价方法的关键就是搞准有关情报资料，正确分析竞争对手所能承受的价格底线。

9.3.4 目标利润定价法

目标利润定价法是根据企业总成本和预期销售量，确定一个目标利润率，并以此作为定价的标准。其要点是使产品的售价能保证企业达到预期的目标利润率。企业根据总成本和估计的总销售量，确定期望达到的目标收益率，然后推算价格。这种定价方法需要运用“收支平衡图”。其计算公式为：

单位商品价格 = 总成本 ×（1 + 目标利润率）/ 预计销量

9.4 定价的基本策略

在实践当中，企业究竟采取何种定价策略则是一个十分复杂的问题，下面我们就主要介绍几种常见的价格策略。

9.4.1 新产品定价策略

在激烈的市场竞争中，企业生产的新产品能否打开市场，能否为消费者所接受，能否获得预期的目标利润，企业对新产品的定价将是解决上述问题的关键。在企业的新产品刚刚上市，而竞争对手还没有同样的产品跟上时，企业有两种价格策略可供选择；

（一）撇脂定价策略

撇脂定价是一种高价策略，指在企业的新产品刚上市时，把产品的价格定得很高，以便使企业在最短的时期内获得最大的利润。但并不是所有的新产品都适用于这种策略，一般来说撇脂定价策略的条件有：

1. 市场需求潜力大，消费者的需求缺乏弹性，即使把价格定得很高，市场需求也不会出现大量减少的状况。

2. 新产品的目标消费人群是在社会上收入较高的群体。

3. 高价虽然会使需求减少，但不会抵消高价所带来的收益。

4. 在产品的市场上缺少强有力的竞争者。

5. 高价使人们产生这种产品是高档产品的印象。

这种策略的优点是：

1. 单位产品利润大，利用消费者对新产品的好奇心，采用高价，在最短的时间内收回成本并获得高额利润，当竞争者进入这一市场时，企业已获得了丰厚的利润。

2. 能使消费者产生产品质量优良的印象，树立品牌形象，更有利于吸引求新顾客的注意。

3. 定价较高，还可以在大批竞争者进入市场时，主动降低价格，增强企业的竞争力，扩大销路。

这种策略的缺点是：

1. 在新产品尚未树立声誉时，就以高价进入市场，不利于新产品拓展销路，甚至会出现新产品销售量增长缓慢的不利局面。

2. 如畅销，高价带来的高额利润会诱使大批竞争者进入市场，而造成现有市场饱和，致使产品价格猛跌直至无利可图，最终会导致新产品的生命周期提前结束。

（二）渗透定价策略

渗透定价是一种低价策略，指企业在把其创新产品投放到市场上时，把产品价格定得相对较低，以便吸引大量消费者，快速打开并迅速占领市场，以此来提高市场占有率。渗透定价的条件有：

1. 新产品的目标消费人群对价格极为敏感，低价会刺激市场需求迅速增长。

2. 新产品产量的增加会使企业产生规模经济的效应，企业的生产成本和经营费用会随着产品产量和生产经营经验的增加而下降。

3. 低价不会引起实际和潜在的竞争。

这种策略的优点是：

1. 以低廉的价格迅速吸引大批消费者，使企业的新产品在短时期内打开销路，占领市场，产生薄利多销的效应。

2. 可以阻止竞争对手的进入。低价对竞争者诱惑不大，可减少企业无谓的竞争，有利于企业长期保持较高的市场占有率。

3. 可使企业经营稳定，获取长期利润。

这种策略的缺点是：新产品开发投资一般较大，见效慢，投资的回收期较长，这时期如果市场情况发生变化，例如，竞争企业将性能更好的新产品投入市场，企业便会无利可图，一败涂地。

（三）满意定价策略

这种策略介于前两种策略之间，所定的价格比撇脂策略要低，但比渗透策略要高，是一种中间价格，这种定价策略由于能使消费者和生产者双方都满意，因此叫做满意定价策略。这种策略的风险性较小，成功的可能性较大。

9.4.2 产品组合定价策略

产品组合是指一个企业在市场上经营的全部产品线和产品项目之间的关系或结构，即企业的业务经营范围。如果产品组合不恰当就可能造成产品积压，减少企业利润，严重的甚至还能引起企业亏损。现在的企业大多都采取的是多元化经营的战略，企业所生产的不同产品之间会产生不同程度的影响，如何从企业的整体利益出发，来为每一种产品定价，以使企业的整体利益最大化，是每个企业在定价过程中经常遇到的问题。

（一）产品大类定价策略

当企业生产的系列产品在需求和成本方面存在着很大的内在关联性时，为了充分发挥这种内在关联性的积极效应，企业就需要采用产品大类定价策略。采用这一策略定价时，一般要分析需要定价的各种产品之间的成本关联、顾客评价、竞争者的价格等因素，首先，确定产品组合中的最低价格，以吸引消费者；其次，确定产品组合中的最高价格，让它充当品牌质量和收回投资的角色；最后，产品线中的其他产品也分别依据其在产品线中的角色而制定不同的价格。

（二）选择品定价策略

选择品是指那些与主要产品密切关联的可任意选择的产品。例如：消费者去饭店吃饭，除了饭菜以外，还会点饮料、烟酒等；汽车用户在购买汽车的同时，还可以购买汽车音响、电子开窗控制器。

企业为选择品可设定两种价格策略：

1. 为选择品定价较高，靠它盈利，赚取利润。
2. 为选择品定价较低，把它作为招揽生意的项目。

（三）互补产品定价策略

互补产品又称连带产品或补充产品，是指必须与主要产品一同使用的产品。例如，照相机与胶卷、收音机与磁带等。

与选择品定价策略相似，互补产品的定价也可分为两种：一种是把主要产品的价格定得较低，而把互补产品的价格定得较高；另一种正好相反，就是把互补产品的价格定得较低，而把主要产品的价格定得较高。前些年我国饮水机行业曾出现过两种策略同时使用的现象，如果消费者要以正常价格购买饮水机，则在购买同一品牌的桶装水时，会享受到一定价格的优惠；如果消费者以正常价格预购一定数额的这个品牌桶装水，则会免费赠送一台同品牌的饮水机，消费者具体要选择哪种方式，就要视自己使用时间的长短而定了。

不过现今，大部分企业都采取第一种形式，即把主要产品的价格定得较低，以吸引消费者，而把互补产品的价格定得较高，以赚取利润。

（四）副产品定价策略

一些企业尤其是一些化工企业在生产过程中除了主要产品之外，往往还会产生一些与主要产品和企业的主营业务无关的产品，企业必须为这些产品寻找市场。一般来说，只要这些产品的销售收入能补偿这些产品的储存和运输费用即可，企业并不应该为了获得高额利润而把副产品的价格定得过高。

（五）分部定价策略

服务性行业经常会收取一笔固定的费用，再加上可变的使用费来作为服务性产品的价格，如电话每月收取一笔固定的费用，然后消费者每次使用电话时再加上每次使用的费用。一般固定费用可低一些，以吸引顾客，利润则从变动费用中获取。

9.4.3 折扣定价策略

折扣定价策略是企业出于为了大量吸引消费者，避免产品淡季效益不佳或打击竞争对手等目的而酌情降低产品的基本价格，在价格方面给消费者以优惠，以扩大产品销量的一种策略。但给予消费者的折扣应该有个底线，一般折扣后的产品价格不应低于生产这种产品的成本和费用（在处理已过产品生命周期的库存和积压品时除外）。

（一）现金折扣策略

现金折扣是指企业为了吸引更多的消费者，给那些在企业规定的日期购买产品或提前付款购买产品的消费者以一定比例的折扣和优惠。如一些大型卖场在重大节假日会低价销售商品；一些制造性企业对于在规定天数以内付款的买主，给予百分之几的折扣，而对于超过期限的买主，则一点折扣都没有。

（二）数量折扣策略

数量折扣是指企业给购买大量产品的消费者在价格方面的优惠，消费者购买的产品越多，单个产品的价格越低，企业用这种方法来刺激消费者大量购买。

1. 非累计数量折扣：是指只针对在一次性购买或订货时，达到一定数量或金额的消费者给予折扣优惠，例如，各大商场的促销满100返50等活动。这种方式可以刺激消费者一次性大量购买，从而节省了企业的人力、物力等资源重复使用所产生的费用。

2. 累计数量折扣：指在一定时期内，按照购货累计达到的数量和金额的大小给予不同的折扣。累计数量折扣策略可以保持顾客的品牌忠诚度，建立与顾客长期稳定的关系。

（三）季节折扣策略

某些产品在季节上存在着旺季与淡季之分，企业为了减少产品在淡季的库存，以便节省库存费用，而对在销售淡季购买产品的消费者提供一定比例的价格优惠。例如，羽绒服生产厂商的反季销售，通常都会给消费者很大的优惠，有些羽绒服的价格甚至比旺季低了一半还多。

（四）交易折扣策略

是企业根据各类中间商在市场营销中担负的不同功能所给予的不同折扣，又称商业折扣或功能折扣。企业采取策略的目的是为了扩大生产，争取更多的利润，或为了占领更广泛的市场，利用中间商努力销售产品。交易折扣的多少，随行业与产品的不同而不同；相同的行业与产品，又要看中间商所承担的商业责任的多少而定。如果中间商提供运输、促销、资金融通等功能，对其折扣就较多；否则，折扣将随功能的减少而减少。一般而言，给予批发商的折扣较大，给予零售商的折扣较少。

（五）以旧换新折让策略

是指企业收进顾客所拥有的本企业生产的旧产品，然后在新产品的价格上给予消费者一定比例的折让。例如，一台电视机1500元，顾客如交回本企业生产的旧电视机价值500元，那么再付1000元就可购买到一台新的电视机。

（六）推广让价策略

推广让价是生产企业对中间商积极开展促销活动所给予的一种补助或降价优惠，又称为推广津贴。中间商分布广，影响面大，熟悉当地市场状况，因此企业常常借助他们开展各种促销活动，如刊登地方性广告、布置专门橱窗等。对中间商的促销费用，生产企业一般以发放津贴或降价供货作为补偿。

（七）运费让价策略

运费让价是生产企业为了扩大产品的销售范围，对远方市场的顾客让价以弥补其部分或全部运费。企业对远方市场，一般都采用运费让价策略。

9.4.4 差别定价策略

差别定价策略又叫价格歧视，是指企业按照两种或两种以上不反映成本费用比例差异的价格销售某种产品或服务。适用于差别定价的条件有：①市场必须是可以细分的，而且各个细分市场所表现出来的需求不同；②消费者不存在倒卖行为，即消费者在低价细分市场购买商品，然后再把这种商品卖到价格较高的细分市场上去；③竞争者不可能在企业的高价细分市场进行低价销售；④在细分市场的成本费用不得超过因实行价格歧视而得到的额外收入；⑤价格歧视不应引起顾客反感；⑥采取的价格歧视形式不能违反国家有关部门的相关规定和法规。

（一）顾客差别定价策略

是指企业按照不同的价格把同一种产品卖给不同的顾客。这种策略的产生主要是源于顾客不同的需求和对商品知识的不同了解。例如，在西方国家的许多政府设施对学生和老人收费较低，对成年人收费则较高；我国铁路运输系统在春运期间，票价对大学生来讲实行一定程度的优惠，而对其他人则采用正常票价。

（二）产品形式差别定价策略

是指企业针对不同型号、款式的产品制定不同的价格。这主要是根据市场对该产品的需求情况不同而定的。例如，摩托罗拉公司生产的型号为 L6 和 L7 的两款超薄手机，L7 只比 L6 多了一个 MP3 功能，但在价格上却贵了 300～400 元，而现在市场上一个普通 256M 的 MP3 价格也不过 100～200 元。

（三）地点差别定价策略

是指同一种商品在不同地理位置的市场上定价有差异。在实际生活中，同一种商品在不同的地区，其需求强度是不同的，因此可制定不同的价格。例如，国外生产的汽车等商品，其在国外的价格就比在国内低得多。

（四）销售时间差别定价策略

是指对于不同季节、不同时期甚至不同分钟的产品或服务分别制定不同的价格。例如，我国的长途电话费，消费者在白天打长途电话的价格就比在晚上打长途电话的价格要高；在平常时期打长途电话的价格就比在节假日打长途电话的价格要高。

（五）用途差别定价策略

是指消费者购买产品或劳务的用途不同，企业的定价也不同，主要目的是鼓励有利需求的增长或抑制不利需求的增长。这一策略大多用于能源行业，例如，我国的水资源，对居民用水和洗车业的用水所定的价格就不一样，洗车业的用水费用要远高于一般群众的用水费用，以防止洗车行业的过度用水。

9.4.5 心理定价策略

心理定价策略是一种利用心理学知识来定价的策略，根据消费者不同的心理需求，来制定不同的价格，以刺激消费者增加购买量，提高企业的市场占有率，扩大产品销售额。

（一）习惯性定价策略

某些商品需要经常、重复地购买，因此这类商品的价格在消费者心理上已经“定格”，成为一种习惯性的价格。许多商品尤其是家庭生活日常用品，在市场上已经形成了一个习惯价格。消费者已经习惯于消费这种商品时，只愿付出这么大的代价，如买一块肥皂、一瓶洗涤灵等。对这些商品的定价，一般应依照习惯确定，不要随便改变价格，以免引起顾客的反感。善于遵循这一习惯确定产品价格者往往得益匪浅。

（二）声望定价策略

是指针对消费者崇尚名牌商品或名店的声望所产生的某种心理，对在消费者心中具有良好信誉的产品制定较高的价格。这种方法适用于高档产品、质量不易鉴别的商品或消费者还不太了解的商品。

（三）尾数定价策略

是指利用消费者对数字的某种认知心理，尽可能在定价时数字不进位，保留价格尾数，采用零头标价，使消费者产生价格低廉和企业经过认真的成本核算才定价的感觉，从而使消费者对产品及企业的定价产生信任，在这种情况下往往会带来大量的需求。例如：一件商品定价是999元而不是1000元，便会使人感觉比较便宜。如果一件商品定价为1000元而不是999元，就会使价格上升一个档次，在消费者心中会留下产品价格过高的印象。

（四）整数定价策略

整数定价与尾数定价相反，针对的是消费者的求名、求方便心理，将商品价格有意定为整数，由于同类型产品，生产者众多，花色品种各异，在许多交易中，消费者往往只能将价格作为判别产品质量、性能的“指示器”。同时，在众多尾数定价的商品中，整数能给人一种方便、简洁的印象。

（五）招徕定价策略

是指企业利用部分顾客对价格的敏感度，特意将某些商品的价格定得较低以吸引顾客。其主要的目的是在招徕顾客购买低价商品的同时，激发消费者对本企业高价商品的购买欲望，从而带动其他商品的销售。

（六）分级定价策略

是指企业在定价时，把同类不同质的商品分为不同的等级，然后对不同的等级分别定价。这种策略能使消费者产生货真价实的感觉，同时也能扩大消费者在购买商品时的选择空间，因而容易被消费者所接受。

（七）最小单位定价策略

是指企业把同种商品按不同的数量包装，以最小包装单位量制定基数价格，销售时，参考最小包装单位的基数价格与所购数量收取款项。一般情况下，包装越小，实际单位数量商品的价格越高，包装越大，实际单位数量商品的价格越低。

最小单位定价策略的优点比较明显：

一是能满足消费者在不同场合下的不同需要，如便于携带的小包装食品，小包装饮料等；二是利用了消费者的心理错觉，因为小包装的价格容易使消费者误以为廉价，而实际生活中消费者很难也不愿意换算出实际重量单位或数量单位商品的价格。

【小结】

价格是市场营销组合中最重要的因素之一，它直接关系到产品能否为消费者接受，市场占有率的高低，需求量的变化和利润的多少。研究价格策略，既要考虑其他因素对价格的影响，还要考虑价格对其他因素的影响。影响定价的主要因素包括：产品的市场需求状况、产品成本、竞争状况、政府对价格的干预、货币价值与货币流通量、社会经济状况和心理因素。

价格策略是企业营销策略的一个重要组成部分，企业在为产品制定价格时，其首要的原则就是要符合企业的战略经营目标。我们根据企业自身战略目标的不同把影响定价的目标分为三大类：利润目标、市场占有率目标和竞争目标。

产品定价的程序通常可以分为以下几个步骤：对市场进行细分，然后确定目标市场；对影响产品定价的因素进行分析；确定定价的目标；选择定价方法；确定最后的价格。

企业定价的基本方法有成本导向定价法、需求导向定价法和竞争导向定价法。

在实践当中，企业究竟采取何种定价策略则是一个十分复杂的问题，常见的价格策略包括新产品定价策略、产品组合定价策略、折扣定价策略、差别定价策略和心理定价策略。

【关键术语】

价格（Price）

价格策略（Price Strategy）

需求收入弹性（Income Elasticity of Demand）

机会成本（Opportunity Cost）

完全垄断（Complete Monopoly）

寡头竞争（Oligopolistic Competition）

成本导向定价法（Cost - oriented Pricing）

需求导向定价法（Demand - oriented Pricing）

竞争导向定价法（Competition - oriented Pricing）

折扣定价策略（Discount Pricing Strategy）

差别定价策略（Differential Pricing Strategy）

心理定价策略（Psychological Pricing Strategy）

【知识链接】

[1] 高兴佑，郭昀．谈企业市场营销中的定价方法与价格策略［J］．商业时代，2011（22）．

[2] 孟亮．市场营销策划［M］．北京：人民邮电出版社，2012.

[3]［美］菲利普·科特勒等．市场营销原理［M］．楼尊译．北京：中国人民大学出版社，2010.

[4] 王德章．价格学［M］．北京：中国人民大学出版社，2011.

[5] 米尔顿，弗里德曼．价格理论［M］．华夏出版社，2011.

[6] 张化中．价格预测方法与案例分析［M］．中国市场出版社，2012.

[7] 孟亮．市场营销策划［M］．北京：人民邮电出版社，2012.

[8] 杜伟．市场营销中的企业价格策略［J］．经济视角（下），2009（4）．

[9] 中国营销传播网 http：//www. emkt. com. cn/

【案例分析】

亚马逊公司的差别定价

差别定价被认为是网络营销一种基本的定价策略，一些作者甚至提出在网络营销中要“始终坚持差别定价”，然而，没有什么经营策略在市场上可以无往不胜，差别定价虽然在理论上很好，但在实施过程中却存在着诸多困难，我们将以亚马逊的一次不成功的差别定价试验作为案例，分析企业实施差别定价策略时面临的风险以及一些可能的防范措施。

一、亚马逊公司实施差别定价试验的背景

1994 年，当时在华尔街管理着一家对冲基金的杰夫·贝佐斯（Jeff Bezos）在西雅图创建了亚马逊公司，该公司从 1995 年 7 月开始正式营业，1997 年 5 月股票公开发行上市，从 1996 年夏天开始，亚马逊极其成功地实施了联属网络营销战略，在数十万家联属网站的支持下，亚马逊迅速崛起成为网上销售的第一品牌，到 1999 年 10 月，亚马逊的市值达到了 280 亿美元，超过了西尔斯（Sears Roebuck&Co.）和卡玛特（Kmart）两大零售巨人的市值之和。亚马逊的成功可以用以下数字来说明：

根据 Media Metrix 的统计资料，亚马逊在 2000 年 2 月在访问量最大的网站中排名第 8，共吸引了 1450 万名独立的访问者，亚马逊还是排名进入前 10 名的唯一纯粹的电子商务网站。

根据 PC Data Online 的数据，亚马逊是 2000 年 3 月最热门的网上零售目的地，共有 1480 万独立访问者，独立的消费者也达到了 120 万人。亚马逊当月完成的销售额相当于排名第 2 位的 CDNow 和排名第 3 位的 Ticketmaster 完成的销售额的总和。在 2000 年，亚马逊已经成为互联网上最大的图书、唱片和影视碟片的零售商，亚马逊经营的其他商品还包括玩具、电器、家居用品、软件、游戏等，品种达 1800 万种之多，此外，亚马逊还提供在线拍卖业务和免费的电子贺卡服务。

但是，亚马逊的经营也暴露出不小的问题。虽然亚马逊的业务快速扩张，亏损额却也在不断增加。在 2000 年头一个季度中，亚马逊完成的销售额为 5.74 亿美元，较前一年同期增长 95%，第二季度的销售额为 5.78 亿美元，较前一年同期增长了 84%。但是，亚马逊第一季度的总亏损达到了 1.22 亿美元，相当于每股亏损 0.35 美元，而前一年同期的总亏损仅为 3600 万美元，相当于每股亏损为 0.12 美元，亚马逊 2000 年第二季度的主营业务亏损仍达 8900 万美元。

亚马逊公司的经营危机也反映在它的股票市场表现上。亚马逊的股票价格自 1999 年 12 月 10 日创下历史高点 106.6875 美元后开始持续下跌，到 2000 年 8 月 10 日，亚马逊的股票价格已经跌至 30.438 美元。在业务扩张方面，亚马逊也开始遭遇到了一些老牌门户网站——如美国在线、雅虎等的有力竞争，在这一背景下，亚马逊迫切需要实现盈利，而最可靠的盈利项目是它经营最久的图书、音乐唱片和影视碟片，实际上，在 2000 年第二季度亚马逊就已经从这三种商品上获得了 1000 万美元的营业利润。

二、亚马逊公司的差别定价实验

作为一个缺少行业背景的新兴的网络零售商，亚马逊不具有巴诺（Barnes & Noble）公司那样卓越的物流能力，也不具备像雅虎等门户网站那样大的访问流量，亚马逊最有价值的资产就是它拥有的 2300 万注册用户，亚马逊必须设法从这些注册用户身上实现尽可能多的利润。因为网上销售并不能增加市场对产品的总需求量，为提高在主营产品上的盈利，亚马逊在 2000 年 9 月中旬开始了著名的差别定价实验。亚马逊选择了 68 种 DVD 碟片进行动态定价试验，试验当中，亚马逊根据潜在客户的人口统计资料、在亚马逊的购物历史、上网行为以及上网使用的软件系统确定对这 68 种碟片的报价水平。例如，名为《泰特斯》（Titus）的碟片对新顾客的报价为 22.74 美元，而对那些对该碟片表现出兴趣的老顾客的报价则为 26.24 美元。通过这一定价策略，部分顾客付出了比其他顾客更高的价格，亚马逊因此提高了销售的毛利率，但是好景不长，这一差别定价策略实施不到一个月，就有细心的消费者发现了这一秘密，通过在名为 DVDTalk（www.dvdtalk.com）的音乐爱好者社区的交流，成百上千的 DVD 消费者知道了此事，那些付出高价的顾客怨声载道，纷纷在网上以激烈的言辞对亚马逊的做法进行口诛笔伐，有人甚至公开表示以后绝不会在亚马逊购买任何东西。更不巧的是，由于亚马逊前不久才公布了它对消费者在网站上的购物习惯和行为进行了跟踪和记录，因此，这次事件曝光后，消费者和媒体开始怀疑亚马逊是否利用其收集的消费者资料作为其价格调整的依据，这样的猜测让亚马逊的价格事件与敏感的网络隐私问题联系在了一起。

（资料来源：http：//www.scopen.net/.）

思考题

1. 在本案例中，亚马逊是如何定价的？
2. 亚马逊采取了什么价格策略？你如何评价这种价格策略？
3. 你认为在何种情况下使用这种价格策略会收到最好的效果？

第 10 章 分销渠道策略

【本章知识要点】

知识要点	掌握程度	相关知识
分销渠道	了解	分销渠道的含义和作用、类型
中间商	重点掌握	中间商的类型与基本功能、批发商的主要类型和职能、零售商的分类和职能
分销渠道决策	掌握	分销渠道的选择、管理
物流与商品的实体分配	了解	物流与实体分配的定义和范围、构成要素、实施

【本章技能要点】

技能要点	掌握程度	应用方向
分销渠道决策方法	掌握	企业在产品生产出来之后，为了将产品迅速送进目标市场，同消费者见面、被顾客购买或使用，实现最终的经营目的，企业必须对产品如何进入市场做出相应的决策。分销渠道决策方法就是解决这一问题的最好工具

【导入案例】

苏宁易购——让买卖“易”起来

苏宁电器（002024）于2004年在深圳证券交易所上市。多年来，凭借优良的业绩，苏宁电器得到了业内的高度认可，被评为全球家电连锁零售业市场价值最高的企业之一。2010年，苏宁宣布B2C网购平台“苏宁易购”正式上线，这标志着苏宁迈入了线上线下混合渠道管理的时代。

苏宁易购建立在苏宁电器长期积累的丰富的零售经验和采购、物流、售后服务等综合性平台基础上，“苏宁易购”的上线，有利于苏宁把实体经济和虚拟经济结合起来，实现共同发展。

下面来了解一下苏宁的渠道系统：

（一）传统渠道

围绕市场需求以及专业化、标准化的原则，苏宁电器形成了旗舰店、社区店、专业店、专门店4大类，18种形态，旗舰店目前已发展到第七代。开发方式上，苏宁电器采取“租、建、购、并”四位一体、同步开发的模式，从而来保持稳健、快速的发展态势。目前，按照每年200家连锁店，同时加大自建旗舰店的开发，来不断扩大渠道的覆盖面。预计到2020年，网络规模将突破3000家，销售规模突破

3500 亿元。

(二) 网络渠道

鉴于电子商务的不断发展，2012 年，苏宁易购执行副总裁李斌宣布将开放苏宁易购平台，从而实现买卖"易"起来。苏宁易购开放平台将针对供应商提供从商品、采购到售后等所有环节的服务，开放数据信息，提供运营分析报表，为供应商和商家解决仓储物流配送。供应商还可享受苏宁提供的诸如金融服务、数据分析、独家品牌推广等增值服务。此外，消费者也可直接在该平台上实现"一站式"购买，从而真正增加了顾客的让渡价值。

营销启示：传统观念认为，企业在产品生产出来之后，必须迅速将产品送进目标市场，同消费者见面、被顾客购买或使用，才能最终实现其经营目标。为此，企业要对产品如何进入市场的问题做出决策，包括产品进入市场的通路有几条，各条通路的长度如何；要通过哪些中间商或中介机构来推销产品；采用何种方式将产品送到目标顾客手中等。

然而，在渠道为王的时代，渠道不仅仅要让产品从生产者顺利流向消费者，更重要的是要在此基础上增加顾客的价值感，提供更多的顾客让渡价值，这样才能在白热化的竞争中脱颖而出。

10.1 分销渠道概述

10.1.1 分销渠道的含义和作用

(一) 分销渠道的含义

根据菲利普·科特勒的定义，分销渠道是指某种商品或服务从生产者向消费者转移的过程中，取得这种商品或服务的所有权或帮助所有权转移的所有企业和个人。因此，分销渠道是由处于渠道起点的生产者、处于渠道终点的消费者，以及处于生产者与消费者之间的商人中间商（因为他们取得了商品的所有权）和代理商（因为他们帮助所有权的转移）等营销中介构成。

简言之，分销渠道就是商品分配与销售渠道的总称，它是商品交换活动中完成商流与物流工作的所有组织或个人。

商品在流通领域内的转移，实际包括由商品交易活动完成的商品所有权转移过程和由储存、运输等完成的商品实体转移过程两个方面。在现代，商品实体转移的动向和经过的环节并不一定与商品所有权转移的动向和经过的环节完全一致。例如，商品从生产者到零售商可能经过了两道批发商参与商品交易活动，但这些批发商也许并没有运送或保管过该商品；另一方面，即使有若干专业的运输公司或仓储公司参与了商品实体转移活动，但它们却从未介入任何商品的买卖交易活动，它们只是提供了服务。因此，在定义分销渠道时，一般指的仅是参与了商品所有权转移或商品买卖交易活动的中间商组成的商流通道。显然，由于批发商、零售商、代理商和经纪人的存在，各种商品或同一种商品的分销渠道可以大不相同。不过，只要是从生产者到最终用户或消费者之间，任何一组与商品交易活动有关并相互依存、相互关联的营销中介机构均可称作一条分销渠道。

(二) 分销渠道的作用

分销渠道可理解为商品从生产者经过中间商到最终消费者或用户的全部市场经营的组织机构。在商品从生产者向消费者转移的过程中，生产者是分销渠道的起点，消费者是分销渠道的终点，各类中间商则是分销渠道的中间环节。分销渠道对整个商品的流通起着十分重要的作用，具体有以下几个方面：

1. 有利于最大限度地方便消费者，繁荣社会主义市场经济。消费者人数众多，分布在不同地区，其消费水平及具体要求差别很大，消费渠道能适时、适量地供应消费者所需要的商品。

2. 及时向生产者反馈市场需求信息，促进生产者调整产品结构，生产适销对路的品种，避免积压，减少损失。销售处于生产和消费两个环节的中间，起着桥梁和纽带的作用。生产者可以通过销售渠道了解市场变化趋势，以适应消费需求，更好地满足消费者需要。

3. 加速商品流通过程，节省流通费用，提高企业经济效益。建立健全销售网络，有利于加快商品的流通速度，缩短商品在流通环节滞留的时间。这不仅能减少商品的损耗，节省流通费用。同时，能使商品的使用价值得以迅速实现，促进商品再生产的顺利进行，提高企业经济效益。

4. 调节商品供需矛盾，保证市场供应。

5. 实现商品价值，为国家提供积累。商品生产出来以后，必须经过流通过程，最终到达消费领域，实现其价值。

10.1.2 分销渠道的类型

渠道的分类有多种方法，一般说来，按照有无中间商进行分类可分为直接渠道和间接渠道；按照渠道的长度，即渠道级数来分，有长渠道和短渠道；按照渠道的宽度进行分类，有密集分销、选择分销和独家分销；根据生产者选用渠道模式的多少可以划分为单渠道和多渠道。

（一）长渠道和短渠道

商品分销渠道的基本形态，由于工业品市场与消费品市场具有不同的特性，所以它们的分销途径也有所不同。

产品在从生产者流向最后消费者或用户的过程中，每经过一个对产品拥有所有权或负有销售责任的机构，称为一个“层次”。层次越多，分销渠道就越长；反之，经过的层次越少，分销渠道就越短。

在西方国家，一般地说，消费品分销渠道分为两个层次（生产者→消费者）、三个层次（生产者→零售商→消费者）、四个层次（生产者→批发商或代理商→零售商→消费者）、五个层次（生产者→代理商→批发商→零售商→消费者）四种。其中，两个层次的渠道最短；五个层次的渠道最长。如图 10－1 所示。工业品的分销渠道分为两个层次（生产者→工业品用户）、三个层次［生产者→代理商或工业品经销商（批发商）→工业品用户）］、四个层次［生产者→代理商→工业品经销商（批发商）→工业品用户］三种。其中，两个层次的渠道最短；四个层次的渠道最长。如图 10－2 所示。

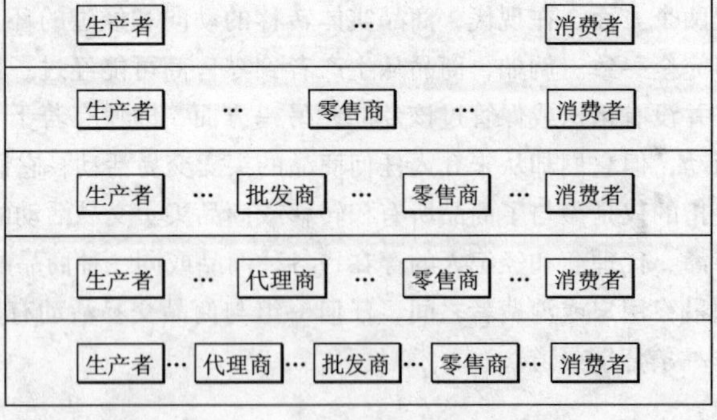

图 10－1　消费品分销渠道的结构

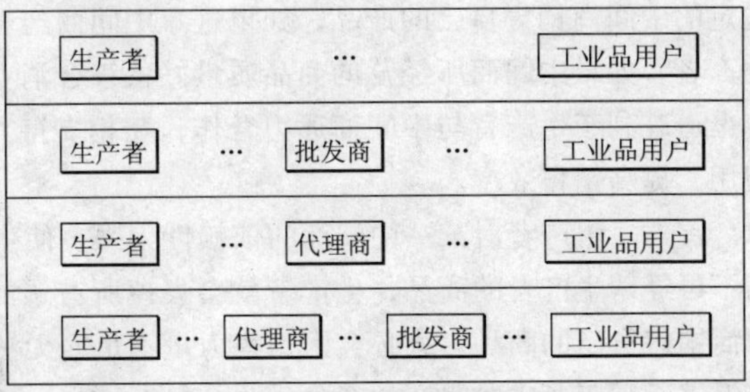

图10－2 工业品分销渠道的结构

有人说，凡是经过一个中间商的渠道最短；凡是经过两个以上中间商的渠道最长。这种说法是不确切的。因为长和短是相对的，不是绝对的；只有拿两个长度不同的同种东西相比较，才能说二者哪个较长，哪个较短。渠道的长度取决于产品在流通过程中经过的不同类型的机构数目的多少。

（二）宽渠道与窄渠道

在认识分销渠道结构时，应注意到分销渠道不仅有长度，而且有宽度。

分销渠道的宽度，取决于渠道的每个层次中使用同种类型中间商数目的多少。这里的中间商包括：批发环节中的各种类型的代理商、批发商，零售环节中的各种类型的零售商。某种产品（如香烟）的生产者通过许多批发商、零售商将其产品推销到广大地区和送到广大消费者手中，这种产品分销渠道较宽。反之，如果某种产品（如小汽车）生产者只通过很少批发商、零售商推销其产品。或者在某一地区只授权一家批发商或零售商经销其产品，这种分销渠道较窄或很窄。

分销渠道的宽度是与生产者所采取的分销战略是相关联的。西方国家生产者的分销战略有三种：

1. 密集分销，即生产者尽可能地通过许多负有责任的、适当的批发商和零售商推销其产品。消费品中的便利品（如香烟、糖果、洗涤用品）和产业用品中的供应品（Industrial Supplies）（如企业办公用的文具等）等，通常都采取密集分销，使广大消费者和用户都能随时随地地买到这些便利品。

2. 选择分销，即生产者在某一市场（地区）仅通过少数几个经过精心挑选的、最合适的中间商推销其产品。从这个意义上说，选择分销适用于所有产品。相对而言，消费品中的选购品（如妇女服装、衣料、鞋帽等）和特殊品（如电冰箱、照相机、手表等）最适宜采取选择分销。

3. 独家分销，即生产者在某一地区仅选择一家某中间商推销其产品，通常双方协商签订独家经销合同，规定经销商不得经营竞争者的产品，以便控制经销商的业务经营，调动其经营积极性，占领市场。在西方国家，汽车等特殊品通常采取独家经销。

从分销渠道的长度和宽度来看，分销渠道结构是很复杂的，有些分销渠道是“较长而宽”，有些分销渠道是“较短而窄”，有些分销渠道是“较长而窄”，有些分销渠道是“较短而宽”。

宽渠道的优点主要表现在以下几个方面：第一，可以使产品迅速转入流通领域，使再生产得以顺利进行；第二，通过多家中间商使商品迅速转入消费领域，满足消费者的需求；第三，生产者同时使用多家中间商，利于对其工作效率进行综合评价，优胜劣汰，利于中间商之间展开竞争，迅速实现商品的价值。

宽渠道也有缺点。由于生产者选用多家中间商，因此生产者与中间商之间的关系松散，一旦外部环境发生变化，这种关系就会破裂，因此，在宽渠道情况下，生产者所选用的中间商是在不断地变化的，对生产者与消费者之间形成长期稳定关系显然是不利的。

窄渠道仅在一些专门技术较强而且生产批量小的商品上适用。生产者只选用一个批发商或一个零售商来独家经营自己的产品。因此，窄渠道最大的优点是生产者与中间商之间的关系非常密切，两者互相依赖。生产者依赖自己所选定的中间商销售自己的产品，如果这家中间商经营不利，则直接影响到生产者的生产；中间商依赖于生产者，如果中间商所经营的商品质量好，符合消费者的需求，中间商的经营效益就越好，所以，选用窄渠道有利于生产者与中间商通力合作，互相支持。对生产者来说，又能加强对市场的控制，节约销售费用，提高销售效率。

同样，窄渠道也有缺点。首先，生产者对某一中间商的依赖性太强，使生产者在一定时期内失掉灵活选择的自由。如果中间商不再经营生产者的商品，生产者就会失掉所占领的市场；其次，如果生产者产量增加，只限于某一中间商销售自己的商品，势必会因销售力量不足而无法将产品销售出去，影响再生产的顺利进行；再次，窄渠道不利于形成中间商的竞争压力；最后，市场覆盖面狭小，不利于消费者选择。

（三）直接渠道和间接渠道

根据生产者与消费者之间是否有中间商的介入可以划分为：

1. 直接分销渠道。直接分销渠道是产品从生产者流向最后消费者或用户的过程中不经过任何中间商的分销渠道，即由生产者将其产品直接销售给最后消费者或用户（生产者→最后消费者或用户）。直接分销渠道是两个环节（层次）的分销渠道，是最短的分销渠道。

直接渠道的主要形式有上门推销、邮寄销售、电话销售、开设自销门市部、通过订货会或展销会与消费者直接签约供货等形式。

直接渠道有很多优点：

（1）产销直接沟通。由于生产者和消费者直接见面，所以便于生产者直接同消费者接触。一方面，生产者可以及时、全面、具体地了解消费者的要求及其需求变化，从而及时调整生产经营决策，更好地满足消费者需求；另一方面，生产者可以直接向消费者介绍商品，利于消费者更好地熟悉商品的性能、特点和使用方法。

（2）交易快捷低廉。直接渠道由于没有中间环节，商品能很快到达消费者手中，缩短了流通时间，也节省了流通费用，提高了经济效益。

直接分销渠道也有一些固有的缺点。由于直接销售产品，生产者必然要设置销售机构、销售设施、销售人员，这就相应地增加了销售费用，分散了生产管理的精力，不利于集中精力搞好生产。

2. 间接分销渠道。间接分销渠道是产品从生产者流向最后消费者或用户的过程中经过若干中间商转手的分销渠道，即生产者通过若干中间商将其产品转卖给最后消费者或用户（生产者→若干中间商→最后消费者或用户）。间接分销渠道是两个层次以上的分销渠道。

在西方国家，大多数消费品从生产者流向最后消费者的流通过程中都要经过若干中间商转手，这就是说，间接分销渠道是消费品分销渠道的主要类型。此外，有些产业用品（如单价较低的次要设备、零件、原材料等），也要通过若干中间商转卖给产业用户。

间接渠道的优点是：节约交易成本。生产者可以利用中间商所具有的集中、平衡和扩散的功能，使交易次数减少，商品销售简单化，节省了花费在销售上的人力、物力、财力，可以集中精力搞好生产。

间接渠道同样也有缺点：

（1）增加流通环节，推高产品成本。生产者与消费者之间有中间商的介入，相应地增加了销售环节，与直接渠道相比，商品流通时间增长，销售费用增加。

（2）加大产销距离，增加沟通难度。中间商把生产者与消费者隔离开来，使他们不能直接沟通信息，生产者不能像直接分销渠道那样，准确地掌握消费者的需求，了解市场的变化。

3. 使用直接或间接渠道的标准

（1）经济的标准。经济标准是决定渠道时最重要的，因为利润乃是主要的目标。为了评估所选供销商的经济潜力，公司可采用整个成本的方法，先设想与此有关的每一项销售费用（诸如仓储、存货、运输）的供销影响力，选择最合意的渠道。

(2) 控制的标准。在销售业务人员衡量渠道而所需面对许多有关控制的困难问题中，就有着如下的问题：两个或更多阶层的利己主义，会不会过于相对而产生危险性的冲突？两个或更多阶层的利己主义，会不会协调到造成联盟，以对抗生产商？这条渠道是否会具有某些特色，而引起法律上的问题（争取独家经销权，就可能是一个例子）？

(3) 适用可能性的标准。有时所选的一种渠道路线，似乎颇为理想，但却有潜在的危险，假使这条路线严格限制了生产商的伸缩性，就可能在市场情形变化时，引起许多的问题。与销售代理人订约十年的生产商，例如三年后出现其他更好的办法，就可能给困住，动弹不得。因此，许多生产商对于必须长期承诺的分销路线，都怀着戒心，除非该产业的未来情况颇为清楚，市场销售情形可能保持稳定。

(4) 法律对供销的控制。国家制定的法律对商品的销售会有一定的影响，另外地方保护政策上的限制，是供销方面另一重要的法律问题。生产者建立其经销区，一向是被认为合法而适当的。但是独家的地区协议，则可能成为限制竞争的工具。某些法院的决定会建议，唯有在生产者对其产品保留所有权、支配权与冒险，直到这产品转移到消费者的手上时，这类措施才是可以接受的。

但是，在实际工作中，事情要复杂得多，是采取直接销售还是间接销售，企业应将上述因素综合考察，权衡利弊，加以选择，即使采取间接式销售产品，也要分析了解中间商所处的外界环境和本身的资源能力。如中间商所联系的顾客是不是企业的目标市场；中间商是否具有较好的运输和储蓄条件，是否有专门的技术知识和经验；经营管理水平如何，经济状况、售后服务的能力等，这样，企业就有可能达到自己的期望，取得好的营销效果。

最后，需指出的是，直接分销渠道是产业用品分销渠道的主要类型。这主要是因为：一方面，许多产业用品（如主要设备等）要按照用户特殊需要制造，有高度技术性，生产者要派出销售工程师去指导用户安装、操作、维护设备；另一方面，用户较少，某些行业的工厂往往集中在某一地区，这些产业用品的单价高，用户购买批量大，所以这些产业用品的生产者或其他生产者有必要也有可能把产品直接销售给产业用户。

(四) 单渠道和多渠道

分销渠道的复杂性，还表现在：生产者往往通过多条渠道将相同的产品送到不同市场和相同市场。这就是说，同一种产品，由于既卖给最后的消费者用于生活消费，同时又卖给产业用户用于生产消费，生产者通常通过若干不同渠道将同一产品送到不同市场（消费者市场和产业用户市场）；有些生产者还通过多条渠道将某产品送到同种顾客。这种多渠道结构也叫双重分销。

美国前商务部助理理查德·H. 荷尔顿（Richard H. Holton）曾给两种类型的双重分销下过定义。第一种类型的双重分销是：生产者通过两条以上竞争的分销渠道销售一种商标的货物。第二种类型的双重分销是：生产者通过两类竞争的分销网销售两种商标的基本相同的产品。生产者使用多渠道，采取双重分销，比使用单一渠道能实现更深的市场渗透。

分销渠道的广度，是宽度的一种扩展和延伸，它指制造商是选择一条还是几条分销渠道进行某产品的分销活动。

1. 单渠道。如果生产者在一定的时空条件下，只选择一种模式的分销渠道时，就叫单一的分销渠道。

2. 多渠道。如果生产者在一定的时空条件下，同时选择两个或两个以上模式的分销渠道时，就叫复合型的多渠道。

多渠道则可能是在本地区采用直接渠道，在外地则采用间接渠道；在有些地区是独家经销，而在另一些地区是多家分销；对消费品市场用长渠道，对生产资料市场则采用短渠道等；甚至同时采用多种渠道开展营销活动，这就是多渠道模式。在实践中，多渠道分销广泛存在。既可以在单一产品市场上组合多条彼此竞争的分销渠道；也可以对产品市场进行细分，对不同的市场选择不同的分销渠道，这些渠道不互相重叠，也不彼此竞争；还可以综合运用这两种组合方式。

通过复合式多渠道分销某种产品，比通过单一渠道分销更能实现市场渗透。但由于复合式多渠道构成复杂，需要有高效率的协调管理，所以一个企业在采用复合式多渠道时，一定要考虑产品的特性、顾客的偏好和购物心理，以及本企业的管理水平。一般而言，规模大、实力强、管理水平高的企业，特别是在市场商品供过于求以及竞争较为激烈时，采用这种策略往往能收到较好的效果；而规模小、实力弱的企业则不应过多地运用复合式多渠道策略。

10.2 中间商

中间商是指介于生产者与消费者（用户）之间，专门从事商品流通活动的经济组织或个人，或者说，中间商是生产者向消费者（或用户）出售产品时的中介机构。

10.2.1 中间商的类型与基本功能

（一）中间商的类型

中间商按照不同的标准，可以划分成不同的类型。按照在商品流通转让过程中是否取得商品的所有权划分，可以划分为经销商、代理商和经纪人三类；按照在流通转让过程中所处的地位和所起的作用不同，可以划分为批发商和零售商两大类。经销商是指从事商品交易业务，在商品买卖过程中取得商品所有权的中间商，其利润来源主要来自于商品的进销差价，一旦买进商品，则商品的销售风险与利益均由自己独立承担；代理商是指从事商品交易业务，接受生产企业委托，但不具有商品所有权的中间商，其利润来源主要来自被代理企业的佣金，但商品的销售风险与利益一般由被代理企业承担；经纪人俗称掮客，既无商品所有权，也不持有和取得现货，其主要职能在于为买卖双方牵线搭桥，协助谈判，促成交易，由委托方付给佣金，不承担产品销售的风险。

批发商是指那些主要从事批发业务的企业。批发是指将购进的商品批量转售给各类组织购买者的业务，是指将商品转售给为了转卖或者商业用途而进行购买的人的活动；零售商是向最终消费者直接销售商品的从事零售业务的企业或个人。

（二）中间商的基本功能

中间商一头连着生产者，一头连着最终消费者（或工业用户）。它的基本功能有两个方面：

1. 调节生产者与最终用户之间数量上的差异。这种差异是指一个生产者所生产的产品数量与最终用户通常所需要的产品数量之间的差别。中间商一般采用组零为整和化整为零的方式来调解这种数量差异。组零为整是指从众多的生产者那儿收集货物的活动，其目的是通过集中零散的货物，成批装运，降低成本；化整为零是指将收集而来的货物经过加工，分装售给消费者的过程。

2. 调整生产和消费之间在花色品种和等级方面的差异。分级是指按照一定的规格与质量分成若干等级的活动；聚合是指各层次的中间商将各式各样的产品按商品花色品种加以搭配，聚合在一起，便于顾客购买。

10.2.2 批发商

批发是指一切将物品或服务销售给为了转卖或者商业用途而进行购买的人的活动。批发商是指那些从事批发业务的企业。这个定义既排除了生产商，因为它们主要从事生产，同时也排除了零售商。

（一）批发商的特点和作用

批发商在营销渠道中起着联结生产者与零售商的作用。批发商的顾客主要是零售商，以零售商的需求为导向是批发商营销活动的出发点和归宿。批发商又是企业的直接供应对象，企业的营销活动通过批发商、零售商才能到达最终消费者。因此，批发商在企业的营销渠道中具有重要的地位。

1. 批发商的特点

从批发商在营销渠道中的地位和交易活动看，其特点有：(1) 批发商是处在企业之间的中间商。它的存在不论是对生产者还是对零售商或生产用户，都有重要的作用。(2) 批发商的交易是在企业之间进行的。它从生产者那里大批量进货，同时通过品种搭配，以批量向零售商或生产者用户供货，并在营销中获取自己的经济收益。(3) 批发商的交易完成后产品一般不退出营销渠道。如果不能使零售商或其他用户获利，批发商的经营将会遇到困难。批发商的这些特点，对批发商的营销决策有着重要的影响。

2. 批发商的作用

根据批发商在营销渠道中所处的特殊地位，批发商的作用包括对生产者的作用和对零售商的作用两个方面。对生产者而言，使用批发商可以提高其销售效率，使自己可以从繁杂的小批量交易中解脱出来，专心于生产，从而使企业的人力、财力、物力得到充分利用；使用批发商，便于对营销渠道的有效控制和对营销策略的有效实施。因为大多数的零售商直接接触的是批发商，批发商一般更接近市场，所以生产者可以利用批发商对零售商的控制来实现企业对营销渠道的控制，通过这一部分促销的服务职能转移给批发商，以便更有效地实施营销策略。

对零售商而言，可以利用批发商的产品配销功能，提高自身的经济效益。因为零售商一般规模都较小，人力、财力、物力都有限，要分别从各地的生产者那里采购自己所需要的产品是非常困难的，经济上是难以承担的。而批发商可以通过对零售商需求的分析，并根据零售商的需求，向不同的生产者采购各种产品，把各个生产者生产的产品集中起来，满足零售商对产品、花色、品种、结构的要求，便于零售商得到自己所需要的产品，提高产品配合销售的效率。因此通过批发商，不但可以使零售商得到自己所需要的产品，而且还可以减少在进货中的各项费用，提高零售商的经济效益。另外，批发商还可以为零售商提供管理咨询、产品陈列、人员培训等方面的服务，以促进零售商更好地发挥在营销渠道中的作用。

对生产者和零售商共同而言，使用批发商可以发挥其信息沟通的作用。这是由批发商在营销渠道中所处的特殊地位决定的。首先，批发商通过与生产者和零售商的双向接触，可以迅速将零售商的需求信息传递给生产者，使生产者更好地了解市场的需求；同时也可以将生产者的产品信息迅速传递给零售商，使零售商能够很好地掌握产品的发展动态。通过批发商与生产者和零售商的沟通，使营销信息能够在营销渠道中顺利传递。其次，使用批发商，生产者和零售商也可以利用其仓储条件，实现对产品供需的调节，因为对于许多产品，特别是季节性生产和消费的产品，批发商通过在生产以后和消费季节到来以前集中采购、储存，可以在顾客需要时按时供货。最后，批发商对生产者和零售商除发挥以上作用外，还可以承担一定的服务功能，如通过预付货款为生产者融资；通过消费者信贷、分期付款为零售商融资等。

（二）批发商的主要类型

批发商主要有四种类型：商人批发商、经纪人和代理商、制造商的销售办事处、零售商的采购办事处。

1. 商人批发商。商人批发商是指自己进货取得产品所有权后再批发出售的商业企业，也就是人们通常所说的独立批发商。商人批发商是批发商最主要的类型。它又可分为执行全部批发职能的完全服务批发商和执行部分批发职能的有限服务批发商。

2. 经纪人和代理商。经纪人和代理商与独立批发商的主要区别在于：他们没有商品所有权，只是在买卖双方之间起媒介作用，促成交易，从中赚取佣金。经纪人和代理商一般都是专业化的，专门经营某一方面的业务。经纪人多见于房地产业、证券交易以及保险业务、广告业务等；代理商有制造业代理商、销售代理商、采购代理商和佣金商等。通过代理商推销产品、开拓市场是现代市场营销的一种通用的办法，在经济发达国家十分普遍，目前在我国也开始出现。

3. 制造商的销售分销部或销售办事处。制造商的分销部有一定的商品储存，其形式如同商人批发商，只不过隶属关系不同，它是属于制造商的；办事处没有存货，是企业驻外的业务代办机构。制造商自己设立分销部和办事处，有利于掌握当地市场信息和加强促销活动。

4. 零售商的采购办事处。有些零售商也在中心城市及商品集散地设立采购办事处，其职能与代理商和经纪人类似，但其隶属关系是购买方。

（三）批发商的职能

批发商的主要业务活动是批发商品流转活动，即批发商品的购、销、存、运活动。批发商的功能可概括为购买、销售、分配、运输、储存、资金融通、承担风险、信息服务八大功能，在整个分销渠道中占据重要地位。批发商可以有效地执行下述职能：

1. 开拓市场与产品推介职能。批发商通过其营销人员的业务活动，可以将制造商产品有效地推广介绍给众多小客户，从而起到开拓市场、促进产品销售的作用。

2. 集散采购与分装配货。即通过收购把分散在各地区、各企业的商品集中起来，再经过初步加工、整理、挑选、分级、编配和包装等活动，分散供应给零售企业和生产用户。

3. 整买零卖与沟通产销。批发商可以整批地买进货物，再根据零售商的需要批发出去，从而降低零售商的进货成本。作为制造商与更低一级批发商、零售商的桥梁与纽带。

4. 仓储服务与货物运输。批发商可将货物储存到出售为止，从而降低供应商和顾客的存货成本和风险；由于批发商一般在仓库储存与货物运输方面具有专业的设备与人员，而且一般距零售商较近，可以很快地将货物送到顾客手中。

5. 融通资金与分担风险。批发商可以向客户提供信用条件，提供融资服务，促进产品销售，加快商品周转速度；另外，如果批发商能够提前订货或准时付款，也就等于是为制造商提供融资服务，可以加快资本周转速度，提高企业再生产能力。批发商在分销过程中，由于拥有货物所有权，故可以分担失窃、瑕疵、损坏或滞销等各种风险。

6. 信息咨询与终端服务。批发商可向其供应商提供有关买主的市场信息，诸如竞争者的活动、新产品的出现、价格的剧烈变动等；批发商可经常帮助零售商培训推销人员、布置商店以及建立会计系统和存货控制系统，从而提高零售商的经营效益。

（四）批发商的发展趋势

1. 集中化和分散化。重要商品的批发业务越来越趋向集中化，被少数大公司所控制；日常用品批发业务和小批发商越来越多。

2. 计算机在批发企业中更广泛地应用，能及时提供存货成本最低的存货量指标，能及时确定不盈利的商品，能及时提供最低订货成本的订货批量，计算运输成本最低的运输路线，从而有利于提高业务水平。

3. 批发商加强了市场调查，经常了解和掌握新技术、新产品的动态，了解零售商、用户、消费者的需求，使他们知道从供应企业购进哪些产品或不购进哪些产品，以便减少经营风险。

10.2.3 零售商

所谓零售是指将货物和服务直接出售给最终消费者的所有活动，这些最终消费者为了个人生活消费而不是商业用途消费。任何从事这种销售的组织，无论是生产者、批发商和零售商，都是在开展零售业务。货物和服务出售的方式（如人员销售、邮件销售、电话销售或自动售货机销售）以及在何处出售（在商店里销售、街道上销售或在消费者家里销售）都不会改变零售的实质。所谓零售商是指主要从事零售业务的企业。

零售商是营销渠道中处于最末端的中间机构，它的服务对象是最终消费者，因为对市场信息反应最直接、最灵敏的应该是零售商。因此，对零售商的研究，对企业营销策略的实施起着至关重要的作用。

（一）零售业态的分类

零售是向最终消费者直接销售商品和服务的一系列活动。从事这种销售活动的组织和个人称为零售商。零售商的形式多种多样。但随着经济的发展，城市的变迁和人们消费习惯的变化而不断发生着变化，一些新形式兴起了，一些旧形式被淘汰了。根据我国内贸行业主管部门的规定，我国零售业态具体划分为以下9种类别：

1. 百货店。是指在一个大建筑物内，根据不同商品部门设立销售区，开展各自的进货、管理、运营的零售业态。其业态主要特点：第一，销售方式上，采取柜台销售与开架自选销售相结合的方式；第二，产品组合上，商品结构种类齐全、少批量、多品种，以经营男、女、儿童服装、服饰、衣料、家庭用品为主；第三，销售服务上，采取定价销售；第四，销售对象上，可以退货，有导购、餐饮、娱乐场所等服务项目和设施，服务功能齐全；第五，销售对象上，选址在城市繁华区、交通要道；第六，主要以城市流动人口为销售对象，目标顾客多为中高档消费者和追求时尚的年轻人；第七，卖场特征上，商店规模大，面积一般在5000平方米以上，设施豪华，店堂典雅、明快。

2. 超级市场。是指采取自选销售方式，以销售生鲜商品、食品和向顾客提供日常必需品为主要目的的零售业态。其业态主要特点：第一，销售方式上，采取自选销售方式（还可采取连锁经营方式），顾客出入V1分设，结算在出口处的收银机处统一进行；第二，产品组合上，商品构成以购买频率高的商品为主，经营的商品主要为肉类、禽蛋、水果、水产品、冷冻食品、副食调料、粮油及其制品、奶及其奶制品、熟食品、日用必需品等；第三，销售服务上，营业时间每天在11小时左右，有一定的停车场地；第四，销售地点上，选址在居民区、交通要道、商业区；第五，销售地点上，商圈范围较窄，以居民为主要销售对象；第六，卖场特征上，商店营业面积一般在500平方米以上。

3. 大型综合超市。是指采取自选销售方式，以销售大众化实用品为主，并将超级市场和折扣商店的经营优势合为一体的、满足顾客一次性购买的零售业态。其业态特点：第一，销售方式上，采取自选销售方式和连锁经营方式；第二，产品组合上，商品构成为衣、食、用品齐全，重视本企业的品牌开发；第三，定价策略上，设有与商店营业面积相适应的停车场；第四，销售服务上，选址在城乡结合部、住宅区、交通要道；第五，销售对象上，商圈范围较大，以购买频率高的居民为主要销售对象；第六，卖场特征上，商店营业一般面积在2500平方米以上。

4. 便利店（方便店）。是指满足顾客便利性需求为主要目的的零售业态。便利店业态主要特点：第一，销售方式上，以开架自选为主，结算在进口或出口处的收银机处统一进行，可采取连锁经营方式；第二，产品组合上，商品结构特点明显，有即时消费性、小容量、应急性等；第三，销售服务上，营业时间长，一般在16小时以上，甚至24小时，终年无休息日。店堂明快、清洁、货架丰满，经营实行信息系统化，开展单品管理；第四，销售地点上，选址在居民住宅区、主干线公路边以及车站、医院、娱乐场所、机关、团体、企事业所在地；第五，主要为居民、单身者、年轻人，80%的顾客为有目的的购买，商圈范围窄小，一般设定在居民徒步购物5~7分钟到达范围内；第六，卖场特征上，商店营业面积100平方米左右，营业面积利用率高；第七，定价策略上，便利店的商品价格略高于一般零售业态的商品价格。

5. 专业店。是指以经营某一大类商品为主，并且具备有丰富专业知识的销售人员和提供适当售后服务的零售业态。专业店业态主要特点：第一，销售方式上，采取开架面售，可开展连锁经营；第二，产品组合上，商品结构体现专业性、深度性、品种丰富，可供选择余地大，以某类商品为主，经营的商品具有自己的特色，一般为高利润商品；第三，定价策略上，采取定价销售；第四，销售服务上，从业人员需具备丰富的专业知识，可以退货；第五，销售地点上，选址多样化，大多数设在繁华商业区、商店街或百货店、购物中心内；第六，目标顾客上，商圈范围不定，主要满足消费者对某类商品的选择性需求；第七，卖场特征上，营业面积根据主营商品特点而定。

6. 专卖店。是指专门经营或授权经营制造商品牌和中间商品牌的零售业态。其业态主要特点：第一，在销售方式上，采取开架面售，可开展连锁经营；第二，在产品组合上，商品结构以企业品牌为主，销售体现量少、质优、高毛利；第三，在定价策略上，采取定价销售；第四，销售服务上，注重品牌声誉，从业人员必须具备丰富的专业知识，并提供专业性知识服务；第五，在销售地点上，选址在繁华商业区、商店街或百货店、购物中心内；第六，在目标顾客上，商圈范围不定，目标顾客以中青年为主；第七，在卖场特征上，营业面积根据经营商品的特点而定，商店的陈列、照明、包装、广告要讲究。

7. 购物中心。是指企业有计划地开发、拥有、管理运营的各类零售业态、服务设施的集合体。购物中心业态主要特点：第一，在销售方式上，由发起者有计划地开设，实行商业型公司管理，中心内设商店管理委员会，开展广告宣传等共同活动，实行统一管理。根据选址和商圈不同，购物中心可分为近邻型、社区型、区域型、超区域型种类；第二，在产品组合上，内部结构由百货店或超级市场作为核心店，以及各类专业店、专卖店等零售业态和餐饮、娱乐设施构成；第三，在定价策略上，采取定价销售；第四，在销售服务上，服务功能齐全，集零售、餐饮、娱乐为一体，根据销售面积，设置相应规模的停车场；第五，在销售地点上，选址为中心商业区或城乡结合部的交通要道；第六，在目标顾客上，以流动顾客为主；商圈根据不同经营规模、经营商品而定；第七，在卖场特征上，要求设施豪华、店堂典雅、宽敞明亮，实行卖场租赁制。

8. 仓储商店。是指在大型综合超市经营的商品基础上，筛选大众化实用品销售，并实行储销一体以提供有限服务和低价格商品为主要特征的、采取自选方式销售的零售业态。仓储商店业态主要特点：第一，在销售方式上，将超市开发的销售技术和管理理论、仓储商店的价格影响力、大型综合超市商品供应计划的方法及选址理论等融为一体，灵活运用，可实行连锁经营；第二，在产品组合上，作为商品策略，经营同其他零售业态能进行价格比较的、知名度和普及率都较高的商标商品或价格一般被众所周知的商品。商品构成以新开发上市的商品为主力商品，自有品牌占相当部分；第三，定价策略，每天都以较低价格销售全部商品；第四，在销售服务上，商店设施简单化，设置相应规模的停车场；第五，销售地点选址在公路边、交通要道和利用闲置设施；第六，目标顾客主要是面向广大的工薪阶层服务，主要的商圈人口为5万~7万人；第七，在卖场特征上，商店营业面积大，一般在4000平方米以上。部分商品部门采取租赁制，把无店名的专业连锁卖场和供应商引进店内经营。

9. 家居中心。是指以与改善、建设家庭居住环境有关的装饰、装修等用品、日用杂品、技术及服务为主的、采取自选方式销售的零售业态。家居中心业态主要特点为：第一，在销售方式上，具有超级市场的开架自选销售的优势。可采取连锁经营方式；第二，在产品组合上，商品构成主要以房屋修缮和室内装修、装饰品、园艺品、宠物食品、室内外用品、洗涤剂、纸类等杂品，以及食品类等；第三，在定价策略上，作为经营策略，发挥了廉价商店的低价格的优势；第四，在销售服务上，有一定的停车场，提供一站式购买和一条龙服务；第五，销售地点选址在城乡结合部、公路边、交通要道或消费者自有房产比率较高的地区。

（二）零售商的特点和作用

零售商与最终消费者接触最为紧密，因此与批发商相比，在一些方面存在着差异和特点，在营销渠道中可以起到其他机构难以取代的作用。

1. 零售商的特点。与批发商相比，零售商的特点主要有：

（1）零售商是以最终消费者（个人或集体）作为服务对象。这一特点是零售商的一个根本的特征。因而零售商非常注意销售的气氛和地点；但批发商是以转卖者和生产者作为服务对象，产品的质量和成本比地点和促销更为重要。

（2）零售商处于流通过程的最末端，商品售出后就离开流通领域而进入消费领域，所以零售商注意售后服务等业务；而批发商处于流通过程的起点和中间环节，批发交易结束后商品流通并未结束，配销和仓储业务更为重要。

（3）零售商一般是零星交易，频率很高，从业人数多，基本属于劳动密集型行业；而批发商则是供转卖和加工生产的买卖活动，批发业务往往比零售业务大，频率低，属于资本密集型行业。

（4）零售商面对广大消费者，直接受到人口分布的影响，分布面广，分布点多，一般开设在繁华地区和居民稠密区；批发商点少但市场覆盖面广，面对企业，一般设立在租金低廉、交通便利的地段。

2. 零售商的作用。由于零售商处于最终消费者和批发商或者生产者之间，因而他们的作用主要有：

（1）对批发商或生产者，零售商承担着针对消费者营销的重要职能。零售商的营销职能主要包括产品分配、展示、宣传推广、技术咨询、维修服务、企业营销方案的执行等方面。

（2）对最终消费者，零售商起着方便顾客的作用。零售商通过对最终消费者需求的分析，根据其需求采购产品，这样可使顾客随时都能买到自己需要的产品。

（3）信息沟通作用。零售商可能根据自己在销售渠道中所处的特殊地位，及时沟通产销信息，使供应商能及时听到最终消费者对自己产品的意见，利于供应商对产品进行改进，进一步满足消费者的需要。

（三）零售商的职能

零售商直接面对消费者，在产品的营销过程中起着关键的作用。对于制造商来说是充当推销员的角色，对于消费者来说又是充当采购员的角色。其职能主要有：

1. 批量购进，零散销售，解决供求数量矛盾；
2. 了解市场，反馈信息，承担市场调查与求购信息反馈双重职能；
3. 咨询服务，担保信用，解决购销双方信息不对称的矛盾；
4. 采购配货，保障供应，解决生产地分散与消费地集中的矛盾；
5. 预测市场，储备货物，解决供求时间不协调的矛盾。
6. 运输储存，送货上门，解决生产者与消费者地域空间矛盾。
7. 广设网点，便利购销，解决生产者与消费者数量不对称的矛盾。

（四）零售商的发展趋势

1. 连锁经营的重要性日益增长。因为集中进货，在进货价格上能取得数量折扣，成本较低，从而售价也较低。同时由于标准的商店门面和平面布置，便于顾客识别，可以增加销售量，而连锁商店还使用标准的广告策略，这样可以从广告媒体经营者中取得广告费用的折扣。

2. 购物中心迅速增加。大型购物中心从大城市的市中心将向郊区扩散，并由一两家大型百货公司吸引着广大顾客，再加上许多简便商店和专营商店，构成新的购物形式。

3. 不断强调自助服务。使顾客直接接触货架，便于挑选商品，这样既可使顾客能购买到符合自己心愿的商品，也可以降低销售成本。

4. 争奇商品。即零售商经营不属其正常经营的商品种类内的商品品种。如药房销售化妆品、玩具、棋类、调味品等，食品店销售药品等。

批发商与零售商主要区别在于：

1. 服务对象不同。零售商以最终消费者（个人或集体）为服务对象；批发商以转卖者和生产者为服务对象。

2. 在流通过程中所处地位不同。零售商处于流通过程的终点，商品售出后就离开流通领域而进入消费领域；批发商处于流通过程的起点或中间环节，批发交易结束后商品流通并未结束。

3. 交易数量和频率不同。由于零售商一般是零星交易，频率很高，基本属于劳动密集型行业；而批发则是供转卖和加工生产的买卖活动，所以批发商一般是交易数量大、频率低，属资金密集型行业。

4. 营业网点的设置不同。零售商主要面对广大消费者，点多面广，一般多开设在繁华地区和居民区；批发网点少但市场覆盖面宽，面对企业，一般设在租金低廉的地段。

这些区别决定了零售商和批发商在组织管理和营销策略等方面，都各有许多不同的特点，营销者需研究和掌握这些特点，作为决策的依据。

10.3 分销渠道决策

10.3.1 分销渠道的选择

（一）影响分销渠道选择的因素

影响选择商品分销渠道的因素很多，生产者在决定选择何种分销渠道前，应对产品、市场及企业本身各种因素进行综合的研究与判断，才能做出恰当的选择。

1. 产品因素

（1）产品的价值。一般来讲，产品的单价越低，分销渠道可以越长；反之，产品单价越高，分销渠道则短一些更经济。因此，普通的日用消费品和工业品中的标准件的销售，一般都要经过一个或一个以上的批发商，再经零售商转至消费者手中；而一些价格较高的耐用消费品和工业品中的专用设备则不宜经过较多的中间商转卖。

（2）产品的自然属性。一般来讲，对于自然属性比较稳定的产品可以考虑使用中间商或相对较长的渠道；而对易腐烂、易毁损或易于过时的产品，应尽可能采用直接渠道或相对较短的渠道。如新奇玩具、时装、新鲜食品，各种陶器、玻璃，精制的工业品等尽可能采用短渠道。

（3）产品的体积与重量。体积庞大和笨重的产品应尽可能采取较短的分销渠道，以节省运输和保管方面的人力、物力。如大型设备、机械设备等；体积小或重量轻的产品，则可采取较长的渠道。

（4）产品的技术性质和销售服务要求。出售技术性不十分强的耐用消费品，一般可以通过中间商出售，为加强销售服务，企业应对中间商进行必要的培训和指导；对于技术性很强的工业品，企业应采取直接渠道销售，以加强销售服务工作。

（5）定制品和标准品。定制品有特殊的规格要求，一般需生产者与消费者或用户直接面议规格、质量和式样等，不宜经过中间商；标准品因具有一定品质规格和式样，分销渠道可长可短；对于那些标准化、系列化、通用化程度很高的产品可以选用宽渠道和长渠道。

（6）产品所处市场寿命周期阶段。企业为了尽快打开新产品销路，往往不惜花费大量资金，组成直接分销队伍直接向消费者销售；当产品在市场上已经形成高的知名度与美誉度时，出于拓展市场的需要，可以考虑逐步利用间接渠道分销产品。我国许多企业在创立品牌初期走的是直接销售的路子，等创立品牌后，就采取多种方式进行间接销售。

2. 市场因素

（1）潜在顾客的数量及销售量的大小。如果潜在顾客数量较少，企业可以考虑使用推销员或邮寄直接向消费者或顾客推销；反之，潜在顾客数量多，则应采取间接分销。市场销售量的大小也是决定分销渠道模式的重要因素。商品销量大，可采取较短的渠道；对分散的、个别的零售商，则需采取较长的渠道。

（2）潜在顾客的地理分布情况。如果顾客集中分布在一个或少数几个地区，则可以考虑采用直接销售的方式，或者生产企业直接卖给零售商；顾客分布很分散，则应选择间接销售和宽渠道销售。

（3）消费者的购买习惯。消费习惯不同，也会影响到分销渠道。首先，顾客购买数量越大，单位分销成本越低的产品，尽可能将批量性产品直接出售给顾客。其次，顾客购买频率高，每次购买数量很少，而且产品价值低的产品，则需要利用中间商进行分销，即采用长渠道与宽渠道；反之，则采用短渠道。例如，消费者几年才买一次的家具，厂家就可以向他们直销。消费者购买行为投入程度较高的产品，即购买之前需要充分比较研究、购买过程中需要投入较多精力与时间的产品，选用短渠道与窄渠道效果会更好；反之，则可以采用长渠道。对于日常生活用品，人们在购买之前，较少进行分析比较，在购买时也不愿意花费很多时间，跑很远的路途，希望在家或工作地点附近完成购买，因此适合较长与较宽的渠道；而对于时装、电器、家具等产品，人们在购买之前，要跑许多地方、看许多广告，进行比较选择，并在购买时不惜花费时间和跑较远的路途，因此可选择较短与较窄的渠道。

（4）市场竞争情况。市场竞争对分销渠道模式选择的影响应考虑两种情形：一是跟竞争对手采取同样的分销渠道，但必须要做得优于竞争对手；二是采取与竞争对手完全不同的分销渠道。出于市场竞争的需要，企业有时选择与竞争者相同的渠道、相似的地点；有时则故意避开竞争者常用的渠道，别出心裁，一反常规，开辟新的渠道。

3. 企业自身因素

（1）企业实力。对于资金雄厚、信誉好的企业，可以自己组织分销队伍进行销售，采取直接分销渠道，也可采取间接渠道销售；而资金缺乏，财力较弱的企业，只能依靠中间商，分销渠道势必要长些。

（2）管理能力。企业渠道管理水平也会影响企业渠道的长度与宽度。一般来说，假如制造商在销售管理、储运安排、零售运作等方面缺乏经验，人员素质也不适合自己从事广告、推销、运输和储存等方面的工作，最好选择较长渠道与宽渠道。如果制造商熟悉分销运作，具有一定的产品分销经验，并具有较强销售力量、储运能力，则不必依赖中间商，选择短渠道与窄渠道。

（3）控制渠道的愿望。如果企业希望对分销渠道进行高强度控制，同时自身又有控制能力，一般采取较短较窄渠道的做法。如果采用中间商分销，一方面会使制造商的渠道控制力削弱，并且诸如市场调查、储存、运输、广告、零售的功能又大多是由中间商完成，极有可能导致制造商受制于中间商；另一方面会使制造商分销受限制。

（4）企业的声誉及提供服务的能力。如果制造商声誉好，能承担大量的促销费用和提供展销、维修等广泛的售后服务，中间商就乐于代其销售；反之，中间商的积极性不高，企业只好自己进行销售。

（5）企业经济效益的考虑。在选择分销渠道模式时，应比较各种渠道给企业带来经济效益的大小。当预期直接销售的收支相抵后所得的利润大大超过间接销售所取得的利润时，则应采取直接渠道销售；否则应采取间接渠道销售。

4. 中间商因素

（1）中间商的经销积极性。如果中间商愿意经销制造商的产品，同时不对制造商提出过多、过分要求时，会使企业更愿意利用中间商，因此企业可选择长渠道与宽渠道的做法。如雅芳公司的化妆品当初就是因为百货商店作梗而被迫走上直销之路的。

（2）中间商的上货条件。利用中间商的成本太高，或是中间商压低采购价格，或是中间商要求上架费太多，就应考虑采取较短较窄的渠道。

（3）中间商的开拓市场能力。如果中间商能够帮助制造商把产品及时、准确、高效地送达消费者手中，可以选择较长与较宽的分销渠道；否则，应选择较短较窄的渠道。

5. 市场环境因素

（1）总体经济形势。整个社会经济形势好，分销渠道模式选择余地就大。当经济不景气时，市场需求下降，企业必须尽量减少不必要的流通环节，利用较短的渠道。

（2）国家的政策法规。国家的有关政策和法律因素对分销渠道也有重要影响。如反不正当竞争法、反垄断法规、进出口规定、税法等，都会影响分销渠道选择。如我国对烟酒、鞭炮、汽油、咸盐等产品的销售有一些专门的法规，对这些产品的分销渠道，就要依法设计。

（二）分销商的选择与评价

1. 选择和评价的标准

当企业选择好渠道模式后，就需要根据渠道模式，进一步选择具体的渠道成员——中间商来承担具体的分销任务。从制造商的角度出发，企业评价和选择中间商的主要依据，可以概括为八个方面，简称为“8C”标准，即成本、资金、控制、覆盖、特点、连续性、信誉和能力。

（1）成本（Cost）

企业选择中间商首先要考虑的就是成本问题，如果选用中间商得不偿失、或效益低下、或者成本太高，就不应该选择这一中间商。渠道成本就是企业建立、发展与维持渠道所需要的费用。维持费用包括推销人员的直接开支、中间商毛利、加成或佣金等；销售费用是产品出厂价格和消费者最终支付的商品价之间的差额；中间商费用包括商品的储运、分销、日常的文书工作、获取信贷、地区性广告、销售代理权和谈判等项事宜所需要的费用。制造商一般选择那些能够承担一部分广告费用和其他销售促进活动费用的中间商，以减少企业的负担，降低销售费用。

（2）资金（Capital）

生产企业要选择资金实力比较雄厚、财务状况良好的中间商。因为资金力量雄厚和财务状况良好的中间商不仅能及时付款，不拖欠，而且还能对有困难的制造商提供某些财务帮助，从而有利于扩大产品销路。

（3）控制（Control）

在营销活动中，选择的中间商不同，所享有的控制力也不同。一般来说，企业在其产品的分销渠道中卷入越深，对渠道的控制力越大。属于本企业的渠道和分销人员固然会增大投资，但毕竟最有利于控制。当销售渠道变得越来越长时，企业对价格、销售量、推销方式和零售形式等的控制力就会削弱。近年来由于市场竞争变得更为激烈，许多企业为了更及时地掌握市场变化，更加了解营销渠道的情况，以扩大其销量，就需要增强对分销渠道的控制力。

（4）覆盖（Coverage）

一般而言，营销网络市场覆盖率高、覆盖面广阔的中间商，其产品推广与市场开拓能力也强。因此，企业应该尽量选择那些市场覆盖面大的中间商经销本企业的产品。占领广阔的市场区域，可以从各市场获得最大可能的销售额，确保合理的市场占有率和赢得令人满意的市场渗透。制造商通常希望中间商经销多品种商品而不要太单一。这样，有利于扩大自己产品的销售，制造商最好不要选择销售本企业竞争者产品的中间商。但如果本企业的产品有较强的竞争能力，则可以选择出售竞争产品的中间商经销自己的产品，使自己的产品在对比竞争中取胜；否则，不宜选用。

（5）特点（Character）

企业所选择的分销渠道必须适合企业本身的特点及其产品的特点，企业要考虑中间商的销售对象是否与企业所要进入的目标市场一致，即所要选用的中间商的经营范围，应该与生产企业的产品销路基本对口。例如，专门生产彩电、空调产品的企业，就应该选择家电商场或综合性大商场中的家电部来销售自己的产品；生产文化体育用品的企业总是选择面向大批学生顾客的中间商；而生产建筑机械的制造商，就必须物色熟悉建筑行业并懂得建筑机械的使用和维修的经销商。中间商的地理位置要有利于制造商产品的运输和储存，如果中间商的地理位置，是购买这种商品的顾客能经常到达的地方，这就是最理想的地理位置，这也是企业选择中间商需要考虑的一个因素。

（6）连续性（Continuity）

在市场营销实践中，企业选择的一些中间商可能是一些小型中间商，如果这些中间商的经营状况不十分稳定，寿命有时很短，常常因为各种原因倒闭或转业，企业就可能随之失去在该地区的市场。另外，有些批发商，特别是零售商做生意缺乏连续性，商品走俏能赚大钱时，他们便乐于经销；但时隔不久，他们发现商品销路欠佳或利润较低时，就又会拒绝进货。因此，制造商选择中间商也须注意维持连续性，以便在整个渠道建立对厂家品牌的忠诚感；否则，中间商可能也会受某些条件的诱惑而转向其他供货厂家。

（7）信用（Credit）

信用是指中间商的信用度的大小，这一点往往会被忽略。在营销实践中，往往有些中间商的商品销售状况良好，但是回款能力却极差。对于这类信用度差的中间商就应当特别留意；否则，企业会因资金周转不灵而陷入困境。

（8）能力（Capability）

能力是指在对中间商进行评价选择时要从其开拓市场的能力、营销能力、管理能力、提供技术支持与售后服务能力、商品的储存运输能力等方面进行考察。具体地说，中间商在销售过程中能否向顾客提供比较充分的技术服务与咨询指导，有没有既懂技术、又善于经营的推销、维修业务人员，这些都与产品的销路有密切的关系。尤其是销售某些技术比较复杂的商品时，更是如此。制造商一般要选择具有一定运输条件和储存条件的中间商。例如，经营鲜活商品时应有冷藏或控温设备；经营有特殊要求的商品应有保管防护设备；还应有必要的或专用的仓库和运输车辆等。

2. 评价分销商

为了做出客观评价，有必要把各个分销商的分销优势和劣势，按其来源或性质予以分类。如图 10－3 所示。

历史原因	管理原因
静态优势	动态优势
静态劣势	动态劣势

图 10－3　分销商的分销优势与劣势

（1）来自历史原因的分销优势。历史优势是在过去的经营中取得的，属于当前已经存在的有利条件。

地理位置可成为一些分销商的分销优势。可以从分销商进货和销售两个方面来评价其地理位置的“优势程度”。如果分销商处于交通干线，或者接近于工厂或商品仓库，进货必然容易；如果分销商处于目标消费者购物活动范围之内，或者说目标消费者能够方便地从分销商那里购买，那么该分销商也有优势。

经营某种商品的历史和成功经验。长期从事某种商品的经营，通常会积累比较丰富的专业知识和经验，因而在行情变动中，能够掌握经营主动权，保持销售稳定或乘机扩大销售量。一般说来，经营历史较长的分销商早已被周围的顾客或消费者熟悉，拥有一定的市场影响和一批忠诚的顾客，大多成为周围顾客或消费者光顾购物的首选之地。

分销商的经营范围和业种业态。分销商的经营通常有批发、零售、批零兼营之分；业种通常有产品（或系列）专业型、顾客专业型和非专门化型三类。分销商的经营范围和业种业态对有关商品分销具有重要的影响，不仅影响到商品分销范围和数量，而且影响到商品定位。那些符合企业商品定位的相关业种业态的分销商，无疑具有分销优势。

分销商的经营实力。经营实力表现为分销商在商品吞吐规模上、在市场开发的投入上的行为能量。经营规模大的分销商销售流量也较大，而在市场开发方面能够保持较高投入的分销商，其商品销售流量也绝不会小，因而他们在商品分销方面具有优势。

上述优势是由过去的经营形成，而且是目前具备的，因而称之为由历史原因决定的优势。这些优势一般来说是静态的，随着市场环境的变化、时间的推移，它们会发生改变。

（2）来自管理的分销优势。可以从以下几个方面来评价。

经营机制和管理水平。经营机制是企业存在与经营的基础，它是指企业经营者在所有权的约束下，对市场机会或威胁灵活制定对策，并组织企业职工努力提高经济效益的制度性安排。可以从企业制度形式、经营者拥有多大经营决策权、对所有者和职工承担多大责任等方面来认识和区别不同类型企业。管理水平主要是指计划体系、组织结构、激励机制以及控制系统的完善程度、现代化水平。一般来说，经营机制和管理的优劣主要从是否能适应市场变化，保持企业经营稳定与发展，能否提高资本收益等方面来评价。

自有分销渠道和商圈。一些批发商、连锁商业企业、仓储式商店等拥有自己的零售商店（分公司、子公司或连锁店）和固定的零售商顾客群，相当于拥有自己的分销渠道。不管是什么类型的分销商，都应当经常保持一定的顾客流量，以维持其商品销售额水平。这个顾客流量就是商圈，与商店的地理位置、经营特色、促销力度、商业信誉及声望有关。

信息沟通与货款结算。分销渠道应当承担多方面的功能，包括信息沟通与货款结算。良好的信息沟通和货款结算关系是保障分销渠道正常连续运行的重要条件之一，因而也可以成为分销商的分销优势之一。

由管理决定的分销优势是一种动态的优势。只有那些科学管理、重视合作与协调、灵活经营的分销商才能拥有这些优势。

与优势分析相对应的，还可以从历史原因角度、从经营管理角度来分析有关“候选人”的劣势。例如，地处偏僻小镇的分销商可能没有较大的商圈；规模太大的分销商机构复杂、人事臃肿、管理费用很高，需要生产厂商多“让利”；与目前供应商保持良好关系的分销商可能过于忠诚，不愿意与新的生产厂商合作而“伤害”老供应商；与现有供应商关系不好的分销商也可能存在“自高自大、目中无人”或者缺乏信誉的毛病。

对于每个“候选人”从事有关商品分销的优势劣势进行分析和评价，将有利于准确地预测和客观地说明他们能够承担的商品分销功能，为正确地选择分销商奠定基础。

3. 选择分销商的方法

（1）强制评分选择法

基本原理是：对拟选择作为合作伙伴的每个分销商，就其从事商品分销的能力和条件进行打分评价。由于各个分销商之间存在分销优势与劣势的差异，因而每个项目的得分会有所区别。注意到不同因素对分销渠道功能建设的重要程度的差异，可以分别赋予一定的重要性系数。然后计算每个中间商的总得分，从得分较高者中择优“录用”。

例如，一家洗衣机制造工业公司决定在某市选择一家零售商。现采用强制打分法对三个候选零售商进行打分评价。如表 10－1 所示。

通过打分计算，从表 10－1 的“总分”栏可以看出，第二个零售商得最高分，该洗衣机公司应当考虑选择它作为当地的分销商。强制评分选择法主要适用于在一个较小地区的市场上，为了建立精选的分销渠道而选择理想的零售商，或者选择独家经销商。

（2）销售量分析法

销售量分析法是通过实地考察有关分销商的顾客流量和销售情况，并分析其近年来销售额水平及变化趋势，在此基础上，对有关分销商实际能够承担的分销能力（尤其是可能达到的销售量水平）进行估计和评价，然后选择最佳“候选人”的方法。

（3）销售费用分析法

联合分销商进行商品分销是有成本的，主要包括分担市场开拓费用、给分销商让利促销、由于货款延迟支付而带来的收益损失、合同谈判和监督履约的费用等。这些费用构成了销售费用，它实际上会减少生产厂商的净收益，降低利用有关分销渠道的价值。当然，销售费用的大小主要取决于被选择的合作伙伴的各方面条件和特征。可以把预期的销售费用看做是衡量有关“候选人”优劣程度的一种指标。

表10－1　零售商评价表

评价因素	重要性系数	零售商1		零售商2		零售商3	
		打分	加权分	打分	加权分	打分	加权分
地理位置	0.20	85	17	70	14	80	16
经营规模	0.15	70	10.5	80	12	85	12.75
顾客流量	0.15	90	13.5	85	12.75	90	13.5
市场声望	0.10	75	7.5	80	8	85	8.5
合作精神	0.15	80	12	90	13.5	75	11.25
信息沟通	0.05	80	4	60	3	75	3.75
货款结算	0.20	65	13	75	15	60	12
总　分	1.00	545	77.5	540	78.25	550	77.75

10.3.2 分销渠道的管理

分销渠道管理是指生产者设法解决与中间商的冲突，并以各种适宜的措施去支持和激励中间商积极分销，从而促使商品高效地流转到消费者手中的活动过程。

生产者与中间商之间通常存在着必然性的冲突。在正常情况下（即在非独家经销情况下），一个经销商往往同时经销多个厂家的产品。经销商最关心的是他的整体销售利润目标，为了实现这个目标，他不得不密切关注整个顾客群对他所经销的各种商品的兴趣。然而，对于某个厂家而言最关心的则是自己的产品价值实现问题，他不得不时刻注视着自己的目标顾客群的兴趣变化，其一切努力在于培养目标顾客对本厂产品的信赖与忠诚。显然，单个厂家很难满足某个中间商追求利润目标的需要，而某个中间商也往往难以为单个厂家去全力促销。生产者和中间商各自的利益目标的不一致。必然导致两者对同一产品在销售方针、经销策略、促销措施等方面的矛盾。生产者和中间商的这种冲突在商品流转的过程中是普遍存在的，只是冲突的强弱程度不同。生产者应当恰到好处地去解决与中间商的冲突，对分销渠道实施有效的管理与控制。而这里所指的管理，绝非行政意义上的管理，而是生产厂家通过与分销渠道进行良好的合作而得以实施的。

（一）选择渠道成员

为了实现企业的市场营销目标，各企业都需招募合格的中间商来从事渠道分销活动，从而成为企业产品分销渠道的一个成员。招募过程中需根据选择中间商的条件进行判别。

（二）为中间商提供适销对路的产品，争做渠道中的“领袖”成员

在销售中，商品之间往往存在着一定的连带作用，而顾客购买所偏爱的某种商品时会顺便购买其他

商品。因此中间商总是设法去购进某些快货、俏货，也愿意投资于这类商品的促销，以此带动中间商的整体经营。

（三）合理分配销售利润

生产者与经销商协作销售，必须要给予经销商合理的销售利润，这样才能调动经销商促销本企业产品的积极性。与此同时，也可对厂家分出的利润总额进行细分，并根据经销商在销售各方面的工作绩效大小去合理分配利润，从而引导中间商配合厂家进行促销工作。

（四）恰到好处地实施激励措施

中间商选定之后，还需要进行日常的监督和激励，使之不断提高业务经营水平。必须指出，中间商与制造商所处的地位不同，考虑问题的角度不同，必然会产生矛盾，如何处理好产销矛盾，是一个经常存在的问题。制造商要善于从对方的角度考虑问题，要知道中间商不是受雇于自己，而是一个独立的经营者，有他自己的目标、利益和策略。中间商首先是顾客的采购代理，然后才是制造商的销售代理，只有顾客愿意购买的产品，中间商才有兴趣经营。中间商一般不会对各品牌分别做销售记录，有些原始资料也不一定注意保存，除非给予特殊的激励。因此，制造商要规定一些考核和奖罚办法，对中间商的工作及时考核和奖励，必要时给予惩罚。对经营效果较好的中间商，应争取建立长期产销合作关系，也可派专人常驻商店协助推销并收集信息。激励中间商的办法运用得比较普遍的有直接返利、价格折扣、促销等物质及货币的激励方法，也可以通过帮助中间商获得更好的管理、销售的方法来间接激励。

（五）评估渠道成员

生产者必须定期评估中间商的绩效是否已达到某些标准。如果某一渠道成员的绩效过分低于既定标准，则需找出主要原因，同时还应考虑可能的补救方法。当放弃或更换中间商将导致更坏的结果时，生产者只好容忍这种令人不满的局面；当不致出现更坏的结果时，生产者应要求工作成绩欠佳的中间商在一定时期内有所改进，否则，就取消它的资格。

（六）对渠道成员实施适当的控制

制造商同中间商的关系主要有三种不同的形式：合作、合伙和分销规划。合作，多数制造商与经销商是建立合作关系，对中间商一方面以高利润、特殊优惠、合作推销折让、销售竞赛等办法，激励其推销的热情和积极性；另一方面对表现不好的或工作消极的中间商予以惩罚，如降低利润率、推迟发货，甚至终止合作关系；合伙，较成熟的制造商一般与经销商建立合伙关系，并签订协议。在协议中明确规定双方的责任和权利，如规定经销商的市场覆盖面、市场潜量，以及应提供的市场信息和咨询服务等。根据协议执行情况，对经销商支付报酬；分销规划，分销规划是一种最先进的办法，它是一种把制造商和中间商的利益融为一体的“纵向营销系统”，统一规划营销工作，如决定销售目标、存货水平、培训计划，以及广告和营业推广方案等，使产销双方协调一致地完成任务。

总之，产销双方是既互相依存又互相对立的关系，生产企业对中间商应贯彻“风险分担，利益共享”的原则，尽力使之与自己站在同一卖方立场，作为营销渠道的一员来考虑问题，而不要使他们站在对立的买方立场。这样，就可减少与缓和产销之间的矛盾，双方密切协作，共同搞好营销工作。

（七）利用专门知识

生产企业拥有能帮助渠道成员提高经营能力的专门知识，利用这些专门知识，可促使渠道成员的业务行为与自己的期望相一致。

10.4 物流与商品的实体分配

10.4.1 物流与实体分配概述

（一）物流与实体分配的定义和范围

根据科特勒的定义，实体分配包括构建满足市场需求的基础结构，进而执行和控制原材料和最终产品从初始状态到使用再到满足客户需求而获得盈利的整个物流过程。

物流与实体分配范围很广，第一任务是销售预测，即公司在预测的基础上制定生产计划和存货水平。生产计划明确采购部门必须订购的原料。这些原料通过内部运输运到工厂，进入接收部门，并被作为原材料存入仓库。原材料被转变为制成品，制成品存货是顾客订购和公司制造活动之间的桥梁。顾客的订货减少了制成品的库存，而制造活动则充实了库存商品。制成品离开装配线，经过包装、厂内储存、运输事务所的处理、厂外运输、地区储存、最后送达顾客。实体分配总成本的主要构成部分是运输（46%），仓储（26%），存货管理（10%），接收和运送（6% ），包装（5%），管理费（4%）以及订单处理（3%）。

（二）物流与实体分配要素

物流与实体分配要素由六个方面组成，即包装、运输、仓储、装卸搬运、库存控制和订单处理。

1. 包装。是指对商品实体运用一定的技术手段，从而达到保护商品，方便储运、消费、销售的目的。

实现包装合理化，要求商品包装适应商品从生产领域向消费领域转移的客观要求，以先进适用的科学技术、稳定可靠的功能效用、最小的成本、最高的效益，保护和完善商品的使用价值，从而促进商品价值的实现。包装合理化的基本要求是：包装应发挥其保护商品、防止商品质量受损的功能；容量要适中，既便利商品销售和顾客购买与消费，又避免过度包装或包装不足；商品包装材料应当安全、可靠、无害，便于回收利用；包装要对商品有准确贴切、详细具体的说明或标志；包装要符合有关法规，避免通过包装搞不正当竞争和商业欺诈。

2. 运输。公司可以选择的运输方式包括铁路、公路、水路、管道、航空运输、集装箱联运。

在为某一项特定产品选择运输方式时，托运人应该考虑这样一些标准，如速度，次数，安全，容量，有效性和费用。如果托运人追求速度，空运和卡车就是主要的竞争对手；如果以费用低为目标，那么水路运输和管道运输就成为最重要的选择对象。卡车在大多数标准上都具有较大的优势，这正说明了它在运输量中的比重日益上升的原因。

运输决策还必须考虑运输方式和其他分销要素的配合，如仓库，存货等要素。当不同的运输方式所伴随的成本随时间的推移而发生变化时，公司应该重新分析其选择，以便找到最佳实体分配安排。

3. 仓储。仓库数目多，就意味着能够较快将货送达顾客，但是，仓储成本也将增加。因此数目必须在顾客服务水平和分销成本之间取得平衡。可选择的仓库包括：私人仓库、公共仓库、储备仓库、中转仓库、旧式的多层建筑仓库，新式的单层的自动化仓库。

4. 装卸搬运。装卸搬运是指在同一地域范围内改变商品的存放状态和空间位置的作业活动。装卸搬运是形成商品实物流动的重要环节。在日常经营中，装卸搬运费用在物流费用中占有相当比重，对商品流通效益有明显影响。因此，科学进行装卸搬运可以提高运输效率，如充分发挥站、港、库的效用；加快货物周转，减少资金占用；简化包装，降低损耗，减少事故等。

5. 库存控制。存货水平代表了另一个影响顾客满意程度的实体分配决策。存货决策的制定包括何时进货和进多少货，其主要指标是最佳订货量。

最佳订货量可以根据在不同的订货水平上，订货处理成本与存货维持成本之和的情况来决定。单位订货处理成本随着订货量增加而下降，这是因为订货成本被分摊到更多的单位上去的缘故。单位存货维持成本则随订货量增加而上升，这是因为每单位的储存时间相对地延长，这两条成本曲线垂直相加，即为总成本曲线。总成本曲线弯向横轴的最低点就是最佳订货量 Q。最佳订货量的数学公式如下：

$Q = 2DS/IC$

比例式中，D = 每期需求，S = 一次订货成本，IC = 每期单位维持成本。该公式一般被称为经济订货量公式。其假设为：进货成本不变，单位存货维持成本不变，需求已知，无数量折扣。

6. 订单处理。实体分配开始于顾客的订货。订货部门备有各种联单，分发给各部门。仓库中缺货的商品品目以后补交，发运的商品要附上发运和开单凭证并将单据副本送各部门。

10.4.2 物流与实体分配的实施

（一）物流与实体分配的方案

1. 单一工厂，单一市场

这些单一工厂通常设在所服务市场的中央，这样可以节省运费，但是，设在离市场较远的地方，可能获得低廉的工地、劳动力、能源和原料。企业在两个设厂地点进行选择时，不仅应审慎地估计目前各战略的成本，更须考虑到未来各战略的成本。

2. 单一工厂，多个市场

（1）直接运送产品至顾客

这必须考虑：该产品的特性（如单位，易腐性和季节性）；所需运费与成本；顾客订货多少与重量；地理位置与方向。

（2）大批整车运送到靠近市场的仓库

将成品大批运送到靠近市场的仓库，再从那里根据每一订单运送给顾客的方式，要比直运费用少。一般来说，增加新地区仓储所节约的运费与所能增加的顾客惠顾利益如大于建立仓储所增加的成本，那么就应在这一地区增设仓储。如果考虑用仓库，应租赁还是自建？租赁的弹性较大，风险较小，在多数情况下比较有利，只有在市场规模很大而且市场需求稳定时，自建仓库才有意义。

（3）将零件运到靠近市场的装配厂

建立装配分厂的最大好处是运费较低。有利于增加销售额；不利之处是要增加资金成本和固定成本的维持费用。建厂必须考虑该地区未来销售量是否稳定，以及数量是否会多到足以保证投下这些固定成本后仍有利可图。

（4）建立地区性制造厂

在诸多因素中，最重要的是该行业必须具有大规模生产的经济性，在需要大量投资的行业中，工厂规模必须较大才能得到经济的生产成本。

3. 多个工厂，多个市场

企业有两种选择目标：一是短期最佳化，即在既定的工厂和仓库位置上制定一系列由工厂到仓库的运输方案，使运输成本最低；二是长期最佳化，即决定设备的数量与区位，使总分配成本最低。短期最佳化的有效工具是线性规划技术；而长期最佳化的有效工具是系统模拟技术。

（二）物流与实体分配的工作流程

1. 备货与进货作业。备货与进货作业是商品配送的准备工作。备货工作包括筹集货源、订货、集货、进货及有关的质量检查、验收结算和入库交接等工作。当商品入库时，进货人员必须确认商品的确切数量、品种、规格和完好状况。同时，进货人员要随时掌握客户计划、在途商品、库房零储仓位和调度的装卸力量等情况，并认真办理各项手续。

2. 仓储与养护作业。商品一经入库，配送中心就要担负起保管商品的责任。商品入库后，要加强商品养护，确保商品质量安全，最大限度地减少损失。要加强储位合理化工作和储存商品的数量管理工作。储位即商品的储存位置，商品储存应当做到定位管理。商品储位可根据商品属性、周转率、理货单位等因素来确定。例如，为了使商品拣取合理化，周转率低的商品置于较上层或库房后面的储区，周转率高的商品则置于下层，整箱拣货商品置于上层，零散拣货商品则放在下层。储存商品的数量管理要依靠健全的商品账务制度和盘点制度，商品账是记载所保管商品进、出、存的动态记录，记载商品账必须以规范的进出库凭证为依据。

3. 加工与包装作业。加工包装是对商品做进一步地加工处理，如贴标签、贴条码、做零售包装、促销商品搭配等，以简化零售环节的工作，同时给予相应的统计记录，保证加工包装前后账货相符。

4. 分拣与理货作业。配送中心接到配送指令后，管理人员要向作业人员分配出货任务，作业人员再根据理货单上的内容说明，按照出货的优先顺序、储位区域、配送车辆趟次、门店等合理安排，把出货商品整理出来，确认无误后放置到暂存区，准备装货上车。理货作业按商品类型可以划分为两类：一类是整取，即以整个线板、箱子为拣取单位；另一类是零取，即以盒、条、罐、件等零散商品为拣取单位。

5. 配货与运送作业。配送是为各零售客户服务的最终环节。配送的基本要求是按时按量。要注意仓储与运输业务之间的良好衔接。库房出货要准时、定位、当面移交。运输部门要做出详尽的调度计划和线路安排。调度计划和线路安排应以路程最短、吨公里最小、准时性最高、运力最省、劳动耗费最低为原则，从而达到高效低耗的目标。商品送达要货地点后，送货人员应负责将商品卸下车，协助门店将商品放到指定位置，并要求门店做好送货完成的确认工作。如果门店有退货、调货的要求，则应将退调商品随车带回，并办理有关手续。

【小结】

根据菲利普·科特勒的定义，分销渠道是指某种商品或服务从生产者向消费者转移的过程中，取得这种商品或服务的所有权或帮助所有权转移的所有企业和个人。因此，分销渠道是由处于渠道起点的生产者、处于渠道终点的消费者，以及处于生产者与消费者之间的商人中间商（因为他们取得了商品的所有权）和代理商（因为他们帮助所有权的转移）等营销中介构成。

分销渠道的作用有以下几个方面：有利于最大限度地方便消费者，繁荣社会主义市场经济；及时向生产者反馈市场需求信息，促进生产者调整产品结构，生产适销对路的品种，避免积压，减少损失。销售处于生产和消费两个环节的中间，起着桥梁和纽带的作用；加速商品流通过程，节省流通费用，提高企业经济效益；调节商品供需矛盾，保证市场供应；实现商品价值，为国家提供积累。

渠道的分类有多种方法，一般说来，按照有无中间商进行分类可分为直接渠道和间接渠道；按照渠道的长度，即渠道级数来分，有长渠道和短渠道；按照渠道的宽度进行分类，有密集分销、选择分销和独家分销；根据生产者选用渠道模式的多少可以划分为单渠道和多渠道。

中间商是指介于生产者与消费者（用户）之间，专门从事商品流通活动的经济组织或个人，或者说，中间商是生产者向消费者（或用户）出售产品时的中介机构。

中间商按照不同的标准，可以划分成不同的类型。按照在商品流通转让过程中是否取得商品的所有权划分，可以划分为经销商、代理商和经纪人三类；按照在流通转让过程中所处的地位和所起的作用不同，可以划分为批发商和零售商两大类。

批发商是指那些从事批发业务的企业。批发商的特点：批发商是处在企业之间的中间商；批发商的交易是在企业之间进行的；批发商的交易完成后产品一般不退出营销渠道。批发商的作用对生产者而言，使用批发商可以提高其销售效率，使组织可以从繁杂的小批量交易中解脱出来，专心于生产，从而使企业的人力、财力、物力得到充分利用；使用批发商，便于对营销渠道进行有效控制和对营销策略进行有效的实施；对零售商而言，可以利用批发商的产品配销功能，提高自身的经济效益；对生产者和零售商而言，使用批发商可以发挥其信息沟通的作用。批发商主要有四种类型：商人批发商、经纪人和代理商、制造商销售办事处、零售商采购办事处。批发商可以有效地执行下述职能：开拓市场与产品推介职能；集散采购与分装配货；整买零卖与沟通产销；仓储服务与货物运输；融通资金与分担风险；信息咨询与终端服务。

零售商是营销渠道中处于最末端的中间机构，它的服务对象是最终消费者。零售商的特点主要有：以最终消费者（个人或集体）作为服务对象；处于流通过程的最末端；零星交易，频率很高，从业人数多，基本属于劳动密集型行业；面对广大消费者，直接受到人口分布的影响。

影响分销渠道选择的因素有：产品因素、市场因素、企业自身因素和中间商因素。从制造商的角度出发，企业评价和选择中间商的主要依据，可以概括为八个方面，简称为“8C”标准，即成本、资金、控制、覆盖、特点、连续性、信誉和能力。

实体分配包括构建满足市场需求的基础结构，进而执行和控制原材料和最终产品从初始状态到使用再到满足客户需求而获得盈利的整个物流过程。

【关键术语】

分销渠道（Distribution Channels）
直接渠道（Direct Channels）
间接渠道（Indirect Channels）
经纪人（Agent）
批发商（Wholesalers）
零售商（Retailers）
覆盖（Coverage）
信用（Credit）
静态优势（Static Advantage）
动态优势（Dynamic Advantage）
销售费用分析法（Cost of Sales Analysis）
物流与实体分配（Logistics and Distribution Entities）

【知识链接】

[1] 鲁强．供应链的营销整合模式研究［M］．北京：北京理工大学出版社，2012.
[2]［英］克里斯托弗著，何明珂等译．物流与供应链管理［M］．北京：电子工业出版社，2012.
[3]［美］鲍尔索克斯等著，马士华译．供应链物流管理［M］．北京：机械工业出版社，2010.
[4] 孙海涛主编．第三方物流运营实务［M］．北京：电子工业出版社，2011.
[5]［美］菲利普·科特勒等著，王永贵等译．［M］．营销管理．上海：格致出版社，2012.
[6] 杨立钒．互联网环境下企业网络营销渠道选择研究［M］．上海：复旦大学出版社，2012.
[7]［美］罗杰·A. 凯林等著，董伊人等译．市场营销［M］．北京：世界图书出版公司，2012.
[8] 晁钢令．市场营销学（通用版）［M］．上海：上海财经大学出版社，2009.
[9] 中国营销传播网，http：//www. emkt. com. cn/.
[10] 魏晓丹．论企业市场营销的良性发展［J］．现代营销（学苑版）．2011（5）．

【案例分析】

渠道也需“精耕细作”

随着市场的不断变革和发展，“精耕细作”一词正被业内人士炒得沸沸扬扬。对于中国肉制品市场来说，“精耕细作”也被市场人士所津津乐道。作为中国最大的肉制品加工基地——双汇集团，也正在实施精耕细作战略。

通常来说，精耕细作是指在特定的区域市场，通过整合营销手段，充分挖掘市场潜力，从而达到提高市场占有率和品牌影响力的目的。双汇集团在“精耕细作”的实施过程中包含以下四个层次：

1. 加强网络配送建设，提高网络覆盖率。要把市场做透做细，首先需要的是网络配送的建设，从而完善市场空白点，提高网络覆盖率。

2. 积极开拓新的销售渠道，实现网络渠道的多层次化。多层次化是使销售渠道向纵深方向发展的一个标准。市场需要细分，渠道同样也需要细分。在开发主流渠道（批市）的同时，主推渠道就成为实施渠道多元化的前沿阵地。目前在商超加强CD类终端建设是双汇集团在实施网络渠道多元化的一个主推渠道。

3. 积极推广新产品，加强产品群的合理性。精耕细作，耕的不仅仅是渠道，还包括在渠道中运动的产品，这是对精耕细作更深层次的理解。目前，在整个肉食品市场，除联盟商和大多数经销商（二批）做到相对合理的产品群外，大多数终端商只经营两三个主导产品，致使市场运作没有形成一个从上到下相对统一的产品群网络。

4. 增强精耕细作的整体认识。通常，一提及精耕细作，就是要细分市场，在小块市场中单独运作，这种实际的业务操作本无可厚非，但是由于每个小块中的个体利益，使得每个独立的小块相互间成了一对矛盾体。例如无休止的区域串货，例如对区域交界处的互相扯皮、不负责任现象。精耕细作战略要求每一个个体都要有大市场观念。

思考题

1. “精耕细作”式的渠道有哪些优点？
2. “精耕细作”式的渠道给企业的管理带来哪些挑战？
3. 如果你是双汇食品的市场总监，基于竞争的视角，你会对其渠道策略提哪些建议？

第 11 章　促销沟通策略

【本章知识要点】

知识要点	掌握程度	相关知识
促销沟通策略	了解	促销沟通的含义、内容、作用、组合与基本促销沟通策略、影响促销沟通组合的因素
广告策略	掌握	广告的含义与作用、分类与特点、广告媒体及选择、广告的表现形式与广告策略、广告效果的测定
人员推销策略	掌握	人员推销的概念及特点、组织形式、任务及其工作步骤、推销人员的素质、推销人员管理
营业推广策略	了解	营业推广的含义及其特点、形式、实施和控制
公共关系策略	了解	公共关系的概念和特点、职能、公共关系策划的主要类型、公共关系的原则与实施步骤

【本章技能要点】

技能要点	掌握程度	应用方向
广告策略	掌握	当企业选择广告作为促销策略时，广告策略就是解决如何能够充分发挥广告的作用达到产品促销的目的的问题
人员推销策略	掌握	当企业选择人员推销作为自己的促销策略时，人员推销策略就是解决如何能够充分发挥人员推销的作用达到产品促销的目的的问题
营业推广策略	了解	当企业选择营业推广作为促销策略时，营业推广策略就是解决如何能够充分发挥营业推广的作用达到产品促销的目的的问题
公共关系策略	了解	当企业选择公共关系作为促销策略时，公共关系策略就是解决如何能够充分发挥公共关系的作用达到产品促销的目的的问题

【导入案例】

智能促销　出奇制胜

意大利南部有一个商人，深谙“智能即财富，点子乃黄金”这句中国古语的内涵，在他开的一家儿童用品商店门前别出心裁地贴了这样一则告示："我店专售7岁以下儿童用品。凡进我店光顾购买者，必须是7岁以下儿童，大人进店须带7岁以下儿童。"这一招乍一看，好象限制成年人进店，但实际上不仅吸引了不少7岁以下儿童和他们的父母，而且还使不少家长在好奇心的驱使下，谎报孩子年龄而"混"了进来。尝到这种智能促销的甜头后，该商人又在全国开了20多家诸如新婚夫妇商店、年轻人用品商店、中年人用品商店等商店，并分别打出告示，只允许某种特定年龄和条件的顾客进店购物。他的这种促销策略屡试不爽。

营销启示：促销策略是企业在营销策略中经常使用的竞争战略，但是如何能够在众多竞争对手同时采用促销策略的时候出奇制胜是企业在促销中需要考虑的关键。

11.1 促销沟通策略概述

11.1.1 促销沟通的含义及促销沟通内容

促销沟通（Promotion），是指企业通过人员推销或非人员推销的方式，向目标顾客传递商品或劳务的存在及其性能、特征等信息，帮助消费者认识商品或劳务所带给购买者的利益，从而引起消费者的兴趣，激发消费者的购买欲望及购买行为的活动。

促销本质上是一种通知、说服和沟通活动，是谁通过什么渠道（途径）对谁说什么内容，沟通者有意识地安排信息、选择渠道媒介，以便对特定沟通对象的行为与态度进行有效的影响。这种沟通说服有几种途径：一是雄辩式说服，讲话人首先以其人格魅力博得听众的信赖感，再激起听众的情感以取得信任，列举鲜明的证据诱发需求；二是宣传式说服，最早是以组织（如教会、政府、政党、企业）为主体来获得别人的支持。用语言、文字、气氛和事件等来争取支持者。现在企业的建筑式样、最高管理人员的办公室布置、产品的设计、推销员的个性等，通过公共关系人员，借助新事件，制造一种新的气氛，进行宣传沟通；三是交涉式说服，指一方的交涉代表与另一方的代表相互进行拉锯式谈判，以取胜对方，企业在市场营销活动中常用的是劝诱策略，非极端条件下不用威胁策略。

各种说服方式的目的都在于沟通，多年来形成了沟通模式，它由这些要素构成：该模式由九个要素构成，其中两个要素表示沟通的主要参与者——发送者和接受者，另两个表示沟通的主要工具——信息和媒体，还有四个表示沟通的主要职能——编码、解码、反应和反馈，最后一个要素表示系统中噪音。

11.1.2 促销沟通的作用

威廉·斯坦顿研究认为：在不完全竞争的条件下，"一个公司利用促销来帮助区别其产品、说服其购买者，并把更多的信息引入购买决策过程。用经济学术语来说，促销沟通的基本目的是改变一个公司的产品的需求（收入）曲线的形状。通过运用促销，一个公司有希望在任何一定价格的条件下，增加某种产品的销售量。它还希望促销会影响产品的需求弹性。其目的在于：当价格提高时使需求无弹性，当价格降低时使需求有弹性。换言之，企业管理层希望：当价格上升时，需求数量下降很少，而当价格下降时，销售却大大增加。"具体来说，促销沟通有以下作用。

（一）传递信息，提供情报促销的最基本作用是向目标顾客传递信息

在促销过程中，一方面企业或中间商向买方传递有关企业产品特点、价格及服务质量和内容等信息，以便诱导消费者对产品或服务的需求并采取购买行为；另一方面，买方向卖方反馈对产品价格、质量和服务内容、方式的要求等有关信息，促使生产者及中间商取长补短，更好地满足消费者的需求。

（二）突出特点，诱导消费者购置

在市场竞争激烈的情况下，企业不能仅靠提高产品质量来争取顾客，而且还要通过促销活动，宣传

介绍本企业产品有别于其他同类竞争产品之处，便于消费者了解产品的差异性，使消费者认识产品的特点及所带来的利益，从而使消费者乐于购买本企业产品。

（三）稳定市场，促进销售

在激烈的市场竞争中，有些企业产品的市场地位常不稳定，致使这些企业的产品销售波动较大。企业运用适当的促销方式，可使消费者对本企业的产品加深了解，提高对产品的偏好，继而稳住已有的市场，达到稳定和扩大销售的目的。

（四）刺激需求，增加销售量

企业可以通过各种手段提醒、强化消费者对本企业产品的需求，还可以通过对消费者进行教育，改变他们的消费观念，激发消费的欲望，变潜在需求为现实需求，从而增加销售量。

11.1.3 促销沟通组合与基本促销沟通策略

促销组合是指企业根据促销的需要，对各种促销方式进行的适当选择和综合编配。促销方式分为人员推销、公共关系、营业推广及广告等，企业对四种促销方式进行适当选择，综合使用，以求达成最好的促销效果。

（一）促销沟通的基本方式

1. 人员推销

人员推销是一种传统的促销方式，它通过销售人员与顾客直接沟通来达成销售。国内外许多企业在人员推销方面的费用支出远远大于其他促销方式。所谓人员推销是指企业通过派出销售人员，说服和诱导潜在顾客购买某种产品和服务，从而满足顾客需求并实现企业营销目标的活动过程。

人员推销的特点。人员推销与其他促销方式相比，有着无法比拟的优势，其中包括：

（1）人员推销针对性强，销售人员带有倾向性地访问顾客，目标明确，无效劳动少。

（2）人员推销具有较大的灵活性，迅速反应。销售人员在推销过程中亲自观察顾客对推销陈述的反应，并揣摩其购买心理的变化过程，可以根据顾客情绪及其心理变化及时调整自己的推销策略，以适应顾客的需要，促成交易。

（3）人员推销可以培养感情，建立销售人员与顾客的友谊。销售人员在销售过程中，需确认和满足顾客的需求和利益，在企业与顾客之中寻找共同点。同时，在与顾客交往过程中，以情动之，建立个人情谊。

（4）人员推销直接接触顾客，可以有效收集市场信息，双向沟通。销售人员承担着“信息员”和“顾问”双重角色。在为顾客提供服务和信息的同时，也为企业收集相关信息。

（5）人员推销在相信和购买阶段，起着极其重要的作用，实现潜在交换。销售人员在销售技巧和方法上运用得当，见面三分情，如果顾客确实存在对所推销商品的需求，强调顾客的利益点，运用适当技巧，确实能够带来一定的销售业绩。

（6）人员推销常用于竞争激烈的情况，企业需要耐心说服、解释、解答疑难问题，根据顾客需要，进行定制式营销，往往能取得较好的销售成效。

2. 广告

（1）广告的概念

广告（Advertise）的含义是“引起别人注意，通知某人事情”。随着商品经济的高度发展，广告成为传播经济信息和促进商品销售的重要手段。美国市场营销协会定义委员会（AMA）对广告的定义是：“广告是由明确的发起者以公开付费的方式，以非人员的任何形式，对产品、服务或某项行动的意见和想法等的介绍及推广”。

(2) 广告媒体选择

不同的媒体的特性不同，成本不同，到达特定目标受众的能力也不同。一般大众媒体主要有报纸、杂志、广播、电视、直接邮寄、户外广告等。

媒体的特性。报纸的优点是弹性大、及时，特定市场覆盖率高，易被接受和信任；其缺点是时效短，转阅读者少。杂志的优点是可选定适当地区和对象，时效长，转阅读者多；其缺点是广告购买前置时间长，有些发行量是无效的。广播的优点是大量使用，覆盖面广，成本低；缺点是仅有音响效果，展露瞬间即逝。电视的优点是送达率高，表现性强，引人注意；其缺点是成本高，展露瞬间即逝。直接邮寄的优点是受众经过选择，有灵活性；缺点是成本高，容易造成滥寄现象。户外广告的优点是灵活，展露重复性强，成本低，缺点是不能选择对象，创造力受到局限等。

媒体的选择，应注意以下几个因素：①目标受众的习惯。②产品特性。③信息类型。④成本。

3. 营业推广

所谓营业推广是指企业运用各种短期诱因，鼓励购买或销售企业产品或服务的促销活动。促销工具可分为三大类：第一类是针对消费者的促销工具，如赠送样品、优惠券、有奖销售、折价券、交易印花、特价包装、竞赛、商品示范等，目的是鼓励消费者大批量购买，吸引更多新顾客和争夺竞争对手的部分市场；第二类是针对中间商的促销工具，如促销津贴、销售竞赛、展销会、批量折扣、销售提成等，目的是鼓励中间商大量进货，并与之建立固定的产销关系；第三类是针对销售人员的促销工具，如红利、竞赛等，目的是鼓励销售人员推销新产品，开拓新市场，发掘潜在顾客。

4. 公共关系

公共关系是企业通过有计划的长期努力，影响团体与公众对企业及产品的态度，从而使企业与其他团体及公众取得良好的协调，使企业能适应它的环境。良好的公共关系可以达到维护和提高企业的声望，获得社会信任的目的，从而间接促进产品的销售。

公共关系是一种间接的促销方式，企业开展公共关系活动，可以采用以下几种主要方法：

(1) 创造和利用新闻。公共关系部门可编写有关企业、产品和员工的新闻，或举办活动来吸引新闻界和公众注意，以扩大影响。

(2) 开展有意义的特别活动。如举办产品和技术方面的展览会、研讨会和有关产品的新闻发布会，举行演讲会和报告会等，提高企业及产品的知名度。

(3) 建立企业识别系统。通过一系列形象设计，将企业的经营观念、行为规范和模式传达给社会公众，并逐渐被社会公众所认同。

(4) 参与和赞助各种社会公益活动。

(二) 基本促销策略

1. 推式策略

推式策略是指利用推销人员与中间商促销，将产品推入渠道的策略。这一策略需利用大量的推销人员推销产品，它适用于生产者和中间商对产品前景看法一致的产品。推式策略风险小、推销周期短、资金回收快，但其前提条件是须有中间商的共识和配合。

2. 拉式策略

拉式策略是企业针对最终消费者展开广告攻势，把产品信息介绍给目标市场的消费者，使人产生强烈的购买欲望，形成急切的市场需求，然后“拉引”中间商纷纷要求经销这种产品。

3. 推拉结合策略

在通常情况下，企业也可以把上述两种策略配合起来运用，在向中间商进行大力促销的同时，通过广告刺激市场需求。

11.1.4 影响促销沟通组合的因素

这就涉及促销预算如何在各种促销工具之间合理分配的问题。企业应考虑如下因素：

（一）产品类型

各种促销方式对消费品和产业用品的促销效果是不同的。一般来说，从事消费品营销的企业，最主要的促销方式是广告，其次是销售促进，然后是人员推销，最后是宣传。而从事产业用品的企业，最重要的促销方式是人员推销，依次为销售促进、广告和宣传。这是由两种不同的市场需求特点和顾客的购买行为不同决定的。

但广告在产业用品中也起着重大的职能，如建立知晓、有效提醒、提供线索、证明有效和再度保证等。主要表现为：

1. 广告在能够树立企业声誉的前提下，将有助于推销员的工作。
2. 企业声誉在产品复杂，风险大及购买者专业训练不够的情况下，一般具有较强的影响力。

同样，推销员在消费品促销中也起着一定的作用：

1. 增加货位。具有较强说服力的推销员，可以说服代理商、经销商多进商品，为企业产品增加货位空间。
2. 培养热情。促进中间商对企业产品销售的热情。
3. 劝导推销。

（二）企业的促销策略

企业促销活动有“推动”与“拉引”之分。所谓推动策略，就是以中间商为主要促销对象，把产品推进分销渠道，推向顾客和市场；拉引策略是以最终消费者为主要的促销对象，首先设法引起潜在购买者对产品的需求和兴趣，然后消费者向中间商询购这种商品，中间商看到有利可图，会向制造商进货。

显然，如果企业采取“推动”策略，则人员推销作用大；如果企业采取“拉引”策略，则广告作用更大。

（三）购买准备过程阶段

顾客的待购阶段一般可分为六个阶段，即知晓、了解、喜欢、偏好、确信和购买。对于处于不同阶段的产品，企业应采取不同的促销组合策略。在建立顾客知晓阶段，广告、销售促进和宣传的作用较大；在了解和喜欢阶段，广告的效益最好，人员推销其次；在偏好和确信阶段，人员推销作用较大，广告作用略小于人员推销；在购买阶段，主要是人员推销发挥作用，销售促进也起一定作用。

（四）产品生命周期阶段

总的来讲，促销的作用在产品生命周期的介绍期和成熟期最大。对处于不同生命周期阶段的产品而言，促销的重点目的各不相同，所采用的促销方式也有所区别。当产品处于介绍期时，需要扩大知名度，让顾客认识和了解产品，吸引顾客的注意力，故广告和宣传的效果最佳，销售促进在鼓励顾客试用时也起到了一定作用。在成长期，如果企业想提高市场占有率，广告和宣传工作仍需加强，只是侧重点有所不同。企业想取得更多利润，则应加强人员推销工作，来降低成本。在成熟期，应增加各种销售促进活动，削弱广告，这时的广告只是提示性广告。在衰退期，企业应把促销规模降到最低限度，某些销售促进措施仍可保持，用少量广告保持顾客记忆即可。

（五）经济前景

企业应随着经济前景的变化，及时调整促销组合。如通货膨胀时期，人们对价格十分敏感，企业可采取如下对策：第一，加强销售促进，减少广告；第二，在促销中特别强调产品价值；第三，提供咨询服务等。

11.2 广告策略

11.2.1 广告的含义与作用

（一）广告的含义

在今天，广告与人，几乎形影不离。能像空气一样，“无处不在，无孔不入”的，只有广告。

广告一词原出自拉丁文，本意是“我大喊大叫”，在英国称为“advert”，在美国称为“advertising”，这两个词是从“注意”或“留心”派生出来的，和本意“大喊大叫”一样含有引人重视的意思。在今天，我们所说的广告，是指为了某种需要，通过一定的媒介（如语言、文字、图像），公开而广泛地向社会传播信息的一种宣传方式。

广告起源于商品生产和商品交换，随着商品生产的发展而发展。公元前1000年，在古代埃及的首都散发了一种“广告传单”，传单纸是用苇子的纤维制造的，颜色为淡茶色，尺寸为32开，其内容是“一个叫谢姆的男奴隶，从善良的织布匠哈甫家逃走了，首都一切善良的市民们谁能把他领回来，将会得到奖赏。谢姆身高5英尺2英寸，红色脸膛，茶色眼珠。如提供他的下落和去向，将赏给一个金币。”这份广告单是现在保存下来的世界上最早的广告，现在保存在大英博物馆。

在我国史籍中，记载广告是用以宣传和推销商品的史实可以追溯到公元前6世纪韩非子《外储说右上》一文的记载：“宋人有酤酒者，升概甚平，遇客甚谨，为酒甚美，悬帜甚高，著然不售。”“帜”就是当时的酒旗广告，或称望子、幌子广告。随着时间的流逝，广告的形式和种类更是丰富多彩，令人目不暇接。

广告是法人、公民和其他经济组织，为推销商品、服务或观念，通过各种媒介和形式向公众发布的有关信息。广告的概念具有以下内涵：

1. 广告的对象是广大消费者；
2. 广告的内容是传播商品和劳务的有关经济信息；
3. 广告是通过特定的媒体来实现的，并且对使用的媒体支付一定的费用；
4. 广告的目的是促进商品的销售。

（二）广告的作用

在我们今天讲究信息的时代，广告是迅速传播信息的有效手段。“一张广告把滞销商品变成了热门货”，“一张广告救活了一个工厂”，生活中的许多事例，都说明了广告在经济活动中的重要作用。其作用具体表现在：

1. 传播信息，促进生产。在现代被喻为“信息时代”里，随着科学技术、经济、文化的突飞猛进的发展，商品生产日新月异，各种产品千姿百态，不断丰富，这样就需要借助广告这一形式，把各种各样的商品信息，产销情报，新的科学知识，高速有效，广泛地传达给社会中的每个个体，使整个社会做到产销对路，减少商品物资的积压，提高经济效益，促进社会生产的发展。

2. 指导消费，利于竞争。在日新月异的现代社会里，商品品目繁多，如何选择适合于自己的商品，人们常常从广告中得到启示，从而采取购买的行动。

上海合成洗涤剂厂生产的白猫洗洁精，1979年刚问世时，销量不大，一些消费者害怕有毒，不敢用它洗涤餐具、瓜果蔬菜。针对这一情况，这个厂在电视的黄金时间里连续做广告，用家庭主妇操作表演的实例，再配上“不伤皮肤，安全无毒性”的说明来消除用户顾虑，广告新颖生动，针对性强，使白猫洗洁精一举成名，销售量剧增。

当今市场，如何抓住时机，推销自己的产品，使企业在竞争激烈的商品世界中立于不败之地，这的确是个难题，它要求企业一方面要改进自己的产品，不断翻新，不断求异；另一方面，也要善于利用广告这一形式，巧夺天工，给人以出其不意的效果。据报载，英国航空公司与世界其他航空公司一样，也因海湾战争遭受惨重损失。然而它却神奇般地恢复起来了。1991 年 4 月 23 日，全世界几百万人打开晨报时，吃惊地注意到醒目的广告标题：“全球最大的馈赠”，标题下有一段醒目的文字：英国航空公司将向全世界免费赠送 5 万元机票。世界各大报纸都用通栏标题报道了这场不可思议的大馈赠活动。英国、澳大利亚、美国的电台和电视台在黄金时间里报道了这一新闻。这场酬宾活动共耗资 9000 万美元。此外，英航还别出心裁地用了一连串的促销手段，其中包括在伦敦著名的哈罗德商店有奖购物，免费观光地铁，赠送剧场入场券，去苏格兰古堡游览等富有诱惑性的节目，来吸引乘客乘坐英航的班机到英国旅游。这一招果然有效，全世界约有 1000 多家旅行社纷纷为之动心。在他们的游说下，几乎报销了一大半的英航机票。

3. 使人获得美感享受，陶冶人们的审美情趣。

11.2.2 广告的分类与特点

（一）广告的种类

广告的种类也称广告的形态。随着社会经济的发展和科学技术的进步，广告已经涉及社会的各个领域，它不仅与社会经济有关，而且还涉及政治、文化、社会公益等各方面。因此，我们将广告的种类从内容上分为四种，即政治宣传广告、文化广告、商品广告、社会公益广告。

1. 政治宣传广告

政治宣传广告是指政府及政府各部门为了宣传政策、法令或号召某种行动而对社会发布的广告，它具有行政权威性。如重大的政治活动、精神文明建设、经济建设、计划生育等。

2. 文化广告

文化广告是指传播教育、科技、文化、艺术、体育、新闻、出版、旅游等信息的广告。它是以满足人们精神生活需要为主要目的的一种传播手段。

3. 商品广告

商品广告也包括企业广告，它是生产者或商品经营者向消费者介绍商品和推销商品的传播广告。其目的是为了提高商品或企业的知名度，以达到销售产品的目的。

4. 社会公益广告

社会公益广告是指企业或事业单位不以营利为目的，利用媒体为社会提供服务的宣传广告。如保护自然资源、遵守社会道德、捐助灾民、禁烟活动、人才交流等。

（二）广告的媒体分类

现代科技的进步和商品经济的发展，广告媒体的种类越来越多。在广告信息传播中，不同的广告媒体具有不同的特点，且在传播范围、时间、接受的对象，以及所能运用的表现形式上都是不同的。目前，人们通常把电视、广播、报纸、杂志称为四大媒体广告。除此之外，广告媒体还包括户外广告、交通广告、POP 销售点广告、直邮广告、包装广告等。

1. 电视广告

电视广告是指通过视听形象来传播信息的广告。因为电视广告具有画面、广告词、音乐、音响、情节等五个要素，同时也具有视听兼备、覆盖面大、收视率高，并集知识性、故事性和趣味性为一体的特点，使电视广告成为传播效果最佳的媒体，是最有发展前途的广告形式之一。

2. 广播广告

广播广告是利用广播电台的音响效果来传播产品、服务或企业信息的广告。广播广告具有传播速度快、传播范围广、传播及时、收听率高，且不受时间限制，制作较简便，费用较低的特点。由于广播节目几乎是全天播出，所以传播的信息容量相对较大，尤其是在专题节目时间播发面对特定消费层的广告更有针对性，它会使广告宣传直接深入到接受消费和服务的听众当中。

3. 报纸广告

报纸广告是指通过报纸快速、有效、灵活的传播信息的广告。报纸广告具有迅速见效、广泛告知、醒目突出、价格低廉、有备可查等优点。

4. 杂志广告

杂志广告是指利用杂志的封面、封底、插页、内页登载的广告。杂志广告可以反复阅读，随时提醒人们查询某项信息，可以对广告内容作较为深入细致的介绍，同时配以彩色插图，能再现原稿的效果。

5. 户外广告

户外广告是指设置在露天或公共场所的广告。户外广告具有美化市容、画面简洁、内容突出、长期时效等特点。人们往往是在潜移默化中接受户外广告的宣传。如路牌广告、灯箱广告、霓虹灯广告、立体广告、充气广告、旗帜广告、招贴广告、条幅广告、交通广告、室外 POP 广告等。

6. 直邮广告

直邮广告（MD）是将产品、服务信息的印刷品，直接邮寄给选定的对象的一种广告形式。直邮广告包括信件、商品目录、产品说明书、企业刊物、明信片等多种形式。其最大特点是具有极强的针对性、阅读性与灵活性的特点。

7. 包装广告

包装广告是以包装物为媒体传播信息的广告，其采用的材料包括纸、铁、铝、玻璃、陶瓷、塑料、木、布、竹、草等。它的特点是包装、商品、广告三位一体的广告宣传，其设计美观，引人注目，宣传效果显著。

除了以上广告媒体的种类外，目前，还有一些广告媒体，如网络广告、电影广告、录像广告、香味广告、空中烟雾广告，以及挂历广告、台历广告、电话簿广告、礼品广告、办公用品广告、玩具广告、赠品广告、门票广告、年鉴广告、搬家通知卡广告、优惠卡广告等。

（三）广告的特点

1. 传播面广

广告是借助大众媒体传播信息的，它的公众性和普及性赋予广告突出的“广而告之”的优点。广告主可以通过电视、报纸、广播、杂志等大众传媒在短期内迅速地将其信息告知众多的目标消费者和社会公众，这是人员推销等其他促销方式方法与之无法比拟的。

2. 传递速度快

广告是利用大众媒体传递信息的，大众传媒是一种迅捷的信息传播途径。它能使广告主发行的信息在很短的时间内传达给目标消费者。因此，在现代信息化社会，它是一种富有效率的促销方式。

3. 表现力强

广告是一种富有表现力的信息传递方式。它可以借助各种艺术形式、手段与技巧，提供将一个企业及其产品感情化、性格化、戏剧化的表现机会，增大其说服力与吸引力。

（四）广告的基本原则

广告设计原则主要有四条：一是广告的思想性，这是广告设计的灵魂；二是广告的真实性，这是广告设计的生命；三是广告设计的科学性，这是广告设计现代化的重要标志；四是广告的艺术性，这是增强广告魅力所在。此外，在具体的设计过程中，还必须根据不同的广告主题和创意表现，注意以下几点要求。

1. 创造需要

需要，是人们在一定条件下，进行多种活动的基本动力。广告设计中研究人的消费需要，目的主要是为了能更好地认识和把握人们的心理欲求，通过信息的传播，向消费大众介绍商品或服务的知识，帮助消费者增强对商品和服务的认识，指导消费者如何进行购买。同时，广告的不断重复诉求能激发消费者对商品和服务的需求。还能引导人们去追求广告所宣传的生活方式和时代流行商品、改变消费潮流，逐步提高新的消费层次。

2. 创造形象

产品形象是品名以外的心理价值，是人们对商品品质及个人感情反应的联想。它往往成为消费者购买行动的指南。因此，在广告设计中注重商品和企业形象的创造，具有十分重要的意义。

3. 创造个性

创造个性就是创新的原则，也就是在广告设计中注重突出设计的个性，创造与众不同的、鲜明、简洁、强化商品特异性的诉求重心，建立独具一格的商品形象，给人以不同凡响、耳目一新的感受。

广告要有鲜明的个性，首先要有别具一格的广告创意和新颖别致的表现手法，才能在众多的广告竞争中脱颖而出，以其特异的光彩捕捉消费大众的视线，激发人们的兴趣，唤起人们的欲求，诱导人们走向商品，最后成为商品的主人。

4. 创造时尚

"时尚"一词英文原意尚有"流行"、"时髦"（Fashionable）之意，心理学上解释为"一时崇尚的样式"、广告设计要强调"时尚"在市场流通中的作用。针对消费者的心理特点，把握时尚具有循环往复的特点，在时尚热潮之前或之中，掌握销售时机，投其所好，设计有效的广告，用多种方式刺激消费大众，营造一种新的时尚环境，借以影响消费大众，以唤起认可和理解，发挥其潜在的心理类同性，不知不觉地参加到时尚产品的选购行列。

5. 强调各门类学科的互补

现代广告设计需要掌握的专业知识范围很广泛，涉及其他多种学科，如传播学、市场学、心理学、设计学、社会学、文学、美学和语言学等，从事广告设计除了要有较为系统的专业理论和相当的设计基础外，还必须具备广泛的知识及专业经验，因为，今日广告的成败，与市场营销活动有很大关系。

6. 强调发挥集体的智慧和整体协调配合

现代广告设计从广告策划、主题确定、创意表现、设计制作、广告发布到效果测定，采取综合一体化的实施，崇尚集体主义精神，综合运用市场学家、心理学家、文案专家、美术设计家、广告摄影家等各种专业人才的智慧和力量，在总体策划下按照广告主题和创意表现的要求，以集体创作的方式来完成。

11.2.3 广告媒体及选择

（一）广告媒体的种类的优缺点

广告媒体的种类很多，主要包括报纸、电视、直接邮寄、广播、杂志、户外广告等。各种媒体接触的听（观）众不同，影响力不同，广告效果也不同，为了实现广告的接触度、频率和效果等目标，应了解各类媒体的主要优缺点，以选择适当的广告媒体。

1. 报纸灵活性高，迅速及时，成本低，地理选择性好、可信度高。主要局限是保存性较差，内容庞杂，易分散注意力，清晰度也较差。

2. 电视是能够把形象、声音与动作结合起来的媒介，能够较好地吸引观众的注意力，在短时间内给人留下深刻的印象。主要局限是成本高，时间短，对象缺乏可选性。

3. 广播传播迅速及时，不受场所限制，成本较低。主要局限是速度快不易记忆，无处查阅，没有视觉上的刺激，不易加深印象。

4. 期刊针对对象明确，收效好。保存率高，阅读率也较好，可采用套色印刷，有利于吸引读者注意。局限性是传递信息的延迟性较大。读者也有一定局限。

5. 户外媒体的地理位置选择好，利用各种美术，造型等艺术手段，使广告鲜明、醒目、美观、简明，容易记忆。局限是受空间限制，复杂的内容无法表达。

6. 邮寄媒体针对对象明确，选择性好，迅速及时。但不易生动化形象化，广告比较呆板，所涉及的范围也有限。

（二）广告媒体的选择

由于不同的广告媒体具有不同的优势与劣势，企业在进行广告活动的时候，必须进行正确的选择。一般来说，广告媒体的选择需要考虑以下因素：

1. 目标市场接触媒体的习惯。由于消费者的性别、年龄、收入、受教育的水平、职业及生活习惯不同，他们对广告媒体的接触有很大差别。企业针对不同的消费者的特点选择广告媒体，例如，对青少年顾客来说，电视广告的效果最好。

2. 产品的性质和特点。不同性质的产品，其使用价值与使用范围各异，所选择的广告媒体必须适合其产品的性质和特点。例如，为妇女服装做广告，选择彩色印刷杂志广告很有吸引力。

3. 广告信息。选择何种媒介还取决于广告信息本身。例如，复杂的技术信息在广播和电视中都难以说清，而选择专业杂志和邮寄广告较为理想。

4. 成本费用。电视广告成本很高，而广播、报纸相对成本较低。

5. 销售的范围。广告宣传的范围要和商品销售的范围一致。一般来说，全国性销售的产品可以通过全国性的广告媒体进行传播；在本地区内销售的产品则只选择地方性的媒体。

6. 其他因素。包括媒体的知名度、竞争对手的特点以及企业的经济实力等。

总之，企业在进行媒体选择时，必须考虑自身内外的各种因素，综合权衡利弊做出决策。

11.2.4 广告的表现形式与广告策略

（一）广告的表现形式

每种商品都有其各自的特性，无论是外部特征，还是内在构造，以及性能、功效、用途、使用方式类别等都有其独到之处。抓住商品的特征，对于准确表现商品有着重要的作用。例如商场内不同商品有着不同的陈列方式和销售方法；日用品放置在最方便购买的位置，并采用开架式购物方式；精密仪器多设有专柜；而珠宝首饰则另辟天地显得高贵典雅，品质超群。这些都是为了更好地呈现商品特征。在广告表现中，只有抓住商品特有的品质、魅力，才能使所宣传的商品独树一帜。

商品的吸引力往往不在它的共性而在于它的个性特征。广告只有在正确体现商品品质特征及精神内涵时，才能充分、正确、有效地表现商品。

广告表现形式的选择可以说是“说服”方式的选择。合适的、恰当的“说服方式”，能使商品表现得更充分，使广告策划更完美。下面列举几种较常见的广告表现形式。

1. 直接陈述

这是一种最常见的运用得十分广泛的表现手法。它将所做广告的产品或服务直接如实地展示在广告版面上，充分运用摄影或绘画等技巧的写实表现能力，细致刻画和着力渲染产品的质感、形态和功能用途，将产品精美的质地引人入胜地呈现出来，给人以逼真的现实感，使消费者对所宣传的产品产生一种亲切感和信任感。这种手法由于直接将产品推向消费者面前，所以要十分注意画面上产品的组合和展示的角度，应着力突出产品的品牌和产品本身最容易打动人心的部位，运用色光和背景进行烘托，使产品置身于一个具有感染力的空间，这样才能增强广告画面的视觉冲击力。

2. 名人推荐

在广告中，选用大众熟知或崇敬的社会名流、影视明星、体育明星等做模特，已司空见惯，而且随着传播媒介的不断发展这将越来越成为一种令人瞩目的广告形式。起用名人作广告会使消费者感到亲切从而对商品产生信任感，进而取得可观的商业效益。由于名人在社会活动中产生过巨大的影响，他们在公众心目中具有偶像地位，他们的生活方式、行为准则、审美情趣以及对社会所作的积极影响，无形中引发了公众对其的崇拜、模仿、追逐并形成强有力的社会感染力和号召力。

3. 情节表现

主要采用戏剧性的瞬间，以突出情节，构成画面的主要内容。一般多选择幽默风趣的喜剧性场面。情节式广告要以情动人，情节的安排要有浓郁的生活气息，把生活中的戏剧性细节和场面与商品联系起来，从而引发消费者的兴趣，并产生一定的说服力。情节的结构一般源自于商品，其形式是以商品为中心，矛盾冲突的焦点、各种造型因素，都要集中于商品。同时强调人情味缩短与消费者之间的心理距离进行情感沟通。广告的诉求点要把握在家庭的温馨，亲人的关怀，朋友的友情以及人物在获得商品后达到的情感满足上，把宣传融于生活的美好片段之中。

4. 幽默夸张

幽默夸张广告构思新奇，立意独特充满着轻松诙谐的气氛，常给人留下极为鲜明深刻的印象。由于生活节奏的加快，人们往往讨厌乏味的说教冗长的解说。而幽默广告能创造出一个轻松愉快的气氛使人们自然而然地接受宣传。它有时表现为生活中某些富于喜剧性情节的场面；有时又表现为一种荒诞而夸张的视觉感受，利用人们的想象，使本来很平凡的事物变得神奇不同凡响。幽默夸张广告的关键在于准确、适度地把握住生活中充满情趣、引人发笑、耐人寻味的幽默情境及瞬间，但要适度，品位要高，避免低级庸俗。

5. 对比说明

这种方式一般从商品的性能入手，以对比的手法去塑造商品的特定形象。这种性能比较的表达，有同一厂家的新旧产品的比较，但这种新旧产品的比较，目的不在于自我竞争，而在于通过对比，使消费者对新产品的新功能、新形象产生鲜明的印象，促使他们根据自己的需要在众多的商品中选择。此外，还有商品使用前后的比较。采用这种方式，要强调商品本身的优点，去对比其他同类商品的不足之处，这样才能充分发挥优势。但在比较时应注意，不可“指名道姓”，也不可贬低其他商品。

6. 比喻象征

比喻象征的表现形式不直接说明广告的本意，而是借用与商品或广告主题有关的某种含义，阐发主题，让消费者通过联想理解主题。这类广告常常用朴素的、通俗而富有哲理的比喻，引导消费者去领会广告内容的含义，因而比较含蓄、婉转。由于这种表现形式的画面往往不能直接表现商品本身的特点，所以在采用时既要考虑消费对象，又要考虑经济得失。

7. 超现实表现

超现实表现是现代绘画中的一种流派。他们通常采用一反常态的手法来制造意想不到的效果，主观地表现出现实生活中无法存在的离奇现象。这种视觉魔术对现代广告设计产生了很大影响。超现实表现的方法特别注重幻想，把现实生活中根本不可能存在的，甚至是荒谬的事物表现在广告中，以奇制胜，这种反常态设计会在人们的记忆中留下深刻的印象。

8. 突出特征

运用各种方式抓住和强调产品或服务本身与众不同的特征，并把它鲜明地表现出来，将这些特征置于广告画面的主要视觉部位或加以烘托处理，使观众在接触广告画面的瞬间即能发生视觉兴趣，达到刺激购买欲望的促销目的。在广告表现中，这些应着力加以突出和渲染的特征，一般由富于个性的产品形象、与众不同的特殊功能、厂商的企业标志和产品商标等要素来决定。

9. 安排悬念

在表现手法上故弄玄虚，布下疑阵，驱动消费者的好奇心和强烈兴趣，开启积极的思维联想，引起观众进一步探明广告题意之所在的强烈愿望，然后通过广告标题或正文把广告的主题点明出来，使悬念得以解除，给人留下难忘的心理感受。悬念手法有相当高的艺术价值，它首先能加深艺术中的矛盾冲突，吸引观众的兴趣和注意力，造成一种强烈的感受，产生引人入胜的艺术效果。

10. 安排特写

特写手法是最容易突出主题的方法，在常见的特写广告中，一般有三种类型，其一是“局部特写”，抓住人物（或商品）的本质和外形特征，把某一局部细节充分放大，经过艺术加工，达到视觉逼真的艺术效果，使之成为画面的主体，一目了然。其二是“人物肖像特写”，这种形式是以人物为对象来突出描写的。人物特写多用名人形象或用美女形象。其三是“环境特写”，用特定的环境衬托特定的商品或人物，把主题表现得淋漓尽致。

11. 用好空间

运用空间来表达主题，是目前平面广告设计正在兴起的一种表现方法。画面大面积留空白，在有限的画面上表现无限的空间，这种方法主要研究画面构图中的空间分割，大方、简洁，以神奇的恬静效果吸引人。当然处理画面的空间时，应该有目的，其目的是为了强化主题的表现。设计家认为：空白是金。

12. 光点与光束

在设计中，利用画面有限空间，把光点集中或运用各种色泽鲜明同时形态各异的光束造型。以突出主题，有些设计也做变化处理，将光点集中在商品或人物身上的某一点，以增加表现效果。另外，处理好强光束下的投影，也会产生新颖别致的新奇效果。

13. 反复强调

反复强调重复表现是指商品在画面中至少两次露面。一般在实际处理中第一次露面是在表现过程中出现，有时是特写或局部的，或融在场景（情节）中的，二次露面则是定格图像，商品形象在构图中不一定很大，一般只安排在某一角，但一定要完整表现。反复强调重复出现商品形象主要从不同角度不同侧面加以表现，既能取长补短，又能体现大小或强弱等对比，使画面更加活泼，妙趣横生。

14. 系列设计

系列广告指同一厂家、同一产品反复做广告，至少要有两幅以上才能形成效果。通过一系列广告宣传活动，树立最佳企业或最佳产品形象。从另一个角度讲，通过一系列强有力的、多种形式的广告宣传，使人们感受到企业的实力，产生对企业的信任感。

综上所述，不同特点的商品，不同的消费者，不同的消费心理，导致了广告的不同表现形式。当然，广告最终展现在消费者面前的还是广告设计人员通过视觉语言表达出来的可视形象，包括图形、色彩、文字以及美感要素，视觉要素等。只有对市场、商品、消费心理等诸多因素有准确的把握，才能创做出优秀的广告。

（二）广告设计的策略

1. USP 策略

简单地说，USP 就是独特销售理论，也就是给产品一个买点或恰当的定位。

根据达彼思董事长罗瑟先生的阐述，USP 具有如下特点：

（1）每个广告都必须向消费者陈述一个主张：“购买此产品你会得到某种具体好处。”

（2）这种主张必须是独特的，是竞争者不会或者不能提出的，既可以是品牌的独特性，也可以是在这一特定的广告领域一般不会有的主张。

（3）这一主张一定要强有力地打动千百万人，也就是吸引新的顾客使用你的产品。

例如，当其他香皂宣称自己洗的干净，味道清香时，舒肤佳提出“持续 24 小时杀菌”的销售主张。

2. 定位策略

广告定位策略包括以下五种：

（1）领导者定位——建立领导地位。这是一种旨在占据某一产品类别中第一或领导位置的定位策略。“第一”是最容易进入心智的途径；“最大”也有同样的效用，所以，争取“第一”、“最先”、“最大”，就可以成为领导者。

（2）比附定位——紧跟行业领导者。这是在竞争品牌领先位置相当稳固，原有位序难以打破重组的情况下，或自己品牌缺乏成为领导品牌的实力和可能的情况下可采取的一种定位策略，这种定位策略使自己的品牌与领先品牌发生一定的比附性关系，在承认竞争品牌领先地位的基础上占据紧随其后的位置。

（3）细分定位——寻找市场空隙，细分定位是在原有的位序序列中，分解出更细更小的类别，在大阶梯中分解出小阶梯，然后将自己的品牌定位于小类别或小阶梯上的领导位置。在广告创意中，寻找空隙的策略很多，例如，价格空隙、性别空隙、年龄空隙等。通过这一手段我们可以寻找相应的市场空隙作为我们广告创意和进行广告诉求的立足点。

（4）重组定位——重新为竞争定位，在市场上，自给自足产品类别都成百上千，想寻找一个尚虚位以待的空隙，机会很少，而领导者和“第一”的位置更是唯一。面对上述困难，最不幸的选择是退出竞争，但企业可以利用重组定位策略，为自己创造机会。重组定位策略的要点是根除一个既存的观念、产品，然后再把一个新的观念或产品搬进人们的心智中。

（5）“高级俱乐部”——公司在不能取得第一名或某种很有意义的定位，而市场空隙又不存在时，便可以采取这种策略。通过这一概念的提出，将本处劣势的公司纳入“高级俱乐部”中，而俱乐部成员在受众看来，才是最佳的。这无疑提升了公司在受众心目中的位置。

11.2.5 广告效果的测定

（一）销售额衡量法

这种方法就是实际调查广告活动前后的销售情况，以事前与事后的销售额之差作为衡量广告效果的指数。

1. 销售量增加比率。

$R=(S2-S1)/P\times 100\%$

式中，R 为销售增加比率；$S2$ 为本期广告实施后的平均销量；$S1$ 为本期广告实施前的平均销量；P 为广告费。R 越大，广告效果越好，R 越小，广告效果越差。

这种方法比较简单易行，但是如何除去广告效果以外的其他因素致使销售额增加的部分，却相当困难。为了弥补此法的缺陷，在实际销售效果测定中往往参照广告费比率和广告效果比率进行综合测定。

2. 广告费比率。

$AC=P/S\times 100\%$

式中：AC 为广告费比率；P 为广告费；S 为销量。

每单位产品所支出的广告费用，广告费比率越小，广告的经济效果越好；广告费比率越大，广告的经济效果越差。

广告诉求认知效果测定的目的在于分析广告活动是否达到预期的信息沟通效果。

（二）测定广告诉求认知效果，主要有如下指标：

1. 接触率。即在广告媒体的受众之中，有多少百分比的人已接触到该广告。假设某杂志共有读者 50

万人，其中只有30万人看到了封三底部的商品广告，则其接触率为60%。

2. 注目率。即在看过该广告的人之中，有多少百分比的人能够辨认出先前已看过这一广告。

3. 阅读率。即在充分看过广告的人之中，有多少百分比的人不仅知道该商品和该企业，而且能够借由广告中企业的名称或商标而认得该广告的标题或插图。

4. 好感率。即在看过广告的人之中，有多少百分比的人对企业及其商品产生了好感。

5. 知名率。即在看过广告的人之中，有多少百分比的人了解企业及其产品。知名率的考察往往是通过广告前后的对比而进行的。若广告后企业的知名率大为提高，说明企业的广告效果十分理想。

6. 综合评分。即由目标消费者的一组固定样本或广告专家来评价广告，并填写评分卷。评分卷中依广告的注意强度、阅读强度、认知强度、情绪强度等内容分别给出一定分数，所有分数汇总便得到综合评分。通常综合评分以百分制计，分数越高，则表明广告的诉求认知效果越好。

11.3 人员推销策略

11.3.1 人员推销的概念及特点

人员推销是指企业派出推销人员直接与顾客接触、洽谈、宣传商品，以达到促进销售目的的活动过程。它既是一种渠道方式，也是一种促销方式。

（一）人员推销的三种形式

1. 可以建立自己的销售队伍，使用本企业的推销人员来推销产品。企业自己的推销队伍的成员通常被称为推销员、销售代表、业务经理、销售工程师等。这种推销员又可分为两类：一类是内部推销人员，他们一般在市内接待购买者，洽谈业务；另一类是外勤推销人员，他们做旅行推销，上门访问客户。

2. 企业可以使用专业合同推销人员。如制造商的代理商、销售代理商、经纪人等，按其代销额付给工资。

3. 企业也可以雇用兼职的售点推销员，在各种零售营业场合，用各种方法进行促销，按销售额的比例提取佣金，方式如产品操作演示、现场模特、咨询介绍等，一般称为售点促销小姐或促销先生。

（二）人员推销的特点

1. 人员推销具有很大的灵活性。在推销过程中，买卖双方当面洽谈，易于形成一种直接而友好的相互关系。通过交谈和观察，推销员可以掌握顾客的购买动机，有针对性地从某个侧面介绍商品特点和功能，抓住有利时机促成交易；可以根据顾客的态度和特点，有针对性地采取必要的协调行动，满足顾客需要；还可以及时发现问题，进行解释，解除顾客疑虑，使之产生信任感。

2. 人员推销具有选择性和针对性。在每次推销之前，可以选好具有较大购买可能的顾客进行推销，并有针对性地对未来顾客作一番研究，拟定具体的推销方案、策略、技巧等，以提高推销成功率。这是广告所不及的，广告促销往往包括许多非可能顾客在内。

3. 人员推销具有完整性。推销人员的工作从寻找顾客开始，到接触、洽谈，最后达成交易，除此以外，推销员还可以担负其他营销任务，如安装、维修、了解顾客使用后的反应等，而广告则不具有这种完整性。

4. 人员推销具有公共关系的作用。一个有经验的推销员为了达到促进销售的目的，可以使买卖双方从单纯的买卖关系发展到建立深厚的友谊，彼此信任，彼此谅解，这种感情增进有助于推销工作的开展，实际上起到了公共关系的作用。

11.3.2 人员推销的组织形式

（一）销售队伍的结构

1. 按地区结构设计

这是最简单的推销人员结构。这种组织结构好处是：第一，结构清晰，便于整体部署。第二，销售人员的活动范围与责任边界明确，有利于管理与调整销售力量，能鼓励推销员努力工作。第三，有利于推销员与当地商界及其他公共部门建立良好关系。第四，相对节省往返旅途费用。

2. 按产品结构设计

这是按产品线来设计的推销结构，推销员负责一种或一类产品的推销工作。

这种设计一般适合以下情况：

（1）产品技术性强，生产工艺复杂，不同产品线的推销员应有专业知识，否则很难有效地推销。

（2）企业产品种类繁多。

3. 按顾客结构设计

企业也常常按顾客类别来分配推销人员。如企业对不同行业安排不同的销售队伍，一般来说，分类方法有：行业类别、用户规模、分销途径等。

4. 复合式结构

许多企业把几种方式混合使用，可以按地区—产品、地区—客户等方式进行。这样可以取长补短，充分利用上面几种结构的优势。

（二）推销队伍的规模

在确定了推销队伍的结构之后，需要考虑推销队伍的规模。推销队伍的规模直接影响着销售量与销售成本的变动。企业设计推销队伍规模的方法通常有以下几种：

1. 销售百分比法

这种方法是企业利用历史资料计算销售成本百分比以及销售人员的平均成本，参照对未来销售额的预测，确定推销人员的规模。

2. 分解法

分解法是指分解推销人员的平均产出水平，与销售预测值比较从而判断人员规模的方法。

3. 工作量法

工作量法与前两种方法比较，更为实际科学。根据科特勒的解释，这种方法一般分为五个步骤：

（1）将顾客按年销售量分成大小类别；

（2）确定每类客户所需访问的次数；

（3）每类客户数乘以所需访问次数得出整个地区的一年访问工作量；

（4）确定每个推销人员每年可以进行的平均访问次数；

（5）将总的年访问次数除以每个推销人员的平均访问次数可以得到所需的推销人员的规模。

11.3.3 人员推销的任务及其工作步骤

（一）人员推销的任务

1. 沟通。与现实的和潜在的顾客保持联系，及时把企业的产品及其他相关信息介绍给顾客，同时了解他们的需求，沟通产销信息，成为企业与消费者联系的桥梁。

2. 开拓。不仅要了解和熟悉现有顾客的需求动向，而且要尽力寻找新的目标市场，发现潜在顾客，从事市场开拓工作。

3. 销售。通过消费者的直接接触，运用推销的艺术，分析解答顾客的疑虑，达成交易。

4. 服务。除了直接的销售服务外，尚需代表公司提供其他服务，如业务咨询、技术性协助、融资安排等。

5. 调研。利用直接接触市场和消费者的便利，进行市场调研和情报搜集工作，并且将访问情况做出报告，为企业开拓市场和制定营销决策提供依据。

（二）人员推销的工作步骤

1. 寻找顾客，是推销工作的第一步。

寻找潜在顾客有很多途径，可以通过现有顾客的介绍，以及其他销售人员介绍、查找工商名录、电话号码簿等寻找潜在顾客。

2. 事前准备。在走出去推销之前，推销人员必须知己知彼，掌握三方面的知识：

（1）产品知识——关于本企业、本企业产品的特点、用途、功能等各方面的情况。

（2）顾客知识——包括潜在顾客的个人情况，所在企业的情况，具体用户的生产、技术、资金情况，用户的需要，购买决策者的性格特点等。

（3）竞争者知识——竞争者的能力、地位和他们的产品特点。同时，还要准备好样品、说明材料，选定接近顾客的方式、访问时间、应变语言等。

3. 接近。即开始登门访问，与潜在客户开始面对面交谈。这一阶段推销员要注意：

（1）给顾客一个好印象，并引起顾客的注意。因而，穿着、举止、言谈、自信而友好的态度都是必不可少的。

（2）验证在准备阶段所准备的全部情况。

（3）为后面的谈话做好准备。在接近时，注意使自己有一个正确的心态：友好、自信。友好：自己与对方是进行利益交换，是互惠互利的交换；自信：你不是低人一等求别人，你的企业产品是能经得起考验的。

4. 介绍。这是推销过程中的重要一步。任何产品都可以也必须用某种方法进行介绍。即使那些无形产品（如保险、金融、投资业务），也可以采用图形、坐标图、小册子等形式加以说明。介绍要注意通过顾客的视、听、触摸等感官向顾客传递信息，其中视觉是最重要的。在介绍产品时，要特别注意说明该产品可能给顾客带来的利益，要注意倾听对方的发言，以判断顾客的真实意图。

5. 处理异议，即克服障碍。推销人员应随时准备处理不同意见。顾客在听取介绍的过程中，总会提出一些异议，如怀疑产品的价值，不喜欢交易的条件。这就需要推销员应当具有与持不同意见的买方洽谈的语言能力和技巧，能解释、协商，随时有应对否定意见的措施和论据，但不要争辩。

6. 达成交易。即推销人员要求对方采取行动，订货购买阶段。有经验的推销人员认为，接近和成交是推销过程中两个最困难的步骤。在洽谈、协商过程中，推销人员要随时给予对方能够成交的机会。有些买主不需要全面的介绍，介绍过程中如发现顾客表现出愿意购买的意图，应立即抓住时机成交。在这个阶段，推销人员还可以提供一些优惠条件，以尽快促成交易。

7. 售后追踪。达成交易不是推销的结束，而是下一轮推销的起点。如果推销人员希望顾客满意并重复购买，希望他们传播企业的好名声，则必须坚持售后追踪。售后追踪访问调查的直接目的是了解顾客是否满意已购买的产品，发现可能产生的各种问题，表示推销人员的诚意和关心。另外一个重要的目的，是促使顾客传播企业及产品的好名声，听取顾客的改进建议。

11.3.4 推销人员的素质

合格的推销人员应具备以下素质：

（一）健康的心理

世界卫生组织对“健康”的定义是“不仅仅是未患疾病，还包括心理和社交活动正常”。心理和社交活动正常对推销人员很为重要，这包括：

1. 对现实与他人的认识趋于准确客观。心理健康者对现实世界及他人的认识是客观的、如实的，很少受主观偏见的影响，这样才能根据正确的信息采取行动。

2. 对事实持现实的态度。心理健康者是现实的，他们往往能承受各种挫折，对人也不会过分苛刻。

3. 广泛而深厚的人际关系。推销人员善于与他人接近，能和大多数人和睦相处，经常表现出友善、耐心和合作的愿望。

（二）坚强的意志

意志是人自觉地确定目的，并根据目的来支配调节自己的行动，克服各种困难，从而实现目的心理过程。意志的作用在于自觉努力去保证意识目的的实现，并使主体克服各种障碍，并服从前进的目标。

1. 明确自己的责任

在市场经济条件下，推销员工作十分重要，有人称之为“火车头”。推销员工作上去了，企业整体发展也有了保证。为此，推销员要有强烈的责任感。

2. 深知工作性质

推销人员就是和不同的顾客打交道。从了解顾客、上门、与顾客接洽、直到成交，每一关都是荆棘丛生，没有平坦大道可走。面对困难，坦然相迎。同时，推销员将公众利益、企业利益结合起来，所以应该理直气壮，为此感到自豪，不卑不亢，无惧无畏。

3. 以勤为径，百折不挠

美国推销协会的一项调查表明，48%的推销员在第一次拜访用户后便放弃了继续推销的意志；25%的推销员在第二次拜访用户后放弃了继续推销的意志；12%的推销员在第三次拜访用户后放弃了继续推销的意志；5%的推销员在第四次拜访用户后放弃了继续推销的意志。只有10%的推销员锲而不舍，而他们的业绩占了全部销售额的80%。

（三）复合的个人特性

一个理想的销售员应该具有何种特性呢？有人认为销售员应该是外向的和精力充沛的，然而有许多成功的推销员却是内向的和态度温和的。其实，销售员的个人特性是由他们的责任决定的。

11.3.5 推销人员管理

对推销人员的管理包括对销售人员的挑选、培训、激励、评价。

（一）推销人员的挑选

推销人员的素质高低直接影响到促销活动与整个销售活动的成败，所以推销人员的选拔与招聘非常重要，挑选高效率的推销人员成为销售决策中的首要问题。

（二）推销人员的培训

1. 了解企业情况。企业情况包括历史、经营目标、组织结构设置、主要负责人、主要产品、销售量等。

2. 产品情况。包括产品制造过程、技术含量、功能、用途等。

3. 顾客情况。顾客情况包括他们的购买动机、购买习惯、购买数量、地理分布、负责人情况、付款方式、信用状况等。

4. 推销程序和责任。销售员要懂得怎样在现有客户和潜在客户间分配时间，如何拟定推销路线，如何合理支配费用等。

（三）推销人员的激励

销售人员的激励方法是多方面的，常见的有：

1. 销售竞赛。对有优良销售表现的人员给予特别的奖励。

2. 表彰。有些企业将优秀的推销员介绍于报纸杂志，使一般人知道他们在企业内和同行内的声誉或地位。

3. 环境激励。环境激励是指企业创造一种良好的工作氛围，使推销人员能心情愉快地开展工作。企业对销售人员的重视程度很重要。有些企业认为销售代表不怎么重要，有些企业则认为他们是实现企业价值的人，给他们提供无限的机会。事实证明，如果对销售代表不重视，其离职率就高，工作绩效就差；如果重视，其离职率就低，工作绩效就高。企业可以召开定期的销售会议或非正式集会，为销售代表提供一个社交场所，给予销售代表与公司领导交谈的机会，给予他们在更大群体范围内结交朋友、交流感情的机会。

（四）推销人员的评价

对销售人员评估是对销售人员绩效的考核与反馈过程。一般对销售人员的考核应该分为定量和定性两部分，并且要定期考核。定量考核主要从以下方面对推销人员进行评价，如表11－1所示。

表11－1　推销人员定量考核标准

标　准	解　释
销售量	衡量销售增长状况
毛利	衡量利润的潜量
访问率（每天访问次数）	衡量推销员的努力程度，但不表示销售效果
访问成功率平均订单数目	衡量推销员工作效率的标准，经常与每日平均订单数目一起来衡量
销售费用与费用率	衡量每次访问的成本及销售费用占营业额的比重
新客户	开发新客户的衡量标准

定量考核包括考核销售人员的销售结果，如销售额（这是最常用的指标）、回款额、利润额、市场占有率（特别是区域性销售人员在该销售区域与竞争对手相比之下的市场占有率，是表明该区域销售成绩的重要标准）和客户数；还要考核销售人员的销售行动，如推销员每天平均拜访客户的次数、每次访问所用时间（这是为了考核销售人员工作的努力程度，这个考核指标虽不直接表现在即期的目标中，但也需要重点控制。一般采取报告制度，前提是已经从制度上做出了明确的规定）、访问的成功率、每天销售访问的平均收入（衡量销售人员的工作效率）、每百次访问平均得到的订单数（与每工作日平均订单数结合起来考虑）、销售费用与费用率（衡量每次访问的成本及直接销售费用与销售额的比率，如果销售价格偏低，而交际费、礼品费、交通费及其他推销杂项费用偏高，说明销售量的含金量不高）、一定时间内开发的新客户数（这是销售人员对企业的特别贡献）、一定时间内失去的老客户数、客户满意度（衡量销售人员为客户服务的情况，企业只有拥有满意的顾客，才会有源源不断的业绩。企业需要定期请客户评价销售人员的服务绩效）等。

但仅仅用定量指标来考核销售人员的业绩是短视和急功近利的，对销售工作的长远发展有负面作用。销售人员为了单纯完成销售任务，可能采取各种手段，不惜损害企业的整体利益。因此还要对销售人员进行定性评价。

定性考核主要考核一些软性指标，但也很重要，可以全面衡量一名销售人员的工作业绩。如考核业务员的团队合作精神、工作热情、创新能力、学习精神、对企业的忠诚度等，还要考核销售人员工作是否规范。要做好定性考核，公司一定要在物流、资金流和信息流上都有明确的流程和规定，要有相应检查系统和反馈流程。

对销售人员进行考核，一方面是决定销售人员报酬、奖惩、淘汰与升迁的重要依据；另一方面是通过对销售人员的业绩进行分析和总结，帮助他们提高业绩。销售人员的绩效考核可以采取目标考核的方式，按照公司的年度销售目标，把目标分解到具体产品或销售区域中，然后分配给具体的业务人员；在分配目标的同时，必须进行资源分配，否则可能导致成本上升、业务下降。

设定具体目标时，必须和公司总目标与价值观一致。例如，一些公司以销售额为主，一些公司以毛利额为主，还有一些公司以利润为主。目标可以是绝对指标，也可以是相对增长指标。关键看公司的发展阶段和竞争、发展的需要，成熟公司比较多地采用绝对指标，成长迅速的公司一般采用增长指标。

考核的难点除了考核指标的设定以外，最难做到的是"缺少考核信息"，无法评价指标完成情况，因此必须建立高效率的管理信息系统。每周一次或每月一次的销售工作计划报告，可以让销售主管了解业务员的工作动向，并比较各个业务员的计划与范围。当然还有销售日报、月度总结和书面报告，可以让上级掌握业务员销售计划的完成情况和工作进展。同时，对客户与消费者的调查了解也是必不可少的，从他们那里得到服务满意度的信息资料，特别是日常的客户投诉，可能比一年一度的正式评估反馈意见更说明顾客的真实意见。

推动销售人员提高销售价值的关键是根据销售利润而不是销售数量来评价销售人员的业绩。结合销售时的价格、费用、折让、收款期和坏账率，总体考核"销售人员的获利率"。这种报酬机制的关键在于计算盈利因子。为了鼓励销售人员为公司做出最大贡献，销售业绩应该乘以盈利因子。这使得销售成绩与公司利润保持同样比例的变动关系。对于一个规模比较大的企业来说，需要建立 ERP（企业资源计划）系统，利用该系统得到的数据，很容易求出盈利因子。

11.4 营业推广策略

11.4.1 营业推广的含义及其特点

（一）营业推广的含义及其种类

营业推广又称为销售促进。是指那些不同于人员推销、广告和公共关系的销售活动，它旨在激发消费者购买和促进经销商的效率，诸如陈列、展出与展览表演和许多非常规的、非经常性的销售尝试。其种类包括：

1. 针对消费者的营业推广（Consumer Promotion）

可以鼓励老顾客继续使用，促进新顾客使用，动员顾客购买新产品或更新设备。引导顾客改变购买习惯，或培养顾客对本企业的偏爱行为等。其方式可以采用：

（1）赠送：向消费者赠送样品或试用样品，样品可以挨户赠送，在商店或闹市区散发，在其他商品中附送，也可以公开广告赠送，赠送样品是介绍一种新商品最有效的方法，费用也最高。

（2）优惠券：给持有人一个证明，证明他在购买某种商品时可以免付一定金额的钱。

（3）廉价包装：是在商品包装或招贴上注明，比通常包装减价若干，它可以是一种商品单装 ，也可以把几件商品包装在一起。

(4) 奖励：可以凭奖励券买一种低价出售的商品，或者凭券免费以示鼓励，或者凭券买某种商品时给一定优惠，各种摸奖抽奖也属此类。

(5) 现场示范：企业派人将自己的产品在销售现场当场进行使用示范表演，把一些技术性较强的产品的使用方法介绍给消费者。

(6) 组织展销：企业将一些能显示企业优势和特征的产品集中陈列，边展边销。

2. 针对中间商的营业推广（Intertrade Promotion）

目的是鼓励批发商大量购买，吸引零售商扩大经营，动员有关中间商积极购买或推销某些产品。其方式可以采用：

(1) 批发回扣：企业为争取批发商或零售商多购进自己的产品，在某一时期内可给予购买一定数量本企业产品的批发商以一定的回扣。

(2) 推广津贴：企业为促使中间商购进企业产品并帮助企业推销产品，还可以支付给中间商以一定的推广津贴。

(3) 销售竞赛：根据各个中间商销售本企业产品的实绩，分别给优胜者以不同的奖励，如现金奖、实物奖、免费旅游、度假奖等。

(4) 交易会或博览会、业务会议。

(5) 工商联营：企业分担一定的市场营销费用，如广告费用、摊位费用，建立稳定的购销关系。

3. 针对销售人员的营业推广（Sales force Promotion）

鼓励他们热情推销产品或处理某些老产品，或促使他们积极开拓新市场。其方式可以采用：(1) 销售竞赛：如有奖销售，比例分成；(2) 免费提供人员培训，技术指导。

(二) 营业推广的特点

我们认为，销售促进是指除人员推销、广告、公共关系以外的能刺激需求、扩大销售的各种促销活动。一般来说，它具有以下特点：

1. 非规则性和非周期性

典型的营业推广不像广告、人员推销、公共关系那样作为一种常规性的促销活动出现，而是用于短期的和额外的促销工作，其着眼点在于解决某些更为具体的促销问题，因而是非规则性、非周期性的使用和出现的。

2. 灵活多样性

营业推广的方式繁多，这些方式各有其长处与特点，可以根据企业经营的不同商品的特点和面临的不同市场营销环境灵活地加以选择和运用。

3. 短期效益比较明显

一般来说，只要营业推广的方式选择运用得当，其效果可以很快地在经营活动中显示出来，而不像广告、公共关系那样需要一个较长的周期。因此，营业推广最适宜应用于完成短期的具体目标。

11.4.2 营业推广的形式

(一) 对中间商的销售促进（Inter trade Promotion）

对中间商的销售促进，目的是吸引他们经营本企业产品，维持较高水平的存货，抵制竞争对手的促销影响，获得他们更多的合作和支持。

其主要销售促进方式有：

1. 销售津贴。销售津贴也称销售回扣，这是最具代表性的销售促进方式。这是为了感谢中间商而给予的一种津贴，如广告津贴、展销津贴、陈列津贴、宣传津贴等。

2. 列名广告。企业在广告中列出经销商的名称和地址，告知消费者前去购买，提高经销商的知名度。

3. 赠品。赠品包括赠送有关设备和广告赠品。前者是向中间商赠送陈列商品、销售商品、储存商品或计量商品所需要的设备，如货柜、冰柜、容器、电子秤等。后者是一些日常办公用品和日常生活用品，上面都印有企业的品牌或标志。

4. 销售竞赛。这是为了推动中间商努力完成推销任务的一种促销方式，获胜者可以获得现金或实物奖励。销售竞赛应事先向所有参加者公布获奖条件、获奖内容。这一方式可以极大地提高中间商的推销热情。像获胜者的海外旅游奖励等已被越来越多的企业所采用。

5. 业务会议和展销会。企业一年举行几次业务会议或展销会，邀请中间商参加，在会上，一方面介绍商品知识，另一方面现场演示操作。

（二）对消费者销售促进（Consumer Promotion）

对消费者的销售促进，是为了鼓励消费者更多地使用产品，促使其大量购买。其主要方式有：

1. 赠送样品

企业免费向消费者赠送商品的样品，促使消费者了解商品的性能与特点。样品赠送的方式可以派人上门赠送，也可以通过邮局寄送，可以在购物场所散发，也可以附在其他商品上赠送等。这一方法多用于新产品促销。

2. 有奖销售

这是通过给予购买者以一定奖项的办法来促进购买。奖项可以是实物，也可以是现金。常见的有幸运抽奖，顾客只要购买一定量的产品，即可得到一个抽奖机会，多买多奖。或当场摸奖，或规定日期开奖。也可以采取附赠方式，即对每位购买者另赠纪念品。

3. 现场示范

利用销售现场进行商品的操作表演，突出商品的优点，显示和证实产品的性能和质量，刺激消费者的购买欲望。这是属于动态展示，效果往往优于静态展示。现场示范特别适合新产品推出，也适用于使用起来比较复杂的商品。

4. 廉价包装

在产品质量不变的前提下，使用简单、廉价的包装，而售价则有一定削减，这是很受长期使用本产品的消费者欢迎的。

5. 折价券

这是可以以低于商品标价购买商品的一种凭证，也可以称为优惠券、折扣券。消费者凭此券可以获得购买商品的价格优惠。折价券可以邮寄、附在其他商品中，或在广告中附送。

（三）对销售人员的促销（Sales-Force Promotion）

这是指对销售人员的鼓励，使他们努力推销产品或开拓新的市场。其形式主要有销售竞赛和免费提供培训等。

11.4.3 营业推广的实施和控制

一个公司在运用营业推广时，必须确定目标、选择工具、制订方案、实施和控制方案及评价结果。

（一）确定营业推广目标

就消费者而言，目标包括鼓励消费者更多地使用商品和促进大批量购买；争取未使用者试用，吸引竞争者品牌的使用者。就零售商而言，目标包括吸引零售商们经营新的商品品目和维持较高水平的存货，鼓励他们购买落令商品，贮存相关品目，抵消各种竞争性的促销影响，建立零售商的品牌忠诚和获得进入新的零售网点的机会。就销售队伍而言，目标包括鼓励他们支持一种新产品或新型号，激励他们寻找更多的潜在顾客和刺激他们推销落令商品。

（二）选择营业推广工具

可以选择不同的工具实现不同的销售促进目标。在选择营业推广工具的时候，必须充分考虑销售促进的目标、市场的类型、市场竞争的状况以及各种工具的特点、成本、经济效益等因素。

（三）制定营业推广方案

营业推广方案应该包括这样几个因素：

1. 成本费用。销售促进方案必须确定企业成本与效益的最优选择，确定销售额和成本的相对比例。

2. 参加者的条件。决定参加者的条件是指决定营业推广的优惠提供给每一个人还是提供给购买数量大的顾客，即确定受众范围的大小，从而排除不可能成为本企业产品的消费者。在实际操作中，对于参加者的条件不能要求太苛刻，否则会影响对消费者的吸引力。

3. 营业推广促进媒体的选择。指如何贯彻执行销售促进的方案。一般来说，可以通过广告媒体、包装、邮寄、店内散发等途径来实现。其中，放在包装内是最常见的一种途径，而邮寄的范围很广，但费用很高。

4. 营业推广时间的长短和时机。营业推广时间太短，消费者无法得到其好处，故无法重复购买；时间太长，消费者认为是长期降价，甚至对产品质量产生怀疑。阿瑟斯特恩依据自己的调查发现，最佳频率为每季度三周的促销活动，最佳时间长度为产品平均购买周期的长度。除了决定时间的长度之外，还要考虑营业推广的时机，即何时采用为宜。

5. 营业推广的总预算。一般采用两种方式：一是自下而上的方式，即根据全年的营业推广的内容、销售工具及其成本费用来决定总预算；二是按照习惯比例来确定各种预算的比例。

（四）方案试验

面向消费者市场的营业推广能轻易地进行预试，可邀请消费者对几种不同的、可能的优惠办法做出评价和分等，也可以在有限的地区进行试用性测试。

（五）实施和控制营业推广方案

实施的期限包括前置时间和销售延续时间。前置时间是从开始实施这种方案前所必须的准备时间。它包括最初的计划工作、设计工作，以及包装修改的批准或者材料的邮寄或者分送到家；配合广告的准备工作和销售点材料；通知现场推销人员，为个别的分店建立地区的配额，购买或印刷特别赠品或包装材料，预期存货的生产，存放到分配中心准备在特定的日期发放。销售延续时间是指从开始实施到大约95%的采取此销售促进办法的商品已经在消费者手里所经历的时间。

（六）评价营业推广结果

企业可以运用多种不同的方法对营业推广的结果进行评价，评价的程序也因市场类型的不同而有所差异。最普通的方法是比较营业推广的前后的销售结果，通过比较销售绩效来测定其有效性。如果其他的条件不变，销售增加可以说明营业推广的绩效。

11.5 公共关系策略

11.5.1 公共关系的概念和特点

公共关系（Public Relation）是指某一组织为改善与社会公众的关系，促进公众对组织的认识、理解及支持，达到树立良好组织形象、促进商品销售的目的的一系列促销活动。它本意是工商企业必须与其周围的各种内部、外部公众建立良好的关系。它是一种状态，任何一个企业或个人都处于某种公共关系状态之中。它又是一种活动，当一个工商企业或个人有意识地、自觉地采取措施去改善自己的公共关系状态时，就是在从事公共关系活动。作为促销组合的一部分，公共关系的含义是指这种管理职能：评估社会公众的态度，确认与公众利益相符合的个人或组织的政策与程序，拟定并执行各种行动方案，以争取社会公众的理解与接受。

作为一种社会关系，公共关系不同于一般社会关系，也不同于人际关系。他有自己独特的特点，具体表现在以下几个方面：

（一）传递信息的全面性

公共关系通过一定媒介把有关企业的信息有计划地传递给公众，目的是塑造企业良好的社会形象，取得公众的信赖与支持。因此传递的信息是大量而全面的。

（二）对公众影响的多元性

这些社会公众主要包括：供应商、中间商、消费者、竞争者、金融保险机构、政府部门、科技界、新闻界等。可见，企业营销活动中存在着广泛的社会关系，不仅限于与顾客的关系，更不能局限于只有买卖关系。良好的社会关系是企业成功的保证之一，因此，建立和保持企业与社会公众的关系在企业营销活动中具有重要的作用。

（三）成效的多面性

公关恰到好处的把握人们的心理，集中力量塑造企业形象，不仅能促进产品销售，而且能起到鼓励和吸引投资、吸引优秀人才等多方面的效果。

11.5.2 公共关系的职能

公共关系的对象很广，包括消费者、新闻媒体、政府、业务伙伴等，公共关系被用来促进品牌、产品、人员、地点、构思、活动、各种组织机构甚至国家关系。组织机构利用公共关系去吸引公众的注意力或者去抵消留在公众头脑里的坏印象。国家使用公共宣传去吸引更多的观光者、外国投资者和取得国际支持。公共关系作为一门经营管理的艺术，其功用、职能主要表现在信息收集、咨询建议、信息沟通、社会交往、培训、平衡六个方面。

（一）信息收集

公共关系需收集的信息主要有两大类，即产品形象信息与企业形象信息。产品形象信息包括公众特别是用户对于产品价格、质量、性能、用途等方面的反映，对于该产品优点、缺点的评价以及如何改进等方面的建议；企业形象信息则包括：公众对本企业组织机构的评价，如机构是否健全，设置是否合理，人员是否精简，运转是否灵活，办事效率如何等；公众对企业管理水平的评价，如经营决策的评价、生产管理的评价、市场营销管理的评价、人事管理的评价等；公众对于企业人员素质的评价，如对决策者的战略眼光、决策能力、创新精神等方面的评价；公众对于企业服务质量的评价，包括服务态度、对顾客的责任感。

（二）咨询建议，为企业决策提供参考

公共关系利用收集到的信息，进行分析，综合整理，可以了解企业的决策及其效应，并及时向企业决策者进行咨询，提出合理化建议。其内容涉及本企业知名度和可信度的评估和咨询；公众心理的分析预测和咨询；评议本企业的方针、政策、计划。

（三）信息沟通，创造良好的舆论氛围

将企业的有关信息传递给特定的公众对象，为企业创造良好的舆论氛围。信息沟通的任务包括：争取建立公众对本企业的良好印象，可以招揽人才，筹措资金；建立自己的独特的风格。在企业创建时期，信息沟通的主要任务是争取建立公众对于本企业的良好印象，能够招揽人才，争取投资来源；建立自己的独特风格，如企业的产品的命名、商标、广告的制作、代表色的选择、门面的装修。在企业遇到风险时，要弄清事情的原因，区别对待：对公众的误解或他人的陷害，要进行必要的解释，将本企业采取的预防措施向公众宣布；对企业自身过失危害公众利益，公共关系人员应实事求是，使恶劣影响减小到最低限度，将本企业的改进措施公之于众，帮助企业重振声誉。

（四）社会交际

企业是一个内外相互联系、相互作用的开放系统，所以交往沟通显得异常重要。通过交往，有利于实现信息沟通，从而使企业内部关系、外部关系以及内外关系得到协调。

（五）培训

公共关系通过细致广泛的说服性教育和优惠的赞助性服务，来引导企业的意识与行为。对于内部公众而言，有利于使职工重视企业的整体形象；对于外部公众，有利于使社会公众对企业的行为产生认同。

11.5.3 公共关系策划的主要类型

公共关系在企业促销活动中占有重要的地位。对于企业内部而言，公共关系部门负责协调决策者、各职能部门、职工之间的相互关系；对于企业外部而言，公共关系部门负责协调企业与公众之间的关系。一般来说，企业在进行公共关系活动时主要采取以下几种方式。

（一）利用新闻传播媒介开展宣传

利用各种传播媒介向外传播为主，目的是直接向社会公众宣传组织内部信息，形成有利的社会舆论。这类活动的特点是主导性强、时效性强。

（二）企业形象设计（导入CIS）全面提升企业的形象

（三）服务性公共关系

服务性公共关系以提供各种实惠服务为主，目的是以实际行动来获取社会公众的了解和好评，树立自己的良好形象。这类活动的特点是能够紧密组织与公众的联系，变抽象的意识为具体的、有形的行为。

世界最佳服务的象征IBM的“24小时服务”。有一次，一位女工作人员答应客户2小时内一定赶到，没有想到路上塞车，这位女员工立即跳下车，在商店买了一双旱冰鞋，在马路上快速地滑到了客户的住处。

（四）社会性公共关系

社会性公共关系是组织利用举办各种社会性、公益性、赞助性活动开展公共关系活动的模式。它通过举办社会活动，如庆祝典礼、纪念会、当地的传统节日活动、社会赞助等，来扩大组织的社会影响。设法使公众因为某种原因，对组织产生一种特殊的兴趣，使组织与公众之间发生一种特殊的联系。

（五）举办各种专题活动

如店庆，或针对当下流行的节日等开展专题活动，吸引公众参与。

11.5.4 公共关系的原则与实施步骤

（一）确定公共关系的原则

1. 以诚取信的原则

企业要在公众心目中树立良好的形象，关键在于诚实。只有诚实才能获得公众信任的回报。如果企业以欺骗的方法，吹嘘自己，必然失去公众的信任。

2. 公众利益与企业利益相协调的原则

企业的生存发展不能离开社会的支持，诸如劳动力、资金、生产资料的提供及政府的宏观调控。因此，企业因为社会公众提供优质产品，公关活动时必须将公众利益与企业利益结合起来。

（二）公共关系实施的步骤

1. 公共关系调查

企业通过调研，一方面，了解企业实施政策的有关公众的意见和反应，反馈给高层管理者，促使企业决策有的放矢。另一方面，将企业领导者意图及企业决策传递给公众，使公众加强对企业的认识。

2. 确定公共关系的目标

一般说来，企业公关目标是促使公众了解企业形象，改变公众对企业的态度。具体地说，公关目标是通过企业传播信息，转变公众态度，即唤起企业需求。必须注意，不同企业或企业在不同发展时期，其公关具体目标是不同的。

3. 编制公共关系计划

公共关系是一项长期的工作，必须有一个长期的连续性计划。公共关系计划必须依据一定的原则，来确定公共关系的目标、工作方案、具体的公共项目、公关策略等。

4. 公共关系计划的执行与实施

在公共关系的实施过程中，需要依据公共关系的目标、对象、内容、企业自身条件、不同的发展阶段等来选择适当的公共关系媒介和公共关系的方式。

5. 公共关系的效果评估

评价的指标可以包括：第一，曝光频率，衡量公共关系效果的最简易的方法是计算出现在媒体上的曝光次数。企业同时希望报上有字，广播有声，电视有影；第二，反响，分析由公共关系活动而引起公众对产品的知名度、理解、态度方面的变化，调查这些变动前后变化水平；第三，如统计方便，销售额和利润的影响是最令人满意的一种衡量方法。

【小结】

促销沟通是指企业通过人员推销或非人员推销的方式，向目标顾客传递商品或劳务的存在及其性能、特征等信息，帮助消费者认识商品或劳务所带给购买者的利益，从而引起消费者的兴趣，激发消费者的购买欲望及购买行为的活动。

促销沟通有以下作用：传递信息，提供情报促销的最基本作用是向目标顾客传递信息；突出特点，诱导消费者购置；稳定市场，促进销售；刺激需求，增加销售量。

促销组合是指企业根据促销的需要，对各种促销方式进行的适当选择和综合编配。促销方式分为人员推销、公共关系、营业推广及广告等，企业对四种促销方式进行适当选择，综合使用，以求达成最好的促销效果。

影响促销沟通组合的因素主要有：产品类型、企业的促销策略、购买准备过程阶段、产品生命周期阶段和经济前景。

广告一词原出自拉丁文，本意是“我大喊大叫”，在英国称为“advert”，在美国称为“advertising”，这两个词是从“注意”或“留心”派生出来的，和本意“大喊大叫”一样含有引人重视的意思。在今天，我们所说的广告，是指为了某种需要，通过一定的媒介（如语言、文字、图像），公开而广泛地向社会传播信息的一种宣传方式。它具有以下作用：传播信息，促进生产；指导消费，利于竞争；使人获得美感享受，陶冶人们的审美情趣。

广告的基本原则是：创造需要、创造形象、创造个性、创造时尚、强调各门类学科的互补和强调发挥集体的智慧和整体协调配合。

常见的广告表现形式有：直接陈述、名人推荐、情节表现、幽默夸张、对比说明、比喻象征、超现实表现、突出特征、安排悬念、安排特写、用好空间、光点与光束、反复强调和系列设计等。

广告设计的策略包括：USP策略和定位策略。

人员推销是指企业派出推销人员直接与顾客接触、洽谈、宣传商品，以达到促进销售目的的活动过程。它既是一种渠道方式，也是一种促销方式。具有灵活性、选择性、针对性、完整性等特点。

人员推销的工作分为七个步骤：寻找顾客、事前准备、接近、介绍、处理异议、达成交易和售后追踪。

对推销人员的管理包括对销售人员的挑选、培训、激励、评价等过程。

营业推广又称为销售促进。是指那些不同于人员推销、广告和公共关系的销售活动，它旨在激发消费者购买和促进经销商的效率，诸如陈列、展出与展览表演和许多非常规的、非经常性的销售尝试。其种类包括：针对消费者的营业推广、针对中间商的营业推广和针对销售人员的营业推广。

一个公司在运用营业推广时，必须确定目标，选择工具，制定方案，实施和控制方案及评价结果。

公共关系是指某一组织为改善与社会公众的关系，促进公众对组织的认识、理解及支持，达到树立良好组织形象、促进商品销售的目的的一系列促销活动。既不同于一般社会关系，也不同于人际关系。他有自己独特的特点。具体表现在以下几个方面：全面性、多元性和多面性。其功用、职能主要表现在信息收集、咨询建议、信息沟通、社会交往、培训、平衡六个方面。

公共关系实施的步骤包括：公共关系调查、确定公共关系的目标、编制公共关系计划、公共关系计划的执行与实施、公共关系的效果评估五个方面。

【关键术语】

促销沟通（Promotion of Communication）

人员推销（Personal Selling）

广告（Advertisement）

营业推广（Business Promotion）

公共关系（Public Relations）

文化广告（Cultural Advertisement）

社会公益广告（Advertising of Public Utility）

名人推荐（Celebrity Recommend）

USP 策略（USP Strategy）

【知识链接】

［1］吴作民，张珣编著．营销管理［M］．北京：清华大学出版社，2012.

［2］欧亚．市场营销［M］．北京：机械工业出版社，2012.

［3］祝海波等．市场营销战略与管理［M］．北京：中国经济出版社，2011.

［4］孟亮．市场营销策划［M］．北京：人民邮电出版社，2012.

［5］杜伟．市场营销中的企业价格策略［J］．经济视角（下），2009（04）.

［6］中国营销传播网，http：//www. emkt. com. cn/.

［7］［美］克洛等［M］．广告、促销与整合营销传播［M］．北京：清华大学出版社，2012.

［8］孟亮．市场营销策划［M］．北京：人民邮电出版社，2012.

［9］王万华，顾峰．市场营销学［M］．上海：上海人民出版社，2010.

【案例分析】

屈臣氏：让优惠转不停

屈臣氏的促销活动算得上是零售界最复杂的，不但次数频繁，而且流程复杂、内容繁多。为超越顾客期望，每进行一次促销活动都需要花很多的时间去策划与准备。屈臣氏正是在这样的高标准下，成功地策划了一次又一次的促销活动。

屈臣氏常见的促销活动主要包括：

1. 超值换购

在每一期的促销活动中，屈臣氏都会推出 3 个以上的超值的商品，在顾客一次性购物满 50 元，多加 10 元即可恣意选其中一件商品，这些超值商品通常会选择屈臣氏的自有品牌，所以能在完成低价位的同时又能够保证利润。

2. 独家优惠

这是屈臣氏经常运用的一种促销手段，他们在寻觅促销商品时，经常避开其他商家，别开把戏，给顾客更多新鲜感，也能够增强顾客忠诚度。

3. 买就送

买一送一、买二送一、买四送二、买大送小；送商品、送赠品、送礼品、送购物券、送抽奖券，促销方式十分灵敏多变。

4. 加量不加价

这一招主要是针对屈臣氏的自有品牌产品，经常会推出加量不加价的包装，用鲜明的标签标示，以加量 33% 或加量 50% 为主，面膜、橄榄油、护手霜、洗发水、护发素、化妆棉等是经常运用的，对消费者十分有吸引力。

5. 优惠券

屈臣氏经常会在促销宣传手册或者报纸海报上呈现剪角优惠券，在购置指定产品时，能够给予一定金额的购置优惠，从五元到几十元都有。

6. 套装优惠

屈臣氏经常会向消费厂家定制专供的套装商品，以较优惠的价钱向顾客销售，如资生堂、曼秀雷敦、旁氏、玉兰油等都会常做一些带赠品的套装，屈臣氏自有品牌也经常会推出套装优惠。例如，买屈臣氏骨胶原修护精髓液一盒 69. 9 元送 49. 9 元的眼部保湿啫喱一支，促销力度很大。

7. 震动低价

屈臣氏经常推出系列震动低价商品，这些商品以十分优惠的价钱销售，并且规定每个店铺必需陈列在店铺最前面、最显眼的位置，以吸引顾客。

8. 剪角优惠券

在指定促销期内，一次性购物满60元（或者100元），剪下促销宣传海报的剪角，能够抵6元（或者10元）运用，相当于额外再取得九折优惠。

9. 购某个系列产品满88元送赠品

例如购护肤产品满88元、或购屈臣氏品牌产品满88元、或购食品满88元，送屈臣氏手拎袋或纸手帕等活动。

10. 购物2件，额外9折优惠

购指定的同一商品2件，额外享用9折优惠，例如买营养水一支要60元，买2支的话，就一共收108元。

11. 赠送礼品

屈臣氏经常也会举行一些赠送礼品的促销活动，一种是供给商自身提供的礼品促销活动，另外一种是屈臣氏本人举行的促销活动，如赠送自有品牌试用装，或者购置某系列产品送礼品装，或者是当天前30名顾客赠送礼品一份。

12. VIP会员卡

屈臣氏在2006年9月开始推出会员卡，顾客只需去屈臣氏门店填写申请表格，就可立刻办理屈臣氏贵宾卡，办卡时仅收取工本费一元，屈臣氏会每两周推出数十件贵宾独享折扣商品，低至额外8折，每次消费有积分。

13. 感激日

最近，屈臣氏举行为期3天的感激日小型主题促销活动，推出系列重磅特价商品，单价商品低价幅度在10元以上。

14. 销售竞赛

"销售竞赛"也是屈臣氏一项十分成功的促销活动。每期指定一些竞赛商品，分各级别店铺（屈臣氏的店铺依据面积、地点等要素分为A、B、C三个级别）之间停止采购竞赛，销售排名在前三名的店铺都将获得奖励，每次参与销售竞赛的指定商品的销售业绩都会奇迹般的增长，这使得供货厂家十分乐意参与这样的活动。

思考题

1. 什么是销售促进？销售促进对于企业的营销活动有何积极作用？
2. 经常性的促销活动会给企业带来哪些伤害？

第四篇

■ CHAPTER 4 ■

市场营销管理的发展与创新

第 12 章　市场营销管理实践的新发展

【本章知识要点】

知识要点	掌握程度	相关知识
绿色营销	掌握	绿色营销的理论基础、外部环境、内在动力、含义、特征、实施计划与战略
关系营销	掌握	关系营销的内容、组织实施、策略
体验营销	掌握	体验营销的基本营销法则、设计、战略实施步骤
网络营销	掌握	网络营销的概念、特性、策略
服务营销	掌握	服务的含义与分类、特征、服务定价、内容、服务营销组合、组织实施、策略
全球营销	掌握	全球营销的概念、动机、战略、管理与控制
整合营销	掌握	整合营销的概念、特点与优势、内容、理论框架、战略战术、组织实施

【本章技能要点】

技能要点	掌握程度	应用方向
绿色营销	掌握	当企业确定将保护环境作为自己营销战略的一部分时，绿色营销策略是处理企业如何在既满足顾客需求和产生维持人类生存的社会效益的同时又能够取得自身经济效益等的问题
关系营销	掌握	当企业把个人及组织的关系作为企业市场营销管理的关键变量时，关系营销策略就是解决如何正确把握这一变量的相关问题
体验营销	掌握	当企业认为消费者在消费前、消费时和消费后的体验，才是研究消费者行为和企业品牌经营的关键时，企业家就会实行体验营销策略
网络营销	掌握	当企业选择网络方式为企业的营销服务时，网络营销策略的实施对于企业来说就显得尤为重要
服务营销	掌握	当企业将服务确定为改善经营绩效、获取竞争优势的有力武器时，服务营销就成为了企业取得竞争优势的关键
全球营销	掌握	当企业将世界市场视为一个整体时，就需要全球营销策略的协助

【导入案例】

“饥饿”的小米

小米，第一个敢和苹果系列抗衡的手机品牌。它的成功，很大程度上可以归结为“饥渴营销”以及网络营销的应用，那么小米公司是如何通过这一巧妙的策略来取得成功的呢？

（一）背景介绍

没有一个产品可以满足所有人的需求，任何一个企业要想取得成功就必须进行市场细分。小米公司在意识到这一点后，经过认真的调研，发现市场上存在这样一个群体：期望拥有一部性能强大而价格低廉的智能手机，但由于价格原因大多数人的这个需求没有得到很好的满足。在此背景下，小米公司推出了一款“双核1.5G、1G内存、电池1930mAh、800万像素摄像头”的主流高配手机，且价格只要1999元。

（二）事件全过程

2011年7月12日，小米公司成立1周年的媒体见面会上，小米CEO雷军正式对外宣称小米公司将推出一款手机，但这次媒体见面会并没有小米手机的样机演示，也没有关于小米手机的细节介绍。

8月16日，小米公司举行了小米手机发布会，正式向外界公布小米手机的详细配置和功能介绍以及1999元的预售价。

到此时，小米手机的神秘面纱才最终被揭开，然而，小米在发布会上并没有公布小米手机具体的发售时间及预售方式。这就使人们在惊叹小米超高配置和超低价格时，不禁会急切地想要知道如何才能拥有这样一部性价比很高的手机！

（三）如何让公众“饥饿”起来

为了给小米手机8月16日的发布会造势，小米手机的宣传团队充分发挥了微博的力量。比如，在小米手机发布前，通过手机话题的小应用和微博用户互动，挖掘出小米手机包装盒“踩不坏”的卖点；产品发布后，又掀起发微博送小米手机活动，以及分享图文并茂的小米手机评测等。

由于网民的热切关注，再加上各大论坛的跟风炒作报道。小米手机迅速成了网络上的热点事件。截至8月底，百度搜索“小米手机”关键词相关结果约700万个，Google搜索相关结果2700万条，新浪微博上“小米手机”的内容也达到70多万条。

在一款手机没还有上市之时，小米手机可谓赚足了人气，接着小米开始在官网上正式接受网友的预定申请，而让小米公司惊喜的是网上预售仅用了34小时，小米手机预定量就达到了30万部。最终小米公司迫于服务器以及首批产能的压力，于6日晚上23：40宣布停止小米手机预定。

（相关信息：http：//www. shuijunshiwan. net/）

营销启示： 随着社会的发展，现代市场营销管理实践有了新的发展，企业如果能够正确并合理地运用其为企业服务将会获得意想不到的成果。

12.1 绿色营销

工业革命在使经济高速增长的同时，也使生态资源迅速减少，使人类的生存环境受到严重污染和破坏，这引起了全社会的普遍关注。其实早在20世纪40年代，就有人呼吁环境问题，但未受到普遍重视。到了六七十年代，随着环境问题的加重，人们的环境意识不断加强，越来越认识到环境问题的迫切性与重要性。70年代起，以保护环境、保护地球为宗旨的环境保护运动在全球蓬勃发展，西方国家相继爆发了以“绿色食品”为主导的“绿色革命”。与此同时，一种旨在改善生活品质的消费观念——绿色消费应运而生。1987年联合国环境与发展委员会发表了《我们共同的未来》的宣言，促使绿色浪潮席卷全球，环保意识日益深入人心。1992 年联合国环境与发展大会通过的《21 世纪议程》中强调："要不断改变现行政策，实行生态与经济的协调发展"，从而使绿色营销正式提上日程。

12.1.1 绿色营销的兴起

（一）绿色营销产生的理论基础

绿色营销产生的理论基础，可以概括为以下三个方面：

1. 可持续发展理论

在世界环境与发展委员会第 38 届联大提出的《我们共同的未来》的报告中，提出了可持续发展的新模式，这是人类对自己今后选择道路的明确回答。

可持续发展的核心思想是：既满足当代人的需要，又不对后代人满足自己需要的能力构成危害。它包括两个重要概念：一是"需要"，尤其是世界上低收入阶层的基本需要、应将它放在优先的地位来考虑。二是"限制"，即技术状况和社会组织对环境满足眼前和将来需要的能力的制约。社会的可持续发展有许多制约因素：

（1）目前的技术状况和环境资源方面给社会组织带来的制约；

（2）生物圈承受人类活动影响的能力造成的制约。

可持续发展的基本内容包括以下五点：

（1）发展是重点。无论是发达国家还是发展中国家，发展是共同的普遍的权利。经济学家认为，"发展"的实质是如何实现现代化的问题，是探索一个国家、民族或地区在通往现代化过程中所遇到的诸如发展的目标、发展的模式、发展的途径、发展的方法、发展的优先领域以及相互之间的联系等问题。

（2）发展要求人类把发展经济与环保构成一个有机整体。正如《里约环境与发展宣言》所强调的："为了实现可持续发展，环境保护工作应是发展进程中的一个有机组成部分，而不能脱离这一进程来考虑。"因此，经济越是要发展，环境保护就越显得重要。

（3）应建立一个合理有效的经济和政治运行机制。在可持续发展运行中，人们需要转变原有的经济体制以达到资源的最优配置以促进经济发展，同时还需有相应的政治体制基础与其配合。

（4）人们的自身发展需要与资源、环境的发展相适应。《21 世纪议程》指出，"地球所面临的最严重的问题之一，就是不适当的消费和生产模式，导致环境恶化，贫困加剧和各国的发展失衡。若想达到适当的发展，需要提高生产的效率，以及改变消费、以最高限度地利用资源和最低限度地生产废弃物。"

（5）树立全新的现代文化观念。可持续发展理论认为，人类应用生态的观点来重审过去的行为，重新树立人与自然的正确关系，真正建立起人类与自然和谐共处的新的文化观念。正如《我们共同的未来》中所指出的："为了在解决全球问题中成功地取得进步，我们需要发展新的思想方法，建立新的道德和价值标准，当然也包括建立新的行为方式。"

绿色营销由于可促进企业、消费者与生态环境协调发展，推动适度消费，清洁生产，兼顾三者的目前和长远利益，从而充分体现出持续发展的本质。因此，可持续发展是绿色营销的理论基础，绿色营销则是实现持续发展的手段，是市场营销管理发展的必然选择。

2. 绿色经济学

绿色经济学除了研究人与人之间的经济关系外，还研究人与自然环境的关系，把环境和经济作为一个整体来研究，追求一种全面的、长远持续的发展。它的外部不经济理论与三效益理论为绿色营销提供了理论依据。

（1）外部不经济理论

"外部不经济性"理论是 20 世纪初由著名的经济学家马歇尔提出，随后由他的学生、英国经济学家 A. C. Pigon 丰富和发展。外部不经济性是经济外部性的一种，它指一种物品或活动施加给社会的某些成本或效益，而这些成本和效益不能在决定该物品或活动的市场价值中得到反映。经济外部性的存在：是因为当 A 对 B 提供劳务时，往往使其他人获得利益或受到损害，可是 A 并未从受益人那里取得报酬，也不必向受损者支付任何补偿。经济外部性可分为两种情况：其一是外部经济性，即某项活动对周围事物造成良好影响，并使周围人获益，但行为人并未从周围人额外获益。其二是外部不经济性，即某项活动对周围环境造成不良影响，而行为人并未为此而付出任何补偿费。

现实生活中存在的主要是外部不经济性，环境污染就是其中的典型，它使农产品产量降低、食品品质下降、饮用水质量受损等，影响居民生活质量和健康水平。

目前，外部不经济性的理论已广泛为人们所接受，人们纷纷寻求使外部不经济内部化的办法。其中之一是进行排污收费。而排污收费正是企业实施绿色营销的一种措施。

（2）三效益理论

三效益理论是指在社会经济发展中的经济效益、环境效益和社会效益相统一。

经济效益指在社会的生产和再生产活动中，所占用及消耗的劳动与劳动成果之比。讲求经济效益，就要在一定的投入情况下，尽可能多地获得产出，或者是产出既定条件下尽可能地节约投入。

环境效益是指人类活动所引起的环境质量的变化。它具有以下特点：①有正负之分。如果人类活动对环境有良好影响，则环境效益为正（植树造林）；若对环境产生坏的影响，则环境效益为负（排放废气）。②内涵复杂。复杂多样的人类活动会对环境质量产生同样错综复杂的多面影响。③难以计量。环境效益的难以计量是显而易见的，它给环境效益的考核带来了很大的困难。④滞后性。人类活动对环境的影响一般需要一段时间的积累才显示出来。

社会效益指人类活动所产生的社会效果，是从社会角度对经济活动成果的一种评价。社会效益也有正负两方面。例如，酒厂获利纳税有利于公益，但同时过量饮用对人体健康有害，则损害了社会效益。

（3）生态伦理学

生态伦理学最初是由法国哲学家、1952 年诺贝尔和平奖获得者 Albert Schweitzer 和英国生态学家 Aldo Leopold 分别在 20 世纪 40 年代和 50 年代提出来的。它是一门产生于人类生态危机沉重时代的新兴学科，一门从道德角度研究人与自然关系的交叉学科。它根据生态学提出的自然与人相互作用的规律性，以道德为手段从整体上协调人与自然环境的关系。

生态伦理学是随着环境科学的研究扩展而产生的，环境科学要求人们必须从人类生存和发展的高度，对开发自然和利用自然做出是否合乎人道主义的评价。

从生态道德的内容看，它是属于社会公德的一种新形式。生态道德的实质在于通过人们对生态平衡的关心，对大自然的保护，反映人们对自己及其子孙后代切身利益的责任心与义务感，最终目的仍是为了人类更健康和更安全地生存与发展。

（二）绿色营销产生的外部环境

绿色营销产生的外部驱动因素主要表现在以下四个方面。

1. 绿色消费意识的觉醒

面对日益恶化的环境污染，消费者由于一种道义感或社会责任感而关注环境，头脑中的绿色环保意识形成并强化，并体现在消费上。要求产品及生产无污染，崇尚自然的绿色消费的兴起正是绿色观念在人们消费活动中的体现。这样，环境问题开始被作为一种消费现象加以考虑，并最终深化为市场化的消费需求。

2. 国际组织和各国政府的相关立法给企业的压力

为了解决环境污染问题，国际组织出台了大量保护环境的协定和条约。如《我们共同的未来》（1987 年联合国环境与发展委员会发表），《21 世纪议程》（1992 年里约环境与发展委员会）；1992 年 27 届联大把每年 6 月 5 日定为世界环境日；环保全球 500 评选活动（由联合国环保署 1987 年推出）。

同时，各国政府从本国的利益出发，制定了大量的法律、法规、条例、规范，迫使企业减少对环境的污染和破坏，积极引导企业发展绿色营销。

3. 公众的环保呼声和公益组织的促进

在绿色运动的浪潮中，公众的环保呼声日益高涨。绿色和平运动在全世界范围的发展，促进了一大批环保公益组织的成立。其中最具代表性的是绿色和平组织（Green Peace Organization）。绿色和平组织虽然是非官方的民间组织，但却具有强大的活力和社会影响力，该组织成员以不屈不挠的奋斗精神，坚决阻止种种危害环境的行动，推动各国环保事业的不断发展，提高人们的绿色意识。

4. 经济和技术的进步为绿色营销提供了物质基础

绿色营销的实行，无论是绿色产品的开发和生产，绿色包装的设计及回收利用，还是节约能源减少污染，都离不开先进的技术支持。

在科学技术领域，随着全球“绿色浪潮”的蓬勃发展，“绿色技术”一词也应运而生。所谓绿色技术，是指符合环境价值并利用现代科技全部潜力的技术。技术的“绿化”，在众多的社会压力下将是一种必然的趋势。

（三）绿色营销产生的内在动力

企业外部因素促进了绿色营销的产生和发展，企业内在的动力则是产生绿色营销的基础。企业实施绿色营销的内在条件包括四个方面：

1. 发现新的市场机会和占领市场的欲望

随着绿色消费的出现，产生了大有发展前景的绿色产业，这些产业预示着企业可能获得极佳的市场机会及丰厚的利润回报。许多企业看准了这种机会，便积极参与绿色营销活动，进行绿色生产，以开拓新的市场，取得更大的经济效益和社会效益。

2. 提高市场竞争力和取得竞争优势的驱动

面对激烈的市场竞争，企业要想生存和发展，就必须掌握现代市场竞争手段，而实施绿色营销是现代企业战胜竞争对手的有力武器。因为实施绿色营销的企业可以向消费者提供有利健康、保护环境的产品和服务，而一个关心环保的企业能获得人们的好感，这有利于企业树立良好的公众形象，并促进其与消费者、政府和社会其他各方面的良好的关系。企业通过在营销过程中采取“绿色”定位，有利于其美好的环保形象。从而使自己与竞争对手区分开来，使其在市场竞争中占据相对的优势地位。

3. 取得更大效益、促进企业长远发展的要求

企业实施绿色营销虽然需要增加环保投人，从而提高了产品成本，但是拥有强烈绿色意识的消费者愿意为绿色产品以更高的价格购买。同时，实施绿色营销的企业还能获得各种有形或无形的优惠政策，从而使企业获益。

4. 打开和占领国际市场的要求

企业进入国际市场的障碍不仅有关税壁垒，还有大量的非关税壁垒，其中“绿色壁垒”是重要的因素。许多国家都对进入本国市场的产品规定了环保要求的指标。可见，生产绿色产品是打开和进入国际市场的金钥匙。

12.1.2 绿色营销的内容

（一）绿色营销的含义

关于绿色营销的定义，理论界至今尚未形成统一的表述。目前主要有四种观点：

1. 着眼于“绿色”来为绿色营销下定义

由于“绿色”的中心内容是指保护地球生态环境，促进人和自然、社会经济和生态环境的和谐关

系，确保人类社会经济的持续发展，因此应用面很广。它可以指产品、行业或产业，也可以是一种经营哲学或一种行为观念。从这一角度出发，绿色营销的定义是：企业通过使环境保护和自身利益的协调一致，制造和发现市场机会，采取相应的营销方式以满足顾客的绿色需求并从中获利发展的过程。“绿色营销”的宗旨是在达到人们从环境中获得绿色消费的同时，还环境以绿色。

2. 从永续经营着手来定义绿色营销

该观点认为，所谓绿色营销，是指企业在营销中重视和保护生态环境，防治污染以保护生态，充分利用并回收再生资源以造福后代，从而实现“永续经营”的过程。永续经营是指企业通过资源的循环使用而不断取得利益、不断发展的过程。由于“绿色营销”能辨识和预期消费者的绿色需求，并通过满足这种需求以获得利润，因而能实现永续经营，并求得企业、环境与社会的和谐均衡共生。

3. 从绿色消费着眼来描述绿色营销

该观点认为，绿色营销是在绿色消费的驱动下产生的。所谓绿色消费，指消费者已意识到环境恶化对其生活方式和生活质量的影响，从而要求企业生产和销售对环境冲击最小的绿色产品，以减少对环境伤害的消费。因此，绿色营销是指企业以绿色观念作为其经营哲学，以绿色文化作为其价值观，以消费者的绿色消费为中心出发点，通过制定和实施相应的营销策略，满足消费者的绿色需求来实现企业的经营目标。

4. 从利益相统一的角度来看绿色营销

该观点认为，绿色营销是指企业在市场营销管理过程中注重地球生态环境的保护，促进经济与生态的协调发展，为实现企业的自身利益、消费者利益及社会利益三者的统一，对营销活动的4P进行策划和实施的过程。

上述定义各有所长，又各有局限性。为了帮助读者理解，本书将绿色营销定义为：绿色营销是指企业在整个营销过程中充分体现环保意识和社会意识，向消费者提供科学的、无污染的、有利于节约资源使用和符合良好社会道德准则的商品和服务，并采用无污染或少污染的生产和销售方式，引导并满足消费者的有利于环境保护及身心健康的需求。

（二）绿色营销的特征

绿色营销与传统营销相比，其特征主要是：

1. 具有鲜明的“绿色”性

绿色营销要求企业在进行市场营销管理活动时，应以经济效益的增长和人类环境保护的协调、和谐为其追求目标，不能以牺牲环境为代价来一味追求经济增长。绿色营销以节约资源和保护生态环境为中心，强调污染的防治、资源的充分利用、新资源的开发和资源的再生利用，并将这一“绿色观念”贯穿于企业营销活动的始终，从而给营销贴上了鲜明的“绿色”标志。

2. 创新性

绿色营销是人们对过去传统的经济发展模式的反思和校正，是“人与自然和谐”和可持续发展的绿色文明价值目标在企业市场营销管理中的具体体现。一般市场营销管理所指的满足集中于产品和服务在被消费时得到的满足，而绿色营销要求达到的满足，不仅包括产品被消费时，而且还包括提供产品和产品被消费之后，在“从产品的摇篮到坟墓”的全过程中均使顾客得到满足。

3. 战略性

绿色营销要求企业把竞争对手更多地看做伙伴，尤其是环境资源保护的合作伙伴。绿色营销应在可持续消费的前提下实施营销活动，在追求充分满足消费者需求的同时，提高消费质量，减少物质消费的数量，降低人类资源的耗费程度，使消费达到可持续的要求。

4. 全球性

保护生态环境是世界人民共同的课题，企业开展“绿色营销”，有助于企业进入国际市场，跨越世界市场“非绿色商品”贸易壁垒，实现经济效益、社会效益和环境效益的统一。

（三）绿色营销实施计划与战略

1. 绿色营销实施

绿色营销无论是对于社会、国家，还是企业、个人，都有其积极的意义。绿色营销的发展趋势表明它将成为21世纪市场营销管理的主流。而绿色营销的实施已经形成一个共识，目前绿色营销的实施可以从理论和实践两方面来说明。

理论上绿色营销的研究有多种模式，通常所用的有：一是个案研究，分析个案的成功与失败，从中得出结论；二是从法律角度来研究有效的“环保”营销策略；三是从“可持续发展角度”来研究绿色营销的挑战与机遇等。

而在绿色营销的实践过程当中，可以从企业的内、外两方面来实施绿色营销：

（1）外在绿色营销过程：

①界定环保运动的新动向及新趋势；

②界定环保运动所带来的机会及威胁；

③界定与业务有关的“单位”的需求；

④要认清各个与业务有关“单位”的重要性；

⑤估计企业是否能满足各个“单位”的期望；

⑥确认企业的绿色营销计划得到各部门的参与。

（2）内在绿色营销计划：

①制订企业绿色营销计划；

②建立企业领导层对企业绿化的承诺；

③聘用环保人士提供环保咨询；

④强化企业内部对绿色营销的认识；

⑤保持与外界紧密的联系；

⑥建立健全的环保行动程序表；

⑦确保部门之间能有效地运用各种资源；

⑧有效地分配资源；

⑨提高顾客的绿色观念；

⑩检查顾客对绿色营销的反应。

2. 绿色营销评估原则

无论是哪一种营销模式，评估绿色营销的准则是相通的：

（1）是否满足各个与业务关系有联系的单位需求；

（2）企业是否被视为有社会意识的、出色的企业；

（3）企业的产品、服务及生产过程是否符合环保标准。

3. 绿色营销过程

一个完整的绿色营销过程是由许多步骤组成的，具体如下：

（1）树立绿色营销观念；

（2）搜集绿色信息；

（3）制订绿色计划；

（4）开发绿色资源；

（5）研发绿色产品，树立绿色品牌；

（6）使用清洁技术生产绿色产品，进行绿色服务；

(7) 产品包装绿色化;

(8) 争取获得绿色标志;

(9) 制订绿色价格;

(10) 开发绿色促销;

(11) 开辟绿色渠道;

(12) 引导绿色消费;

(13) 实施绿色营销的监督。

4. 绿色营销战略

(1) 绿色营销战略的概念

绿色营销战略是指企业在营销活动中，正确处理保护环境、满足消费者需求和取得企业利益的关系，使企业既取得自身经济效益，又能满足顾客需求和产生维持人类生存的社会效益。

(2) 实施绿色营销战略的步骤

①选择目标市场和市场定位。

选择目标市场的前提是细分市场。绿色营销的市场细分就目前的绿色市场发育的状况来看，不好进行特定处理。为了使这方面工作可行有效，可以采取以下两种办法，一是沿用以往的细分市场，加上绿色问题形成企业开展绿色营销所需要的新的选择对象，然后企业根据绿色市场的潜力和自身条件，选取目标市场。二是企业直接针对绿色问题或市场消费“绿化”的程度进行市场重新细分。

②绿色营销稽核与审查的 SWOT 法。

SWOT 法是指通过收集到有关信息，分析出公司内部的优势与劣势及它所面对的外在机会和威胁，改善企业的绿色营销对策，其工作内容包括以下三方面:

a. 优缺点评估。在绿色营销过程中，企业每个部门或每个环节、策略都会有其长短处，企业对此应该做出恰当的评价。包括:

· 现行的营销组合情况;

· 生产系统和生产技术情况;

· 管理政策及程序，组合机构及制度情况;

· 原材料和能源的来源及使用情况;

· 环保及其他社会表现的记录和声誉状况;

· 企业对环保事业上的贡献;

· 销售和市场占有率情况;

· 成本、利润及企业成长状况;

· 企业通常是就某项工作或产品进行单独稽核，然后对企业绿色营销的综合情况进行考核。

b. 机会分析。主要包括:

· 开发新的商品或技术，提供新的服务等;

· 在环保的基础上，找到细分市场的办法，发现新的市场;

· 利用出现的绿色契机促销现有商品;

· 由于法令改变或消费者需求的变化，而给竞争者带来问题机会;

· 将绿色商品或技术输出到其他国家或地区。

c. 威胁分析。主要有:

· 进入市场的难度加大;

· 在绿色市场中，消费者会减少或拒绝购买绿色含量不高的产品;

· 从市场“绿化”程度高的国家输入更适合的商品和技术;

· 由于企业不真实的绿色表现使真正合法的绿色商品受到损害而出现的困境;

·对一些环保表现不佳而实力有限的企业，要达到环保要求的成本费用太高，企业无法承受；

·目前环保要求越来越严厉，而绿色市场需求又难以确定，使企业很难把握自己的发展目标。

12.2 关系营销

12.2.1 关系营销的提出

（一）关系营销的产生背景

在社会学中，关系是随着人类社会的诞生而出现的，并且是随着社会的发展而发展的。现代社会中，关系体现了个人、企业乃至社会大系统的基本特征。

企业经营的观念经历了六个阶段的发展进程。首先是生产观念、产品观念、推销观念，20世纪50年代以后，出现了营销观念及社会营销观念，80年代的大营销观念强调了在全球营销中要设法克服政治壁垒和舆论障碍，关系各方应发展互助或合作的理念。

关系营销则是在“社会学时代”的大背景下，于20世纪90年代伴随着大市场营销管理理念的发展而产生的。关系营销是把营销活动看成是一个企业与消费者、供应商、分销商、竞争者、政府机构及其他公众发生互动作用的过程，企业营销活动的核心是建立并发展与这些公众的良好关系。

现代营销学的对象已经不仅仅是内部可控因素，其范围已扩展到外部环境中的相关成员。企业与这些相关成员的关系形成一个网络。当企业日益成为相互依赖的事业共同体时，企业间的优势互补的合作关系必将取代你死我活的残酷竞争。关系营销将建立与发展同相关个人及组织的关系，作为企业市场营销管理的核心理念，把握了现代市场竞争的特点。

（二）关系营销的概念

关系是指人和人或人和事物之间的某种性质的联系。

关系网指人际关系的网络。人们在社会生产和生活实践中形成各种各样的人与人之间的关系，形成人际关系的网络，是人际交往的必要条件。

关系的一般定义是指事物与事物之间以及事物内部要素之间的客观联系。但是，在社会学中“关系”有其特定的含义，关系是随着人类社会的诞生而出现的，并且随着社会的发展而发展。只要有人存在，就有不以人的意志而转移的关系存在；只要有人的交往，就存在着关系的发生、发展、终止等变化。也就是说，关系是人类特有的，也是必然的，是因为人类的活动而产生的客观存在。因此，从这一意义上说，关系具有非常丰富而且十分复杂的内涵。

对关系营销概念的理解可以从关系营销的内涵、关系营销的本质特征来把握。

1. 关系营销内涵。随着社会经济条件的发展，特别是市场竞争的日益激烈和市场营销管理组合策略的广泛运用，人们发现许多经过精心策划的市场营销组合计划在实施过程中困难重重，难以达到预期目标。于是，西方企业界和学术界一批颇具发展眼光的人士大胆地突破传统的市场营销管理框架，积极寻求适应当代企业发展的营销理论和方法，关系营销就应运而生。关系营销将建立与发展同相关个人及组织的关系作为企业市场营销的关键变量，把握住了现代市场竞争的特点。

2. 关系营销的本质特征。以双向为原则的信息沟通交流。

（1）合作：以协同为基础的战略过程。

（2）双赢：以互利互惠为目标的营销活动。

（3）控制：以反馈为职能的管理系统。

与以往的交易营销不同，关系营销跳出一次性交易的范围，更关注重复购买以及对顾客的高度承诺，将注意力集中于和顾客保持长久的合作关系。关系营销是以双向沟通为原则的信息交流，以协同合作为基础的战略过程，以互惠互利为目标的营销活动，并利用控制反馈的手段不断完善产品和服务。

12.2.2 关系营销的内容

（一）关系营销的中心——顾客忠诚

顾客忠诚之所以为企业高度重视，因为忠诚的顾客会重复购买某一产品或服务，而不为其他品牌所动摇。这里有名的是“涉入理论”，该理论在营销学中被应用于研究消费者行为，其主要的贡献是区分了品牌忠诚度和品牌惰性。西方营销学者将在低涉入情况下重复购买同一品牌的现象称为品牌惰性，而不是品牌忠诚，因为低涉入顾客只是出于方便省事而进行习惯性购买，而不像品牌忠诚者那样对其认同的品牌具有强烈的偏好。品牌忠诚只有在高涉入的情况下才会形成，因其背后有牢固的信念支持。

1. 顾客需求。对市场营销管理进行系统思考的第一步是分析顾客需求，不同于需要和愿望，顾客需求是反映消费者对某一特定产品或劳务的购买意愿和购买能力。关系营销是以顾客需求为中心，协调各种可能影响顾客的活动，最终达成满足顾客需求的目标。

2. 顾客满意。顾客需求满足与否的衡量标准是顾客满意度，早期的营销研究建立的“期望未确认”模型主要集中于期望对满意的影响，而忽略了对满意的基本决定因素——需求的研究，然而大量营销实证分析表明，产品或服务满足顾客需求的程度在顾客满意的形成过程中起着十分重要的作用。

越来越多的企业认识到，企业的盈利现状并不能正确代表企业的经营是否步入正轨，有很多偶然的因素影响着企业的利润，相反，顾客的满意程度是企业未来盈利的最佳指示器。

3. 顾客维系。顾客是企业生存和发展的基础，市场竞争的实质是一场争取顾客资源的竞争，因此任何企业都必须依赖于顾客。据美国哈佛商业杂志发表的一项研究报告指出：再次光临的顾客可为公司带来25%～85%的利润。吸引他们再来的因素中，首先是服务质量的好坏，其次是产品质量，最后才是价格。企业拥有顾客，才能谈得上获取利润；反之，如果顾客叛离企业，则企业必将丧失利润的来源，这是对企业最严重的打击。

（二）关系营销的构成——梯度推进

随着我国经济体制由计划经济向市场经济转变，种种关系发生了“脱胎换骨”的变化。伴随着这些关系的变化，原有的处理企业内外部各种相互关系的行为规范显然已经不能适应需要，新的行为规范亟待形成，首当其冲的是价值观念的更新。

而在西方，市场营销管理的理论和实务正在经历着一场深刻的变化。最早的是一些服务企业开始关注“关系”这一概念，老顾客越来越受到重视，特别是那些容易对之推销的顾客和高盈利能力的顾客，他们是企业发展的关键。

于是就产生了梯度推进概念：建立顾客关系—建立顾客组织—增加结构纽带。

12.2.3 关系营销组织实施

进行关系营销的管理，必须设置相应的机构，实施和控制工作的质量直接关系到营销的绩效。

（一）关系营销的组织设计

1. 关系管理部门。企业关系管理机构是现代企业营销管理的一个重要职能部门，其设置是为了进一步协调企业内外的各种关系，通过卓有成效的关系营销活动，将使企业目标能够得以顺利实现。关系管理机构的出现，不是偶然的，也不是人为的，它是现代企业发展的客观要求和必然结果。

2. 组织结构整合。企业是一个由共同目标的人群所构成的集合体。为了使集体活动卓有成效的进行，组织内必须有各种分工，通过分工可以取长补短，大大提高工作效率，从而取得比个人所能取得的效果之和大得多的整体效果。可是，分工在带来专业化优势的同时，也可能导致本位主义、各自为政、互相扯皮等弊端。对这些有损于整体目标实现的行为不加以避免，不但达不到 $1+1>2$ 的效果，可能会出现 $1+1=2$，甚至 $1+1<2$ 的局面。因此，提高企业的整体实力并为实现企业生存和发展目标服务，成为企业关系营销管理中永恒的主题。

企业各职能部门间暂时或永久的联系是企业组织结构整合的基础。这种结构联系不仅可作为发起和执行关系营销活动的机制，还可作为教育部门经理认识关系重要性的手段。

3. 企业间联盟。联盟是与其他企业形成长期联合而并不是彻底的兼并，例如合资企业、许可证贸易和研究与开发协议。

（二）关系营销的资源配置

面临当代的顾客、变革和外部竞争，企业承担不起内部竞争所造成的能量和资源的消费，企业的全体人员必须通过有效的资源配置和利用，同心协力地实现企业的经营目标。

1. 人力资源措施。

（1）部门间的人员轮换；

（2）从内部提升；

（3）跨业务单元的人际关系网。

2. 信息资源分享。在企业采用新技术和新知识的过程中，有以下四个方案提供了信息资源分享的方式：

（1）利用电脑网络来协调企业内部各部门及企业外部拥有多种知识与技能的人；

（2）制订政策或提供帮助以削减信息超载，从而提高电子邮件和语音信箱系统的工作效率；

（3）建立一个“知识库”或“回复网络”；

（4）虚拟小组。

（三）关系营销效率提升

1. 关系营销的障碍。企业有可能与其他企业组成联盟以获得关系优势，也有从内部关系获得利益的趋势。同与外部企业组成联盟相比，独立行动的企业不会充分注意到在某些领域中内部项目的好处。

关系营销障碍主要表现在：

（1）利益不对称；

（2）失去自主权和控制权；

（3）片面的激励机制；

（4）担心损害分权。

2. 关系营销与文化整合。关系各方面环境的差异会造成建立关系的困难，这种差异会产生交流上的问题。跨文化之间的人们要互相理解和沟通，就必须克服不同文化规范带来的交流障碍。文化整合是企业市场营销管理中处理各种关系的高级形式。文化整合，对于关系双方能否真正协调运作有着关键的影响。

12.2.4 关系营销策略

（一）竞争者市场关系营销策略

1. 博弈方略。经济学越来越转向人与人关系的研究，特别是人与人之间行为的相互影响和作用、人们之间的利益冲突与一致、竞争与合作的研究。由于博弈论能够超越竞争与合作太过简单的概念，利用这一理论可以解释竞争与合作的结合，从而实现“协同竞争”的理想。博弈论提供了一种系统的方法，使人们在其命运取决于他人的行为时制定出相应的战略。特别是当许多相互依赖的因素共存、没有任何决策能独立于其他许多决策之外时，博弈论更是有用。

2. 合纵战略。合纵战略早在春秋战国时期就作为处理小国之间关系的有效手段经常被加以利用。有句谚语：商场如战场。尽管商场与战场在形式、结果等许多方面不同，但却具有共同的指导原则和发展规律。在战场上适用的合纵思想对处理企业之间的关系也有很重要的借鉴作用。

（二）顾客市场关系营销策略

1. 频繁市场营销。增加顾客购买频率，并推动销售，会带来很大的竞争优势，必须给顾客以足够的理由选择你的产品。成熟产业中的企业更加倾向于向有经验的老客户销售。慢速增长、更多有知识的客户以及技术成熟的结果是，竞争趋势变得更加成本导向和服务导向。

2. 顾客忠诚计划。最好的顾客忠诚计划是努力获取更大的顾客份额，允许通过创造交互的环境发展关系。

3. 接触计划。企业各部门与顾客的每次接触都有可能帮助企业发现潜在的机会。如果每一次接触都有很好的沟通与交流，企业可能发现顾客的潜在需求，可以提高顾客满意度，从而与顾客建立和维持良好的关系。

4. 关系管理。在一些企业中，与老顾客之间的谈判和维持持久的关系可能是对竞争优势最重要的活动之一，而在另一些企业中高层管理在处理与顾客关系方面至关重要。

（三）流通市场关系营销策略

1. 供应商关系管理。要充分发挥供应商的作用，这是一个非常重要的经营指导思想。

2. 分销商关系管理。企业销售渠道可能是独特性的一个有力来源，可以增强声誉、服务、卖方培训及许多其他因素。

（四）影响者市场关系营销策略

1. 企业形象塑造。CI战略通过对企业的精神特征、行为表现、外显标志等，组成整体形象的诸多因素的具体设计，把企业的整体形象推向社会，并努力使公众认识、认可企业的整体形象。

2. 了解沟通。了解沟通是企业建立和发展与政府关系的主要方法。为实现企业与政府的双向沟通，建立并维护良好的政府公共关系，应做好以下几点：了解政府、熟悉政策、沟通信息和扩大影响。

3. 社会公民。社区能否接受企业，取决于企业能否给社区带来利益，能否促进社区的发展。

12.3 体验营销

12.3.1 体验营销的产生和发展

纵观人类经济发展的历史，从数千年前到今天，经历了三个鲜明的时代，即产品经济时代、服务经济时代、体验经济时代。每种经济形态时代的产生和发展都有其历史的必然，因而体验经济和体验营销的到来，具有划时代的意义。

体验经济学家约瑟夫·派恩认为，我们正迈向体验经济时代，体验经济将取代服务经济。那么什么是体验经济？《体验经济》一书的作者派恩这样定义：企业以服务为重心、以商品为素材，为消费者创造出值得回忆的感受，从生活和情境出发，塑造感官体验和思维认同，以此来抓住消费者的注意力，确定其消费行为，并为产品找到新的生存价值与空间。体验经济与传统经济注重产品功能、价格和外形有着本质的区别。换句话说，当体验显示出其独特价值，并能让消费者为这种记忆付费时，体验经济也就自然到来。

可见，体验经济是一种建立在人们的物质生活水平提高，有足够的消费能力，并且愿意在闲暇时间为他们的放松付出高昂的金钱，来填补精神的饥渴和追求心灵的文化基础上的经济。同时，体验经济时代也充分体现了生产力不断发展、物质和财富极大丰富、可持续消费水平和质量不断提高、个性化消费需求旺盛从而使得人们的消费行为层次更高的特点。

什么是体验？体验就是需求。而需求是隐藏在所有消费者心里的，当其表现为市场行为后就是一种现实需求，于是便达成了市场中的购买行为的发生。营销的任务在于正确确定目标市场的需要和欲望，并且比竞争者更有效地传送目标市场所期望的产品和服务，进而比竞争者更有效地满足目标市场的需要和欲望。作为营销一部分的体验营销也因为需求的存在而产生，但是此时，它的道具不是简单的产品或者是服务，而是两者的有机结合，是消费者“鱼和熊掌”兼而得之的最高境界的追求。

12.3.2 体验营销的基本营销法则

体验营销是指经营者站在消费者的角度去体验消费者的购买理念、购买程序、购买心理和购买的原动力，即从消费者的感官、情感、思考、行动和关联五个方面，重新设计和定义营销的思考方式。这种思考方式打破传统的“理性消费者”的假设，认为消费者消费时是理性和感性兼具的，认为消费者在消费前、消费时和消费后的体验，才是研究消费者行为和企业品牌经营的关键。为此，体验营销强调消费者的参与性和接触性，强调引起消费者的“情感共振”，因此设计与实施体验营销战略，才能适应体验经济对营销方式的新要求。

在体验营销这种新型营销模式里，我们强调全面客户体验，事实上指出的是这种营销模式的核心内容。这种核心内容，我们把它从一个有机的整体中剥离出来，就会发现它所包含的诸多现代营销法则：

第一，满足顾客的需求。在体验营销这种新型营销模式中，客户的全面体验当然首先是体验客户的需求，因为这是开展所有营销活动的需求，在这种需求中，它可以被分为不同方面、不同形式和不同层次。有产品的、服务的、企业品牌的，各个方面结合在一起便是一种需求组合；体验营销所要体验的则是这种需求组合。

第二，建设顾客和销售组织的良性互动。

第三，和顾客进行一对一交流和服务，这已被摆到体验营销的核心位置。

除此之外，在体验营销模式中，还包括了很多其他现代营销的基本法则：顾客至上、服务至上、让顾客主动购买产品等。

12.3.3 体验营销如何设计

体验营销如何设计呢？一切都围绕消费者这个中心来进行设计。在设计时，只要充分把握好人的优点缺点，把人的敏感区域激发出来，引领他们在设定的“程序”里去完成体验并且达到共鸣。目标不外乎五个支撑点：感官、情感、思考、联想、行为。站在消费者立场，将这五点作为一种设计思考的方式，根据不同的地区特征及终端销售环境展现不同的体验诉求，把消费者见物所思、见景生情完全把握在手中。

12.3.4 体验营销战略实施步骤

（一）细分目标市场

“为谁的需要服务”是企业的一种经营抉择。这种抉择就是在市场细分的基础上选择目标市场。体验营销作为体验经济的一部分，是一种充满活力的新的营销模式。在运用它时也要遵循市场细分理论的有关规定，即要按照消费者的地理位置来细分市场，按照人口变量细分市场，按照消费者的购买行为细分市场，按照消费者的心理细分市场等。

在进行上述四个方面市场细分的基础上，在进行体验营销战略设计时尤其应注重对消费者心理因素的分析。因为心理因素主要包括生活格调、个性、购买动机、价值取向以及对商品供求局势和销售方式的感应程度等变量。这些心理因素正好是体验营销从消费者的感官、情感出发首先要考虑的问题。

（二）选择目标市场

目标市场选择的方法主要有两种：一种是先进行市场细分，如前所述，并结合对市场营销环境分析和企业内部条件，选择一个或几个细分市场作为自己的目标市场；另一种是不搞市场细分，而是通过对企业产品的分析，把产品的整体市场作为目标市场。显然，企业开展体验营销必须在市场细分的基础上，并考虑企业资源条件、产品性质、竞争者的策略等因素来满足消费者的差异化需求。也就是说，出于我国各地的经济发展水平不平衡，人们的富裕程度和消费观念也是参差不齐的，因此，体验营销目标市场的选择只能是那些首先接受体验消费的观念的人群。

（三）建立体验主题和体验品牌

英特尔公司总裁葛洛夫指出："我们的产业不仅是制造和销售个人电脑，更重要的是传送信息和形象生动的交互式体验"。在欧洲"黑卡咖啡"一直占据市场优势，是因为许多消费者认为"黑卡咖啡"的广告也是一种精神享受。"黑卡咖啡"的老板说："我们是在卖产品，也是在卖梦幻、感性和精美。"

可见，一个重要的将商品体验的办法就是将产品感知化。上述公司从不同的角度提出了产品的体验主题，并且也打出了商品品牌，可谓一举两得。

（四）设定体验式商品和服务

在体验经济时代，体验营销的模式也不能套用于所有的行业或企业。体验营销策略主要适用于第三产业如新闻及娱乐业；金融服务业；宾馆、饭店等服务性很强的行业；零售业；与网络有很强关联的行业，如Web站点；医疗服务业；高科技产业；运输业以及顾问咨询相关行业；等等。就某一企业而言，比如旅游公司的服务项目表中，安排游客在某（一景区）游玩的同时，可能还要组织游客开展水上活动项目（如漂流游）或地下活动项目如（溶洞猎奇）或历史文化遗迹考察等活动，使游客在游玩的过程中切身体验了其中场景的新、奇、特，感受到了刺激、快感、兴奋、紧张等的心理变化历程，游客在亲身参与的同时获得了知识，获得了身心满足和令人难忘的体验。由此可见，体验营销战略的一个重要步骤就是设定体验式商品和服务。

（五）设定体验式定价

如何为体验定价？首先要充分考虑企业所提供的商品和服务类型，要优先选出那些可以作为人们进行体验并能够提升消费质量和品位的商品与服务形式，把它们作为人们体验的物质载体；其次，要营造优雅、温馨、浪漫，有一定历史文化内涵，值得回味和再试的氛围；再次，还要充分考虑影响体验定价的其他各种因素，包括产品与服务的成本水平、企业的营销目标、市场需求状况、竞争者的成本、价格和产品，以及经济发展水平、政府的有关政策法令等因素。

（六）进行体验式的促销活动

按照体验营销的定义可知，体验营销方式是不参与广告战的。体验式促销活动主要通过展示产品、营造体验氛围直接让顾客参与的活动来进行，这样就大大地节约了广告费用，增强了体验营销活动的技巧性和艺术性，以及完全摆脱了付费广告的不经济弊端。

（七）建立体验式营销队伍

作为一种新的营销方式，如何更有效地开展体验营销活动，需要营销人员的开拓创新、思想意识的超前性、自身素质的综合性，以及特殊才干，如懂得美术设计、艺术审美，对产品与服务及历史与文化背景的了解，对新经济的认识和理解能力等。同时，在信息爆炸的知识经济时代，如何增强人们对产品与服务的注意力？作为体验营销的实践者——体验营销人员更应该关注注意力对体验营销的影响作用，从而实施增强消费者注意力的体验营销活动。更应关注人们对有限的时间的认识，即工作时间的紧张与休闲时间的放松哪一方面对人来说更重要？如果说闲暇时间对现代人来说意味着身心放松、调剂工作的紧张情绪的话，那么进一步来讲，提高休闲时间的消费质量和水平就显得相当重要了。体验营销正是针对引起人们的注意力和人们对休闲消费的重视而提出来的新的营销方式。体验营销人员的实践工作的侧重点就在于此。

12.4 网络营销

进入21世纪，网络受到全社会各行各业的青睐。由于互联网络将世界各国的电脑网络群连接起来，实现了信息资源的共享，成为全人类拥有的信息传递系统，所以人类的生产、生活和消费方式出现了巨大的变化。随着越来越多的企业和消费者进入互联网，网络经济已初露端倪，这必然给传统的市场营销观念和营销组合注入新的内容。全球经济一体化的趋势日趋显著，企业网络化、信息化发展进程加快，网络营销也随之产生并成熟。

12.4.1 网络营销概述

（一）网络营销的概念

目前，网络营销还没有一个公认的统一的定义。一般的认识是：网络营销是企业整体营销战略的一个组成部分，是建立在互联网基础之上，借助于信息技术来实现一定营销目标的一种营销方式。可以说，网络营销贯穿于企业开展网上经营的整个过程，包括网络商店的建立、网上信息的发布、网上市场调研、网络市场细分，以及开展网上交易为主的电子商务等。这些都是企业市场营销管理活动的重要内容。

对于网络营销的概念，应从以下几点认识。

1. 网络营销不是网上销售

网上销售是网络营销发展到一定阶段产生的结果，但网络营销本身并不等于网上销售。可以从两个方面来说明：

（1）网上销售仅仅强调了企业通过网络实现商品交易的一个环节，往往还要采取许多传统的方式予以配合来实现整个销售活动，如传统媒体广告、印发宣传册子、现实促销手段等。而网络营销活动涵盖企业市场营销组合，是企业整体市场营销管理战略的构成，它是科技发展、消费者价值变革和商业竞争等综合因素促成的新的营销方式。

（2）网络营销活动并不一定要实现网上直接销售的目的，它的效果可能表现在多个方面，如企业品牌价值的提升，加强与顾客之间的沟通，发掘新的市场机会，都有利于增加总的销售。

2. 网络营销不仅局限于网上

互联网还是一个新鲜事物。在我国，网民人数占总人口的比例还很小。即使对于已经上网的人来说，由于各种因素的限制，在互联网上通过一些常规的检索办法，不一定顺利找到所需信息。再加上技术条件的缺乏，相关法律法规的不健全，消费观念的滞后等原因，使得网络营销还没有被广泛认同。因此，一个完整的网络营销方案，除了在网上做推广之外，还很有必要利用传统营销方法进行网下推广。通过对国内外一些成功案例调查表明，有一些交易者，他们只是通过网络获得价格差异、市场机遇等经营信息，而真正的交易是在网下进行。从我国目前来看，网上营销和网下销售相结合，就可避免网上支付、金融环境、网上交易的法律保障还不完善的风险，这一方式非常有前景。网络确实为企业创造了更大的利润，使产品实现了利润最大化，为企业的发展带来了机遇。

3. 网络营销建立在传统营销理论基础之上

网络营销是企业整体营销战略的一个组成部分，网络营销活动不可能脱离一般营销环境而独立存在。网络营销理论是传统营销理论在互联网环境中的应用和发展。在网络营销环境下，传统的营销策略组合4P作为研究市场营销的基本思路依然可以应用，但更应考虑以消费者为中心的4C观念（Consumer，Cost，Convenience，Communication）。网络营销的主要内容就是利用互联网提供的便利大幅度降低交易成本和增强与消费者的沟通，向消费者提供更好的服务，来研制、生产消费者需求的产品，进行合理的定价，开展各种促销活动，通过方便、快捷的方式销售产品。

（二）网络营销的特性

1. 网络营销的特点

市场营销管理最本质的内容是企业和消费者之间进行信息的传播和交换。随着互联网技术发展的成熟和互联网成本的下降，信息资源可以实现高效的共享和交换。正因为如此，互联网也使得网络营销具备了以下特点：

（1）交互式。通过互联网，企业可以积极地向顾客展现商品信息，连接资料库提供有关商品信息的查询，可以收集市场情报，可以进行产品测试和消费者调查，它是进行产品设计、商品信息提供以及服务的最佳工具。消费者也可以搜索自己所需要的信息，向企业反馈意见，通过互联网实现购物，节省了时间，也提高了效率。

（2）跨时空性。传统市场营销管理活动可能会受到时间和空间的限制，而互联网可以超越时间约束和空间限制进行信息交换，企业能有更多时间和更大的空间进行营销，可24小时随时随地地提供全球性营销服务。

（3）多媒体化。互联网络可以传输多种媒体的信息，如文字、声音、图像、色彩等。为达成交易进行的信息可以以多种形式存在和交换，可以充分发挥营销人员的创造性和能动性。各种文字、视频、音频信息在网络上实现统一，可以极大地刺激消费者需求，激发购买欲望。

（4）拟人化。互联网上的促销是一对一的、理性的、消费者主导的、非强迫性的、循序渐进式的，而且是一种低成本与人性化的促销，可以避免推销员强势推销的干扰，并通过信息提供和交互式交谈，与消费者建立长期的良好关系。

（5）高效性。计算机可存储大量的信息，消费者可迅速地进行查询工作。网络传送的信息数量与精确度，远超过其他媒体，但应随市场需求及时更新。因此，网络营销能及时有效了解并满足顾客的需求。

（6）成长性。互联网用户的数量快速成长并遍及全球，使用者多属年轻、教育水平较高的中产阶级。由于这部分群体购买力强，具有很强的市场影响力，是一个极具开发潜力的市场。

（7）整合性。网络营销可由商品信息传播、达成交易、线上支付、售后服务一气呵成，因此是一种全程统一的营销渠道。另外，企业可以借助互联网将不同的营销活动进行统一的设计规划和协调实施，以统一的传播资讯向消费者传达信息，避免不同传播的不一致性产生的消极影响。

（8）经济性。网络技术的飞速发展，使互联网的运行成本和信息交换成本不断下降。开展网络营销活动，可以大量节约企业经营成本和销售费用，也可以减少多次交换带来的损耗。对于消费者而言，由于企业成本的降低，可以购买到更为便宜的商品，节省了采购费用。

2. 网络营销的优势

正是由于网络营销显著的特点，因此与传统的营销手段相比，网络营销无疑具有明显的优势。

（1）有利于企业取得竞争优势。网上发布信息，代价有限；将产品直接向消费者推销，可缩短分销环节；发布的信息可以自由索取，拓宽了销售范围；根据网上订货情况来调整库存量，降低了库存费用。这些都可以节省促销费用，从而降低成本，使产品具有价格竞争力。另外，网上访问的大多是对此类产品感兴趣的顾客，受众准确，避免了无用信息的传播，有利于培养一批忠实顾客。

（2）消费者决策更具有便利性和自主性。在网络环境中，人们不必再面对现实生活中的广告轰炸，人们只需根据自己的喜欢或需要去选择相应的信息，加以比较，做出购买的决定。这种轻松自在的选择，不必受时间、地点的限制，完全由自己做主。购物方式的灵活、快捷与方便，是商场购物所无法比拟的，尤其受到思想活跃、善于接受新鲜事物的年轻消费者的喜爱。

（3）有利于企业和顾客的良好沟通。网络信息的交互性，使企业和顾客的沟通更加方便和快捷。企业可以全面地收集顾客信息，真正使产品的设计、生产、销售做到以顾客为中心，从各方面满足顾客的需求。特别是互联网实现一对一的沟通，企业可以提供更优质的服务，满足消费者的个性化需求，开拓了营销范围。

（4）有利于提高产品的促销效果。网络广告既具有信息承载量大的特点，又具有视、听觉效果，可谓图文并茂、声像俱全；而且制作简单，费用低廉，不受时间、版面限制，顾客可以随时索取。这些都是传统市场促销活动无法比拟的。

3. 网络营销的劣势

凡事有利也有弊，网络营销也不例外。与传统营销相比，网络营销的主要劣势体现在以下几个方面：

（1）消费者往往缺乏信任感。许多消费者仍然信奉眼见为实的观念。企业在网上只能提供产品的文字、视频或音频介绍，消费者无法体会到实物的真实感觉。网上购物，万一上当怎么办？这或许是许多消费者的想法。因此，提高企业和产品的信誉度，确保产品质量成为发展网络营销的一个重要方面。

（2）企业促销的被动性。企业在网上发布的信息只有等待顾客索取，实现的是点对点的传播，无法做到强制性传播的效果，主动权掌握在消费者手中。消费者可以选择看与不看，这种对信息的过滤，也限制了网络营销效果的提升。

（3）技术与安全性尚待改进。在我国，网络发展水平不高，覆盖率低，再加上硬件环境的低下，人员水平的不足，以及信息管理与分析能力的缺乏，很大程度上制约了互联网络的发展，也进一步限制了企业开展网络营销活动。近些年来，计算机病毒的肆虐和“黑客”现象的出现，使得人们对互联网的安全性高度重视，企业和消费者对损失的顾虑也制约了网络营销的发展。这些都是未来网络营销发展中必须解决的大难题。

12.4.2 网络营销策略

互联网的商业应用改变了传统的买卖关系，随着信息技术和市场营销相结合，形成了网络营销的产品、价格、渠道、促销策略组合。

（一）网络营销产品策略

网络营销的产品策略中有以下几个问题需要注意。

1. 产品目标市场定位

因为现阶段并非所有的产品都可以进行网络营销，所以对网络营销的产品和服务进行定位就显得非常重要。网络营销的产品和服务的首要消费者应该是互联网的用户，产品和服务应尽量符合互联网的特点。在产品特征定位上，互联网用户的收入水平和教育水平都较高，喜欢创新，对计算机产品和高技术产品情有独钟，因此要考虑产品和服务是否与计算机有关，是否属于高技术。

2. 哪些产品适合在互联网上进行营销

在互联网上，信息产品和有形产品的销售是不一样的。信息产品可以直接在网上销售，而且一般可以试用，而有形产品只能通过网络展示。尽管多媒体技术可以充分生动地展示产品的特色，但无法直接尝试，而且要通过物流公司送货或传统商业渠道分销，因此，网络营销的产品和服务应尽量是信息产品和服务、标准化的产品、在购买决策前无须尝试的产品，才能有利于销售。由此可以看出，经由网络提供的产品和服务主要还是在于信息的提供，主要是将产品的性能、特点、品质以及服务内容充分加以显示。

有人对现阶段适合在网上营销的产品的特征进行了总结：

（1）以网络群族为目标市场；

（2）与电脑相关；

（3）市场需要涵盖较大的地理范围；

（4）网络上销售的费用远低于其他的渠道；

（5）消费者经过网上的信息即可做出决策，而不需要尝试。

当然，也许随着多媒体技术和其他相关科技的发展，人们通过网络也可以获得身临其境的主观感觉，那时也许所有的产品（至少是大部分的产品）就可以通过网络进行营销了。

3. 消费者需求与欲望的了解

企业进行网络营销要以消费者为中心，就必须了解他们的需求与欲望，这主要通过网络调查来实现。与传统的市场调查一样，网络调查也是要经过设计调查问卷、收集数据、统计分析和得出结论等阶段，但同时网络调查也具有一些自身的特点，这主要体现在它与传统的市场调查相比所具有的一些优势方面：一是它的互动性，这种互动不仅表现在消费者可以对现有产品发表意见和建议，更表现在消费者对尚处于概念阶段产品的参与，这种参与将能够使企业更好地了解市场的需求，而且可以洞察市场的潜在需求；二是网络调研的及时性，网络的传输速度快，一方面调研的信息传递到用户的速度加快，另一方面用户向调研者的信息传递速度也加快了，这就保证了市场调研的及时性；三是网络调研的便捷性和经济性，无论是对调查者还是被调查者，网络调研其便捷性都是非常明显的。调研者只要在其站点上发布其调查问卷，而且在整个调查过程中，调研者还可以对问卷进行及时修改和补充，可以针对不同的消费者提供不同的调查问卷，而被调研者只要有可以上网的计算机就可以快速方便地反馈其意见。同时，对于反馈的数据，调研者也可以快速便捷地进行整理和分析，因为反馈的数据可以直接形成数据库。这种方便性和快捷性大大地降低了市场调研的人力和物力耗费。

4. 新产品开发中的顾客参与

由于互联网体现的信息对称性，企业可以利用现代发达的信息技术，经常性地与消费者进行对话，直接了解他们的需求意图，让他们积极参与到企业产品开发活动中来。企业可以迅速向顾客提供新产品结构、性能等各方面的资料并进行市场调查，顾客可以及时将意见反馈给企业，从而大大提高企业开发新产品的速度，也降低了开发新产品的成本。在新产品开发中，企业用计算机模拟的虚拟市场进行市场研究，能营造出市场的真实气氛，可以对品牌排列、产品包装、定价、促销和商品陈列等诸多方面进行随意变动和组合，可以较为准确和科学地测试新的营销概念、方法和计划。

5. 网络营销中产品生命周期的变化

在传统市场营销中，产品生命周期有四个阶段：投入期、成长期、成熟期和衰退期。由于厂家不直接接触消费者，因而较难把握产品开发的正确方向，总会不可避免延长产品的成熟期和衰退期。而在互联网经济时代，产品生命周期会逐步淡化，原因在于：一是生产者和消费者在网上建立直接的联系，满足大部分消费者需求就是新产品开发的正确投向；二是企业能在网上及时地了解消费者的意见，产品一投入市场，就知道产品改进和提高的方向，于是老产品还处于成熟期时企业就开始了下一代系列产品的研制，系列产品的推出缩短了原有产品的成熟期和衰退期，使产品永葆旺盛的生命力。

（二）网络营销定价策略

网络营销定价关系到产品在网络市场上的销路、竞争地位和市场占有率等一系列指标，要在普通的产品定价的基础上，对市场变数和网络变数加以综合考虑。

1. 免费价格策略

免费价格策略就是指企业为了实现某种特殊的目的，将产品和服务以零价格形式提供给消费者使用的价格手段。目前，企业在网络营销中采用免费价格策略的目的主要是：

（1）让用户免费使用形成习惯后再开始收费。如有些软件企业允许消费者在互联网上下载限制使用次数的软件，其目的是想在消费者使用习惯后，掏钱购买正式软件。这种免费策略主要是一种促销策略，与传统营销策略类似。

（2）先占领市场再在市场上获取收益。出于这种目的考虑的企业在制定免费定价策略时，主要是从战略发展的需要出发，着眼于发掘产品的后续商业价值。

免费价格策略的形式主要有以下几种：

（1）产品和服务完全免费。产品和服务从购买、使用和售后服务所有环节都实行免费服务。

（2）产品和服务实行限制免费。即产品和服务可以被有限次使用，超过一定期限或者次数后，这种免费形式取消。

（3）产品和服务实行部分免费。消费者可以免费使用产品的某些功能或部分服务，要获取全部功能或服务必须付款。

（4）产品和服务实行捆绑式免费。即购买某些产品或者服务时赠送其他产品和服务。

2. 低价策略

通过互联网，企业可以节省大量的成本费用，这为企业在网络营销中实施低价策略提供了成本依据。从目前来看，常见的低价策略主要有以下几种：

（1）直接低价策略。企业在定价时大多采用成本加利润的方法，这种定价在公开价格时就比同类商品要低。它一般是制造业企业在网上进行直销时采用的定价方法。

（2）折扣策略。它是在原价基础上进行折扣来定价的。这种定价方法可以让顾客直接了解产品的降价幅度，促进顾客购买。这类价格策略主要用在一些网上商店，一般按照市面上的流行价格进行折扣定价。

（3）网上促销定价策略。网络消费者具有覆盖面广和购买能力大的特点，许多企业为打开网上销售局面和推广新产品，采用促销定价策略。促销定价除了商品打折外，比较常用的是有奖销售和附带赠品销售。这种策略常常是在企业为拓展网上市场，但产品价格又不具有竞争优势时，被企业所采用。

3. 定制定价策略

按照顾客需求进行定制生产是网络时代满足消费者个性化需求的基本形式。定制化生产根据顾客对象可以分为两类：一类是面对工业组织市场的定制生产。另一类是针对消费者的定制生产。因此，企业实行定制生产必须在管理、供应、生产和配送各个环节上，都适应这种小批量、多式样、多规格和多品种的生产和销售变化。

定制定价策略就是在企业能实行生产的基础上，利用网络技术和辅助设计软件，帮助消费者选择配置或者自行设计能满足自己需求的个性化产品，同时承担自己愿意付出的价格成本。通过这种定价策略，消费者对产品价格有了比较透明的认识，增加了企业在消费者面前的信用。

4. 使用定价策略

所谓使用定价，就是消费者通过互联网注册后可以直接使用某企业的产品，消费者只需要根据使用次数进行付费，而不需要将产品完全购买。这一方面减少了企业为完全出售产品而进行的不必要的大量的生产和包装浪费，同时还可以吸引消费者，扩大市场份额。消费者每次只是根据使用次数付款，节省了购买产品、安装产品、处置产品的麻烦，也节省了不必要的开销。

5. 拍卖竞价策略

市场要形成最合理价格，拍卖竞价是最合理的方式。网上拍卖是目前发展比较快的领域，由消费者通过互联网公开竞价，在规定时间内出价高者赢得产品。根据供需关系，网上拍卖竞价方式有下面几种：

（1）竞价拍卖。大量的拍卖是C to C的交易，包括二手货、收藏品，普通商品也可以拍卖方式进行出售。

（2）反向拍卖。是竞价拍卖的反向过程。消费者提出一个价格范围，求购某一商品，由商家出价。出价可以是公开的或隐蔽的，消费者将与出价最低或最接近的商家成交。

（3）集体议价。多个消费者联合起来，向企业提出以较高的购买数量换取较低的商品价格的交易方式。互联网的发展使得消费者之间的沟通和交流更加方便、快捷，也使得集体议价的方式更加普遍。

上面几种价格策略是企业在利用网络营销拓展市场时可以考虑的几种比较有效的策略。企业的定价策略还应与其他策略配合，以保证企业总体营销策略的实施。

（三）网络营销渠道策略

根据网络的特点，网络营销渠道一般有以下几种：

1. 网络直销

网络直销是指生产商通过网络直接销售产品。目前通常做法有两种：一种做法是企业在互联网上建立自己的站点，申请域名，制作主页和销售网页，由网络管理员专门处理有关产品的销售事务；另一种做法是委托信息服务商在其站点发布信息，企业利用有关信息与客户联系，直接销售产品。

网络直销有许多优点：

（1）能够促成产需直接“见面”；

（2）网络直销对买卖双方都会产生直接的经济利益，企业能够以较低价格销售产品，扩大市场份额，消费者也能够买到大大低于现货市场价格的产品；

（3）营销人员可以利用各种网络工具开展各种形式的促销活动，迅速扩大产品市场份额；

（4）网络直销使企业能够及时了解用户对产品的意见、要求和建议，从而使企业提高产品质量，改善企业经营管理。

网络营销也有自身的缺陷。由于越来越多的企业在互联网上建立站点，使消费者会处于无所适从的尴尬境地。面对纷繁复杂的信息，消费者很难有耐心一个个去访问一般的企业主页，更不用说一些不知名的小企业了。解决这个问题，必须从两个方面入手：一方面要尽快组建具有高水平的专门服务于商务活动的网络信息服务机构；另一方面要从间接分销渠道中寻找解决办法。

2. 网络间接分销

网络间接分销渠道类型有两种情况：一种是网络商店。一些网上商店直接从企业进货，然后折扣销售给消费者。

网络商店表明在网上可以建立有效低廉的中间商，提供低价优质服务，直接让消费者从中受惠。另一种就是网络商品交易中介机构。网络商品交易中介机构提供信息中介服务，成为连接买卖双方的枢纽。它的作用主要体现在四个方面：

（1）网络商品交易中介机构通过互联网强大的信息传递功能，便利了买卖双方的信息收集过程；

（2）网络商品交易中介机构的存在简化了市场交易过程，使生产者和消费者都感到方便和满意；

（3）网络商品交易中介机构利用信息撮合功能，组织商品批量订货，满足生产者对规模经济的要求；

（4）网络商品交易中介机构使得交易活动常规化，降低了交易成本，提高了交易成功率。

3. 双道法——企业网络营销渠道的最佳策略在网络营销活动中，双道法是最常见的方法，是企业网络营销渠道的最佳策略。所谓双道法，是指企业同时使用网络直接销售渠道和网络间接销售渠道，以达到销售量最大的目的。在买方市场条件下，通过两条渠道销售产品比通过一条渠道更容易实现“市场渗透”。

（四）网络营销促销策略

网络营销采用的促销方式与传统营销的促销方式最大的不同就在于媒介的不同。网络营销的促销方式主要有以下几种：

1. 网络广告。是指由广告主以付款的方式通过互联网进行的商品和服务等的营销推广活动。

2. 网络公共关系。是指在网络公共区域传播大量的有说服力的材料，促进用户与企业之间、企业与企业之间，以及企业内部与公众之间的相互理解和相互适应，提高组织知名度和美誉度，树立良好的组织形象，促进组织目标实现而进行的一种有组织的活动。

3. 网络推销。是指通过一对一的交互式网络交流工具，与销售对象直接交流，从而促成交易的促销活动方案。

4. 网络销售促进。是指在网络上进行的鼓励购买或销售商品和服务的短期刺激活动。

12.5 服务营销

随着社会经济和科技的发展，消费需求日益多样化、个性化，单由技术创新产生的差异化已越来越难以为企业创造持久的竞争优势，服务则日益成为企业改善经营绩效、获取竞争优势的强有力的武器。在此背景下，服务营销成为赢得客户满意的保证。

12.5.1 服务营销的产生和发展

（一）服务营销的产生

服务营销之所以能在20世纪80年代成为各国学者研究营销的前沿问题，主要有两方面的原因：

1. 服务业迅猛发展的客观要求。二次大战以后，随着科学技术的发展，人们生活水平的提高，顾客需求的日益复杂多样化，服务业以其特有的优势在增加社会财富和吸收就业人数方面起到了不可替代的作用。目前，在发达国家，服务业占国民生产总值的比重已超过60%，部分国家甚至接近80%；而在发展中国家，服务业占国民生产总值的比重也已达到了50%。全球国民生产总值的58%来自服务业，服务贸易在国际贸易中的比值也已达到了25%。在就业方面，服务业的就业水平在经济紧缩时期平均增长2.1%，在经济扩张时期则达到了4.8%。与此相反，制造业在经济萧条时期就业率降低8.3%，繁荣时期也不过增长3.8%。作为一种创新的力量，服务业在经济紧缩时期使得社会总体就业水平基本得以保持，而在经济扩张时期则以比制造业快得多的速度，成为吸纳就业人员的主要渠道。

2. 服务日益成为企业竞争的有力武器。首先，对服务企业而言，服务对经济和社会财富的重要性在不断增加，然而服务企业的质量水平的确相对滞后。许多服务企业在投资于新的市场机会和技术方面步伐太慢，他们只关心成本削减，不愿意花一点精力诚恳地聆听顾客的意见，为顾客提供真正需要的服务。其结果是，人们对充满发展机会的服务企业的低劣服务怨声载道。提高服务水平对服务企业已是刻不容缓。率先向顾客提供优异服务的企业必将赢得顾客、赢得市场。

其次，是对制造企业而言。与服务企业相比，制造企业提供的产品往往是有形的，是具有一定科技含量的。因而，早期的制造企业总是十分重视产品的技术创新，力图通过技术优势获得竞争优势，这种技术领先战略在当时条件下曾一度奏效。然而，随着科学技术的发展和产品生命周期的缩短，企业间技术的差别越来越小，企业也越来越难以通过技术差别保持持久的竞争优势。对制造企业而言，服务发挥着越来越重要的作用。

（二）服务营销的发展

纵观西方服务市场营销学过去几十年的发展历程，大体上可以分为三个阶段。

第一阶段：这一阶段的研究主要是探讨服务同有形产品（产业用品和消费品）的异同，并试图界定大多数服务所共有的特征。继1974年美国学者拉斯摩（John Ratbmall）出版第一本论述服务市场营销学的专著后，1977年至1980年，理论界对服务特性的研究最为活跃。贝特森（Bateson）、萧斯塔克（Shostack G. L）、贝利（Berry）、拉夫洛克（Lovelock）、郎基尔德（Langeard）等学者纷纷提出经典性论述。于是，无形性、不可存储性、顾客参与性（生产与消费不可分离性）及过程性被归纳为服务的四大特性。

第二阶段：这一阶段的研究完全建立在第一阶段的研究成果之上，主要探讨服务的特性如何影响顾客的购买行为，尤其是集中在顾客对服务的特性、优缺点以及潜在的购买风险的评估等问题上，其根本目的在于弄清服务市场营销学是否有别于有形产品营销学。

与此同时，不少市场营销学者还专门探讨如何根据服务特性将服务划分成不同的种类。他们认为，不同种类的服务需要市场营销人员应用不同的市场营销战略和技巧进行推广。

第三阶段：20世纪80年代后半期至今可以列为第三阶段。这一阶段，学者们一改前两个阶段停留在服务市场营销概念层面、很少搜集实际数据的做法，开始利用实证方法验证和创新相关理论，从而使得有关服务市场营销理论的研究取得了突破性进展，呈现出多学科交叉研究的特点。总体来讲，服务质量、交互过程、顾客关系、内部营销及服务文化成为营销学者们关注的焦点问题。

12.5.2 服务营销概述

（一）服务的含义与分类

1. 服务的含义

服务是种复杂的现象，它把从人身的服务到产品的服务都涵盖了，要准确而又清晰地界定服务这一概念是很不容易的事。自20世纪五六十年代开始，市场营销学界从不同的角度为服务作了许多定义，但他们一般都是从区别于有形的实物产品的角度来进行研究和界定的，所描述的服务比较狭隘。下面是近30年来给服务所下的各种定义。

（1）服务就是通过产品销售所采取的行动，提供利益或满足感。

（2）服务是直接或者通过商品等其他服务而提供满足感的无形产出（交通运输、房屋租赁等）。

（3）市场服务是由企业或企业家为主体进行的，交易客体是有形产品所有权以外的行为。

（4）服务是在销售中提供有价值的利益或者满足感的一切行为，这些行为不能由顾客自行获取或者选择获取。

（5）服务是对商品不作任何改进的前提下，通过销售，提供利益和满足感的一种行为。

（6）服务是一种特殊的无形活动，它向顾客或工业用户提供所需的满足感。它与其他产品销售和其他服务并无必然的联系。

（7）服务是一系列行为，它在与特定的人或机器进行交易时产生，为顾客提供满足感。

（8）服务是直接或间接提供无形利益，它包括一定的物质和技术要素。

（9）服务是一个集团向另一个集团提供的行为或利益，它必须是无形的，不对所有权进行改动。它的生产与有形产品没有必然联系。

（10）在销售和售后行为中，通过履行一系列职能满足顾客的期望。这些职能又为供应商增加额外利益，使其在竞争中处于有利的地位。

（11）服务是一种不能自产自用，只能买卖交易的东西。

上述每条定义或多或少地包含了服务的某些特征，有其独特之处，但不免还具有某方面的局限性。对此，本书在综合各种不同服务定义和分析“服务”的真正本质的基础上，提出如下定义：

服务是一种涉及某些无形因素的活动、过程和结果，它包括与顾客或他们拥有的财产间的互动过程和结果，并且不会造成所有权的转移。

2. 服务的分类

一般来说，可从5个角度对服务进行划分。

（1）根据服务活动的本质（即服务活动是有形的还是无形的以及服务对象是人还是物）划分，可将服务分成四类：

①作用于人的有形服务，如民航服务、理发；

②作用于物的有形服务，如航空运输、草坪修整；

③作用于人的无形服务，如广播、教育；

④作用于物的无形服务，如保险、咨询服务。

（2）根据服务机构同顾客之间的关系（即连续的还是间断的以及正式的还是非正式的）划分，可将服务分为4类：

①连续性、会员关系的服务，如保险、汽车；

②连续性、非正式关系的服务，如广播电台；

③间断的、会员关系的服务，如担保维修、对方付款电话服务；

④间断的、非正式关系的服务，如邮购、街头收费电话。

（3）根据在服务过程中服务提供者选择服务方式的自由度大小及服务本身对顾客需求的满足程度划分，可将服务分为4类：

①有些服务过程比较标准化，但无论是服务提供者还是顾客的选择都较少；

②有些服务虽然能使每个顾客的需求得到充分满足，服务提供者对服务方式的选择自由度却很小；

③有些服务提供者的余地虽然较大，但却难以满足单个顾客的需求；

④还有一类服务是：不仅单个顾客的需求能够得到充分的满足，服务提供者也有发挥的空间。

（4）根据服务供应与需求的关系进行划分，可将服务分为3类：

①需求波动较小的服务，如保险、法律、银行服务；

②需求的幅度大而供应基本能跟上的服务，如电力、天然气、电话等；

③需求波动大并会超出供应能力的服务，如交通运输、饭店和宾馆等。

（5）根据服务推广的方法进行划分，可将服务分为6类：

①顾客在单一地点主动接触服务机构，如电影院、烧烤店；

②服务机构在单一地点主动接触顾客，如直销、出租汽车服务；

③顾客与服务机构在单一地点远距离交易，如信用卡公司；

④顾客在多个地点主动接触服务机构，如汽车服务、快餐店；

⑤服务机构在多个地点主动接触顾客，如邮寄服务；

⑥顾客和服务机构在多个地点远距离交易，如广播网、电话公司等。

（二）服务的特征

与有形产品相比，服务具有以下共同特征。

1. 不可感知性

这是服务最为显著的特征，它可以从三个不同的层次来理解。首先，服务的很多元素是看不见、摸不着，无形无质的。其次，顾客在购买服务之前，往往不能肯定他能得到什么样的服务。最后，顾客对服务的评价一般比较主观，一般用经验、信任、感受和安全等方面语言描述服务。

2. 不可分离性

服务的生产过程与消费过程同时进行，即服务人员在向顾客提供服务之时也正是顾客消费服务的时刻。顾客只有而且必须加入到服务的生产过程才能最终消费到服务。

3. 不可储存性

服务是无形的，其生产过程和消费过程是同一的，因此任何服务都不可能做到在某一年内生产并贮存，然后在下一年进行销售或消费。

4. 差异性

差异性是指服务无法像有形产品那样实现标准化，每次服务带给顾客的效用、顾客感知的服务质量都可能存在差异。这主要体现在三个方面：第一，服务人员方面的因素。即使同一服务人员提供单一服务时，每次服务质量也可能会有差异。第二，顾客方面的因素。同一种服务对于不同的顾客而言，其质量和效果是不一样的。消费者的知识、经验、诚实和动机影响着对服务的感知。第三，服务人员与顾客间相互作用的因素。在服务的不同次数及购买和消费过程中，即使是同一服务人员向同一顾客提供的服务也可能会存在差异。

5. 缺乏所有权

服务在生产和消费过程中不涉及任何东西的所有权转移。服务产品在交易完成后便消失了，消费者并没有实质性地拥有服务产品，也就不存在所有权的转移问题了。

（三）服务定价

一般情况下，有形产品定价的概念和方法基本上均适用于服务产品定价。不过，受服务产品特征的影响，服务定价战略也显示出不同的特点。同时在服务市场上，企业同顾客之间的关系通常是比较复杂的，从而企业定价不仅仅是给产品一个价格标签，而且有其他方面的重要作用。这就要求服务企业必须重视定价在服务市场营销中的地位。

1. 影响服务定价的主要因素

按照价格理论，影响企业定价的因素主要有三个方面，即成本、需求和竞争。成本是服务产品价格的基础部分，它决定着产品价格的最低界限，如果价格低于成本，企业便无利可图。市场需求影响对产品价值的认识，进而决定着产品价格的上限。而市场竞争状况则调节价格在上限和下限之间不断波动，并最终确定产品的市场价格。不过，需要强调的是，在研究服务产品成本、市场供求和竞争状况时必须同服务的基本特征联系起来。

（1）成本因素

服务市场营销人员必须理解服务产品的成本及其随时间和需求的变化而变化。对于服务产品来说，其成本可以分为三种，即固定成本、变动成本和准变动成本。

①固定成本

固定成本是指不随产出而变化的成本，在一定时期内表现为固定的量，如建筑物、服务设施、家具、工资、维修成本等。

②变动成本

变动成本是指随着服务产出的变化而变化的成本，如电费、运输费、邮寄费等。在许多服务行业中，固定成本在总成本中所占的比重较大，比如航空运输和金融服务等，其固定成本的比重高达60%，因为它们需要昂贵的设备和大量的人力资源；而变动成本在总成本中所占的比重往往很低，甚至接近于零，如火车和戏院等。

③准变动成本

准变动成本是指介于固定成本和变动成本之间的那部分成本，它们既同顾客的数量有关，也同服务产品的数量有关，如清洁服务地点的费用、职员加班费等。这类成本取决于服务的类型、顾客的数量和对额外设施的需求程度，因此，对于不同的产品其准变动成本的差异性较大。

在产出水平一定的情况下，服务产品的总成本等于固定成本、变动成本和准变动成本之和。服务企业在制定定价战略时，必须考虑不同成本的变动趋势。经验曲线有助于市场营销人员认识服务行为的成本变动。经验曲线是指在一种产品的生产过程中，产品的单位成本随着企业经验的不断积累而下降。在这里，经验意味着某些特定的技术改进，正是由于改进了操作方法，使用了先进的工艺设备，以及经营管理方法的科学化才形成规模经济，进而导致企业成本的逐步下降。

（2）需求因素

服务企业在制定价格政策目标时，应考虑需求弹性的影响。需求的价格弹性是指因价格变动而引起的需求变动比率，反映了需求变动对价格变动的敏感程度。它通常用弹性系数来表示，该系数是服务需求量变化的百分比同其价格百分比的比值。如果价格上升而需求量下降，则价格弹性为负值；如果价格上升需求量也上升，则价格弹性为正值。价格弹性对企业收益有着重要影响。通常企业销售量的增加会产生边际收益，而边际收益的高低又取决于价格弹性的大小。在某些市场上需求受到价格变动的情况很大，例如市区公共交通服务；而在有些市场上需求受价格变动的影响则较小，例如我国铁路客运的需求价格弹性较小。显然，服务企业应该了解其产品的需求弹性情况如何，然后才能制定合理的价格战略。

（3）竞争因素

市场竞争状况直接影响企业的定价。在产品差异性较小、市场竞争激烈的情况下，企业在价格方面的活动余地也相应缩小。市场竞争所包含的内容很广。比如在交通运输行业中，企业之间的竞争不仅有不同品种之间的竞争，不同运输工具之间、顾客对时间和金钱的使用方式之间都存在竞争。总而言之，凡是服务产品之间区别很小而竞争性较强的市场，都可以建立相当程度的一致价格。此外，在某些市场背景之下，传统和惯例可能影响到定价，例如广告代理的佣金制度。

对于企业来说，除了在市场上获得竞争对手的价格信息外，还要了解它们的成本状况，这将有助于企业分析和评价竞争对手在价格方面的竞争能力。服务企业要借鉴竞争者确定其成本、价格和利润率的做法，这将非常有助于企业制定适合自己的价格战略。

2. 服务定价方法

（1）成本导向定价法

①利润导向定价法

利润导向定价法以起码的利润水平为目标，由专业组织或行业协会制定的标准价格的方法。如果市场进入受到严格的限制，则定价的取向就以顾客的支付能力和支付意愿为主，成本考虑退居其次。

②政府控制价格导向法

政府控制价格导向法以保护消费者为目标，按照成本加上合理利润为标准制定的固定价格的方法。

（2）竞争导向定价法

竞争导向定价法包括随行就市定价和主动竞争定价两种方法。所谓随行就市定价，是指以该种服务的市场随行价格作为本企业的价格。采用这种方式有如下好处：平均价格易于为人们所接受，避免为了维持或增加市场占有率而采取的进取性定价。

（3）需求导向定价法

这种定价方法着眼于消费者的态度和行为，服务的质量和成本则为配合价格而调整变动。

3. 服务定价技巧

许多实体产品的定价技巧也可用于服务产品，其中经常使用的定价技巧有以下几种。

（1）差别定价

差别定价是一种根据顾客需求的不同强度而制定不同价格的定价技巧，主要运用于建立基本需求，尤其是对高峰期的服务最为适用；也可以缓和需求的波动，减少服务的时间性等不利影响。差别定价的形式包括时间差异、顾客支付能力差异、服务品种差异、地理位置差异等。

（2）折扣定价

大多数市场都可以来用折扣定价，服务企业通过折扣方式可达到两个目的：一是促进服务的生产和消费；二是鼓励提前付款、大量购买或高峰期以外的消费。

(3) 偏向定价

当一种服务原本就有偏低的基本价，或服务局部形成低价格结构形象时，就会产生偏向价格现象。比如，为使更多的客人惠顾，餐厅提供价廉物美的实惠套餐，但大多数客人一旦进入餐厅，还是会点其他价格较高的菜。

(4) 保证定价

这是一种保证必有某种结果产生后再付款的定价技巧。比如职业介绍所，必须等到当事人获得了适当的工作职位后，才能收取费用。

保证定价适用于以下三种情况：

①保证中的各种特定承诺可以得到肯定和确保；

②高质量服务无法在削价的竞争环境中获取应有的竞争力；

③顾客所寻求的是明确的保证结果，例如有保障的投资报酬率等。

(5) 高价位定价

这是当消费者把价格视为质量的体现时所使用的一种定价技巧。在某些情况下，某些服务企业往往有意造成高质量高价位姿态。已建立起高知名度的服务企业，适宜采取这种定价技巧。

(6) 招徕定价

这是指第一次订货或第一个合同的要价很低，希望借此获得更多的生意，而后来生意要价较高的定价技巧。当顾客不满意目前的供应者或不精通所提供的服务时，适合采取这种做法。

(7) 阶段定价

这种定价技巧与前一种类似，即基本报价很低，但各种例外事项则要价较高。

(8) 系列价格

价格本身维持不变，但服务质量、服务数量和服务水平则充分反映成本的变动。该定价技巧特别适用于固定收费的系列标准服务，即服务产品的质量、数量和水平的差异必须容易为顾客所了解，如航空长途旅行。

(四) 服务营销的内容

对服务营销的研究可分为服务利润链、顾客满意度和品牌忠诚度三个方面。

1. 服务利润链

服务利润链来自于以下三个理论的研究：

(1) 顾客忠诚；

(2) 战略服务观点；

(3) 员工及顾客忠诚的决定因素。

服务利润链的出现，是对服务营销理念兴起的有力注脚。服务利润链认为，在利润、成长性、顾客忠诚、顾客满意、提供给顾客的产品与服务的价值、员工能力、满意、忠诚及效率之间存在着直接相关的联系。服务利润链贯彻了服务营销的精神实质，阐述了公司、员工、顾客及利润四者的相互关系，指出它们之间的强相关关系。企业通过对服务营销理论的把握，可以采取相应的策略来推动服务营销链，使之向有利于企业利润增长的方向进行运转，形成良性循环。

服务利润链的核心是顾客价值方程式。顾客价值方程式认为，提供给顾客的产品及服务的价值，等于结果加提供结果的过程的质量，同价格与顾客成本之比。顾客价值方程式是从顾客的眼光来看产品与服务的价值，这一观点将直接影响顾客的购买决策。同时，以顾客价值方程式来定义的价值与顾客满意度有着直接的联系。

服务利润链的内在逻辑：

(1) 顾客忠诚度的提高能促进企业获利能力的增强；

（2）顾客忠诚度是由顾客满意度决定的；

（3）顾客满意度由其所获得的价值大小决定；

（4）高价值源于企业员工高工作效率；

（5）员工忠诚的提高能促进其工作效率的提高；

（6）员工的忠诚取决于员工对公司的满意；

（7）公司内在服务质量是决定员工满意与否的主要因素。

2. 顾客满意度

管理学家彼得·德鲁克指出：营销的目的在于充分认识及了解顾客，以使产品或服务能适合顾客需要。顾客满意是企业战胜竞争对手的最好手段，是企业取得长期成功的必要条件。

（1）影响顾客满意的因素：

①产品。产品要素不仅指有形产品还包括无形产品。

②销售活动。销售活动包括售前活动和售中活动。

③售后服务。

④企业文化。

（2）顾客满意带来的优势：

①顾客满意使企业获得更高的长期盈利能力；

②顾客满意使企业在竞争中得到更好的保护；

③顾客满意使企业足以应付顾客需求的变化。

（3）服务营销中的顾客满意度与服务质量。顾客满意度是顾客对某种产品或服务的消费经验的情感反映，服务质量是企业提供的服务满足目标顾客需求的程度，二者之间存在着密切的关系。

3. 品牌忠诚度

（1）品牌和品牌忠诚度。品牌是一种承诺。它是识别出与某个具体产品相关联的某项承诺，并表明了此项承诺的来源。品牌忠诚度则是指消费者通过信息沟通及产品的直接使用经验、识别、接受并信任某个品牌的承诺，并转化为最终购买和重复购买行为的程度。

品牌忠诚是品牌的源泉。正因为有了品牌忠诚，才能使消费者愿意以溢价购买该品牌，才会在广告促销费用不高的情况下保持品牌销量的稳定。因此，没有品牌忠诚也就不存在品牌资产的概念，品牌忠诚是品牌资产的核心。品牌资产保值增值的关键环节就是提高品牌忠诚度。

（2）品牌忠诚度的意义。品牌忠诚度的研究是品牌管理的一项核心内容。同时，提高品牌忠诚度对现代公司有巨大的战略意义。

①竞争优势的源泉；

②降低市场营销成本、增加公司利润；

③吸引新的消费者；

④保持品牌销量的稳定性。

12.5.3 服务营销组合

（一）传统的市场营销管理组合

市场营销管理组合是营销的基本概念之一。它是指企业为了更好地满足目标顾客群体或是与目标顾客群体加以组合的可控制的变量。传统的市场营销组合由4P构成，即产品（Product）、价格（Price）、分销（Place）和促销（Promotion）。市场营销组合的概念说明各个变量是互相关联的，在某种程度上还是互相依赖的，而且企业要根据自己的细分市场的状况和市场定位战略设计，安排相应的市场营销组合。

对于产品、分销、促销和定价的严格管理在服务营销当中同样十分重要。然而，4P的战略不足以涵盖服务业的需要。有些研究报告显示，服务业管理者发现，若与制造业公司相比，他们必须应付一些显然不同性质的问题。例如，维持质量的问题；从事服务的人成为“产品”的一部分；服务不能申请专利；服务产品不能库存。

越来越多的证据显示，营销组合的层面和范围，不适应于服务营销。足够的证据表明有必要重新调整营销组合以适应服务营销。例如，以现有的结构和背景，提供或从事服务的人并没有想到现有布局、气氛和陈列方式的问题，但这些问题可能对于某些服务的购买，具有重要影响。事实上有一系列的要素是传统营销框架所未能涵盖的。因此，我们提出扩充的服务营销组合。

（二）扩充的服务营销组合

因为服务业的一个显著的特点就是生产和消费同时进行，顾客常常出现在公司的工厂里，直接与公司职员相互接触，甚至参与到服务的生产过程中去。同时，又因为服务的无形性，使得顾客常常寻找有形的线索来帮助他们判断和评价质量。因此，服务营销人员得出以下结论：可以使用一些附加的变量更好地与目标顾客沟通，满足目标顾客的需求。

当服务营销人员意识到这些附加的沟通因素的重要性后，就很容易接受扩充的服务营销组合的概念。除了传统的4P外，服务营销组合还包括人（People）、有形展示（Physical）和过程（Process），即服务营销的7P。

1. 产品。服务产品所必须考虑的是提供服务的范围、服务质量、服务水平、品牌、保证以及售后服务等。服务产品这些要素组合的差异相当大，如一家供应数样菜色的小餐馆和一家供应各色大餐的五星级大饭店的要素组合就存在着明显差异。

2. 定价。价格方面要考虑的包括价格水平、折让和佣金、付款方式和信用。在区别一项服务和另一项服务时，价格是一种识别方式，顾客可从一项服务的价格感受到其价值的高低。而价格与质量间的相互关系，也是服务定价的重要考虑因素。

3. 渠道。提供服务者的所在地以及其地缘的可达性都是市场营销服务及市场营销效益的重要因素。地缘的可达性不仅是指实物上的，还包括传导和接触的其他方式。所以分销渠道的类型及其涵盖的地区范围都与服务可达性密切相关。

4. 促销。促销包括广告、人员推销、销售促进、宣传、公关等各种市场营销沟通方式。

5. 人。在服务企业担任生产或操作性角色的人，在顾客看来其实就是服务产品的一部分，其贡献也和其他销售人员相同。大多数服务企业的特点是操作人员可能担任服务表现和服务销售的双重任务，因此，市场营销管理者必须和作业管理者协调合作。企业工作人员的任务极为重要，尤其是那些经营“高接触度”的服务业务的企业，所以，市场营销管理者还必须重视雇用人员的甄选、训练、激励和控制。此外，对某些服务而言，顾客与顾客间的关系也应引起重视。因为，某顾客对一项服务产品质量的认知，很可能要受到其他顾客的影响。

6. 有形展示。有形展示会影响消费者和顾客对于一家服务企业的评价。有形展示包含的要素有：实体环境（装潢、颜色、陈设、声音）、服务提供时所需用的装备实物（汽车租赁公司所需的汽车）以及其他实体性线索（航空公司所使用的标志）。

7. 过程。人的行为在服务企业很重要，而过程也同样重要，即服务的传送过程。表情愉悦、专注和关切的工作人员可以减轻必须排队等待服务的顾客的不耐烦感，还可以平息技术上出问题时的怨言或不满。整个系统的运作政策和程序方法的采用、服务供应中的机械化程度、员工决断权的适用范围、顾客参与服务操作过程的程度、咨询与服务的流动等，都是市场营销管理者须特别关注的事项。

12.5.4 服务营销的组织实施

由于顾客服务是一个全面的系统性工程，因而顾客服务除了涉及服务设计本身之外，还要涉及产品设计及服务基础设施。产品设计在一定程度上左右着顾客服务，可以说服务始于产品设计。

（一）服务始于产品设计

产品设计从某种意义上说，决定着顾客服务能否取得成功。一个不合理的产品设计，会使服务人员和顾客花费很大精力来解决一个小问题。有时问题还无法解决，除非整个产品报废，此时，如果顾客不了解产品设计不合理造成的维修困难，往往会认为服务人员是个“笨蛋”。相反，一个合理的产品设计不但给顾客和服务人员带来方便和快捷，还会降低服务成本，树立高质量、优质服务的企业形象。

良好的顾客服务始于优良的产品设计。如果要使产品的设计既满足顾客要求，又便于提供维修、运输等服务，那么就应该让顾客和维修人员参与到产品设计中来。这种参与未必是一起设计，而是要充分考虑到他们的意见和要求。同时，设计人员还要根据产品特性及其对顾客的价值进行最优化设计。具体地说，企业在设计产品时，应当做到以下几个方面：

1. 首先要在产品设计与开发中让顾客和维修人员参与；
2. 要根据产品特性及其对顾客的价值进行合理设计；
3. 产品设计时要关注影响顾客服务的敏感性因素。

（二）服务设计

为了成功地实施服务战略，提供给顾客优质而满意的服务，企业应该对所有的顾客服务活动进行全面的、系统的安排，即要进行服务设计。只有这样，服务人员才知道提供给顾客何种方式、何种内容的服务，既保证顾客服务的规范性，同时也可防止顾客因期望过高而导致不满意。服务设计涉及两种理论与实践，一种为流水线法，它要求对服务员工进行统一的、规范的训练，让他们按照统一的模式为顾客提供服务；而另一种是授权法，则给服务人员一定的自主权，让他们主动地、创造性地解决顾客服务中出现的问题。

企业在对顾客服务进行安排、设计以及分配各种资源时，一定要遵守一定的原则。否则，服务设计不但与企业的整体目标、顾客需要难以配合，而且浪费资源，难以形成服务优势。这些服务原则主要有：

1. 服务内容与顾客服务需求相吻合；
2. 与企业增长目标相配合；
3. 弹性原则；
4. 特色原则；
5. 成本与收益原则。

（三）服务系统

顾客服务是一个全面的系统性工程。一个完整的服务系统一般要涉及四个方面的因素，它们是：

1. 服务员工的人力资源管理；
2. 服务设计；
3. 服务制度；
4. 服务基础设施。

12.5.5 服务营销策略

企业一定要从战略的高度认识并实践服务营销。如果管理者和员工仅把服务营销当做一种时尚，而不身体力行，则顾客服务的巨大功能便会淹没于浅层次的口号与制度之中。

（一）服务优势——有效的竞争手段

许多企业已经认识到了顾客服务的作用。由于竞争越来越激烈，企业总是在追求新的竞争手段和方式，而顾客服务因为其多样性以及不易模仿性等，应该成为企业获取竞争优势的一个重要基点。

（二）服务理念——服务战略的先导

思想、观念是行动的先导。只有企业的所有员工都具备为顾客服务的理念，他们才会认真服务于顾客，真诚地听取顾客的意见，并向企业高层提出建设性的改进措施。这就要求员工认识到，顾客是企业最宝贵的资源，是决定企业生死存亡的关键。只有使顾客满意，他们的工作才有意义，企业才能发展。如果员工不具备服务于顾客的观念，强硬推行服务战略，其结果将是令人遗憾的。由于服务的无形性和易消逝性，一个平庸的服务人员的工作效果是很难评价的，但他的工作绩效与一个杰出的、投入的服务人员的工作成果是不可同日而语的。因此，企业高层首要的任务在于培养员工一种不但负责而且投入的服务理念，唤起服务人员的奉献感。

（三）服务战略的整合

服务战略是一个系统工程，绝非一朝一夕便可一蹴而就。它需要管理者和员工不仅从思想观念上做出转变，还要求企业高层要有条不紊地安排各项工作。因此，企业高层一定要用系统性、长远性的眼光来看待服务战略。完整的服务战略至少包括六个方面的内容：

1. 树立服务理念。
2. 确定顾客服务需求。
3. 服务设计与实施。
4. 服务人员的管理。
5. 服务质量的管理。
6. 实现顾客满意与忠诚。

这六个方面构成了完整的服务战略的实施体系，从一到六实际上也是一个分析、计划、组织和控制的管理过程，这几个方面构成一个完整的整体，缺一不可。

12.6 全球营销

近十多年来，世界政治、经济环境发生了重大变化，东欧的剧变、欧盟的形成、北美自由贸易区的出现、紧随亚太地区经济高速增长之后的东南亚金融危机等，都是这种变化的组成部分。所有这些重大事件的发生都在向世人展示着一个极其重要的事实：国际经济与贸易正日益呈现出全球化和一体化的趋势，世界市场正向纵深开放与发展，国际竞争不仅空前激烈，而且比以往任何时候都更多地在全球展开。

12.6.1 全球营销的提出与发展

自20世纪90年代以来，企业营销者特别是跨国企业的营销决策人员所面临的最重要的战略问题之一便是全球化，来自于企业外部或内部的各种动因无不驱使其迈向全球。事实上，对于如小汽车、家用电器、娱乐品、药品、金融、出版、旅游服务业等这样的全球性产业，即使公司拥有最大的国内市场，也无法长期生存。在激烈的全球性优胜劣汰的竞争中，每个产业最终只能剩下3~5家经营者。因此，企业必须放眼全球，占据世界所有重要市场。全球营销的应运而生，为企业迈向全球开辟了一条新的途径。

（一）全球营销的提出

全球营销概念首先见于利维特1983年发表的题为《市场全球化》的一篇学术论文中。他认为自20世纪60年代以来，世界经济、社会与技术的发展已使得全球在众多方面具有越来越多的共同性。就消费者的兴趣及其对商品的偏好而言，由于需求的相似性，已在全球形成了一个统一市场。这样，全球性企业就可以生产全球标准化产品，并获取规模效益，使产品的价格降低。从而能在竞争中占据更多的比较优势。这事实上就是全球营销的雏形。

利维特的文章引起了学术界和实业界的极大关注，并引发了一场重要的学术讨论。论题围绕着各国之间文化趋同性的程度，以及跨国公司能否采取全球化标准化营销等方面展开。一些学者还将日本企业在国际市场上的成功，归因于其采取了全球营销战略，包括建立全球分销网和全球品牌。这对全球营销的推广，无疑是极大的推动。当今世界，瞬息万变，面对激烈的全球竞争，企业应如何更为有效地开展经营活动？许多专家、学者纷纷将视线聚向“全球化”。“全球营销”这一术语也由此而风靡起来了。

（二）全球营销的发展

全球营销作为国际营销最重要的发展导向，其演进并非一个突变的过程，而是经历了一个从量变到质变的过程。从发展过程看，全球营销可以分为以下几个重要阶段。

1. 国内营销阶段

国内营销，是营销发展的基础阶段，是指企业将其全部的物质及管理方面的资源都集中在国内市场。企业始终关注国内市场变化及国内竞争对手的情况，其环境扫描系统也完全集中在国内。

处于国内营销阶段的企业的行为有意无意地奉行了“如果国内市场不发生变化，就没有变化”的观念。这些企业的领导者们并没有意识到在国内的市场达到极限时，国内市场导向、经营思路将使他们更倾向于向产品多样化的方向发展，而相对忽略了向国外市场渗透。

2. 出口营销阶段

出口营销，是在20世纪50年代中期美国国内市场竞争激烈、利润下滑，而来自国外的市场吸引力日益增强的背景下发展起来的。处于该营销阶段的企业基本上奉行市场拓展导向，即只把国外市场看做本国市场多余产品的一种补充销售渠道，或作为平衡国内生产、提高产量、实现规模经济的一个手段。他们在进入国际市场时，通常采取生产或销售导向，把国内市场开发的产品或营销组合原封不动地搬到国外市场，以最大限度地降低成本。

市场拓展导向最重要的优势是可以延长产品的市场生命周期，以实现规模经济效益，提高整个产品线的边际利润贡献。然而，企业在国外市场能否成功是有条件的。因为国外顾客的购买力是建立在自身利益和需求驱动基础之上的，而非由出口企业的利益驱动。而顾客的利益和需求在很大程度上又取决于不同国家物质和文化诸方面的差异。这就使在国内生长和培养起来的营销组合和商业模式很难成功地直接拓展到国外市场。从这个意义上讲，实施市场拓展战略成功的一个最基本的条件或前提，是出口对象国顾客的兴趣主要集中在产品的可获性上，而其他处于次要地位。

在出口营销阶段，市场拓展导向至少在以下情况下可以应用：一是企业试图从国外获得订单，但又不想去大规模地开发和管理这种需求；二是希望在国外的营销成本最低；三是国外的需求和经营背景与本国相比，并无太大差异；四是产品和营销组合可以不变或只做适当调整。

3. 多国营销阶段

多国营销，是指企业在认为国外市场机会更具有吸引力，并充分认识到世界各地市场的差异性时所采取的一种营销模式。处于多国营销阶段的企业，将几乎全部抛弃出口营销的框架，而系统地进行营销调研、产品开发及全部的营销管理过程，部分或全部地移入国外市场。

奉行多国营销的国际企业，把国内和国外市场都作为相当重要的市场来看待，并把国内市场视同国际市场的一部分。企业在进行各种决策时，以世界市场为出发点。也就是说，围绕着产品在世界市场的哪一部分销售这一中心，决定在世界什么地方进行研究开发及在什么地方生产产品。

处于多国营销阶段的企业，最重要的特点是“多国化”或“国际市场国内化”。他们会对市场差异做出明确的反应，在经营思想上明确强调：在国际市场上取得成功的唯一的，也是最重要的方面是认识各国市场的差异性，使营销组合尽可能地符合国外市场的偏好和实践。

总之，在多国营销阶段，跨国公司的营销无论在营销计划、竞争战略还是营销组合上与出口营销相比，都发生了质的变化，赋予国际营销新的内容和形式。

4. 全球营销阶段

全球营销是20世纪90年代国际营销的最新发展，它是指导国际企业在全球市场进行营销活动的一种崭新的营销管理导向。

奉行全球营销导向的国际企业，已对本国市场机会和国外市场机会不做任何区别，选择市场机会与分配营销资源的基础是公司的长期目标和长期利益。国际企业在评估这种市场机会时特别注重全球行业竞争及本企业在全球行业中的地位。

全球营销发展的一个重要趋势是不同跨国公司之间组成战略联盟。20世纪90年代，通用公司和马自达公司、通用电器公司和三菱公司等国际联盟不断涌现，那些最有实力的世界型企业的效率也不是建立在单纯竞争的基础上，而是建立在全球联盟的基础上。通过联盟，使市场延伸、扩展。

12.6.2 全球营销概述

（一）全球营销的概念

全球营销是指企业在开展营销活动时，将世界市场视为一个整体（而非若干独立的国别市场的叠加），统一规划与协调，以便获得全球性竞争优势的一种营销方式。全球营销很大程度上是一种经营哲学。

全球营销的核心在于“全球协调”与“营销一体化”。换言之，开展全球营销的企业在评估营销优势与劣势、机会与威胁及制订营销策略时，不以国界为限，而立足于全球。全球运作、全球协调与全球竞争是全球营销的三大特征。为此，经营者必须建立一套全新的战略思维，包括：全球竞争优势、全球竞争者分析、全球市场占有率、全球产品系列、全球资源分布等。

开展全球营销，企业可在多方面获益。其中，最主要的竞争优势体现在以下三个方面：

1. 区位优势：基于各国要素成本差异性之上；
2. 规模经济：依赖于国际范围内的销量；
3. 成本优势：建立在全球分布和资源全球配置基础之上。

（二）全球营销的动机

全球营销的基础在于世界的“趋同性”，它使得各国之间的差距变得越来越小。就某种产品而言，这种差异甚至完全消失。为此，企业经营者就必须具有全球性战略眼光，以世界市场为导向，夺取全球性竞争优势。否则，在激烈的优胜劣汰的竞争中，企业将难以生存。从企业的角度来看，全球营销的动机可概括为以下三类：

1. 市场因素。关于“世界顾客”的含义。例如，在北美、欧洲及远东（日本）三级市场上出现了一个新的顾客群，他们具有相同的受教育程度、收入水平、生活方式及休闲追求等。因此，营销商可将其视作消费需求相同的一个共同市场。对于这个三级市场，厂商在进行产品设计时，就能同时满足其需求共性，并提高其他营销要素的可转移性。

2. 成本因素。全球营销的两个最重要的动因是避免成本低效率和减少重复劳动。因为，任何一国的市场销量都无法达到足够的规模经济和协同效益。而且，一旦当地市场出现重大变化，势必使企业陷入困境。规模已成为企业的重要资产，这正是近几年来出现大量企业吞并与收购活动的一部分原因所在。

3. 环境因素。世界经济一体化发展趋势的增强，导致物质、资金和技术壁垒在一定范围内的消除和减少，为全球营销创造了良好的环境。同时科学技术的突飞猛进特别是通信技术、网络技术也为全球营销的实施提供了条件。

12.6.3 全球营销战略

（一）全球营销的战略定位

关于企业的战略定位。早在1969年，Perl Mutter就引入了所谓EPRG体系。该体系将企业的国际营销战略定位分为四类，即E——本国中心主义（Ethnocentrism）；P——多中心主义（Polycentrism）；R——地区中心主义（Regiocentrism）；G——全球中心主义（Egocentrism）。这4种战略定位所对应的营销思想和方法如表12－1所示。

表12－1　EPRG体系和营销方法

	E——本国中心主义	P——多中心主义	R——地区中心主义	G——全球中心主义
市场	外国市场属次要地位，用以推销剩余产品	各国市场相互独立	各地区视为一个市场	全球视为一个市场
需求	外国的市场需求与本国相同	不同市场对应不同需求	在同一地区内有相同需求	全球的需求相同
策略	与国内市场相同	各市场不同，营销组合应做大改动	地区范围内标准化	全球营销

从表12－1中不难看出，本国中心主义的国际营销方法属于市场扩展式；多中心主义属于市场叠加式；地区中心主义则为地区性营销一体化的方法；只有全球中心主义采取了全球营销的方法，即将各国市场视为一体，在全球范围内寻找需求共性和营销机遇，实现全球营销一体化。可见，全球营销与全球中心主义的战略定位是一致的。

（二）全球营销战略

对于具有全球性特征的产业，全球营销是实现企业全球目标的重要手段。所以，全球营销战略应与企业的全球总战略协调一致。全球营销战略可大致分为两类，即全球高占有率战略与全球小占有率战略。所谓全球高占有率战略，是指企业经营活动在全球的覆盖率及市场占有率目标都较高的一种营销战略。它要求企业的产品、定价、促销及其他营销组合要素都以获取较高的全球市场占有率为目标，其基础在于公司资源的全球配置。全球营销为企业获取更多的竞争优势创造了许多机会，如较低的要素成本，规模效益，全球服务配套，全球采购，技术扩散与转移，全球资源集中利用，树立国际公司形象，改善公司的总风险和报酬率等。

全球小占有率战略则为一种专门化战略，包括在产品、技术、生命周期阶段及市场细分等方面采取专业化。采用这一战略的企业在竞争上应避免与采用全球高占有率的企业作正面交锋。

企业的全球营销战略包括三个重要内容，即确定全球营销任务、全球市场细分战略、竞争定位战略。

1. 确定全球营销任务。主要包括确定主要目标市场和这些市场的细分方法，以及在各个市场上的竞争定位。

2. 全球市场细分战略。企业的全球市场细分有三种可供选择的战略：

（1）全球细分战略，即按照顾客在需求上的共性来细分市场，不重视各国之间或各国文化的差异性，通常不考虑国界；

（2）国别细分战略，即按照顾客所处的地理位置与国籍来细分市场，重视各国及其文化、爱好的差异性；

（3）混合型细分战略，即前两种细分战略的结合型。

具体来说，当一些国家的市场规模较大时，便单独考虑；而另一些国家的市场规模较小时，便组合为一个共同市场来考虑。营销地区化或地区营销就是一种重要的混合型战略。其市场细分原则为：在特定区域内（如欧共体、北美和日本）采用相同的营销策略，对不同区域则采用不同的营销策略。

上述三种全球市场细分战略中，第一种方法与全球营销的经营哲学或战略定位相一致。

3. 竞争定位战略。企业在竞争市场上，可有四种选择，即市场领导者定位、市场挑战者定位、市场追随者定位及角落市场保持者（市场游击者）定位。

当企业在它所有的外国市场上均采取相同的战略时，说明该企业选择了全球性竞争定位战略；反之，若企业在不同的市场上采取不同的战略，则说明该企业选择的是混合型竞争定位战略。

12.6.4 全球营销的管理与控制

（一）产品标准化与差异化

企业营销策划的核心是产品决策，它对于企业的全球营销业绩有着极其重要的影响。产品代表着企业的外在形象，其设计、质量与功能等无不关系着企业在全球的声誉，是企业实现全球战略目标的重要保证。此外，其他全球营销战略组合要素的决策也必须以产品决策为基础。

全球营销管理的首要问题是产品的标准化与差异化。一方面，市场全球化与顾客需求的趋同性使企业能够在全球市场上营销标准化产品；另一方面，产品标准化是一项复杂的系统工程，几乎没有几家公司具备足够的能源来实现大规模的全球标准化。所以市场细分与产品定位在全球营销中仍占有重要地位。所不同的是，传统的市场细分方法是以国别为基础的，而全球营销则以顾客需求的共性为细分依据。

在国际营销中，产品标准化与差异化各有优势。产品标准化的优势主要体现在能节约生产成本，并保持产品风格、销售、顾客服务、品牌名称、包装及公司总体形象上的一致性，从而有利于跨国交流和吸引顾客。产品差异化的优势则主要体现在迎合了当地市场上的消费习惯、文化习俗、分销方法等，因而具有较强的当地适应力，易于被接受。针对上述特征，在全球营销中可分别选用如下五种产品策略：

策略1：全球统一产品、统一说明。这是一种统一性策略，它意味着产品及其说明均为标准化形式；

策略2：相同产品、不同说明。这种策略采用标准化产品，差异化说明，以适应产品的不同最终用户；

策略3：不同产品、相同说明。这种策略采用差异化产品，但沿用相同的说明，以便增加产品对顾客的吸引力；

策略4：差异产品、差异说明。这种策略在产品及其说明上都做了适应化调整，以迎合当地市场的习惯与偏好；

策略5：产品创新、为国际市场开发出新产品。

（二）全球品牌

成功的品牌策略将为企业赢得重要的竞争优势。成功的品牌可以将本企业的产品与竞争对手的产品区分开来，有利于保护产品的质量和形象，获得顾客对品牌很强的忠诚度，从而能留住顾客，增加其他竞争者的进入障碍等。

在全球营销中，由于竞争环境更为险恶，品牌优势显得更为重要，例如，可口可乐、麦当劳等，这些全球品牌早已为人们所熟悉。因此，拥有这些品牌的企业就可以获得由规模经济、全球品牌形象与声誉、全球消费者忠诚度所带来的营销高效率。

在确定全球营销的品牌策略时，应回答如下四个问题：

1. 是否需要品牌?
2. 采用制造商品牌，还是经销商、零售商品牌?
3. 在同一个市场上，是采用单一品牌，还是系列品牌?
4. 采用全球品牌，还是当地品牌?

(三) 全球性企业的组织与控制问题

全球性企业面临着许多复杂的组织与控制问题，包括：

1. 全球协调与营销一体化同国别适应性的冲突问题。如前所述，全球营销旨在获取全球性竞争优势。但是，完全的营销标准化却难以实现，因此，或多或少总需要做一些适应性调整，以迎合当地市场的特点。这种“全球思维，当地运作”的状况引起了复杂的组织与控制问题。

2. 信息有效传递与交流问题。企业各级人员之间的信息传递与交流是制订营销规划和评估业绩所必需的。

3. 决策权限的分配，以及地域分散化运作的协调问题。

4. 内部行政管理问题，尤其总部的高层领导之间，以及子公司经理之间关于全球导向或国别导向等的冲突。

5. 对于环境复杂性的管理问题。

6. 对于公司的绩效进行监控问题。

可见，有效的组织形式与控制方法是全球营销成功的关键所在，因为它们为全球协调与营销一体化提供了良好的运作机制。

(四) 全球营销的组织与控制

关于全球营销的组织与控制，存在着3种不同的认识，分别简述如下：

1. 战略/机构学派。该学派认为，全球营销的组织机构应该是随着时间的推移而不断发展的，从简单的出口业务部、国际分部形式向母—子公司、全球性组织机构或矩阵结构发展。因为企业国际化程度的增加要求更为复杂的组织机构与之相配套，所以，企业的全球组织与控制形式应依其全球发展战略的需要采用不同的形式。

2. 矩阵机构学派。该学派的认识以矩阵机构为核心。他们认为，矩阵机构为解决全球企业的协调与控制问题提供了“良方”。通过全球矩阵机构，由产品部负责产品系列在全球的经营与销售，便于开展全球协调与营销一体化工作；而地区部则负责各种产品系列在本地区的经营与销售，从而有利于组织国别适应化工作。这样，企业就可以同时实现全球协调与国别差异化。世界上已有许多跨国公司（包括道化学公司、IBM公司和维斯汀豪斯公司等）都成功地应用了全球矩阵机构，使企业的长期国际战略规划得以实施。

3. 全球营销组织形式创新。矩阵结构在管理上的困难，导致了全球营销组织形式的创新，或称之为全球企业组织机构设计的新观念。这种新观念不强调企业组织形式本身，而是侧重于人际关系、母公司—子公司之间的态度及管理行为等。他们认为，通过权力、命令和压力固然也能实现全球营销一体化或标准化，但是，这样做往往令人反感，以致效率低下，因此实现全球营销的良策在于“合作与参与”。换言之，在企业标准化概念的形成和实施过程中，子公司都必须密切配合与参与。这是一种积极的合作机制，全球企业的各部门之间的密切配合关系。在此机制下，全球企业的各阶层能够共同参与决策，并划清责任范围，分别协调。同时，在组织形式上，企业也应缩短通信通道，减少机构复杂性，并使其具有最大的灵活性。

12.7 整合营销

12.7.1 整合营销的提出

营销学的核心概念归结于交换，并围绕交换形成了诸如需要、欲望、产品、价值、满足、市场等常识性概念，进而建构起营销学的理论体系。20世纪之前，市场的基本趋势是供不应求，但20世纪初，出现了产品积压现象，经济学界开始研究商品的销售问题，出现了第一本以《营销学》命名的教科书。1929～1933年的经济危机过后，营销学只注重产品推销。“二战”后，营销学的研究突破了商品流通的范围，深入到生产领域，并且与企业管理论密切结合起来，发展成为一种帮助企业家建立和保护市场的思想系统，促使营销学从经济学系转到商学院，成为一门与经济学、心理学、社会学、数学等多学科密切配合的边缘学科。

营销学脱胎于经济学，经济学是营销学之父，当经济学研究的交换问题发生较大变化时，必然带动营销学发生显著的变化。

在分工和专业化理论的影响下，营销理论一直致力于功能细化研究，强调将顾客需求进行细分，从中选择目标市场；将营销策略分为产品、价格、渠道、促销等不同方面的，有专门的人负责其中某一单一职责的工作。企业再造理论从两个方面推动了营销学的发展：首先是强调以顾客需求为基础设计企业的营销流程；其次在于树立勇于变革的思想。交易费用定义为进行交易活动所投入的资源的价值量度，对每一交易活动都可以进行效用费用分析，研究其中的互补或替换关系。权变理论给营销学的启示是：企业在运用营销理论和方法时要考虑现实情况。

正是由于经济学、管理学前沿理论的发展，极大的拓展了营销学成长的空间，使得营销者可以使用崭新的武器，以全新的视角来审视营销学的进程，整合营销的形成也就顺理成章。整合营销与营销是矛盾的特殊性与普遍性的关系，因此研究整合营销应该建立在营销理论的一般规律之上。从时间维度上看，营销学的许多共性是通过历史积累而逐步沉淀下来的，所以在营销理论的发展历史中可以凸显整合营销的轮廓。

1964年美国的伊·杰罗姆·麦卡锡教授提出4P理论——产品（Product）、渠道（Place）、价格（Price）、促销（Promotion），又称营销组合理论，引起了理论界与实务界的轰动。

12.7.2 整合营销概述

（一）整合营销的概念

整合营销一词来自于英文“Integrated Marketing Communication”，它的英文缩写为IMC。整合营销是一种通过对各种营销工具和手段的系统化结合，根据环境进行即时性动态修正，以使交换双方在交互中实现价值增值的营销理论与营销方法。整合营销以市场为调节方式，以价值为联系方式，以互动为行为方式，是现代企业面对动态复杂环境的有效选择。

营销整合就是使各种作用力统一方向，形成合力，共同为企业的营销目标服务。整合营销是一种系统化的营销方法，具有自身的指导理念、分析方法、思维模式和运作方式，是对抽象的、共性的营销的具体化、个性化，是挑战营销环境的工具。

（二）整合营销的特点与优势

激烈的市场竞争如大浪淘沙，迫使企业不断地审视自己与所面临的市场营销管理环境，据此不断地调整企业的营销战略与策略，或者确立新的营销理念，或者修正原有的营销方式。整合营销理念正是鉴于企业在希望兼顾企业内外整个价值链上的所有“星座”都能够在闪闪发亮的目标指引下，逐渐演变和发展起来的一种更适合现代市场竞争的营销概念。与绿色营销、网络营销、关系营销等营销策略相比，整合营销具有以下特点和优势。

1. 整合营销战略打破了传统营销狭隘的观念——营销只是企业内部经营管理的一项重要的功能而已。传统的市场营销所要求的只是市场营销人员在执行企业市场营销工作时必须实际考虑到许多相关因素的影响，实质上仍旧把营销活动看成企业经营的一个职能，并没有把这些因素列入市场营销管理本身的重要组成部分。而整合营销则要求企业的所有活动都以营销为中心加以整合与协调，要求企业内部所有部门、所有员工都团结一致为顾客的利益而服务，企业的营销活动成为企业各个部门的工作，即所谓的营销非功能化。同时，在内部协调一致的基础上，从纵向与横向同价值链上所有相关的企业、顾客密切合作，实现共赢的结局。

2. 整合营销战略摒弃了以往从静态的角度分析市场、研究市场，然后再想方设法去迎合市场的做法，开始引入动态观。整合营销要求企业主动地迎接多变的市场的挑战，更加清楚地认识市场与企业之间的互动关系，不仅要深入分析现有的市场，研究如何尽量扩大市场份额的策略，更应未雨绸缪，研究消费者的新需求、发掘潜在的市场，从而开创新市场。在当今的市场形势下，创造市场也许比适应现存的市场来得更加重要，创造市场比细分市场和确定目标市场也更为主动，因为天下没有免费的午餐，成熟的市场竞争也是最为激烈的。而整合营销推崇企业用动态的观念看待市场，一个企业市场优势地位的确定与稳固在于企业能否深刻地领悟市场发展的方向，以及是否有能力根据市场的变化及时调整企业的战略、充分利用自身以及“外脑”来适应变化了的市场；在复杂动态的环境下，一个企业只有成为市场营销管理的开拓者，开创新的消费品市场并不断地保持领先地位，企业才有可能拥有持久的生命力和成长能力。

（三）整合营销的内容

1. 整合营销以综合价值为基础。综合价值不是简单的产品价值观念或竞争价值观念，它们是适应顾客评判价值的复杂标准的价值观念。它是一个相对的概念，相对性表现在如下几方面：

（1）交易费用和交换价值；

（2）价值的主观性和客观性；

（3）价值的纵向比较；

（4）价值的横向比较。

2. 价值的驱动因素有以下三种，可以作为整合营销价值分析的突破口：便利、生活质量、自我意识。

3. 以注重企业、顾客、社会三方共同利益为中心的整合营销。

（1）环保要求下的社会大营销。随着时间的推移，企业遇到棘手而不容忽视的问题——环境污染。有的公司将公司的利益、消费者的利益和公共利益三者结合起来加以平衡，试图追求一种三方效益都有保证的营销方案。这种企业认为组织的任务是确定目标市场的需求、欲望和兴趣，比竞争者更有效的提供满足顾客的商品，提供商品的方式应对消费者和社会福利双重有益。

（2）日益发展的关系营销。有的企业认为市场营销的核心已从交易转到了关系上，营销重点已从每次的单独销售转到同顾客发展长期的关系上来，营销活动的目的是使新顾客成为定期购买的客户，甚至是企业和产品的支持者，最终成为与企业有伙伴关系的忠诚顾客。

（3）不容忽视的文化营销。企业如何在研究社会需要与企业发展环境的基础上，确立企业独特的内涵与自身代表形象，并将之有效地表达和传播给公众，是企业营销理念上又一大方向。

（4）三者结合的整合营销。整合营销理念强调以动态的观念，主动地迎接市场的挑战，更加清楚地认识到企业与市场之间互动的关系和影响，不再简单地认为企业一定要依赖并受限于市场自身的发展，而是告诉企业应该更努力地发现潜在的市场，创造新的市场。

为了能在动态的市场上生存，须建立一种能在市场环境的巨变中生存的定位策略。动态的定位过程有三个联结的阶段：

（1）产品定位：企业决定产品进入竞争市场的方式。

（2）市场定位：产品必须在市场上得到承认，同时也必须同顾客建立起相互信赖的关系，市场必须把产品当做赢家。

（3）形象定位：公司要定位的不再是产品，而是自已，这主要靠公司的形象和财务成绩来实现。

（四）整合营销的理论框架

1990年，美国学者劳特朋（Lauterbom）教授提出了与传统营销的4P相对应的4C理论，即：

1. 消费者的需求与欲望（Consumer Needs and Wants），意思是把产品先搁到一边，应着重研究消费者的需要与欲望，不要再卖你所能制造的产品，而要卖消费者想买的产品；

2. 消费者愿意付出的成本（Cost），暂时忘掉定价策略，而是了解消费者要满足其需要与欲求所须付出的成本；

3. 购买商品的便利（Convenience），忘掉通路策略，应当思考如何给消费者方便以购得商品；

4. 沟通（Communication），最后请忘掉直接的促销手段，而是要与消费者进行双向的沟通。

4C理论的提出引起了营销传播界及工商界的极大反响，它成为整合营销理论核心，构成整合营销的理论框架。

12.7.3 整合营销的战略战术

（一）整合营销战略和战术确定原则

战略和战术不可偏废，从本质上讲，战略体现了企业对自身、顾客及周围环境的关系的认识，它不是靠抄袭得来的，也不是靠外部人士的话得来的，也不是靠非常理智地“衡量”什么战略最实用、最流行、最有利可图得来的。战略内生于企业，不可能由外人来代替制订，不随时间的变化而变化，甚至不随市场波动状况变动而变化。

战略和战术协同推进，战术是钉子，战略是锤子，两者共同作用才能攻坚克顽。战略的目的在于动员企业资源和能力，在战术上先声夺人，把企业全部资源纳入统一的战略轨道，有助于企业战术的效能在不受既定目标约束的情况下得以最大限度的发挥。

（二）整合营销战略设计

1. 强调个性。对于推行整合营销的企业来说，其战略设计有一个共同特征，那就是凸显个性。所谓个性，是指企业在市场中独一无二，为市场认可和接受的独特形象。企业个性来自由企业、顾客和环境构成的价值系统，不可能由企业来改变，因此，整合营销的目标不是改变人们的思想，而是要对潜伏在人们头脑中的思想与观念“积极而巧妙”地加以利用。

2. 整合营销要求人们建立核心的价值观。这种核心价值观与企业个性相对应，是确保企业个性延续和发展的内在推动力，它是公司基本的和长期的宗旨，不能为了经济利益和短期的好处而放弃它。核心价值观是企业一切行动、任务的最高依据和准则，这些价值观可能包含正直、开放、诚信、自由、机会均等、精简、实质成效、忠实等。

3. 整合营销要求确立了核心价值观的企业还必须具有进取精神。只有这样才能使核心价值观发挥作用，使企业个性得以凸显。进取精神是发自企业内部的一种冲动——一种渴求探索、创新、发现、获得、改变和改善的冲动。进取精神是对动态复杂的环境一种适应的挑战，是一种不可抑制的内在原动力。企业的核心价值观可以促进进取精神，因为它能提供一种持续性，企业在此基础上不断发展、不断试验、不断改革。

4. 要使企业个性鲜明，还要清晰的认识到企业该做什么，不该做什么，也就是有所为和有所不为的问题。共同远景是人们心中一股令人深受感召的力量，是推动企业发展的原动力，如果没有共同远景，将无法想象福特、苹果电脑是如何建立起他们的骄人业绩的。建立共同远景需回答三个关键性问题：追寻什么？为何追寻？如何追寻？

5. 整合营销组织的构想。在组织构成上，它类似于矩阵式或事业部式营销组织。形式上表现为星系性组织结构。在组织功能上，整个系统具有类似神经网络应激性和意识支配性相结合以及细胞分裂繁殖的功能特点。

（1）星系性整合营销组织结构。营销团队具有独立开发市场、产品应付竞争者挑战的能力，因而人员组合齐备，综合实力强。各营销团队又是围绕营销管理中心的协调控制运转。营销管理中心依靠中长期决策权力、人员最终调配权，以及强大的信息资源汇总、分类、咨询、沟通能力成为各营销团队的核心，从而构成星系。则整合营销团队必须具有自己的市场营销专家、销售专家、广告与促销专家和营销行政事务专家。整合营销管理中心必须具有营销决策专家、项目评估专家、信息处理专家、网络管理专家以及学习管理专家。

（2）神经网络型的整合营销组织功能。整合营销团队的职能在于开发市场生长点，完成具体营销功能。整合营销管理中心的职能在于协调、管理、战略指引、学习教育，相当于中枢神经系统。

12.7.4 整合营销的组织实施

（一）整合营销的产品开发

大致有以下几个要求：

1. 整合的实体产品开发。

2. 确立企业核心能力和差别优势，实现多方面的资源共享。

3. 形成产品循环开发，是突破型开发与改进型开发相辅相成。在企业实力允许的条件下，多个产品同时开发的风险比仅有单一产品开发的风险要小。

4. 灵活的制订开发目标，保持产品开发创意的开放性和弹性。

5. 采用机动、综合的组织形式，以人员齐备的产品开发小组为核心开发产品。

6. 整合服务产品开发。系统化和有形化是其基础。

7. 确认已有资源优势，尤其是有形资源优势，运用系统的方法去开发新的服务产品。

8. 追踪需求链，将需求适度量化和有形化。

9. 产品的开发与销售、管理、人员培训的整合。

10. 整合开发——实体产品开发与服务产品开发的融合。实现有形产品与服务产品之间的跨越，无论从何处起步，都会冒很大风险。转换形式的开发常在下列条件下出现：

（1）缺乏突破性的产品创新，改进新产品开发机会已基本耗尽；

（2）同行业竞争呈现一种稳定的压力；

（3）同企业其他方面资源储备相比，企业在开发现有产品的同类产品方面的能力相对薄弱，且后劲不足；

（4）企业在开发主体产品的异类附加产品是发现优于主体产品的市场环境和潜在利润；

（5）企业有足够的实力，维持现有优势和发展速度且有计划的进行保守的多角化经营战略。

（二）整合营销的执行

营销执行是将营销计划转化为行动和任务的部署过程，并保证这项任务的完成，以实现营销计划所制订的目标。营销执行是将纸面上的计划、任务落实而产生结果的过程。

整合营销的执行过程涉及以下三方面的问题：

1. 资源的最佳配置和再生。实现资源的最佳配置，一方面利用内部资源运用主体的竞争，实现资源使用的最佳效益；另一方面要利用最高管理层和各职能部门，形成对稀缺资源的规范管理，组织资源共享，在最大限度上避免资源浪费。

2. 人员的选择、激励。

（1）人员选择有以下原则：

①确认核心原则；

②能力相配原则；

③协作原则；

④动态优化原则。

（2）人员激励。分为物质的（体现在员工收入提高和福利待遇提高）和非物质的（表扬、记功、晋级、深造等）。

3. 学习型组织。

（1）建立共同愿景；

（2）团队学习；

（3）突破思维定式，形成开放思维。

（三）整合营销推进

动力来自于营销部门及企业上下的自我修炼，过程包括：

1. 企业有不断超越的整合营销目标；

2. 企业必须不断调整自身营销思维模式，适应环境；

3. 在企业内部，营销部门与其他各部门之间培养良好的协作精神和以顾客为中心的主动配合意识；

4. 企业还需经常性的反思与探询；

5. 企业对整合营销活动应运用系统思考的方法。

【小结】

工业革命在使经济高速增长的同时，也使生态资源迅速减少，使人类的生存环境受到严重污染和破坏，这引起了全社会的普遍关注。早在20世纪40年代，就曾有人呼吁环境问题，但未受到普遍重视。到了六70年代，随着环境问题的加重，人们的环境意识不断加强，越来越认识到环境问题的迫切性与重要性。70年代起，以保护环境、保护地球为宗旨的环境保护运动在全球蓬勃发展，西方国家相继爆发了以“绿色食品”为主导的“绿色革命”。与此同时，一种旨在改善生活品质的消费观念——绿色消费应运而生。从而使绿色营销正式提上日程。

关系营销是在“社会学时代”的大背景下，于20世纪90年代伴随着大市场营销理念的发展而产生的。关系营销是把营销活动看成是一个企业与消费者、供应商、分销商、竞争者、政府机构及其他公众发生互动作用的过程，企业营销活动的核心是建立并发展与这些公众的良好关系。

体验经济是一种建立在人们的物质生活水平提高、有足够的消费能力，并且愿意在闲暇时间为他们的放松付出高昂的金钱来填补精神的饥渴和追求心灵的文化基础上的经济。同时，体验经济时代也充分体现了生产力不断发展、物质和财富极大丰富、可持续消费水平和质量不断提高、个性化消费需求旺盛从而使得人们的消费行为层次更高的特点。

进入21世纪，网络受到全社会各行各业的青睐。由于互联网络将世界各国的电脑网络群连接起来，实现了信息资源的共享，成为全人类拥有的信息传递系统，所以人类的生产、生活和消费方式出现了巨大的变化。随着越来越多的企业和消费者进入互联网，网络经济已初露端倪，这必然给传统的市场营销观念和营销组合注入新的内容。全球经济一体化的趋势日趋显著，企业网络化、信息化发展进程加快，网络营销也随之产生并成熟。

随着社会经济和科技的发展，消费需求日益多样化、个性化，单由技术创新产生的差异化已越来越难以为企业创造持久的竞争优势，服务则日益成为企业改善经营绩效、获取竞争优势的强有力的武器。在此背景下，服务营销成为赢得客户满意的保证。

自20世纪90年代以来，企业营销者特别是跨国企业的营销决策人员所面临的最重要的战略问题之一便是全球化。来自于企业外部或内部的各种动因无不驱使其迈向全球。事实上，对于如小汽车、家用电器、娱乐品、药品、金融、出版、旅游服务业等这样的全球性产业，即使公司拥有最大的国内市场，也无法长期生存。在激烈的全球性优胜劣汰的竞争中，每个产业最终只能剩下3~5家经营者。因此，企业必须放眼全球，占据世界所有重要市场。全球营销的应运而生，为企业迈向全球开辟了一条新的途径。

由于经济学、管理学前沿理论的发展，极大地拓展了营销学成长的空间，使得营销者可以使用崭新的武器，以全新的视角来审视营销学的进程，整合营销的形成也就顺理成章。整合营销与营销是矛盾的特殊性与普遍性的关系，因此研究整合营销应该建立在营销理论的一般规律之上。从时间维度上看，营销学的许多共性是通过历史积累而逐步沉淀下来的，所以在营销理论的发展历史中可以凸显整合营销的轮廓。

【关键术语】

绿色营销（Green Marketing）
三效益理论（Three - effective Theory）
关系营销（Relationship Marketing）
梯度推进（Gradient to Promote）
体验营销（Experiential Marketing）
体验主题（Subject to Experience）
网络营销（Network Marketing）
双道法（Dual - channel Method）
服务营销（Services Marketing）
准变动成本（Quasi - variable Cost）
服务利润链（Service Profit Chain）
全球营销（Global Marketing）
矩阵机构（Matrix Organizations）
整合营销（Integrated Marketing）
形象定位（Image Orientation）

【知识链接】

［1］［美］辛普，张红霞．整合营销传播：广告与促销［M］．北京：北京大学出版，2013.
［2］申光龙．整合营销传播战略管理［M］．北京：清华大学出版社，2013.
［3］［美］舒尔茨．整合营销传播：创造企业价值的五大关键步骤［M］．北京：清华大学出版社，2013.
［4］黄鹂等．整合营销传播：原理与实务［M］．上海：复旦大学出版社，2012.
［5］卫军英．整合营销传播理论与实务［M］．北京：首都经济贸易大学出版社，2012.
［6］斯特劳斯等著，时启亮等译．网络营销（第三版）［M］．北京：中国人民大学出版社，2010.

[7] 刘敏等主编. 绿色消费与绿色营销 [M]. 北京：清华大学出版社，2012.
[8] 中国营销传播网，http：//www. emkt. com. cn/.
[9] 洛夫洛克·沃茨著，谢晓燕等译. 服务营销 [M]. 北京：中国人民大学出版社，2010.

【案例分析】

整合营销传播赢在哪里?

2005年初，由实力传播集团旗下的突破传播（北京团队）策划执行的HP数码相机整合营销推广方案，不仅获得了实力传播全球惠普团队品牌媒介奖（Brand Media Awards），而且入围首届实力传播全球卓越ROI（投资回报）奖。那么，它赢在哪里?

（一）多种媒体组合齐步走

在仅两个月的时间内，包括客户及实力传播集团6个不同的业务部门的20多人的超大团队，涉及"电视广告+平面广告+户外广告+在线广告+广播广告+事件+商场体验中心+产品宣传公交车+影院展示+新闻发布会"等的复杂整合传播方案，目标是通过运用ATL（Above-The-Line，线上）、BTL（Below-The-Line，线下）、事件、公关、新闻发布会和交互活动，最大限度地创造了丰富多彩的直观体验，引起人们对产品的关注，激励他们购买产品。

（二）活动出击与广告造势

整合营销的要素，是协同运作、创造和加强关系、保持一致性。只有从整体着手，放眼全局，运用多个不同的渠道，巧妙地与消费者互动，才能达到理想的推广效果。

突破团队将创新思考主要集中在平面广告、户外广告和非媒体广告等方面，特别是户外的广告和活动。推广活动在夏季开展，利用品牌创意广告，例如瀑布和拼图等，去重现夏季度假美景。产品体验活动在北京和上海人流集中的购物街开展，这些活动吸引了很多青少年男女的关注。

为了让消费者真正认识HP全线的数码产品，并加深对产品的印象，实力传播集团旗下的整合行销部门经过实地考查和研究，在北京的东方广场、上海港汇广场等精心策划实施了精彩的路演活动。活动现场设立了两个区域：影像体验区和家庭影院区，成功吸引到众多目标消费者到路演现场亲自体验HP的数码产品带来的娱乐享受。

在体验区内，实力整合行销还设置了礼品制作区，在这里消费者可以用HP的数码影像产品亲自制作个性化的T-shirt、相架、DVD等，充分体验HP数码产品的神奇和魅力。

同期多种形式的户外广告支持也成为这次消费者体验活动成功的关键。例如，在北京东方新天地广场，抢眼的HP彩虹图案将东单和王府井两个大门包起来，强有力地吸引了附近的目标人群。

（资料来源：http：//www. gdglc. com/training/123. html.）

思考题：

1. 什么是整合营销?
2. 实施成功的整合营销关键是什么?
3. 整合营销相较于单一的营销手段有哪些优点?

第 13 章 市场营销管理创新

【本章知识要点】

知识要点	掌握程度	相关知识
市场营销创新的驱动因素与重要作用	熟悉	驱动因素、重要作用
市场营销创新的内涵与源泉	了解	内涵、源泉
现代企业市场营销创新的策略	了解	核心竞争力和商业模式创新、顾客价值创新、市场创新、营销观念创新

【本章技能要点】

技能要点	掌握程度	应用方向
市场营销创新	了解	当市场竞争变得越来越激烈的时候，企业要找到一个营销的突破口，那就需要企业根据所处的市场环境进行相应的市场营销创新

【导入案例】

模仿

一个人想做一套家具，就走到树林里砍倒一棵树，并动手把它锯成木板。这个人锯树的时候，把树干的一头搁在树墩上，自己骑在树干上；还往锯开的缝隙里打一个楔子，然后再锯，过了一会儿又把楔子拔出来，再打进一个新地方。

一只猴子坐在一棵树上看着他干这一切，心想：原来伐木如此简单。

这人干累了，躺下打盹儿时，猴子爬下来骑到树干上，模仿着人的动作锯起树来，锯起来很轻松，但是，当猴子要拔出楔子时，树一合拢，夹住了它的尾巴。

猴子疼得尖声大叫，它极力挣扎，把人给闹醒了。最后被人用绳子捆了起来。

营销启示：日本企业是靠模仿欧美产品起家的，但是他们在模仿中有创新，这就促成了日本经济30年的兴旺。我国许多企业生产的产品是模仿欧美企业的，但是我们在模仿中没有创新，所以如今电视、DVD等许多产品的核心技术不在我们手中，这就像猴子的尾巴，一不小心就被树夹住，由此可见，模仿固然重要，但创新更为关键。产品就是如此，市场营销更是亦然。

营销创新对于一个企业有着至关重要的作用，尤其在今天同质化日益激烈的市场竞争之中，缺乏创新的企业就失去了发展的动力。企业的产品能否在消费者心目中树立起良好的形象，并促使其实施购买行为，很大程度上取决于企业的营销创新能力。

13.1 市场营销创新的驱动因素与重要作用

13.1.1 市场营销创新的驱动因素

美国管理大师熊彼特曾提出企业创新的五个有形要素，而营销创新属于无形要素范畴。事实上无论有形要素，还是无形要素的创新都需要一种思想或力量上的支撑。从目前企业营销实践来看，虽然在借鉴优秀企业营销经验的基础上，结合行业特点提出了服务营销和工商协同营销等新理念，但在执行过程中，仍然受到了传统营销模式的束缚。企业要适应国际化竞争、适应市场经济的发展，必须改变营销方式上墨守成规、故步自封的思想和行为，在营销创新过程中切实把握好观念、思维、精神、制度四要素，才能有效发挥营销创新的作用。因此，市场营销创新的驱动因素主要包括以下四个方面：

（一）市场营销创新观念的不断更新

所谓市场营销创新观念，就是企业在不断变化的营销环境中，为了适应新的环境而形成的一种创新意识。不破则不立，在市场竞争日益激烈的今天，创新已成为现代社会发展的趋势，已成为现代企业可持续发展的原动力。随着行业改革逐步走向深化，企业逐渐意识到创新对于行业发展的价值和意义，身践力行，开展“自主创新，支撑发展”活动。然而观念创新是一切创新的先导，只有正确的创新观念指挥支配着创新形成的全过程，商业企业的营销创新才不会流于空泛，夭折于市场竞争中。

对于具有垄断独特性质的企业来说，要树立正确的创新观念，首先要破除“小成即满”、“小富即安”的思想，要彻底摒弃与市场经济发展不相适应的保守落后的观念和陈旧僵化的思维模式，在学习国际先进营销模式的基础上，总结、提升营销的实践经验，促使企业站在增强中国整体竞争实力、促进行业长远发展的战略高度和面对国内、国际两个层面的高度来思考企业营销发展的方向，制定适应中国市场的营销发展战略。

（二）市场营销创新思维的不断涌现

企业要做好营销活动就必须使营销人员具备正确的营销思维。思维是认识活动的高级阶段，是对事物一般属性和内在联系间接的、概括的反映。营销思维的培养就是要在营销人员的头脑中建立起一种营销意识也即工作状态。客户经理作为商业企业市场营销的“神经末梢”，一是要熟练掌握营销的理论知识，严格区分营销工作与推销工作、营销观念与销售观念的本质差异；二是要明确客户经理的岗位职能，要从过去以销售为中心的访销员逐渐转变为以客户为中心的客户经理，客户的喜好、需求、满意应作为客户经理营销工作的出发点和落脚点；三是要做营销工作中的细心人，要善于观察市场上的产品走势，观察周围的事物、“消费者”行为，深度挖掘营销创新的切入点。

（三）市场营销创新精神的不断提升

面对复杂多变的营销环境，市场营销创新的风险无时不在。营销创新极易受挫，或是被束之高阁，或是不敢执行，这样就打击了营销创新的积极性和开拓精神。所以，必须有坚韧不拔的精神做支撑，才能确保创新的大厦不倒。当然营销创新不一定成功，但是坚韧不拔却是营销创新所必备的精神。

（四）市场营销创新活动的制度化

只有使营销创新制度化，才能使创新观念、思维和精神有根本保障，从而充分地调动营销人员创新的积极性和主动性，促使企业在复杂多变的环境中有的放矢地进行营销活动，适应市场变化。

13.1.2 市场营销创新的重要作用

（一）构建“大市场、大企业、大品牌”。

构建“大市场、大企业、大品牌”的目标与任务决定了营销创新的重要作用。需要企业加强品牌营销的创新工作，在原有细分目标市场、引导消费、宣传促销等营销方式的基础上，引入营销创新元素，培育具有较强核心竞争力的大品牌。

（二）掌控销售渠道

掌控销售渠道也决定了营销创新的重要性。从国内国际发展要求和市场形势分析，无论是立足于当前还是立足于长远，销售渠道都是企业保持核心竞争优势所在。零售客户作为销售终端，其地位和作用都非常重要。企业要树立“客户至上，服务为本”的服务理念，改进服务流程，搞好服务营销创新的整体策划，积极为客户做好服务，让其有利可图，有钱可赚，以此增进毗邻友谊，加深理解，充分提高他们对企业的满意度、忠诚度和依赖度。

13.2 市场营销创新的内涵与源泉

13.2.1 市场营销创新的内涵

从熊彼特在1928年首篇英文版文章《资本主义的非稳定性》（Instability of Capitalism）中首次提出了创新是一个过程的概念，并在1939年出版的《商业周期》（Business Cycles）一书中比较全面地提出了创新理论到现在，已经80多年了，创新理念已经在许多方面得到应用，如技术创新、管理创新等。

所谓营销创新是指企业为了能提供给顾客和社会新的经济满足，实现企业的经营目标，使其营销行为在理念、体系、策略、方式等方面不断更新，从而把社会需要变成企业市场营销的一系列创新活动。

13.2.2 市场营销创新的源泉

（一）对客户的真诚服务

1. 麦当劳、肯德基对客户真诚服务模式的启发

麦当劳和肯德基都是以对儿童和青少年为主要目标顾客的快餐店，既能打动消费者上门光顾，又能开创企业的营销创新策略。麦当劳开出的药方是“低价产品冲高业绩”；肯德基苦练的密技则是“新鲜现做美食至上，营造温暖店内氛围”，它们共同的目标是争取更多的顾客，尤其是在店中设立有令儿童和青少年喜闻乐见的各种玩具和自娱自乐的各种节目，不同的是一个走价格策略，一个则走价值策略。麦当劳面临成长极限后，一方面以低价策略护卫城池，另一方面缓步进行店中店的复合经营策略；肯德基利用规模较小、动作灵活的优势，一路坚持不断翻新产品口味，试图在消费者心中建立肯德基的品牌价值。

2. 中国平安财产保险公司“客户回访制度”的扩散效应

为充分体现“以客户为中心”的经营宗旨，强化外部制约机制，中国平安财产保险公司在系统内率先实施了“客户回访制度”。“客户回访”要求对公司所有的客户进行回访，以登门拜访为主，电话回访为辅。回访的内容是：向客户介绍公司近况、通报赔案处理（查勘、定损）经过、赔款依据等情况，解释赔付的依据和理由，避免或消除其疑虑；同时广泛征询客户对公司展业、承保、理赔等保险服务的意

见和合理化建议。并以适当（如在名片上或贺卡上）的方式，刊登报案电话、投保热线、投诉电话，这样既能抓住机遇迅速抢占保险市场，又能及时破解保险消费误区。

3. 建立良好的客情关系，让客户首先接受企业的营销人员或营销方式

真正的客情关系不是仅仅靠吃吃喝喝来确定的，而是应该依靠扎实的专业知识、渠道规划、操作能力才能真正取得客户的信赖。吃喝毕竟属于庸俗、普通的关系手段，它仅在争取与经销商建立初步的关系阶段或利润空间较大时，效果才明显。但是，销售渠道的竞争也日益激烈，客户的危机意识、长远观念、维权的法制意识等明显增强。客户不光要选择有实力的公司，还要融入企业完善的、高效的、强大的销售网络和渠道中去，希望获得与企业的互利共生。客情关系的维系不仅要依靠专业知识，而且需要有良好的人际关系技巧。根据客户的不同类型，销售人员要善于运用恰当的交谈方式，比如：对于追求新思维、视觉开阔、阅历丰富的客户，要多向其提供科学的经营方式和合作思路，引导客户做出“双赢”的分析和决策，而对于一些文化层次不高的客户，则用较浅显的道理，介绍最基本的可得利益和合作常识。

（二）对产品（服务）品质的精益求精

1. 良好的产品（服务）品质是营销创新的基础

市场经济条件下以“产品技术为中心”向以“客户为中心”的转变过程中，产品（服务）的品质本身始终是企业营销创新竞争的焦点。顾客看中的是产品或服务的价值，购买的是产品或服务的使用价值。对 IBM 的有关调查显示，服务正在成为 IBM 最大的一张王牌，据统计 2001 年 IBM 服务的营业收入占 IBM 全部营业收入的 1/3。在 IBM 的盈利模式里，有这样一个算式：产品 + 服务 = 1 + 3 = 4，也就是说，1 元的产品加上服务后可以卖到 4 元，这充分体现了产品和服务的价值是营销创新的基础。

2. 市场经济条件下企业营销创新的观念发展

在 20 世纪 80 年代与 90 年代，企业的营销观念更多的局限于 4P 策略，即产品（Production）、价格（Price）、地点（Place）、促销手段（Promotion）。后来在 4P 营销观的基础上，加上了权利（Power）与公共关系（Public relation），形成 6P 营销策略组合。近年来，营销学者从顾客的角度又提出了新的营销观念与理论，即 4C 组合理论，包括顾客的需求和期望（Customer）、顾客的费用（Cost）、顾客购买的方便性（Convenience）以及 Communication（顾客与企业的沟通）。随着高科技产业的迅速崛起，高科技企业、高技术产品与服务不断涌现，4V 的营销新组合随即出现了，所谓 4V 是指差异化（Variation）、功能化（Versatility）、附加价值（Value）、共鸣（Vibration）的营销组合理论。它强调的是顾客需求的差异化和企业提供产品的功能的多样化，以使顾客和企业达到共鸣。美国营销学教授舒尔茨提出了 4R 营销组合，即与顾客建立关联（Reliance）、提高市场反应速度（Response）、运用关系营销（Relationship）、回报是营销的源泉（Reward）。4R 营销组合的最大特点是以竞争为导向，在新的层次上概括了营销的新框架。它根据市场不断成熟和竞争日趋激烈的态势，着眼于企业与客户的互动与双赢。

3. 加强全面质量管理，树立质量取胜的品质观念

全面质量管理（Total Quality Management，TQM）是由戴明博士（Dr. Deming）与另两位品管理论大师——朱兰（Joseph Juran）和寇斯比（Philip Crosby）所提出的，简言之：TQM 就是将持续性的改善法运用于参与式的管理中且注重顾客的需求。TQM 的要义包括：员工的参与及训练、问题解决小组、统计法运用、长程目标及思考和对无效能系统负责的认知。从主观的角度来看，TQM 提供的这种方法让组织设计程序、政策及工作，使整个系统能用最有效的方式来满足使用者的需求。TQM 这一重要的策略性管理工具，着重于了解客户的需求及改善客户服务与满意度。然而仍有人对品质的意义存有误解，认为品质仅仅是一种观念，在激烈的市场竞争环境中，树立质量取胜的品质观念是特别重要的。

（三）企业管理观念（理念）的不断更新

1. “以人为本”是企业管理理念和企业营销的基础

“以人为本”就是强调以“人”的需求为中心，即尊重人、理解人、关心人、依靠人、发展人和服

务人。通过对人的有效激励来充分发挥人的主动性、积极性和创造性，以最大限度挖掘人的潜能，以更好地实现个人目标和组织目标的契合。从西方企业发展的历程来分析企业与人（员工）的关系：首先表现为一种雇佣关系，其次表现为一种管理关系。传统管理模式下，企业雇佣雇员，雇员只有接受工作的权利而没有选择工作的权利；企业对雇员进行管理，雇员必须在组织各种制度的管理和制约下为组织目标而工作，雇员处于从属地位。笔者认为在市场经济环境中，企业应该像对待外部顾客那样对待自己的（人）员工，即坚持将员工的需要放在管理的中心地位，从员工的需求出发，对员工进行管理。随着社会的进步、经济的发展、知识经济时代的到来，知识要素将取代传统经济时代的资金资本要素而成为核心的生产要素，而拥有知识的"人"自然成为企业发展的主导。在企业人力资源管理理论中，人才选择企业，企业选择人才的"双向选择"的人力资源市场正日益成熟。有学者预言，21 世纪将是人才主权的时代。可见在企业管理理念和企业营销关系中，企业的目标必须与人（员工）的目标相结合，企业的各种管理制度、行为准则须在"以人为本"的前提下来制定，而非传统管理中仅仅将员工看成管理的对象，从管理者的角度，对员工采用强制的手段、硬性的制度等进行约束式管理。

2. "诚信经营"是企业管理观念和企业营销的关键

市场经济就是"诚信经济"，而"诚信经营"是企业的一种资源，是企业经济发展的一种无形的推动力，对企业的长远发展具有巨大的促进作用。能否诚信经营的问题看起来是一个道德问题，实际上还是一个法律问题。也就是说需要有一套切实可行的制度保障，让不遵守诚信原则的企业付出更大的代价。在立法上要充分体现保护债权人利益的原则，强化违约责任追究，不仅对逃废债务的单位要处罚，对恶意逃废债务的企业的高级管理人员和直接责任人员构成违法的，也要依法追究法律责任。企业要建立诚信经营的自律机制，比如，制定诚信经营准则、企业群体应注重自律垂范、加强诚信经营教育、建立诚信经营的奖惩机制等。笔者认为诚信经营是企业品牌的重要内容。

3. "协调发展"是企业管理理念和企业营销的重点

十届全国人大二次会议通过的宪法修正案，亮点之一是明确把"推动物质文明、政治文明和精神文明协调发展"写入了宪法。这是对马克思主义政治学说的继承和发展，丰富了社会主义民主政治建设和现代化建设的内涵，完整地构建了未来中国社会主义现代化建设的体系，对于发展社会主义市场经济、社会主义民主政治和社会主义先进文化，不断促进社会主义物质文明、政治文明和精神文明的协调发展，具有深远的意义；对于实现我国社会主义现代化建设的总体目标，将发挥指导作用。可见，企业管理和企业营销也应大张旗鼓的强调和突出"协调发展"。推进企业协调发展的措施很多，比如，可以采取向网络、服务、管理、创新要效益的新举措，在将企业做大的基础上进一步做强，推进企业全面、协调、持续发展，注重企业的经济效益、社会效益的同时，突出强调企业的环保意识，而环保效益、生态效益是关系人类生存和发展的大事。笔者认为企业的管理和营销不仅应该研究内部的人员、资产、产品、管理、经营等内部资源和要素，而且更要研究企业外部的政策、法律、资源、环境、企业等外部资源和要素，以便解决相互联系、相互作用、相互协调、相互制约的协调发展。

13.3 现代企业市场营销创新的策略

进入 21 世纪以来，企业间的竞争更加的激烈，企业采用的营销方法更是层出不穷。营销是每一个企业（不论是大型企业，还是中小型企业）必须进行的一个基本活动，营销进行的好坏直接影响到企业的发展，甚至是影响企业能否在市场上生存的一项重要活动。很多企业为了能在竞争激烈的 21 世纪生存并发展壮大，都在积极的进行市场营销的创新，探索市场营销创新的策略。本节主要介绍以下几种创新策略。

（一）核心竞争力与商业模式创新

营销看上去只是企业的功能之一，实际上整个企业都是在做营销，要想从根本上提升营销能力，必须从核心竞争力和商业模式创新。我们知道 PPG、美特斯邦威、如家快捷、携程、产权式酒店、安利直销等，大到美国上市公司、世界500强，小到花木租赁、衣服干洗服务等，每年每个行业几乎都会出现一些激动人心的案例，他们通过核心竞争力和商业模式的创新，走出了死胡同，甚至颠覆了格局。

其实，这些不到1%的企业已经在用他们的成功向我们超过99%的其他企业揭示答案。

1. 企业能力应该由分散走向集中，在核心能力上做加法，对非核心能力做减法；“专而强”是未来赚钱的唯一道路。

2. 核心竞争力和商业模式应该由模仿走向创新、由同质走向差异。

3. 建立核心竞争力和商业模式创新的方向和标准。这里的关键是如何创新核心竞争力和商业模式？

（1）变线性思维为网状思维。产业的价值链是一条线，我们过去习惯沿着这条线思考，比如，供应商、顾客等，在产业与产业之间发生大量交叉和重叠的今天，我们为什么不可以把本产业价值链以外的第三方拉进来思考？为什么不可以向第三方，甚至第四方、第五方盈利呢？这就是网状思维。现在很多消费品也做到了，比如出售打火机可以不收消费者的钱，但收酒店宾馆的钱，因为酒店宾馆在打火机上面做广告，等等。

（2）变追随式思维为反叛性思维。在企业经营涉及的任何一个方面，如生产、技术、资本、渠道、产品、传播、团队等，我们来看，传统的做法有什么问题？可不可以不这么做？要和别人不一样。

当然，核心竞争力和商业模式的创新离不开一个最重要的前提，对产业及环境的深度洞察和准确预测。最合适的才是最好的，最合适的才可能是最有效的，离开这个深度洞察和准确预测，合适无从谈起。

（二）顾客价值创新

企业的基石是什么——顾客价值。在同质化的僵局里，唯有创新顾客价值才能破局。可以说所有成功的营销突破都离不开顾客价值的差异化，差异化是突破竞争的必用钥匙。差异化应该注意一些关键点：（1）要有市场意义；（2）要有真正价值；（3）不要教育市场；（4）要有竞争壁垒；（5）要提到文化层面；（6）要快速占位；（7）及时延展和升级。

然而，如何创新顾客价值呢？主要方法有二：

1. 纵向思维：主动细分市场，找到空白市场或对手薄弱的市场，推出更具个性化的产品（服务），洗发水、感冒药行业给了我们很好的演绎，实际上，现在很多行业仍然存在很多细分的机会。操作的关键点是细分的维度和宽度合不合时宜，合不合自己。

2. 横向思维：就是菲利普·科特勒说的“水平营销”，也就是业内所俗称的“杂交营销”，将不同行业不太相关的需求进行横向嫁接，为顾客创造了新的价值。比如，手机与电脑的嫁接，家电与家具的嫁接等。这种思维方法可以克服细分市场太小的毛病。

过去同质和模仿甚至是有用的思路，因为过去产品（服务）稀缺，而且这样可以避免技术和市场开发两项巨额成本。但今天产品（服务）是过剩，技术和市场开发受知识产权和品牌壁垒的保护。今天，必须实行差异化，这是现代企业市场营销创新的基础。

三、市场创新

市场创新是企业营销创新的重要方面。按照市场划分的不同标准，企业的市场创新可以根据地理、经济、心理等三种基本思路进行。

（1）根据地理因素进行市场创新是企业进行营销创新的常用战略之一。例如，由本地市场转向外地市场，由城市市场转向农村市场，由国内市场转向国际市场。就我国情况而言，随着城市市场竞争的日益激烈，开拓农村市场已经成为许多企业进行市场创新的重要目标。我国约有9亿多人生活在农村，占总人口的70%多，由于城乡之间的差别，目前农村居民与城市居民在消费能力上仍然存在较大的差异。但随着近年来中央各项惠农政策的实施和新农村建设的推进，农民消费能力大大提高，农村市场日趋活跃。某些在城市市场已经饱和的商品，如家用电器等，在农村市场却有着较大的发展潜力。

由于各地消费习惯、经济状况等各不相同，有些商品在此地面临市场饱和或市场替代，却可能在彼地仍大有市场。一般来说，销售区域的变化，使企业可以摆脱原来的竞争者，在与新对手的较量中或许能够改变力量对比。但开辟新的市场通常增加分销费用，若企业无法在其他方面降低成本，价格就会提高，从而影响产品的竞争力。

（2）根据经济因素进行市场创新的做法较为灵活，它考虑的主要是消费者的购买力等经济因素。它可以在原有的销售区域内进行，也可以在新发展的销售区域内使用。主要有以下几种思路：①转化从未使用过的潜在顾客，促使他们接受该产品。其立足点是不与竞争者争夺现有的顾客，而是争取有这一需要的新顾客，把市场蛋糕做大。②由直接面对最终顾客，转向中间顾客，或由直接面对中间顾客，转向最终顾客。③由工业市场转向消费市场，或由消费市场转向工业市场。④争取被竞争者所忽略或放弃的潜在顾客。以服装产业为例，发展迅速的现代化大型制衣公司，并没有淘汰遍布城乡的各种小裁缝店。大企业往往是批量生产，小店可以发挥定制化生产的长处。⑤进入新的细分市场，吸引那些正在使用替代品的顾客。⑥进入全新的市场。有条件实现多元化经营的企业，可以尝试突破原有的经营领域，拓展自己经营的空间，努力开拓具有发展潜力的全新市场。

（3）按照心理因素进行市场创新是感性消费阶段的竞争利器。西方市场营销理论把消费者的需求划分为3个阶段：①量的满足阶段；②质的满足阶段；③感性消费阶段。在感性消费时代，消费者的重点已经转到商品与自己关系的密切程度上面，他们购买商品是为了情感上的满足，一种心理上的认同。按照心理因素进行市场创新，是通过重新定义产品背后的品牌和文化，与新的目标顾客达成共鸣的捷径。

四、营销观念的创新

营销观念的创新是企业市场营销创新的先导，只有观念领先，企业才能在市场竞争中处于领先地位。知识经济的兴起，全球经济一体化进程的加快，极大地改变了企业的市场营销环境，客观上要求企业解放思想、更新观念，用不断创新的现代营销观念指导企业的市场营销活动。企业在其市场营销实践中不仅应该深入把握、正确运用以市场营销、社会市场营销等为代表的现代营销观念，更要认真关注和积极导入整合营销、关系营销、直复营销、绿色营销、知识营销、信息营销和文化营销等营销新概念和竞争新观念，以不断更新企业的战略思维并从宏观上指导企业的全部营销活动。

在新经济条件下，传统的生产观念、产品观念、推销观念已经逐步失去了自身存在的基础，而品牌营销、全球营销、网络营销、文化营销、知识营销、绿色营销等已日益为更多的企业所接受并成为主导未来营销发展方向的新观念。

【小结】

企业要适应国际化竞争、适应市场经济的发展，必须改变营销方式上墨守成规、故步自封的思想和行为，在营销创新过程中切实把握好观念、思维、精神、制度四要素，才能有效发挥营销创新的作用。市场营销创新的驱动因素主要包括以下四个方面：市场营销创新观念的不断更新、市场营销创新思维的不断涌现、市场营销创新精神的不断提升、市场营销创新活动的制度化。

市场营销创新的重要作用体现在两个方面：构建“大市场、大企业、大品牌”和掌控销售渠道。营销创新是指企业为了能提供给顾客和社会新的经济满足，实现企业的经营目标，使其营销行为在理念、体系、策略、方式等方面不断更新，从而把社会需要变成企业市场营销的一系列创新活动。

市场营销创新的源泉有：对客户的真诚服务、对产品（服务）品质的精益求精和企业管理观念（理念）的不断更新。现代企业市场营销创新的路径探索有：核心竞争力和商业模式创新、顾客价值创新、市场创新和营销观念创新。

【关键术语】

市场营销创新（Marketing Innovation）

市场营销创新思维（Marketing Innovation New Thinking）

精益求精（Keep improving）

全面质量管理（Total Quality Management）

核心竞争力（Core Competence）

顾客价值（Customer Value）

【知识链接】

[1] 孟兆晨．经济复苏环境下市场营销策略的调整途径［J］．当代经济，2010（7）．

[2]［美］菲利普·科特勒等，王永贵等译．营销管理．［M］．上海：格致出版社，2012.

[5] 李兰珍．浅析体验营销在企业的实施策略［J］．时代金融，2011（17）．

[4]［美］舒尔茨．整合营销传播：创造企业价值的五大关键步骤［M］．北京：清华大学出版社，2013.

[5] 斯特劳斯等，时启亮等译．网络营销（第三版）［M］．北京：中国人民大学出版社，2010.

[6] 洛夫洛克·沃茨著，谢晓燕等译．服务营销［M］．北京：中国人民大学出版社，2010.

[7] 刘敏等主编．绿色消费与绿色营销［M］．北京：清华大学出版社，2012

[8] 中国营销传播网，http：//www. emkt. com. cn/.

【案例分析】

伊利的奥运营销

对于企业而言，奥运会无疑是世界上最好的“品牌”快车。2007年，青岛啤酒（600600）凭借赞助各类体育赛事激发品牌激情，海尔以奥运科技为主导强化品牌的领先地位，伊利集团则借力“奥运健康中国行”和“寻找我的奥运坐标”活动，通过社区和网络普及全民奥运精神，也因此在众多奥运企业中显得格外特别和引人注目。

在密集的“宣传轰炸”和“市场鏖战”中，只有那些实力过硬、经得起全方位考验的行业领导者才有可能对话奥运，才能在助力奥运的过程中胜出。在这一维度下，奥运考验的是企业全方位的品牌管理能力，同时也在检验企业经过长期磨砺凝聚而成的领导者气质和其背后的品牌发展战略。

在这种理念支配下，大部分企业采取了明智的做法：从奥运出发，回归到消费者身边。一段“企业持续受益、市场均衡发展、行业稳健前行”的品牌之旅已在硝烟弥漫的奥运营销大战中悄然启程。

（一）模式创新：奥运营销迎来新媒体集群时代

2007年11月10日，由伊利集团与CCTV. COM共同发起的“有我中国强——寻找我的奥运坐标”大型网络公益签名活动。它的特别之处在于：通过架设在虚拟网络空间的“中国版图”，网民只要登录活动网页，就可以在版图的任意一地区标注自己的名字，并上传自己的手写签名和奥运祝福。而通过“中国版图”的多级搜索功能，每一位网民都可以在网络上准确地定位自己的“奥运坐标”，或许在你的家乡、你居住的街道、你工作的写字楼、奥运场馆鸟巢、水立方……由此，“奥运坐标”成为众多网民在奥运年新的“网络身份证”。这一设计，显然比参与者单方面被动接受的活动方式棋高一筹，不仅让参与者有了自由发挥的空间，也让更多网民拥有了一个自己的奥运传播平台。

（二）多元特质：融入奥运精神

2007年岁末，伊利集团推出以奥运为主题的广告片。这是一个由书写中国乳业历史的伊利集团董事长潘刚和刷新奥运历史的运动员刘翔共同诠释的特别广告。

在广告片中，刘翔的形象亲和且富有活力，而潘刚则以淡定沉稳的形象出现在公众面前，显现了一个青年企业领袖的适度与气度。在这则广告中，伊利品牌与奥运的融合以一种形象化、符号化的方式得以展现，消费者对于奥运赞助企业的认知也更为直观和具体。我们不难发现：通过奥运明星代言等方式，将企业、品牌巧妙地同奥运会、奥运项目、运动员以及其他奥运载体使品牌内核与奥运精神相联结，已经成为奥运营销一条捷径。同时，它也可以被理解为对精英文化的引导和解读。

（三）公益先行：奥运“伊利法则”

2007 年 11 月 15 日，伊利集团在众多品牌中率先启动奥运公益助推器——伊利奥运计划 2.0。这一计划是继“伊利奥运健康中国行”大型奥运主题活动之后的又一公益力作，并通过奥运口号、奥运概念产品、奥运公益活动等多方面诠释伊利集团对“公益奥运”的深刻理解。

伊利集团走过十几年的公益之路，累计投入 6 亿元公益款项后，伊利集团把目光投向了青少年。据了解，大型奥运公益行动“蒲公英计划”是伊利奥运计划 2.0 的重要组成部分，这一公益计划将延续伊利集团于2006 年创建的“中国青少年发展伊利梦想基金”的投入与管理模式。中国体育代表团在奥运会期间每获得一块金牌，伊利集团将向基金注入 20 万元，用于支持中国青少年健康发展事业。同时，这一公益项目今后将与奥运会同步，每 4 年注资一次，使奥运精神和公益接力像蒲公英一样在中华大地延续传承。

（资料来源：http：//smt. fortuneage. com/uhason/18657 – 175848. aspx）

思考题

1. 伊利在营销方面做出了哪些创新的举动？这对产品的销售会起到什么作用？
2. 你认为伊利做出的这些创新举动有哪些值得借鉴的地方？谈谈你的看法。
3. 在市场营销创新方面你有哪些见解？

参考文献

[1] 甘文斌，李健．浅论营销过程中的市场细分［J］．现代营销（学苑版），2012（9）．
[2] 巩少伟等．市场营销理论与实务［M］．北京：高等教育出版社，2011.
[3] 郭国庆．营销思想史［M］．北京：中国人民大学出版社，2012.
[4] 郑玉香．市场营销学新论［M］．北京：北京大学出版社，2007.
[5] 高兴佑，郭昀．谈企业市场营销中的定价方法与价格策略［J］．商业时代，2011（22）．
[6] 郭国庆．市场营销学通论［M］．北京：中国人民大学出版社，2011.
[7] 胡介埙等．市场营销调研［M］．大连：东北财经大学出版社，2011.
[8] 黄鹂等．整合营销传播：原理与实务［M］．上海：复旦大学出版社，2012.
[9] 李尔华．国际营销实务［M］．北京：中国人民大学出版社，2010.
[10] 李叔宁．市场营销实训［M］．北京：高等教育出版社，2011.
[11] 陆克斌．市场营销［M］．上海：上海财经大学出版社，2012.
[12] 李兰珍．浅析体验营销在企业的实施策略［J］．时代金融，2011（17）．
[13] 鲁强．供应链的营销整合模式研究［M］．北京：北京理工大学出版社，2012.
[14] 刘敏等主编．绿色消费与绿色营销［M］．北京：清华大学出版社，2012.
[15] 孟亮．市场营销策划［M］．北京：人民邮电出版社，2012.
[16] 倪自银等．新编市场营销学——理论与实务［M］．北京：电子工业出版社，2011.
[17] 欧亚．市场营销［M］．北京：机械工业出版社，2012.
[18] 欧阳卓飞．市场营销调研［M］．北京：清华大学出版社，2012.
[19] 钱旭潮．市场营销管理：需求的创造与传递［M］．南京：河海大学出版社，2012.
[20] 钱旭潮．市场营销管理［M］．北京：机械工业出版社，2011.
[21] 申光龙．整合营销传播战略管理［M］．北京：清华大学出版社，2013.
[22] 王万华，顾峰．市场营销学［M］．上海人民出版社，2010.
[23] 万晓．市场营销［M］．北京：北京交通大学出版社．2012.
[24] 吴勇等．市场营销［M］．北京：高等教育出版社，2011.
[25] 魏晓丹．论企业市场营销的良性发展［J］．现代营销（学苑版），2011（5）．
[26] 卫军英．整合营销传播理论与实务［M］．北京：首都经济贸易大学出版社，2012.
[27] 吴作民，张珣编著．营销管理［M］．北京：清华大学出版社，2012.
[28] 尹元元．市场营销管理战略［M］．福建：厦门大学出版社，2012.
[29] 应晓惠．关系营销下的市场细分研究［J］．现代商业，2010（21）．
[30] 张雁白．市场营销学概论［M］．经济科学出版社，2010.
[31] 祝海波．市场营销管理战略与管理［M］．北京：中国经济出版社，2011.
[32] 中国营销传播网，http：//www.emkt.com.cn/.
[33] 曹伟．麦氏理论——破解价格密码［M］．广州：中山大学出版社，2013.
[34] 陈斌．时间节律与价格空间［M］．北京：中国经济出版社，2013.
[35] 高家宝．大地新材料股份有限公司市场营销策略研究［D］．大连理工大学，2010.

［36］郭晴，张径伟．基于 SWOT 分析视角下的富安娜家纺的营销策略［J］．中国商贸，2012（17）．

［37］顾秀华，吴嘉玲．安利体育营销策略面面观［J］．中国商贸，2010（12）．

［38］高应军．浅析旅游市场的细分问题［J］．湖北广播电视大学学报，2012（8）．

［39］郝向华，张理．顾客价值理论研究综述［J］．经济研究导刊，2010（10）．

［40］胡金．从细分市场里找商机［J］．现代家电，2012（15）．

［41］李飞等．高速成长的神话——基于中国 10 家成功企业的案例研究［J］．管理世界，2011（11）．

［42］罗建兴，李涛．明星代言的法律责任探析［J］．中国商界，2010（6）．

［43］李春波．如何运用市场细分发现有效市场机会［J］．现代经济信息，2010（13）．

［44］孟兆晨．经济复苏环境下市场营销策略的调整途径［J］．当代经济，2010（7）．

［45］史有春，耿修林，张永健．市场细分新范式：基于两类不同产品的实证研究［J］．南开管理评论，2010（3）．

［46］孙海涛主编．第三方物流运营实务［M］．北京：电子工业出版社，2011.

［47］舒萍．企业目标市场的选择［J］．新疆有色金属，2011（3）．

［48］施文亮．企业能力与产品创新的关系研究［D］．苏州大学，2011.

［49］唐细语．刍议中小企业市场细分策略研究［J］．生产力研究，2010（6）．

［50］王德章．价格学［M］．北京：中国人民大学出版社，2011.

［51］薛长青．树立环境营销理念提升企业绿色竞争力［J］．生产力研究，2011（6）．

［52］于维洋．我国中小企业发展中存在的问题及对策［J］．中国科技信息，2010.

［53］杨宗棉．明星广告代言危机［J］．商业经济，2011（3）．

［54］杨立钒著．互联网环境下企业网络营销渠道选择研究［M］．上海：复旦大学出版社，2012.

［55］张化中．价格预测方法与案例分析［M］．北京：中国市场出版社，2012.

［56］赵晓飞．我国农产品营销渠道联盟问题研究［D］：华中农业大学，2011.

［57］中国经济网，http：//www. ce. cn/.

［58］张海涛．集群环境下企业营销绩效评价指标体系研究［D］．长沙理工大学，2011.

［59］李和才．色彩在营销中的应用研究［J］．中国商贸，2011（20）．

［60］［美］斯蒂芬·P. 罗宾斯著，贾振全译．管理学（第 11 版）［M］．北京：中国人民大学出版社，2012.

［61］［美］菲利普·科特勒著，王永贵译．营销管理［M］．北京：中国人民大学出版社，2012.

［62］［美］鲍尔·索克斯等著，马士华译．供应链物流管理［M］．北京：机械工业出版社，2010.

［63］［美］罗杰·A. 凯林著，董伊人等译．市场营销［M］．北京：世界图书出版公司，2012.

［64］［英］克里斯托弗著，何明珂等译．物流与供应链管理［M］．北京：电子工业出版社，2012.

［65］［美］鲍尔索克斯等著，马士华译．供应链物流管理［M］．北京；机械工业出版社，2010.

［66］［美］克洛等．广告、促销与整合营销传播［M］．北京：清华大学出版社，2012.

［67］［美］辛普，张红霞．整合营销传播：广告与促销［M］．北京：北京大学出版，2013.

［68］［美］舒尔茨．整合营销传播：创造企业价值的五大关键步骤［M］．北京：清华大学出版社，2013.

［69］洛夫洛克沃茨著，谢晓燕等译．服务营销［M］．北京：中国人民大学出版社，2010.

［70］米尔顿·弗里德曼．价格理论［M］．北京：华夏出版社，2011.

［71］斯特劳斯等著，时启亮等译．网络营销（第三版）［M］．北京：中国人民大学出版社，2010.